중국현대사

중국현대사

공산당, 국가, 사회의 격동

마리-클레르 베르제르(Marie-Claire Bergère) 지음
박상수 옮김

심산

제3판 서문

중화인민공화국이 수립된 지 반세기가 흘렀다. 정권 초기 30년 동안(1949~1978)은 마르크스-레닌주의에 의해 지배되었고, 소련 모델을 모방했으며, 마오쩌둥(毛澤東)식의 유토피아 건설이 반복적으로 시도되었다. 뒤이은 20년 동안(1979~1999) 중국은 덩샤오핑(鄧小平) 주도 아래 계획 경제 정책을 폐기하고 급속한 근대화['現代化']로 나아갔다. 이것은 국제 교역 체계로의 편입과 시장 기제의 (부분적인) 도입에 기초하고 있었지만, 그렇다고 정권의 정치 개혁으로 나아가지는 않았다. 중화인민공화국이라는 같은 제도적 틀 안에서, 차이가 있긴 하지만 마오쩌둥주의에 의해 근본적인 변화를 겪지는 않았던 사회주의 단계, 그리고 경제적 자유화와 정치적 권위주의를 조화시키고자 한 '시장 사회주의'(1992년 중국공산당 제14차 전국대표대회에서 채택된 공식) 단계가 차례로 등장했다.

이 반세기 동안 국제 질서에는 근본적인 변화가 있었고, 중국은 과거 식민지의 굴욕 속에서 잃어버린 (그러나 거대한 영토와 많은 인구 그리고 그 문명의 지속성에서 예견되듯) 강대국의 지위를 확보 또는 회복하고자 노력했다. 1949년 혁명 직후 냉전이 불러온 세계의 분할은 중국을 사회주의 진영으로 밀어 넣었다. 소련의 동맹자에서 경쟁자로 그리고 적으로 관계가 바뀌어 온 중국은 당시 이념적인 요구와 영토 보전의 필요성에 근거해 정책을 추진했다. 서방을 향한 개방, 1989년과 1991년 사이의 동유럽 사회주의 체제 붕괴 및 소련 해체는 국제 무대에서 중국의 위치를 급격히 바꾸어 놓았다. 21세기 문턱에서 세계의 나머지 국가에서는 실패한 환상으로 치부해 버린 공산주의가 여전히 살아남아 있는 유일한 강대국으로서, 중국은 외교 정책의 운용에서 자신의 국가적 이익만을 고려할 수 없게 되었다. 중국의 민족주의가 더욱 노골적이고 더욱 공격적인 모습을 띠고 있기는 하지만, 그것은 서방이 가진 힘의 우위와 경제 근대화에 대한 우선적인 고려로 말미암아 베이징(北京) 정부가 채택할 수밖에 없는 실용주의에 의해 완화되고 있다.

중화인민공화국 수립 50주년을 계기로 (서방에서) 제시된 종합적인 평가들은 복합적이다. 한편으로 중국의 통일과 주권의 강화, 경제적 발전, 생활 수준의 향상, 인구 통제, 핵무기 제조, 국제적인(특히 아시아 지역에서) 영향력의 증대가 언급되는가 하면, 다른 한편으로 발전에 따른 사회적 비용, 대기근과 대중 운동에 따른 수백만 명의 사망, 법치의 결여 또는 불충분, 소수 민족 또는 소수 종교와 반정부 인사에 대한 부당한 조치, 경제 개혁의 미완성, 부패의 만연 등이 거론되고 있다.

소련과 동유럽 인민 민주주의 국가들의 파산이 가져온 사회주의에 대한 깊은 불신이 위와 같은 평가에 영향을 미쳤던 것으로 보인다. 평가는 사회주의 단계(1949~1978)에 모든 실패의 책임을 전가하고, 개혁 단계(1979~1999)에서 모든 진보가 이루어졌다는 식의 극단적인 대비를 보여준다. 그러나 이는 지나친 것이다. 반대 변론을 한다기보다는, 사회주의 단계에 대한 비판적인 자세를 견지하면서도 그것이 가져온 긍정적인 점들을 무시할 필요는 없다. 바로 이 점이 이 책을 처음 쓰기 시작한 1980년대 중반의 구상이었다. 따라서 사회주의 단계를 다루는 이 책의 처음 여덟 개 장을 제3판을 위해 다시 쓰지는 않았다. 이 시기의 역사는 거의 새롭게 쓰여지지 않았고, 최근에 이르기까지 연구자들의 관심에서 멀어졌다. 1980~1990년대에 걸쳐 연구자들은 개혁에 대한 분석으로 휩쓸려 들어갔던 것이다. 하나의 예외로 도시 및 농촌 사회의 역사에 관한 저작은 증가했다. 독자들은 이 책 말미의 '참고 문헌'에서 그러한 몇몇 저작들의 제목을 찾을 수 있을 것이다. 이 저작들은 이 시기에 관한 우리의 지식을 뚜렷하게 하고 또 그것을 확인시켜 주지만, 이 책의 앞쪽 장들에서 제시된 일반적인 내용과 주요 결론들을 변화시키는 것은 아니다.

중화인민공화국의 개혁 시기는 어떤 전망을 제시하기 어렵고 현재적 열정에 의해 좌우되는 경향이 있는 당면한 역사(당대사)에 속한다. 그럼에도 1989년 여름에 제2판을 위해 집필된, 천안문 시위와 그 진압을 다루는 제11장에 대해서 수정이 필요하다고는 생각하지 않았다. 중국에서는 이 비극적인 사건이 여전히 금지된 주제로 남아 있으며, 정권에 의해 은폐되고 있다. 진압의 책임자들이 권력을 쥐고 있는 한 그 진상은 밝혀지지 않을 것으로 보인다. 중국의 밖에서는 천안문 운동에 대하여 그것을 시민 사회의 출현으로 보았던 초기의 지배적인 해석이 이제 일반적으로 받아들여지지 않고 있다. 필자는 이미 그러한 해석을 거부했었는데, 이는 개혁의 성공 및 실패가 불러온 그 운동을 보다 침착하게 분석해 보기 위한 것이었다. 이 운동에서 이념은 이익의 침해나 무너진 도덕에 대한 비판에 견주어 그리 중요한 작용을 하지 못했다.

이 제3판을 위해 집필된 제13장은 1989년부터 1999년까지 중국의 변화를 서술하고 있다. 경제의 급성장, 공적인 삶에서 '사회'의 복귀, 이념과 정치적 구조 등 시대에 뒤진 많은 것들의 존속 등은 이 시기의 특성이자 모순이다. 중국이 다시 아시아의 지배적인 강국이 되고 세계 시장에서 커진 영향력을 행사하고자 하는 의지를 보이고 있는 현재, 중국의 미래는 중화인민공화국 수립 이래 가장 불확실한 상황에 있는 것으로 보인다.

차 례

서론

1949년 10월 1일 중화인민공화국 수립 선포와 함께 중국공산당이 20년 이상 전개해 온 권력을 향한 무장 투쟁은 끝이 났다. 1921년 창당된 중국공산당은 쑨원(孫文)의 지도로 결성된 제1차 국공합작을 장제스(蔣介石)가 파기한 1927년부터 국민당과 국민정부에 대항해 왔다. 이 '장기전'은 처음에는 중국의 남부 지역에 수립된 소비에트 근거지에서 수행되었고, 그 다음에는 1934년부터 1935년까지 장정(長征)을 거친 뒤 옌안(延安) 정부 지도 아래 서북 지역에서 계속되었다. 바로 이 옌안에서부터 공산당은 본격적으로 권력 장악을 위한 행동에 나서기 시작했다. 1937년 일본의 침략으로 국민당 및 국민정부와 맺은 전술적인 연합(제2차 국공합작)은 결국 중국공산당으로 하여금 외세의 점령에 의해 억압된 중국 민중의 애국주의를 자신의 이익을 위해 동원할 수 있도록 만들어 주었다. 1945년 중일전쟁이 끝났을 때 중국공산당은 1백만 명의 당원을 확보하고 북부와 동북부 농촌 지역 주민 9500만 명을 통치하기에 이른다.

미국의 지원을 받는 국민정부와 공산 세력 간의 공개적인 내전이 1947년 초 재개되었다. 그해 여름 공산당은 만주에 대한 총공격을 개시했다. 전쟁의 향방은 그 다음 해 장쑤성(江蘇省) 북부 쉬저우(徐州)에서 벌어진 대전투(1948. 11.~12.)로 결정되었다. 1949년 1월 베이징이 공산군에 의해 점령되었고, 4월 공산당 부대는 양쯔 강(揚子江)을 건넜으며 뒤이은 몇 달 동안 남부의 도시들을 장악했다. 권력 장악의 마지막 단계(1947~1949)가 매우 신속하고 쉽게 전개되었다고는 해도, 공산당 지도자들이 그들의 목표에 이르기까지는 모두 22년이라는 시간이 걸렸다(레닌과 그의 동료들은 4년이면 충분했다). 권력을 향한 이 장정 과정에서 그들은 경험 있는 행정가, 빈틈없는 관리자, 노련한 개혁가가 되었다.

이러한 승리의 원인을 설명하기 위해 많은 주장들이 제기되었다. 국민당 측에서는 동맹자 미국의 우유부단한 태도를 비난했다. 미국에서는 자유주의자들이 장제스의 반동적인 정책을 비판했는가 하면, 매카시(Joseph McCarthy)는 지식인들의 배신 때문이라고 목소리를 높였다. 공산당 측에서는 한편으로는 난징(南京) 정권의 부패를, 또 다른 한편으로는 농민 대중의 혁명적 동원을 강조했다. 공산당의 승리를 가져온 다양한 원인들을 중요도에 따라 순서를 매기기 위해서는 혁명기 수십 년간 중국에서 벌어진 정치 · 사회 · 경제 변화들에 관한 많은 분석이 필요하다. 여기서는 비교적 공통되게 지적하는 직접적인 원인들을 몇 가지 언급하는 것으로 족하다.

1945년 국민당 정권은 막 끝난 8년간의 전쟁을 통해 매우 약해져 있었다. 국가의 통일은 붕괴되었고 경제 위기가 일반화되었다. 경제 위기는 특히 근대적 부문의 활동이 집중되어 있던 연해 지역과 양쯔 강 하류 유역에 타격을 입혔다. 1948년 실시된 아주 엄격한 통화 개혁에도 불구하고 국민정부는 제1차 세계대전 직후 독일이 겪었던 것보다 훨씬 더 심각한 인플레이션을 막는 데 무력했다. 이 통화 팽창은 간부들의 부패를 불러왔고, 도시 주민들의 사기를 떨어뜨렸다.

국민정부의 인기 하락과 무력함은 국민당 내부에서 전개되던 파벌 투쟁에 의해 더욱 악화되었다. 국공내전 시기에는 파벌 대립으로 말미암아 장제스의 유능한 최고 참모들이 제반 결정과 군사 작전에서 배제되었다. 아마도 이것이 중대한 결과를 가져온 전략적 오류를 설명해 줄지도 모른다. 예컨대 만주에 고립된 국민당 정예 부대에게 현지에서 계속 저항하라는 불가능한 작전을 명령한 것이나, 공산당 게릴라가 거의 존재하지 않았고 그리하여 장제스 군대에게 유리했던 양쯔 강 이남이 아닌 양쯔 강 이북(쉬저우)에서 결전을 벌이기로 한 결정 등이 그것이다.

그러나 국민당 정권이 마르크스-레닌주의 이념과 조직을 가진 당 및 군대와 대결하지 않았다면 그 고유의 취약성에도 불구하고 그런대로 견뎌낼 수 있었을 것인지는 의문이다. 공산당과 그 군대는 충만한 신념과 열정을 지닌 간부들에 의해 지탱되고 있었고, 토지 분배를 약속받은(일부는 이미 토지를 분배받았다) 농민층으로부터 신뢰와 협력을 얻고 있었다. 그리고 인민전쟁이 대규모의 군사 작전으로 옮겨 가면서 중공군은 소련으로부터 매우 귀중한 원조를 얻을 수 있었다. 만주로부터 소련군이 철군을 늦추어 중공군에게 이 지역을 장악할 수 있도록 해주었을 뿐만 아니라, 특히 일본의 패배 이후 압수된 무기를 인도받은 중공군은 군사력을 강화할 수 있었다.

신정권은 국민당이 해결하지 못한 채 유산으로 남긴 여러 가지 문제들에 직면했다. 급선무로 12년간에 걸친 중일전쟁과 내전의 폐허로부터 벗어나야 했고, 국가의 통일을 재건하고 한 세기 넘게 중국이 굴종해 왔던 제국주의의 마지막 잔재들을 제거함으로써 국가의 독립과 주권을 재확인해야 했다. 제방을 다시 수리하고, 철도를 재건하고, 인플레이션을 잡고 통화 체계를 고쳐야 했다. 공업을 발전시키고, 20세기 전반으로부터 물려받은 생산 체제의 불균형 — 기초산업(광업 · 철강공업 등)과 내륙의 성들을 무시하고 소비재와 연해 지역에 집중하던 — 을 바로잡아야 했다. 또한 농업 생산을 증가시켜 세계에서 가장 가난한 농민들의 만성적인 식량 부족 상태를 타개해야 했다.

그러나 경제의 근대화가 단지 물질 자원의 동원만을 뜻하는 것은 아니었다. 그것은 또한 노동력에 대한 가장 효율적인 사용을 뜻하는 것이었다. 즉 인민을 교육하고, 진보 · 합리성 · 효율성 · 적극성 · 규율 등의 가치들을 보급함으로써 그 위에 선진 기술 체계를 세우고자 했다.

달리 말하자면, 경제를 근대화하기 위해서는 봉건 상태에 머물러 있는 사회를 변화시켜야 했다(여기서 봉건 상태의 사회란 유럽 역사가들이 말하는 봉건 영지의 존재를 말하는 것이 아니라, 중국의 마르크스주의 역사학자들이 사용하는 보다 폭넓은 뜻에서의 전통 사회, 즉 지주 엘리트에 의해 지배되고 유교 이념이 그러한 지주 권력을 정당화하는 사회를 의미한다). 이 사회로부터 미신, 조상 숭배, 가부장권, 문인 존중, 과거의 황금시대에 대한 향수 등을 제거하고, 사회의 발전에 장애가 되는 일체의 요소들 — 자연적인 혹은 인위적인 — 에 대한 투쟁을 전개할 필요가 있었다.

경제를 근대화하는 것, 사회의 **개혁**(aggiornamento)을 실현하는 것은 1901년에서 1911년 사이 제국의 개혁가들로부터 장제스 정부 초기 10년간(1927~1937)에 이르는, 20세기 초 이래 모든 정권들이 달성하고자 한 목표였다. 그러나 사회적 정의라는 이상을 내세워 달성된 1949년의 혁명 또한 그 고유 목표를 갖고 있었다. 평등주의를 실현하고, 상부상조하는 사회를 건설하며, 모든 이에게 희망과 즐거움을 보장해 주는 것이 그것이다. 유산으로 물려받은 과제들에 더하여 중국공산당 스스로 제시한 약속이 덧붙여졌다.

1949년 다수의 중국인들은 — 공산주의자이든 그렇지 않든 — 전임자들이 실패한 곳에서 성공을 거두고, '부유하고 힘 있는'(富强, 19세기 개혁가들의 표현) 중국을 건설하고, 중국인들을 행복한 인민으로 만들어 줄 것이라는 희망으로 신정권에 신뢰를 보냈다.

제1부

혁명의 제도화

1949~1966

제1장
대륙적 기반으로의 회귀와 통치 기구의 건립
1949~1954

중국공산당의 승리는 신중국(新中國)으로 하여금 소련 영향권으로 급속히 편입되도록 하였고, 베이징(北京)의 대내·대외 정책은 소련에 동조하는 방향으로 나아갔다. 중국 공산주의 운동이 거의 독자적 방식으로 발전해 왔고 선배인 소련의 원조 없이 승리를 거두었다는 점을 고려하면, 이러한 소련 진영 가담이 놀라울 수도 있다. 그것은 중국의 지도자들이 유력한 선행자에게 도움을 청하고, 혁명을 지켜 낸 유일한 사회주의 정권의 경험을 이용하고자 했기 때문이었다. 게다가 냉전의 초기 단계였던 당시의 국제적인 상황은 강대국들로 하여금 블록화를 통해 안전을 도모하도록 부추기고 있었다. 마오쩌둥(毛澤東)은 1949년 6월 이래로 '제3의 길은 존재하지 않는다'고 확신했다.

한편, 보다 장기적인 관점에서 보면 중국은 자신의 역사에 리듬을 부여해 오던 하나의 거대한 변동에 의해 대륙적 토대를 회복하였다고 할 수 있다. 해양을 향한 한 세기 동안의 '개항'과 서양 열강과의 접촉, 항구와 연해 지역에 집중된 발전을 경험한 뒤, 중국은 이제 다시 초원 지대에 영향력을 미치는 내륙의 강국이라는 자신의 전통과 결합할 채비를 갖추고 있었다. 그리고 1949년 초원의 경계 지대에서 중국이 만난 상대들 가운데 가장 중요한 존재는 두말할 필요도 없이 소련이었다.

해양으로의 개항이 역사적으로 상업 및 수공업의 대규모 발전, 상인 사회의 성장, 시민 사회의 태동과 궤를 같이하는 것이었다면, 대륙적 기반으로의 복귀는 그 반대로 국가 기구의 힘이 커짐을 뜻했다. 1949년을 시작으로 중국의 지도자들이 조직 구조와 발전의 모델로 소련을 고른 것은 단지 이념적 순종을 표시하거나 신뢰할 만한 통치술의 채택이 필요했기 때문만은 아니었다. 그것은 또한 혁명 뒤에 중국이 자신의 오랜 역사를 지배해 온 관료주의적 대륙 전통으로 재편입되는 것을 뜻했다.

대륙적 행보의 재개

중국의 역사에서 중앙 권력의 재건은 언제나 소수 민족 및 종교가 분포하던 변경 지역에 대한 베이징 정부의 통제 강화를 동반했다. 중국 문명에 속하지 않았지만, 이들 지역은 중국 문명의 울타리이자 영향권 안에 있었다. 1911년 중화제국의 붕괴와 중화민국의 성립, 뒤이은 군벌의 대립으로 말미암은 분열, 외국의 침략과 내전에 의해 마비된 시기 동안 대륙적 행보는 중단되었다. 티베트에서는 독립 운동이 일어났고, 신장(新疆)·몽골·만주는 외국 세력의 영향 아래 들어갔다. 따라서 새로 성립된 베이징 정부의 첫 번째 관심사 가운데 하나는 대륙의 중심부에서 중국의 존재를 재확인하고 주변 지역을 다시 자신의 권위 아래 재편하는 것이었다.

국토의 재건은 1949년 가을 광둥(廣東)의 확보(10월 13일)와 구이저우(貴州)·광시(廣西)·윈난(雲南) 등 서남 지역 각 성의 점령(11~12월), 몇 개월 뒤 하이난다오(海南島)의 편입(1950. 4.)으로 가까스로 달성되었다. 또한 중국은 1950년 10월 티베트의 동쪽 경계 지대 참도

[Chamdo, 중국명 창두(昌都)—역주]에 군대를 파견해 점령했고, 인도 및 티베트 종교 지도자인 달라이 라마, 판첸 라마와 협상을 진행하였다. 인도는 심라(Simla) 협정(1913)의 당사자였던 영국이 당시 자치를 선언한 티베트에 대해 갖고 있던 '감시권'을 이어받고 있었다. 1951년 5월의 협정을 통해 중국은 티베트가 중화인민공화국의 일부임을 확인시켰고, 그 대가로 지역 자치를 존중하고 무력에 의해 개혁을 강요하지 않을 것을 약속했다. 1951년 가을 인민해방군에 의한 라싸(Lhasa) 점령은 국토 재건 정책의 성공을 확인해 주었다.

신장의 경우, 중국은 1930년대 초 이래로 행사되던 우세한 소련의 영향에 직면해야 했다. 1944년 이리(伊犁)와 알타이 계곡 지대의 카자크와 위구르 반군에 의해 수립된 투르키스탄공화국은 소비에트연방에 편입되어야 할 것으로 보였다. 그러나 중국공산당의 승리가 분명해지자 소련은 편입 계획을 취소했다. 신장성 정부는 이에 동의했고, 지방 혁명 지도자 사이푸딘(Saifudin)은 소련공산당에서 중국공산당으로 그 충성의 대상을 바꾸었다. 그러나 신장이 공식적으로 중국의 주권 내로 재편입되었다고 해서 소련의 영향력이 사라지지는 않았다. 1950년 2~3월 중·소 동맹 조약은 이전 국민당 정부가 인정했던 석탄 자원의 채굴에 관한 특권을 소련에게 재확인시켜 주었다. 그리고 중국은 20만 명으로 구성된 생산 및 건설 병단[新疆生産建設兵團]으로 하여금 이 지역의 중국화와 개발이라는 임무를 수행하도록 했다.

1950년 중국은 몽골인민공화국의 독립을 인정하지 않을 수 없었지만(외몽골로 불리는 이 지역은 1924년까지 중국의 영향권에 속해 있었다), 1945년 일본의 패배 이후 소련이 재장악한 만주에 대해서는 거의 완전한 권리를 되찾았다.

이와 같은 대륙적 행보의 회복 과정에서 중국은 군사력에 호소하는 것을 배제하지 않았다. 특히 티베트의 경우가 그러했다. 그러나 전반적으로 보면, 그러한 회복은 소련 측의 비교적 유화적인 태도로 말미암아 쉽게 이룰 수 있었다. 그리고 장래의 여러 갈등을 배태하는 것이었다고 해도, 당시 그것은 두 공산주의 강국에 활기를 불어넣는 협력 정신과 연대를 보여주는 것이었다. 또한 그것은 당시 소련이 구축해 가고 있던 블록화의 구조 속에 중국을 편입시키고자 하는 노력의 반영이기도 했다.

중국의 사회주의 진영 편입과 서방과의 단절

소련과의 동맹, 1950

1950년 2월 14일 조인된 중·소 우호동맹 상호원조 조약[中蘇友好同盟互助條約]은 이후 10년간 지속될 협력의 기초를 놓았고, 중국을 당시 소련의 지도 아래 형성되고 있던 사회주의 진영으로 편입시켰다. 이 조약은 협상을 위해 1950년 모스크바를 직접 방문한 마오쩌둥이 원한 바였고, 그는 이 최초의 외국 방문에서 목적을 이룰 수 있었다. 이 조약은 당시의 국제적 구도 속에서 세계의 가장 큰 두 공산당의 연대를 나타냈다. '일변도(一邊倒, 한쪽을 향하여 자신의 진영을 선택한다)'야말로 당시 마오쩌둥의 주문이었다. 그러나 이 조약의 결실을 맺기 위해서는 1930년대 이래 두 공산당을 갈라놓은 깊은 견해 차이와 함께 중국 공산주의자들을 극히 신뢰하지 않았으며 제2차 세계대전 중에는 장제스(蔣介石) 정부와 교섭하는 쪽을 원했던 스탈린(Stalin)의 망설임을 극복해야 했다.

사실 1950년 2월의 조약은 이념적 집착만큼이나 지정학적인 필요성에 따른 것이었다. 조약은 일본에 대한, 암묵적으로는 미국에 대항하는 방위 동맹을 설정했다. 그것은 30년 뒤에 갱신될 수 있는 것이었다. 이 외에도 조약은 쌍방 간에 가로놓인 약간의 문제들을 해결했다. 소련은 1945년 일본의 항복 이후 재장악한 만주철도와 뤼순항(旅順港) 군사

기지 그리고 다롄(大連) 무역항에 대한 권리를 중국에 반환하기로 약속했다. 중국 측은 몽골인민공화국의 독립을 승인했다. 그러나 조약은 19세기에 맺어진 여러 불평등 조약의 유산이자, 1924년 소련이 포기했지만 여전히 수정되지 않고 남아 있던 일련의 국경 분쟁 문제에 대해서는 침묵을 지켰다. 이러한 군사·외교에 관한 조항은 몇 가지 재정적 경제적 조치를 통해 보완되었다. 소련은 1954년부터 10년 상환으로 중국에 미화 3백만 달러를 (1퍼센트라는 작은 이자율로) 제공하기로 약속했다. 그것은 설비 구입용으로 제공된 것으로 원자재 그리고 금과 외환으로 상환할 수 있는 것이었다. 1953년 3월에 조인된 보완 협정은 이 밖에도 신장의 석유와 비철 광석의 공동 개발과 베이징과 중앙아시아 및 소련령 시베리아의 대도시 알마아타(Alma-Ata)·이르쿠츠크(Irkoutsk)·치타(Tchita) 등을 연결하는 민간 항로를 위한 양국 합작 기업의 설립을 계획했다.

1950년 2~3월의 여러 조약과 협정에 의해 시작된 이러한 중·소 협력은 비교적 제한적인 상태에 머물고 있었다. 그러나 소련은 한국전쟁의 기회를 이용해 중국을 급속히 사회주의 진영의 군사·외교·경제 구도 속에 밀어 넣게 된다.

한국전쟁, 1950~1952

1950년 6월 25일 한국전쟁의 발발을 둘러싼 여러 정황들이 여전히 불명확한 상태로 남아 있지만, 분명한 것은 중국이 그러한 분쟁을 원하지도 예견하지도 않았다는 사실이다. 티베트에 자신의 권위를 확인시키고 타이완(臺灣)을 장악하기 위해 여념이 없던 중국이 동북 지역에 새로운 전선이 전개되길 바랄 수는 없었다. 게다가 5백만 명의 군대를 유지한다는 것은 국가 예산에 무거운 부담이 되었고, 1950년 6월 초 당국은 그 군대를 일부 줄이고자 했다. 중국이 아주 점진적으로 한국전에 개입해 들어갔다는 사실도 중국이 이 전쟁을 달가워하지 않았다는 점을 보여준다. 북한군이 38선을 넘은 6월 25일부터 10월 말 미군이 압록강의 국경선에 이르기까지 중국은 전쟁에 대해 아무런 적극적인 행동을 취하지 않았다. 미군이 북으로 진격하면서 한반도가 미국의 보호 아래 통일될 수 있다는 전망이 나오면서 중국은 전쟁에 개입하였던 것이다. 중국의 개입은 또한 미국에 대해 외교적 전략적 열세에 놓여 있던 소련이 미국과 직접적인 충돌을 피하고자 중국을 떠밀었기 때문이었다(이후 1960년대에 중국은 소련이 '강요'했다고까지 말했다).

1950년 10월 중국은 펑더화이(彭德懷) 장군의 지휘 아래 70만 명의 인민지원군 부대를 파견했다. 지원군은 많은 사상자를 내면서 신속히 반격 작전을 수행했지만, 이후 1953년 7월 판문점 정전 협정에 이르기까지 진지전의 상태를 유지했다.

첨단 기술을 사용한 살인적인 이 현대전은 중국공산당이 1930~1940년대 국내에서 수행했던 전쟁과는 매우 달랐고, 인민해방군에게 새로운 임무를 제기하는 것이었다(이하 39쪽 참조). 중국은 또한 소련으로부터 군수 물자를 수입하기 위해 한정된 자원을 동원하지 않을 수 없었고, 이것은 소련에 대한 중국의 전략적 경제적 의존도를 높였다. 이리하여 중국은 이웃 대국에 종속적인 지위에 처하게 되었을 뿐만 아니라, 유엔으로부터도 침략자로 비난받음으로써 서방과의 단절이라는 거의 완전한 외교적 고립 상태에 떨어졌다.

서방과의 단절

이 단절이 공산당의 승리에 따른 불가피한 결과는 아니었다. 1949년 서방 열강들은 유보적 태도를 취하고 있었다. 몇몇 열강들은 완전한 외교 관계를 수립하지 않은 상태였지만 신속히 베이징의 신정부를 승인하기도 했다. 특히 영국은 홍콩에서 이익을 지키기 위해 그리고 이미 신정부를 승인한 인도와 같은 입장을 견지하기 위해 베이징 정부를 인정했다. 미국도 그러한 가능성을 배제하지 않았다. 미국과 베이징 정부의 관계는 중소동맹, 중국의 티베트 동부 점령 그리고 결국 한국전쟁의 발발이라는 과정을 거치면서 단계적으로 악화되어 갔다.

미국 의회에서 장제스 편을 들던 '차이나 로비'는 트루먼(Harry Truman) 대통령의 허약함을 비난했다. 트루먼은 이러한 비판에 대해 1950년 6월 27일, 즉 한국전 발발 이틀 만에 타이완 해협에 제7함대를 파견하고 타이완의 안전을 태평양 지역의 안전과 연계시킨다는 결정으로 대답했다. 그러나 중·미 관계가 결정적인 전환점을 맞은 것은 얼마 뒤 한국 군대의 급속한 붕괴와 관련된다. 트루먼 행정부가 예상치 못한 이러한 패퇴에 대해 미국의 지도자들은 어떤 설명이나 변명거리를 찾아야 했다. 그리고 더글러스 맥아더(Douglas MacArthur) 장군의 영향으로 중국이야말로 한국전쟁의 진정한 책임자라는 여론이 일기 시작했다.

중·미 간의 진정한 전쟁을 뜻하는 한국전쟁의 악화, 매카시즘의 확산, 그와 동시에 진행된 베이징의 정치적 과격화는 이후 20년간 지속될 치명적인 중·미 간의 단절을 가져왔다. 장제스의 대륙 수복 계획에 동조하지 않으면서도 미국은 군사적 경제적으로 장 정권의 공고화에 도움을 주었다. 타이완은 푸젠성(福建省) 쪽의 진먼다오(金門島)와 마쭈다오(馬祖島), 저장성(浙江省) 쪽의 다천다오(大陳島)에 둘러싸인 하나의 요새로 탈바꿈했다. 해양 봉쇄가 1950년 12월 미국의 대중국 금수조치 결정으로 강화되고, 곧이어 미국의 동맹국들에 의해 비준되었다. 중국은 이제 해양에서 단지 협소하고 취약한 출구인 홍콩을 보유할 뿐이었다. 중국은 영국 식민지 홍콩에 대해 끊임없이 주권을 주장하면서 홍콩과 계속해서 다양하고도 미묘한 관계를 유지해 나갔다.

해양으로부터 등을 돌리고 자신의 대륙적 기반으로 복귀하면서 그리고 강력한 이웃 소련에 기대면서 중국은 전반적으로 적대적인 국제 환경의 위협들을 비켜갔다. 그러한 환경 속에서 중국은 확보된 국토를 조직하고, 혁명 정신을 완수하면서 국가의 발전도 꾀해야 했다. 소련 모델의 채용은 중국의 요구에 부응하는 것이었다.

소련 모델의 채용

1927년 이래 투쟁의 완수를 위한 혁명 선배 소련의 조언을 거부했던 중국 공산주의자들은 승리 직후 소련식 조직 및 발전 모델을 채택했다. 그 선택은 전문 기술 분야에만 국한되지 않고 사회 전반에 걸친 것이었다. 경제 근대화라는 절박한 요구와 중앙 집중화된 계획화 조치들에 대해 곧바로 주어진 우선권은 공산주의자들로 하여금 국가 기구, 상하급의 위계질서, 사회적 안정을 무엇보다도 중시하게 만들었다. 결국 베이징의 지도자들은 아무런 주저 없이 혁명 뒤 신질서의 제도화라는 길로 들어섰다. 마오쩌둥은 〈인민민주독재론〉(1949. 6.)에서 마르크스를 좇아 혁명의 최종 목표에 대한 자신의 믿음을 재확인했다. 즉 반드시 사회 계급이 소멸할 날이 올 것이며 국가는 사라지고 공산주의가 실현될 것이라는 확신이 그것이다. 그러나 그것은 매우 먼 장래의 일이었다. 그때까지 인민의 국가 기구를 강화하여 그 안전을 보장하고 경제 발전이라는 과제를 수행하기 위해 헌신할 필요가 있었다.

민족 국가의 정치적 경제적 건설을 위해 혁명의 이상적 목표를 이와 같이 뒤로 미룬 것은 역사 발전의 여러 단계에 관한 마르크스-레닌주의 해석과 부합하는 것이었다. 부르주아-자본주의 발전 단계에 (거의) 들어가지 못한 낙후된 나라의 혁명은 전반적으로 이러한 단계에 걸맞는 변혁, 즉 국가의 통합과 산업화라는 과제를 수행해야 했다. 매우 고전적인 방식으로, 당시 중국의 지도자들은 사회주의가 낙후된 경제 기초 위에서는 건설될 수 없으며 공업화가 필수적 선결 조건이라고 여겼다. '튼튼한 공업'이 있고 나서야 '사회주의 건설'의 조건이 되는 농업 집단화가 가능하다고 마오쩌둥은 〈인민민주독재론〉에서 서술했다.

그러나 정치적 조직화와 경제적 근대화에 대한 중시가 단지 그러한 이념적 정통론의 논리에 따른 것만은 아니었다. 19세기 말 이래로 중국의 모든 정치 지도자들과 사상가들은 '부유하고 힘 있는'[富强] 중국을 만들기 위한 국가 재건의 필요성을 역설했다. 청 제국의 개혁(1901~1911)으로부터 위안스카이(袁世凱) 총통 시대(1912~1916) 또는 난징(南京) 국민정부 시기(1927~1937)에 이르기까지 각 정권들의 목표는 중국의 저발전을 극복하고 외국 지배의 잔재를 청산하며, 중국을 세계 경제 강국의 대열에 올려놓고 사회의 근대화를 실현하는 것이었다. 민족주의자이면서 동시에 공산주의자인 베이징의 새로운 지도자들은 그들의 방식대로 선임자들의 계획을 다시 떠안고 그들이 실패했던 곳에서 성공할 수 있는 수단들을 얻고자 했다.

그러나 근대화를 위한 이념과 전략의 폭은 그리 넓지 못했다. 초기 몇 년간 베이징 정부가 채택한 정책들은 바로 1927년 이후 장제스의 권위주의적이고 근대화 지향적인 정책들을 떠올리게 한다. 국가 권력의 회복, '단결'과 '건설'의 강조, 옛 지배층의 타협 시도 등 두 정권은 초기에 공통된 행보를 보였다.

그러나 소련 모델의 채용은 권력을 장악한 중국 공산주의자들에게 그들의 정권이 단순한 권위주의 정권으로 전락하지 않도록 하는 하나의 보장책이기도 했다. 당시 그들은 스탈린식 공업화의 사회-정치적 효과를 의심하지 않았으며, 소련은 그들에게(또 전 세계의 모든 공산당에게) '사회주의 조국'이자 근대화와 혁명을 조화시킬 수 있는 나라로 보였다.

우리는 흔히 중국 혁명의 특수성에 대해 언급하곤 하지만, 거의 주목하지 않았던 사실은 관리와 통제를 위한 다양한 기구가 극히 빠르고 효과적으로 설립되었다는 것이다. 대부분의 경우 혁명의 성공은 그 뒤 오랜 기간의 정치적 불안과 내전을 가져왔지만, 중국 혁명은 반대로 기존의 폭력과 혼란을 종식시켰다. 이러한 수월성은 일정 정도 중국 공산주의자들이 그들의 게릴라 근거지에서 획득했던 권력의 경험으로부터 왔으며, 권위주의적 국가 권력의 재건은 나라 전체, 국민의 요구에 부응한 것이었다. 따라서 그 재건은 혁명에 대한 배신이 아니라 하나의 성취로 간주되었다.

이렇게 중국의 신정권은 소련 모델로부터 권위주의적이고 관료적인 수단들과 그러한 수단들이 사회주의와 양립할 수 있다는 사고를 빌려왔다. 정권의 사회주의적인 성격을 보존하기 위해서는 당과 이념에서 그들의 우월적 지위를 유지할 필요가 있었고, 또 그러면 충분했다.

1949년 건립된 행정 및 통제 기구들은 매우 강력한 것이었지만, 이 기구들이 사회의 상위에 자리하고 있었던 것처럼 중국공산당이 (소련 공산당이 그러했던 것처럼) 그 기구들의 윗자리를 차지하고 있었다. 공산당만이 '정확한 노선'을 정의할 수 있었다. 그리고 그 정확한 노선은 단순히 이념적 순수성에만 관련되는 것이 아니라 권력의 모든 행위를 지도하고 통제했다. 여기서 스탈린식 정통론의 원칙들이 중국의 유교 전통과 합류한다. 유교 전통은 학자 엘리트를 모든 이해 당사자들이 복종해야 할 공통 이해[公]의 해석자이자 주재자로 삼았던 것이다. 정확한 노선을 제정하고 그것을 해석할 수 있는 유일한 자격이 있는 당을 통하여 이념과 조직 간의 혼융이 이루어졌다. 소련의 공산주의자들처럼 중국 공산주의자들은 이러한 혼융을 통하여 국가 기구가 그 힘을 사회주의 대의를 위한 봉사에 사용하도록 할 수 있었고, 혁명 정권(혁명 뒤의 정권이라고 부르는 편이 적당할 것이다)은 단순한 권위주의 정권과 구분될 수 있었다.

중국공산당

1949년의 중국공산당 조직은 1945년 4월에서 6월에 걸쳐 옌안에서 소집된 제7차 전국대표대회에서 채택된 당장(黨章, 당 규약)에 근거하고 있었다. 대표대회에는 120만 당원을 대표한 752명의 정·후보 대의원(대표)들이 참석했다. 그런데 공산당의 승리는 수많은 가입자들을 낳았고, 당원 수가 1949년 10월 450만 명으로, 1950년 중반 무렵에는 5백만 명으로 불어났다. 중국공산당 조직은 민주 집중제의 원칙을 따랐고 다른 공산당들과 매우 흡사했다. 최고 지도 기관은 전국대표대회[全大會]였지만 드물게 소집되었기 때문에 그 역할은 제한적이었다. 제6차 전국대표대회는 1928년에 소집되었고, 제8차 전국대표대회는 1956년에야 열린다. 전국대표대회의 주요 임무 가운데 하나는 중앙위원회를 선출하는 것이었고, 중앙위원회 전체회의[中全會]는 매년 2회 또는 여러 차에 걸쳐 소집되었다. 제7차 전국대표대회에서 선출된 중앙위원회는 44명의 정위원과 13명의 후보위원으로 구성되어 있었다. 중앙위원회에 의해 선출되어 중앙위원회 전체회의가 폐회된 기간에 위원회를 대표하게 될 정치국(政治局)은 일상적인 권력의 행사에서 진정한 최고 권력을 장악하는 기관이었다. 1949년 정치국은 13명으로 구성되어 있었는데, 그 가운데 5명은 특별한 책임이 주어져 정치국 상무위원회(常務委員會)를 구성하였다. 그들은 마오쩌둥, 류사오치(劉少奇), 저우언라이(周恩來), 주더(朱德), 천윈(陳雲)이었다.

그것은 대장정, 항일전쟁 그리고 국민당과의 내전이라는 우여곡절을 거치면서 비상한 능력을 증명해 보인 특수한 집단이었다. 마오쩌둥은 이론가로 등장했다. 1945년의 당장에서 마오쩌둥 사상은 마르크스-레닌주의와 같은 자격으로 당의 행동을 지도하는 기본 원칙으로 부상했다. 류사오치는 국가 기구를 장악한 인물로, 특히 당의 조직을 담당하고 있었다. 저우언라이는 조정자이자 행정가였고, 주더는 인민해방군의 가장 영광스럽고 대중적인 지도자들 가운데 하나였으며, 천윈은 국가 재건에서 중요한 구실을 맡게 될 경제 전문가였다.

당, 정부 그리고 군에 대한 지도 공작에서 중앙위원회는 전문화된 다양한 부서의 보조를 받았다. 농업부, 재정경제부, 선전부, 외교부, 군사위원회 등이 그것이다.

중국공산당은 지방 수준에서도 유사한 방식으로 조직되었다. 성대표대회, 현대표대회가 해당 수준의 위원회를 선출했고, 서기에 의해 지도되었으며, 중앙위원회의 각 부서처럼 전문화된 부서를 두어 보조하게 했다. 당의 조직망은 국가 행정, 기업, 군, 대중 조직에도 확산되었다.

소련공산당과 비교해 보면, 중국공산당은 당 조직, 당원 충원, 당 내부 운용 면에서 공히 몇 가지 특징들을 보여준다. 먼저 마오쩌둥은 당 주석(총서기가 아님)의 이름으로 권력을 행사했다. 이것은 단순한 역사적 우연이었다. 1921년 창당으로부터 1935년 쭌이회의(遵義會議)에 이르기까지 당은 총서기에 의해 지도되었다. 그러나 1935년 마오쩌둥이 갈구했던 그 지위는 그의 경쟁자 가운데 하나였던 장원톈(張聞天)에게 넘어갔다. 장은 그 뒤 몇 년간에 걸쳐 점차로 권력으로부터 밀려났고, 총서기라는 직위도 폐기되었다. 1945년의 전국대표대회에서 당시 강력하던 마오쩌둥은 주석으로 선출되어 권력을 부여받았고, 1976년 사망에 이르기까지 이 직위를 유지하였다.

또 하나, 보다 더 의미심장한 중국공산당의 특성은 매우 미약한 노동자 당원의 충원이었다. 다른 모든 공산당들과 마찬가지로 중국공산당은 노동자 계급의 대표임을 선언했다. 그러나 1927년 이후 혁명 투쟁은 주로 농촌에서 발전했고, 노동자 계급은 상대적으로 부수적인 역할에 머물렀다. 1949년 초 노동자는 당원의 3퍼센트를 차지할 뿐이었다. 도시의 점령에 따라 공장 노동자의 당원 가입이 증가했지만, 공장에서는 생산에 대한 열정이 정치의식과 정치적 충성의 기준으로 충분하다고 여겨졌다. 그러나 프롤레타리아트의 수적인 증가와 그들에 집중된 당원 충원에도 불구하고 1957년에 노동자는 아직 당원의 14퍼센트에 머물렀다. 따라서 중국공산당은 여전히 지식인과 군대 간부들(사실 그들 가운데 많은 이가 농민 출신이었다)의 당에 머물고 있었다.

그러나 동시대 관찰자들에게 가장 큰 충격을 주었던 특징은 분명 중국공산당이 보여준 특이한 결속력이었다. 창당 이래 중국공산당은 많은 위기와 내부 경쟁을 겪었다. '두 노선 간의 투쟁'[兩條路線鬪爭]이라는 이름 아래 중국의 공식 역사는 1921년과 1937년 사이에 적어도 여섯 차례의 노선 투쟁을 언급하고 있다. 그러나 그 어느 것도 스탈린식의 피어린 대규모 숙청으로 나아가지는 않았다. 1949년에 리리싼(李立三)·왕밍(王明) 등 마오쩌둥의 불행한 경쟁자들 일부는 여전히 중앙위원회 위원이었다. 1960년대와 1970년대의 분란으로 미루어 1950년대 초의 결속에 약간의 의문을 갖는 것도 사실이다. 다양한 경향을 가진 잠재적 반대자들이 억압되었다. '백구'(白區)에서 활동하던 그리고 국민당이나 일본의 통치 아래 있던 도시에서 비밀 활동을 조직했던 류사오치, 펑전(彭眞) 등의 지도자들이 이제 국가 기구를 담당하는 지도자가 되었다. 한편 옛 공산당 근거지의 지도자들은 게릴라전의 실천에서 영감을 받은 정치 방식에 여전히 집착하고 있었다. 그리고 왕밍이라는 모스크바의 주요 대변인이 1941년과 1942년의 숙청 이후 권력에서 밀려났지만, 중국공산당 안에서 소련의 영향력은 계속해서 문제를 일으키고 있었다. 권력 장악 뒤 중국공산당 안에 여전히 잠재되어 있던 뇌관 가운데 하나가 처음으로 폭발했던 것은 바로 그러한 맥락에서였으니, 1954년의 가오강-라오수스(高崗-饒漱石) 사건이 그것이다(이하 86쪽 참조). 그러나 승리 직후에는 단합의 역학이 지배적이었고, 중국공산당 지도부는 유연함, 결속, 동질성의 한 본보기로 보였다.

당의 역할은 '총노선'을 정의하고, 국가 기관에 전달될 지시를 통해 그것을 분명히 하고, 지시가 잘 적용될 수 있도록 감독하는 것이었다. 이러한 지도적 구실은 당의 여러 위원회를 매개로 수행되었다. 당위원회는 각급 행정 부서와 나란히 위치하면서 공무원의 업무를 통제했다. 당의 계서제와 국가 계서제 간의 연계는 여러 업무의 중첩이라는 일반화된 관행으로 형성된 간부 집단을 통해 강화되었다. 가장 주목할 만한 예는 물론 마오쩌둥 자신이었다. 그는 공산 정권 초기 10년간 당 주석이면서 동시에 국가 주석이었던 것이다.

중국공산당의 활동은 대중 조직과의 연계를 통해 행정의 범주를 넘어 확대되었다. 노동조합(工會, 1952년 6백만 명의 조합원), 부녀협회(7600만 명의 회원), 민주청년단(1957년 공산주의청년단으로 개명, 7백만 명의 단원) 등의 대중 조직이 그것이다. 계서제의 형태로 조직되고 상근 간부들에 의해 운영되며 당의 고위 책임자들에 의해 지도되는 이들 대중 조직들은 레닌주의 전통에 따라 당의 '전달 벨트' 구실을 담당했다. 이들 대중 조직들은 그들이 대표한다고 여겨지는 사회 집단의 요구 쪽으로 지나치게 기울어질 경우[1951년 가을 '반(反)경제주의'에 의해 숙청된 노동조합이 이 경우에 해당한다] 질서를 지킬 것을 요구받았다. 그들은 무엇보다도 그 성원들에게 당의 총노선을 설명하여 그것을 받아들이도록 만들고, 정부의 조치들을 시행해야 했다.

당은 정권의 운용에서 이렇듯 중심 지위를 차지하고 있었다. 그러나 당은 국가의 여러 책무들을 침범하거나 지시의 실행 과정에서 다양한 행정 업무를 대신해 버리는 '극좌주의'에 빠져서는 안 되었다. 동시에 당은 경험 부족이나 나태함 때문에 국가 권력에 복종해 버리고, 또 관리자의 결정에 이념적 정당성을 부여해 주는 일을 맡는 단순한 등기소가 되어 버림으로써 '관료주의'에 자리를 내주어서도 안 되었다. 이러한 일탈의 위험에 직면하여 균형을 유지하기란 어려운 일이었다. 정권 초기 몇 년간 당은 권한과 관리 면에서 극히 계서제적으로 이루어진 국가 기구의 수립에 의해 거의 위협받지 않았다. 그러나 매우 광범위한 권력을 부여받은 중앙 각 부처의 신속한 설립으로 지방 행정과 경제 관리에서 당위원회의 개입은 제한적이었다.

국가 기구

임시 제도, 1949~1954

1949년 신정권은 1954년 헌법에 의해 상설 기구로 확정될 때까지 지속하게 될 임시적인 정치 및 행정 조직을 설립했다. 이 임시 조직은 마오쩌둥이 1949년 6월 〈인민민주독재론〉에서 정의한 원칙을 제도적 차원에서 적용한 것이었다. 1940년 1월 〈신민주주의론〉에서 이미 제기한 바 있는 통일전선과 반제국주의를 위한 네 계급[1] 연맹을 재강조하면서 마오쩌둥은 호의적인 애국자들에게 신정권에 협조할 것을 호소했다. 그들은 모든 개인적 자유를 누릴 것이며 정치에 참여하여 행정적 경제적 책임을 떠맡을 수 있을 것이었다. 공업 부문을 포함하여 일정한 형태로 사유 재산도 유지될 것이었다. 겉으로는 자유로워 보이지만, 그러나 이러한 조치들은 중국공산당의 지도적 역할을 인정하는 것이었으며 통일전선은 공산당의 통제 아래서 기능할 것이었다. 신민주주의 정책의 수혜자는 사실 네 계급으로 이루어진 인민에 한정되었다. 모든 권리가 박탈된 '반동분자'들은 인민의 독재에 복종해야 했다. 물론 마오쩌둥의 글은 어떤 기준으로 반동을 규정할 것인지 명확히 하지 않았다. 사실 이 기준은 유동적인 것이었고, 당이 모든 주도권을 쥐고 그것을

1) 네 계급이란 노동자(工人階級), 농민(農民階級), 소자본가(小資産階級) 그리고 민족자본가(民族資産階級, 외국 자본에 협력하는 '매판' 자본가와 국민당에 협조했던 '관료' 자본가에 대한 상대적 개념)를 말한다.

결정했으며 반대자들을 탄압했다. 비록 실질적 권력이 공산당의 손에 쥐어져 있었지만 1949년에 수립된 제도적 장치들은 힘 있고 호의적인 인사들의 협력을 가능케 했으며, 민족주의에 호소하여 일정한 협조를 이끌어 내는 데 하나의 형식을 부여해 주었다.

1949년 6월 한 준비위원회[籌備會]가 베이징에서 개최되어 중국인민정치협상회의[政協]의 소집을 준비하였다. 거기에는 비공산당계 야당들로부터 국민당에 이르는 다양한 당파와 민주 인사들이 참석했다. 9월 이 준비위원회는 세 가지 기본 문건을 발표했다. 마오쩌둥이 이미 공표한 통일전선의 원칙에 따른 중국인민정치협상회의 공동 강령, 이 기구의 구조와 기능을 규정한 중국인민정치협상회의 조직법 그리고 집행권을 규정한 중앙인민정부 조직법이 그것이다.

정협은 1949년 9월 21일 베이징에서 성립되었다. 588명의 대표는 선거가 아니라 지명을 통해 구성되어, 지역(102명), 인민해방군(60명), 정당(중국공산당과 소규모 '민주' 당파 142명), 직업 및 인민 단체(해외동포, 실업계, 노동계, 부녀협회 등 206명)의 이익을 대표했다. 한편 75석을 '민주인사'들에게 배정하여 그들의 명성을 통하여 정협의 권위와 신뢰를 높이고자 했다.

이 정협은 입법 의회이자 제헌 의회로서 기능했다. 정협은 준비위원회가 작성한 세 가지 기본 문건을 비준했을 뿐 아니라 1954년 헌법을 제정하는 일을 맡았던 것이다. 마오쩌둥이 주재하는 중앙인민정부위원회가 중국인민정치협상회의 폐회 기간의 최고 국가 기관이었다. 위원회는 정무원을 조직했고 총리를 맡은 저우언라이가 지도했다. 정무위원회는 정부 기능을 담당했는데, 몇 개의 특별위원회를 통해 약 30개에 이르는 각 부처와 위원회들을 통제했다. 그러나 외교부, 화교사무위원회 그리고 정보 부서들은 총리 직속으로 삼았다. 군사 · 사법 기구들의 경우는 정무위원회 소관이 아니라 중앙인민정부에 직속되었다(다음 표 참조).

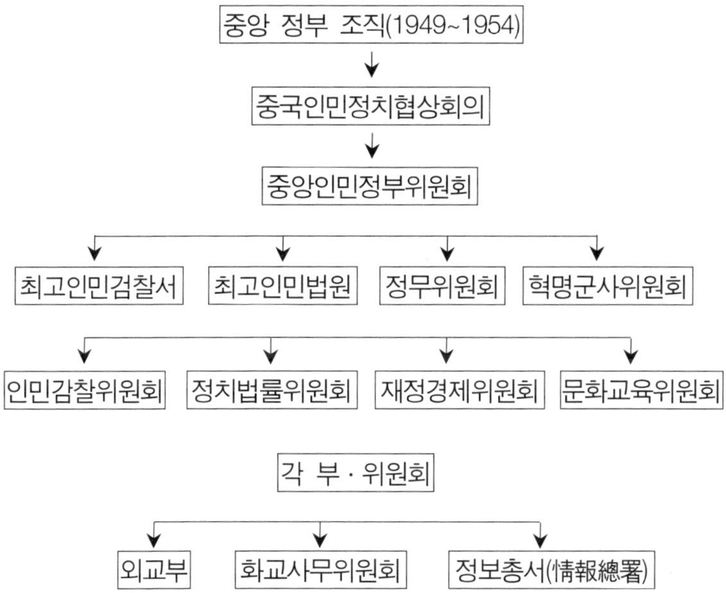

1949년 당시에 신정권의 영토적 기반은 아직 취약했다. 각 성(省)이 모두 통제 아래 들어 온 것도 아니었고 외부의 위협으로부터 완전히 벗어난 것도 아니었다. 따라서 질서를 공고히 하고 새로운 행정 체계의 기초를 놓는 임무는 군대에 위임하였다. 각 성은 혁명 군대의 작전 구역과 군사통수부에 따라 6개의 대행정구(大行政區)로 재편되었다.[2] 각

2) 랴오닝(遼寧) · 헤이룽장(黑龍江) · 지린(吉林) · 러허(熱河) 등의 동북 지역은 가오강(高崗)에 의해, 허베이(河北) · 차하르(察哈爾) · 수이위안(綏遠) · 베이징시(北京市) · 톈진시(天津市) 등 화북 지역은 류란타오(劉瀾濤)에 의해, 장쑤(江蘇) · 저장(浙江) · 안후이(安徽) · 산둥(山東) · 푸젠(福建) · 난징시(南京市) · 상하이시(上海市) 등의 화동 지역은 연이어 천이(陳毅)와 라오수스(饒漱石)에 의해, 후베이(湖北) · 후난(湖南) · 허난(河南) · 장시(江西) · 광둥(廣東) · 광시(廣西) · 광저우시(廣州市) 등의 중남 지역은 린뱌오(林彪)에 의해, 쓰촨(四川) · 구이저우(貴州) · 윈난(雲南) 등의 서남 지역은 류보청(劉伯承)에 의해 그리고 산시(陝西) · 간쑤(甘肅) · 닝샤(寧夏) · 신장(新疆) 등의 서북 지역은 펑더

지역의 지도자들은 민정 및 군사적 실권을 장악하고 있었다. 그들은 중앙 권력의 권위를 대표하여, 수십 년간 이어진 분열로 말미암아 자율적 경향이 강력했던 지방에서 중앙의 의사가 가장 효과적으로 행사될 수 있도록 기능했다. 1954년 이들 대행정구는 정상적인 행정 구조가 자리 잡으면서 해체된다. 그러나 그러한 지역적 구분의 필요성은 중화인민공화국의 역사에서 몇 차례 — 특히 경제 관리의 지방 분권화 시기에 — 다시 나타날 것이었다.

1954년 헌법

권력 장악 뒤 5년만인 1954년의 헌법은 국가의 정치·행정 구조를 공고히 하고 기존의 임시 권력 기관들을 항구적인 제도로 대체했다. 헌법에 따라 4년 임기로 선출된, '국가 입법 기관이자 최고 국가 권력 기관'인 전국인민대표대회(全人大, 국회)가 성립했다. 전인대는 공화국의 주석을 임명했다(1954년, 마오쩌둥). 이제 과거의 정무원은 국무원으로 개명되고, 계속해서 저우언라이의 휘하에서 정부를 지도했다. 혁명군사위원회는 국방위원회로 대체되어 공화국 주석에 직속되었다. 최고인민검찰원과 최고인민법원은 전인대에 직속되었다. 이러한 구조는 다음 두 가지 특징을 제외하고는 매우 전형적인 것이었다. 즉 한편으로 입법의 회이자 제헌의회이기도 했던 인민정치협상회의가 존속되어 통일전선의 상징으로 남았다는 것과 다른 한편으로 최고국무회의가 새롭게 창설되어 그것의 구성과 권한에 대한 규정이 모호한 채 공화국 주석에게 직속되었고, 이것이 여러 차례 마오쩌둥에 의해 그의 여러 계획들을 시작하고 옹호하는 데 활용되었다는 것이다(다음 표 참조).

화이(彭德懷)에 의해 각각 지도되었다. (이 지도자들은 해당 지역의 행정위원회 주석의 직위를 맡았다. 1953년 1월 14일의 중앙인민정부위원회 제21차 회의의 결정 참조—역주)

1954년 헌법에 의한 중앙 행정 · 사법 조직 약도

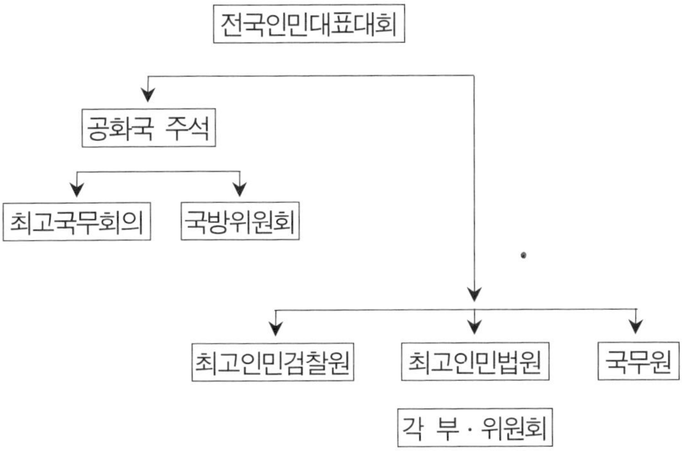

지방에서는 6개 대행정구가 폐지됨에 따라 구래의 전통적인 각급 행정의 계서제가 거의 변경되지 않은 채 중시되었다. 그 계서제의 정상에는 중앙 정부에 직속된 26개 성과 3개 직할시(베이징 · 톈진 · 상하이)가 위치했고, 그 아래로 여러 특별 구역[專區], 약 2천 개의 현(縣) 그리고 마지막으로 중공 정권이 새로 중요성을 부여한 기층 단위인 약 20만 개의 향(鄕)이 있었다. (관료 체제가 전국을 그리 긴밀히 통제하지 않았던 중화제국 시기에 기층 행정 단위는 현이었는데, 현내의 주민은 무려 수십만 명에 이르기도 했다!) 각급 행정 단위마다 인민대표대회가 구성되었다. 이 지방 인민대표대회가 구성하는 여러 위원회는 지방 정부의 기관이면서 동시에 상급 기관에 엄격히 종속되었다.

소수 민족 정부

소수 민족 지구(民族區域—역주)는 일반 행정 조직의 범주를 벗어나 있었다. 해당 지역에 수립된 특별 정권은 경제 발전의 낙후성을 고려한 것임과 동시에 베이징 정부가 이들 지역에 부여하고 있던 중요성을 반영한 것이기도 했다. 즉 전 인구의 6퍼센트에 불과하지만 전 국토의 거의 절반을 차지하고 있는 소수 민족 지구는 대부분 변경 지역[邊疆]에 위치하고 있어 특수한 전략적 역할을 부여받고 있었다. 소수 민족의 처우에서 한족(漢族)들은 역시 소련 모델로부터 영감을 얻었지만, 몇 가지 중요한 손질을 가했다.

소련과는 달리 중국은 연방 국가가 아니라 통일된 다민족 국가였다. 1949년의 공동 강령은 국토의 불가분리와 불가양도를 선언했다. 따라서 소수 민족 집단에 대해 소련 헌법에 보이는 것과 같은 분리 독립의 권리를 인정하지 않았다. 중국 당국이 주목한 것은 1920년 변경 지역의 분리에 대한 모든 요구를 '반혁명'으로 간주했던 스탈린의 권위였다.

그러나 신정권은 국민당 정부가 시행한 바 있던 한화(漢化) 정책과 강제 통합 정책으로부터 벗어나고자 했다. 신정권은 한족의 쇼비니즘을 비난하고 각 민족의 평등 및 그들의 언어 · 풍습 · 문화를 유지할 권리를 보장했다. 지역 자치의 원칙은 한족에게 경제 발전과 혁명적 해방의 길로 소수 민족을 인도할 수단들을 부여하면서도 소수 민족 인민들로 하여금 자유를 행사할 수 있도록 하는 것이었다. 특수한 행정 체계가 1952년 8월에 발표된 소수민족지구 자치실시요강(中華人民共和國民族區域自治實施綱要, 1952년 2월 22일 정무원 제125차 정무회의 통과, 8월 8일 중앙인민정부위원회 제18차 회의 비준, 8월 9일 공포—역주)에 규정되었고, 1954년 헌법에서 몇 가지 조치들이 보완되었다.

자치는 행정 각급의 특수 제도로 시행되었다. 성급에 해당하는 자치구(自治區), 성과 현의 중간 수준인 자치주(自治州) 그리고 자치현(自治縣)이 그것이다. 요강의 문안을 보면 하나의 소수 민족이 압도적인 동질의 소수 민족 구역과 다민족으로 구성된 소수 민족 구역을 구분하고 있다. 지방의 정치 행정 기구에서 소수 민족 대표 체계는 중앙 정부의 통일적 지도 아래 시행되었다. 국무원에 직속된 민족사무위원회는 각 부와 동률적인 차원에서 기능했고, 당 중앙위원회 통전부의 통제 아래 두어졌다.

이렇듯 여러 자치 기구와 자치 구역의 설립이 이루어졌지만, 자치와는 대조적으로 그것들은 궁극적으로 당과 국가의 지도 기관에 종속되었다. 소련 모델의 정신에 충실히 따르고자 했던 중국의 지도자들은 그들 권력의 작은 부분도 포기하지 않았다. 최소한 정권 초기 몇 년 동안은 지도자들이 권력을 비교적 온건하게 사용했다. 그들은 (종교 지도자들을 포함한) 지방 엘리트와 제휴를 모색했고, 전통적인 사회 구조를 존중했다. 현장에 파견된 선전 조직은 위생, 예방 의학, 교육 등의 문제에 중점을 두었다. 한편 베이징의 중국과학원 민족연구소는 소련 전문가들의 도움을 받아 민족 집단과 그들의 언어 등을 분류했다. 자치구의 설정은 일정한 시차를 두고 진행되었다. 결정적 승리 이전인 1947년에 이미 몽골자치구가 설립된 이후, 1955년 신장자치구가 성립했고, 1957년에는 닝샤(寧夏) 회족(回族) 지역과 광시(廣西)의 장족(壯族) 지역에 자치구가 수립되었다.

군대의 전문화

1950년 가을 한국전쟁에 개입할 당시 인민해방군은 아직도 게릴라 군대이자 내전 군대였다. 그것은 유연한 조직체로서 매우 유동적이었고 높은 도덕적 자질을 보여주었다. 사병들은 대부분 자원에 의해 형성된 조직인 민병(民兵)에서 충원되었고, 장교는 대부분이 일반 전투병 출신이었다. 인민해방군은 고유의 군사 임무 이외에 경제 활동도 수행했다. 해방군 부대들은 식량과 필요한 장비를 생산하거나 보다 더 광범위한 활동에 참여했다. 해방군은 동원, 통제, 선전 등 중요한 정치적 책임도

졌다. 공산당위원회가 군 안의 각급 부대에 위치했고, 소련군 조직으로부터 빌려 온 이중 지휘 구조에 따라 정치위원이 군 지휘관과 함께 권위를 행사했다.

한국전쟁 기간에 현대적인 군대와 마주친 중국군 지휘관들은 인민해방군의 개혁, 장비의 보완, 특수 무기 — 대포, 전투기 — 의 공급, 지휘 체계의 통일 및 집중화에 대한 필요성을 인식했다.

인민해방군의 현대화는 소련의 지원과 함께 착수되었다. 소련은 1951년 여름 한국의 중국 인민지원군 부대에 계속해서 중장비를 수송해 주었다. 보다 더 폭넓은 방식으로 소련은 중국에 전문화된, 기술을 중시하는 그리고 상하 위계가 분명한 군대의 모델을 제공했다. 1953년 10월 1일 주더는 인민해방군이 '소련의 선진 군사 과학과 기술'을 배워야 한다고 선언했다. 1955년 7월 30일의 법령은 선별 징병을 시행함으로써 기존의 민병 충원 방식을 대체했다. 그 목적은 군대의 증원이 아니라(병력 수는 오히려 250만 명으로 제한되었다), 자질을 향상시키고 군에 기술 업무를 담당할 젊은이를 보내기 위한 것이었다. 그리하여 복무 기간이 육군은 3년, 공군은 4년 그리고 해군은 5년으로 정해졌다.

부대의 통솔에서 사병 출신의 장교는 신뢰하기 어려웠다. 새로운 사관학교가 창설되어 청년 학생들을 충원했고, 희소한 기술 인력을 흡수하기 위해 공업 부문과 경쟁했다. 한편 인민해방군은 소련 모델로부터 일련의 계급 제도와 여러 군복 장식들, 제복들을 채용했다. 그리고 1955년 9월 28일 10명의 해방군 사령관이 원수로 승진했다.

군은 결국 그 본연의 모습으로 돌아가고자 했다. 전 국토를 분할한 대군구(大軍區)들은 일반 행정 단위와 연계되지 않고, 하나의 군구가 통상 몇 개의 성이나 자치구를 포함하고 있었다. 군 내부에서도 정치위원과 당위원회의 역할은 쇠퇴했다. 그리고 일반 업무의 수행에서 해방군은 당의 정치적 통제를 벗어나고자 했다.

위계질서의 맨 위에서 인민해방군은 분명 최고 권력자에게 긴밀히 종속되어 있었다. 중앙위원회 주석(마오쩌둥)은 군대를 통수하고 막강한 당 군사위원회의 최고 지위에 있었다. 국방위원회는 공화국 주석에 직속되었고, 국무원 산하의 국방부는 단지 당의 지시를 전달하고 행정상의 임무를 수행할 뿐이었다.

그러나 당의 지도 기관 안에서 군 지도자들은 의견을 결집하여 현대적이고 강력한 군대를 구상하면서 군의 이익을 대변하기도 했다. 1955년 7월 전국인민대표대회 회기 동안 국방부장 펑더화이와 류보청, 예젠잉(葉劍英) 원수는 군 경비의 증액과 해·공군의 증강을 주장하여 관철시켰다. 경제 관료와 경제 계획 입안자들에 대하여 군 지도자들은 국방부문이 사회주의 건설과 마찬가지로 우선권을 가져야 한다고 주장하여 일시적으로 동의를 이끌어 내기도 했다.

공산 정권의 수립 당시 법의 역할과 평등의 문제는 볼셰비키 혁명이 승리한 이후 러시아에서 그랬던 것처럼 중국에서도 어떤 커다란 이론적 논란의 대상이 되지 못했다. 헌법의 채택과 제도적 틀의 강화가 민주적인 권리와 자유의 보장을 목표로 한 것은 아니었다. 예컨대 사법기구 조직은 공안부장[뤄루이칭(羅瑞卿)]의 명령에 따르는 비밀경찰의 행동을 전혀 제어할 수 없었다. 다양한 기구의 설립은 무엇보다도 거대한 대륙 국가의 관리라는 필요성과 수차례 연기된 그리고 여전히 시급한 근대화라는 절박한 과제에 답하기 위한 것이었다.

신정권에 의해 채택된 정책은 민족주의적이며 권위주의적인 그리고 근대화 추진자인 국가의 재건이라는 임무 이외에도 국토의 재건, 통일, 관료제의 구축 등 여러 가지 측면에서 그 의미를 고찰할 수 있을 것이다. 그러나 꼭 그것만은 아니었다. 사실 혁명의 제도화와 나란히, 낡은 질서와의 깊은 단절을 보이게 될 — 그 방법과 마찬가지로 결과의 면에서 — 사회 변혁의 시도가 전개되기 시작했다.

제2장
대중 동원과 사회 변혁

국민당 시기에 중국의 사회적 비리와 갈등은 매우 심각했지만 그것이 혁명의 촉발에 결정적으로 작용했던 것 같지는 않다. 인민 대중은 사회의 총체적 변혁을 바라기보다는 기존 질서의 변화 쪽을 더 원했던 것 같다. 그러나 혁명의 과정은 일단 그것이 시작되자 기대와 희망을 불러일으켰다. 중국공산당은 선전을 통해 기대와 희망을 지속시켰고, 신정권은 그것을 실현시키고자 노력했다. 요컨대 중국에서 혁명적 사회는 혁명의 원인이라기보다는 혁명의 결과물로서 출현했던 것이다.

따라서 신정권은 변화의 주체였고, 여러 정치적 수단들을 통해 변화를 추진했다. 그러나 신정권은 개발 정책을 수행하기 위해 필요한 일부 옛 엘리트들에 대한 처우에 주의하지 않을 수 없었기 때문에, '위로부터'의 사회혁명은 얼핏 보기에 경제적 근대화에 역행하는 장애들 — 전통적인 소수의 특권, 다수의 빈곤 및 소외 — 을 걷어 내기 위한 단순한 **개혁**(aggiornamento)과 혼동될 위험이 있었다. 1950년의 토지 개혁 및 같은 해 혼인법의 공포로 시작된 가부장제에 대한 공격이 그 예가 될 수 있을 것이다.

그러나 근대화 추진자로서 과거의 권위적인 정권과 달리 스스로 혁명적이고자 했던 공산 권력은 그러한 개혁에 만족하지 않았다. 국가 기구에 대한 당의 지배와 이념의 대변자이자 옹호자로서 당이 보유하고 있던 독점권을 통해 중국공산당은 평등 사회라는 살아 있는 이상을 유지할 수 있었다. 그리고 그러한 이상의 이름으로 중국공산당은 특정 사회 집단 — 1952년의 기업 자본가와 1954~1955년의 지식인 집단 — 에 대한 정책을 급진화시킬 수 있었다.

그 밖에도 당은 위로부터 시작된 변화의 의지를 대중 자신의 바람에 기반을 두고자 했고 일정 정도 성공을 거두었다. 그 수로만 보면, 대중 운동은 1949년 이후 중국의 정치 생활에서 핵심적인 구실을 하게 된다. 그러나 '현실' 사회주의 — 권력을 장악한 공산당이 스스로 프롤레타리아트의 대변자로 자처하는 나라들의 사회주의 — 는 대중이 직접적으로 개입할 여지를 거의 주지 않았다. 따라서 수많은 대중 동원의 흐름들이 있었다고 해도 그것들이 중국의 사회주의에 — 소련과 동유럽 국가들의 사회주의와는 다른 — 민주주의적인 또는 최소한 민중주의적인 특성들을 부여해 주었는지 그리고 그것들이 위로부터 '혁명화된' 사회에 혁명적 사회의 특성들을 부여해 주었는지는 검토의 여지가 있다.

대중 노선과 대중 운동

전술한(제1장 32쪽) 대중 조직들 — 노동조합, 부녀협회, 청년단 — 은 대중 동원의 항상적이고 제도적인 형식을 이룬다. 중국의 이 조직들이 다른 모든 사회주의 정권들에서 찾아볼 수 있는 유사 조직들과 비교하여 어떤 특별한 독창성을 보여주지는 않는다. 독창성이라면 이 조직들이 주민에 대해 각별히 긴밀한 통제를 보장해 주었다는 데 있는지도 모른다. 각 제도들(학교, 행정 부서, 공장) 또는 지리적 단위들(거리, 촌락)과 연결된 이 대중 조직들의 기층 지부들은 다시 약 20명 정도의 작은 그룹들(小組)로 세분되어, 그 내부에서 선전 공작이 이루어지고 상호 협조와 감시가 수행된다. 민주 집중제의 구조에서 이 대중 조직들을 통해 주민의 동원과 통제가 동시에 이루어질 수 있었던 것이다.

대규모 대중 운동은 이러한 이론적이고 제도적인 틀을 넘어선다. 그것은 대중 노선('군중 노선')의 원칙 아래 수행된다. 1943년 〈영도 방법에 관하여(關於領導方法的若干問題)〉라는 지시를 통해 마오쩌둥에 의해 처음 공식화된 이 대중 노선의 원칙은 대중의 창의성이라는 신비주의적인 개념과 중국공산당에 부여된 지도적 역할을 조화시키고자 했다. 대중의 창조적 힘이 당의 행동에 영감을 줄 수 있도록 하기 위하여 당은 일정한 절차를 지킬 필요가 있었다. 먼저 간부들은 대중이 원하는 것을 잘 파악하고 그들의 문제를 분간해 낼 수 있어야 했다. 그로부터 얻어진 정보를 기반으로 간부들은 상급 기구에 전달할 보고를 작성했다. 이렇게 사정을 파악한 지도자들은 다시 대중에게 전달할 지시를 완성했다. 지시를 실천할 대중은 그것이 그들 자신의 기대에 부응하는 것임을 확인할 것이다. 이러한 과정에서 간부들은 끊임없이 공식적인 지시와 대중의 요구 및 바람이 일치하는지를 검토해야 했다. '대중으로부터 나와 대중에게로'라는 공식에 요약된, 기층과 지도자들의 지시 사이의 이러한 왕복 운동은 절대로 중단되어서는 안 될 것이었다.

대중 노선에 따르지 않는 지시가 있다면 그것은 구체적인 실제와 단절됨을 뜻했다. 그로부터 여러 가지 일탈이 생겨난다. 실제적인 필요를 고려하지 않고 지시를 작성하는 지도 간부들의 관료주의, 주민들이 자신들의 바람을 확인할 수 없는 지시를 강제로 적용하는 지방 간부들의 권위주의 등이 그것이다. 그러한 일탈 때문에 정풍 운동(整風運動)이 요구되었다. 그것은 당내의 상호 비판 및 자아비판의 형식으로, 또는 대중에게 직접 호소하여 잘못된 간부의 행동을 탄핵하도록 하는 방식으로 전개되었다.

그러나 실제적으로 대중 운동 체계는 〈영도 방법에 관하여〉에서 정의된 형식과는 다소 차이를 보였다. 중앙에서 내려진 결정에 따라 구호가 전달되었는데, 그 전달은 국가 기구의 상하 정규 위계질서를 따라 대중 조직을 매개로 하거나 또는 신문 · 방송을 통해 이루어졌다. 최초의 성과에 대한 평가를 거친 뒤 중앙은 지시를 취소하기도 했지만, 보다 일반적으로는 지시를 확인하고 전면적인 시행의 단계로 들어갔다.

이러한 통치 방식은 대중이 정치 생활에 광범위하게 참여함을 뜻했다. 그러나 그 참여는 지시의 시행 측면에서였지 결정 측면에서 이루어진 것은 아니었다. 또 그러한 통치 방식은 대중이 당의 결정을 자신의 것으로 받아들이도록 만들어야 한다는 것을 뜻하기도 했다. 대중은 당의 결정에 복종해야 했을 뿐만 아니라 전면적으로 승인하지 않을 수 없었다. 당은 피동적인 복종에 만족하지 않았고, 개인은 침묵 속으로 도피할 수 없었다.

일상적 체계에 종속된 대중 운동은 매우 다양한 목적을 갖고 있었다. 대중 교육(문맹 퇴치 운동, 위생 규칙의 준수 등), 경제 건설을 위한 에너지의 동원, 정권에 위험한 사회 계급에 대한 통제와 제거 등이 그것이다.

바로 이러한 대중 운동을 통하여 공산 정권 처음 10년 동안의 사회적 경제적 변혁이 이루어졌다. 그 뒤 대중의 피로와 환멸 그리고 대중 운동의 전개에서 시도된 왜곡, 최고위층의 파벌 투쟁 등은 광범한 대중 동원의 효과를 점점 더 감소시켰다. 그러나 1950년대 초 간부들에 의해 촉발되고 지도된 자발성은 전반적으로 대중 자신의 자발성과 일치했다. 그리하여 '위로부터' 부과된 사회적 변혁은 또한 진정한 혁명 의식의 목표이기도 했다.

1950년의 토지 개혁과 지주 계급의 타도

1927년 농촌 지역으로 후퇴한 이래, 중국공산당은 장소와 상황에 따라 급진적이거나 또는 온건한 다양한 토지 개혁 정책을 수립하고 시행해 왔다. 1933년 작성된 마오쩌둥의 문건 〈어떻게 농촌 계급을 분석할 것인가?(怎樣分析農村階級)〉는 토지 소유의 정도가 아니라 — 중국에서는 대부분의 토지가 소규모로 또는 비교적 소규모로 분할되어 있었다 — 경작자와 경작지의 관계가 어떤 성격인지를 기본적인 분류의 기준으로 삼았다. 그에 따라 마오쩌둥은 농촌 계급을 넷으로 나누었다. 일반적으로 스스로는 노동하지 않으면서 소작인[佃戶]이 지불하는 지대로 살아가는 지주, 자신의 토지 일부를 스스로 경작하면서 동시에 여분을 소작 주는 부농, 생존에 필요한 만큼 토지를 소유한 중농 그리고 생존을 위해 노동력을 팔아야 하는 빈·고농이 그것이다.

항일전쟁 기간에 다른 모든 세력들과 제휴하고자 했던 중국공산당은 부농과 지주를 관대히 처우했다. 류사오치가 제안한 1950년 6월 28일의 토지개혁법도 비교적 온건한 조치를 예견하고 있었다. 지주의 토지와 생산 수단은 몰수되었다[종족(宗族)과 사당의 토지도 마찬가지로 몰수되었다]. 그러나 부농은 자신의 재산, 최소한 자신이 직접 사용하는 재산을 소유할 수 있었고, 대여 토지만 몰수되었다. 몰수된 토지는 해당 지역 농민협회가 빈·고농에게 재분배하였다. 토지와 재산을 몰수당한 지주는 토지 피분배권을 갖는 사람들과 동등하게 토지를 분배받았다.

토지 개혁에 따른 토지 소유권의 이전 작업은 470만 헥타르(전체 경작지의 거의 절반)에 걸쳐 이루어졌다. 한 사람당 약 15아르씩 3천만 명의 빈농들이 토지 분배의 혜택을 받았다(평균적으로 4~5인 가족의 경우 1헥타르에 조금 못 미치는 정도). 이러한 토지 분할 경작의 경제적 효과에 대해서는 후술하겠지만, 토지 개혁의 주된 목표가 경제적인 데 있는 것만은 아니었다. 그것은 사회적이고 정치적인 것이었다. 중국 공산당이 농민들에게 만족감을 가져다주고자 했을지라도, 토지 소유권의 변동에서 당이 중시했던 것은 변동 그 자체보다는 그것이 동반할 폭력이었다. 이 폭력 행위는 한편으로 지주 계급을 물리적으로 소멸하고(또는 최상의 경우 지주의 사회적 특권과 정치적 영향력을 철저히 제거하는 것이었다), 다른 한편으로는 농민과 새로운 혁명 정권 사이의 연맹을 되돌릴 수 없을 만큼 공고화하는 것을 목표로 했다. 빈농에게 토지를 분배하는 것만으로는 충분하지 않았고, 그들에게 또한 권리 의식을 심어주고 고개를 꼿꼿이 들고 거대한 변화를 일으키도록[翻身] 가르쳐 줄 필요가 있었다. 국제연합 구제부흥사업국(United Nations Relief and Rehabilitation Administration)을 위해 일하던 미국인 트랙터 기사 윌리엄 힌튼(William Hinton)은 1947년 이미 공산당의 수중에 들어온 산시성(山西省) 장춘(張村)에서 이루어진 토지 개혁 과정을 증언하고 있다. 그에 따르면, 일련의 투쟁 대회[鬪爭會]가 열렸고, 이제까지 착취와 모욕을 당하던 사람들이 옛 주인들을 탄핵하고 욕하고 때리고 심지어 살해하도록 유도되었다.

간부들은 종종 투쟁 대회를 조직하는 데 어려움을 겪었다. 고통과 복종에 익숙했던 농민들은 이미 몰락한 지주들조차도 여전히 두려워했다. 그들은 운명이 뒤바뀌어 복수를 바라는 옛 유력자들이 다시 권력에 복귀할지도 모른다고 의심했다. 그들은 또 가족과 종족의 유대가 갖는 힘, 촌락 공동체의 강력한 결속력에 매여 있었다. 농민들은 쉽게 공개적인 발언에 나서지 못했다. 그러나 그러한 두려움을 일단 극복하고 나면 누적된 원한과 증오를 자유로이 쏟아 냈다. 지주와 부농의 차이도 거의 구분하지 않았다. 그리하여 간부들은 과거 그들을 부추기는 것만큼이나 그 급진적 경향을 통제하는 데 어려움을 겪었다. 그리고 가장 비옥한 농업 지역, 예컨대 양쯔 강 하류 지역과 같은 곳에서는 생산력의 유지를 고려하면 부농 경제의 지속이 필요했다. 그리하여 1950년 6월 토지개혁법을 제시하면서 류사오치는 질서와 안정 속에서 토지 개혁이 진행되어야 한다고 강조했다.

그러나 1950년 가을 한국전쟁에 참전하면서 상황은 매우 빠르게 바뀌었고, 정책의 전면적인 급진화, 특히 토지 개혁 운동의 갑작스런 경직화가 일어났다. 토지 소유권의 박탈이 새로운 규모로 전개되어 부농뿐만 아니라 중농에게까지도 미쳤다. 그것은 어느 때보다도 우호적으로 진행될 수 없었고 또 그렇게 되어서도 안 되었다.

이 경직화는 일부 지방, 특히 광둥성(廣東省)의 간부들을 매우 곤혹스럽게 했다. 그들은 종족과 촌락의 유대(그리고 알력)가 매우 강하여 계급 분화가 중요치 않았던 지역 사회와 밀접히 연관되어 있었다. 또 많은 지주들이 도시에 거주하는 상인과 기업가였고, '민족자본가'로 보호되어야 했다. 그리고 지방 간부들은 1937년에서 1949년 사이에 활동했던 게릴라 출신으로 지방 차원에서 거의 자율적 방식으로 성장해 왔고, 그 과정에서 그 지역의 항일 · 애국 유력자들로부터 많은 지지를 받았다. 항일 투쟁을 함께한 기억이 여선히 살아 있었다. 한편, 대부분의 공산당 간부들 자신이 유복한 집안 출신이었고 여전히 각종 유대를 유지하고 있었다. 그들은 토지 몰수 정책을 수행할 준비가 되어 있었지만 인간에 대한 육체적 폭력에 호소하는 것은 반대했다. 광둥의 지역주의이기도 했던 이러한 간부들의 저항을 제압하기 위해 1951년 북쪽에서 6천 명의 간부가 파견되어 왔다. 그들은 각 촌락에서 지주들을 축출하는 임무를 맡았는데, 이를 위해 일정한 할당량이 미리 설정되어 있었다.

토지 개혁을 수행한 방식은 그것이 가져온 토지 소유권의 변동만큼이나 중요한 의미를 띠는 것이었다. 1917년 직후의 러시아와 달리 중국에서 대토지 소유자의 재산을 빼앗기 위해 자발적으로 봉기했던 것은 농민이 아니었다. 몰수와 분배에서 주도권을 쥔 것은 바로 공산당이었다. 그리고 농민이 이러한 사태의 격변에 밀접히 관련되어 있었다고는 해도 격변을 일으키고 그 수혜자를 결정하는 주체는 역시 당이었다. 바로 그러한 이유에서 3년 뒤 시작될 집단화가 농민들에게는 얻어 낸 재산의 박탈이라기보다 다른 수단에 의해 당 정책이 계속되는 것으로 보였다. 이 집단화에 대한 저항이 최소한 초기 단계에서는 1950년 토지 개혁에서 지주를 물리적으로 제거할 때와 비교하면 훨씬 제한적이었다. 토지 개혁 과정에서 희생된 이들의 수는 알려져 있지 않지만 매우 많았음이 틀림없다(일설에 의하면 1천만 정도에 이른다). 농촌 사회의 최말단에 이르기까지 존재하던 — 1955년에는 거의 모든 향에 지부를 두고 있었다 — 공산당은 중국 사회를 조직하고 통제할 수 있는 유일한 세력이 되었다.

이렇듯 토지 개혁이 수천만 명에 이르는 개인에게 부를 가져다주었다기보다는 전통적인 착취 구조로부터 개인을 해방하고 그들을 당과 국가의 권력에 직접 예속시키는 것을 목표로 했다는 점에서 기본적으로 정치적이고 사회적인 성격을 띠고 있었다는 점이 확인된다.

혼인법(1950)과 부녀 해방

혼인법은 토지 개혁의 밀접한 보완물이었다. 혁명적 전망 속에서 혼인법은 유교적 가족 제도에 억눌려 있던 수천만 부녀의 해방을 목표로 했다.

대부분의 전통적인 농업 사회처럼 중국의 가족은 가부장제 그리고 불평등한 권리와 의무의 위계질서에 기초하고 있었다. 그런데 중국의 가부장 제도는 특히 유교에 의해 정비되고 강화되었다. 세계 질서가 투영된 소우주인 조화로운 가족이야말로 유교 사상의 중심이었고 사회·정치 조직의 기초였다. 효심은 '도덕의 기초이자 문명의 근원'이었다.

남자 자손으로 이어지는 가계의 영속성은 조상 숭배를 통해 표현되었다. 무엇보다도 토지는 가족의 경제적 기초였는데, 아들만이 상속받을 수 있었다. 혼인은 무엇보다도 이러한 제도를 지속시키는 데 목적을 두고 있었다. 배우자의 선택에서 신부의 의견이 고려되지 않았음은 물론이며, 여자는 결혼과 함께 본가를 버려야 했다. 시댁에서 며느리는 이방인으로 간주되었고, 시어머니에 의해 흔히 마치 하인처럼 다루어졌다. 가계를 이어 갈 아들을 낳지 못하면 그녀의 잘못이었다. 남자의 시각에서 가계의 계승을 강조하는 체제 속에서 부녀는 차례로 최소 두 가족에 소속되지 않을 수 없었다. 즉 먼저 부모의 가족과 뒤이은 남편의 가족이 그것이다. 두 경우 모두 여자의 지위는 보잘 것 없었다. '쓸모없는 입'을 먹여 살릴 수 없었던 빈한한 가족은 남자아이 보다는 여자아이를 더 자주 희생시켰다. 여자 아이들은 유아 살해를 피할 수 있다 해도 경제적으로 어려운 시기에는 항상 하녀나 남의 첩, 창기로 팔려갈 위험에 처해 있었다. 누구도 정혼녀의 운명을 원치 않았다. 그녀는 이후 정해진 날에 결혼할 남편의 가족을 위해 하인으로 일했다. 복종한다고 해서 폭력으로부터 벗어날 수 있는 것은 아니었다. 불의와 폭력에 대항할 수 있는 유일한 수단인 자살이 매우 빈번한 일이었다.

분명 20세기 초 이래로 그러한 관습은 거의 바뀌지 않았다. 1919년 5·4운동 시기에 급진 지식인들은 유교 도덕의 억압에 격렬히 대항했고, 개인의 자유로운 의사 결정을 주장했다. 새로운 사상의 영향 아래서 시민과 지식층의 사회적 실천은 보다 더 개방적이고 자유로운 것이 되어 갔다. 1950년 혼인법의 목적은 바로 이제까지 일부 도시 엘리트에 국한된 그러한 변화의 혜택을 인구 전반에 — 특히 농민층에 — 확산시키는 것이었다.

혼인법은 수 세기 동안 계속된 자의적이고 억압적인 관습과 단절하면서 아동 혼인을 금하고 최소 결혼 연령을 남자 20세, 여자 18세로 규정했다. 축첩과 유아 살해도 금지되었다. 이혼은 간단한 쌍방 간의 동의로 가능했고, 이혼 시 여자의 이익이 우선시되었다.

1950년부터 1953년까지 3년간 혼인법 조문이 천명한 대로 자유롭고 평등한 처리가 실행되도록 하기 위해 동원 운동이 이어졌다. 폭압적인 시어머니의 저항, 부친과 남편의 편견, 젊은 부녀의 소극성과 주저, 간부들의 우려(간부들은 사생활보다는 공공 조직을 변혁하는 일에 더 주의를 기울이고 있었다)에 대처하기 위해 각종 조치가 강구되었다. 이 짧고 혼란스러웠던 몇 년 동안 강조점은 '봉건적' 혼인의 철폐에 두어졌다. 혼인법은 농민들에게 '이혼법'으로 알려졌다. 매년 80만 건의 이혼이 이루어졌다(이것은 1천 명당 1.3명꼴로, 전통 농촌 사회로서는 예외적으로 높은 수치이다). 농민들은 이 법을 '부녀법'이라고도 불렀는데, 이는 거의 언제나 생명의 위협 속에서도 이혼을 요구한 것이 여자 쪽이었기 때문이다(이혼을 요구했다가 살해되거나 시댁 또는 적의를 품은 지방 간부들에 의해 자살을 강요당한 경우가 7만 건에 이른다).

이러한 저항에 직면하여 공산당은 1953년 2월 혼인법의 적용을 위해 매우 중요한 (그리고 또 마지막이 될) 한 운동을 개시했다. 그러나 이미 폭력적인 남편에 대항하는 투쟁 대회들은 포기되었다. 당의 선전은 이제 이혼이 아니라 배우자 간의 평등이 가져올 부부 간의 화목을 강조했다. 유교 도덕과도 같은 청교도적인 성적 규준에 의해 규율되는 새로운 질서가 수립되었다. 가부장권은 후퇴했지만 당의 권위가 그것을 대체했다. 당은 사생활과 가정사에 점점 더 깊숙이 개입했고, 배우자의 선택에 정치적 기준과 출신 계급을 제시했으며, 부부 간에 불화가 있을 경우에 조정에 나섰다.

1950년과 1953년 사이의 폭풍이 지나가자 농촌의 가정생활은 비교적 정상적이고 전통적인 모습을 되찾는 듯했다. 많은 악습들 — 유아 살해, 아동 결혼 등 — 이 사라졌다. 그러나 혼인법은 가부장제의 구조를 제거한 것일 뿐 양성 평등을 확립하지는 못했다. 새로운 질서 밑에 숨어서, 또 어느 정도는 그 질서와 결합하면서 많은 구태들이 존속했다. 바로 이러한 타협이 실패의 표징일까? 아니면 의도된 결과였던 것일까?

이제까지 우리는 중국공산당이 자신의 권위에 손상을 입히고 자신의 권력과 개개 인민 사이에 장벽을 만들어 놓은 기존의 가족에 대한 충성의 연결 고리를 혼인법을 통해 깨 버리고 스스로 권위를 세우려 했다고 생각해 왔다. 그러나 최근 스테이시(Judith Stacey) 등 사회학자들은 당이 오히려 전통적인 제도를 보존하려고 했고 — 또 일정 정도는 그것을 재건하고자 했다, 다만 그것을 민주화시켜 자신에 유리하게 이용하려고 했다고 주장한다. 즉 당은 농민층을 만족시키기 위하여 토지를 분배해 주는 데 그치지 않고, 20세기 초 몇 십 년 동안 농업 경제의 위기로 어려움을 겪은 전통적인 가족 단위의 재건을 도왔다. 혁명 이전 수많은 빈·고농들은 가정을 꾸릴 수 없었다. 결혼을 간소화하고 배우자들의 동의에 기초하게 한 것은 다시 농민들로 하여금 결혼할 수 있게 해 주었다. 또 결혼에 대해 당이 도덕적 보증을 제공함으로써 가족은 안정성을 강화하고 새로운 사회 질서의 기초 단위가 될 수 있었다. 이제 가부장은 자신의 권위를 정치 간부와 공유해야 했지만 가족 구조가 (어쨌든 부녀의 처지에서 보면) 근본적으로 변화된 것은 아니었다. 당은 바로 이 구조에 의거하여 농업 집단화를 추진했다. 즉 봉건 가부장제가 사회주의 가부장제의 구축을 위해 제거된 것뿐이었다.

중국의 부녀 해방 정책이 상대적으로 실패했다는 사실만 두고 보면 위와 같은 해석이 일리 있게 보일 수도 있다. 그러나 이 실패는 당의 마키아벨리식 의도에서 비롯되었다기보다는 전통 사회의 무거운 하중 때문이었다. 이 하중은 개혁 추진에 따르는 엄청난 시련을 잘 말해 준다. 곰곰이 생각해 보면 그 하중이야말로 신정권이 시도한 개혁의 한계보다는 그 의의를 부각시켜 준다.

삼반(三反)·오반(五反) 운동과 실업(實業) 자본가들의 굴종

1949년에 실업 자본가는 연해 지역 대도시에서 지배적인 사회 세력을 이루고 있었다. 1947년부터 많은 자본가들은 공산당이 승리하리라는 두려움 속에서 공장 설비를 포함한 그들의 부를 홍콩이나 타이완으로 이전하였다. 그러나 일부 기업가들은 그대로 남아 신정권과 제휴하는 쪽을 선택했다. 정치적 확신, 애국적 열정, 가족 내의 불화, 물질적 이익 등 그러한 선택의 이유는 복합적이었다. 바로 그들 덕분에 공산당은 개항장의 제조업 유산 대부분을 이어받을 수 있었다.

사실 새로운 지도자들은 앞으로 수년간 이 기업가들의 능력에 호소해야 한다는 것을 알고 있었다. 왜냐하면 그들은 농촌 게릴라 활동을 전개하면서 스스로 기업을 경영할 수 있도록 준비하지 못했기 때문이었다. 그들은 기업 경영이 국가 경제에서 차지하는 중요성을 인식하고 있었지만 그것이 어떻게 기능하는지는 알지 못했다.

바로 그랬기 때문에 류사오치는 1949년 4월과 5월 〈톈진강화(天津講話)〉에서 '선한 의도에도 불구하고 자본가를 공격하는 간부들'을 반대하고 '유맹 무산자(流氓無產者)들의 파괴 본능'을 비난했다. 그의 이러한 발언이 문화대혁명 기간 거세게 비난받았고 급진파는 류사오치가 여기서 처음으로 최초의 부르주아 수정주의를 드러냈다고 보지만, 당시 류사오치의 발언은 1949년 6월에 공포된 마오쩌둥의 〈인민민주독재론〉과 9월에 발표된 공동 강령에서 공식적으로 정의된 노선을 표현한 것이었다.

공동 강령의 적용에서 중국의 자본가들은 두 범주로 분류되었다. 즉 국민당과 일본에 협력했던 '관료' 및 '매판' 자본가와 '애국적 민족' 자본가가 그것이다. 이 기준의 진실성에 대해 중언부언할 필요는 없다. 정부가 공들인 '사회성분' 분류는 아군과 적을 분명히 가르기 위한 것이었고, 이를 통해 그들 각각에 대해 취해야 할 태도를 결정할 수 있었다.

따라서 '민족'이라는 표지가 붙은 좋은 자본가들은 비교적 좋은 대우를 받았다. 그들은 자신의 기업을 경영하고 심지어 그것을 확장하거나 새로운 기업을 설립하도록 고무되었다. 1950년 12월 사영기업조례(사영기업잠행조례(私營企業暫行條例)—역주)가 공포되어 주주 이익 배당률이 8퍼센트로 고정되었다. 정부는 외국으로 도피한 기업가들도 귀환하면 기업 경영을 보장한다고 설득했고 나름대로 성공을 거두었다.

바로 이러한 조치들 덕분에 그리고 내전의 종식과 더불어 어느 정도 경제적 사회적으로 안정을 회복하면서 내수 시장이 발전하고 사영 부문은 성장해 갔다.

(사영) 제조업 기업의 수는 1949년 12만 3천 개로부터 1951년 14만 7천 개가 되었다. 그러나 같은 기간 국가의 통제가 세제, 원자재 할당, 공사 도급[交工], 완성품 주문[訂貨] 등의 수단을 통해 자본가 기업으로 확대되었다. 또 공영 부문의 급속한 확대에 따라, 사영 기업의 수는 늘어났지만 그 상대적 중요성은 줄어드는 경향을 보였다. 1951년 총공업 생산가치에서 차지하는 사영 부문의 비중은 50퍼센트를 넘지 않았다(1949년은 63.3퍼센트). 그리고 노동조합과 공산당 산하의 여러 노동자 위원회들이 사영 기업의 관리에서 점점 더 중요한 역할을 하게 되었다.

1949년의 공동 강령에 의거한 각종 지시에 따라 정치적 통합도 병행적으로 진행되었다. 이론적으로는 공산당을 중심으로 한 소규모 '민주 부르주아' 정당들의 연합 위에 형성된 정권에서 부르주아지는 중국민주건국회(민주당으로 약칭됨)로 대표되었다. 부르주아지는 또 상하이시 공상업연합회라는 직업 단체를 구성하고 있었는데, 이것은 종래의 총상회를 대체해 1949년 등장했고, 1952년에는 전국적인 조직으로 바뀐다.

사실 이 연합회는 민주당이 그랬던 것처럼 하나의 대중 조직이었고, 당국에 실업계의 의사를 전달하고 정부의 정책이 실업계에서 제대로 적용되는지 관리하는 역할을 맡았다.

운용 면에서 정권과 부르주아지 간에 형성된 타협이 후자에게 불리한 것은 아니었다. 오히려 경제 상황이 회복되면서 기업가들은 자신들의 사업에 대한 국가의 개입을 점점 달갑지 않게 받아들였고, 암암리에 그에 저항했다. 신속한 작업을 요구하는 정부의 명령에 대한 태업[怠工], 조직적이고 대규모적인 세금 포탈, 제조업 생산을 보장하기 위해 공식 계약에 따라 국가가 할당해 준 원자재의 유용, 정부의 경제 정책을 수행해야 할 간부와 노동조합원들의 부정행위 등이 그것이다. 이러한 회피와 반항[공식 슬로건은 이를 '다섯 가지 독소'[五毒]라고 요약했다] 가운데서 정부가 가장 우려한 것은 간부들의 부정행위였다. 그것은 상하이 등 대규모 중심 도시의 행정 관리들 사이에서 광범하게 확산되었고, 과도기적 상황에서 아직 남아 있던 구정권 시기의 많은 공무원들에 의해 자행되었다. 부정행위는 또 정부 당국과 결탁하는 데 능숙했으며, 지난 세월 동안 부정행위를 기업 전략의 하나로 실천해 온 중국 실업가들의 확고한 경험으로부터 나오는 것이기도 했다.

신속하고 폭력적인 공산당의 반격은 그들에게 신정권을 과거의 군벌 정권 또는 국민당 정권과도 혼동해서는 안 된다는 것을 보여주었다. 사실 1951년 8월 개시된 정풍 운동은 부패, 낭비, 관료주의에 빠진 당 간부를 겨냥한 것 — '세 가지 반대 운동'[三反]으로 명명됨 — 이었지만, 운동은 다시 매우 빠른 속도로 공무원의 나쁜 행동을 불러오고 부추긴 것으로 지목된 자본가들에게로 방향을 전환했다. '다섯 가지 반대 운동'[五反]은 1951년 12월부터 시작되었다.

기업주들이 불려 나와 자아비판을 하고 탈세, 유용, 태업 행위를 자백했다. 사무실에 감금된 채 그들은 자백서를 쓰고 또 써야 했다. 운동은 점점 더 폭력적으로 변해 갔다. 계급 투쟁의 이익보다는 여전히 가족적 또는 지역적 유대(그것이 노동자들을 기업주와 연결시키고 있었다)에 더 끌리고 있던 일부 노동자를 동원하기 위해 공산당원으로 구성된 공작조가 기업에 파견되었고, 자본가들과 물리적 충돌이 빈번히 일어났다. 압박은 매우 강력했고 일부 기업주는 자살을 택하기도 했다.

부르주아지는 이 운동을 거치면서 물리적으로 분쇄되었다. 운동은 그들이 반세기 동안 개항장에서 누려 온 지배적인 경제적 역할에 종지부를 찍었고, 동시에 모든 사회적 특권과 정치적 영향력을 박탈했다.

대도시의 45만 개 사영 기업이 조사 대상이 되었다. 잘못을 저지른 것으로 밝혀진 자본가들은 자신의 자산으로는 충당할 수 없는 막대한 금액을 납부하도록 판결받았다. 자금을 조달할 수 없는 자본가들은 대부를 받기 위해 국가은행을 찾거나 하청을 얻기 위해 정부 부서를 찾아가야 했다. 기업 운영에서 재정권을 상실함과 동시에 노동자와 기업주 간의 협상 회의가 확산됨에 따라, 그리고 기업 안에서 당 서기의 역할이 암암리에 커짐에 따라 자본가들은 자신들의 기업 경영권 대부분을 박탈당했다.

이제 부르주아지는 정부의 조치에 어떤 저항도 할 수 없었다. 1955년 말 더 이상 기다리지 않고 공·상업 기업의 국유화를 진행하기로 결정할 당시 공산당은 아무런 심각한 저항에도 부닥치지 않았다. 국유화 작업은 몇 주 동안 진행되어 1956년 초 완결되었다. 국유화 진행은 자본가들 자신에게 맡겨졌다. 가장 열성적이었던 자본가들이 공상 연합회의 지도 아래 공작조로 조직되었다. 이러한 운동과 함께 '용기 있게 사회주의의 길을 가는 애국적 민족자본가들'을 열렬히 환영하는 대규모 거리 행진과 대중 시위가 벌어졌다.

그러나 자본가들의 희생에 대해 아무런 보상이 없었던 것은 아니다. 1956년 6월에 제정된 법률은 과거의 기업주들에게 이제 국가가 관리하게 된 기업에 그들이 투자한 가치의 약 5퍼센트를 연간 이익 배당금으로 지급한다고 규정했다. 이 배당금은 처음엔 1962년까지 지급하기로 했는데, 이후 1965년까지 연장하도록 결정되었다. 문화대혁명 직전인 1966년에도 배당금은 여전히 지급되었다.

배당금 산출의 기초가 될 투자 자본의 가치는 매우 낮게 평가되었지만 그 배당금은 경우에 따라서는 매우 큰 액수였다. 이러한 역설이 가능했던 이유는 지도자들이 계속해서 옛 기업주들의 능력을 이용하고자 한 데서 찾아야 할지도 모른다. 목표는 몰락한 기업주들을 이제 명의상 기업의 지도자가 된 간부들과 협력하도록 만드는 것이었다.

경제 세력이자 사회 자율 세력인 중국의 실업 부르주아지 제거는 기업의 국유화와 함께 완성되었다. 부르주아지는 이제 몰락의 길을 걸어야 할 운명이었다. 신정권에서 옛 자본가 엘리트에 부여된 상징적인 정치적 역할에도 불구하고 그러한 몰락을 감출 수는 없었다. 또 그들에게 예외적으로 물질적 재정적 관대함을 허용함으로써 몰락의 길이 늦추어졌다고는 해도 그것을 피할 수는 없었다.

지식인 재교육

새로운 권력과 지식인 간의 관계는 모호하고 불안정했다. 그것은 1949년 이전부터 보여 왔던 공산당과 지식인 간 협력의 한 특징이었다. 당은 모순된 여러 요구를 만족시키고자 노력했다. 당은 지식인들을 엄격한 정통 이론 속에 가두고 그들의 행동이 당 고유의 목표에 봉사하기를 원했다. 그러나 당은 또한 국가 건설에 매우 중요하다고 생각되는 지식인들의 창의성과 자발성을 자극하고자 했다. 전반적인 정치적 상황의 변동에 따라 이러한 정통과 창의성 간의 변증법은 탄압-해방의 순환을 가져왔다. 지식인들로서도 그러한 모순으로부터 자유롭지는 못했다. 이중적인 전통 — 유교 전통과 5・4운동에 의해 시작된 서구화의 급진 전통 — 의 계승자로서 지식인은 종종 자신의 역할에 대해 분명한 태도를 보이지 못했다. 지식인의 용기가 어느 면에서도 옛 문인 학자들보다 나은 것이 없었다. 지식인은 간언(諫言)의 전통에 충실했다. 이 전통에 따르면 학자의 불만은 전체 유교 정치 체제 안의 일부에 불과했고, 그의 비판은 권리라기보다는 도덕적 책무였다. 통치자의 이념을 바로잡는 것도 학자의 몫이었지만, 통치자의 권력을 뒤엎는 것이 아니라 통치를 개선하기 위한 것이었다. 학자의 비판이 매우 신랄한 것이었다고 해도 학자는 자신이 공격하는 체제 안에 자리할 수밖에 없었다. 그러나 1919년 5・4운동과 함께 서구로부터 빌려 온, 지식인 행동에 대한 보다 자율적인 개념이 출현했다. 사상가들과 작가들은 모든 정치권력으로부터 독립하고자 했다. 그들은 여전히 스스로를 심판자로 자처했지만 더 이상 꼭 체제의 일부로서 사고하지는 않았다. 그러나 낙후되고 분열된 중국을 감싸고 있던 위기감과 애국심은 가장 서구화된 엘리트조차도 자유주의를 유보하고 '나라를 구해 낼'[救國] 능력이 있는 정권의 권위를 받아들이도록 만들었다.

1920년대와 1930년대에 상하이로부터 옌안에 이르기까지 공산당과 지식인들 간에 수많은 연맹이 맺어졌고, 또 많은 갈등이 이미 일어났었다. 1921년의 중국공산당 창당과 당 조직의 초기 단계에서 지식인이 결정적인 구실을 했지만, 1927년 농촌 근거지로 후퇴하면서 새로운 유형의 간부 — 홍군 장교 — 가 출현했다. 그리하여 한편에서 저우양(周揚) 지도 이래 정권 기구에 속한 지식인들과 다른 한편에서 상하이에 남아 1930년부터 좌익작가연맹(左翼作家聯盟)으로 뭉친 펑쉐펑(馮雪峰) 또는 후펑(胡風)[모두 대문호 루쉰(魯迅)의 제자이자 친구이다]처럼 공산당의 동반자이면서도 문학 창작에 대한 당의 개입에 저항하던 사람들 간에 골은 깊어졌다. 중일전쟁 시기 옌안의 공산당 근거지로 많은 지식인들이 쇄도하면서 갈등은 더욱 악화되었다. 마오쩌둥은 1942년 문예좌담회(文藝座談會)의 연설에서 지식인들을 당을 위해 복무하게 하고 그 창작 활동이 인민을 위해 봉사하도록 만들어야 한다는 것을 재확인했다. 이러한 정책에 대한 지식인의 반격에 직면하여 옌안 정풍 운동은 매우 엄격한 탄압으로 바뀌었다. 그 주된 희생자였던 왕스웨이(王實味)는 강제 노동 수용소로 보내졌다가 1947년 처형되었다.

1949년 공산당의 승리는 지식인들의 대대적인 공산당 지지를 불러왔다. 적극적인 활동 분자인 하층 엘리트와 [딩링(丁玲), 아이칭(艾青) 등과 같은 작가와 시인들 중의] 공산당 지지자들에 더하여 수많은 기자, 사회학자[페이샤오퉁(費孝通) 등], 역사가, 철학자[펑유란(馮友蘭) 등], 경제학자[마인추(馬寅初) 등] 그리고 과학자와 기술자들이 합류했다. 그러나 그 지지는 지식인들이 공산당의 이념보다는 국가 건설이라는 계획에 더 공감했기 때문이었다. 그것은 또 전투적인 정신보다는 애국심 또는 보다 더 단순히 기회주의나 관망적 태도 등에 기인한 것이기도 했다. 1956년 당 중앙위원회에 제출한 보고에서 저우언라이는 10만 명의 '상층' 지식인[3] 가운데 40퍼센트만이 적극적으로 정권을 지지할 뿐 나머지는 무관심하거나 적대적이라고 강조했다.

지식인의 지지를 얻기 위해 공산당은 유인과 위협을 차례로 구사하면서 많은 노력을 들여야 했다. 통일전선 정책과 신민주주의의 일환으로 당은 유력자들에게 1949년 열린 중국인민정치협상회의의 의석을 부여했고, 1954년 전국인민대표대회에 지식인 몇 사람을 대표로 선출하기도 했다. 당은 민주당파 내에서 지식인들의 활동(사실 그것은 상징적인 것이었다)을 고무했다. 그러나 지식인 대중은 '사상 개조(思想改造)'

3) 상층 지식인[高級知識分子]이라는 용어는 학위 소지자뿐만 아니라 직업 단체[協會] 동료들에 의해 능력이 인정된 사람들을 일컫는다. 소련의 인텔리겐치아처럼 중국의 상층 지식인들은 특히 기술자 엘리트들이었다.

운동에 복종해야 했다. 1951년 봄에 시작된 운동은 그 뒤 몇 개월간 더욱 강화되었다. 운동은 문화 제국주의를 비난하고, 타이완으로 도피한 철학자 후스(胡適)에 대한 공격을 통해 미국에 유학한 많은 사람들이 미국에 대해 갖고 있던 호의를 비판했다. 운동은 모든 지식인들에게 유교적 전통으로부터 오는 전통적 가치와 서구로부터 온 부르주아적, 자유주의적, 개인주의적 사고를 버릴 것을 호소했다. 마르크스주의와 마오쩌둥 사상을 배우기 위해 문인·학자들은 학교로 다시 돌아가야 했고, 수많은 학습조, 회의, 정치 토론에 참여해야 했다. 이러한 집중적인 재교육은 단순히 그들의 사상을 바꾸는 것뿐만 아니라 그들의 도덕성과 그들 자신의 존재까지도 혁신시키는 것을 목표로 했다. 당의 선전은 집단적이고 반복적인 비판과 자아비판을 통한 재교육에 그치지 않았고, 공개적 모욕을 위한 집회와 자백서의 작성 등을 수반했다. 대학 교수로부터 시작된 운동은 곧 중·소학교 교사, 학생들에게 확대되었다. 1952년 운동이 종결될 당시 당은 신문·출판 등 여론 표현을 위한 모든 수단들을 긴밀히 통제했으며, 전국문협[全國文協, 1949년 성립된 중화전국문학공작자협회(中華全國文學工作者協會)는 1953년 10월 중국작가협회로 이름이 바뀌었다—역주] 등의 제도적 수단을 통해 문예 활동을 제어했고, 교육 제도도 자신의 의도대로 조종할 수 있었다.

당에 의해 강요된 이러한 문화 모델은 소련으로부터 영감을 얻은 것이었다. 즉 그것은 (문학과 철학 부문을 희생하여) 과학과 기술 교육을 강조했고, 각종 연구소와 연구 센터로 구성된 하나의 종합적 관계망 속에 자리 잡았다. 바로 이 시기에 중국과학원이 창설되어 철학자이자 역사학자로서 공산당의 오랜 동반자였던 궈모러(郭沫若)가 원장이 되었다. 대학과 각급 학교는 소련식 교육 과정, 교육 방법, 교과서를 채택했다. 목표는 먼저 양적인 것이었다. 가능한 많은 졸업자들을 배출하여 국가 경제의 수요에 부응해야 할 필요가 있었다. 1949년부터 1957년까지 소학교 교원이 2600만에서 6400만으로 증가했다. 고등 교육을 받는 학생 수는 (11만 7천 명에서 44만 1천 명으로) 네 배 증가했다. 그러나 그렇다고 해서 질적인 측면이 무시된 것은 아니었다. 그리고 시험과 같은 교육 과정의 어려움은 구래의 그리고 신흥 엘리트의 자녀들이 더 쉽게 극복할 수 있었다.

국가 권력과 지식인 간의 이러한 균형은 매우 불안했다. 유력 지식인들의 공산당 지지는 점차 비판 쪽으로 바뀌어 갔다. 사회학자 페이샤오통은 소련식 교육 제도를 비판했고, 철학자 량수밍(梁漱溟)은 농민에 대한 수탈을 비난했다. 당으로서는 대부분의 지식인들이 마르크스-레닌주의와 간부의 지도적 역할을 받아들이고 있지만, 그렇다고 해서 일반적으로 서구식 학교에서 습득한 업무 방식을 바꾼 것은 아니라는 사실을 초조하게 지켜보고 있었다. 1953년부터 러시아어 의무 교육이 이루어졌지만 문제 해결에 기여하지는 못했다. 1954년 결국 제1차 5개년 계획의 시작과 연계된 사상 개조 운동이 재개되었고, 이는 지식인과 정권 간의 골을 파는 일련의 '사건'[案]들에 의해 표출되었다.

이 '사건'들 가운데 최초는 1954년 가을 대학 사회를 동원하여 옛 문인이자 문학 비평가인 위핑보(俞平伯)에 대해 비판을 가한 것이다. 그는 저명한 고전 소설 《홍루몽》에 대해 구사회에 대한 비판보다는 오히려 자전적인 낭만주의 색채가 보인다고 주장한 바 있었다. 1954년 말 이번에는 루쉰의 친우이자 협력자였던 펑쉐펑에 대한 비판이 전개되었다. 그는 그리 호락호락하지 않은 공산당의 동반자로서 1930년대 이미 저우양과 대립 관계에 들어갔다. 그는 위핑보를 지지했다고 비난받았는데, 특히 그가 맡고 있던 잡지 《문예보(文藝報)》의 독자적 논조가 문제시 되었다. 그러나 이들에게 가해진 가장 큰 폭력은 1955년 후펑에 대한 것이었다. 그 역시 오랜 공산당 지지자이면서 신정권 초기의 협력자였지만, 또한 저우양 및 당의 여타 지식인-관료에 대해 적대적이었다.

그는 1954년 7월 중앙위원회에 제출한 한 보고에서 이들 지식인–관료들의 교조주의를 비난했다. 당 안에서 이견을 가진 한 사람이 아닌 국민당과 제국주의 열강을 위해 일하는 배신자로 고발된 후펑은 체포되어 종적을 감추었다.

학자들에게까지 미친 이 마지막 운동의 폭력성은 지식인 사회에 깊은 상처를 남겼고, 신정권에 대해 지식인 사회가 품었던 희망 또는 환상을 결정적으로 제거해 버렸다.

몇 년간에 걸쳐 지주 계급이 제거되었고, 전통적인 가부장제 가족은 쇠퇴했으며, 도시 부르주아지는 분쇄되었고, 인텔리겐치아는 침묵하게 되었다. 20세기 전반 시민 사회의 태동을 가능케 했던 각종 제도들(직업 단체, 지역 단체, 동업 조합, 자유주의 전통의 대학, 신문)은 파괴되었고, 공식적인 구조와 나란히 또는 그 구조 밖에서 자발적으로 운용되던 전통 사회의 자율성마저도 사라졌다. 분명 국가에 의한 사회의 흡수가 완전할 리는 없었다. 많은 경우 각종 금지 조치들을 통해 낡은 습속이 제거되었다기보다는 억제되었다고 해야 할 것이다. 그러나 구사회의 폐허 위에 수립된 것은 새로운 사회가 아니라 새로운 권력이었다. 권력은 대중 노선을 통해 겉으로 보기에는 전체주의보다 덜 폭력적이지만 실제로는 그보다 더 억압적인 내부적 속성을 드러냈다. 그러나 그 권력이 오직 자신의 논리를 강요한 것만은 아니었다. 크게 보면, 권력은 그 권력 덕분에 모두가 시급하다고 여기던 경제적 근대화를 실현할 수 있다는 희망을 심어줌으로써 어느 정도 사람들의 바람에 부응하는 것으로 받아들여졌다.

제3장
경제 건설 : 제1차 5개년 계획

재건 시기(1949~1952)를 거치고 나서 중국은 개발의 길로 들어설 준비를 갖추었다. 당시 국가 지도자들은 소련이 이미 지나온 길 이외에 다른 것을 떠올리지 못했다. 제1차 5개년 계획(1953~1957)은 중국을 산업화된 강대국으로 변화시킬 뿐만 아니라 생산 구조가 급격히 변혁됨을 뜻하는 사회주의 건설의 출발점이었다. 계획의 목표나 계획의 실행의 면에서 중국의 지도자들은 소련의 사례로부터 깊은 영감을 받았음과 동시에 소련의 재정적 원조와 경제 협력의 혜택을 받았다.

이 제1차 5개년 계획의 실현은 매우 중요한 의미를 갖는 것이었다. 20년 뒤 문화대혁명의 생존자들 — 특히 경제 전문가 천윈 — 은 이 시기에 대한 향수를 떠올리게 될 것이었다. 그러나 이 계획은 실현되기 전부터 이에 대한 회의가 고개를 들었다. 1955년에서 1956년 사이 초기 단계의 성과에 대한 평가를 통해 경제 정책에 대한 문제 제기가 있었고, 결국 당 지도부 안에서 처음으로 위기가 일어났음이 드러났다.

재건과 제1차 5개년 계획의 개시

1949년에서 1950년으로 이어지는 겨울부터 신정권은 자신의 조직 능력을 입증해 보였다. 정권은 도시와 군대에 대한 물자 공급을 보장하기 위하여 몰수 및 분배 제도를 수립했고(당시 아직 3, 4백만의 군대가 존재했다), 인플레를 잡기 위해 정력적으로 노력했다. 화북에는 밀 본위, 화남에는 쌀 본위의 체제가 도입되었다. 모든 회계는 이제부터 상품 가격에 연동하게 만들었다. 총통화에 대한 막대한 양의 공제가 이루어졌다. 납세의 부담이 가중되었고 특별세가 증가했다. 1950년 토지세가 재조정되고 통합됨으로써 현물로 납부해야 했고, 그것은 농민에게 막중한 부담으로 작용했다(총수입의 10~30퍼센트). 1년 동안 농민들이 살해한 수세 담당 간부가 3천 명에 이를 정도였다. 이미 각종 세금에 시달리고 있던 도시 지역에서는 승리공채(勝利公債, 人民勝利折實公債—역주)를 구매했고, 애국저축(愛國貯蓄)에 나서야 했다. 총통화는 감소했다. 정부는 총통화를 효과적으로 통제하기 위하여 국영 및 사영 기업으로 하여금 중국은행에 계좌를 개설하도록 했고 최소액의 거래에도 전면적으로 수표를 사용하도록 했다. 그리고 국영 상사들은 규정된 가격으로 상품을 시장에 내놓음으로써 투기를 방지할 수 있었다. 1950년 아직 100퍼센트에 이르던 가격 지수는 1951년 12퍼센트로 떨어졌다. 이듬해에는 중일전쟁 이후 처음으로 완전한 가격 안정을 달성했다.

농촌에서는 생산의 회복이 빠른 속도로 진행되었다. 그러나 공식 통계가 말하는 것처럼 1949년에 곡물 수확량이 1억 8백만 톤으로 떨어져 있었는지는 의문이다. 몇몇 관련 전문가들은 1억 3400만 톤이라는 수치를 제시한다. 어쨌든 내전의 종결, 질서의 재건, 수송의 회복, 유리한 기상 조건 등으로 곡물 생산량은 1952년부터 중일전쟁 이전 수준을 회복했고, 1억 5400만 톤의 수확을 기록했다.

전쟁, 인플레이션, 자본 및 자본가의 도주 등에 의해 보다 직접적인 피해를 입은 공업 생산량은 중일전쟁 이전과 전쟁 기간 동안 가장 높았던 수준에 견주어 절반으로 감소했다. 광산업과 제철업은 일본이 전쟁 동원을 위해 만주와 화북의 개발에 노력하던 1940년 초 정점(석탄 6200만 톤과 철강 92만 3천 톤)에 이르렀다. 1949년에 중국은 석탄 3200만 톤과 철강 15만 8천 톤을 생산했을 뿐이었다. 중국은 8억 5천만 달러에 상당하는 중요한 공업 시설을 잃었다. 일본이 만주 땅에 버리고 간 이 시설들은 1945년에서 1946년 사이 소련 군대에 의해 해체되었던 것이다. 한편, 중국공산당은 자신이 점령한 도시 지역에서 생산 장비들을 보전하고 파업과 태업을 억제하여 생산의 중단을 방지하고자 했다. 1952년, 폐허는 수습되고 공장은 수리되었다. 석탄 생산은 6600만 톤에 이르렀고, 철강은 130만 톤을 기록했다. 철도망은 완전히 정상화되었을 뿐만 아니라 2만 4,500킬로미터까지 약간의 확장을 이루기도 했다.

10년간 지속된 일본과의 전쟁 및 내전을 거친 뒤 이룬 이러한 괄목할 만한 중국 경제의 회복은 무엇보다도 신성권이 — 그 정부 및 군대 간부들이 — 중국의 전 영토를 통치할 수 있는 능력이 있음을 입증하는 것이었다. 사실 생산 체계의 재가동은 당시 채택된 경제적 조치들 덕분이라기보다는 국내의 평화와 공공질서 회복 그리고 국가 권력의 재확립 때문이었다. 그러나 그 결과들이 모두에게 이익이 된다고 해도 이러한 정상화만으로는 발전이 가져온 성장과 변혁을 보장하기에 충분하지 못했다. 게다가 그러한 발전에 사회주의적 성격을 부여하고자 했던 베이징의 지도자들에게는 더욱 그러했다. 그들은 지체 없이 소련식 계획 경제를 향해 나아가려 했다. 지도자들은 계획 경제야말로 근대화와 혁명이라는 이중적 요구에 답할 수 있다고 확신했다.

1·5계획은 공식적으로 1953년에 시작되었다. 그러나 국가계획위원

회 주임 리푸춘(李富春)이 1955년 7월 전국인민대표대회에서 보고할 때까지 그 내용에 관해서는 거의 공표된 것이 없다. 계획의 입안은 1951년부터 1955년까지 4년간에 걸쳐 단계적으로 진행되었던 것으로 보이며, 따라서 1953년과 1954년의 연간 계획은 차후의 5개년 계획 속에 소급적으로 포함되었다. 1920년대의 소련과는 달리 중국에서는 지도층 내부의 분열을 불러오는 논쟁은 없었던 듯하다. 당에 대하여, 또 전국을 대상으로 공업화의 속도에 대하여 신중할 것을 호소하는 프레오브라젠스키(Evgeniy Alekseevich Preobrazhensky) 같은 이도, 부하린(Nicolai Ivanovich Bukharin) 같은 이도 존재하지 않았다. 스탈린 모델이 아무런 수정 없이 채택될 것이었다. 그러나 거기에도 다양한 장애가 가로놓여 있었다. 한국전쟁뿐만 아니라 소련의 원조 액수와 방식에 대한 불확실성 등이 1953년 여름까지 해소되지 못했다. 게다가 1954년에야 가오강과 라오수스가 제거될 수 있었다. 그들은 각각 동북 지역과 상하이 및 동부 연해 지역(즉 중국의 주요한 공업 토대)의 책임자로서 그들의 '독립 왕국'에 해가 될 강압적인 경제적 통합에 적대적이었다.

1·5계획은 생산재 산업과 국방 산업의 급속한 성장에 기초한 발전을 목표로 했다. 경공업은 상대적으로 완만한 속도로 확장될 것이었다. 농업은 무엇보다도 더 효율적인 생산력의 조직화에 의존하지 않을 수 없었다. 국가 투자액의 분배는 그러한 우선순위를 반영하여 대출금의 77.4퍼센트는 공업 부문에 투여되었고(근대 수송 부문 — 주로 철도 — 을 포함), 이 대출금 가운데 대부분(88.8퍼센트)이 중공업 발전에 쓰였다. 사회주의 계획 경제의 일반 원칙을 반영하는 이러한 선택은 또한 반(半)식민지 경제 발전의 과정에서 중공업 부문의 낙후성이 가져온 부문 간의 불균형을 상쇄보고자 하는 의도이기도 했다.

계획 경제의 입안자들은 또한 일정 지역의 균형 발전 문제에도 고심했다. 외국의 영향력 아래서 주요 근대 공업 지역으로 발전했던 연안 지역은 상대적으로 소외를 받았다. 내륙 지방에 55.3퍼센트의 투자가 이루어졌다면 연안 지역은 44.7퍼센트를 받는 데 불과했다. 혁신적인 공업 대도시이자 제국주의 지배의 상징이기도 했던 상하이는 더 이상 총애받는 존재가 아니었다. 상하이의 일부 숙련 노동자들은 내몽골의 바오터우(包頭), 양쯔 강 유역의 우한(武漢)·충칭(重慶) 등 배후 지역에 조성되고 있던 공업 지대로 이주해야 했다. 그러나 만주 지역에서는 식민지였던 과거를 잊고 이전부터 존재하던 우위를 활용했다. 아마도 소련과 맺은 동맹 및 협력 정책이 계획 경제의 입안자들로 하여금 잠재력 있는 이 변경 지대의 제철 공업을 더욱 발전시키고자 했을 것이다. 소련의 원조로 완성된 랴오닝성 안산철강공사(鞍山鐵鋼公司)의 기술적 혁신은 '한액 이상(限額以上, 일정 한도액 이상)'의 자금 투자를 허용하는 694개 공업 계획의 하나였다. 공업화는 이렇듯 거대하고도 현대적인 그리고 비용이 많이 드는 기업의 설립에 의해 진행되었다.

1·5계획을 위한 전체적인 자금은 7백6십억 위안(미화 약 3백2십억 달러)에 이르렀다. 그것은 국내 총생산액의 상당 부분(20퍼센트 이상)을 재투자하는 것에 의해 확보되었다. 당시 중국의 경제 구조가 아직은 매우 전통적인 특징을 띠고 있었으므로 이러한 자금 조달은 기본적으로 농업 자원의 전환에 의해 이루어졌고, 그것은 농업에 무거운 부담이 되었다. 이러한 공업화 전략은 전혀 특이한 것이 아니다. 무엇보다도 메이지(明治) 시기 일본이 그러한 전략을 실행했다. 그러나 농업 투자와 농업 근대화에서 거의 백지 상태에 있던 중국은 소련의 방식, 즉 이 전략의 가장 극단적인 방식을 채용했다.

소련의 원조가 자금 조달의 주요 부분은 아니었다. 그 액수가 분명 20억 달러를 넘지 않았다. 그리고 그 대부는 1956년부터 상품 수출로 갚아 나가기로 한 것이었다. 그래도 소련의 원조는 일련의 기술과 장비의 이전('한액 이상' 투자를 허용하는 156개의 공업 계획이 이 같은 혜택을 입었다)을 동반했다는 점에서 소중한 것이었다. 약 1만 명의 소련 기술자들이 중국에 파견되었고, 같은 수의 중국 학생과 실습생들이 소련에서 수학했다.

계획화의 과제는 중국의 낙후성으로 말미암아 쉬우면서도 복잡한 것이었다. 예컨대, 산업 관리를 위한 기구들이 아직 충분히 세워져 있지 않았기 때문에 오히려 특정 하부 기구를 통해 생산된 재화와 다른 하부 기구의 생산에 필요한 재화들의 양과 질을 조절하기 위한 분야별 예산표의 작성이 쉽게 이루어질 수 있었다. 1953년 이러한 조정의 계획화는 중국의 경우 단지 96개 생산품에만 적용되었지만(소련의 경우는 1,500개 이상이었다), 소련의 중앙 집중적이고 위계적인 관리 모델에 따른 계획의 수립은 중요한 경제 관리 기구의 창설을 요구했다. 그 기구들의 역할은 관련 정보들을 수집하고, 중앙의 지시를 각 기업에 전달하며, 그 집행을 감독하는 것이었다. 그리하여 국가통계국(1952), 전국적인 계획을 작성하는 국가계획위원회(1952) 그리고 단기 계획의 수립을 맡은 국가경제위원회(1956)가 설립되었다. 그 계획의 집행 기관은 정부의 각 부처였다. 1956년 당시 경제 관리권을 가진 부서가 41개 존재했는데, 그 가운데 기계 공업과 관련된 것만도 10여 개에 이르렀다. 공업 부문에서 조직의 최말단을 이루던 각 기업은 공장장 개인 책임제[一長制]에 따라 관리되었다.

따라서 1·5계획의 초기 몇 년 동안은 수직적 조직화가 우세한 시기였다. 각 부문별로 중앙의 한 부(部)나 한 중앙 기구[部門]에 의해 통제되었고, 이들의 권위는 특정 지방 당국의 통제를 넘어 전국에 분포하고 있던 지역, 성 및 그 하급 지방에 이르는 일련의 위계 체계를 따라 행사되었다. 그러한 조직을 이용하여 몇몇 중앙 부서들, 예컨대 재정부와 국방부 등은 자신들만의 독자적인 영역을 구축했다. 계획을 수행해야 했던 기업들은 중앙 기구에 더욱 긴밀히 예속되었고 원자재와 장비(설비), 투자 및 유동 자금을 중앙으로부터 지급받았다.

국가감찰부는 경제 관료 기구의 기능을 감시하고 낭비 및 동급 부서들 간의 알력을 방지하며, 공영 기업의 장부를 확인할 목적으로 1954년 설립되었다. 일명 하얼빈 제도라고도 불리던 감사 제도는 이 감찰부에 의해 수립되었는데, 만주에서 시행되어 가오강과 소련 전문가들의 정치적 경제적 권한을 제거하기 위해 이용되었다. 그러나 이 제도가 일반화되지는 않았다. 제도 밖에서 시행되던 그러한 통제 체계는 사실 중국공산당의 행정적 정치적 실천에서는 낯선 것이었다. 그리고 그러한 제도의 도입은 틀림없이 소련의 영향이 가장 극단적으로 표현된 사례 가운데 하나였다.

사회주의 과도기의 국가 총노선

제1차 5개년 계획의 개시는 신민주주의 정치의 포기와 동시에 진행되었다. 자유 경제의 지속은 그것이 비록 통제된 상태에 있었다고는 하지만 사실 1·5 계획의 성공을 위해 투여해야 할 막대한 노력과는 양립할 수 없는 것으로 보였다. 그것은 공산 정권의 이념적 기초와도 어울릴 수 없는 것이었다. 1953년 11월의 한 선언에서 리웨이한(李維漢)이 정의한 새로운 정치 노선은 도시와 농촌이 같이 생산 구조를 급진적으로 변혁시키는 것이었다. 이러한 사회주의로의 이행 단계는 공영 기업과 집단(집체) 및 사영 기업을 결합시켜 국가 부문에 예속시키고 국가 부문을 위해 노동하게 만드는 하나의 국가 자본주의를 구축하는 것이었다.

공업 및 도시 부문의 국유화

1·5계획의 초기에 사영 공업 부문은 이미 쇠약한 상태였다. 그 쇠락은 공산당과 마찬가지로 자본주의 기업에 적대적이었던 국민당 정권

의 최후 몇 년간으로 거슬러 올라간다. 중일전쟁이 끝났을 때 일본과 그 중국인 협력자들로부터 몰수한 것을 포함하여 국유화된 부문이 1949년 근대 공업 생산의 34.7퍼센트를 차지하고 있었다. 그리고 1952년에는 외국인 및 반동분자의 소유 재산을 더하여 56퍼센트를 차지하였다.

당시 '오반(五反)' 운동을 통해 국가는 많은 기업에 대해 통제를 확대해 갈 수 있었다. 그 가운데 공공 투자를 해야 했던 기업들은 합영 기업으로 전환되거나, 여전히 사영 부문에 속하면서도 대출 자금과 주문 그리고 원자재들을 공공 기관으로부터 받아야 했다. 이러한 변화는 1956년 대형 및 중형 공·상업 기업의 국유화와 함께 완성되었다(73쪽의 표 참조).

국유화 조치는 단지 정치적이고 사회적인 것에 머무는 것이 아니었다. 계획화되고 중앙 집중화된 경제 체계 속에서 사영 기업과 소형 합작사가 여전히 존재한다는 사실은 하나의 장애였다. 그러나 그것의 제거가 모든 문제를 한꺼번에 해결해 주는 것은 아니었다. 국유화할 때 소형 기업의 성급한 합병을 통해 만들어진 생산 단위들은 쉽게 기율에 복종하지 않았고 계획 경제가 요구하는 위계질서 안으로 잘 적응해 들어오지 못했다. 기업의 내부에서도 공장장 책임제는 쉽게 뿌리를 내리지 못했다. 대체로 위원회에 의한 생산 관리 제도, 이른바 '상하이 시스템'이 여전히 가동되었다. 이 위원회들은 공산당 대표, 노조, 대중 조직 그리고 기업주 또는 옛 기업주들을 모두 포괄하고 있었다. 혁명 직후 수립된 이 위원회들은 부르주아지에 대한 사회-정치적 통제를 강화하고 노동자들의 경영 참여를 확보하도록 하는 데 기여했다. 그러나 위원회들은 새로운 1·5계획의 조정 요구에 부응하지 못했다. 위원회 안의 지방 당대표들은 '수직적' 위계질서로부터 벗어나 지방의 이해를 우선시하는 경향을 보였다.

국영 · 합영 · 사영 부문 간의 공업 생산 가치 분포의 변화* (%)

연도	사회주의 부문	합영 기업	국가 주문 생산의 사영 기업	자본주의 공업 (생산품의 자율 판매)
1949	34.7	2.0	7.5	55.8
1950	45.3	2.9	14.9	36.9
1951	45.9	4.0	21.4	28.7
1952	56.0	5.0	21.9	17.1
1953	57.5	5.7	22.8	14.0
1954	62.8	12.3	19.6	5.3
1955	67.7	16.1	13.2	3.0
1956	67.5	32.5	-	-

* 수공업 생산은 제외

출전 : *Les Dix Grands Années*, Pékin, 1960, p. 38.

그러나 이러한 유보적 상황에 근거하여 당시 성취된 변혁의 중요성을 과소평가할 필요는 없을 것이다. 1956년 모든 중요한 기업들이 국영 기업이나 국가가 통제하는 합영 기업이 되었다. 1 · 5계획의 말기가 되면 이 국영 기업들의 대부분(공업 생산의 60~70퍼센트를 차치함)은 중앙의 각부와 기관의 직접적인 통제 아래 놓인다.

농업 집단화

토지 개혁과 농민에 대한 토지 분배를 시행한 지 겨우 3년이 지난 뒤 결정된 농업 집단화는 경제적으로 토지의 극단적인 분할이 가져온 생산의 곤란을 해결할 필요성에 따른 것이었고, 또한 보다 넓은 견지에서 보면 농업 생산의 잉여를 동원하고 수취하여 공업화 계획에 자금을 조달해야 한다는 요구에 답하는 것이기도 했다.

농지의 집단화는 1953년 11월 통일 수매[統購] 및 통일 판매[統銷] 제도를 세우면서 준비되기 시작했다. 그것은 농민들로 하여금 잉여 생산된 곡물을 국가가 정한 양과 가격으로 국가에 강제적으로 판매하도록 한 것이었다. 이 새로운 독점이 가져올 농민들의 불안과 저항을 무마하기 위하여 국가는 그것이 하나의 보장 제도임을 알리기 위해 애썼다. 즉 흉년이 든 경우 국가가 나서서 낮은 가격으로 농민에게 곡물을 되판다는 것이었다.

그러나 분산된 1억여 농민 가정으로 하여금 이 의무적인 할당량을 채우도록 하기가 어려웠다는 점이야말로 1953년 겨울 동안 농업 집단화를 향해 길을 재촉하게 만든 주된 원인의 하나였다.

그러한 조급성의 또 다른 이유는 이제 토지 소유주가 된 농민들이 더 이상 소작료를 지불하지 않게 되면서 크게 늘어난 농민의 자가 소비를 막고자 했기 때문이다. 상품화된 곡물 수량의 감소는 도시화에 기초한 공업화에 위협이 될 수 있었던 것이다. 성급한 추진에는 또한 당시 농업의 근대화와 집단화의 관계에 관한 이론적 논쟁이 불러온 새로운 상황에도 원인이 있었다. 사실 1953년까지는 농업 근대화가 농업 기계화와 동일시되었고, 중국의 지도자들은 이것이 중국의 집단화 구조를 조건 짓는다고 생각하였다. 즉 중국 공업의 진보가 이 두 가지 발전을 가져오기 전까지 중국은 집단화를 위해 수년을 더 기다려야 할 것이었다. 그러나 중국의 지도자들은 재빨리 농업 근대화에 관한 사고를 재검토하고 그 의미를 확대해 나갔다. 그들은 이모작, 조밀 파종[密植], 노동 집약 등의 기술적 개선이 가져올 이점들을 강조했다. 그리하여 이러한 새로운 기술의 보급을 촉진할 농업 집단화는 더 이상 기계화를 기다릴 필요가 없었다.

집단화 정책은 1953년 12월 리웨이한이 제시한 바와 같이 신중하고도 점진적인 것이었다. 그것은 농민의 자발적인 가입에 기초하고 있었다. 집단화 초기에는 토지 개혁 과정에서 대부분의 촌락에 시행되던 상호 부조 조직인 호조조(互助組)가 그 바탕이 되었다. 계절적으로 조직되던 이 호조조는 대규모 공사 때 빈농 및 중농들이 농기구와 노동력을 함께 제공하도록 한 것이었다. 이것은 농민 가정의 자발적인 주도가 아니라 지방 간부의 지시에 의한 것이었다는 점에서 전통적인 상호 연대 조직과는 달랐다. 이 호조조로부터 먼저 초급 농업 생산 합작사가 조직되었다. 그것은 20호에서 50호의 농가를 집단화한 것으로, 반(半)사회주의적인 방식에 따라 그 보수는 제공된 노동력뿐만 아니라 맨 처음 제공된 농기구 및 토지의 양에 따라 결정되었다. 그 다음은 사회주의적인 고급 합작사 단계로, 이것은 사적 소유의 잔재를 폐기하는 것이었다. 농기구, 가축, 토지가 모두 집단 소유가 되었다(주거와 소규모 토지는 여전히 개인 소유로 남았지만 그 소규모 토지의 면적은 경작지의 5퍼센트를 넘지 않았다). 따라서 보수는 단지 제공된 노동의 양만을 고려하여 지급되었다. 이 노동량을 계산할 필요성과 합작사 규모의 확대로 말미암아 — 고급 합작사의 경우 백 호 내지 2백 호에 이르렀다 — 지방 간부들이 할 일이 더욱 늘어났다. 여기서 우리는 이후 30년간 농촌 사회와 중국 농업을 특징지을 관료제 경향의 기원을 발견하게 된다.

1953년부터 1955년까지 초기 몇 년간 이 집단화 계획은 신중하게 추진되었다. 합작사에 대한 농민의 자발적 가입이라는 원칙은 대체로 지켜졌다. 간부들은 설득이란 수단을 사용하였고, 집단 경작이 가져올 이점들을 보여주기 위해 '모범' 사례를 들어 호소했다. 간부들은 또한 새로운 합작사와 구래의 자연 집단 — 소규모 촌락, 자연촌, 종족 등 — 을 일치시켜 전통적인 유대가 기능할 수 있도록 하는 노력도 기울였다. 국가의 지도자들은 집단화의 속도가 그 새로운 생산 단위의 관리를 맡은 회계 및 기타 관리자들을 육성(집중적인 실습 과정에 있었다)하는 속도를 앞서가지 않도록 주의를 기울였다. 그러나 그러한 신중함 속에서도 일정한 폭력이 없었던 것은 아니었다. 간부들은 더욱 효과적이면서도 덜 복잡한 권위주의적 방식에 호소했다. 그들은 통계를 조작하고 '모범'을 만들어 내고 농민을 착취하여 상급자를 만족시키고자 했다. 그에 대한 복수로 농민들은 권력을 남용하는 말단 간부들을 공격하거나 어떤 경우에는 살해하기까지 했다. 그러나 1955년 봄까지 그러한 혼란은 아직 제한적인 상태에 머물고 있었다. 사실은 집단화의 진전도 제한적이었다. 당시 농촌 인구의 15퍼센트만이 초급 합작사에 가입해 있었다.

집단화의 어려움은 마오쩌둥이 1955년 7월 31일 〈농업 합작화 문제에 관하여(關于農業合作化問題)〉라는 논설에서 합작사 건설에 대해 갑작스럽게 급진화를 제창하면서 악화되기 시작했다. 1956년 말 90퍼센트의 농민이 합작사에 가입했는데, 그 대부분이 사회주의적인 고급 합작사 형태를 취하고 있었다. 그러한 변화의 속도는 분명 간부들이 설득할 수 있는 능력을 넘어서는 것이었다. 그리하여 강압적인 방식이 동원되었다. 그것은 또한 합작사를 감당할 관리자 양성을 앞서나간 것이었다. 노동량의 계산이 합리적인 규범에 따라 결정되고 시행되어야 함에도 불구하고 그러한 능력이 없던 문맹 간부들에게 맡겨졌다. 따라서 중국 농민은 사회주의 국가의 위협에 대해 가축을 도살하는 등 소토지 소유자가 전통적으로 해 왔던 반발을 다시 보여주었다.

그러나 중국에서 일어난 집단화에 대한 저항이 1930년대 초 소련에서 보였던 것과 같은 규모까지 이르지는 않았다. 어떤 경우에도 도시와 농촌 간의 내전과 같은 상황은 일어나지 않았다. 정부의 정책을 집행해야 했던 이들은 결국 촌락의 농민 가운데서 채용된, 문제의식을 공유한 지방 간부들이었다. 그들 가운데 다수는 이미 몇 년 전 토지 개혁을 시행한 바 있었다. 사실 중국에서는 농민들이 토지를 탈취했던 것이 아니라 공산당으로부터 부여받았다는 점을 간과해서는 안 된다. 그리고 중국 농민들의 상대적인 유순함이야말로 그들이 공산당 지도자들, 특히 마오쩌둥에게 보여준 지속적인 신뢰를 설명해 준다. 결국 토지 분배와 토지 집단화 사이에 단지 매우 짧은 시간이 흘렀다는 사실(특정 지역, 예컨대 광둥성의 경우 토지 개혁은 합작사가 건립되기 시작한 1953년에야 완성되었다)은 중국에서 소련의 쿨라크(kulak)같은 지주와 부농 계급의 재현을 불가능하게 만들었다. 1950년에서 1953년 사이 농업 생산의 회복을 꾀하기 위하여 중국공산당은 네 가지 자유(토지 매매, 노동력 고용, 대금업 및 상업의 자유)를 허용했다. 공산당은 농가의 치부를 장려했다. 그러나 동시에 공산당은 자본주의적 경향의 발전과 농민 의식[農民思想]의 재생을 통제할 수 있었다. 따라서 중국에서 농업 집단화는 폭력과 고통을 동반했지만, 상대적으로 수월하게 추진될 수 있었다.

이 수월성에서 우리는 후발 주자의 장점을 자주 발견하게 된다. 중국의 농업 집단화는 사실 소련의 제1차 5개년 계획(1928~1932)의 경험으로부터 깊은 영감을 얻은 것이었다. 최소한 합작사 내부 조직에서는 그러했다. 그러나 합작사가 계획화의 전체적인 구조 속으로 편입되는 방식을 보면 소련 모델의 영향은 거의 보이지 않는다. 소련이 생산물의 양과 종류 그리고 파종 면적에 대해 관료적이고 권위적인 방식으로 결정하는 직접적인 계획화를 추진했다면, 중국은 1·5계획 기간에 간접적인 농업 계획화[間接計劃]를 선호했다. 합작사에 대한 중앙 당국의 통제는 기본적으로 토지세의 징수, 자금의 대부, 국가에 대한 의무적인 생산물 공출(공량), 잉여 생산물에 대한 국가 수매의 우선권 그리고 그러한 공출과 수매에서 가격을 고정하는 등의 수단을 통해 행사되었다. 농민들은 양적인 차원에서 농업 발전의 목표를 설정하고 있던 계획 입안자들이 내린 지시에는 따르지 않았지만, 이러한 경제적 수단의 조종을 통한 선동에는 훨씬 더 호응을 보였다. 자유 시장의 작동, 지역 간 곡물 수송의 발전, 농업의 전문화와 상업화 정도의 증가(1953년에서 1957년 사이 30퍼센트 증가) 등이 이러한 제도에 유연성을 더해 주었다. 중국 농업 정책이 그 선행 경험자를 소련에서 찾을 수 있다면, 그것은 스탈린식의 제1차 계획보다는 1921년부터 1928년까지 시행된 신경제정책(NEP)에 훨씬 더 가까운 것이었다.

소련의 모델로부터 자유로웠다고는 해도 그러한 모델의 존재 자체가 중국으로 하여금 급속한 계획 경제 가동에 필수불가결한 제도적 틀을 갖추어 가는 데 도움이 되었다. 중국은 이미 정해진 길을 따라 더욱 신속히 나아갔다. 그러나 그 길이 올바른 방향이었을까? 이 질문에 대해 5개년 계획 초기의 결과들은 미묘한 답을 제시하고 있다.

초기 결과들에 대한 평가

중요한 발전

1·5계획은 하나의 성공으로 보일 수 있었다. 공식 자료에 따르면 순수 국내 총생산의 증가율은 9퍼센트에 이르렀다(미국인 연구자 Liu Ta-chung과 Yeh Kung-chia의 계산에 따르면 '단지' 6.2퍼센트였다고 한다). 근대화는 국내 생산 구조의 상당한 변화에 의해 설명된다. 1952년부터 1957년 사이 농업 부분은 46퍼센트에서 38.6퍼센트로 하락한 반면, 공업 부문(근대적인 광업과 수송업을 포함)은 29퍼센트에서 37.9퍼센트로 증가했다. 사실 생산의 증가는 무엇보다도 공업 부문의 증가 — 공식 통계에 따르면 연간 18퍼센트(Liu와 Yeh에 따르면 14.4퍼센트) — 였다. 거의 모든 분야에서 목표치에 이르렀거나 초과 달성하였다(79쪽 표 참조).

이러한 발전이 양적인 것만은 아니었다. 생산은 다양화하고, 새로운 활동이 전개되었다. 석유 개발(1957년 1400만 톤), 화학 비료의 생산(1957년 63만 천 톤), 특수 철강업, 기계 설비의 생산 등이 그것이다. 경공업의 성장은 그리 두드러지지 않았고, 결과적으로 경공업 부문이 전체 공업 생산에서 차지하는 상대적 비중은 감소했다(예컨대 방직 공업의 경우 30퍼센트에서 19퍼센트로 떨어졌다).

1957년의 곡물 생산은 1억 9500만 톤으로 계획이 설정한 목표를 초

제1차 5개년 계획 기간의 중공업 발전

	1952년 생산액	1·5계획의 1957년 목표치	1957년 생산액
석탄(백만 톤)	66.5	113	130
전력(10억 kwh)	7.2	15.9	19.3
철강(백만 톤)	1.4	4.1	5.3

출전 : 1952년 및 1957년 생산액에 관해서는 *Les Dix Grands Années*, Pékin, 1960, p. 97. 계획의 목표치에 관해서는 Jacques Guillermaz, *Le Parti communiste chinois au pouvoir*, Paris, Payot(éd. révisée), 1979, tome I, p. 104.

과했다. 1952년의 1억 6300만 톤과 비교하면 1957년의 (공식) 수치는 연평균 약 3.5퍼센트 증가라는 안정된 성장세를 보였다(Chao Kang 등 외국 전문가들도 이를 사실로 확인해 주고 있다).

통일 수매 및 통일 판매 제도는 이론적으로 국가가 곡물 경작을 하지 않는 지역에 대해 곡물 공급을 책임짐으로써 생산의 다양화를 가능케 했다. 이러한 경작의 확대로 말미암아 1·5계획 기간 동안 농업 생산 전체의 증가(공식 통계에 따르면 25퍼센트)는 곡물 생산의 성장률을 상당한 정도로 웃돌았다. 방직업의 원료를 확보하기 위해 정부는 특히 가격 및 대부 정책을 통해 면화 생산을 장려했고, 그 생산량은 1952년 260만 톤에서 1957년에는 330만 톤으로 증가했다.

이러한 발전은 전통적인 생산 요소의 동원, 특히 집단 경작을 통한 토지와 노동력의 효율적인 동원으로부터 왔다. 예컨대 수리 시설의 건설에 따른 관개 농지의 확대[320무(畝)에서 520무로 증가]는 바로 그러한 노동력 동원으로 가능했다. 운하와 황허(黃河)·화이허(淮河)의 댐 건설 등 국가에 의한 투자는 무엇보다도 홍수 방지 강화를 목표로 한 것이었다.

수십 년간의 혼란과 전쟁을 겪은 뒤, 공권력은 마침내 오래전부터 이어 내려온 자신의 임무를 다시 수행하게 되었다. 즉 권력은 나라 안팎의 평화를 확보하고 사회 기반 시설을 구축하는 데 고심했다. 그리고 그러한 조건 아래서 전통적인 중국 농업이 다시 발전할 수 있다는 점을 보여주었다. 그러나 그 진보는 같은 기간 동안 공업 부문이 이룬 것에 견주면 매우 열등했다. 또한 그 진보조차 부분적으로는 인구의 증가 — 어떠한 통제 정책도 아직 인구의 증가를 억제할 수 없었다 — 에 의해 상쇄되어 버렸다. 이 불균형으로부터 많은 곤란들이 야기되었다.

경제적 불균형과 사회적 긴장

대규모로 비축된 가경지와 상당한 농업 잉여를 이용할 수 있었던 소련은 공업을 위해 농업의 성장을 희생할 수 있는 수단을 갖고 있었다. 중국은 자원의 한계와 더 많은 인구로 말미암아 오랫동안 소련과 같은 발전 전략을 채택할 수 없었다. 그러나 1950년대 중국의 경제 계획은 공업화를 위해 필요한 자금의 조달을 농업 생산 — 그것은 겨우 인민의 생존을 가능케 할 정도였고, 자본의 투여와 기술적 근대화를 위한 체계적 노력으로 농업 생산을 늘려야 한다는 고려도 없었다 — 에서 도출해내면서, 동시에 인구와 식량 그리고 공업화의 기회 사이의 깨지기 쉬운 균형 상태에 위해를 가할 우려가 있었다.

연평균 3.5퍼센트의 곡물 생산 증가에도 불구하고 중국의 농업은 사실상 1·5계획이 요구하는 많은 임무들을 수행하기 어려웠다. 그 가운데 가장 중요한 것은 인민을 먹여 살리는 일이었다. 중국과 같은 전근대적인 인구 조건에서 인구의 자연 증가율은 매년 약 2퍼센트에 이르렀다(사망률이 상당했지만 35~40퍼센트에 이르는 아주 높은 출생률의 효과를 경감시킬 수는 없었다).

5억 8300만 명으로 집계된 1953년의 인구 통계는 국가 지도자들의 본격적인 주목을 끌었다. 경제학자 마인추는 마르크스주의의 정통론도,

정치적 신중함도 버리고 엄격한 산아 제한 정책의 채택을 주문했다. 1956년 말부터 1957년 봄까지 짧은 기간 동안 그의 의견은 주목을 받았고, 산아 제한 운동이 시작되었다. 그러나 총노선의 변화에 따라 1957년 여름 그 운동은 아무런 효과도 없이 실패로 돌아갔다.

통일 수매 및 판매 제도는 곡물의 상품화 수량을 두 배로 늘렸다. 그러나 국가의 수취는 농민의 소비를 최소한의 생존 유지 수준으로 감소시켰다. 1954년 겨울부터 1955년에 걸친 식량 위기는 심각한 경고를 뜻했다. 양쯔 강 하류의 부유한 성들에서 홍수가 수확을 위협했다. 재난 지역의 빗발치는 곡물 구매 요구를 들어주기 위하여 당국은 (공업 투자를 줄이지 않고) 경솔하게도 자연재해를 입지 않은 지역의 세금을 올렸고, 그렇게 농민들의 자원을 수탈했다. 이 과격한 정책이 초래한 고통과 공포는 거대한 농촌 이탈의 조류를 불러왔다. 1955년 3월부터 당국은 자신의 요구를 낮추고 본래의 국가 공출 할당량으로 돌아갔으며, 농민들에게 잉여 생산물에 대한 자유로운 처분을 허용해야 했다. 이것이 바로 '삼정(三定)' 정책이다. 도시의 식량 사정도 마찬가지로 어려웠다. 도시민들은 1953년부터 엄격한 배급세를 따라야 했다.

그러므로 1인당 소비량의 증가가 농업 생산의 증가를 따라간 것은 아니었다. 배급량은 제자리였다. 1957년 1인당 평균 배급량은 전전(戰前)의 수준을 거의 넘지 않았는데, 연간 1인당 곡물 총소비량은 약 215킬로그램이었다(Claude Aubert에 의함). 그러나 자원의 분배는 더욱 균등하게 이루어졌다. 제도적 체계에 의해 정권은 인민에게 최소한의 식량 안전을 보장해 주고자 했고 일정 정도는 성공을 거두었다. 농촌에서는 합작사가 사원들에게 '기본 배급량'을 현물로 배분해 주었는데, 그것은 모두에게 공평했고 집단적으로 행해진 노동 총량의 70~80퍼센트를 보수로 지급받는 것이었다. 도시의 배급 제도는 국가 관료제에 의해 엄격히 통제되면서 식량과 기름 등 기초 생산물을 값싸게 공급할 수 있었다.

인민의 생존에 필요한 부분이 충족되었지만, 공장의 원자재 공급, 외국으로부터 차용한 장비의 대금 지불을 위한 수출(소련의 대부에 대한 상환은 1956년부터 시작된다) 그리고 공업 투자를 위한 자금 조달 등을 위해서는 무엇이 남아 있었을까? 소량뿐인 잉여분도 그 전년도에 거둔 수확에 따라 매년 달라졌다. 1957년 경공업 부문에 속했던 많은 기업들이 원자재 부족으로 자체 생산 능력을 다 발휘하지 못했다. 면방직은 생산 능력의 85퍼센트만이 가동되었고 제연업(製煙業)은 52퍼센트였다. 공업의 확장은 농업 상황의 변화에 밀접히 연동되어 결정되는 듯했다. 1953년의 생산 지수는 51퍼센트였지만, 1954년 흉년이 들고 난 뒤인 1955년의 지수는 21퍼센트였다(아래 표 참조).

중국 공업 생산 지수, 1949~1957

	1949	1950	1951	1952	1953	1954	1955	1956	1957
지수	100	136	188	245	319	370	391	502	559
전년 대비 변화폭 (%)		+36	+38	+40	+30	+16	+6	+28	+11

출전 : *Les Dix Grands Années*, Pékin, 1960, p. 90.

상하이에서는 생산의 퇴보까지도 일어났다(−5퍼센트). 5개년 계획의 말기에는 농업의 어려움으로 말미암아 국내 총생산 가운데 투자 비율은 20퍼센트 이상에서 7.4퍼센트로 줄어들 수밖에 없었다.

농업과 공업 간 생산의 괴리만이 그 모든 어려움의 원인이었던 것은 아니다. 경우에 따라서는 공업화 방식 그 자체도 직접적으로 관련되어 있었다. 중공업 위주의 투자는 가공 산업을 거의 정체 상태로 만들었다.

면방직 산업은 연간 5.2퍼센트, 제유업은 2.3퍼센트 성장하는 데 그쳤다. 이것은 고도로 노동 집약적인 산업과 관련된 문제였다. 그리고 그 미약한 발전으로 말미암아 고용 창출 문제는 상대적으로 급속히 성장한 중공업 — 철강은 연간 31.7퍼센트, 석유는 27퍼센트, 전력은 21.6퍼센트의 성장률을 보였다 — 에 의해 매우 부분적으로만 상쇄될 수 있을 뿐이었다. 사실 이러한 성장은 무엇보다도 근대적인 대규모 시설의 건설에 의해 진행되었는데, 그 완전한 설비가 노동 수요를 경감시켰다. 이 시설들에 자본은 많이 투여되었지만 노동력은 절감할 수 있었다. 마찬가지로 비농업 부문은 그 괄목할 만한 성장에도 불구하고 매년 단지 1백만 명의 고용을 창출할 수 있을 뿐이었지만 8백만 명 내지 천만 명의 새로운 노동자들이 노동 시장에 나타났다.

중국과 중국인들은 제1차 5개년 계획을 위해 값비싼 대가를 치렀다. 집단화의 마지막 단계에서 각 촌락이 직면했던 어려움들에 대해서는 위에서 언급한 바 있으므로 여기서 다시 서술할 필요는 없을 것이다. 그러나 지적해야 할 것은 공업, 도시 그리고 도시의 노동자들 — 공장 노동자, 기술자, 관리자 능 — 을 우선시했던 5개년 계획의 최후 단계에서 도시 사회 역시 고통을 겪었다는 점이다.

도시에 거주하는 것이 농촌에 견주어 더 편안했다는 점은 분명하다. 도시 인구의 급속한 증가가 그것을 입증한다. 공식 통계에 따르면 도시 인구는 5700만 명에서 8900만 명으로 늘었다(즉 전체 인구의 10.6퍼센트에서 14.2퍼센트로 증가). 이 통계는 거의 신뢰할 수 없지만, 도시 인구 성장의 상대적 수치는 그 절대치와 마찬가지로 하나의 비교를 통해 확인된다. 1953년의 인구 조사에서 7700만 명이었던 도시 인구는 1964년의 조사(그 결과는 1981년에야 공개되었다)에서는 9700만 명으로 집계되었다. 이 증가에서 농촌으로부터 이주해 온 인구가 어느 정도를 차지하는지는 분명치 않다. 상하이의 경우 1949년에서 1957년 사이에 인구가 5백만 명에서 720만 명으로 증가했는데, 그 가운데 농촌에서 유입된 인구가 약 3분의 1에 이르렀다!

그러한 조건 아래서 도시의 실업자는 증가했다. 외국 전문가의 계산에 따르면(Liu Ta-chung & Yeh Kung-chia) 실업자 수가 1·5계획 기간에 최소 4백만 명으로 늘었다. 상하이만 해도 1957년 67만 명에 이르렀다. 정부는 인구 증가를 억제하고 호적[戶口] 제도를 더욱 강화하면서, 또 1955년부터는 앞으로 장기간 지속될 '농촌에 내려 보내기[下放]' 운동을 개시하면서 이주민을 되돌려 보내기 위해 노력했다.

운 좋게 도시에 남은 사람들도 봉급의 동결과 (노동 규율과 작업 속도의 강화 등을 통한) 생산성 제고를 위한 정책을 견디어 내야 했다. 1953년부터 시행된 이 정책은 1955년까지 엄격히 시행되었다. 1956년 몇몇 공장에서 파업이 단행될 정도로 노동자들의 반발이 일어나자 13.5퍼센트의 봉급 인상이 수용되었다. 그러나 이 봉급 인상은 주로 기술자와 전문가들에 대한 것이었고, 노동자들과 간부진 사이의 잠재적인 갈등은 해결되지 않은 채 남아 있었다. 그리고 봉급 인상으로 말미암은 물가 앙등은 정부로 하여금 1957년부터 보수의 동결이라는 정책으로 되돌아가게 했다.

따라서 1·5계획의 표면적인 성공 이면에는 위험한 경제적 사회적 불균형이 자리하고 있었다. 그 계획의 성공과 동시에 소련 모델에 대해 처음으로 의문이 제기되고 당내에서는 심각한 긴장이 출현하였으며 그리고 1949년 정권의 성립 이후 누려 왔던 국내적 화합이 이제 끝나게 되었다는 사실은 전혀 놀라운 일이 아니다.

제4장
최초의 문제 제기

공산당은 통일적 지도를 한다는 인상을 주고 싶었음에도 불구하고, 1950년대 초 중국공산당이 표면적으로 유지하던 단결의 모습 뒤로 실제적이고 기능적인 측면에서 발생한 내부적 대립은 곧 주요 지도자들 간의 관계를 적대적으로 만들어 갔다. 초기의 그러한 대립은 가오강–라오수스 사건과 연계되면서 1952~1953년부터 폭발하기 시작했다. 국가의 통일이 아직 취약하고 정권이 공고화하지 못했던 시기에는 생존을 위한 고려가 우선되었고 의견의 불일치는 반대파를 제거함으로써 해결하였다. 그 뒤 5개년 계획이 가져온 어려움에 직면하여 의견의 불일치는 더 늘어나고 더욱 표면화했다. 중앙의 지도자들을 그들이 차지하고 있던 지위의 공통점에 따라 그룹별로 구분해 볼 수는 있을 것이다. 그러나 막 태동하던 파벌주의는 아직 매우 유동적이었다. 파벌을 나누는 경계는 문제의 사안에 따라 달랐다. 게다가 아직 건재한 마오쩌둥의 권위와 특권이 그러한 대립이 확대되지 않도록 막았고, 공개되는 것을 늦추었으며, 타협 쪽으로 나가도록 만들었다.

또한 당시 중국공산당은 소련공산당 제20차 대회(1956. 2.)에서 니키타 흐루시초프(Nikita Khrouchtchev)가 행한 보고가 사회주의 진영을 흔들어 놓아 생겨 난 소용돌이 속에 처해 있었다. 소련 모델에 대한 소련 자신과 그 수혜자들의 공격은 중국의 지도자들을 곤경에 빠뜨렸다. 그리고 그러한 공격이 일부 지도자에게서 소련 모델에 대한 회의를 부추겼지만, 그들은 탈(脫)스탈린화에 대해서는 매우 신중히 접근했다. 1956년 10월 소집된 중국공산당 제8차 전국대표대회는 공산당의 단결을 재확인했다. 타협은 아직 가능했다. 그러나 그것이 깨지기 쉬운 것이었다는 점은 분명했다.

1956년 말 재확인된 당내의 단결은 1957년부터 혹독한 시련을 겪기 시작했다. 마오쩌둥이 원했던, 그러나 대부분의 지도자들이 회의했던 쌍백 운동(雙百運動)의 경험은 새로운 권력과 새로운 사회 사이의 괴리를 분명히 드러내 주었고, 인민과 그 인민의 이름으로 말하는 자들 간의 모순을 폭발시켰다. 지도자들은 다시 서로 단결하여 전례 없는 탄압을 행했다. 그러자 애국주의에 기초한 사회적 화합이라는 이상은 산산조각이 났고, 이제 지배자와 피지배자 사이의 노골적인 대립이 자리 잡았다.

1954년 가오강·라오수스의 제거

가오강-라오수스 사건은 그것이 일어난 지 30년 이상 동안 장막에 가려 있었다. 이 사건은 외견상 아무런 관계도 없는 두 사람을 관련지었다. 산시성(陝西省) 출신으로 그곳에서 유격대 전사로서 1930년대 초 혁명 근거지를 건설했던 가오강은 이후 서북 지역의 당정 기구에서 경력을 쌓았다. 1945년 중앙위원회 위원으로 선출되었고, 만주 지역의 점령에 참가하였으며, 1949년부터 만주의 정치적 행정적 군사적 권력을 통합하여 지도권을 장악했다. 1952년 그는 베이징으로 불려 올라가 정치국에 들어갔으며, 당시 막 창설된 국가계획위원회 주석이 되었다. 1954년 초 직위를 박탈당한 뒤 1955년 4월 공식적으로 유죄 선고를 받았고, 그는 그 와중에서 자살했다.

라오수스는 매우 달랐는데, 그의 경력은 '백구'(白區, 국민당 통치 구역—역주)에서 전개되었다. 그는 미국에서 10년간 수학한 뒤 중일전쟁 기간에 귀국했다. 신사군(新四軍)과 함께 전투에 참가하였고 류사오치 곁에서 그의 부관으로 있다가 그를 이어 정치위원이 되었다. 1945년 중앙위원으로 선출된 라오수스는 1949년 화동(華東) 지역의 당정 수뇌가 되었다. 1952년 그는 가오강과 같은 시기에 베이징으로 불려 올라왔으니, 여기서 그 두 사람의 운명이 합쳐졌다. 라오수스는 중앙위원회 조직부 부장에 임명되었고, 가오강이 주재하는 국가계획위원회의 위원이었다. 그는 가오강과 동시에 공적 무대에서 자취를 감추었다.

서로 매우 다른 층위에서 온 이 두 사람이 무엇과 대립했는지는 분명치 않다. 국가계획위원회 안에서 그들은 과거 근대화의 기지였고 그들이 지도자로 있던 상하이와 만주 지역을 희생하여 북부와 서부 지역에 유리하게 재조정하고자 한 시도부의 정책에 반대했던 것 같다. 가오강의 경우에는 당 지도부와 갈등을 일으킨 또 다른 이유들이 있었던 것으로 보인다. 즉 그는 기업 안에서 상하이식의 위원회 관리 체계보다는 소련식의 공장장 책임제를 우선시하고자 했으며, 또한 소련 지도자들과 밀접한 관계를 유지하고 있었다(이는 흐루시초프의 《회고록》에 언급되어 있다).

친소련적인 경향은 가오강과 펑더화이를 가깝게 만들었을 수도 있다. '가오강—라오수스 사건'과 관련하여 펑더화이의 이름은 1954년에 거론되었고, 1959년 직위에서 해임당할 때 다시 언급된다. 그러나 가오강과 라오수스가 당 안에서 누구를 지주로 삼았는지는 알 수 없다. 그들의 해임을 알리는 문건은 경제 계획과 공업 투자의 배분에 관한 갈등에 대해서는 아무런 언급이 없고, 우회적 표현으로 두 사람이 '독립 왕국'을 만들려 했다고 비난하는 데 그치고 있다. 즉 그들은 자신들이 장악하고 있던 지방 권력을 기반으로 당 중앙에 반대했다는 것이다. 문건은 또한 가오강의 제거가 당정의 수뇌였던 류사오치·저우언라이의 자리를 차지하고자 했던 가오강의 높은 개인적 야망에 철퇴를 가한 것임을 시사하기도 했다. '백구'에 대한 '혁명 근거지와 군대'의 우위를 강조한 가오강의 이론은 자신의 장점을 강조하고 경쟁자인 류사오치·저우언라이를 깎아내리고자 했던 것인지도 모른다. 1937년에서 1945년 사이에 류사오치는 일본 점령지와 국민당 통치 지역에서 지하 공산당 조직을 지도한 바 있었고, 저우언라이는 충칭에서 장제스 정부와의 연락 업무를 맡고 있었던 것이다.

이러한 일탈의 위협에 대하여 권력을 장악한 그룹은 하나가 되었다. 여기서 우리는 1952년 가오강과 라오수스가 베이징에 불려온 것이 단순한 승진을 넘어서 그들을 감시 하에 두고자 한 것은 아니었는지 의문을 가질 수 있다. 그들의 제거는 마오쩌둥의 추종자와 류사오치의 지지자들 모두가 원한 바였다. 덩샤오핑(鄧小平)은 국가계획위원회 안에서 가오강에 반대하여 공업의 구조 조정이라는 정책을 지지했고, 이후 가오강을 대신하여 정치국원이 되었다. 리푸춘은 경제 계획의 책임자가 되었고, 탄전린(譚震林)은 라오수스를 이어 화동 지역의 주요 책임자가 되었다.

아마도 가오강과 라오수스가 저지른 중요한 정치적 과오는 공개적인 대립으로 나아간 데 있는지도 모른다(1959년 펑더화이가 그렇게 나아갔고 마찬가지로 불행한 결과를 맞는다). 언제나 그런 것처럼 이 대립 속에서 그들은 그들 주위에서 지지 기반을 거의 찾을 수 없었다. 요컨대 그들이 주인공이었던 이 '사건'은 공산당의 권력 장악 이후 당내의 분열보다는 결속을 보여주는 것이었다.

1955년과 1956년 사이의 유동적인 분파주의

1950년대 중반 무렵 당내에 출현한 분파들은 이후 등장할 고정된 집단이나 파벌과 달랐다. 아직은 권력 투쟁이 정치적 논쟁을 압도하지 못했다. 분파 행동은 여전히 공개적이었고, 집단들의 지형은 가변적인 상태였다. 이 몇 년간의 유연한 분파주의는 — 물론 그것이 지도자들 내부에 국한된 것이긴 했지만 — 일종의 다원주의의 존재를 말해 준다. 따라서 이 분파주의를 분석하기 위해서는 그것을 불러온 문제들과 문제 제기들을 확인할 필요가 있다.

농촌 집단화에 관한 논쟁

1954년의 흉년과 1954년에서 1955년으로 이어지는 겨울 식량 공급의 곤란을 겪은 뒤 지도자들은 낙후되어 가는 농업을 개선할 필요가 있다는 점을 인식했다. 그러나 당시 그들이 생각했던 방법은 서로 같지 않았고, 다급한 위기감이 급진파와 온건파의 대립을 더욱 조장했다.

1955년 7월 31일 마오쩌둥은 〈농업 합작화 문제에 관하여〉라는 연설에서 합작화의 가속화를 주문했다. 그에게 합작화는 생산을 늘리기 위한 확실한 수단이었다. 합작화는 사실 보다 완벽한 노동력 동원, 자원(특히 가경지)의 보다 합리적인 이용 그리고 잉여에 대한 국가의 긴밀한 통제를 가능케 할 것이었다. 또한 정치적 이념적 차원의 논리야말로 마오쩌둥이 보기에 가장 중요한 것이었음이 분명하다. 그에게는 부농 계급이 재등장하는 것을 막아야 할 필요가 있었고, 인구의 60퍼센트에서 70퍼센트를 차지하면서 사회주의 생산 방식으로 이행할 것을 원하는 빈농의 요구를 만족시킬 필요가 있었다.

그 연설 문안을 보아도 당내 모든 지도자들이 마오쩌둥과 시각을 공유했던 것이 아니라는 점은 분명하다. 여기서 마오쩌둥은 '일부 동지들'

이 지나치게 소심하다고 비난했다. "(그들은) 전족을 한 여자처럼 절뚝거리며 걸으면서, 아! 당신 너무 빨리 가는군요! 라고 끝없이 불만을 토로하고 있다"(我們的某些同志却像一个小脚女人, 東搖西擺地在那里走路, 老是埋怨旁人說 : 走快了, 走快了).

경제 전문가들과 계획 입안자들은 사실 상당한 신중함을 보여주었다. 1955년 7월 5일 인민대표대회에서 발표된 〈제1차 5개년 계획에 관한 보고〉에서 리푸춘은 1957년에 농가의 3분의 1만이 초급 합작사에 가입할 것이라고 예상했다. 그리고 부총리 덩쯔후이(鄧子恢)는 집단화의 속도를 현실적인 가능성에 맞추어야 한다고 우려했다. 간부진의 제한적인 능력을 고려하고 농민들의 합작사 자원 가입이라는 원칙을 존중할 필요가 있었다. 중앙위원회 농촌공작부 부장이자 국무원 제7국(농업 관련 업무 담당) 책임자이기도 한 덩쯔후이는 공산 정권의 농업 정책을 설계한 주요 인사였다. 그리고 1955년 5월과 6월에 지나치게 성급하게 조직된 2만 개의 합작사를 해산한 것도 바로 그였음이 분명하다. 그리고 그러한 조치는 필시 류사오치와 덩샤오핑의 지지를 받았던 것으로 보인다. 결국 그로 말미암아 이들은 문화대혁명 기간에 비판받게 되었다.

류사오치는 수년 전부터 집단화는 매우 점진적으로 추진되어야 한다는 태도를 취하고 있었다. 부농의 재등장을 우려하기는커녕 그는 농민들의 적극성과 기업가적 능력을 이용해야 한다고 생각했다. 특히 그가 보기에 집단화의 속도는 농업의 기계화(즉 공업화)가 진전되는 것을 전제로 하였다. 사실 집단 농장에 제공되는 근대적인 기계 장비만이 농민들의 자발적인 가입을 고무할 것이며, 그것 없이는 그들의 노동력을 동원할 수 없었다. 또한 기술적 근대화를 동반하지 않는 사회주의화는 생산의 발전에 아무런 촉진 효과를 볼 수 없었다.

이렇게 논쟁이 시작되자 마오쩌둥은 곧 사태를 압도해 갔다. 1955년

10월 4일 제7차 중앙위원회 제6차 확대회의는 집단화의 가속화를 결의했다. 이 승리에 고무된 마오쩌둥은 1955년 11월부터 준비에 착수하여 1956년 1월 농업 생산의 발전을 위한 12년 계획을 개시했다. 목표는 매우 야심찼다. 1956년에서 1967년 사이 생산을 150퍼센트 증가시켜야 했다. 이를 위해 (새로운 토지를 개간하고 수리 체계를 확대하여) 경작 면적을 확대하고, 비료의 사용과 조밀 파종, 집약 노동 등의 방식으로 생산성을 제고해야 했다. 이 계획의 실현은 기본적으로 집단 구조 내에 조직화된 노동력을 집중적으로 동원하는 것에 기초했다.

그러나 그러한 동원을 위해 1956년 봄 시작된 대중 운동에서 특이하게도 일부 고위 지도자는 지방 간부들의 열정(또는 순종)과는 대조적으로 주저하는 태도를 보였다. 이 지도자들은 새로운 계획의 실행과 함께 나타난 혼란, 낭비, 권력 남용을 비난했다. 술바닥이 이중인 보습을 갖춘 쟁기의 과잉 생산은 그 가장 유명한 사례다. 그러한 쟁기는 우마에 연결하기도 어려울 뿐만 아니라 중국의 토양에도 적합하지 않았다. 그리고 그것을 강제로 구입한 합작사는 사용할 기회가 없었다. 그러면서도 우선적인 계획 달성에 필요한 철강은 부족한 상태였다.

이 과정에서 우리는 주의주의(主意主義, voluntarism), 이상(理想)의 추구, 엄청난 노력 그리고 비생산성을 확인하게 된다. 여러 가지 측면에서 1956년 봄의 동원은 1958년 대약진 운동의 예시였다. 그러나 1956년에는 책임자들 대다수의 반대가 그러한 경험을 신속히 끝내도록 만들었다. 4월 4일 당 중앙위원회와 국무원 공동의 통지문은 당의 각 위원회와 정부 부서 그리고 합작사의 간부들에게 신중하고 합리적이어야 한다는 점을 상기시켰다.

10년 뒤의 문화대혁명 시기 이러한 농업 정책에 관한 논쟁과 갈등은 '두 가지 노선의 투쟁'(사회주의와 자본주의적 수정주의)의 초기 발현이라고 여겨졌다. 그러나 1955년과 1956년 당시의 문건들을 보면 모든 지도자들, 즉 덩쯔후이로부터 마오쩌둥에 이르기까지 그리고 류사오치와 천윈까지도 사회주의 제도에 대한 믿음을 공유하고 있었고, 그들 모두가 아직은 소련 모델에 대해 (최소한 말로는) 신뢰를 보내고 있었다는 점은 분명해 보인다. 마오쩌둥은 1955년 7월 농업 집단화의 가속화를 옹호하면서 소련의 선례를 언급하였다. 갈등은 단지 집단화의 속도와 방법에 관한 것이었다. 특이한 마오쩌둥의 개성이 이 갈등을 부추기면서도 동시에 지도부의 단결을 위해 위험을 최소화하는 데 기여했다. 사실 마오 주석은 다른 지도자를 배려하거나 어떤 합의를 존중하는 일에 거의 고심하지 않았다. 그러나 동시에 그의 권위와 권력은 어떤 지도자도 공개적으로 그에 반대할 수는 없는 그런 것이었다. 따라서 처음부터 분파 경쟁은 마오쩌둥파의 주도권에 의해 압도되고 그 방향이 좌우되었다.

마오쩌둥의 주도권 : 〈농업 합작화 문제에 관하여〉(1955)에서 〈십대관계론(十大關係論)〉(1956)까지

1955년 7월 마오쩌둥의 〈농업 합작화 문제에 관하여〉라는 연설은 그가 정치 무대에 다시 등장했음을 뜻했다. 사실 1949년 이래로 마오쩌둥은 정부의 활동으로부터 거리를 두고 있었고 정책 결정에 직접적으로 나서지는 않았다. 중국 혁명의 역사적 지도자인 그는 영향력을 보다 높은 차원에서 행사하고 있었다. 그는 공산 정권의 이념적 준거이자 보증으로서 기능함과 동시에 회복된 국가 통일과 주권의 상징이었다. 그러한 카리스마적 권력으로 마오쩌둥은 자신이 20여 년 전 장악한 국가기구 내의 규칙들에 거의 구애받지 않았다. 그는 각종 제도의 작동을 혼란스럽게 하는 것도, (자신을 포함한) 지도자들의 집단적인 결정을 비난하는 것도 두려워하지 않았다.

마오쩌둥이 아니었다면 누가 감히 집단화의 속도에 대한 비판으로부터 소련 모델에 대한 재검토 — 아직 은연중이긴 하지만 이미 확고한 재검토 — 로 나아갈 수 있었을 것인가? 다른 지도자들이 소련 모델의 적용으로 말미암은 불균형을 시정하고 그것을 중국의 현실에 더 잘 적응시키고자 했다면, 마오쩌둥은 이미 그 모델로부터 벗어나기 시작했다. 1956년 4월 25일 〈십대 관계론〉에서 마오쩌둥은 보다 수익성이 있고 소비자에게 더욱 직접적인 혜택을 주는 농업과 경공업에 주목하였다. 그는 연안 지역을 재개발하고, 계획화의 '속박'에 의해 무력화된 지역 당국이 '적극성'과 '독립성'을 발휘할 수 있도록 해야 한다고 호소했다.

우리는 이러한 중대한 행보의 대담성에 감탄하지 않을 수 없다. 마오쩌둥은 모든 사람들이 반대해도 두려워하지 않았다. 과거에도 이미 그러했고, 이제까지 역사는 언제나 그의 편이었다. 그러나 그가 제안하고 통상의 경우 강요하기까지 한 모호한 해결책 앞에 사람들은 당황하지 않을 수 없었다. 합작화의 가속화를 주장할 때는 급진적이었고, 농업 생산의 증대를 위한 12년 계획을 개시할 때는 공상적이었으며, 이 계획의 집행을 위해 농민을 동원할 때는 폭군과 같았던 그가 몇 주 뒤의 〈십대 관계론〉에서 민주당파에게 의견을 말하라고 주문하고 공산당에게는 통일전선을 발전시켜야 한다고 주문함으로써 이제는 오히려 자유주의적이고 타협적인 모습을 보여주었던 것이다.

불안정한 선 긋기

분파 경쟁은 주도권 대립에 따라 전개된 만큼 명료하지 않았다. 또한 이 경쟁은 분파 간에 어떤 분명한 선을 긋기가 어려운 것이었다. 마오쩌둥은 당정 기구의 저항에 대하여 그것을 우회하거나 또는 그 권한을 침해했다. 그는 확대회의를 개최하고 비상 회의를 소집하는 방식을 통해 그로부터 당정의 정규 기구들이 거부했던 동의를 얻어냈으며, 기구들로 하여금 이를 기정사실로 받아들이게 만들었다. 마오쩌둥이 〈농업 합작화 문제에 관하여〉를 발표한 1955년 7월에 열린 회의에는 모든 당 중앙 지도자들을 배제하고 단지 성(省)당위원회 서기들만을 소집하였다. 그 뒤 집단화의 가속화를 승인한 10월 초의 7중전회 제2차 회의는 독특한 확대회의였다. 중앙위원회 정 · 후보 위원 75명에 더하여 388명의 성 및 지역의 당위원회 서기들이 합류했다.

이렇게 마오쩌둥은 정치적 토론과 정책 결정에서 참여자를 늘리기 위해 고심했다. 그러나 이 새로운 관계자들의 소집이 마오쩌둥 자신의 처분에 달려 있었고, 그들의 힘이 안정된 기구를 통해서가 아니라 특별히 소집된 회의 때만 행사되었기 때문에 이 정치적 토론의 확대에서 어떤 민주적 과정을 찾아 볼 수는 없다. 한편, 마오쩌둥은 당내에서 일정 정도 문제를 공개하고 고위 지도층 이외의 책임자들을 개입시키는 정치적 술책으로 분파 경쟁을 복잡하게 만들었다.

그러나 정치 경쟁이 전개된 곳은 바로 이 고위층 내부였다. 논쟁의 주역은 권력의 소유자들이었다. 서로 대립하는 논쟁 속에서 그들은 물론 자신의 견해를, 지위의 상승을, 자신들의 관할 아래서 지지 기반이 되어 준 관료 체제의 이익을 고수하고자 했다. 그들은 집단화의 가속화에 반대함으로써 덩쯔후이가 치러야 했던 대가와 같은 것을 지불하고 싶지 않았다. 부총리 가운데 덩쯔후이만이 1956년 9월의 중공 8전대회 때 정치국 진입을 거부당했다. 그가 지도하던 기구 — 농촌공작부와 국무원 제7국 — 에 대한 그의 권위는 마오쩌둥의 견해를 지지하던 사람들이 그 부책임자로 임명됨으로써 제한받았다. 다른 지도자들은 주저 없이 입장을 바꾸었다. 기본적으로 경제 관리 책임자들로 구성된 온건한 분파 — 총리 저우언라이와 부총리 천윈, 덩쯔후이, 리푸춘, 보이보(薄一波), 리셴녠(李先念) — 와 마오쩌둥을 중심으로 당 기구를 장악한 급진적 그룹 — 류사오치, 덩샤오핑, 펑전 — 이 이미 출현했다는 것은 분명해 보인다. 그러나 이러한 선 긋기는 전혀 확고한 것이 아니었다.

주지하듯이 류사오치와 덩샤오핑은 1956년 봄 농업 합작사의 해체를 지지한 바 있고, 저우언라이는 발 빠르게 상황의 변화에 적응하고자 했으며, 마오쩌둥 자신도 경우에 따라서는 반대자들의 견해를 받아들일 줄 알았다. 중국공산당 제8차 전국대표대회에서 마오쩌둥은 바로 그러한 상황을 받아들여야 했다.

1956년 8전대회의 취약한 타협

8전대회는 중국공산당과 중화인민공화국의 역사에서 하나의 중요한 전환점이었다. 대회는 정권 초기 몇 년 동안의 성공 — 정치·경제의 재건, 공업화의 진전, 집단화의 성취 등 — 을 확인했다. 또한 지도 집단의 단결과 결속을 재확인했으며, 다소 온건한 총노선을 더 중시했다. 그러나 몇 달 전의 갈등은 완전히 제거되지 않았고, 당시 지도 집단 내부에서 진행되던 변화는 이 1956년 9월의 균형이 오래가지 않을 것이라는 점을 예시해 주었다. 마오쩌둥은 당정 기구 안에서 지지자들을 승진시키면서 자신의 주장을 내세우기 위한 새로운 가능성을 보았다. 그러나 8전대회에서 마오쩌둥은 일선에서 물러난 듯이 보였다. 그러한 미묘함은 그 전해 겨울 이래로 그의 영향력이 후퇴한 것을 반영함과 동시에 사회주의 진영 안에서 일어나고 있던 탈스탈린 운동으로 말미암은 일정한 신중함과 관련된 것이기도 했다.

중국의 온건화가 단순히 탈스탈린화의 부산물은 아니었다. 1956년 1월 이래(즉 1956년 2월 25일 흐루시초프의 제20차 당대회 연설이 있기 몇 주 전) 당과 지식인 사이의 관계 문제를 검토하기 위해 당 중앙 명의로 소집된 한 회의에서 저우언라이가 행한 연설을 통해 우리는 이미 온건화의 전조를 확인할 수 있다. 저우언라이는 학자, 작가, 과학자들에게 총체적이고 즉각적인 이념적 개조를 요구하지 말고, 더 많은 자유와 창조의 여건 그리고 시간을 줌으로써 삶의 조건을 개선할 수 있도록 해야 한다고 말했다. 마오쩌둥도 〈백화제방, 백가쟁명(百花齊放, 百家爭鳴)〉(1956. 3. 2.)의 연설을 통해 이 문제를 다시 거론하며 부연했다. 이러한 개방 정책은 부농과 옛 지주에게도 적용되어, 1956년 1월 그들에게 그때까지 금지되었던 합작사 가입이 허용되었다. 재산이 수용되어 상당한 액수의 보상을 받았던 자본가들에 대해서도 마찬가지였다. 이러한 자유화를 정당화하기 위해 거론된 이유는 내부적 상황과 밀접히 관련되어 있었다. 즉 경제 건설이 모두의 노력을 요구하고 있었고, 매우 적은 수이지만 이용 가능한 엘리트와 기업가들의 협력이 각별히 필요하다고 생각했기 때문이다.

온건파건 급진파건 집단화의 성취와 도시 기업의 국유화 이후에 옛 사회의 특권층과 협력하는 것이 더 이상 위험할 것이 없다고 보는 점에서는 의견이 일치했다. 그러나 이후의 사건들에 비추어 보면, 마오쩌둥으로서는 생산성의 제고라는 문제를 고심했던 것 이외에도 국가 기구의 권력의 커지는 것에 대한 분명한 우려 속에서 사회 안에서 그에 대항할 수 있는 견제 세력을 만들어 낼 필요가 있다고 보았던 것 같다.

마오쩌둥은 새로운 노선에 동의하기는 했지만 사회 동원 정책의 포기와 농업 생산의 발전을 위한 12년 계획의 폐기에 대해 불만이 많았다. 1956년 6월 리셴녠이 인민대표대회의 연설에서 새로운 구호 — '조급성과 모험주의 반대'[反對急躁冒進] — 를 내걸고 '하루 아침에 모든 것을 바꾸고자 하는' 사람들을 비난했을 때, 마오쩌둥은 그것이 자신을 직접 겨냥한 것이라고 생각했다. 그러나 어떻게 대응할 것인가? 상반기의 경제 성장 결과는 나빴고, 그가 주도적으로 추진하던 작은 대약진은 도시와 농촌에서 모두 생산의 혼란을 불러왔다. 계획 입안자들과 경제 전문가들은 다같이 거기에 들어가는 비용의 지출을 중단하고자 했다. 저우언라이가 그들을 지지했다. 게다가 소련과 동유럽에서 일던 탈스탈린화의 돌발적 사건들은 신중함을 요구하고 있었다.

소련공산당 제20차 당대회에 중국 대표로 참석한 주더와 덩샤오핑은 흐루시초프가 스탈린에 대해 준비한 공격에 대해 아무런 통보를 받지 못했다. 이 스탈린 비판에 대한 중국의 공식 반응도 다섯 주 뒤인 4월 5일에나 〈프롤레타리아 독재의 역사적 경험에 관하여(關于無産階級專政的歷史經驗)〉라는 《인민일보》에 게재된 사설을 통해서 발표되었다. 중국 지도자들의 기본적인 우려는 스탈린에 대한 엄격한 비판이 가져올 해로운 결과로부터 정권을 보호하고 더 나아가서는 공산주의를 보호하는 것이었다. 또한 흐루시초프가 제기한 특정 비판에 대해서는 수용하면서도 중국의 지도자들은 미묘하게 다른 판단을 내렸으며, 사회주의 건설이 거둔 성과를 환기시켰다. 그들은 특히 스탈린과 마오쩌둥의 지도 방식이 다름을 강조함으로써 소련과 동유럽에서 일어난 개인숭배 반대 운동으로부터 마오쩌둥을 보호하고자 했다.

따라서 소련공산당 제20차 당대회가 중국 정치에 직접적인 영향을 주었던 것 같지는 않다. 다만 이 대회는 중국의 일부 지도자에게 마오쩌둥으로 하여금 집단 지도를 시행해야 한다는 점을 환기시킬 수 있는 기회를 제공했다. 결국 1956년 9월 중공 8전대회가 개최되자 마오쩌둥은 수세에 처했고, 여러 가지를 양보해야 했다.

8전대회는 다음 세 가지 문제가 중심이었다. 지도부 내에서 마오쩌둥의 역할, 1월 이래 시작된 자유화 운동의 확대 그리고 1·5계획에 대한 비판과 최초의 작은 대약진 운동의 폐기에 따른 경제 정책의 새로운 방향 확립 등이 그것이다. 첫째 문제에 관하여 대회는 주석의 특권을 줄이면서 막을 내렸다. 1945년 7전대회에서 당의 기본 원칙으로 등장하여 마르크스-레닌주의와 같은 수준에서 다루어져 온 마오쩌둥 사상이라는 문구가 당장(당 규약)에서 삭제되었다. 또 다른 쇄신은 당 서기처의 개혁이었다. 서기처는 마오쩌둥이 직접 주재하던 정치 기구였지만 이제는 하나의 관리 기구로서 당 조직의 운영을 담당했고, 덩샤오핑이 그 책임을 맡았다. 이 기구는 구조 면에서 더욱 강화되었고 당 주석에 대해 보다 독립적이 되었다. 마지막으로 지도자들은 소련 제20차 당대회에서 그 중요성이 제기된 승계 문제도 다루었다. 마오쩌둥은 정치국 상무위원회의 다른 성원들이 더 적극적으로 제 구실을 할 수 있도록 자신은 '2선 퇴진' 의사가 있음을 나타냈다. 당내 지도 집단 내부에서 이러한 비공식적인 차원의 권위 이전은 국가의 수반이 마오쩌둥에서 류사오치로 바뀌는 것을 뜻했다(1959년 4월 류사오치는 결국 국가 주석 자리에 오른다).

마오쩌둥은 이상의 조치들을 지지했으며, 승계 문제의 경우에서처럼 주도적으로 행동하기까지 했다. 그러나 대회에 참석한 많은 당대표들은 그러한 조치들이 마오의 권위를 침해한다고 여겼다. 그리고 이후 문화대혁명 시기의 대립은 이때 마오쩌둥 자신도 8전대회 주요 정치 보고의 작성자였던 류사오치에 대해 앙심을 품게 되었다는 사실을 보여준다.

마오쩌둥은 8전대회 개회 때 행한 간단한 연설에서 자유화 및 비공산당계 엘리트들과의 협력 문제를 다시 거론했다. 그는 이 자유화를 생산의 발전을 위한 보조 수단이자, 특히 당시 당내에서 나타나고 있던 일탈적 경향 — 종파주의, 주관주의, 관료주의 — 을 바로잡을 수단으로 여겼다. 각국의 공산당 권력과 대중의 관계 문제는 소련공산당 제20차 당대회에서 분명히 제기된 바 있었다. 1956년 6월 일어난 폴란드의 폭동과 중공 8전대회 기간에 폭발한 헝가리 폭동은 그 심각성을 말해주었다. 봄과 여름 동안 직접 다양한 사회적 소요를 경험했던 중국의 지도자들은 재난 방지의 필요성에 공감했다. 그러나 그들이 그러한 재난의 성격에 관하여 내린 진단은 일치하지 않았고, 그 처방 또한 같지 않았다. 류사오치는 주요 모순이 이제는 선진적인 사회 제도와 낙후된 생산방식 사이에 놓여 있다고 보았다. 따라서 급선무는 생산을 늘리고 근대화시키는 것이었다. 정치적 작풍(作風, 공작 방식)의 정돈[整風]은 간부들이 보여준 주관주의를 시정하는 것이었다. 그들은 1949년 이래 경제 건설이라는 새롭고도 낯선 임무에 직면하여 마르크스주의를 맹목적이고 기계적으로 적용하는 데 그치고 있었다. 따라서 정풍은 당 내부에서 진행되어야 하고, 비판과 자아비판을 통해 간부들로 하여금 잘못을 인식하고 그것을 시정하도록 하는 것이었다.

반면 마오쩌둥은 생산관계가 아직 불완전하다고 생각했다. 경제가 발전하기 위해서는 먼저 그러한 불완전의 시정, 즉 정치적 작풍을 개선할 필요가 있었다. 특히 그것은 당이 정권을 장악한 이래 대대적으로 성행하고 있던 관료주의를 제거하는 것이었다. 간부들은 지시를 내리지만 그러한 지시가 현실적으로 실행 가능한지 여부에 대해서는 관심을 두지 않았다. 그리하여 마오쩌둥의 대변인 역을 하던 덩샤오핑은 8전대회에서 공개적인 정풍을 호소하면서 간부들을 대중, 즉 당외 인사의 비판과 통제 아래 두어야 한다고 주장했다. 그러나 마오쩌둥과 덩샤오핑은 그러한 견해를 관철시키는 데 성공하지 못했고, 대회는 류사오치가 주장하던 바대로 당내 정풍을 결정했다.

마오쩌둥의 마지막 패배는 다음과 같다. 저우언라이가 행한 〈제2차 5개년 계획에 관한 보고〉는 대약진에 관한 모든 전략을 단호히 배격하고 합리적인 발전 속도를 주장하면서, 중점 건설 계획의 안배와 물자의 비축, 재정의 합리성을 확보하고자 했다. 리푸춘, 보이보, 천윈 등 주요 경제 책임자들에게 지지를 받은 이 보고는 마오쩌둥의 반대와 류사오치의 머뭇거림 — 그는 계획했던 성장을 이루지 못한 데 대해 마오쩌둥과 마찬가지로 조급한 마음을 갖고 있었던 것으로 보인다 — 에도 불구하고 8전대회에서 승인되었다.

마오쩌둥은 8전대회에서 자신의 정책을 관철시킬 수 없었지만 고립된 상태는 아니었다. 분파의 유동성이야말로 그로 하여금 다른 문제들에 관하여 지도자들을 끌어모을 수 있도록 해 주었다. 덩샤오핑은 정풍 운동에 관하여 마오쩌둥과 의견을 같이했고, 류사오치는 발전 속도를 가속화하는 데 대해 마오쩌둥을 지지했다. 마오 주석은 또한 그의 동료들 사이의 개인적인 경쟁 관계를 이용할 줄 알았다. 그리하여 비록 8전대회가 류사오치를 추정 상속인으로 예고하였지만 마오쩌둥은 다른 한편으로 덩샤오핑의 지위 상승을 위해 애썼다. 덩샤오핑은 정치국 서열 6위에 올랐고 재정비된 중앙서기처의 총서기로서 당 기구를 조직하고 통제하는 책임을 맡았다. 비록 뒷날에 문화대혁명이 류사오치와 덩샤오핑을 함께 비난하고 시간을 거슬러 올라가 두 사람의 경력을 연결시키지만, 당시 이 두 사람은 같은 분파에 속하지 않았다. 당내에서 류사오치와 가장 가까운 협력자는 펑전이었다. 따라서 8전대회에서 배척됨으로 펑전이 부분적으로 인기를 잃자, 그러한 인기 상실은 그의 상급자인 류사오치에게 영향을 미쳤다. 반대로 덩샤오핑은 1930년대 이래로 주석의 주위에 결집해 있던 린뱌오(林彪), 천보다(陳伯達) 등과 함께 마오쩌둥파에 속해 있었다. 분명 덩샤오핑이 급속히 부상한 원인을 먼 데서 찾을 필요는 없을 것이다.

8전대회 당시 지도자들은 분쟁을 억눌렀지만 이것이 해결되지는 않았다. 타협을 하지 않을 수 없었던 마오쩌둥은 뒤로 물러났지만 자신의 생각을 포기하지 않았다. 8전대회는 중공의 권력 장악과 지속적인 단결을 축하하는 꽤 자신만만한 대회였지만, 또한 일련의 대립의 출발점이기도 했다. 그 대립은 점점 더 격렬해지면서 결국 문화대혁명의 공포에 이르고 마오쩌둥이 사망하고 나서야 끝날 것이었다. 1957년 초부터 시작된 정풍 운동은 — 8전대회가 원칙적으로 승인했지만 마오쩌둥은 그 성격을 바꾸어 놓으려고 애썼다 — 지도자들 사이의 대립을 다시 불러왔다. 그러나 처음으로 이 대립의 여파는 당 밖으로 미치고, 권력과 사회 간의 관계에 대한 심각한 의문을 제기하게 만들었다.

백화제방 운동과 사회적 합의의 종언

백화제방을 호소한 마오쩌둥의 연설은 1956년 2월로 거슬러 올라간다. 그러나 많은 지연 끝에 자유화 운동이 진정한 대중 운동의 성격을 띠고 전개된 것은 1957년 4월이 되어서였다.

운동의 개시와 〈인민 내부 모순의 올바른 처리에 관하여〉

1956년에서 1957년으로 넘어 가는 겨울 동안 사람들은 자유화 정책이 재개될 것이며, 정풍을 통해 당은 권력의 행사에서 유연함과 온건함을 보여줄 것이라고 보았다. 이 정책의 재개를 추진한 것은 마오쩌둥이었고, 그는 류사오치, 덩샤오핑, 저우언라이 같은 지도자들의 지지를 받았던 것으로 보인다. 자유화 주창자들의 관심사는 권력과 대중의 관계를 개선하여 당시 폴란드와 헝가리를 뒤흔들어 놓은 것과 같은 폭동을 방지하는 것이었다. 그러나 이 정책은 당의 권위와 자신들의 지위가 약해질 것을 두려워한 많은 간부들의 반대에 부딪혔다. 그들의 대변자는 당시 인민해방군 총정치부 문화부 부부장(副部長) 천치퉁(陳其通)이었다. 그는 1957년 1월 7일자 《인민일보》에 실린 한 글[〈당면한 문예 공작에 대한 우리들의 의견(我們對目前文藝工作的意見)〉 — 역주]을 통해 이 자유화가 정치에 봉사해 온 문학과 예술의 역할에 의문을 제기하는 결과를 가져올지도 모른다는 우려를 표명했다.

바로 이때 마오쩌둥은 자유화를 정당화하기 위해 개입하여 이론적 기초를 제공했다. 1957년 2월 27일 많은 당외 인사를 포함 1,800명이 참석한 최고 국무회의 (확대)회의 석상에서 발표된 그의 〈인민 내부 모순의 올바른 처리에 관하여(關于正確處理人民內部矛盾的問題)〉라는 연설은 사회주의 건설 이후에도 사회 안에 여러 모순들이 여전히 존재하고 있다는 점을 인정했다. 적극적이든 소극적이든 사회주의 건설에 참여한 모든 중국 공민들을 인민이라고 매우 광범하게 정의하면서, 마오쩌둥은 인민 내부에서 발생한 모순[人民內部的矛盾]은 부차적인 '비적대적'[非對抗性] 모순이라고 강조했다. 그러한 모순은 프롤레타리아트와 부르주아지, 사회주의 진영과 자본주의 국가, 식민지 국가와 제국주의 사이의 모순과는 비견될 수 없는 것이었다. 이 주요한 '적대적'[對抗性] 모순은 인민과 그 적 사이의 모순으로, 폭력을 통해 적을 제거함으로써 해결해야 했다. 그와 반대로, 혁명 뒤의 당과 대중 사이의, 다양한 사회 계층 사이의, 또는 사회주의 진영 안의 각국 공산당들 사이의 모순은 폭력이나 스탈린 방식에 호소할 것이 아니라 협의, 비판, 자아비판을 통해 해결되어야 했다. 이러한 '비적대적' 모순은 사실 소유 제도가 이미 변혁되었기 때문에 생산관계의 불완전함에서 오는 것이 아니라 지도 기구의 여러 일탈들 — 주관주의, 교조주의, 관료주의 — 로부터 오는 것이었다. 따라서 이러한 모순들을 극복하기 위해서는 당의 작풍을 정돈하면 되는 것이었다.

마오쩌둥의 개입 이후 정풍 운동의 필요성에 대해서는 합의가 이루어졌다고 해도 그 규모와 방식에 대해서는 합의되지 않았다. 마오쩌둥이 '공개적인' 정풍을 호소하면서 간부들을 대중의 비판에 복종하도록 했다면, 류사오치, 펑전(베이징시 시장이자 시당위원회 제1서기), 루딩이(陸定一, 중앙선전부 주임) 등 다른 지도자들은 단지 당내에 국한된 정풍만을 권장했다. 그것은 그들에게 인민 전체를 개입시키는 운동보다는 훨씬 덜 위험하게 보였다.

일상적인 업무 속에서 책임을 떠맡아야 했던 류사오치 · 펑전과 같은 지도자들은 사실, 마오쩌둥도 그랬지만, 정풍이 사회 집단들에 끼칠 긴장의 심각성과 깊고 다양한 불만을 토로하도록 함으로써 초래되는 위험을 무시하거나 과소평가할 수 없었다. 그들은 마오쩌둥의 이론적인 과감성에 대하여 사회적 현실의 분석을 통한 신중함을 내세워 대항하고자 했다.

백화제방 시기의 중국 사회

류사오치는 1957년 3월 6개 성에 대한 대대적인 시찰을 통해 현실을 가까이서 관찰할 기회를 갖는다. 그는 농민들의 망설임, 노동자들의 불만, 학생들의 불평, 지식인들의 원한과 불신을 목도했다.

농촌에서는 1956년 곡물 수확이 감소했고(1억 8200만 톤) 동원의 경제적 효과는 실망스러웠다. 1956년 내내 시행된 자유화 정책은 통제하기 어려울 정도의 지나친 결과를 동반했다. 갑작스럽게 제시된 상반된 전략이 많은 불안정을 불러왔던 것이다. 합작사는 어려움에 직면하여 — 1956년 말 3분의 2 이상의 합작사들이 결산을 하지 못할 정도였다 — 균등한 보수 체계를 채택할 수밖에 없었다. 그것을 실행하기는 쉬웠지만 많은 농민들의 불만을 초래했다. 합작사를 탈퇴하는 동요가 일어났는데, 그것은 특히 광둥 및 남부의 성들에서 두드러졌다. 한편, 합작사를 재분할하여 자연 촌락 차원으로 회귀하도록 함으로써 합작사 탈퇴를 막기 위한 노력도 기울였다. 그리하여 허난(河南)에서는 합작사의 수가 1956년 여름 2만 6,211개에서 1957년 가을 5만 4천 개로 늘어났다. 도처에서 물질적으로 자극하는 방식이 다시 도입되었다. 자유 시장이 증가하고, 소규모 사유지가 늘어났으며, 부업(수공업・축산업)이 다시 재개되었다(이에 종종 공식적인 재정 지원이 이루어졌다).

경제적인 측면에서, 물질적 이윤 분배 정책의 효과는 더디게 나타났다. 1957년 봄 많은 농민들이 여전히 생존을 위해 통일 수매와 통일 판매의 일환으로 이루어진 국가의 곡물 공급에 의존했다. 한편, 지도자들은 이 정책의 사회적 결과를 우려했다. 집단 노동은 등한시되었다. 농민들은 소규모 사유지('適子')에 모든 정성을 쏟아 부었고, 공유지('養子')는 잊어버렸다. 암시장이 맹위를 떨쳤고, 국가에 내야 할 할당량의 수취는 점점 더 어려워진 반면 빼돌린 식량에 대한 '무질서한' 배분이 성행했다. 무질서한 경제 행위는 합작사 사원 대표 대회 때 종종 간부에 대한 비판으로 나아갔고, 드물지만 무장 공격이 일어나기도 했다. 폭동으로 나아간 것은 아니었지만 소요가 만연했고, 산발적으로 폭력 행위가 발생했다. 정부는 암시장의 성장을 억제하고(1956년 12월 14일 국무원의 한 지시) 합작사 운영의 명확한 규칙들을 제정하면서(1957년 3월의 한 지시) 이러한 사태에 대처하고자 했다.

이러한 농촌의 불만이 정권을 위협하거나 집단화의 성과를 무력하게 만들지는 않았다. 그러나 그것은 정권의 집단화 목표에 대한 농민의 적의 — 최소한 무관심 — 를 보여주었고, 농민과 지방 간부들의 관계가 악화되었음을 뜻했다. 1956년 한 해 동안 도입된 완화된 농업 정책은 불만을 잠재우기는커녕 그러한 불만을 더욱 확대시켰다고 할 것이다.

도시에서는 불만이 더욱 분명한 방식으로 표출되었다(노동자와 학생들의 성난 시위에 대해서는 더 잘 알려져 있다). 1956년의 임금 개혁은 기업 내에서 간부와 숙련 노동자들을 우대함으로써 사회적 긴장 관계를 늦추는 데 거의 아무런 구실을 하지 못했다. 자료들 — 거기에는 마오쩌둥의 〈인민 내부 모순의 올바른 처리에 관하여〉도 포함된다 — 을 통해서 증명되듯이, 파업보다는 작업 속도의 지연, 이유 없는 결근과 지각, 장비의 방치 등 노동 규율의 위반이 더 빈번했는데, 이것이 더 해가 되었다. 1956년 4월 소집된 전국선진생산자대표회의(全國先進生産者代表會議)는 달가워하지 않던 중국의 노동자들을 스타하노프(Alexeï Stakhanov)식의 실천에 나서도록 만들고자 했다(1935년 우크라이나 지방의 광부 스타하노프가 새로운 기술로 보통 사람의 14배를 채탄하였는데, 이를 생산력 증대의 모범으로 삼았다—역주). 1957년 성과급 제도의 확산으로 엘리트 노동자들이 특권을 누렸다면, 공업 성장의 둔화를 이유로 젊은 노동자들은 실습 기간을 연장당하면서 그 기간 동안 모욕적인 대우와 낮은 급료를 받아야 했다. 노동조합[工會]은 노조원의 이익을 보호할 생각을 그만두었다. 노동자들은 노조가 통제 기관이 되어 '관료제의 대변자이자 행정 기구의 말단'에 불과하다고 불평했다. 1957년 3월 당은 노동자들의 기업 활동 참여를 늘리고자 직공대표대회(職工代表大會) 제도를 만들지만 그것은 몇 달 뒤 반우파 투쟁과 대약진 동원으로 말미암아 유야무야되었다.

도시의 다른 집단들도 각기 불만의 이유가 있었다. 중등 및 대학 교육에서는 인원과 시설의 부족으로 신입생을 충원하기가 어려웠다. 류사오치는 1957년 봄 지방 시찰 당시 정저우(鄭州)에서 고등학생들의 동요를 무마하기 위해 학업을 계속할 수 없는 학생들은 '교육받은 농민'이 되어야 한다고 호소했다. 운이 좋아 대학에 들어올 수 있었던 학생들도 감내해야 할 이념적 압력, 취업 기회의 결여 그리고 학업을 끝낸 뒤 자신의 능력과는 상관없이 당이 권위적으로 결정한 직장에 배속되어야 하는 상황에 불만을 품고 있었다. 국가의 각 기구들은 이미 간부들로 가득 찬 상태였고, 경제 성장은 예상보다 더 느리고 어려웠기 때문에 성공의 전망은 사실 희박했다. 좌절된 야망은 청년 지식층의 쓰라린 감정을 북돋우고 있었다.

나이든 지식인들은 어떤 야망도 환상도 거의 품고 있지 않았다. 그들은 1955년 6월 개시된 반후펑(反胡風) 운동(앞의 62쪽 참조)과 반혁명 숙청 운동[肅反]을 아직도 고통스럽게 느끼고 있었다. 그럼에도 지식인에 대한 공식적인 정책은 1956년 1월 저우언라이가 지식인과 당의 보다 긴밀한 협력을 호소한 이래 훨씬 더 완화되어 있었다. 그러나 과학자들과 기술자들이 총리의 호소에 호응하여 비판을 제기하고 요구를 내세웠다면 작가들은 유보적인 태도를 취하고 있었다. 일부 작가들이 — 대부분 젊은 층이었고 당에 의해 교육된 사람들이었다 — 이 발언을 하기로 마음을 굳힌 것은 1956년 5월 2일 마오쩌둥이 연설에서 〈백화제방, 백가쟁명〉을 재확인하고, 뒤이어 중앙선전부장 루딩이가 이 쌍백 방침을 재천명한 뒤 루딩이 휘하의 선전부 부부장이자 당내 문예 문제의 주요 책임자였던 저우양이 8전대회에서 발언하는 등 여러 차례의 반복된 보장이 있은 뒤였다. 그들은 사회주의 리얼리즘이라는 독트린의 불충분성과 그것이 갖고 있는 억압성을 비난하면서, 창작 활동에 가해지는 관료주의적 통제에 반발했다. 그들의 목소리는 1940년대 옌안에서 마찬가지로 창작의 자유를 주장했던 선배들의 그것과 호응하는 것이었다. 그러나 1956년에 시인 아이칭(艾青)을 제외하고 선배들은 침묵을 지켰고, 그러한 그들의 신중함은 곧바로 올바른 판단임이 드러났다. 1957년 1월부터 전술한 천치퉁의 글이 발표된 뒤 젊은 비판자들, 특히 《조직부의 새로 온 젊은이(組織部新來的年青人)》라는 단편 소설의 작가 왕멍(王蒙)에 대해 격렬한 비난이 쏟아졌다. 비판 운동은 당시 22세였던 이 소설가를 넘어 그의 후견인이자 관변 잡지 《문예보》의 공동 편집장이었던 친자오양(秦兆陽)을 표적으로 하고 있었다. 이렇듯 1957년 봄 당이 자유화 정책을 시작할 당시 지식계는 지도자들의 약속에 대해 완전히 신뢰를 잃은 상태였다. 지식인들은 "천둥은 거세게 쳤지만, 몇 방울의 비 밖에 내리지 않는다"고 풍자하면서 마오쩌둥의 진실성에 회의를 보냈다.

그러나 이러한 불만이 현실적이고도 깊은 것이었다고 해도 어떤 정치적 주장으로까지 나아가지는 않았다. 효율적인 이념적 동원과 통제를 통해서건, 반발에 대한 진압의 혹독함을 통해서건 당은 인민을 통제하는 데 능숙했다. 따라서 이제 통제를 풀어도 될 때가 되었을까? 마오쩌둥은 그러한 위험을 무릅쓸 만하다고 생각했다. 그러나 마오쩌둥은 그의 생각을 관철시키고 또 당으로 하여금 이후 곧바로 중대한 정치적 오류로 판명될 그러한 정책을 시행하도록 하기 위해 2개월이라는 시간 — 2월 말부터 4월 말까지 — 이 필요했다.

비판의 폭발과 반우파 투쟁(1957)

5월 1일《인민일보》에 게재된 지시에 따라 정풍 운동이 시작되었다. 그것은 6월 7일까지 계속되었다. 비공산당계 인사들이 이 운동에 참여하도록 유도되었다.《광명일보(光明日報)》편집장이었던 추안핑(儲安平), 교통부 부장 장보쥔(張伯鈞), 삼림공업부 부장 뤄룽지(羅龍基) 등과 같은 이른바 '민주당파' 인사들이 비판의 선두에 나섰다. 그러나 마오쩌둥이 예상했던 것과는 반대로 비판자들은 공산당의 작풍(공작 방식), 관료주의, 주관주의를 공격하는 데 만족하지 않고, 공산당의 성격과 역할에까지 문제를 제기했다. 그들은 당의 일원적인 구조와 당 기구와 국가 기구의 혼융을 비난하고, 당원들이 정보를 독점하고 있다고 항의했다. 그들은 제도의 개혁 그리고 '민주당파'가 '화분'이나 '허울 좋은 장식'이 아니라 진정한 정치적 역할을 할 수 있어야 한다고도 주장했다.

학생들은 더욱 대담함을 보였다. 폴란드와 헝가리 사건으로 고무된 그들은 지체 없이 간부들의 작풍 개혁, 대학 생활에 당이 개입하는 방식 등 공식적인 토론 주제로 나아갔다. 그들은 국가 체제에 대한 문제 제기를 선호했다. 1919년 5월과 1935년 12월 애국적이고 혁명적인 대규모 운동의 선두에 나선 바 있던, 학생 소요의 전통에 충실한 베이징대학(北大)은 열광으로 넘쳐났다. 대학의 담장은 대자보로 뒤덮이고, 이름에서 무언가를 암시하는 백화학사(百花學社), 자유논단(自由論壇) 등 클럽 조직이 늘어났다.《광장》과 같은 비밀 신문들은 언론의 자유를 주장했다. 운동은 다른 고등 교육 기관으로 퍼져 갔다. 인민대학 출신으로 철학을 전공한 어린 여학생 린시링(林希翎)은 후펑에 대한 박해를 비난하고, 마오쩌둥이 1942년 규정한 예술과 문학에 관한 이론은 이제 시대에 뒤떨어졌다며 지방 학생들에게 비판 운동에 참가하라고 호소했다.

한꺼번에 쏟아지는 이러한 항의와 정치적 요구 속에서도 체제 안의 작가와 지식인들은 거의 목소리를 내지 않았다. 1940년대와 1950년대 초 권력을 질책했던 그들은 경험을 통해 모든 자유화에 뒤따라올 탄압을 알고 있었고, 이제 자신들이 표적이 될까봐 두려워했다. 그러나 젊은 세대의 일부 작가들은 류사오탕(劉紹棠)에게 자극을 받아 저우양과 같은 문학 관료를 공격하고, 왕스웨이(王實味, 1942년 정풍 운동 과정에서 유죄 선고를 받고 몇 년 뒤 처형됨)와 후펑의 복권을 주장하는 용기를 보여주었다. 그들은 후펑 사건을 하나의 드레퓌스(Drefus) 사건으로 바꿔 놓고자 했다. "우리는 프랑스의 자본주의를 원하지 않지만, 희생을 무릅쓰고 자유를 추구하고 정의를 위해 싸우는 프랑스의 정신은 진정으로 훌륭한 것이다."

비판의 파고가 높아가자 당은 돌연 태도를 뒤바꾸었다. 《인민일보》는 6월 8일자 사설에서 정풍 운동을 이용해 계급 전쟁을 벌이고자 하는 사람들을 비난했다. 열흘 뒤 마오쩌둥의 〈인민 내부 모순의 올바른 처리에 관하여〉라는 연설이 마침내 간행되었다. 그러나 원고의 문안이 수정되어 의미에 변화가 있었다. 즉 이제 비판은 단결, 사회주의 건설, 공산당 지도에 도움이 되는 경우에만 수용될 수 있었다. 따라서 당내에서는 마오쩌둥의 반대자들이 추진하던 반우파 운동에 길을 열어 주었다. 사태는 류사오치와 펑전의 주장이 옳았음을 보여주었던 것이다. '민주당파' 인사들은 치욕적인 자아비판을 하도록 강요받았고, 부장 장보쥔과 뤄룽지는 파면당하였다. 숙청은 정계, 언론계, 지식계로 확산되어 갔다. 6월 8일부터 추안핑은 《광명일보》 편집장을 그만두어야 했다. 수천 명이 농촌으로 보내졌고, 그 가운데 일부는 재교육 수용소로 보내졌다. 당시 문학계를 덮친 탄압은 매우 격렬했다. 그 주요 희생자들은 저우양의 적들이었고 백화제방 시기 상대적으로 신중한 태도를 보였던 구세대 작가들도 마찬가지였다. 당은 특히 여류 소설가 딩링에 대해 악착스럽게 그 모반 음모를 비난했다. 작가협회의 전(前) 부주석이었던 그녀는 당의 환심을 사기 위한 어떠한 자백도 거부했고, 만주 북부 변경의 노동 개조 수용소[勞改營]에 보내졌다. 류샤오탕 및 왕멍 등 일부 젊은 작가들도 예외가 아니었다. 그들 대부분은 20년 뒤 마오쩌둥이 죽고 나서야 수용소를 벗어날 수 있었다.

승리를 거둔 저우양은 1957년 9월에 행한 〈문예 전선에서 한바탕의 대토론(文藝戰線上的一場大辯論)〉이라는 중요한 연설에서 예술 창작 과정에서 정치적 목적의 우위를 재확인했다. 그는 지식인들에게 정치·이념 설명회에 참가할 뿐만 아니라 농촌과 공장으로 가 농민·노동자들과 함께 노동함으로써 사상 개조를 계속해 나갈 것을 호소했다. 아직 집필을 할 수 있도록 허용된 사람들은 저작권료를 절반으로 삭감당했는데, 그것은 부르주아 지식인을 프롤레타리아 지식인으로 개조하는 또 다른 수단이었던 것이다!

지적 직업에 종사하던 사람들이 누리던 상대적인 자율도 축소되었다. 당 간부들이 잡지와 신문의 편집 위원회에서, 또 과학 관련 기구의 지도 부서에서 작가와 연구원 자리를 차지했다.

당은 또한 학생 사회에 대한 통제도 다시 강화했다. 1957년 7월 20일의 지시는 학교 졸업자가 정치 심문에 응해야 하고, 국가가 정한 일자리 배치 계획에 순종하여 배당된 직업을 받아들여야 한다고 규정했다.

숙청은 지방에서도 예외가 아니었다. 6월 13일 '소(小)헝가리 사건'으로 알려진 심각한 중학생 소요가 있었던 우한에서는 학교 부교장을 비롯하여 사태 책임자로 지목된 3명의 인사가 총살형에 처해졌다. 그리고 초겨울 소집된 성 당대표대회(마오쩌둥도 몇 번인가 그 대회에 참석했다)는 우파로 기소된 50여 명의 고위 책임자들을 출당 조치한다고 발표했다.

이러한 조치들이 비판자들로 말미암아 위태롭게 된 균형을 회복하고 기존 질서를 복원하기 위한 일시적 차원의 경직화는 아니었다. 하반기에 행해진 반우파 숙청은 장기적인 차원에서 정권과 인민 대중 사이의 관계의 성격을 변화시켰다. 도시와 농촌의 노동자들 사이에서는 노동 규율 위반 등 드러나지 않는 방식으로, 그리고 지식인들과 민주당파가 제기한 비판과 같은 공개적인 방식으로 표출된 불만들은 당의 권력 행사가 어떠한 자유화와도 양립할 수 없다는 것을 보여주었다. 그러한 불만들은 또한 강압에 기초한 발전과 사회적 행위자들의 자발적인 협조에 기초한 발전 사이에 어떤 선택이 존재할 수 없다는 점을 말해 주었다.

백화제방 운동을 개시하면서 공산당 — 최소한 마오쩌둥과 그의 지지자들 — 은 잘못된 정치적 판단을 내렸던 것일까? 공식적인 해석은 이를 부정하고, 그 자유화 운동은 숨어 있던 정권의 적들에게 내민 하나의 덫으로, 그들로 하여금 스스로 탄압의 표적이 되도록 만들기 위한 것이었다고 말한다. 사후에 내려진 이러한 합리화는 거의 설득력이 없다. 그러나 1957년 여름의 사건들을 사회적이고 정치적인 위기로 간주할 수 있을까? 위기라는 생각 그 자체가 이들 사건들이 전개된 전체주의적 환경에서 가능한 것일까?

권력과 사회 : 1957년의 위기에 대한 해석

백화제방을 연구해 온 대부분의 역사가들은(Roderick MacFarquhar와 Merle Goldman 등) 당내의 분파주의, 이념적 대립, 관료주의적 책략 등 주로 그 정치적 측면에 관심을 기울였다. 이들의 연구에서는 사회적 경제적 어려움의 존재가 거의 분석의 대상이 되지 못했다. 그것은 아마 어떠한 자율도 결여되어 있던 중국에서 사회 현상이 (무시할 수는 없다 할지라도) 정치적 변화에서 어떤 주도적인 역할을 할 수 없다는 암묵적인 전제가 있기 때문이다.

사회적인 것의 비중에 주목한 예로는 직관적 방식으로 논의를 전개한 시위트 어레이(Siwitt Aray)의 연구와 보다 더 기계적인 방식을 적용한 장뤽 도므낙(Jean-Luc Domenach)의 《대약진의 기원(Aux origines du Grand Bond en avant)》을 들 수 있다. 도므낙은 늘어나는 사회적 소요들 속에서 삶의 물질적 조건이 악화되면서 생겨난, 인민의 상당수에 영향을 준 진정한 위기의 존재를 밝히고자 하였다. 인민들은 그러한 곤란의 책임을 정치권력 탓으로 돌리면서 일상의 규율을 어기면서 자신의 방식대로 위기를 피해 가고자 했다는 것이다. 경제가 앞서고 그에 따라 정치가 변한다는 상호 관계의 설정 속에서 은연중 마르크스주의적인 경향을 띠는 그러한 분석에는 저자 자신도 인식하지 못한 여러 문제들이 존재한다. 중요한 것 가운데 하나는 사회적 소요, 특히 경제적 규율 위반 행위의 정치적 의미를 해석하는 문제이다. 분명, 여러 모범 사례의 전파와 강요를 통해 운용되고 그 지배적인 가치로서 기본적으로 규범을 내세우는 정권에서 각 일탈 행위는 그 자체가 현존 질서에 대한 반항으로 해석될 수 있다. 그러나 수천 년 동안 생존의 문제가 모두에게 급선무였던 사회에서 국가에 의무적으로 공출해야 했던 수확물을 빼돌렸던 것은 농민들이 무엇보다도 식량의 확보를 고려했던 때문임에 틀림없다. 그러한 행위가 정권의 관료제에 대한 도전이었다고는 해도 진정한 정치적 의미는 최소한의 것이었고, 사회적 규율 위반은 통상적으로 체제 전체를 문제 삼거나 정권에 대한 분명한 비판으로 귀결되지는 않았다.

한편, 사회적 항의의 강도가 다양한 모습을 보였던 것은 경제적 어려움의 정도가 달랐기 때문이라기보다는 통제 방식이 일정 정도 관용적이었던 것과 관련된다. 1956년과 1957년 전 중국에 걸쳐 늘어난 소요는 흉작보다는 당시 시행된 행정적 정치적인 통제의 완화 때문이었다. 달리 말하자면, 사회적 위기는 정치적 위기의 한 결과로 나타났던 것이지 그 원인은 아니었다. 백화제방 시기의 지식인과 민주당파 등 비판자들의 말에서 경제적 사회적인 어려움에 대한 언급이 매우 적었다는 것은 사회적 불만과 정치적 요구 사이에 인과 관계가 거의 없었다는 점을 말해 준다. 모든 의견의 표출은 하나의 공통된 기원으로부터 비롯되었다. 즉 권력이 그것을 허용해 주었기 때문이었고, 그러한 허용이 취소되면 곧바로 그것은 자취를 감추었다.

따라서 우리는 사회적 위기로부터 정치적 위기 문제로 관심을 돌리게 된다. 그러나 그것은 다음과 같은 예상 밖의 의문을 통해서이다. 왜 정권은 특정 시기에 불만을 표출하도록 허용했을까? 어떤 이점이 있었을까? 그러한 경험에서 감지한 위험이 무엇이었기에 정권은 그것이 지속되지 못하도록 제한하였을까?

종종 우리는 중국의 전체주의의 실행 과정에서 이루어진 사회에 대한 개방적 조치들이 지도 집단 내부의 분열과 동시에 진행된다는 점을 확인한다. 사회적인 문제가 정치 게임의 장에 등장할 수 있었던 것은 분파의 대립 덕분이었다. 1957년 관료주의와 투쟁하고자 했고 '새로운 계급'의 형성을 억제하고자 했던 마오쩌둥의 의지가 그로 하여금 자유화를 단행하도록 만들었지만, 그것은 경제 전문가들과 계획 입안자들이 생산 제도의 원만한 작동을 위해 필요하다고 생각했던 것보다 더 광범했다. 그러나 사회적인 문제의 등장이 일시적인 것이 아니라면 너무 위험했다. 위험이 확인되자마자 분파들은 서로 접근했고, 지도부는 하나가 되어 모든 불만의 표출을 억압했다. 따라서 중국에서 일어난 위기란 정치적 통제의 일시적인 이완 덕분에 가능해지는 '사회'의 일시적인 발현으로 정의될 수 있다.

이러한 종류의 위기가 반복적으로 재현된 것이라는 시각에서 보면 백화제방 고유의 특성은 무엇이었을까? 일부의 관찰자들에게는, 오늘까지 정치 게임을 뒤흔들어 놓은 적이 없었던 이 반복적인 위기들이 보다 일반적인 조절 매커니즘의 일환으로 간주되곤 한다. 윌리엄 스키너(William Skinner)와 에드워드 윙클러(Edward Winckler)는 정권이 자신의 목표들(이념적, 경찰국가적, 경제적 목표)을 달성하기 위해 행사하는 서로 다른 형태의 권력들(규범적, 강압적 또는 물질 유도형의 권력)에 대한 사회의 반응들(참여, 적의, 무관심)을 연구하면서 '복종의 순환(compliance cycle)'이라는 개념을 제시했다. 리처드 로웬탈(Richard Lowenthal)은 이러한 위기의 재현이 한편으로는 사회와 생산 제도의 변혁을 가속화하는 유토피아적 시도와 다른 한편으로는 그러한 변혁(특히 공업화와 연계된 복합적이고도 전문화된 조직의 출현)이 불러온 구조적 강요 사이의 주기적인 충돌과 관련된다고 보았다.

비록 백화제방의 사례가 그 이후의 위기들과 닮은 점이 있고 따라서 이상의 입론들을 적용할 수 있다고 해도 백화제방은 중화인민공화국의 역사에서 독특한 위치를 차지하고 있다는 점에 주의해야 한다. 그 비극적인 결말은 (외국 또는 중국에서) 중국의 국가적 단결을 믿었던 그리고 〈인민 내부 모순의 올바른 처리에 관하여〉라는 연설을 신뢰하면서 '마오쩌둥에 대해 자유주의적 이미지를 만들어 갖고 있던'(Lucien Bianco) 모든 사람들의 환상을 날려 보냈다.

제5장
중국적 방식 : 대약진과 중·소 분열

1958년에서 1959년 사이에 채택된 새로운 경제 정책은 당시 탈스탈린화, 평화 공존, 사회주의로의 평화적 이행, 사회주의 진영의 지도권을 둘러싸고 베이징과 모스크바를 대립시킨 갈등과 밀접히 연관되어 있었다. 대약진과 함께 중국은 1·5계획 말기에 나타난 경제적 곤란을 극복하게 해줄 뿐만 아니라 사회주의로의 이행 단계를 단축시키고, 마르크스-레닌주의와 소련의 실천으로는 먼 장래에 도래할 것이라고 보았던 공산주의 사회의 실현을 가능케 할 새로운 발전 전략을 개시했다. 대약진의 이념적 야심은 그 경제적 이단성 이상으로 그것이 중·소 분열의 촉매제로 작용했다는 점을 말해 준다. 중국은 공산주의를 향해 독자적이고 더 빠른 길을 개척하는 데 주도권을 쥐면서 특히 제3세계 국가들에게 발전과 혁명의 본보기로서 등장했다. 중국은 당시까지 유일하게 사회주의 진영에 영감을 주고 그것을 지도해 왔던 소련의 독점적 지위에 맞서게 되었던 것이다.

대약진과 중·소 분열은 당시 중국 안팎의 변화의 요소들이 밀접히 뒤얽혀 있었음을 말해 준다. 1959년 7월 당 중앙위원회 루산회의(廬山

會議)에서 폭발한 위기는 농업 정책과 함께 소련과의 관계에 대해서도 의문을 제기했다. 그해 가을 니키타 흐루시초프의 인민공사(人民公社)에 대한 비판은 중국의 지도자들로 하여금 그에 대한 반발로 이미 파국적인 결과를 확인하였던 대약진 정책을 계속 지켜 나가도록 만들었다. 거꾸로 소련은 중국과의 이념적 외교적 갈등 속에서 다양한 경제적 압력 수단을 사용했다. 소련은 1957년 11월 추가적인 대부를 거부했고 기술자를 철수시켰으며, 1960년 8월에는 원조 협정의 파기를 통고했다. 그러나 중국의 소련 모델 방기와 모스크바와 맺은 동맹의 폐기를 나란히 연결시키는 일반적인 견해에 대해서는 재검토의 여지가 있다. 1·5계획의 제도화 단계를 거친 뒤, 대약진은 이상(理想)으로의 힘찬 복귀를 말해 주는 것이었다. 그러나 정의와 평등이라는 혁명적 야심이 분명히 재확인되었을지라도 발전의 목표가 버려진 것은 아니었다. 사실 소련 모델의 많은 요소들이 여전히 남아 있었고, 일단 '사회주의의 고조'가 지나간 다음에도 유동적인 정치적 이념적 맥락 속에서 정권 초기 몇 년 동안 갖추어진 경제 조직들은 계속해서 존재했으며, 소련 모델은 다시 부상할 것이었다. 반면, 중·소 분열은 이후 약 30년 가까이 국제 관계 면에서 부담으로 작용했다. 의심의 여지없이 그것은 이념적 갈등을 넘어 항구적인 지정학적 요소로 연결된 국가 사이의 심각한 이해 대립을 반영하고 있었기 때문이다.

새로운 발전 전략 : 대약진

이상과 실용주의

1958년의 대약진은 1956년 봄에 시도되었던 주의주의적인 전략의 많은 부분들을 — 그 불행했던 결과들과 함께 — 다시 채택했다. 1·5계획과 같은 규범에 따라 준비된 제2차 5개년 계획(1958~1962)은 전혀 실행되지 않았다. 1957년에서 1958년으로 넘어가는 겨울에 시작된 총체적인 동원은 1958년 5월 공식적으로 개시된 대약진의 전주곡이었다.

새로운 전략의 특징은 우선 야심적인 목표였다. 1958년 4억 5천만 톤의 곡물 수확, 1년 내에 2배의 철강 생산 …… 등등이 그것이다. 1956년에 이미 제시된 공식에 따르면, 모든 부문에서 '더 많이, 더 빠르게, 더 잘, 그리고 더 경제적으로[多, 快, 好, 省]' 생산해야 했다. 이렇게 하여 '15년 내에 영국을 추월'하기를 기대했다.

그러한 기적의 실현은 대중에게 맡겨졌다. 노동의 투여가 자본의 투자를 보완했다. 농촌의 유휴 노동력은 지방의 공업 생산에 배당되거나 대규모 관개 사업과 도로 및 교량 건설에 투입되었다. 이렇게 동원된 노동력은 최소한 이론적으로는 농업 잉여를 건드리지 않고서도 인프라를 발전시킬 수 있을 것이었다. 실제로는 아직 근대적인 기술이 거의 보급되지 않았던 세계에서 대중의 동원은 수공업 방식과 중기술(中技術)에 호소하는 것을 뜻했다. 이 발전 계획의 주도권과 관리는 지방과 지역 행정 기관에 맡겨졌다. 행정의 지방 분권화가 생산의 지방 분권화를 동반했다.

정치적 측면에서 그러한 전략은 인민의 총제적인 동원을 전제로 한 것이었다. 어떤 물질적 자극이 아니라 사람들의 열정을 부추기기 위한 각종 설명회가 열렸다. 혁명 의식의 고취야말로 장래의 발전을 위해서는 단순한 기술적 숙련보다 중요했다. '공산주의 이념이 전문가를 지도한다(紅以導專)', '정치가 모든 것에 우선이 된다(政治挂帥)'는 것이었다.

이 새로운 전략이 자본과 고기술(高技術)의 중요성을 무시한 것은 아니었다고 할지라도 자본과 고기술의 혜택은 언제나 중공업이 대변하던 경제 체제의 특정 핵심에게만 수어졌다. 이 전략은 중국인들에게 그들의 모든 자원들을 동시에 사용하고, 모든 수단을 동원하고, '두 다리로 걸을 것'[4]을 호소하면서 중공업에 배당된 자원을 삭감하지 않고 농업과 경공업의 발전을 확보하고자 했다. 따라서 1·5계획의 주요 과제들은 폐기되지 않았다. 목표는 다양한 부문에서 한꺼번에 발전을 이루는 것이었고, 다만 그것을 다른 수단들을 통해서 달성하고자 했다.

결과를 놓고 보면 대약진은 역사 과정을 왜곡시키고자 안달했던 주의주의의 표현이자 위험한 공상이었다고 규정되곤 한다. 그러나 대약진 전략의 많은 요소들은 매우 진부한 실용주의에서 온 것이었다. 지방 분권화, 중기술에 대한 호소, 농업과 경공업 중시, 지방 공업의 성장 등 이러한 원칙들은 여러 측면에서 일본, 타이완, 한국 등의 경제적 성공에 기여했던 것이다. 이후 덩샤오핑의 중국은 완전히 다른 정치적 문맥 속에서 다시 그러한 원칙들을 고려하게 된다. 따라서 자연 조건과 인간 환경을 고려한 이러한 전략은 종종 전통 사회 집단에 근대적인 것의 이식을 촉진했다. 그런데 왜 이 전략들이 대약진 시기에 중국을 결국 수백만 명의 사망으로 귀결되는 엄청난 재난 속으로 몰고 갔던 것일까? 우리는 그 이유를 당시 이 전략이 실행되었던 방식 속에서, 그 추진의 성급함과 반(半)히스테리 속에서 그리고 그 전략의 채택과 함께 일어났던 정치적 투쟁과 불안정성에서 찾아 볼 수 있다.

새로운 경제 전략의 실행, 1957~1958

◆ 제8기 제3차 중앙위원회 전체회의(1957. 9.~10.)와 지방 분권화 조치

대약진의 개시는 1957년 9월 20일부터 10월 9일까지 개최된 8기 3중전회에서 수뇌부가 정치 세력들에 대해 사전 조율을 하였기에 가능했다. 회의가 열릴 당시 마오쩌둥의 위신과 영향력은 그해 봄에 그가 주도했던 백화제방 운동이 실패했던 것에 영향을 받고 있었다. 사회적 경제적인 문제에 관한 주요 보고들은 저우언라이, 천윈 등 1956년 봄

4) 兩條腿走路. 이는 도시의 자본 집약형 고기술 공업 부문과 농촌의 노동 집약형 저기술 부문의 공동 발전, 공업과 농업의 동시 발전을 뜻한다.—역주

의 동원 정책에 협력하지 않았던 보수파에게 맡겨졌다. 그러나 단 하나의 보고만이 발표되었는데, 그것은 당시 마오쩌둥의 대변자였던 덩샤오핑이 행한 정풍 운동에 관한 것이었다. 회의 과정에서 보였던 초기 며칠간의 보수적 경향은 회의 중간에 마오쩌둥에 충성하던 지방 당위원회 서기들이 다수 도착하면서 급진적으로 바뀌어 버렸다.

이러한 반전의 요소들 가운데 하나는 마오쩌둥과 류사오치의 접근이었다. 양자는 백화제방 운동 시기 두 사람을 갈라놓은 갈등을 극복하고 경제 정책의 전환이 필요하다는 점에 의견을 같이했다. 그들은 모두 소련 모델의 지속에 대해 회의를 품고 있었다. 류사오치는 1957년 여름 "사회주의 경제는 계획화되어야 하지만 동시에 그것은 유연함을 유지하지 않으면 안 된다. 이 점에서 소련의 교훈은 아무런 가치도 없다"고 확인했다. 두 사람은 소련이 중국의 2·5계획에 필수불가결한 대부와 원조를 제공해 줄 수 있는지에 대해서도 같은 의문을 키워 가고 있었다. 사실 폴란드와 헝가리의 폭동 이래 소련의 모든 자원은 동유럽의 정치·경제 재건을 위해 동원되고 있었다. 백화제방의 분출은 결국 마오쩌둥과 류사오치로 하여금 다양한 방식에 따른 계획 경제의 발전에 필요한 통제를 위해서는 지식인 엘리트를 신뢰할 수 없다고 믿게 했다. 1956년 1월 저우언라이가 계산한 10만 명의 '고급' 지식인들은 이제 1957년 가을의 진압 운동 때 유죄 선고된 30만 명의 '우파' 대중 속으로 자취를 감추어 버렸다.[5] 결국 소련 안에서조차 흐루시초프가 경제 관리의 지방 분권화를 시도하고 1957년 5월 육류와 우유의 급격한 증산을 호소하면서 스탈린식 계획 체제에 문제를 제기했던 것이 마오쩌둥과 류사오치로 하여금 중국의 경제 정책에 관해 재검토하도록 부추겼을 뿐이다.

5) 30만 명의 우파라는 수자는 1959년 마오쩌둥이 제시한 것이다. 문화대혁명 시기에 천이(陳毅)는 40만 명이라고 말했다(MacFarquahr, 제1권, pp. 312~313 참조).

급속한 발전이라는 전략으로의 회귀는 농업 생산의 발전을 위한 12년 계획의 재현이라는 형태를 취했고, 이는 3중전회에서 덩샤오핑에 의해 제기되었다. 급진파의 제휴는 당시 지방 지도자들의 지지를 얻었는데, 이들은 대약진 정책에 내재된 지방 분권화와 함께 자신들의 중요성도 더 커지리라고 기대했다. 보다 일반적인 차원에서 이러한 제휴는 정부 기구의 주도권에 적대적이면서 정치 동원과 지방 분권화에서 당위원회 및 자신들의 권력을 재확인할 수단을 발견했던 당내의 모든 사람들로부터 지지를 받았다.

그러나 3중전회가 종결되었을 때 세력 관계는 아직 불확실했고, 그러한 불확실성은 당시 채택된 지방 분권화 조치들의 모호성에 반영되었다. 경제 관리의 지방 분권화는 사실 회의의 핵심 주제였다. 이 문제의 중요성은 권력을 향한 경쟁과 투쟁의 격렬함을 반영하고 있었다. 모든 참석자들이 시급한 행정 개혁의 필요성에 공감하고 있었다고 해도 보수파와 급진파가 그것을 바라보는 태도는 달랐다. 중앙 정부의 계획 입안자들 — 쒀에무차오(薛暮橋)가 〈계획 경제에 큰 부분을, 자유 경제에 작은 부분을〉이라는 글을 통해 이를 대변했다 — 에게는 단일한 지도를 유지하면서도 조정 기구(국가계획위원회, 경제위원회 등)의 역할을 축소하고, 중앙 부처, 지방 당국, 생산 단위 등 다른 기관들에게 책임을 되돌려 줄 필요가 있었다. 오직 중점 부문들 — 중공업, 국방 관련 건설 — 만이 계속해서 중앙에 의해 관리될 것이었다. 그러한 계획은 지방 당국으로 하여금 주요 국가 위원회로부터 물려받은 권한을 중앙 부처들 및 기업의 관리자들과 함께 나누도록 했기 때문에 지방 당국에는 대체로 유리할 것이 없었다. 계획 입안자들은 지방의 관리 능력을 신뢰하지 않았음이 틀림없다.

반면, 마오쩌둥은 더 과감한 지방 분권화와 함께 거의 전적인 책임을 지방 당국으로 이관하자고 주장했다. 그는 이를 통해 자신과 여러 차례 대립했던 중앙 정부의 계획 입안자들을 약화시키고, 그의 영향력에 순종하는 지방 간부들을 강화시키고자 했다. 8전대회에서 마오쩌둥이 중앙위원회에 진입시킨 27명의 지방 서기들은 자연히 그의 주장을 지지했다.

3중전회는 급진파에게 부분적인 만족을 가져다주었다. 1957년 11월 15일의 결정으로 그때까지 경공업부에 속하던 소비재 공업에 관한 통제권을 각 지방 당국에게 부여했다. 중공업, 광업, 에너지 산업, 국방산업 등은 여전히 중앙 부서의 관리 아래 두어지겠지만, 지방 당국은 관할 지역 안에 있는 중앙 관리의 중요 기업에 대해 감시권을 가질 수 있었다. 그것은 중앙—지방의 이중 지도 체계였다.

한편, 1957년의 개혁은 당시까지 중앙 정부의 보조금 지불에 충당되어 오던 지방 고유의 자원을 지방 당국에 넘겨주었다. 이제 지방 당국은 특정 세금을 수취하고, 국가 기업 — 국가 기업은 지방 당국 고유의 관할 아래 두어지거나 중앙 정부에 속해 있었다 — 의 이윤 일부를 축적할 수 있는 권한을 갖게 되었다.

1957년의 문건들은 점진적인 권한의 이전과 함께 중앙 정부가 여전히 중요한 역할을 하리라고 전망하고 있었다. 그러나 1958년에 시행된 개혁은 뜻밖의 규모였다. 사실 1957년 중앙이 관리하던 기업의 80퍼센트가 1958년 6월에는 지방 기구의 관할 아래 두어졌다. 지방의 재정 독립성도 이른바 '예산외자금(豫算外資金)'이라고 불리던 독자적인 자금의 증가와 함께 제고되었다. 지방 사업에 이 자금들이 투자되면서 중앙의 계획화된 국가적 우선 사업과 경쟁했다. 이러한 차원에서 지방 분권화는 급진파로 하여금 중앙의 계획 담당 기구를 견제하고(경제 담당 중앙 부처는 1958년과 1959년에 41개에서 24개로 줄었다) 아무런 거리낌 없이 대약진 정책을 전개할 수 있도록 해 주었다.

◆ 농촌 인민공사화의 전주곡

대약진의 추진을 위해 수뇌부가 8기 3중전회서부터 시작한 정치적 준비 작업은 현장에서도 대규모 이념적 동원 운동과 통제의 강화를 통해 계속되었다. 3중전회에 제출된 정풍 운동에 관한 보고를 통해 농촌 사회주의 교육 운동이라는 구상을 제시한 것은 바로 덩샤오핑이었다. 자본주의적 경향이 있다고 지목된 부농들이 색출되었다. 농민 공동체의 이해관계에 지나치게 밀착된 지방 간부들이 우파라고 제거되었다. 당시 새로운 규모로 전개된 하방(下放) 운동은 수십만 명의 간부들을 지방의 하급 기관으로 내려 보냈는데[랴오닝성(遼寧省) 20만 명, 광둥성 18만 명, 지린성(吉林省) 10만 명], 이는 특히 현급 당위원회를 개조하고 강화하는데 기여했다. 이렇게 당은 이후 자신의 임무를 수행하기 위한 준비를 진행했다.

초기의 대중 동원은 3중전회를 통해 재개된 농업 생산 발전을 위한 12년 계획의 일환으로 추진되었다. 1957년과 1958년 사이의 겨울 동안 6천만 명의 농민들이 수리 시설의 건설에 배치되었다. 그것은 물질적 수단이 많지 않은 상황에서, 또 국가의 아무런 개입이 없이 실현된 지방 차원의 계획이었다.

이들 계획과 연관된 임무의 규모와 복잡성으로 말미암아 농업 합작사들은 서로 통합함으로써 규모를 확대하고 신용합작사(信用合作社), 공소합작사(供銷合作社, 공급판매합작사)를 흡수하여 그 권한을 키웠다. 1958년 봄 그러한 통합은 일반적으로 3~4개의 합작사에 걸친 것이었고, 새로운 생산 단위는 대부분 2~3백 호의 농가를 포함한 것이었다. 그것을 주도했던 것은 지방 간부들이었는데, 그들은 자신들의 특정한 필요에 따라 이를 즉흥적인 방식으로 추진했다. 인민공사(人民公社)라는 구상은 아직 나타나지 않았다. 허난성(下南省)을 필두로 웨이싱합작사(衛星合作社)처럼 1만 호의 농가를 조직한 합작사들이 출현한 것은 6

월 말이나 되어서였다. 이 거대한 합작사들의 등장은 인민공사 건설의 전주곡이었다.

◆ 대약진의 공식적인 개시(1958. 5.)와 인민공사의 건설(1958. 8.)

사회주의 건설의 총노선이 채택된 것은 1958년 5월 중공 8전대회 제2차 회의에서였다. 대회에서 류사오치는 지난 겨울의 동원 덕분에 이룬 거대한 진보에 관한 결과 보고를 제출했다. 그에 의하면, 1억 1700만 무(730만 헥타르)의 토지에 관개 시설이 갖추어졌고, 그해 초 4개월간의 공업 생산은 1957년 같은 시기에 견주어 26퍼센트 더 성장했다. 류사오치는 이러한 성공을 '대중의 적극성'이 보여준 '강력한 동력' 덕분으로 돌렸다. 그리고 마오쩌둥은 당을 향해 "노동 인민의 창조성을 폭발(爆發)하게 하라"고 호소했다.

따라서 대약진 정책은 더 이상 어떠한 반대에도 부딪치지 않았다. 천윈의 영향력은 후퇴했고, 저우언라이의 경우도 마찬가지였던 것 같다. 농업 정책의 주요 책임자였던 덩쯔후이는 탄전린으로 교체되었다. 당서기처로 신입한 리푸춘과 리셴녠은 대약진 정책에 동조했다.

얼마 뒤 인민공사(la commune populaire)가 출현했다. 그 이름은 파리 코뮌(la Commune de Paris)에서 따온 것이었다. 그러나 1958년 초여름 규정된 바와 같이 그 개념은 농업, 공업, 상업, 교육, 군사 훈련 등 모든 활동을 포괄하는 사회의 기초 단위를 뜻했다. 농업 합작사의 통합이 새로운 제도에 대한 구상을 불러일으켰다는 점은 의심의 여지가 없다. 그러나 기묘하게도 인민공사 설립은 그 정치적 이념적 효과와는 대조적으로 성급하고도 즉흥적인 것이었다. 1958년 8월 17일부터 30일까지 베이다이허(北戴河)에서 열린 정치국 확대회의를 통해 승인된 문건은 간략하다. 그것은 2천 호의 농가를 포괄하는 공사의 설립을 제시하고 있지만, 1만이나 2만 호에 이르는 거대 단위의 가능성도 배제하지 않았다. 이제까지 향(鄉)이 수행하던 행정적 정치적 기능은 정부 기구와 당의 위계 조직에서 최하급 단위가 된 공사로 이전될 것이었다. 각 공사 안의 생산재는 공유 재산으로 남고 그 뒤 몇 년간에 걸쳐 국유화될 것으로 예정되었다. 소규모 사유지는 철폐되고 공동 식당, 유아원, 봉제소[縫衣組], 양로원[幸福院] 등이 설립되어 과거 각 가정에서 수행되던 기능들을 대신함으로써 생활의 집단화가 자리 잡을 것이었다. 문건은 "공산주의의 실현은 …… 이제 더 이상 먼 장래의 일이 아니다"라고 결론지었다. 그러나 그 방식을 시험하고 확정하는 일은 각 관계자들에게 위임했다.

사회주의 '고조'(1958)로부터 공고화로(1958~1959)

대약진의 이념적 생산제일주의적 열기는 베이다이허 회의에 뒤이은 몇 주간 절정에 이른다. 그러한 열기는 타이완 해협에서 일어난 중·미 간의 대립에 의해 야기된 애국주의의 고양과 뒤섞여 있었다(140쪽에서 후술함). 생산을 증가하고 외국 제국주의에 저항하는 것은 같은 싸움이었다.

핵전쟁의 위험이나 그에 대한 두려움을 몰아내기 위하여 마오쩌둥은 민병의 총동원을 호소했다. 1959년 1월 민병은 2억 2천만 명을 헤아렸다. 모든 또는 거의 모든 공사들이 자신의 부대를 보유했고, 민병들은 날마다 몇 시간씩을 무기, 훈련 그리고 공동 생활을 배우기 위해 할애했다. 이러한 전쟁 준비는 농촌에서 노동의 군사화를 촉진시켰다. 농민은 '농업 전선의 사병'이 되었고, 간부는 이 생산 부대의 장군이었다.

진정으로 관료제의 권력이 이보다 컸던 적은 없다. 1·5계획이 농업 계획에 대해 견지하고 있던 상대적인 유연성은 대약진과 함께 사라졌다. 자유 시장은 철폐되었다. 지방 분권화 정책으로 야기된 지방주의 또는 지역주의의 결과로 공식적인 상업 유통도 마찬가지로 감소되었다. 소규모 사유지를 빼앗기고, 공유 경제 속에서 국가 수취가 늘어나고 잉여분은 조직적으로 재투자에 할당됨으로써 수입을 탈취당한 농민들은 자원의 배분에서도 경작물의 선택에서도 더 이상 아무런 주도권을 행사할 수 없었다. 그들은 당 지도자들의 지시에 표현되어 있는 대로 당의 의지를 실현해야 했던 헌신적이고 무지하고 그리고 종종 난폭한 행동을 보이는 간부들이 해석하는 대로 당에 순종할 수밖에 없었다.

당의 의지는 잘못 해석할수록 더욱 해가 되었다. 통계 담당 기구의 기능 정지, 열정을 증명해 보이고픈 바람, 성공에 대한 믿음의 필요 등으로 말미암아 책임자들은 가장 비현실적인 수치들을 믿는 지경이 되었다. 1958년 가을 당 지도자들은 잘못된 통계에 기초하여(126쪽 표 참조) 곡물 생산을 위한 경지 면적을 축소한다는 결정을 내렸다. 이듬해 기록된 2500만 톤의 곡물 결손은 악천후 때문이라기보다는 대부분이 결정 탓이었다! 베이징의 지도자들은 농민들에게 토지로부터 가장 많은 수확을 얻을 수 있는 방법을 가르쳤다. 1958년 10월 발표된 농업 '팔자헌법(八字憲法)'은 마오쩌둥의 작품으로 여겨지는데, 농업 생산 발전을 위한 12년 계획의 요점을 간추려 놓고 전통적인 방식에 따른 증산의 법칙을 다음과 같이 정리하고 있다. 수(水, 관개 사업), 비(肥, 거름의 사용), 토(土, 토질 향상), 종(種, 종자의 선택), 밀(密, 조밀 파종), 보(保 또는 害, 병충해 방지), 공(工, 농구의 개량), 관(管, 관리 개선)이 그것이다.

조밀 파종이 지력을 소진시키고 깊이갈이가 척박한 내부 토양층을 지표면으로 드러나게 했지만, 지방 간부들은 그러한 지시에 따르기 위하여 모든 열정을 다했다.

그러나 1958년 가을 농업에 주어졌던 우선권은 철강 생산으로 이동했다. 대약진 초기의 곡물 생산이 3억 7500만 톤에 이른다는 평가를 믿

대약진 시기 농업 통계(백만 톤)

	1957	1958*	1958**	1958***
곡물	195	375	250	200
면화	1.64	3.5	2	1.7

* 1959년 4월 집계된 1958년 가을 수치

** 1959년 가을 재평가된 통계

*** 1979~1981년 제출된 통계

출전 : Nicholas R. Lardy, *Agriculture in China' s Modern Economic Development*, Cambridge University Press, 1983, pp. 41~43.

은 마오쩌둥은 베이다이허 회의 이래로 농업의 기적이 달성된 것으로 간주하고, "이제 간부들은 우선적으로 공업에 주의를 돌려야 한다"고 말했다. 마오쩌둥은 독자적으로 1958년의 철강 생산량을 1070만 톤으로 확정했다(그것은 1957년에 달성한 5백35만 톤의 두 배였다). 이 생산량의 절반은 이미 중국 농촌에 그해 봄부터 세워지기 시작한 소규모 고로[高爐, 철광석으로부터 선철(銑鐵)을 만들 때 쓰는 높은 원통형의 용광로 —역주]에 의해 확보될 것이었다. 가을이 되자 이 고로들은 더욱 늘어났고, 9천만 농민들이 이에 동원되어 보잘 것 없는 기술에 의지하여 철강을 생산했다. 외국 방문객들의 눈에는 그렇게 생산된 철강이 그야말로 저급하기 그지없었다. 그러나 중국의 지도자들은 진지한 또는 체념한 태도로 모든 찬사를 보냈다.

기술 혁신과는 무관하게 진행된 농업과 공업의 이중 약진은 노동자들에게 심각한 시련을 가져다주었다. 도시의 공장에서는 1957년 9백만 명이었던 노동자들이 1958년 2500만 명으로 증가했다. 새로운 노동자들 대부분은 임시공으로 채용된 농민들이었다. 농촌에서는 고로에서 일하는 인민공사의 사원들이 더 이상 노동력을 수확에 투여할 수 없었기에 수확물이 발밑에서 썩어 나갈 위험이 닥쳤다. 상황을 타개하기 위하여 가을이 되자 돌격대가 조직되었다. 농민들은 밤낮 구분 없이 일했는데, 1958년 11월 9일 《인민일보》의 사설에서 간부들로 하여금 농민들에게 휴식과 수면을 위해 6시간은 필요하다는 점을 환기시킬 필요가 있다고 언급할 정도였다.

한편, 집단생활 방식의 도입은 가사로부터 노동력 — 특히 여성 노동력 — 을 해방시킴으로써 노동 생산성의 향상을 꾀하고자 한 것이었다. 이제 공동 식당이 생산자들을 맞았고, 무료 식사 제공은 일반화되었다. 아동들은 유아원에서, 노인들은 양로원에서 생활했다.

'공산주의는 천국이며, 인민공사가 천국으로 이끌 것'이었다. 공동 활동의 확대는 노동력을 절약하고 합리화하는 것만을 목표로 한 것은 아니었다. 그것은 이미 평등·박애의 새로운 삶의 형태를 만들어 냈고, 간부들에게는 옌안 근거지의 혁명적 황금시대를 환기시켰다. 물질적 자극은 대부분 사라졌다. 인민공사로 합병된 이전 합작사들 간의 빈부 차이는 더 이상 구분되지 않았다. '균등화와 이전[一平二調]'이라는 원칙에 따라, 소득을 통합하는 방식으로 과거의 특정 합작사들의 자원과 노동력을 다른 합작사들이 사용할 수 있도록 했다.[6] 그러나 의무적인 국가 공출량과 재투자 및 무료 분배를 위한 자원들을 제외하고 나면 생산자들이 나누어 가질 잉여는 거의 남지 않았고, 본래 의미의 임금은 존재하지 않게 되었다. '노동에 따른' 분배라는 사회주의로부터 '필요에 따른' 분배가 가능한 공산주의로 넘어 가고 있던 시기에 임금이라는 개념 자체가 희미해지는 것은 당연했다.

새로운 도덕관념을 불어넣기 위해 교육 제도가 근본적으로 개혁되었다. 류사오치는 교육받고자 하는 새로운 세대의 열망을 충족시키기 위

6) 一平二調. 첫째로 균등, 둘째로 징발과 배치를 뜻한다. '평(平)'은 소비재·식량 등을 일률적으로 평등 분배하는 것, '조(調)'는 생산재 및 인력 등을 이전하여 재배치하는 것을 뜻한다. 이를 통해 인민공사 내부 성원의 균등화를 꾀했다.—역주

하여 교육 제도를 폭넓게 개방하고자 했다. 마오쩌둥은 육체노동과 정신노동을 밀접히 통합함으로써 생활 학습을 위한 학교를 만들기 원했다. 마오쩌둥과 류사오치가 함께 고민한 뒤 이를 행동에 옮겨 1958년 5월 반공반독(半工半讀) 제도가 탄생했다. 기존의 학교 제도 이외에 인민이 운영하는 학교[民辦學校]도 문을 열었는데, 그곳에서는 일과의 절반 동안은 공부를 하고 나머지 절반 동안은 취업 — 또는 최소한 하나의 생산 활동 — 을 위한 학습과 실습을 진행하였다. 1960년에 그러한 학교가 3만 개를 헤아렸고, 그 대부분은 농촌에 설립된 기술 고등학교였다.

1958년 가을 중국 농촌을 뒤흔들어 놓은 것은 무엇보다도 누구보다 강한 권한을 갖게 된 간부들의 열정이었다. 그들은 도시와 농촌, 농업과 공업, 생산자와 지식인의 차별이 제거될 새로운 사회에 대한 마오쩌둥의 꿈에 생명을 불어넣는 데 열중했다. 대중들은 이 합리주의적 이상(理想)의 지배를 불합리의 승리로 보았고, 감옥과 같은 천국에서 살았다. 초겨울 대중들은 10여 개월 동안의 초인간적인 노역으로 기진맥진했고, 직접적으로 그 성과의 혜택을 볼 수 없는 데 실망했으며, 무료 분배가 가져온 낭비에 위축되고 사유 재산의 징발로 의해 피해를 당했다. 보고되지 않은 수확물을 둘러싼 야만적인 분배가 성행했다. 지도자들로서는 그들의 정책을 완전히 바꿀 시기가 아니었고(통계의 신기루에 의해 다시 과장된 1958년도의 놀라운 수확은 그 정당성을 확인해 주는 듯했다), 다만 거둔 성과를 공고화하기 위해 정책을 수정할 시기라고 여겼다.

1958년 11월 28일부터 12월 10일까지 우한에서 개최된 8기 6중전회와 함께 공고화 단계에 들어갔다. 인민공사에 관한 결의(〈關于人民公社若干問題的決議〉—역주)는 이념적 열정에 제동을 가하면서, 공산주의의 도래는 아직 멀고, 그에 이르기까지는 인민공사가 '각자의 노동에 따른 분배' 원칙을 지키고 무료 분배 분량에 제한을 두어야 한다는 점을 환기했다. 결의는 지나친 평등주의를 소부르주아적인 것으로 치부해 버렸다. 농민들은 사유 재산과 소규모 생산 수단을 다시 소유할 수 있을 것이었다.

인민공사를 생산대, 생산대대(이제는 통합된 과거의 농업 합작사에 해당), 공사 세 수준으로 나누어 경영·관리를 (재)조직화하는 일이 일반화되었다. 이 각 수준의 역할 규정은 1958년 10월부터 이듬해 4월까지 전개될 공사정돈(公社整頓) 운동의 일환으로 이루어질 것이었다. 결국 1959년 철강 생산 목표액은 3천만 톤에서 1800만 톤으로 축소되었고, 소규모 고로의 생산은 이제 신중하게 고려되었다.

우한의 중앙위원회 전체회의가 암시한 이러한 후퇴는 1959년 상반기 동안 계속되어 정저우에서 열린 정치국 확대회의(2월 27일~3월 5일), 상하이에서 열린 7중전회(4월 2일~5일) 등 여러 회의들이 뒤를 이었다. 지도자들은 1958년의 놀라운 곡물 수확에도 불구하고 국가에 대한 공출이 백 퍼센트 이루어지지 않았고, 도시는 공급 부족의 위협을 받고 있다는 점을 확인할 수 있었다. 지방 간부들과 공모해 농민들이 식량을 착복[隱瞞]하는 것이 위기의 중요 원인 가운데 하나였다. 광둥성의 지도자들 — 후먼인민공사[虎門人民公社, 주장(珠江) 하구 부근]에 대한 조사 보고를 했던 광둥성 당위원회 제1서기 타오주(陶鑄) 및 쉬원현(徐聞縣=雷南縣)을 시찰한 자오쯔양(趙紫陽) 등 — 은 그러한 식량 착복을 엄격히 비난했다. 그들의 계산에 따르면 3백만 톤의 식량(광둥성 수확량의 10퍼센트)이 수취 과정에서 허위로 절취되었다고 한다. 마오쩌둥은 전국 수준에서 상황을 분석하면서 빼돌린 부분이 15퍼센트라고 추산했다.

그러나 일부 성 간부들이 성급히 행동하면서 광둥과 산시성(山西省)에서 1월에 반은닉 운동[反瞞産運動]을 벌인 데 반해 마오쩌둥은 오히려 우경적 태도를 취했다. 그는 그 전해 가을 이래의 지나친 평등주의와 생산제일주의로 말미암아 농민들이 이러한 소극적 형식의 저항을 하게 된 것이라고 판단했다. 그는 공사의 운영에 대한 재검토, 특히 공사 수준의 회계와 경영 단위를 생산대대 수준으로 되돌릴 것을 호소했다.

집단 조직의 위계질서 속에서 회계 및 경영 단위를 획정하는 것은 실제적으로나 이론적으로 매우 중요한 의미를 띠었다. 1958년 이전, 생산 수단의 소유자였던 농업 합작사는 노동 점수를 산출하기에 적절한 크기였다. 합작사는 국가 공출분[公糧]을 떼어 놓고 경작 비용과 적립금 및 집단의 복지에 충당할 액수를 공제한 다음, 나머지 잉여분을 사원들에게 배분하는 업무를 처리했다. 노동 점수의 가치를 결정하는 이 잉여의 크기는 지역 상황, 토질, 관개 시설의 여부에 따라 달랐다. 삼각주 지역의 부유한 합작사들은 그 성원들에게 산기슭의 척박한 곳에 위치한 합작사들에 속한 농민들보다 훨씬 높은 생활 수준을 보장해 주었다. 따라서 같은 합작사 안의 성원들에게는 평등한 대우가 이루어졌다고 하더라도 농촌 사회 안의 수많은 극심한 불평등은 여전히 남아 있었다.

1958년 회계와 경영 단위가 공사 수준으로 이전되자 이러한 불평등은 줄어들었다. 이제 생산대대가 된 과거의 합작사는 부유하든 가난하든 생산물을 공사에 넘겼다. 그리고 이 전체 생산물을 기초로 납세한 뒤 남은 집단(공사) 안의 잉여가 성원들에게 배분되었다. 따라서 노동 점수는 인민공사, 즉 과거 합작사보다 10배에서 15배 더 많은 성원들을 가진 한 집단의 모든 성원들에게 동일하게 적용되었다. 사회적 정의가 실현되었지만 노동 생산성은 떨어졌다. 가난한 생산대대의 농민들은 보다 부유한 대대의 수확만을 바라보고, 부유한 대대의 농민들은 자신들이 노력해 얻은 결과물이 이전되는 것을 거부하고 수확물을 다 건네주지 않거나 집단 노동에 대한 참여를 줄이는 결정을 내렸다.

회계 및 경영 단위를 생산대대 수준으로 후퇴시킨 것, 즉 대체로 촌락(행정촌)과 일치하도록 집단 성원의 수를 줄인 것은 노동과 임금을 다시 연계시키는 것이었다. 그것은 또한 과거의 불평등을 재현하고 공산주의를 향한 길에서 한걸음 물러서는 것을 뜻했다.

이러한 후퇴 움직임을 강화하면서, 1959년 봄에 열린 다양한 회의들은 인민공사들로 하여금 대규모 수리 시설 건설을 위한 농민 동원을 제한하고, 자본 축적분을 줄이고, 농민에 대한 자원 분배의 몫을 늘리도록 주문했다.

갑작스럽게 온건해진 이러한 상황 속에서 제1부총리이자 정치국 상무위원이었던 천윈은 다시 목소리를 낼 수 있었다. 그는 통제되지 않은 지방 분권화를 통한 공업 발전의 효과를 비판하고, 지방주의와 '예산외 자금' 투자의 중복과 낭비를 공격했다. 그는 국가 계획의 우위, 부문 간의 협조적 행동 그리고 통일적 지도의 필요성을 강조했다 — "국가는 단 하나의 체스판일 뿐이다". 그는 동료들로 하여금 현실로 돌아와서 과거 마오쩌둥이 사용했던 공식에 따라 '사실 속에서 진리를 찾을 것'(實事求是)을 간절히 호소했다. 그는 공급을 촉진하기 위하여 농가의 소규모 생산에 호소해야 한다고 주문했다. 그리고 그는 치밀한 조사를 거친 뒤, 공업 대약진의 상징으로 처음에는 1959년 3천만 톤으로 정했다가 이미 우한의 6중전회를 통해 1800만 톤으로 축소된 철강 생산 목표를 1300만 톤으로 줄여야 한다고 제의했다. 마오쩌둥은 이러한 보수적인 견해에 동조했다. 그는 4월 29일자 〈당 간부에게 주는 지시 서신〉(〈致六級干部的公開信〉—역주)에서 "우리들의 생산 목표는 현실을 고려해서 정해야 합니다. 위에서 규정한 지시에 신경 쓰지 말고 …… 오직 현실적인 가능성에 주의를 기울이시오"(MacFarquhar의 저작에서 재인용).

상하이에서 열린 8기 7중전회 때 발표된, 마오쩌둥을 대체한 류사오치의 국가 주석 임명은 모험주의의 마지막 악령을 내쫓아야만 했던 때문인지도 모른다. 논리 정연하고 검소하며 신중한 이 기획자는 평화시에 중국의 수뇌직을 맡으면서, 이미 실현한 변혁과 획득한 성과를 기반으로 다음 10년 동안 사회주의 건설의 길에 대한 지도를 자임했다. 당시에는 어디에도 1959년 8월 루산(廬山)에서 열린 8중전회를 특징지을 분열이나 돌변을 예상할 만한 조짐은 없었다. 다만 이 8중전회부터 중·소 관계의 급속한 악화가 시작되었다.

중·소 관계의 악화, 1956~1959

수 세기에 걸쳐 지속되어 온 중·소 간의 경쟁을 특징지어 온 지정학적 요소들은 1960년부터 두 강대국을 대립시킨 갈등의 심각성과 장기성을 설명해 준다. 동쪽 변경 지대를 경제 발전과 국가의 역사적 운명 속으로 보다 긴밀히 통합하고자 했던 소비에트 권력의 의지, 광대한 시베리아와 그 변경의 영토가 인구 과잉의 중국에 준 매력, 동남아시아 이웃 국가들을 지배하고자 했던 두 강대국의 상반된 야심 등 모든 대립의 원인들이 1949년 이후에도 계속 존재했고, 1960년부터는 다시 작동되기 시작했다. 1960년대와 1970년대를 거쳐 이어진 논쟁 과정에서 두 적대자는 잊지 않고 19세기의 불평등 조약, 역사적 전력, 문화적 영향들을 끄집어냈다. 그러나 1950년대 말 분명해진 갈등의 원인은 다른 데서 찾을 필요가 있다. 다양한 이념적 정치적 군사적 갈등의 이면에서 소련에 비해 상대적으로 어려웠던 중국의 처지를 읽어 낼 수 있다. 하나의 위성 국가가 되기에는 지나치게 넓고 지나치게 육중한 대륙 국가였던 중국은 소련과 동등한 위치의 동반자가 되기에는 또 지나치게 가난하고 지나치게 취약했으며 지나치게 늦게 혁명을 이루었던 것이다.

중국에 대한 무시와 두려움을 전혀 숨기지 않았던 스탈린의 죽음은 중·소 관계에서 매우 짧은 밀월의 기회를 가져다주었다. 그러나 역설적이게도 1956년 2월 이래 처음으로 부딪친 어려움은 바로 탈스탈린화로부터 생겨나기 시작했다. 1957년 말까지 니키타 흐루시초프의 주도권에 직면한 중국의 망설임은 이념적 근접성과 정치적 이해관계의 고려 속에서 바로 드러나지는 않았다. 그러나 1958년부터 양당 간의 갈등은 점차 국가 간의 갈등으로 변했고 1959년 말에는 분열에 이르렀으며, 1960년에는 갈등이 외부에 공개된다.

동맹의 개화(開花)

1953년 3월 5일 스탈린의 죽음은 소련과 중국 간에 보다 온화한 관계의 설정을 가능케 했다. 이러한 동맹의 개화는 1954년 9월과 10월 흐루시초프의 중국 방문 기간에 표현된 우호적인 환대에 표현되었다. 이 방문을 계기로 불평등 조약에서 유래하는 마지막 규정들이 철폐되었다. 뤼순항 기지가 중국에 반환되었고 소련은 신장(新疆)의 합자 회사에서 차지하고 있던 지분을 포기했다. 중국령 투르키스탄과 러시아령 투르키스탄, 중국 북부와 외몽골 간의 철도 연결이 진척되었다. 이듬해 두 나라는 핵에너지의 평화로운 이용을 위한 협정에 조인했다.

한국전쟁 당시 확인된 중·소의 연대는 판문점 휴전(1953. 7.) 이후에도 냉전의 구도 속에서 그대로 유지되었다. 그러나 그러한 연대 때문에 중국이 독자적인 대외 정책을 추구하지 못한 것은 아니었다. 제네바 회담(1954. 6.)으로부터 반둥 회의(1955. 4.)까지 중국은 혁명적이고도 합리적이며 평화적인, 아시아권의 국제 관계 안정에 기여하고자 하는 강대국이라는 인상을 주려 했고 또 그에 성공했다. 평화 공존에 대한 중국의 동참은 1954년 4월 조인된 중인(中印) 조약으로 시작되었다. 양측의 다양한 통상 문제를 해결한 이 조약을 통해 인도는 티베트에 대한 중국의 주권을 공식적으로 인정하였고, 중국은 몇 주 뒤 콜롬보에서 열릴 남아시아 5개국(인도, 미얀마, 스리랑카, 인도네시아, 파키스탄)회의가 평화 공존의 기초로 제안할 불간섭 불가침의 원칙을 받아들였다. 중국은 긴장 완화 정책을 인도네시아나 미얀마(버마) 등 남아시아의 다른 나라들에게로 확대하면서 그들에 대한 '자본주의 주구(走狗)'라는 비난을 폐기했다.

그러나 중국의 화려한 국제 무대 복귀는 1954년 6월의 제네바 회담 때 저우언라이가 아시아의 평화 수호자로서 등장하면서 시작되었다. 저우언라이는 프랑스의 일정한 영향력 유지와 아시아 각국의 정기적인 협의를 통한 평화의 공고화를 지지하면서, 미국의 영향력을 제한하고 베트남으로 하여금 과거 프랑스 연합의 유산을 온전히 이어받지 못하도록 하기 위해 애썼다. 중국의 아시아에 대한 정책은 1955년 4월의 반둥 회의에서 분명히 확인되었다. 콜롬보 회의 당사국들의 주도로 모인 아시아·아프리카의 29개 국가들 — 그들 대부분은 식민 지배로부터 벗어난 나라였다 — 은 더 이상 강대국들에게 끌려 다니지 않을 것이며, 블록화 정책에서 벗어나겠다는 의지를 확인했다. 중국은 그들 국가 가운데 하나로 참석했다. 중국은 확고한 입장을 보이고자 했다. 여기서 다시 저우언라이는 교묘하고도 능숙하게 긴장 완화를 주장했다. 그는 이미 인도의 수상 네루(Jawaharlal Nehru)와 동급의 인물로 (곧 경쟁자로) 떠오르게 되었다.

저우언라이는 반둥 회의가 그에게 제공한 연설의 기회를 이용해 미국과의 공존과 타이완 및 중국 통일 문제의 평화적 해결을 호소했다. 1954년 12월 2일 미국과 장제스 간에 상호 방위 조약이 조인된 이래 타이완은 미국의 극동 정책에서 전략 배치 지역에 포함되었다. 미국은 대륙 수복에 관한 어떠한 계획에도 분명히 거리를 두고 있었지만 타이완 해협의 긴장은 생생하게 지속되고 있었다. 1955년 7월과 1956년 6월 중국은 통일전선을 전개하면서 다시 정치적 통일을 호소했다 — "애국자는 한 가족이다"(愛國一家).

이 모든 정치적 주도권은 최소한 지역적 차원에서 중국에게 특수하고도 독자적인 역할을 부여하였다. 중국이 소련과 달리(소련은 반둥 회의에 초대받지 않았다) 저발전의 아시아 국가에 속한다는 사실이 중국을 사회주의 진영에서 예외적인 존재로 만들었다. 동유럽 방위를 위해 1955년 5월 조인된 바르샤바 조약에 중국이 가입하지 않았다는 사실이 이를 확인해 준다. 사회주의 진영의 한 구성원이었지만 중국은 대외 정책 면에서 일정한 자율성을 갖고 있었다. 그것은 대륙 국가라는 중국의 성격과 제3세계 국가들과 유사한 식민의 치욕과 경제적 저발전이라는 경험과 연관된 것이었다.

탈스탈린화에 대한 중국의 망설임, 1956~1957

스탈린은 중국공산당에 대해 단지 불신을 드러낼 뿐이었기에, 중 · 소 동맹이 개화하기 위해서는 그의 죽음을 기다려야 했다. 그러나 그러한 동맹을 좌초시킨 것은 소련공산당 제20차 당대회에서 시작된 탈스탈린화 운동이었다. 중 · 소 분열에 대한 진전된 설명들은 이념적 갈등, 국가 간의 경쟁적 야심 등을 언급하고 있지만 이러한 역설을 충분히 고려하지 못하고 있다. 왜 베이징의 지도자들은 한 인간에 대한 비판에서 1956~1957년에는 그렇게 신중한 태도를 보였고, 1963년에는 결국 그를 단죄하였는가? 중국공산당은 과거에 스탈린을 전혀 신뢰하지 않았고, 중국 혁명 운동의 전개 과정에서 생긴 몇 차례의 피어린 오류와 실패의 책임이 스탈린에게 있다고 보았다. 그것은 단순히 탈스탈린화의 시작과 함께 일어난 개인숭배에 대한 공격으로부터 마오쩌둥을 보호하려 했기 때문인가? 중국의 망설임은 그보다는 더 깊은 이유가 있었고, 그 망설임은 직접적인 정치적 의미 이상으로 정통성과 이념에 대한 일정한 개념적 재검토이기도 했다.

중국공산당은 마르크스-레닌주의의 눈으로 보면 농민 혁명과 민족

전쟁이라는 거의 정석이 아닌 길을 통해 권력을 장악했다. 그렇기 때문에 중공은 정통 마르크스-레닌주의에 대해 공식적으로 더욱 큰 집착을 보였다. 마르크스-레닌주의가 자신들의 행동에 대해 국제적으로 승인된 과학적 사회주의임을 인정해 줄 것이기 때문이었다. 권력의 행사에서 보이는 실용주의와 정통론의 조합은 유교적 전통에서 흔한 일이었고, 그 전통은 중국 지도자들의 마르크스-레닌주의 실천을 강화해 줄 수 있을 뿐이었다. 따라서 비록 실제로 스탈린식 선례를 피할 수 없는 것은 아니었지만 4반세기 동안 사회주의의 승리가 스탈린 정권과 동일시되면 될수록 스탈린은 필수불가결한 이념적 준거가 되었다. 중국의 지도자들로서는 사회주의 진영 전체와 그 성원들의 정당성과 힘의 원천이 되는 이념적 유효성과 타당성에 대한 재검토 없이 스탈린을 폐기해 버릴 수는 없었다.

중국의 지도자들은 1956년 제20차 당대회에서 흐루시초프가 제기한 세 가지 문제 — 스탈린 및 개인숭배 비판, 두 블록 사이의 평화 공존 그리고 사회주의로의 비폭력적 이행의 가능성 — 가운데 초기에는 특히 첫 번째 문제에 집착했다. 1960년부터는 평화 공존의 원칙에 비판을 집중시켰다. 그러나 1956년 초에는 중국인들 자신이 제네바와 반둥 회의에서 갑자기 제기한 긴장 완화 정책을 줄곧 추진해 나갔다. 따라서 그들은 공존에 대해 반대 견해를 제기할 수 없었다.

흐루시초프의 보고에 대한 중국 지도부의 일치된 반응은 1956년 4월 5일 《인민일보》에 게재된 〈프롤레타리아 독재의 역사적 경험에 관하여(關于無産階級專政的歷史經驗)〉란 글 속에 나타나 있다. 글은 스탈린의 몇 가지 중대한 오류 — 탄압의 확대, 1940~1941년 독일 나치에 대한 경계의 소홀, 조직적인 농민 착취 — 를 비판하면서도 이 소련 지도자가 마르크스-레닌주의에 중요한 기여를 했다고 강조했다. 분명한 것은 중국의 지도자들이 스탈린을 변호하면서 마오쩌둥과 그 정권을 비난으로부터 보호하고자 했던 것이다. 위 《인민일보》의 글은 마오쩌둥을 개인 독재의 비판으로부터 분리시켰다. 그리하여 전술한 바와 같이(95쪽) 1956년 10월의 중공 8전대회는 중국 지도부의 집단 지도적 성격을 강조하고 마오쩌둥을 단순히 그 가운데 특출한 사람으로 보이게 하기 위해 노력했다. 그러나 중국 지도자들은 또한 흐루시초프의 반스탈린 비판이 사회주의 진영에 몰고 올 불안정한 효과도 억제하고자 생각했다. 바로 이것이 1956년과 1957년 봄까지 그들이 기울였던 노력의 목표였던 것 같다. 그들 자신이 1920년대와 1930년대 소련이 코민테른을 통해 중국 혁명 운동에 강요했던 자의적이고도 불행한 결정의 희생자이기도 했다. 따라서 그들은 국가적 독립을 선언한 유럽 공산당들의 주장을 충분히 이해할 만한 처지에 있었다. 그들은 흐루시초프와 폴란드 스탈린주의 지도자들의 반대에도 불구하고 1956년 10월 21일 폴란드 공산당 수뇌에 부아디수아프 고무우카(Władysław Gomułka)가 복귀하는 데 대해 긍정적인 태도를 보였다. 또한 1956년 10월 말 모스크바에 있었던 류사오치는 폴란드에 대한 모든 군사적 행동을 억제하기 위해 개입하기도 했다.

그러나 중국 지도자들은 각국 공산당이 자신의 혁명을 조직할 수 있는 권리가 있고 권력을 장악한 뒤에는 각기 국가 업무를 처리할 권리가 있다는 점을 옹호하면서도, 공산주의 체제와 사회주의 진영의 단결에 우선권을 부여했다. 임레 나지(Imre Nagy)가 헝가리는 바르샤바 조약에 더 이상 가담하지 않겠다고 선언했을 때 중국은 소련군의 헝가리 폭동 진압에 지지를 보냈다(1956. 1. 4.).

몇 주 뒤 중국의 지도자들은 1956년 12월 29일 《인민일보》에 실린 〈프롤레타리아 독재의 역사적 경험을 재론함(再論無産階級專政的歷史經驗)〉이란 글에서 다시금 티토(J. B. Tito)를 반대하고 소련에 지지를 표했다. 그들은 스탈린에 대한 비판 대부분이 스탈린주의를 가능케 한 관료 체제를 향해야 한다는 — 당시 티토가 선전하고 있던 — 생각을 부정하고자 했다. 중국공산당이 우려했던 것처럼 지도자에 대한 비판이 정권에 대한 비판으로 나아가고 있었기 때문이었다.

그러나 위의 글에서 티토에 반하여 전개했던 주장은 또한 흐루시초프의 견해에 대한 간접적인 비판으로 이해할 수도 있다. 이 글은 소련이 그 존재를 인정하지 않는, 사회주의 진영 안의 '비적대적' 모순이라는 새로운 개념을 도입하였다. 사실 마오쩌둥의 견해를 반영한 중국의 테제에 따르면, 사회주의 체제는 훌륭하지만 권력 장악 이후 공산주의 국가 내부 그리고 사회주의 진영 내의 여러 국가들 간에 지속되는 모순들을 적절히 관리하고 해결할 줄 알아야 한다는 것이었다. 또 이러한 '비적대적' 모순이 근본적인 것은 아니다. 그러나 지도자들이 이에 충분히 주의하지 않는다면 그것은 심각한 위기, 현재 스탈린을 비난하게 된 그러한 위기를 가져올 수 있다. 그러나 지도자들과 그 체제를 함께 묶어 공격하는 조직적인 반스탈린주의는 제국주의와 결탁한 하나의 수정주의로 나아갈 뿐이다. 이러한 테제는 전술한 바와 같이(101쪽), 1957년 2월 마오쩌둥이 행한 〈인민 내부 모순의 올바른 처리에 관하여〉라는 연설에서 이론적으로 재론되고 발전되어 갔다. 이 테제야말로 그 자체로 중국이 소련의 수정주의를 공격하게 만드는 이념적 갈등 그리고 평화 공존 및 평화와 전쟁의 문제를 둘러싸고 옛 동맹자들 사이를 대립시키는 정치적 갈등을 배태하고 있었다.

탈스탈린화 초기에 중국인들에게 거의 거론되지 않았던 평화 공존에 관한 위와 같은 문제가 1957년에 새롭게 중요성을 띠고 등장했다. 이러한 변화는 무엇보다도 타이완과 미국에 대한 중국의 개방 정책이 실패했던 것과 관련이 있다. 1957년 5월 타이완에서 발생한 반미 소동을 중국이 이용하지 못하도록 하기 위하여 장제스는 공식적으로 다음과 같이 언급했다. "공산주의와 제국주의에 대항하는 우리의 국가 정책을 실행하면서 우리는 미국 측에 서지 않으면 안 된다." 몇 주 뒤 베이징에서 일어난 반우파 운동을 동반한 급진화는 평화 통일에 대한 모든 전망을 파괴해 버렸다. 여기서 1954년 이래 중국이 추진했던 공존 정책은 한계에 부닥친다. 한편, 1957년 10월과 11월 소련이 두 개의 인공위성(스푸트니크)을 성공적으로 발사하자 마오쩌둥은 세력 관계가 이제 사회주의 진영에 유리하게 되었다고 확신하였다. 그는 1957년 11월 모스크바에서 열린 세계 각국 공산당 회의 석상에서 "동풍이 서풍을 압도한다. …… 사회주의의 힘이 제국주의의 힘에 대해 압도적인 우세를 점하고 있다"고 선언했다. 탈스탈린화의 충격 이후 소집된 이 회의는 소련 지도 하의 사회주의 진영의 단결과 생명력을 재확인하기 위한 목적을 갖고 있었다. 그러나 공동 선언의 이면에서는 중·소 간의 분열이 심화되고 있었다. 스탈린 문제는 더 이상 거의 거론되지 않았지만 중국과 소련은 제국주의, 즉 미국에 대한 태도에서 대립하고 있었다. 소련은 마오쩌둥이 내린 세력 관계에 관한 낙관적 평가에 동의하지 않았다. 소련은 핵전쟁의 결과로 인간의 절반이 사라지는 것을 두고 "나머지 절반은 살아남을 것이고 …… 전 세계는 사회주의가 될 것이다"라고 전망하는 중국의 경박함을 두려워했다. 반면 소련은 그 파괴적인 힘 때문에 핵무기의 출현이 동서 간의 긴장 완화를 불러올 것이며, 미국과 소련은 모든 이념적 고려를 접어 두고 세계 평화의 유지를 위해 협력해야 한다고 보았다.

1956년 겨울과 1957년 겨울 사이에 분명해진 이념적 분열과 정치적 대립에도 불구하고 모스크바 회의 당시에는 아직 타협이 가능했다. 사회주의 진영 안에서 중국의 지지가 필요했던 흐루시초프는 주저 없이 대가를 치르고자 했다. 그는 1957년 10월 15일 조인된 비밀 국방 협정을 통해 중국이 핵무장을 하는 데 필요한 과학 지식과 기술을 습득할 수 있도록 돕기 시작했다. 이 협정 이외에 흐루시초프가 원자탄의 견본을 중국에 인도하기로 약속했음이 분명하다. 1957년 10월과 11월 국방부장 펑더화이와 동행한 두 명의 최고위층 인사 — 과학자와 군부 인사 — 의 모스크바 방문은 그렇게 시작된 협력의 규모를 확인해 준다.

이 협력이 갖는 군사적 정치적 의미의 중요성은 중국이 평화 공존에 대해 품었던 우려를 완화해 주었다는 점이다. 타이완 분쟁은 미·소 간의 긴장 완화의 제물로 희생될 가능성이 컸기 때문에 중국은 평화 공존에 대해 값비싼 비용을 부담할 위험이 컸다. 협력은 또 중국으로 하여금 자국이 사회주의 진영 지도부에 참여하는 것을 거부하는 소련에 대한 적개심도, 사회주의로의 평화적인 이행에 관한 흐루시초프 이론에 대한 비판도 지나치게 공개적으로 드러내지 않도록 만들었다. 이렇듯 국가의 이해관계가 아직은 양당 간의 갈등을 완화시키고 있었다.

양당 간의 갈등으로부터 국가 간의 갈등으로, 1958~1959

모스크바 회의 뒤 몇 달 동안, 공산주의로 가는 지름길로 간주된 대약진의 시작 및 인민공사의 설립과 함께 이념적 갈등이 심화되어 가자 정부 간의 협력이란 보호막은 사라졌다. 중국과 소련은 국가적 이해를 두고 보다 뚜렷이 대립하게 된다. 1958년 여름 타이완 해협의 위기는 이러한 적대감의 증가를 보여주며 또 그것을 악화시켰다.

1958년 4월 이래 중·미 간의 관계는 바르샤바 대화의 중단과 함께 최저점에 이르렀던 것 같다.[7] 타이완 해방(즉 점령) 운동은 그해 여름 대약진을 위한 열정의 동원과 동시에 시작되었다. (미국과 중화민국 간에 1954년 조인된 방위 조약에서 보호되지 않는) 작은 섬 진먼다오(金門島)와 마쭈다오(馬祖島)에 대한 폭격이 강화되었다. 그러나 미국은

---

7) 양측의 기술적인 문제들을 해결할 목적으로 바르샤바에서 중국과 미국 대사들 사이에 행해진 이 대화는 1954년 제네바 회담 종결 이후부터 지속되어 왔고, 두 강대국 간의 은밀하고도 정기적인 접촉 기회를 제공했다.

진먼다오에 대한 증원군의 수송을 보장해 주면서 장제스에 대한 지지를 보여주었다. 며칠 동안의 극단적인 긴장 상태가 지난 9월 6일 고립된 중국은 후퇴할 수밖에 없었다. 기대했던 소련의 지원은 이루어지지 않았다. …… 9월 7일이 되어서야 흐루시초프는 아이젠하워(Dwight Eisenhower)에게 보낸 편지에서 중국에 대한 소련의 지원을 표명했다. 이 때늦은 지지는 운신의 폭이 아주 좁았던 동맹자의 망설임을 감추기에는 충분치 않았다. 소련은 기정사실 앞에서 할 일이 거의 없었고, 미국과의 직접적인 갈등을 불러올 수 있는 대결 속으로 들어 갈 수도 없었다. 현실적으로 소련의 지원이 없던 상태에서 중국은 타이완을 탈환하는 데 무력했다. 중·미 관계가 균형을 이루도록 할 만한 수단이 거의 없던 중국은 점점 더 흐루시초프가 정의했던 평화 공존이라는 개념, 즉 1959년 1월 그가 소련공산당 제21차 대회에서 "평화 유지를 위해 미·소 양 강대국이 갖는 결정적인 책임성"이라고 말했던 표현을 적대시하게 되었다. 1959년 6월 20일 결정적인 사건이 발생했다. 모스크바는 중국에 제공했던 핵무기의 통제 방식을 둘러싸고 수개월에 걸쳐 헛된 협상을 한 끝에 1957년 10월 15일 조인된 바 있는 현대적인 국방기술에 관한 비밀 협정을 일방적으로 파기해 버렸던 것이다. 이제 결별은 불가피했다.

루산(廬山)의 위기(1959)와 소련과의 결별(1960)

1959년 여름 장시성(江西省) 루산에서 소집된 8기 8중전회를 계기로 표면화된 위기는 대외 정책만큼이나 대내 정책의 주요 방향을 결정지었다. 대약진 전략을 두고 펑더화이를 마오쩌둥에 맞서게 한 대립은 극적인 특징을 띠고 있었다. 정권 수립 뒤 처음으로 마오쩌둥은 그의 개인 권력을 자의적으로 사용하여 감히 그를 공개적으로 비판한 자에게 타격을 주었다. 이리하여 절대 권력의 첫 조짐이 분명히 나타나기 시작했다. 순종적이고 두려움에 사로잡힌 당정 기구는 그러한 권력에 대항하기를 포기하고 펑더화이의 몰락을 방치해 버렸다. 중국은 고위 지도자들의 침묵에 대해 값비싼 대가를 치를 터였다. 마오쩌둥에 대한 모든 비판, 그의 의지에 대한 모든 공개적인 반대를 단념한 지도자들은 우두머리의 일탈을 방지하고 통제하기 위한 수단들을 없애 버렸던 것이다. 이제 우두머리의 무절제나 실수가 중대한 재난이 되지 않도록 제동을 걸 수 있는 것은 더 이상 없었다. 루산회의에서 마오쩌둥은 개인의 위신과 권력을 이용해 그 자신을 포함한 지도자들에 의해 그 위험성이 확인되고 비판된 바 있는 대약진을 재개하였다. 루산의 위기는 또 소련과의 결별을 재촉했고 중국을 거의 완전한 외교적 고립으로 떨어뜨렸다.

펑더화이와 마오쩌둥의 대립

8중전회의 개최를 준비하던 1959년 초 중앙공작회의에서는 논쟁들이 극적으로 반전되리라는 어떠한 조짐도 보이지 않았다. 대약진 정책은 이미 많은 부분 침체에 빠져 있었고, 마오쩌둥은 제일 먼저 대약진 초기에 나타난 불균형과 무질서를 지적했다. 그는 경제 체제를 다시 중앙 집중화하고 더 다양하고 더 질 좋은 것을 생산하자고 호소했다. 그는 천윈에게 다시 그 일을 맡기려고까지 생각했다. 대약진이 갈등의 무대가 되지 않았다면 펑더화이 원수는 대약진에 대해 마지막으로 비판한 사람일 뿐이었다. 매우 가난한 농민의 아들이자 혁명 투쟁과 한국전쟁의 영웅이었던 펑더화이 국방부장은 경제 계획과 경제 정책에서 능력이 있었다기보다는 그 용기와 솔직함 그리고 자기 절제로 이름난 사람이었다.

우리는 종종 펑더화이의 발언을 농촌 정책에 대한 분개이자 농민의 깊은 불만을 나타낸 것으로 여기곤 한다. 1958년 10월 간쑤성(甘肅省)

과 1958년 12월 자기 고향인 후난성(湖南省)에 대한 시찰을 통해 펑더화이는 피해와 낭비 그리고 거짓말이 만연되어 있음을 파악할 수 있었다. 그러나 앞에서 살펴본 바와 같이 다른 지도자들도 같은 것을 확인을 한 바 있었고, 당은 이미 그 결과들을 알고 있었다. 따라서 경제 전략에 관한 갈등이 군대, 국방 그리고 소련과의 협력 등과 같은 다른 문제들을 그 뒤에 감추고 있었다고 볼 수 있을 것이다.

사실 수년 동안 이 문제들을 둘러싸고 마오쩌둥과 펑더화이의 불화는 깊어지고 있었다. 전자가 군사비를 절감하고 국가의 안전을 확보하기 위한 방법으로 핵 무장을 신뢰하면서 중국이 독자적으로 전략적 역할을 할 수 있기를 희망했다면, 후자는 반대로 현대화된 (비용이 많이 드는) 일반적인 무기를 갖춘 전문화된 군대를 키우고 중국의 행동을 소련의 핵 방패 아래에 있는 사회주의 진영의 틀 안에서 고려하고자 했다. 1959년 6월, 중국이 자신의 영토에 두어질 소련의 통제 조치들을 거부한 뒤 소련에 의해 이루어진 일방적인 군사·핵 협력 협정의 폐기는 상황을 더욱 악화시킬 뿐이었다.

권력의 문제가 없었던 것은 아니다. 마오쩌둥은 당내에서 군사위원회 주석직을 갖고 있었고, 변함없이 군대에 대한 통제를 중요한 정치적 수단으로 삼고 있었다. 중장기적으로 펑더화이가 바랐던 군대의 전문화는 기본적으로 정치적 측면에서 마오쩌둥이 군대에 대해 행사하고 있던 통제력을 약화시킬 뿐이었다. 또한 마오쩌둥은 이미 펑더화이를 신뢰하지 않기 시작했고 당내 서열에서 그의 부상을 억제하고자 했으며, 그 대신 펑더화이의 잠재적인 경쟁자였던 린뱌오 원수를 지지했다.

펑더화이가 〈의견서〉라는 편지를 작성하고 곧바로 그것이 회의에 참석한 당대표들에게 회람된 그날 갈등은 폭발했다. 철상 생산 운동을 비판하고 통계의 과장과 허위 작성을 비난한 편지의 내용은 그리 특이한 것이 아니었다. 사태 전개의 특이성은 펑더화이가 그러한 잘못들의 책임을 마오쩌둥에게 돌렸다는 데 있다. 그러나 마오쩌둥이 아직은 자아비판을 할 수 있다고 해도, 그는 자신의 능력과 권위가 다른 사람에 의해 공개적으로 의문시되는 것을 받아들일 수 없었다.

그의 반격은 격렬했다. 7월 23일의 연설에서 마오쩌둥은 우파적 부르주아적 경향을 비난하고, 최근의 경제적 곤경에 대한 책임의 일부를 인정하면서도 다른 많은 지도자들이 적극적으로 대약진의 구상과 실행에 참여하였음을 상기시켰다.

펑더화이는 외교부 제1부부장 장원톈과 총참모장 황커청(黃克誠) 이외에는 자신의 주변에서 지지자를 거의 찾지 못했다. 그러나 그는 다른 군 지도자들로부터 사랑과 존경을 받았고, 그의 구상들은 저우언라이, 천윈, 보이보 등 정부 기구의 주요 경제 전문가들과 행정 책임자들의 생각을 반영하고 있었다. 그렇다면 이들은 왜 그렇게 침묵으로 펑더화이에 대한 비난을 인정했던 것일까? 일부는 당의 규율 때문이기도 했고, 일부는 마오쩌둥에 대한 개인적인 충성 때문이기도 했으며 그리고 많은 이는 정치적 신중함이나 계산에서 그렇게 행동했을 것이다.

사실 국제 정세의 전개가 마오쩌둥을 도왔다. 7월 18일 흐루시초프가 폴란드 방문 때 인민공사를 비판한 것이 매우 신속히 루산에 알려졌다. 이 비판과 펑더화이 · 장원톈의 비판이 동시에 이루어짐으로써 마오쩌둥은 비판자들에게 공모 혐의를 씌우고 그들을 잠재적인 반역자로 고립시킬 수 있었다.

8월 2일에 공식적으로 시작된 8중전회는 펑더화이 '반당집단(反黨集團)'에게 유죄를 선고하고 가오강-라오수스 동맹의 계승자로 규정하였다. 펑더화이는 중앙위원회를 향하여 자아비판을 하지 않을 수 없었다. 그는 국방부장직을 잃었고 황커청은 총참모장의 자리에서 해임되었다. 몇 주 뒤 펑더화이는 베이징의 자금성 내 중난하이(中南海)에 있던 고위층 지도자들의 공식 주거를 버리고 북쪽 교외에서 가난한 농민으로서 홀로 살아가게 된다. 그는 결국 문화대혁명 시기 투옥되고 사망했다.

루산의 비극은 중국의 운명과 마찬가지로 지도자들의 의식에도 중대한 영향을 미친다. 그것은 마오쩌둥과 당 기구 간의 관계를 변화시켰고, 파괴적인 재난을 몰고 올 대약진을 재개하도록 만들었으며, 중국과 소련의 공개적인 결별을 재촉했다.

군대의 정치화와 대약진의 재개

인민해방군은 수뇌의 파면에 대해 항의하지 않았다. 마오쩌둥은 군대에 매우 심한 압력을 가했다. "만약 인민해방군 당신들이 나를 따르려 하지 않는다면, 나는 홍군을 조직하여 …… 다시 유격전으로 돌아갈 것이오." 펑더화이와 당 기구의 지지를 받는 마오쩌둥 사이에서 선택을 해야 했던 군대는 굴복하지 않을 수 없었다. 그러나 마오쩌둥은 린뱌오를 새로운 국방부장으로 선임하는 데 신중을 기해야 했다. 그러나 그의 성격과 경력이 그에게 전적인 보장이 되어 주었다. 황푸군관학교(黃埔軍官學校) 출신의 린뱌오는 1928년 공산당 군대에 가담했다. 그는 1938년 중일전쟁과 1947~1949년의 해방전쟁에 참여했다. 그러나 건강의 악화로 그는 1951년과 1956년 사이에는 정치로부터 거리를 두고 있었다. 노련하고 금욕적이며 신중한 그는 주더·펑더화이와 같은 인기를 누리지는 못했다. 그러나 마오쩌둥이 군대를 혁명적 열정의 길로 이끌고 자신의 정치적 의지에 순종하는 도구로 만들어 줄 것으로 믿었던 사람은 바로 린뱌오였다.

총참모장 황커청이 공안부장 뤄루이칭으로 교체된 것, 여섯 명의 장군이 주요 직책으로부터 해임된 것 등이 새로운 방향을 확인해 주고 그 길로 쉬이 들어서게 했다. 린뱌오는 자신에게 맡겨진 임무를 수행해 나갈 터였다. 그는 마오쩌둥에 대한 인민해방군의 무조건적인 지지를 확보해 주면서, 이후 마오쩌둥으로 하여금 문화대혁명을 개시하고 또 통제할 수 있도록 해 주었다.

대약진의 재개는 마찬가지로 비극적인 그러나 보다 직접적인 결과를 가져온다. 펑더화이와 다른 우파인사들에게 가해진 징계 처분을 합리화하기 위하여 루산의 8중전회는 1958년에 채택되었던 전략의 유효성을 재확인하였다. 당시 우파의 기회주의에 대한 비판 운동은 1959년 봄에 결정된 온건한 정책을 실행하지 못하게 만들었다. 신문은 다시 인민공사와 소형 고로를 찬양했다(그러나 이제 고로의 생산은 국가 계획에서 배제되었다). 1960년 1월의 신년 사설들은 새로운 대약진을 호소했다.

운동은 당시까지 인민공사가 거의 조직되지 않았던 도시 지역에까지 미쳤고, 도시의 인민공사들은 공장, 학교, 주거 지역을 중심으로 확대되어 갔다. 운동을 통해 여성 노동력이 동원되어 소규모 부품 공장이나 서비스 업종의 기업에 보내졌다. 대규모 공업 부분에서는 1959년과 1960년 사이의 좌파적 경향이 기업 관리 그리고 대중 운동과 정치적 선동의 조직적인 이용 면에서 당위원회의 역할을 더욱 강화시켰다. 1960년 3월 이러한 원칙들은 새로운 동원의 흐름에 앞장섰던 랴오닝성의 대규모 제철소(안산철강공사—역주)의 이름을 딴 안산헌법(鞍山憲法) 속에 요약되었다.

이러한 대약진의 재현은 정치적인 집착 때문이었다. 대약진이 결정적으로 종말을 맞은 것은 1960년 여름 최악의 수확을 거둠과 동시에 소련 기술자들의 철수가 이루어지면서였다. 따라서 소련이 끊임없이 비난해 오던 발전 전략을 중국이 포기한 것은 동맹자 소련과 관계를 단절한 바로 그때였다. 그러나 그러는 사이 갈등의 원인들은 다양해졌고 심화되었다. 이제 이 갈등은 국가적 이해관계의 옹호에 집착하는 두 국가, 세계 혁명을 지도하고자 하는 야심에서 경쟁 관계에 있던 두 강대국을 대립시켰다.

중 · 소 분열

1959년 가을부터 1960년 겨울에 걸쳐 중국과 소련의 대립은 공개적인 분열로 나아갔다. 한편으로는 중국의 민족주의와 다른 한편으로는 사회주의 진영의 지도권을 전유하고자 하는 소련의 의지가 대립했다. 이해관계의 대립은 이념적 측면에서 고양되었고 경쟁은 더욱 격렬해졌으며, 쟁점은 더 이상 근대화 전략이나 지도자들과 양당 조직 간의 권력 균형에 머물지 않았다. 흐루시초프는 여전히 대약진을 무시했고 중국의 지도자들은 개인숭배에 대해 다른 목소리를 냈지만, 진정한 문제는 이제 세계 혁명에 대한 방향 설정과 그에 대한 통제권이 누구 손에 들어 갈 것인가에 있었다.

1959년 9월 30일부터 10월 4일까지 미국으로부터 귀국하는 길에 이루어진 흐루시초프의 베이징 방문은 양국 간의 불화를 결산할 기회였다. 중국은 소련에 대해 최근의 중국 · 인도 간 국경 분쟁에서 중국을 지지하지 않은 것을 비난했다. 1954년 베이징과 뉴델리 사이에 조약을 맺게 했던 평화 공존의 정신은 자취를 감추었다. 맥마흔선(Mac-Mahon Line)에 의해 불분명하게 경계 지어진 히말라야 국경은 다시 정의되지 못했고, 이 문제는 중국이 신장과 서(西)티베트 사이에 전략 도로 — 악사이친(Aksai-Chin) 고원을 가로지르는 도로로 인도는 이곳을 자신의 영토로 간주하고 있었다 — 를 건설하기 시작하면서 새로운 심각성을 띠었다. 1959년 봄에 일어난 티베트 폭동, 중국의 진압, 달라이라마의 인도 망명은 인접한 두 대국 사이의 긴장을 증가시켰다. 1959년 8월 말 국경 분쟁이 악화되고 있을 때 중국은 소련이 자국의 입장을 지지할 것으로 생각했다. 그러나 9월 9일 소련의 타스(Tass) 통신이 발표한 공식 성명은 '소련의 친구인 두 나라'를 대립시키는 위기를 유감스럽게 생각한다고 언급하는 데 그쳤다.

9월 15일부터 시작될 미국 방문의 전야에 흐루시초프는 공존 정책에 장애로 작용할 수 있는 갈등 속으로 빠져 들어갈지도 모른다는 걱정은 거의 하지 않았다. 중국은 그해 여름의 타이완 위기 때처럼 소련이 동맹국들의 이해관계보다 긴장 완화를 우선시할 것이라는 느낌을 갖고 있었다. 따라서 흐루시초프가 중국에게 타이완 문제의 평화적 해결을 모색하고 캠프 데이비드(Camp David) 정신에 합류하기를 권유했을 때, 그것이 중국의 냉담과 노여움을 불러왔을 뿐이라는 점은 전혀 놀라운 일이 아니다.

1960년 4월 레닌 탄생 90주년으로부터 그해 6월 루마니아 공산당 회의에 이르기까지 논쟁은 점점 격화되어 갔다. 중공의 이론지 《홍기(紅旗)》는 〈레닌주의 만세〉라는 글을 발표하고 제국주의와 부르주아지에 관한 레닌의 테제가 유효함을 재확인했다. 혁명 투쟁의 성격은 기술적 진보에 의해서도 핵무기의 배치에 의해서도 변화될 수 없고, 사회주의의 승리에 이르기까지 무력 대립은 불가피했다. 따라서 사회주의로의 평화적인 이행도 국제적인 공존도 신뢰할 수 없는 것이었다. 이렇게 중국공산당은 당대의 거대한 역사적 문제를 사회주의 진영 전체의 이익을 헤아려 분석할 자질이 있다고 자평했다. 이러한 방식을 통해 중공은 이념적 정통론에 입각한 모스크바의 특권적인 역할에 대항했다.

그러나 중공이 각국 공산당을 설득해 내기는 어려웠다. 1960년 내내 있었던 여러 커다란 회의들 — 6월 초 베이징에서 개최된 세계 노조 대표 대회, 같은 달 말 부쿠레슈티(București)의 루마니아 공산당 대회, 11월 모스크바의 각국 공산당 회의 등 — 에서 중국 대표들은 알바니아를 제외하고는 거의 지지를 받지 못했다. 각국 공산당이 보여준 이러한 태도가 단지 동맹국을 다루는 소련의 능력을 말해 주는 것만은 아니었다. 그것은 또한 흐루시초프식 테제가 많은 나라의 공산당이 처한 구체적인 상황에 더 큰 적합성을 갖고 있었음을 뜻한다. 특히 프랑스나 이탈리아 등 서구 나라의 경우 권력을 장악하지 못한 공산당이 제도적이고 합법적인 틀 안에서 활동하고 있었기 때문에 중국 이론가들이 주장하는 무장 투쟁 방식은 정치적 자살 행위나 다름없었다. 따라서 중국의 주장이 갖는 설득력은 제한적이었다. 부쿠레슈티 회의에서 모리스 토레즈(Maurice Thorez, 프랑스 공산당 지도자—역주)는 '레닌 이후 세계는 변했다'고 주장했으며, 루이지 롱고(Luigi Longo)는 사회주의를 향한 '이탈리아식 길', '민주적인 길'을 거론했다.

모스크바가 중국에서 일하던 소련 전문가들(약 1,390명)의 성급한 철수와 당시 진행 중이던 257개 항목에 걸친 과학·기술 협력의 중단을 결정한 것은 바로 이 회의 다음날이었다. 이 돌발적인 결정과 갑작스런 실행에 관해서는 당시 쿤밍(昆明)에서 근무했던 화학 전문가 미하일 클로츠코(Mikhail Klochko)의 회고록을 참조할 수 있다.

소련 기술자의 소환이 중국의 경제 발전을 곤란하게 만들었음은 분명하다. 많은 계획들이 유보될 수밖에 없었고 건설은 중지되었으며 조업은 지체되었다. 그러나 그 목적이 중국을 더 타협적이고 더 순종적인 방향으로 이끌려는 것이었다면 그것은 실패했다. 오히려 그 반대였다. 당시 중국의 국민적 감정에 고통을 준 상처는 10년간의 원조와 협력으로 갖게 된 감사의 마음과 연대감을 한꺼번에 날려 버렸다. 러시아어와 소련의 문화 및 과학을 통해 교육받았으며, 소련에 친구와 경우에 따라서는 가족이 있던 중국의 모든 세대의 간부들에게 이러한 극적인 사건은 개인적이고도 인간적인 의미를 띠었다. 이념적 갈등은 언제나 일정한 타협을 통해 해결할 수 있었지만, 서로에게 배신감을 갖고 있던 과거의 두 동맹자를 찢어 놓은 상처를 치유할 수 있는 것은 거의 없어 보였다.

따라서 1960년 중·소 분열은 기정사실이 되었다. 중국 지도부는 한때 협상이 진전되기 위해서는 소련공산당 총서기가 퇴진해야 한다고 주장할 만큼 소련과의 결별 과정에서 흐루시초프 개인이 결정적인 구실을 했다고 여겼다. 바로 이러한 고려에서 마오쩌둥은 혁명 권력의 후계자 육성 문제에 대해 더욱 각별히 숙고하게 된다. 대약진과 중·소 분열은 중국인의 정치 생활에 여러 가지 새로운 주제와 전략들을 가져왔고, 그것들은 문화대혁명 시기에 본격적으로 전개되었다. 그러나 이러한 우여곡절들이 중국이 고유한 혁명의 길을 개척하는 데 공헌했던 것일까? 당장은 그것들이 혁명의 제도화를 억제했던 것만은 분명하다. 그러나 그러한 제동은 곧바로 이중적인 곤경을 가져왔다. 즉 한편으로 심각한 경제적 위기를 맞았고 다른 한편으로 거의 완전한 외교적 고립에 빠졌다. 결국 이 최초의 이상적 시도는 실패로 끝나 버렸고, 그 실패로 말미암아 관료주의가 되살아났다. 마오쩌둥은 이 관료주의를 제거하고자 했지만 가장 시급한 위험들을 해결하기 위해서는 관료주의에 주도권을 넘겨주어야 했다.

제6장
마오쩌둥에 반대하는 당
1960~1965

1960년 대약진은 재난으로 끝났다. 최소 1500만 명의 생명을 앗아갔고 발전 도상의 중국을 거의 10년이나 뒤처지게 만들었다. 정권과 정권 지도자들에 대한 신뢰, 보다 넓게는 사회주의의 유효성을 위협하는 이러한 위기에 직면하여 당은 공개적으로 자신의 오류를 인정하려 하지 않았다. 1961년 1월 8기 9중전회에 제출된 결산 보고는 오히려 그간에 이룬 성과, 특히 공업 분야에서 거둔 성취를 열거하고 있다. 그리고 대약진의 주요 설계자였던 마오쩌둥은 그의 동료들 — 그들은 분명 1959년 루산에서 있었던 대립과 펑더화이의 몰락을 기억하고 있었다 — 로부터 아무런 특별한 비판의 대상이 되지 않았다. 사실 마오쩌둥 주석은 당시 정치 무대에서 물러나 있었고, 많은 부분이 자신의 탓으로 생긴 열악한 상황을 개선하는 일을 다른 사람들에게 맡겨 놓은 상태였다. 그리고 그러한 타협은 단결의 모습을 유지할 수 있게 해 주었다.

그러나 표면적인 단결의 배후에서는 마오쩌둥과 당 지도층 사이의 대립이 깊어지고 있었다. 1961년과 1962년 사이 베이징에서 일부 당 기구의 암묵적인 지지를 받으면서 성행한 비판적인 문학 작품 속에는 마오쩌둥과 그의 정책에 대한 환멸이 분명히 표현되고 있었다.

실제로 마오쩌둥식의 전략과 목표에 대한 거부는 마오쩌둥의 옛 동맹자들이 이끈 실용주의적이고 상대적으로 자유로운 정책의 채택으로 나타났다. 그들은 류사오치 · 덩샤오핑이었고, 저우언라이와 천윈(다시 신임을 얻음) 그리고 경제 책임자 집단과 협력했다.

여러 가지 측면에서 이 새로운 정책은 소련이 전시 공산주의에 의해 피폐된 경제를 재건하기 위해 1920년대 초 채택했던 신경제정책의 선례를 상기시켰다. 소련과 마찬가지로 중국에서 생산의 회복은 혁명이 제거하고자 했던 사영 기업, 투기, 부패 등 과거 행태의 회귀를 동반했다. 마오쩌둥이 1963년부터 사회주의 교육 운동에 나선 것은 바로 그가 '자본주의 경향'이라고 불렀던 것으로 복귀하자 이에 대항하고자 한 것이었다. 목표는 혁명이 퇴화하여 수정주의로 나아가지 못하도록 하는 것이었고, 그 수단은 새로운 대중 동원에 의거하는 것이었다. 그러나 다른 지도자들이 새로운 대약진의 위험을 무릅쓰기에는 중국의 회복상태가 매우 허약했다. 1962년 9월 8기 10중전회에서 마오쩌둥이 동료들에게 "계급 투쟁을 결코 잊지 말라(千萬不要忘記階級鬪爭)"며 신경제정책에 종지부를 찍으라고 호소했을 때 그들이 그의 말에 귀를 기울이는 듯 보였지만, 실제로 그의 뜻이 관철되지는 않았다. 사실 당 지도자들이 카리스마적인 영수를 공개적으로 반대함으로써 정권을 약화시키고, 그럼으로써 탈스탈린화 시기에 그들이 끊임없이 비난해 왔던 흐루시초프의 오류를 저지르고 싶지는 않았다고 할지라도, 그들의 마오쩌둥에 대한 반대는 확고했다. 그러나 그것은 은밀히 이루어졌다. 이 지도자들은 자신들이 장악한 다양한 기구들을 통하여 마오쩌둥이 내리는 지시들의 실행을 가로막거나 그 지시들을 자신들의 생각에 맞게 다시 해석하여 적용할 수 있었다. 그들은 "권력의 수단을 자신들이 확고하게 장악하고 있다는 사실을 잘 알고 있었기 때문에 마오쩌둥 주석에게 언설의 독점권"을 내어 줄 수 있었다(Ellis Joffe 참조).

자연히 그 뒤 수개월이 지나면서 마오쩌둥의 언설과 류사오치·덩샤오핑의 관리 방식 사이에 골이 더욱 커져 갔다. 이로써 1962년부터 1965년까지 사회주의 교육 운동은 우여곡절을 겪었다. 마오쩌둥 자신이 누구보다 더했지만, 당내 지도자들 누구도 더 이상 믿지 않았던 표면적인 단결을 포기하고 당 기구와 그 지도자들에 대항하여 문화대혁명 개시를 결심한 것은 바로 그러한 골을 메우기 위함이었다.

몇 년간의 암흑기, 1959~1961

대약진은 이상적인 공산주의 사회를 앞당기기는커녕 심각한 경제 위기로 끝났다. 경제 위기는 모든 부문의 활동에 영향을 미쳤고 인구 성장 곡선을 급격히 떨어뜨렸다. 이 위기는 근대 이전에 인구의 격감을 가져왔던 재난과 같이 커다란 두려움을 주었다.

생존의 위기

과거에는 공식적인 통계 수치를 감추거나 또는 불완전하게 발표했지만, 1980~1981년 이래로는 마침내 농업 생산의 퇴보를 계산할 수 있는 자료들을 이용할 수 있게 되었다(154쪽 표 참조). 자료들은 1958년의 풍작을 확인해 주고 있는데, 생산량을 2억 톤으로 잡고 있다(1959년 4월에는 3억 5천만 톤으로, 1959년 8월 재조사 뒤에는 2억 5천만 톤으로 발표된 바 있다). 이 1958년의 풍작은 1959년의 형편없는 수확으로 그리고 1960년의 처참한 결과로 이어졌다. 1960년에는 생산량이 1억 4400만 톤에 불과했는데, 이는 1958년에 비해 26.4퍼센트 감소한 것이었다. 회복은 1962년에 시작된다. 식량 생산량이 1억 9500만 톤으로 대약진 이전 수준으로 복귀한 것은 1965년이 되어서였다.

1952~1965년 곡물 생산의 변화(백만 톤)*

연도	생산량	연도	생산량
1952	164	1960	144
1957	195	1961	148
1958	200	1962	160
1959	170	1965	195

* 중국의 곡물 생산 통계는 콩 및 각종 두류(豆類), 그리고 덩이줄기류(건조된 것)를 포함한다.
출전 : 이상의 중국 공식 통계는 Nicholas R. Lardy, *Agriculture in China' s Modern Economic Development*, p. 149에 의함.

생산의 감소에 따라 소비도 감소했다. 그러나 소비 감소는 그리 급격하지 않았는데, 그것은 1958년 3천만에서 3500만 톤에 이르렀던 비축분을 동원할 수 있었고, 1961년 그것이 소진된 뒤에는 수입에 호소했기 때문이다. 1인당 식량 소비는 그래도 20퍼센트 감소하여 1957년 203킬로그램에서 1960년 163.5킬로그램으로 떨어졌다. 도시와 농촌 모두가 식량난에 부딪혔다(155쪽 표 참조). 노동자들이 도시로 몰려들어 도시 인구가 늘어났지만 도시에는 비축분과 수입분이 제공되었기 때문에 상대적으로 사정이 나았다. 그러나 식량난은 심각했다. 1959년 광저우(廣州)에서는 육체노동자들이 매월 30킬로그램의 식량을 받을 수 있었지만, 1960년에는 20킬로그램으로 줄어들었다. 다른 계층은 15킬로그램에 만족해야 했는데, 뒤에는 다시 12킬로그램으로 줄어들었다. 그러나 농촌에서는 소비가 평균 23.7퍼센트 줄었고 1957년과 1960년 사이에 1인당 소비량은 204킬로그램에서 156킬로그램으로 감소하면서 식량 부족은 기근으로 변해 갔다.

당시 중국의 지도자들은 이러한 농업 재난의 책임을 나쁜 기후 조건 탓으로 돌렸다. 사실 중국은 아시아 계절풍 지대의 농업 생활을 좌우하는 기후의 지독한 불확실성에 시달려야 했다. 1959년 경작 면적의 3분

1957~1960년 곡물 소비량의 감소(1인당 킬로그램)

	전국 소비량	도시 소비량	농촌 소비량
1957	203	196	204
1960	163.5	192.5	156

출전 : 이상의 중국 공식 통계는 Nicholas R. Lardy, *Agriculture in China' s Modern Economic Development*, p. 158에 의함.

의 1이 악천후로 피해를 입었다. 1960년에는 그 영향이 절반 이상의 토지(6천만 헥타르)에 미쳤다. 과거에 자주 그랬던 것처럼, 화북 지방이 — 허베이 · 허난 · 산시 · 산둥 — 한발의 타격을 입었다면 연안 지대는 모두 태풍과 홍수에 휩쓸려 버렸다.

그러나 위기의 확산과 그 지속이 악천후 탓만은 아니다. 1962년 류사오치의 진전된 분석에 의하면, 자연 재해는 단지 부분적인 설명이 될 수 있을 뿐 그러한 불행 70퍼센트의 책임은 사람에게 있었다. 마오쩌둥 사후 공산당 지도자들은 1981년의 〈건국 이래 당의 약간의 역사 문제에 관한 결의(關于建國以來黨的若干歷史問題的決議)〉에서 1959년부터 1961년까지의 위기를 "사회주의 건설 경험의 결핍, 경제 발전의 법칙과 중국 경제의 기초에 관한 잘못된 이해" 탓으로 돌리고, "더 중요한 것은 마오쩌둥 동지와 많은 지도자 동지들이 성공에 집착하면서 조급한 마음으로 목전의 효과를 얻고자 했고, 주관적인 요소의 역할, 즉 인간의 의지와 노력의 역할을 과장했기" 때문이라고 역설했다.

1958년 가을의 작황은 좋았으나 전술한 것처럼 대부분이 그것을 거둘 수 있는 노동력의 부족으로 들판에서 썩어 나갔다. 수백만 명의 농민들이 대규모 건설 현장과 소형 고로에 동원되거나 도시의 일자리를 찾아 농촌을 떠났다. 전국적으로 농민 노동력이 1957년 1억 9200만 명에서 1958년 1억 5100만 명으로 감소했다. 당시 빠른 농업 기계화를 주장한 마오쩌둥의 호소는 이러한 문제에 직접적인 해결책을 가져다주지 못했다.

더욱 나빴던 것은 일상적인 생산의 임무를 접어 두고 진행한 대규모 투자가 언제나 예기했던 효과를 가져오지는 않았다는 점이다. 즉흥적인 수리 정책은 홍수 피해를 방지하기보다는 오히려 악화시켰다. 새로운 운하에 물을 대기 위해 하천에 건설된 취수 시설의 증가는 제방의 연결 체계를 약화시켰고, 1959년에 이르러 제방은 더 이상 범람을 막는 구실을 할 수 없었다. 정보의 확산보다 건설의 속도가 더 빨랐고, 범람에 대한 경보와 예방 체계는 더 이상 기능하지 않았다. 한편, 자원이 모자라 대나무나 짚을 섞은 흙으로 만든 지방의 제방들은 열악했고, 그러한 제방의 대부분이 범람이 시작되자마자 떠내려가 버렸다. 양수기를 갖지 못했던 농민들은 중력을 이용한 관개 체계를 만들어야 했지만 물살에 의해 파인 도수로(導水路)는 홍수를 제압할 아무런 효과도 가져오지 못했다. 또한 열정이 앞선 간부들과 농민들은 종종 관개 토지의 배수 문제를 고려하지 못했다. 수분 증발은 지표면에 있던 물의 염분을 농축시키고 토양의 염도를 증가시켰다. 이 밖에도 우리는 농업 '팔자헌법'의 시행 과정에서 드러난 불행한 열정의 또 다른 사례들을 들 수 있을 것이다. 지나친 깊이갈이는 척박한 토양층을 표면으로 밀어 올렸고, 조밀 파종은 지력을 소진시켰다.

자연 비료의 부족으로 토지는 더욱 척박해졌다. 비료 생산량은 대약진 기간 동안 110만 톤에서 75만 톤으로 떨어졌다. 이러한 감소는 공사화를 꺼리던 소유주의 가축 도살이나 지나친 작업 동원에서 오는 가축의 체력 소진 그리고 공사의 축사 내에서 잘못된 사육 등으로 가축 수효가 줄어든 것을 반영하고 있었다.

그러나 생산량의 감소로는 농촌 위기의 규모를 설명하기에 충분치 않다. 정부의 관리 소홀 또한 큰 작용을 했다. 대약진의 동원을 이끈 전투적인 열정과 열기가 식량 부족과 기근에 대처하는 지방 간부들의 임무를 쉽게 만들어 준 것은 아니었다. 우파라는 비난을 들을까 두려워한 지방 간부들은 사실 보고를 꺼렸으며 새로운 나쁜 소식을 알리고 싶어 하지 않았다. 한참이나 지체된 뒤 사실을 알게 된 중앙 당국은 시기적절하게 지역 간의 자원 재분배에 나설 수 없었다. 한편, 낙관적인 허위 통계를 믿고 당국은 1958년과 1959년 국가에 대한 의무적인 공출량을 인상하였고, 1960년에는 1957년보다 높은 수준으로 유지해 나갔다(다음 표 참조).

1959~1966년 국가에 대한 식량 납부(세금 또는 의무 판매의 형식, 백만 톤)

연도	납부량	연도	납부량
1957	39.8	1960	42.8
1958	55.7	1962	32.1
1959	55.9	1966	44.9

출전 : 이상의 중국 공식 통계는 Nicholas R. Lardy, *Agriculture in China' s Modern Economic Development*, p. 34에 의함.

"장정 기간에 겪은 고통은 대약진의 그것에 비교할 바가 아니다." 이 말로 말미암아 광둥성의 핵심 지도자 가운데 하나였던 타오주는 그 자신이 대약진의 열정적인 추진자였음에도 문화대혁명 시기에 비난을 받는다. 그러나 1981년 처음으로 당국은 발표를 통해 대약진 기간 동안 줄어든 인구수를 확인해 주었다. 1959년부터 1961년까지의 사망자 수에 대해 서양 전문가들은 1억 6천만~2억 8천만 명으로 집계하지만 중국 측 자료는 1300만 명으로 계산한다. 중국 측 자료에 따르더라도 대약진의 희생자 수는 19세기 말과 20세기 전반의 여러 기근에 따른 사망자 수를 크게 넘어서는 것이다. 역시 중국의 공식적인 통계에 따르면 사망률은 1957년 10.8‰에서 1960년 25.4‰로 늘었고, 1961년 다시 14.4‰에 머물렀다. 1961년에는 순수 기근보다는 전염병이 더 많은 피해를 주었음이 틀림없다. 그리고 농업에 요구된 노력과 희생이 농민의 출혈을 야기했지만 그것이 진정으로 공업의 진보에 기여했던 것은 아니다.

공업의 위기

1961년 1월 8기 9중전회는 공업 생산 발전의 성공적인 결과를 발표했다. 즉 대약진 기간 동안 공업 생산은 연간 40퍼센트 성장을 보였는데, 이는 1·5계획 기간보다도 2배 이상 더 빠른 것이었다. 20년 뒤의 결산은 보다 더 현실적이 된다. 공업 생산은 분명 증가했지만 그 성장에는 매우 많은 비용이 들었고 그 대부분은 지속될 수 없는 것이었다. 가장 특징적인 것은 제철업의 성장이었다. 철강 생산액은 1957년 535만 톤에서 1960년 1800만 톤(소형 고로 생산분을 제외하면 1300만 톤)으로 증가했다. 전반적으로 중공업은 1958년에서 1960년 사이에 230퍼센트 성장했다.

그러나 이러한 발전은 생산성의 증가 때문이 아니라 예외적인 자본투자와 노동력의 집중에 의한 것이었다. 발전을 가속화하고, 당시 "남성적 생산성의 국제적인 상징"(R. MacFarquhar 참조)이었던 철강을 많이 생산해야 한다는 열망은 국가의 대대적인 투자 증가를 불러왔다. 투자액은 1957년 120억 위안에서 1958년 210억 위안(국가 예산의 51퍼센트)으로, 그리고 1959년에는 270억 위안으로 증가했다. 이 투자에서 1·5계획이 중공업에 부여했던 우선권은 더욱 강화되었다. 1958년 중공업은 전체 자금의 57퍼센트를 흡수했다(1953년과 1957년 사이에는 평균 46.5퍼센트였다). 이 부문은 또 엄청난 노동력의 혜택을 입었다. 이 부문의 근대적 공장에 고용된 노동자의 수는 1957년과 1958년 사이 450만 명에서 1750만 명으로 증가했다. 소형 고로의 노동자들을 제외하더라도 전체 노동자 수는 3550만 명에 이르렀다. 그러나 대규모 자본의 투입과 노동력의 추가 배치에 의해 생산된 설비재는 경공업, 농업 등 대체로 자기 고유의 능력에 맡겨진 다른 부문으로 흡수되지 못했다. 당시 나타난 이러한 과잉 투자 현상은 자원의 과잉 때문이라기보다는 불완전한 배분에서 비롯된 것이었다.

기본적으로 이러한 오류는 정치화되고 극도로 지방 분권화된 경영에서 오는 것이었다. 국유 공장으로 편입되어 간 수공업 작업장들은 적합한 도구를 사용하지 못하게 되자 자체적으로 설비재를 생산하고자 하였고, 그들이 하청받은 부품들을 조달하지 않았다. 이렇게 되자 작업장들은 흔히 원자재를 소진하여 형편없는 결과를 내기 일쑤였고, 통상적인 제조업의 원자재 부족을 불러왔다. 생산의 중복과 혼란, 공급 부족, 작업의 중단 등이 일어났다. 생산량 증가 대부분이 허망한 것이었고 — 철강 생산량은 1962년부터 7백만 톤으로 다시 떨어졌다 — 이는 극히 현실적인 문제들을 일으켰다.

이후에 중국의 경제 전문가들은 대약진에 대해 엄정한 판결을 내렸다. '엄청난 낭비'[쒀에무차오(薛暮橋)], '사회주의 해체'[쑨예팡(孫冶方)], '대약퇴(大躍退)' 등이 그것이다. 당시에는 비판이 그처럼 분명히 표현되지는 않았다. 그러나 경제적인 재난은 대약진의 정당성과 마오쩌둥의 통찰력에 대해서조차 심각한 회의를 불러일으키게 했다. 1961년 1월 8기 9중전회는 그간 이룩한 성과를 축하하면서도, 마오쩌둥식 전략을 폐기하는 이른바 '조정과 공고' 정책을 채택한다. 그러나 공식적으로는 마오쩌둥의 오류를 인정하는 어떠한 발표도 없었다. 당은 그가 반은퇴 상태로 물러나는 것에 만족했다. 그러나 그 은퇴의 배후에서 마오쩌둥은 새로운 노선으로 사람들을 규합하고 있었다.

위기의 심각성이 타협적인 정책을 요구했지만 그러한 정책이 어떤 환상을 품게 할 수는 없었다. 분명 1960년부터 마오쩌둥은 당정 지도 기구의 신뢰를 잃었다. 어쨌든 그 때문에 1961년과 1962년 사이에 베이징에서는 예상치 않게 격렬한 비판성 문학 작품들이 꽃피울 수 있었다.

지식인의 비판 : 1961~1962년의 '짧은 베이징의 봄'

따라서 마오쩌둥과 그의 정책을 비난하기 위해 발언에 나선 사람들은 지도자들이 아니라 작가, 지식인, 기자들이었고 그들 대부분은 당원이었다. 열악한 군주를 질책하는 것을 자신의 책무로 여기던 과거의 문인 전통에 충실한 이 비판적 지식인들은 마오쩌둥의 권력 남용, 루산회의에서 이루어졌던 펑더화이에 대한 부당한 처분 그리고 많은 생명을 앗아간 대약진의 광기를 비난했다. 분명 그러한 비판들은 간접적인 방식으로 표현되었다. 그들은 전문가들, 즉 정치인들과 고전을 이해할 수 있는 사람들이 쉽게 해독해 낼 수 있는 역사적 암시, 신화 그리고 교훈적인 우화들의 힘을 빌렸다. 이들에게는 위장된 언설이 투명하게 보였지만 다른 사람들에게는 그 메시지가 그렇게 분명하지는 않았다. 겉보기에는 토론이 공개적으로 진행되어 논설과 단편 소설들이 신문 · 잡지에 게재되었다. 사실 토론은 소수의 엘리트에 한정된 것이었다. 비판자들은 비교적 모호한 표현들을 동원하여 상대의 이름을 거론하지 않고 '체면'을 유지해 주면서도, 또 탄압이 들어올 경우 후퇴 가능성을 열어 놓으면서 더욱 심한 비판을 가할 수 있었다.

이 지식인들 가운데 가장 유명한 사람은 의심할 바 없이 역사가이자 수필가인 우한(吳晗)이었다.[8] 명대사(明代史) 전공자인 그는 1959년 6월 《해서, 황제를 꾸짖다(海瑞罵皇帝)》라는 제목의 글을 발표하였고, 곧이어 《해서파관(海瑞罷官)》이라는 극본을 써 1961년 2월 베이징에서 상연하였다. 16세기에 일어난 이 사건에는 해서라는 한 고위 관료가 등

---

8) 우한은 당시 베이징시 부시장이었다.—역주

장한다. 토지를 몰수당한 농민의 고통을 보다 못한 그는 황제를 비난했다. "당신은 너무 독단적입니다. 당신은 지나친 편견을 가지고 있어요. 당신은 언제나 옳다고 생각하고 비판을 받아들이려 하지 않습니다. …… 온 나라 사람들이 당신에게 불만을 품은 지 이미 오래입니다." 황제를 꾸짖는 해서의 말에서 어찌 펑더화이의 마오쩌둥에 대한 비난을 알아차리지 못하겠는가? 이 관료의 해임을 두고 어찌 공산당 원수(元帥)의 몰락을 떠올리지 않을 수 있겠는가?

그러나 가장 신랄한 비판은 기자 덩퉈(鄧拓)의 것이었다.[9] 1952년부터 1957년까지 《인민일보》의 편집장[總編輯]이었던 덩퉈는 이후 베이징시의 이론 잡지 《전선(前線)》을 지도했다. 바로 이 기관지에 그는 1961년과 1962년에 걸쳐 《옌산야화(燕山夜話)》를 발표하고, 우한 및 또 다른 기자이자 공산당 책임자인 랴오모사(廖沫沙)[10]와 함께 《삼가촌찰기(三家村札記)》를 연재했다.[11] 덩퉈는 여기서 '계란 하나로 치부(致富)'하기를 바라고 '몽상에 잠긴' 그리고 '현실을 공상으로 대체하는' 마오쩌둥의 과도한 야심을 비웃었다.[12] 그는 '위대한 빈말[偉大的空話]'를 비난하고, "위대한 빈말을 하기 좋아하는 사람들에게 …… 많이 생각하고 …… 말을 하게 될 때면 휴식을 취하고, 자기 자신과 다른 사람의 시간과 힘을 낭비하지 말 것"을 권유했다.[13] 그리고 그는 "건망증에 걸려 …… 희로무상(喜怒無常)하고, 쉽게 화를 내며, 결국 미쳐 날뛰는" 병을 치유하기 위해서는 "완전한 휴식"을 갖게 하거나 "특별히 제작한 몽둥이"로 머리를 후려치라고 역설했다.[14]

---

9) 덩퉈는 당시 중공 베이징시위원회 서기였다. —역주

10) 랴오모사는 당시 중공 베이징시위원회 통일전선부 부장이었다. —역주

11) '삼가촌'이란 본래 향촌의 인가가 드문 곳을 뜻하고, '찰기'란 독서하여 얻은 바나 생각·견문 따위를 수시로 기록한 글을 말한다. —역주

12) 鄧拓, 〈一個鷄蛋的家當〉, 《燕山夜話》. —역주

13) 鄧拓, 〈偉大的空話〉, 《前線》, 1961年 第12期. —역주

이렇게 격렬한 인신 공격은 놀라운 것이었다. 그러나 더 놀라운 것은 비판자들이 그러한 공격을 개시할 여지가 있었다는 사실이다. 1960년대 초 지식인과 대학 사회에 조성되어 있던 상대적으로 자유로운 분위기는 사실 이러한 사태 전개의 대담성을 설명하기에는 충분치 않다. 과거의 고통으로부터 단련받은 이들 언론인들은 강압적 분위기가 약간 이완된 것을 두고 마오쩌둥에 대한 비판이 완전히 허용되었다고 해석할 사람들이 아니었다. 그리고 그들 저작이 어느 정도 난해하다고 하더라도 경우에 따라서는 그 의미를 분명히 알 수 있고, 사소한 움직임도 정치적 차원에서 주의 깊게 살피는 데 익숙했던 지도자들의 눈을 속일 수는 없었다. 그렇다면 그들이 느낀 도덕적 차원의 치욕 또는 어떤 의분에서 이러한 행동을 설명할 수 있을까? 열광적인 자기희생 정신이 지식인들로 하여금 자살행위와도 같은 행동으로 나아갈 수 있도록 만들었던 것일까? 그렇지 않다면 그들은 어떻게 자신의 작품을 발표할 수 있었던 것일까? 모든 정황으로 볼 때 그들은 당내 고위층으로 보호를 받는 혜택을 누리고 있었던 것으로 보인다.

사실 이 지식인 집단이 베이징에 집중되어 있었고 그들의 작품이 베이징시 당위원회의 통제를 받는 출판물에 게재되었다는 사실은 결코 우연한 일이 아니다. 그들은 베이징의 당정 기구 및 그 수장이었던 베이징 시장이자 시당위원회 제1서기 펑전과 매우 밀접히 연계되어 있었다.

펑전은 이미 백화제방 운동이 실패한 뒤 1957년 6~7월 마오쩌둥을 겨냥한 격렬한 비난을 통해 두각을 나타내고 있었다. 베이징시 당위원회 고위 간부 회의석상에서 그는 "스탈린은 자신이 항상 그리고 절대적으로 옳다고 생각했다. 그 결과는 제20차 당대회가 그를 산산 조각내는 것으로 나타났다. …… 그처럼 사람은 모두 오류를 범한다"고 언급했

---

14) 鄧拓, 〈專治"健忘症"〉. —역주

다. 대약진의 위기는 그의 비판적 기질을 격화시켰다. 이후 문화대혁명 시기 나온 자료들은 1961년 5월 그가 중공 베이징시위원회 안에 조사위원회를 설립하고 대약진 기간에 실행된 정책들에 대한 정보를 수집케 했던 사실을 폭로한다. 그 목적은 마오쩌둥 개인의 책임을 분명히 하고자 한 것이었다. 1961년 11월 베이징시위원회의 주요 책임자들은 베이징 교외 한 건물에 모여 수집된 정보와 자료를 검토했다. 그들의 결론은 "조급성이 낭비를 불러왔다"는 것으로 평더화이가 루산에서 내린 결론과 매우 유사했다. 홍위병의 비판에 따르면, 그들은 이에 덧붙여 "마오쩌둥 주석은 오만에 가득 차 있고 …… 이제 나이를 먹었다"고 말했다는 것이다.

이 조사 보고를 통해 펑전은 무엇을 꾀했던 것일까? 홍위병은 그가 미수에 그친 음모를 꾸몄다고 고발했다. 어쨌든 베이징 지식인 집단의 비판은 보다 큰 정치적 성격을 띤 움직임과 결부되어 있었다. 그들이 베이징에서 드러낸 표현의 자유는 그들이 가진 용기의 진가보다는 베이징시 당 기구와 그 수장의 힘을 보여준 것이라고 할 수 있다. 그런데 지식인의 비판이 분파 투쟁에서 시작된 정치적 반대 운동에 종속되어 있었다는 것은 이 지식인들의 역할에 의문을 자아내게 한다. 유교 문인의 전통에 충실한 그들은 자신들의 도덕의식에 따른 비판의 권리를 주장했지만 그 권리는 결국 정치적 막후 공작이 있는 경우에나 행사될 수 있었다. 그들은 선의를 다했고 그 때문에 뒤이어 자신들의 생명이나 자유를 대가로 지불해야 했지만 그 선의는 결국에는 새로운 우회 수단, 즉 그들 너머에 있는 파벌 전략의 새로운 권모술수로 보일 뿐이었다. 그들 내면의 목소리는 권력이 허용할 때 표출될 수 있었다. 이것이 바로 지식인이 가진 영향력의 한계였다. 베이징 언론의 반란은 당내에서 마오쩌둥의 정책과 방식이 불러온 반대파 진영의 성장을 보여주는 현상이었다. 그러나 언론의 반란은 그 부차적이고 종속적인 성격으로 말미암아 그 자체로는 이 반대 진영의 구성 요소가 될 수 없었다. 진정한 투쟁은 다른 영역에서 다른 주도자들 사이에서 전개되어 갔다.

경제의 조정, 1961~1965

경제 책임자들은 1960년 여름부터 재난이 임박했음을 알아차렸다. 현장에서는 지방 간부들이 이미 퇴각하고 있었다. 그러나 마오쩌둥에게 전반적인 후퇴라는 생각을 갖게 하기 위해서는 몇 개월의 시간이 필요했다. 그는 1960년 10월 그것에 동의했다. 1960년 11월 긴박한 위기의 타개를 목표로 한, 특히 농업 생산을 재개하기 위한 12개의 긴급 조치가 취해졌다[農業12條. 이는 당 중앙이 발표한 농촌인민공사의 〈당면한 정책 문제에 관한 긴급 지시 서신(關于農村人民公社當前政策問題的緊急指示信)〉의 약칭으로 모두 '12개 항'에 걸친 조정의 내용을 담고 있다—역주].

대약진 전략이 요구한 바 있던 공업과 농업에 동시에 주어진 우선권은 포기되었다. 이제 '경제의 기초'로 간주된 농업이 공업보다 우선권을 가지게 되었고, 공업은 '지배적인 요소'의 지위로부터 밀려났다. 부하린의 논리가 스탈린의 논리를 압도했다. 농업 경제의 개선을 통해 농민의 수요와 공업의 발전을 자극하고자 했다. 농업 전선을 강화하기 위해 침체된 도시의 공업이 더 이상 필요로 하지 않는 모든 노동자들을 농촌으로 되돌려 보냈다(농업부의 통계에 의하면 2천만 명 정도였다). 도시의 다른 주민들은 농번기에만 들판으로 징발되었다.

12개의 긴급 조치는 1959년 봄 인민공사의 경영 관리 완화를 위해 채택되었다가 1959년 8월 루산회의에서 좌경 정책의 재개 이후 거의 실행되지 않았던 조처들을 대부분 다시 채용했다. 생산대대가 생산 수단의 주요 소유 단위가 되고 회계와 경영의 책임을 맡았다. 뒤이은 2년 동안 공사 수의 증가(2만 4천 개에서 7만 개로 증가)와 공사 규모의 지속적인 축소는 다시 경영 관리의 완화를 가져왔다. 그러나 '전민소유(全民所有, 인민 전체의 소유)'라는 구상에서는 멀어졌다.

또한 농업 생산의 열정을 다시 불러일으키기 위해 농민들에게 자유와 물질적 자극을 되돌려 주기 위해 애썼다. 농구와 소규모 장비 등 대약진 기간에 몰수된 재산이 원소유주에게 되돌아갔을 뿐만 아니라 소규모 사유지, 부업 활동, 자유 시장 등이 다시 허용되었다. 그러나 처음에 농민들은 소규모 사유지의 경작을 주저하면서 토지와 수확물이 다시 몰수될까봐 걱정했다. 당의 지시가 정당한 개인 소득의 한도를 분명히 규정하고(총소득의 20퍼센트) 자유롭게 거래할 수 있는 상품의 종류를 예시하고 나서야 농민들은 그러한 두려움을 극복할 수 있었다.

농민의 신뢰를 회복하기 위하여 당은 또한 망설이지 않고 위기의 책임을 지방 간부들에게 돌렸다. 간부들은 과도한 지시를 내리고, 집단생활의 경험을 지나치게 확대하고, 불합리한 조처들을 강요하기 위해 권위주의에 호소했다고 비난받았다. 이러한 비판 운동은 촌락에서 매우 광범하게 진행되어 강압적인 간부들이 과거에 착취하던 지주처럼 공격을 받았다. 지도자들은 위신을 지켰지만 이렇게 희생양이 된 지방 간부들은 커다란 고통을 받았고, 의기소침해진 그들이 때가 되었을 때 농민들을 다시 장악하기란 더욱 어렵게 된다.

1960년 마지막 몇 개월 동안 점진적으로 자리 잡아 간 자유화 정책은 1961년 1월 8기 9중전회에서 공식화되고, 이후 몇 달 동안 더욱 확대되어 갔다. 1961년 5월 공포된 인민공사의 경영 관리에 관한 60개 조항은 집단 소유권을 재조정했다[農業60條, 〈농촌인민공사공작조례초안(農村人民公社工作條例, 草案)〉의 약칭—역주]. 공사는 통제와 조정 차원의 기능만을 하고, 비농업 기업(작업소, 광산)과 공사 전체의 이해와 관련되는 업무 이외에는 더 이상 소유권을 갖지 않았다. 농업 생산 그 자체와 관련해서는 가장 기본적인 역할이 생산대대로 돌려졌다. 그리고 1961년 동안 생산대대의 임무와 권리는 생산대로 이전되어 갔다. 결국에는 수십 호의 농가로 이루어진 자연촌 수준으로 이렇게 생산 단위가 후퇴한 것은 집단 체제의 완화 — 그럼에도 포기는 아닌 — 를 뜻했다.

공장에서의 공업 통제를 위한 70개 조항(工業70條. 〈국영공업기업공작조례초안(國營工業企業工作條例, 草案)〉의 약칭—역주)이 1961년 12월 공표되었다. 이 조항들은 공장장 책임제 경영을 회복시켰다. 각 기업 안에 행정 관리가 재건되어 회계 및 생산 통제를 담당했다. 그러나 대약진에 의해 도입된 시책들을 부정했다고 해서 1·5계획 기간의 특징이었던 관료제적 중앙 집중화로 돌아간 것은 아니었다. 모든 지도자들은 사실 지방의 경제 주체들에게 주도권과 책임을 남겨줄 필요성에 공감했다. 그러나 그들은 또한 각 기업들 사이에서와 마찬가지로 각 기업과 중앙의 결정 기관의 사이에 일정한 조정이 필요하다는 점에 대해서도 인정했다. 그러나 어떤 경우에는 그러한 조정권이 이제는 일상적인 관리 임무에서 벗어난 당위원회에 맡겨졌는가 하면, 다른 경우에는 이윤의 개념, 가격의 역할, '트러스트' 구성이나 동종 기업 간 협력 등의 방법을 통해 공업 체계의 조절을 확보하고자 했다. 후자의 경우에서 우리는 흐루시초프 시대의 개혁에 의해 혁신된 소련식 모델의 영향을 확인하게 된다. 이러한 논의들이 진행되던 당시 중앙과 '홍(紅, 이념)'의 통제를 벗어난 '전(專, 전문가)'의 권력은 그 어느 때보다도 컸다.

새로운 경제 정책은 마오쩌둥의 원칙에 반한다고 하더라도 국가를 위기로부터 구하는 것이 무엇보다도 먼저임을 반영한 것이었다. 바로 이러한 실용주의적이고 물질적인 것에 대한 우선적인 고려는 당시 덩샤오핑이 주장했다고 알려진 "쥐를 잡기만 한다면 흰 고양이든 검은 고양이든 중요치 않다"라는 유명한 공식에 요약되어 있다.

이러한 정책에 조응하여 1962년부터 회복이 시작되었다. 정부는 농업 투자를 늘려 쓰촨(四川)·광둥 등 가장 비옥한 성들에 우선적으로 배정하였고, 이들 지역에서 농촌의 전기 공급, 관개용 펌프 설치, 비료 공장 건설 등을 급속히 추진하였다. 생산성 향상이 불우한 지역에 대한 원조보다 우선시되었다. 1962년의 곡물 수확은(1억 6천만 톤) 아직 1952년 수준보다 낮았다. 그러나 1965년에는 1억 9500만 톤으로 1957년의 생산 수준을 되찾았다. 이 시기 정부는 매년 5~6만 톤의 식량 수입을 추진했다.

공업 가운데 가장 장려되고 역동적이었던 분야는 농업을 직접적으로 지원하는 부문이었다. 농업 기계의 제작과 화학 비료 생산 부문이 그것이다. 그러나 그 생산량은 아직 수요에 부응하지 못했고, 중국은 비료 수입량을 1961년 1백만 톤으로부터 1965년 2300만 톤으로 계속 늘려갔다. 방직업, 시멘트 산업 등 경공업도 1964~1965년부터 급속한 속도로 성장했다.

회복은 대외 무역의 증가로도 나타났다. 무역 총액은 1959년 43억 달러에서 1962년 27억 달러로 떨어진 상태였다. 대약진의 실패 뒤 농산물 수출의 기조를 유지할 수 없었던 중국은 설비재의 수입을 줄이고 소련의 대부에 대한 상환 — 상품으로 상환 — 의 연기를 요청해야 했다. 1963년부터 대외 무역이 재개되었을 때 수출의 방향은 완전히 바뀌었다. 일본과 서유럽이 중국의 주요 상대국이 되었고, 소련 및 사회주의 국가와의 교역이 차지하는 부분은 1959년 70퍼센트에서 1966년 25퍼센트로 떨어졌다. 무역 품목의 구성 또한 크게 변했다. 수입에서 곡물과 화학 비료가 기계와 석유의 자리를 대체했다. 1964년부터 설비재를 다시 구입하기 시작했을 때 중국은 서유럽과 일본에서 가동 중인 핵심 공장 설비를 주문했는데, 이는 공장의 원형을 제공받을 뿐만 아니라 생산 능력을 향상시키기 위한 목적에서였다.

그러나 물질적 자극과 시장 원리로의 복귀는 생산의 회복을 가져오기는 했지만 다른 한편으로 정권 자체의 성격과는 어울리지 않는 사회적 행위들을 재생시켰다. 농촌에서는 자유의 재건이 당국의 공식 문서가 허용하는 것보다 훨씬 더 폭넓게 해석되었다. 경작 면적의 5~7퍼센트를 넘지 않아야 했던 소규모 사유지들이 흔히 10~15퍼센트에 이르렀다. 개간한 사람에게 소유권이 돌아가는 황무지가 아직 광범하게 남아 있었고, 전체적으로 개인 소유지가 생산대 토지의 3분의 1, 간혹 절반에 이르는 경우도 드물지 않았다. 물질적 자극과 노동 점수제의 재건에도 불구하고 농민들은 집단 소유지를 외면하고 자신들의 소토지에 매달렸다. 또한 많은 사람들이 농업을 포기하고 행상에 나서고, 불법 노동에 종사하고, 고리대금업을 하기도 하였다. 사람들이 절반쯤 떠나 버린 생산대들 가운데는 더 이상 집단의 임무를 수행할 수 없는 경우도 있었다.

농촌의 자유화가 진정한 탈집단화로 바뀌어 갈 것인가? 그러한 문제가 농가 생산 계약이 확산되어 간 1962년부터 제기되기 시작했다. 생산대로부터 일정량의 토지를 대여받은 농가는 수확 뒤 일정한 할당량을 납부하고 다시 노동 점수로 정해진 보수를 지급받았다. 그러나 납부해야 할 할당량 이상의 잉여분은 농가의 소유로 남았다. 이러한 형태의 계약은 생산과 경영 단위가 농가 수준으로 후퇴했음을, 즉 사실상 집단생산의 포기를 뜻했다. 안후이(安徽)·허난 등 특정 지방에서는 집단 소유 토지 가운데 5분의 1가량이 농가의 경작으로 되돌려졌다.

촌락에서는 이러한 과거 경작 형태로의 복귀가 종교적 행위와 의례의 회복, 풍수가와 중매인의 재등장을 동반했다. 결혼은 다시 경제적 거래의 대상이 되었다. 푸젠성 롄장현(連江縣)의 경우, 1964년 국민당의 공격 당시 몰수된 중공의 공식 문건은 놀라울 정도로 자세한 정보를 제공한다. 이에 따르면 신부의 '몸값'은 750~2천 위안에 이르렀는데, 이는 이 지역 연평균 농업 소득이 88~142 위안이었던 것과 비교하면 대단히 큰 액수였다. 가족의 큰 행사가 있을 때 치러지는 연회가 다시 성행하였고 그것은 또 다른 막대한 지출의 기회였다. 물론 그러한 비용은 집단 소유제 아래서 얻는 수입으로는 지출될 수 없는 것이었다. 그러나 당국은 질서를 유지하는 데 과거 지나친 권위주의로 말미암아 신랄하게 비난을 받은 바 있는 지방 간부들에 더 이상 의존할 수 없었다. 다른 한편, 간부들은 누구보다도 먼저 소비의 즐거움을 맛보고, 공유 토지를 부정하게 차지했으며, 자신들의 개인 기업에 자금을 대기 위하여 공사의 기금을 유용한 사람들이었다.

사실 그러한 사례는 고위층에서도 있었다. 사람들은 지도자들의 부르주아화를 비난했다. 그러한 비난은 이후 문화대혁명 기간에 재현되어 덩샤오핑이 브리지 게임에 빠져 있고, 광저우 시장 쩡성(曾生)은 홍콩을 통해 미국 영화를 불법으로 수입했다고 공격당한다. 고위 지도층은 특권 계급으로 변하는 경향을 보였다. 그들의 생활 방식은 일반 대중과 달랐다. 그들의 자제들은 다시 매우 경쟁적이 된 교육 제도 속에서 주요 수혜자가 되었다. 유능한 인재를 길러 내고 선별해 내기 위해 도입된 학습 부담이 큰 교육 과정과 시험의 어려움은 일반인 자제들의 교육 기회 — 특히 대학 교육 — 를 박탈하였다. 학교에 진학하지도 못하고 대약진의 위기에서 아직 빠져나오지 못한 기업들에 취직할 수도 없었던 무료한 도시 청년층은 공원을 거닐며 시간을 보내고, 통 좁은 바지, 코가 뾰족한 구두 등 서구식 복장을 즐겼다.

일부 지도자들은 이러한 일탈적 행동들이 유해하긴 하지만 체제가 용인할 수 있다고 보았다. 어떠한 경우에도 그러한 행동들로 말미암아 경제적 자유화가 비난받아서는 안 되었다. 자유화는 특히 농업 생산에 유익하고 사회주의 기초와도 완전히 부합한다고 간주되었다. 바로 그러한 차원에서 1962년 2월 시러우회의(西樓會議)에서 천윈은 '세 가지 자유와 한 가지 보증[三自一包]'이라는 구호로 요약되는 농가 생산 방식으로 복귀할 것을 촉구했다.[15] 이러한 방식은 경작자에 대한 토지 재분배를 뜻하는 것이었고, 20년 뒤에 시행될 생산 책임제를 예고하는 것이었다. 1962년 이러한 정책은 류사오치, 덩샤오핑, 주더 원수 등 지도자들의 지지를 받았다. 특히 주더는 단도직입적으로 "개인 경작은 사회주의를 전복시키지 않을 것이다"라고 주장했다.

그러나 마오쩌둥의 생각은 달랐다. 그는 농가 책임 생산 계약의 채택이 자본주의 재건의 길을 열어 준다고 생각했다. "결국 우리는 사회주의 길을 갈 것인가 아니면 자본주의 길을 갈 것인가? 농촌 집단화는 유지될 수 있을 것인가? 우리는 농가를 기본으로 하는 생산 계약으로 갈 것인가 아니면 집단 체제를 고수할 것인가?" 마오쩌둥은 경제적 효과가 개선된 데 고무되었으면서도 그의 동료 지도자들이 시행한 조정 전략이 가져온 사회적 이념적인 타락과 악영향에 화가 나 있었고, 1962년 9월 8기 10중전회에서 반격에 나선다. 당시 그는 유명한 "계급 투쟁을 결코 잊지 말라"는 돈호법(頓呼法)을 구사했다. 그는 그의 동지들에게 자본주의와 부르주아 영향력의 회복을 막고 중국의 사회주의가 수정주의로 퇴락해 가지 않도록 나서 줄 것을 호소했다. 그러나 토지 개혁 이후 12년, 도시 기업의 국유화를 단행한 지 6년 뒤에 자본주의 재건이라는 위험이 진정으로 중국을 위협하고 있었던 것일까? 그렇게 보기는 어려울 것이다. 동유럽과 마오쩌둥 사후 중국의 경험이 보여주고 있듯이 농업의 탈집단화가 사회주의 정권에 미친 정치적 위기는 제한적인 것이었다. 마오쩌둥이 비록 과거의 '반동' 계급에 대해 경계심을 갖고 있었다고 하더라도, 이 반동 계급 자체의 복귀보다는 그들의 이념이 계속해서 영향을 끼칠까 더 우려하고 있었다고 할 것이다. 그의 진정한 타

---

15) '세 가지 자유[三自]'란 사유 소토지 경작, 자유 시장, 농민의 소규모 수공업 기업 경영이며, '하나의 보증[一包]'이란 농민 가정에 대해 생산량 및 국가 공출액의 책임을 할당함을 말한다(중국어 표현에 따르면 삼자일포는 "自留地, 自由市場, 自負盈虧, 包産到戶"를 말한다—역주).

격 목표는 국가 부르주아지로 변해 가면서 옛 지배 계급의 가치를 자신에게 유리하게 재이용하고 있는 당의 관료 체제였다. 그러나 왜 마오쩌둥은 '새로운 계급'을 공격하면서 계속해서 '부르주아지'를 언급했던 것일까? 왜 그는 사회주의 사회의 모순을 드러내기 위해 칼 마르크스가 자본주의 사회에 대한 분석에서 규정한 바 있는 계급 투쟁이라는 용어를 동원했던 것일까? 아마도 이 용어에 대한 집착은 그간 이념적인 혁신이 있었다는 사실을 감추고 반대파의 공격을 억제하기 위한 것이었는지도 모른다. 또는 마오쩌둥이 역사적인 혁명의 영수라는 그의 위신을 이용하여 새로운 투쟁을 과거 투쟁의 연장선상에 위치시킴으로써 혁명의 전통뿐만 아니라 지도자로서 자신의 할 일이 남아 있음을 더욱 확고히 하고자 한 것인지도 모른다.

10중전회에 대한 마오쩌둥의 개입은 또 다른 문제를 제기하였다. 즉 중앙위원회가 겉으로 보기에는 쉽게 그의 견해에 동의했다는 점이다. 회의가 있기 전 몇 달 동안, 특히 8월의 베이다이허 중앙위원회 공작회의에서는 마오쩌둥 주석과 경제 전문가 집단 사이에 매우 팽팽한 긴장이 표출되고 있었다. 그런데 10중전회에서는 마오쩌둥이 제안한 결의안이 아무런 수정 없이 채택되었다. 이러한 갑작스런 합의는 놀랍지만 그것을 액면 그대로 받아들여서는 안 된다. 당정의 지도 기구는 자신뿐만 아니라 정권이 마오쩌둥과의 공개적인 갈등이라는 위험을 무릅쓰게 하고 싶지 않았으며, 마오쩌둥에게 동의해 준 대로 정책을 시행하지 않기로 결정하고 있었음이 틀림없다. 지도 기구는 그럴만한 권력을 갖고 있었다. 마오쩌둥 자신이 확인하고 있듯이, "우리는 케네디(J. Kennedy)가 하고자 하는 바를 잘 알지만, 베이징의 다양한 행정 기구들이 하고자 하는 일을 누가 알 수 있겠는가?" 1962년 8월 재간된 류사오치의 저작 《공산당원의 수양을 논함(論共産黨員的修養)》은 당의 규율과 당의 위계질서에 대한 복종을 강조하고 있는데, 이후 문화대혁명기에는 이를 정치 엘리트들이 기구에 대한 통제를 강화하고 마오쩌둥으로부터 그의 정책을 실제로 실행할 수 있는 수단을 빼앗기 위한 것으로 해석하게 된다. 당은 자기 고유의 행정적인 통제 수단을 통해 영수의 카리스마에 대항했던 것이다. 따라서 같은 말 — 즉 마오쩌둥의 말 — 속에 서로 다른 정책들이 숨어 있었다. 그리고 주석과 지도자들의 서로 다른 모순된 의도들은 10중전회로부터 시작된 사회주의 교육 운동에 더욱 많은 우여곡절을 남기게 된다.

사회주의 교육 운동, 1962~1965

이 운동은 문화대혁명의 전조이자 준비였다. 이 과정에서 마오쩌둥파의 모든 대주제들이 분명히 재확인되었다. 즉 대중에 의한 당의 통제, 위계질서의 제거, 육체노동과 정신노동의 결합, '새로운 인간'과 혁명 사업 계승자의 육성 등이 그것이다. 운동은 선전을 통해 '붉은 얼굴'의 적극적인 영웅들을 찬양했다. 그러나 정치적인 측면에서 보면, 명료하지 못한 방식으로 쓰이고, 중언부언의 제목들이 붙여지고, 계속된 수정이 가해진 문건들이 보여주는 바와 같이 사회주의 교육 운동은 교묘하고도 모호한 투쟁의 형태를 띠고 있었다. 문건의 수정은 마오쩌둥과 그 반대자들 간의 타협이 어려웠던 것뿐만 아니라 마오쩌둥파의 지시를 무력화하고, 왜곡하고, 취소하기 위한 반대자들의 노력을 보여주는 것이기도 했다.

운동의 목적은 마오쩌둥이 10중전회에서 정의한 바와 같이 조정 정책이 야기한 방임주의와 조직상의 혼란을 해결하는 것이었다. 대중의 혁명적 열정을 재점화하고 당을 바로잡을 필요가 있었다. 운동의 진전은 분야마다 상이했다. 문화와 군대 부문에서 상당한 성공을 거두었다면 농촌에서는 당의 저항으로 의해 운동의 발전이 효과적으로 저지되었다. 농업 정책과 농업 생산을 둘러싼 투쟁의 시작은 1963년 5월 결정된 '10개 조항'[〈현재의 농촌공작에서 약간의 문제에 관한 결정(關于目前農村工作中若干問題的決定, 草案)〉의 약칭. 이는 '前10條'라고도 불리는데 후술하는 또 다른 '10개 조항'(後10條)보다 시기적으로 앞서기 때문에 붙여진 명칭이다—역주]에 의해 시작되었다. 마오쩌둥파의 의도가 반영된 이 지시는 부패, 반혁명 행위를 비난하고 촌락의 집단 경제를 강화하고자 했다. 이를 위해 지방 간부들이 다시 나서서 회계, 창고, 노동 점수제, 국가 공출제 등에 대한 관리 강화, 즉 이른바 '네 가지 쇄신[四淸]'을 실시할 필요가 있었다.[16] 이 간부 정풍 운동은 대중, 즉 가난한 하층 농민[貧下中農] 조직의 감독 아래 이루어져야 하며, 인민공사 내의 각 단계마다 이 조직들의 활동을 재가동할 필요가 있었다. 간부들은 생산 작업에 더욱 많이 참여함으로써 대중에게 가깝게 다가가야 했다.

그러나 당의 지도자들로서는 농촌의 새로운 사회적 갈등을 달가워하지 않았다. 그들은 이제 막 회복되기 시작한 농업 생산에 혼란이 초래되고 이미 상당한 정도로 신뢰를 잃은 지방 기구들이 더욱 약화되는 것을 우려했고, 이에 농민의 자본주의화를 억제하기 위한 다른 방법을 찾아야 한다고 주장했다. 분명 펑전·덩샤오핑의 영향 아래 작성된 것으로 보이는 새로운 '10개 조항'의 지시[後10條. 〈농촌 사회주의 교육 운동에서 몇 가지 구체적 정책에 관한 규정(關于農村社會主義教育運動中一些具體政策的規定, 草案)〉의 약칭—역주)]가 1963년 9월 중앙위원회의 이름으로 공포되어 물질적 자극의 중요성을 재확인하고, 상급에서 파견된 간부들에 의해 관리되는 생산대에 농민의 동원과 경영 관리의 오류들을 시정할 책임을 맡겼다. 마오쩌둥은 1964년 9월 또 다른 지시 — 새로운 '수정 10개 조항'[후10조 수정 초안. 이는 〈농촌 사회주의 교육 운동에서 몇 가

16) 중국어 표현은 "淸理帳目, 淸理倉庫, 淸理財物, 淸理工分"이다.—역주

지 구체적 정책 규정의 수정 초안을 인쇄·배포하는 것에 관한 통지(關于印發農村社會主義教育運動中一些具體政策的規定的修正草案的通知)〉의 약칭이다—역주] — 를 내리고 상황을 역전시키고자 했으나 허사였다. 그는 농민 대중에게 산시성 다자이(大寨) 생산대대의 모델을 제시하며 이 대대가 소규모 사유지를 포기하고, 투여한 노동에 의해서가 아닌 정치적 적극성에 따라 노동 점수를 계산하고, 국가에 아무런 원조도 요청하지 않고 고유의 자원을 동원하여 대규모 관개 공사를 벌이고 토질을 향상시켰다고 강조했다.[17] 마오쩌둥의 반대자들도 물러서지 않았다. 그들은 왕광메이(王光美, 류사오치의 부인)가 후원한 허베이성 푸닝현(撫寧縣)의 '타오위안 경험(桃園經驗)'을 들어 간부들의 세심한 주의와 현대적인 기술 장비의 도입에 기초한, 하나의 상반된 농촌 조직 모델을 제시하기까지 했다.

모순된 지시들로 인해 정풍 운동은 제대로 진행되지 못했다. 1963~1964년 생산대는 지방 간부들 상당수를 처벌했다. 그러나 결국 운동은 당 지도자들이 바랐던 통제 구조를 강화하지도 못했고, 마오쩌둥이 의도했던 대로 농민의 개별 생산 활동의 감소와 이념적 동원에도 이르지 못했다. 이러한 절반의 실패는 마오쩌둥으로 하여금 더욱 공격적이 되게 했다. 1965년 1월 정치국의 이름으로 발표된 '23개 조항'[23條. 〈농촌 사회주의 교육 운동에서 현재 제기된 몇 가지 문제(農村社會主義教育運動中目前提出的一些問題)〉의 약칭—역주]이란 문건에서 마오쩌둥은 사회주의와 자본주의의 모순이라는 차원에서 농업 정책의 문제점을 제기했다. 마오쩌둥이 본래 경영 관리의 문제에 관하여 제기했던 '네 가지 쇄신[四清]'은 이제 정치·경제·조직·사상(이념)이라는 보다 커다란 분야를 포괄하게 된다. 마오쩌둥은 더 이상 지방 간부들만을 비난하지

17) 다자이 신화는 이후에 당국의 상당한 재정적 원조가 있었다는 새로운 사실이 밝혀지면서 지속되지 못했다.

않고 '자본주의 길을 가는 당내의 당권파(當權派)'를 공격했다. 이후 문화대혁명의 초기 단계에서 이 공식은 류사오치를 가리키기 위해 기계적으로 사용될 터였다. 류사오치는 스스로 '겉으로는 좌경이면서 실은 우경'이었음을 자인하게 된다.

농업 정책 분야에서 마오쩌둥파의 영향력을 제한해 온, 이 실체가 불분명한 집단의 힘은 마찬가지로 문화와 교육 분야에서 사회주의 교육 운동의 전개를 막고 있었다. 사상 투쟁이자 영향력 경쟁인 이러한 투쟁의 최초의 쟁점은 마오쩌둥의 부인 장칭(江青)의 승리로 돌아간 경극(京劇)의 개혁 문제였다. 배우 출신이었던 장칭은 톈한(田漢), 샤옌(夏衍), 양한성(陽翰笙) 등 연극계 인사들에 대해 많은 원한을 품고 있었다. 1930년대 상하이에서 장칭의 재능을 인정하지 않았던 그들은 그 뒤 당내 문화 정책의 주요 지도자들이 되었다. 장칭이 마오쩌둥 사상의 이름으로 전통 경극과 그 제왕(帝王), 장상(將相), 재능과 미모 있는[才子佳人] 집단에 대해 전개한 투쟁은 곧 그녀를 배척했던 기존 문화계에 대한 투쟁이기도 했다.

1963년 11월 문화부에 대해 "진지하게 고쳐 바로잡으라"고 비판한 바 있던 마오쩌둥의 지원을 받으면서, 장칭은 역사적 주제를 다루는 전통 경극을 현대적 주제의 혁명 경극으로 대체하고자 했다. 그녀는 또한 《홍등기(紅燈記)》, 《갈대밭의 불씨(蘆蕩火種)》 등 이 장르의 몇몇 모범 작품의 창작에도 주의를 기울였다. 이 새로운 형식의 예술을 대중화하기 위하여 장칭은 1963년 12월 상하이에서 그리고 1964년 6월과 7월에는 베이징에서 각각 연극제를 조직하기도 하였다.

문화부 인사들은 이러한 계획에 대해 공개적으로는 반대하지 않으면서도 그것을 실행하기 위해서는 아무런 일도 하지 않았다. 그들은 장칭에 대해 소요되는 인원과 자금, 언론 보도 등의 지원을 거절했다. 예술가 및 작가들은 소극적인 방식으로 저항을 했는데, 그들은 새로운 장르의 규칙들에 익숙하지 않다고 거절의 이유를 둘러댔다. 마오쩌둥은 1963년 12월 "많은 공산당원들이 봉건주의적 자본주의적 예술을 열성적으로 제창하면서도 사회주의 예술에는 그렇지 않은 것이 어찌 해괴한 일이 아니겠는가?"라고 의문을 제기했고, 1964년 2월에는 "지나치게 많은 독서는 해로운 것이다"라고 주장했다. 그러나 그의 이러한 거듭된 개입에도 불구하고 그가 기대했던 당내 지식인과 문화 책임자들에 대한 철저한 정풍이라는 결과에 이르지는 못했다.

베이징시의 당 기구와 연계되어 있던 루딩이·저우양 등 중앙위원회 선전부 지도자들은 새로운 숙정 운동에 대해 1950년대에 유사한 운동에서 그들이 보여준 바 있던 단호하고 엄격한 태도를 취하지 않았다. 상황을 흐리기 위한 운동도 동시에 시작되었다. 소설가 샤오취안린(邵筌麟)의 작품 속에 등장하는 '중개인'에 대한 비판이 제기되었고, 마오둔(矛盾)의 작품 《임가포자(林家鋪子)》는 노동자와 소부르주아지의 협력을 긍정적으로 묘사했다고 비난받았으며, 수백만 부가 팔린 어우양산(歐陽山)의 소설은 계급 투쟁에 대한 강조가 부족하다고 비판되었다. 그러나 이러한 비판들은 정치적이라기보다는 학문적이고 기교적인 성격을 띠고 있었다. 거기에는 1950년대 문학·예술계를 깊이 뒤흔들어 놓았던 것과 같은 어떤 대중 집회도, 공개 비판도, 개인에 대한 공격도 동반되지 않았다. 정풍은 문을 닫은 채 진행되었다. 그리고 1965년 초 문화계의 지도자들은 그러한 운동을 끝낼 준비가 되어 있었다.

유일하게 인민해방군만이 사회주의 교육 운동을 진정으로 수용했다. 사실 당 지도자들과는 달리 군 지도자들은 군의 수장인 국방부장 린뱌오를 비롯하여 마오쩌둥의 충성스런 추종자들이었다. 린뱌오는 1959년 권력에 오른 뒤부터 인민해방군을 전문화된 군대로 변화시키고자 하는 경향을 바로잡고자 했다. 펑더화이가 심어 놓은 간부들은 해임되었다. 각 부대에는 20만 명의 새로운 정치위원을 두어 이념을 장악하는 임무를 맡았다. 무명이거나 완전히 창조된 영웅들과 '모범' 부대들이 모방해야 할 대상으로 제시되었다. 혁명 직후 상하이의 거리를 순찰했던 난징로(南京路)의 제8연대는 창녀들의 초대에도, 밀매업자의 계략에도 그리고 자본가와 부르주아지의 일체의 유혹에도 성공적으로 저항했다고 찬양되었는가 하면 젊은 사병 레이펑(雷鋒)은 마오쩌둥 어록을 빠짐없이 읽고 아낌없이 자신을 희생하고자 하는 영웅으로 찬미되었다. 1963년부터 1964년 사이에 린뱌오는 이러한 이념 운동을 강화하고 그것을 전국에 확산시키면서 중국인들에게 "인민해방군의 모범으로부터 배우라"고 호소했다.

마오쩌둥은 당이 수정주의자가 되었다고 판단하고 혁명의 순수성을 보존하기 위하여 군대를 신임했다. 본질적으로 엄격한 위계질서로 이루어지고 관료화된 정규군에게 사회의 평등주의적 변혁을 위한 모범이 될 것을 호소했다는 데는 하나의 아이러니가 존재한다. 그러나 본래 농민 가운데서 충원된 게릴라 부대였던 인민해방군의 특수한 역사와 20년에 걸친 권력 장악을 위한 투쟁 과정에서 혁명 조직으로서 군대가 수행한 다양한 측면 — 군사적, 경제적, 이념적, 정치적 — 의 역할은 인민해방군으로 하여금 마오쩌둥식 가치의 정당한 체현자로 보이게 만들 수 있었다. 마오쩌둥이 군대에 기대했던 것은 군대가 '옌안 정신'을 다시 소생키는 것이었다. 그는 린뱌오에게서 순종적인 보조자를 발견했다. 1965년 린뱌오는 계급 칭호와 계급장을 제거하는 결정을 내리고, 그렇게 함으로써 최소한 상징적으로나마 과거 영웅 시대의 동지애와 형제애로 되돌아가고자 했다. 린뱌오는 또한 마오쩌둥을 도와 진정한 개인숭배의 기초를 놓았다. 혁명의 승리에 의해 획득된 마오쩌둥의 위신은 1950년대 초부터 중국인들에게 자발적인 방식으로 확인되었다. 1955년부터 마오쩌둥은 자신의 카리스마를 당보다 위에 위치시키고 그것을 통해 당에 자신의 정책을 강요하고자 했다. 그러나 탈스탈린화와 뒤이은 대약진의 실패는 그러한 개인 권력 정치를 중단시켰다. 사회주의 교육 운동 기간 당의 저항에 부닥친 마오쩌둥은 그 어느 때보다도 더 자신이 혁명적 지혜의 유일한 체현자이자 진정한 인민 이익의 옹호자이며 정당성의 궁극적인 원천임을 확인받을 필요가 있었다. 1960년대 초 그는 자기 개인숭배의 체계적인 구축에 나섰다. 운동은 린뱌오의 도움으로 인민해방군 내에서 시작되었고, 린뱌오는 마오쩌둥 사상을 신격화했다. 1964년 5월 인민해방군 총정치부는 《마오쩌둥어록》의 초판을 발행했다. 이 유명한 《작은 붉은 책(小紅書, 小紅寶書)》은 그 뒤 몇 년간 약 10억 부가 발행되었다. 린뱌오는 1964년 가을 그가 편집한 이 어록의 서론에서 마오쩌둥 사상은 "고갈되지 않는 힘의 원천이며 무한한 힘을 가진 정신적인 원자탄"이라고 썼다.

이렇게 인민해방군이 국민들에게 제시한 모범은 사실 마오쩌둥과 그의 사상이었다. 마오쩌둥 주석의 흉상과 초상화들이 과거 소련의 스탈린의 경우처럼 도처에 등장했다. 1964년에 시작된 '혁명 후계자'를 육성하기 위한 운동은 청년들로 하여금 참된 가치를 받아들이도록 이끌고자 했다. 참된 가치는 수정주의에 물든 당이나 헛된 엘리트주의에 빠진 학교나 대학을 통해서가 아니라 마오주석의 사상을 공부하고 실천함으로써 획득될 수 있었다.

군대 안에서도 이 운동은 전문화된 일부 장교들의 저항에 부딪쳤다. 그들은 자신들 고유의 군사적 역할이 갖는 우선권을 옹호하고자 했고 당 기구 안으로부터 일정한 지지를 받았다. 그들의 최상층에는 뤄루이칭이 있었다. 1959년 이래로 총참모장을 역임한 그의 영향력은 린뱌오의 그것을 어느 정도 견제하고 있었다. 갈등은 1964년과 1965년의 전략 대토론회와 함께 악화되기 시작했다. 베트남 전쟁, 핵 무장 등 모두가 대립의 주요 주제였다. 그러나 본질적인 문제는 군대의 성격 — 군사적 수단인가 아니면 혁명 조직인가? — 에 관한 것이었다. 투쟁은 1965년 뤄루이칭의 실각과 — 린뱌오가 서명했지만 마오쩌둥의 힘이 작용한 — 《인민 전쟁 승리 만세(人民戰爭勝利萬歲)》라는 유명한 소책자의 발행으로 막을 내렸다. 이 소책자는 게릴라 전략을 전 지구적 차원으로 확대하면서 빈국과 저발전국들에게 부유하고 산업화된 나라들에 맞서고 과거 중국의 농촌이 도시를 포위한 것처럼 그들을 포위하여 제거하라고 호소했다. 이는 인민 전쟁에 대한 예찬으로서, 그 성공은 현대적 무장이 아니라 인민의 선진적 혁명 의식에 달려 있다고 주장했다.

그러나 비록 군대가 사회주의 교육 운동과 마오쩌둥 사상에 찬동하고 있었다고 해도 전국적인 차원에서 그것을 확산시켜 가는 데는 거의 성공하지 못했다. 1964년 초 인민해방군 총정치부가 전직 정치위원들을 학교와 행정 기관에 파견하기로 결정하자 정부 기구 간부들은 이에 대해 효과적으로 저항했다. 당 지도자들이 각 기구에 미치던 통제력과 그 기구들을 통해 국가 업무의 관리에 행사하던 통제력은 사회주의 교육 운동에 의해 거의 영향받지 않았다. 그러나 바로 그러한 통제력이 유효하게 발휘되었기 때문에 당 지도자들이 사용한 억제 전략은 언어와 실천 사이의 골, 즉 마오쩌둥과 그 반대자들 사이의 골을 더욱 깊게 만들었다. 1965년이 되자 점점 갈등은 교묘하게 일치된 언설로는 더 이상 감추어지거나 저지될 수 없게 되었다. 이리하여 사회주의 교육 운동의 절반의 실패는 마오쩌둥의 고립과 그의 상대적인 취약성을 드러내주었다. 제도상의 기구들과의 교묘한 힘의 대결 과정에서 주석이 얻은 군대의 지지는 그에게 그리 큰 구원이 되지 못했다. 그러나 1966년 마오쩌둥이 노골적인 전쟁으로 나아가 문화대혁명을 개시하기로 결정한 순간부터 군대의 지지는 결정적인 중요성을 가지게 된다.

제2부

유토피아로의 도피

1966~1976

제7장
문화대혁명
1965~1969

현재 중국의 역사학 및 정치학 문헌의 정의에 따르면, 문화대혁명은 1966년부터 1976년까지 만 10년 동안 지속되었고 마오쩌둥의 사망과 함께 끝났다. 이러한 해석의 배후에는 정치적인 고려가 있다. 즉 마오쩌둥의 죽음과 문화대혁명의 종결이 동시에 이루어진 것은 당시 중국이 겪은 그러한 혼란 — 공식적인 표현을 빌리자면 '10년간의 동란' — 에서 마오쩌둥 주석의 개인적 책임이 결정적이었다는 점을 강조하는 것이 된다. 그러나 여기에는 탈마오쩌둥화라는 이후 역사 과정의 논리가 반영되어 있다. 사실 문화대혁명이 가져온 갈등은 마오쩌둥 시대의 말기를 뒤흔들어 놓았을 뿐만 아니라 그 이후에도 종종 폭발적인 모습으로 재연되었다. 그러나 분명한 설명을 위하여 우리는 여기서 보다 더 좁은 의미의 개념을 채용하여 문화대혁명을 하나의 사건으로 간주하고, 1965년 9월 중앙위원회 회의로부터 1969년 4월 공산당 제9차 전국대표대회까지 3년 반 동안으로 논의를 한정하고자 한다. 앞 회의에서 뒷 회의까지의 사이에 당에 대한 비난과 파괴로부터 정권의 지도 핵심으로서 당의 재건과 회복에 이르는 하나의 완결된 과정이 전개되었다.

'사건' 차원으로 축소한다고 해도 문화대혁명은 극히 복잡하고도 다양한 그리고 지역적으로 매우 불연속적인 현상이었고, 그만큼 그 역사를 추적하기에 아직도 많은 어려움이 있다. 어려움이 큰 만큼 그 역사와 그에 대해 우리가 취할 수 있는 판단은 끊임없이 매우 중요한 정치적 쟁점이 되어 왔다. 문화대혁명에 관한 담론들은 혁명 전개의 우여곡절을 밝혀 주는 것만큼이나 그것을 모호하게 만들기도 한다. 문화대혁명은 마오쩌둥파에 의해 정당성의 원천으로 찬양되었는가 하면, 그 뒤에는 마오쩌둥의 후임자들에 의해 정권의 모든 실패와 악의 원천으로 비판되었다. 이러한 조건 아래서 역사가는 몇 가지 연대기적인 지표들을 제공하고 성찰을 위한 몇몇 방식을 제시할 수 있을 뿐이다.

문화대혁명은 무엇보다도 권력 투쟁이었다. 문화대혁명은 사회주의 교육 운동이 무력화되면서 마오쩌둥파가 다른 행위 주체와 다른 방식으로 다시 권력을 장악하는 과정이었다. 목표는 언제나 마찬가지였다. 마오쩌둥은 자신의 정책에 반대하는 모든 반대파 특히 당내의 반대파를 제거하고자 했다. 그것을 위해 마오는 당 자체를 파괴하는 가장 과격한 해결책을 선택했다. 마오쩌둥은 지도층 간부들에게 호소하지 않고, 자신의 개인적인 측근 ― 그의 특별 비서 천보다, 자신의 아내 장칭, 공안부장 캉성(康生) 등 ― 과 린뱌오가 그에 대한 충성을 보장했던 인민해방군을 동원했다. 그는 또 자신의 카리스마를 이용해 대중을 동원하여 당에 맞서게 하고 폭력과 공포를 통해 당을 복종시켰다.

투옥되고 사형을 선고받은 당 원로들과 혁명 영웅들의 운명은 1930년대에 스탈린에게 희생된 이들의 운명을 상기시킨다. 그러나 문화대혁명은 무엇보다도 자코뱅의 공포 정치와 유사했다. 그것과 마찬가지로 문화대혁명은 덕의 지배를 수립한다고 주장했다. 마오쩌둥이 당을 제거하고 권력을 장악하고자 했던 것은 단지 개인적인 야심 때문이었다기보다는 중국의 혁명이 퇴락하고 수정주의로 떨어지는 것을 막기 위한 것이었다. 어떠한 사회주의의 적들도 중국공산당의 영수처럼 관료주의와 새로운 국가 부르주아지 그리고 그들의 부패와 배신에 대해 비판적인 태도를 보인 적은 없었다. 1964년 7월 발행된 〈흐루시초프의 사이비 공산주의와 그것이 세계에 주는 교훈(關于赫魯曉夫的假共産主義及其在世界歷史上的教訓)〉이라는 글에서 마오쩌둥은 이미 문화대혁명의 모든 중요한 주제들을 언급했다. 수정주의의 위협은 당의 적들로부터 오는 것이 아니라 당 자체와 그 지도 간부들 그리고 당내 지식인들로부터 온다. 제도화 과정은 혁명으로부터 그 목표를 앗아가 버린다. 출세주의 관료들을 발붙이지 못하도록 하고 청년으로 하여금 과거 혁명적 영웅 시대의 열정을 생생하게 간직하도록 하지 않으면 안 된다. 또한 이 영웅 시대의 고통을 재현시켜 '혁명 후계자'의 신념을 단련시켜야 한다.

혁명의 영수 마오쩌둥이 그의 평생의 사업에 대해 이렇게 비판적일 수 있었음에는 하나의 부정할 수 없는 위대함이 존재한다. 또한 거기에는 특권화된 관료제에 대해 그가 가졌던 통찰력 있는 시각, 대중과 청년들에 대해 그가 보였던 너그러운 신뢰가 존재하고 있었다. 그러나 모든 이상주의자처럼, 또 모든 낭만적 혁명가와 마찬가지로 마오쩌둥은 건설적인 제안을 하기보다는 신랄한 비판을 퍼부었다. 마오쩌둥은 새로운 국가 권력의 형태가 어떠해야 하는지에 대해 한동안 주저하는 태도를 보이면서 파리 코뮌의 모델에 따른 항상적인 대중 조직의 수립을 고려하기도 했지만, 그는 곧 대중들이 관료제의 권위에서 벗어나 생산 체계와 자신의 운명에 대해 진정한 통제력을 행사할 수 있도록 허용하는 인민 민주주의 권력 구조를 건설하는 일을 단념했다. 마오쩌둥은 정치적 상부 구조를 사회주의와 수정주의의 결전이 벌어지는 정치 투쟁의 장으로 여기고 있었고, 그만큼 심각한 실패를 초래했다. 이러한 실패에도 불구하고 문화대혁명의 대중적 열광과 혼란은 무엇을 뜻하는 것일까? 그것이 하나의 계급 투쟁 성격을 갖는 것이었다고 말하면 충분할까? 당-국가의 사회에 대한 통제가 약화되었던 것일까? 다시 말해 '낡은 세계를 전복시키자', '대중을 해방시키자', '새로운 인간을 만들자'던 혁명은 마오쩌둥의 의지에 장애가 되던 지도자들을 제거하는 것 이외에 다른 결과들을 산출해 냈던 것일까?

기존 질서에 대한 공격, 1965~1966

1965년 가을부터 1966년 가을까지, 마오쩌둥이 베이징의 문학계와 그것을 보호하던 정치 지도자들에 대해 가한 공격이 점차 사회의 더욱 넓은 층으로, 당내의 각급 기관들로 확산되어 갔다. 1966년 6월 폭력의 무대는 중고등학교와 대학으로 퍼져 갔고, 억압적 질서와 부르주아 학문의 상징으로 간주된 학교의 교사들은 광적인 청소년들에 의해 육체적인 폭력과 모욕을 당했다. 몇 주 뒤 수백만 명의 홍위병이 동원되면서 공포는 정점에 이르렀다. 그들은 도시를 장악하고 지나간 세월을 증거하는 나이든 사람과 오래된 것들을 추적했다.

바로 이 혼란스러운 몇 달 동안 마오쩌둥과 그의 적대자들 사이에서 세력 관계의 전환이 일어났다. 그것은 당의 후퇴였다. 당의 주요 지도자들은 차례로 비판당하고 숙청되거나 제거되었다. 당의 후퇴를 가져온 세력의 정체를 분명히 하는 것은 매우 어려운 일이다. 인민해방군이 마오쩌둥과 동행하고 그를 지지했지만 공식적인 자료에 따르면 군이 직접적으로 개입하지는 않았다. 그렇다면 사회주의 교육 운동 기간에 제대로 작동하지 않던 마오쩌둥의 카리스마가 이렇게 갑작스럽게 효과를 나타낸 것을 어떻게 설명할 수 있을까? 사실 이 카리스마는 이제 더 이상 당내가 아니라 당 밖에서 행사되고 있었고, 당내 지도자들보다는 대중 속에서 훨씬 더 큰 힘을 가졌다는 점은 의심의 여지가 없다. 그러나 그럼에도 당 기구에 대한 마오쩌둥의 승리는 지나치게 쉽게 이루어졌던 것으로 보인다. 또 놀라운 것은 과거 종종 마오쩌둥을 좌절시킬 수 있었던 이 기구들의 지도자들이 그들 자신과 국가에 중대한 사태가 전개되었던 당시에 단지 조용하고 간접적인 그리고 분산적인 저항만을 보여주었다는 점이다. 바로 여기에 문화대혁명의 역사에서 감추어진 부분이 존재한다.

문학계와 문화계의 전조들, 1965~1966

문화대혁명은 문화적인 측면에서 지식인과 관료들을 정기적으로 동원해 왔던 수많은 학술 논쟁의 하나로서 은밀한 방식으로 시작되었다. 1965년 9월 베이징에서 개최된 8기 중앙위원회 공작회의에서 마오쩌둥은 다시 문학계의 정풍을 요구했다. 그는 특히 우한의 극본 《해서파관》이 역사적으로나 정치적으로 비판의 대상이 되어야 한다고 주장했다. 그리고 그는 다시 한 번 당 지도자들의 무관심과 망설임에 부닥쳐야 했다. 류사오치도 덩샤오핑도 국가가 이제 막 암흑기의 위기로부터 회복되기 시작했으며, 베트남과의 갈등이 중국의 문전에서 전쟁으로 악화되고, 소련과의 관계가 새로운 문제를 일으키고 있던(제11장에서 후술) 당시에 계급 투쟁을 개시하려고 하지는 않았다. 따라서 마오쩌둥은 전술을 바꾸었다. 11월 10일 그는 장칭의 도움을 받아 상하이의 지방 신문 《문회보(文匯報)》에 잘 알려지지 않은 작가 야오원위안(姚文元)의 이름으로 우한의 극본에 대해 정치적으로 비난하는 글을 싣도록 했다. 글은 농민에게 토지를 재분배할 것을 주장한 해서를 변호하는 것은 "인민공사를 파괴하고 지주와 부농의 지배를 재건하려는" 사람들에게 정당성과 용기를 주는 것이라고 주장했다.

그 뒤 몇 달 동안 우한의 보호자이자 위와 같은 공격의 진정한 목표였던 펑전은 그러한 논쟁으로부터 정치적 내용을 제거하고 그것을 역사논쟁의 일부이자 학술적 차원의 토론으로 끌어내리기 위해 노력했다.

우한은 온건한 자아비판을 행했다. 그의 자아비판은 당에 의해 수용되었고 12월 언론에 공표되었다. 그것은 사태를 진정시키는 의례적인 절차였다. 마오쩌둥 측에 의한 또 다른 유사한 공격을 예방하기 위하여 펑전은 나름대로 문예계의 정풍 계획을 세웠다. 그것은 마오쩌둥식의 정풍과는 거의 아무런 관련이 없었다. 1966년 초 그는 사회주의 교육운동 당시 자신이 책임을 맡았던 문화혁명 5인 소조를 재가동했다. 당의 승인 아래 이 소조는 얼마 뒤 '2월 테제(提綱)'로 알려지는 문건을 발표했다. 펑전에 따르면 문화대혁명의 국한성과 특수성을 확인하는 이 문건은 발표를 앞두고 마오쩌둥의 승인을 받았다고 한다. 당은 다시 한번 주석 자신의 말 속에 덫을 놓으려고 했던 것일까? 붉은 깃발에 대항하기 위해 또 다른 붉은 깃발을 치켜세웠던 것일까?

어쨌든 우리가 확인할 수 있는 것은 1966년 봄 그러한 전략이 더 이상 통하지 않았다는 점이다. 마오쩌둥이 기초하고 중앙위원회에서 승인된 1966년 5월 16일의 통지[〈중국공산당 중앙위원회 통지(中國共產黨中央委員會通知)〉, 통상 '5 · 16 통지'로 불림—역주]는 '2월 테제'를 취소하고 펑전을 해임했으며, 5인 소조를 해체하고 그것을 문화혁명 소조로 대체했다. 이제 소조는 당 정치국 상무위원회에 직속되고 천보다 · 장칭 등 주석의 측근들에 의해 주도되었다. 5 · 16 통지는 당 지도자들이 이제까지 고수해 왔던 협소한 범주의 문화혁명을 넘어서게 만들었다. 통지는 문화계뿐만 아니라 '당, 정부, 군대' 안에 침투한 '반혁명 수정주의 집단'을 공격하고 '우리의 곁에서 잠자고 있는 흐루시초프와 같은 인물들'을 비난했다.

대학과 학교에서의 혁명, 1966

반란을 부추기는 마오쩌둥의 호소에 맨 처음 귀를 기울인 것은 베이징의 학생들이었다. 5월 25일 젊은 철학 여교수 녜위안쯔(聶元梓)는 대자보를 통해 베이징대학의 교장 루핑(陸平)을 비판했다. 루핑은 엘리트주의자이자 학교 성적을 지나치게 중시하고 외국 학문을 신뢰하며 교육 제도 안의 문화대혁명 전개를 억제하려 했다고 비난받았다. 녜위안쯔의 선도적인 행동은 일주일 뒤 마오쩌둥이 이 젊은 여교수의 대자보를 '베이징 코뮌 선언'으로 찬양하고 '완전히 새로운 형태'의 국가 권력의 도래를 선언하면서 커다란 영향력을 갖기 시작했다.

이리하여 대중 동원이 대학과 중고등학교로 급속히 확산되어 갔다. 언론은 '모든 악귀를 쓸어버리자', '파괴 없이는 건설도 없다'는 등의 호소를 통하여 동원을 지지했다. 작은 권위를 가진 사람들 — 공무원, 교사, 당 대의원(대표) 등 — 에 대해서만 아니라 경쟁 관계에 있는 학생 집단 간에도 폭력이 행사되었다. 대학 교정과 각 학교에 공작대가 파견되면서 혼란과 폭력은 가중되었다.

공작대는 모든 정풍 운동에서 관습적으로 사용되어 온 무기였다. 보통 이미 검증된 적극 분자로 구성된 공작대는 현장에 파견되어 갈등의 해결을 돕고 당의 조정권을 행사했다. 1966년 봄 대학 및 학교에 파견된 공작대는 수정주의 혐의가 있는 당국에 대항하여 학생들의 조반(造反, 반란)을 부추기는 임무를 띠고 있었다. 하지만 당 기구의 노련한 경험자들에 의해 지도된 이 공작대는 비교적 부차적인 목표를 지목하고, 학생 파벌들 가운데 고위 간부들의 자제로 구성된 집단을 지원하면서 오히려 조반 운동을 제지하고자 애썼다. 그러나 이 공작대는 문화혁명 소조에 의해 타격을 입고 1966년 7월 24일 대학으로부터 철수했다. 얼마 뒤 마오쩌둥파는 류사오치가 이 공작대를 배후에서 조종하고 마오쩌둥의 정책을 방해하기 위해 그것을 시행하는 척했으며, 당을 보호하기 위해 일부 간부들을 희생시키는 쪽을 택하고 학교와 대학들이 '50일간의 백색 테러'에 지배되도록 했다고 비난했다.

홍위병들의 여름, 1966년

학교에서 만들어진 급진 그룹들로부터 홍위병이 탄생했다. 마오쩌둥은 자신이 직접 쓴 〈사령부를 폭격하라(炮打司令部)〉는 대자보를 통해 홍위병에게 당에 대한 투쟁을 위임했다. 그리고 그는 린뱌오와 인민해방군에게 젊은 조반파가 조직될 수 있도록 지원할 것을 요구했다. 이리하여 노쇠해 가는 수뇌와 그를 신으로 여기는 광적인 청소년들 사이의 기이한 연합이 성립했다. 그들의 신념을 고양하기 위해 8월 18일부터 11월 25일까지 천안문 광장에서 거의 종교적인 의식으로 이루어진 거대한 집회들이 조직되었다. 8월 18일 첫 시위 때 구호를 외치고 〈동녘이 붉게 타오른다(東方紅)〉라는 노래를 부르면서 오랜 시간 동안 기다린 끝에 수만 명의 홍위병들은 첫 햇살이 비치는 순간 그들의 최고 사령관이 등장하는 것을 보았다.

대중 운동이 급속히 확산되길 원했던 마오쩌둥은 왜 이 청소년들을 선택했던 것일까? 그것은 마오쩌둥이 말한 것처럼 그들의 젊음이 운동의 실현을 보장하고 그들의 순수함이 혁명에 희망을 주기 때문이었을까? 그것은 경험 없는 그들이야말로 당시 동원할 수 있는 유일한 집단이었기 때문은 아니었을까? 마오쩌둥이 전에 행동에 나서기를 호소했던 사람들 — 그가 백화제방 운동을 개시할 때의 민주당파와 지식인들, 대약진 동안 그가 노력을 배가하도록 요구했던 농민들 — 은 이전의 운동에서 환멸을 경험한 뒤 동원에 대한 피로와 회의에 빠져 있었다. 주석으로서는, 그러한 열정의 나날들과 뒤이은 슬픈 사태를 경험하기에는 아직 젊었던 이들이 아니라면 다른 누구를 믿을 수 있었겠는가? 마오쩌둥은 그의 승리를 보장하고 그의 계획을 수행하기 위하여 대중을 필요로 하고 있었다.

제8기 11중전회(1966. 8. 1.~12.)에서 주석은 고위 지도자들의 저항에 맞서 승리를 거두었다. 그가 문화대혁명에 부여한 헌장은 8월 8일

16개 항에 관한 결정[〈프롤레타리아 문화대혁명에 관한 결정(關于無産階級文化大革命的決定)〉, 일명 '16조'—역주]의 형태로 공포되었는데, 그것은 운동의 목적을 다음과 같이 명시했다. "당권파(當權派)와 주자파(走資派)를 타도하라", 사회로부터 '네 가지 낡은 것[四舊]'(낡은 사상 · 문화 · 관습 · 습관)에 의존하면서 다시 권력에 복귀하려는 일체의 부르주아적 요소를 타도하라. 그러나 당의 지도자들 자신이 '네 가지 낡은 것'에 오염되었기 때문에 그들에게 당 기구와 사회를 정화시킬 책임을 맡길 수는 없었다. 한편 당내의 지도자들은 급진적인 계획을 시행할 준비가 거의 되어 있지 않았다. 11중전회에서 비록 류사오치가 당 서열에서 제6위로 밀려나고 린뱌오가 당의 유일한 부주석이 되어 마오쩌둥의 후임이 될 것으로 추정되고 있었지만 당 기구는 아직 일정한 제약을 가할 수 있을 정도의 힘을 가지고 있었다. 즉 문화대혁명은 생산을 저해해서는 안 되고 기술자와 과학자를 연루시키지 말아야 하며, '다수의 좋은 간부와 소수의 나쁜 간부들'을 구분하고 '인민 내부의 모순'을 해결하기 위해서는 폭력보다는 토론에 호소하지 않으면 안 되었다.

마오쩌둥은 이러한 조건에 동의하기는 했지만 8월 중순 대중의 선봉으로 간주된 홍위병을 당과 낡은 사회에 대한 공격에 투입하면서 거의 아무런 신중함도 보여주지 않았다.

이 홍위병들은 누구였던가? 그들은 어떻게 충원되었던 것일까? 동원 운동은 홍위병이 탄생한 대학과 중고등학교의 범위를 넘어 확산되었다. 그러나 대부분의 홍위병들은 중고생과 대학생이었다. 그들의 충원 기준은 다양했다. 올바른 정치적 태도만을 고려하거나 또는 사회 성분을 따지기도 했다. 어떤 홍위병들은 오직 '홍오류(紅五類)' 출신의 아이들 — 노동자, 빈농 그리고 혁명 간부, 군인, 열사의 자제들 — 만으로 구성되기도 했다. 여기서 배제된 이들은 자기 고유의 조직을 만들기 위하여 결집했고, 그러한 과정은 운동의 분절화를 더욱 심화시켰다.

수많은 조직들이 이름을 바꾸거나 서로 합치고, 사라지고, 되살아났던 것은 무엇보다도 운동에 대한 통제가 결여되어 있었기 때문이었다. '대중은 스스로 해방'되어야 했다. 그것은 또한 이 대중의 힘을 자기편으로 이용하고자 했던 당국의 은밀한 개입에서 연유하는 것이기도 했다. 마오쩌둥이 당을 공격하기 위하여 8월 초 최초의 홍위병들을 창조해 냈다면 당 고위 지도자들은 자신들을 보호하기 위하여 지체 없이 그들 자신의 조직들을 만들기 시작했다. 예컨대 1966년 10월 베이징에 출현한 '홍위병 연합행동위원회[聯動]'는 당 고위 간부 자제들의 주도 아래 린뱌오를 비판하고 류사오치를 옹호했다. 지방에서는 당위원회, 시정부 등이 같은 전술을 채택했다. 또한 하나의 조직이 여러 집단들 — 종종 수십 개의 집단들 — 을 수하에 두고 있는 경우도 드물지 않았다. 이 기간 조직들이 통합되어 '총지휘부'를 구성했는데, 그것은 느슨하고 유동적인 연합체로 그 자체가 특정 파벌에 가담하고 있었다. 베이징의 '천파(天派)'와 '지파(地派)', 광저우의 '홍기파(紅旗派)'와 '동풍파(東風派)' 등이 그것이다.

홍위병의 파벌주의는 대체로 홍위병의 결성을 지원한 기구들의 파벌주의를 반영하고 있었다. 그것은 또한 학생 내부 고유의 이념적 정치적 불화로 말미암아 격화되기도 했다. 즉 학교 내의 교사와 간부들의 처리, 공작대에 대한 태도, 파벌의 급진주의와 보수주의의 시금석이 되는 '홍오류'의 기준 문제 등을 둘러싼 갈등이 그것이다. 개인적인 의지, 집단 이익의 옹호 등도 작용하고 있었다. 하나의 파벌 안에서도 — 특히 이질적인 요소들로 구성된 급진파의 경우에는 — 내부적 분열이 빈번했다.

모든 조직들이 마오쩌둥 사상을 내세우고 같은 수사와 어휘를 동원하고 있었다는 점에서 혼란은 더욱 가중되었다. 그러한 조건 아래서, 처음에는 부르주아 질서의 대표자들에 대해 테러를 가할 수 있도록 홍위병에게 주어졌던 자유가 빠르게 경쟁 파벌들과 폭력 집단들 사이의 충돌로 나아갔다. 혼란은 '경험의 교환'[串連]과 함께 확산되었다. 경험 교환의 일환으로 약 1100만 명의 홍위병들이 베이징으로 올라왔고 그들 가운데 일부는 마오쩌둥을 직접 볼 수도 있었다. 또 수천만 명에 이르는 수도의 홍위병들이 지방으로 보내져 지방의 대중들이 조반에 나설 수 있도록 도왔다. 이러한 대규모 이동을 마오쩌둥파의 지도자들은 '대장정'과 같은 것으로 생각하였다. 즉 그들은 자신들이 겪었던 중요한 경험이 젊은 세대들을 통해 학습되고, 그 정신이 후계자들에게 전해지기를 원했다. 수백만의 청소년들은 이를 통해 자유롭게 이동할 수 있었고(걷기보다는 전용 열차가 배정되는 경우가 많았다), 인민해방군 부대가 그들에게 숙소와 음식을 제공했다. 그들은 이러한 모험을 통해 혁명에 대한 학습과 여행의 즐거움을 함께 맛볼 수 있었다. 그들은 자신들에게 제공된 이 예외적인 기회를 이용해 그들의 조국을 발견할 수 있었다.

1966년 말의 시점에서 홍위병들은 마오쩌둥이 그들에게 부여한 임무를 잘 수행했다고 평가할 수 있을 것이다. 기존 질서를 전복하고 낡은 세계를 뒤집어 버렸던 것이다. 그러나 홍위병 운동이 그 고유의 격정에 휩쓸려 버리고, 내부 분열로 찢겨지고, 지방 당국에 의해 조종되면서 마오쩌둥에게는 그 정치적 유용성이 다한 것으로 보였다. 그리하여 1967년 초부터 홍위병의 활동을 억제하고 통제하기 위한 다양한 조치들이 취해졌다.

그러나 지방 차원에서는 당국이 홍위병의 행동에 저항했고, 베이징에서도 당이 약해졌다고는 하나 모든 권력을 내놓지는 않았다. 저우언라이는 언제나 개인에 대한 폭력에 반대하고 생산 — 특히 농촌에서의 생산 — 을 중시했다. 그해 가을 마오쩌둥은 아직 남아 있던 당과 정부의 지도 기구를 완전히 제거하고 문화대혁명을 가속화하여 권력을 장악하는 단계로 나아가기로 결심했다. 그는 이제 학교의 젊은이들보다 더 강력한 새로운 세력, 즉 노동자 계급과 군대에 호소하였다.

혁명 권력의 장악, 1967

1966년 가을, 문화대혁명의 역사에서 새로운 시기가 시작되었다. 투쟁은 더욱 폭력적이고 혼란스러워졌다. 투쟁은 중국 전역으로, 인민의 각계각층으로 확산되었다. 그러한 분위기는 1966년 10월 중앙위원회 회의에서 나타났다. 마오쩌둥은 덩샤오핑의 이름을 직접 거론하며 그가 "1959년 이래 자신에게 어떠한 보고도 한 적이 없다"고 비난했다. 류사오치에 대해서도 마찬가지였다. 뒤이은 운동은 린뱌오와 천보다에 의해 조종되고, 그에 호응하는 홍위병의 언론들을 통해 "미친개들을 때려 죽여야 한다"고 하면서 적에 대한 직접적인 살해를 주문했다. 베이징에서도 당 중앙위원회는 실질적으로 유명무실하게 되었다. 지도부는 마오쩌둥과 문화혁명 소조가 장악했고 그들이 각종 지시를 내렸다. 그러나 지방에서는 옛 기구들 — 당위원회, 성정부, 시정부 및 지방 정부 등 — 의 잔존 세력이 분산된 채 계속 저항하고 있었다. 간부들은 마오쩌둥의 사상과 지시를 찬양하면서도 단호히 급진파로부터 자신을 방어했다. 급진파도 똑같은 지시를 내세워 간부들을 권력으로부터 내쫓고자 했다. 노동자들이 사태에 개입하게 된 것은 바로 급진파와 문화혁명 소조의 주도에 의한 것이었다.

노동자 계급의 개입과 상하이의 1967년 혁명

1920년대 초 중국공산당과 혁명 노조의 요람이자 1949년 혁명 이전과 이후 모두 대규모 공업 기지였던 상하이는 '프롤레타리아' 문화대혁명에서 특별한 자리를 차지한다. 지방의 여러 성과 시에서 이루어진 마오쩌둥과 문화혁명 소조의 권력 장악이 일정 정도 상징적인 성격을 띤 채 지방 정치 책임자의 영향력을 제거하지 못하고 있었다면, 상하이에서는 권력의 장악이 실제로 일어났던 것이다. 그리고 그러한 권력의 장악은 1967년 2월 초에 파리 코뮌을 본뜬 전국적으로 하나의 모범으로 제시될 새로운 형태의 정치 조직을 구축하는 데 이르게 된다.

다른 대도시처럼 1966년 초가을 상하이에서는 홍위병의 다양한 파벌들 간에 적대 행동이 점증하는 특징을 보이고 있었다. 혁명 조반파가 지방 기구를 공격하고 '검은 기록'(黑檔, 시민들 개개인이 삶의 각 단계에서 보여준 정치적 태도 및 그들의 성향에 대한 조사 보고)의 파기를 요구했다면 적위대는 그와 반대로 시장 차오디추(曹荻秋)를 보호하고자 노력했다. 곧 각 파벌들은 노동자들 사이에서 자기편을 찾아 나섰다. 1966년 12월 9일 마오쩌둥이 홍위병들에게 공장 내부로 들어가 문화대혁명을 수행하라고 지시했을 때는 이미 상하이 노동자 계급이 몇 주 전부터 전투에 들어가 있었다. 그러나 노동자 계급은 매우 혼란한 상태 속에서 문화혁명에 나서게 되었으며, 분열된 채 서로 대립하는 진영으로 각기 휩쓸려 들어갔다.

학생들의 경우 출신 계급과 가담한 파벌 간의 관계가 언제나 분명하지는 않았다고 한다면 노동자 계급의 경우 파벌의 결성이 명확히 사회경제적 수준에 따라 이루어지고 있었다. 공공 부문의 노동자 엘리트이자 국유 공장의 정규 노동자이고 사회 보장 혜택과 상대적으로 높은 임금 그리고 다양한 사회적 우대를 받고 있던 이들과 비정규 노동자(임시공)인 하위 프롤레타리아트이자 값싼 임금의 인부이고 아무런 사회 보장을 받지 못하는 노동자들이 대립했다. 문화대혁명 시기에 이 하위 프롤레타리아트는 수적인 증가를 보였는데, 그들은 혼란을 틈타 내륙의 낙후된 지역에 강제로 배정받았던 자리를 떠나 다시 도시로 돌아왔으나 아무런 직장도 주택도 마련하지 못한 사람들이었다. 이런 다양한 층의 노동자 계급이 모두 같은 주장을 하지는 않았다. 그들은 서로 다른 파벌로 조직되어 서로 적대하는 경우가 많았다. 정권에 의해 특권이 주어지던 엘리트 노동자들은 기존 질서(그들의 '철밥그릇')를 보호하고자 했고, 따라서 아직 남아 있던 기존의 당정 기구와 연합했다. 반면 하위 프롤레타리아트는 급진적인 홍위병들을 지지했다. 1966년 12월 26일 베이징에서 열린 대규모 집회 당시 장칭도 임시공 제도를 폐기해 버리겠다고 약속한 바 있었다.

노동자 대중의 급진파 가담을 막기 위해, 또는 단순히 그들의 지지를 끌어내기 위해 상하이 시장 차오디추는 임금 인상과 수당 지급을 통해 혁명이 거대한 소비 축제로 변질되도록 했고, 상하이 시민들은 돈을 쓰기 위해 다투어 상점으로 달려갔다. 경제적 성격의 파업이 증가하면서 이것은 항구(12월 말)와 철도(2월 초) 노동자로 번져갔으며, 단순히 직장을 이탈하는 경우도 종종 일어났다.

마오쩌둥파는 과거 레닌이 《무엇을 할 것인가》에서 비난한 것처럼 차오디추의 행위를 경제주의라고 비판했다. 그들은 차오디추가 노동자 계급을 유혹하고 그들이 동원되지 않도록 억제하기 위해 '알사탕[糖球]'을 사용했다고 비난했다. 그러나 그가 교활한 전략을 썼다고 하더라도 12월 말 시 당국의 몰락을 막기에는 역부족이었다. 반면 그러한 정책은 시와 항구 전체를 장기간 혼란 속으로 몰아넣었다. 노동자들은 총파업으로 나아갔고, 은행은 더 이상 지불 준비금이 없었으며, 곧 수도와 전기의 공급도 보장할 수 없게 되었다. 따라서 혁명 조반파는 시를 장악하기로 결정했다. 그들은 권력을 탈취했다기보다는 — 더 이상 아무도 권력을 행사하고 있지 않았다, 합법적인 권력 기관의 소멸로 인해 남겨진 공백을 메운 것이었다. 1967년 1월 5일에 상하이시 전 시민을 향해 발표된 성명(〈모든 상하이 시민에게 고하는 글(告上海全市人民書)〉 — 역주〉)은 시민들의 단결과 생산으로 복귀할 것을 권고했다. 1월 6일 베이징에서 복귀한 장춘차오(張春橋)는 역사상 가장 큰 규모의 파업으로 마비된 상하이시에 대한 지도를 마오쩌둥으로부터 위임받고 있었다.

상하이에서 장춘차오는 잘 알려져 있었다. 그는 언론과 문화부, 선전부에서 정치적 경력을 쌓아 왔다. 1950년 신화사(新華社) 입사를 시작으로 하여 뒤에 시당위원회 서기로 승진하였고, 1966년 5월 베이징으로 불려 올라가 문화혁명 소조의 일원이 되었다. 급진파 홍위병들은 교조적인 지식인이자 옛 기구의 주요 성원이었던 장춘차오를 거의 인정하지 않았다. 그리하여 장춘차오는 상하이시의 재가동을 위해 주둔군에 의지해야 했다. 그는 2월 5일 '상하이 코뮌(상하이 인민공사)'를 선언하고 선거가 실시될 때까지 임시 정부 위원회를 구성하였다.

파리 코뮌을 조직 모델로 선택한 것은 당의 이론지 《홍기》에 게재된 한 지시에 부응하기 위한 것이었다. 상하이만이 이 모델을 채택한 것은 아니었다. 산시성 타이위안(太原), 베이징, 그리고 구이저우성 등에서도 코뮌을 준비하고 있었던 것으로 보인다. 그러면 왜 파리 코뮌이었던 것일까? 문화대혁명의 몇몇 내용들은 파리의 봉기가 내세웠던 것들을 상기시킨다. 코뮌의 주도자들이 국가 기구를 파괴하라고 주장했던 것이(물론 당정 기관을 부르주아 국가 기구와 같은 것으로 보았던 마오쩌둥파의 논리를 수용하는 한에서이지만) 중국에서 공산당과 정부 기관에 대해 가해진 공격과 유사했다. 문화대혁명이 호소했던 프롤레타리아 독재는 파리 코뮌이 건설하고자 했던 대중의 직접적인 독재와 닮은 것이었다. 전문 기술자와 전문화된 관료에 대한 멸시 또한 파리 코뮌과 문화대혁명의 공통점이기도 하다. 그리고 양자 모두 프롤레타리아 국제주의와 결합된 애국주의의 특징을 띠고 있었다. 즉 프러시아의 위협과 유럽 노동자들의 연대는 당시 중국의 경우 소련의 위협과 저발전의 제3세계 국가들의 결속에 견줄 수 있었다.

그러나 파리 코뮌을 본뜨고자 했던 주된 이유는 혁명 자체의 복잡한 전략 속에서 찾아야 한다. 1966년 8월의 16개 항의 결정(16조)에서부터 마오쩌둥은 그러한 파리 코뮌에 대한 모방을 마르크스-레닌주의적 정당화의 도구로 삼고자 했다. 그는 소련 정치 조직의 틀을 거부하면서도 그의 행동이 이단이 아니라 마르크스와 레닌이 쌓은 토대로부터 나온 일련의 창작물 가운데 하나라는 인상을 주고자 했다. 마오쩌둥은 문화대혁명과 권력의 탈취를 파리 코뮌에 견줌으로써 혁명 전통이 파리 봉기에 부여한 영웅적인 모범의 예를 중국과 그 자신에게 대입하고자 했다. 코뮌에 대한 환기를 통해 마오쩌둥은 그의 행동을 혁명사의 연속성 속에 자리 잡게 할 수 있었다.

마오쩌둥이 코뮌에 대한 기억을 이념적 무기로 이용하고자 했을지라도 그러한 정책은 행동의 진정한 모델로 추구하기에는 치밀하지도 실용적이지도 못했다. 장춘차오가 기대했던 것과는 반대로 상하이 코뮌의 건설은 베이징의 승인을 받지 못했다. 베이징으로서는 군대, 대중 그리고 당(또는 최소한도로 남겨진 좋은 간부들과 다수를 대변한다고 생각되는 인물들)의 3자 연합에 의한 '혁명위원회'의 수립을 선호했다. 마오쩌둥은 혁명의 고양을 해칠 위험을 무릅쓰면서 코뮌 모델을 버리고 옛 기구의 성원들을 다수 재기용했다. 우리는 왜 이리 갑작스럽게 제동이 걸렸는지 잘 알지 못한다. 그러나 분명 그것은 거의 총체적인 혼란을 불러올지도 모른다는 두려움에 따른 것이었다. 그리고 그와 동시에 정치 게임 안으로 군대가 대대적으로 개입해 들어왔다.

군의 동원

1967년 1월 28일의 명령[군사위원회 8조 명령(軍事委員會八條命令)-역주]은 군대를 문화대혁명에 개입시킨다는 며칠 전 중앙의 결정을 공식화했다. 당시까지 군대는 일반적으로 사태에 적극적으로 개입하지 않은 채 자신의 존재를 확인시키는 데 그치고 있었다. 인민해방군 총정치부는 문화대혁명의 개시에 찬동했고, 군의 신문들은 1966년 6월의 언론

운동에 참여했다. 사회주의 교육 운동을 통해 훈련되고, 특히 마오쩌둥 사상의 저장소로 간주되던 군대는 홍위병들에게 모범이자 후원자가 되었다. 그러나 1966년 8월의 16조는 홍위병들이 군대의 체제와 배치를 존중해야 한다는 사실을 분명히 했다. 인민해방군은 총정치부와 중앙군사위원회의 지도 아래 내부의 문화대혁명을 완수할 것이었다. 그러나 1966년 말이 되자 군이 그러한 자신의 한계를 종종 넘어서는 경우가 생겼다. 국토의 방위와 소수민족의 통제 문제가 주된 관심사가 되고 있던 변경 지역 — 신장, 티베트, 칭하이(青海) — 에서 군대의 책임자들은 무엇보다도 질서 유지에 고심했고, 베이징에서 온 홍위병들을 살해하거나 감금하기도 했다. 베이징에서도 긴장이 고조되고 있었다. 12월 허룽(賀龍)·주더 원수가 홍위병들에게 난폭하게 공격당하고 제거되었다. 상하이·난징·광저우 등 몇몇 대도시에서 나타난 권력 탈취에 따른 초기의 혼란은 군으로 하여금 1월 초부터 그때그때 사태에 대처하는 여러 행동에 나서게 만들었다.

1967년 1월 28일의 명령은 결정적인 전환점이 되었다. 명령은 군의 개입을 정당화하고 확대함과 동시에 군의 임무를 명확히 했다. 그 임무는 이중적이었다. 한편으로 인민해방군은 공공건물, 제조 공장, 교통과 통신 수단을 통제하면서 주요 부서를 보호하고, 다른 한편으로는 '좌파에 대한 지원'를 보장하는, 즉 경쟁 파벌들 사이에서 진정한 혁명파를 분간해 내고 그들로 하여금 권력을 장악케 하여 그들의 적을 타도하도록 돕는 것이었다. 따라서 인민해방군의 문화대혁명 개입은 마오쩌둥의 요구에 따른 것이었다.

마오쩌둥은 홍위병들이 시작했지만 단결과 규율의 부재로 말미암아 제대로 수행하지 못했던 파괴와 혁신의 임무를 군이 완수해 줄 것으로 믿었다. 구체적으로는 인민해방군의 개입은 새로운 권력 구조의 수립을 촉진해 줄 것이었다. 새로운 권력이란 1월 31일 헤이룽장성(黑龍江省)

에서 세워진 예를 따라 전국의 언론에서 대대적으로 찬양된 혁명위원회였다.

인민해방군에 부여된 첫 과업 — 주요 부서에 대한 보호 — 은 자신의 전통적인 임무의 하나였고 아무런 문제없이 수행할 수 있었다. 군사통제위원회들은 공안국, 신문사, 라디오 방송국, 철도역, 공항, 공장 등 행정과 생산의 전략적 단위들을 장악했다. 린뱌오에 따르면 1967년 3월 말 40만 명의 군인이 이러한 감시와 통제 임무를 위해 동원되었다. 그러나 '좌파에 대한 지원'은 인민해방군에게 매우 어려운 것이었고 제대로 수행되지 못했다. 대개의 경우 해방군은 진정한 혁명파를 선별할 수 있는 권리를 이용해 보수적 조반파 집단들을 지원했다. 그 집단들은 사회적 출신이 좋은 젊은이들, 즉 옛 기구에 가까운 사람들로 충원되어 있었다. 군대는 급진파 조직들을 해산하고 그 성원 수천 명을 체포했다. 또한 그들에게 총격을 가하기도 했다. 2월 23일 칭하이에서 사령관 자오융푸(趙永夫)의 명령에 따라 발포한 경우가 그것이다. 전반적으로 약화되어 가던 급진파가 군사 독재를 비난했지만 보수파는 자신들이 몇 주 전에 겪어야 했던 모욕과 박해를 되갚아 주고자 했다. 이러한 조건 아래서 혁명위원회 수립을 위해 차출된 부대는 거의 아무런 기능을 할 수가 없었다. 1967년 봄 동안 단지 여섯 개 정도의 혁명위원회가 조직되었을 뿐이다.

마오쩌둥과 문화혁명 소조의 관점에서 이러한 실패는 어떻게 설명할 수 있을까? 실패의 원인 가운데 하나는 물론 부여된 임무의 어려움에 있었다. 즉 경쟁하는 집단들 사이에서 좋고 나쁨을 분별해 낸다는 것은 매우 어려운 일이었다. 그러나 그러한 임무를 수행하지 못한 군의 무능력은 또한 군 자체의 — 공식적 비공식적인 — 조직 구조에서 비롯되었다. 군은 대립과 갈등이 존재하지 않을 경우에만 하나의 단일체로 보일 수 있었다. 1967년 봄부터 군의 문화혁명 개입은 분명해졌고 그것은 내부적 분열을 심화시켰다. 우리는 한국전쟁 이래 전문화된 직업적인 군 장교와 이데올로그 장교가 서로 끊임없이 대립해 왔다는 사실을 알고 있다. 전자가 해방군 부대로서 특수한 역할을 강화하고자 했다면 후자는 군대의 정치적 혁명적 역할을 발전시키고자 했다. 문화대혁명 초기 직업 장교들은 1965년까지는 건재했던 뤄루이칭의 실각(앞의 179쪽 참조)과 1966년 12월 인민해방군의 문화대혁명 개입을 분명히 반대했던 허롱과 주더의 제거에 의해 그 세력이 약해져 있었다. 그러나 린뱌오가 당시 압도적인 권위를 지니고 있었을지라도 자신이 군에 대해 갖고 있던 정치관을 모두에게 일률적으로 강요할 수는 없었다. 사실 그는 비공식적인 연대의 관계망과 옛 야전군 출신 파벌들에 맞닥뜨려야 했다.[18] 1949년 혁명 뒤 과거의 무용을 자랑하던 이들 각 부대는 지역 주둔의 이점을 이용하여 각기 집단 의식을 발전시켰고 그것은 사령관에 대한 사적인 충성으로 표출되었다. 지역의 군 사령관들이 문화대혁명 초기에 질서 유지라는 이름으로 급진적인 홍위병들을 단호히 살해했던 것은 분명 우연한 일이 아니었다. 신장의 왕언마오(王恩茂) 장군, 쓰촨의 리징취안(李井泉) 장군 등이 그들로, 모두가 허롱 원수와 밀접한 관계를 유지하고 있었다.

그러나 공식적으로 개입 명령 떨어진 순간부터 위와 같은 영향력의 관계망보다 중국 군사 체제의 성격으로부터 장애가 생기기 시작했다. 육군은 대체로 대등한 두 가지 큰 범주로 나뉘어 있었다. 한편으로 36개의 군단과 다른 한편으로 변경 수비대, 독립 부대 및 도시 주둔군으로 이루어지는 지역군이 그것이다. 국방을 위해 충원된 군단들이 전략

---

18) 1949년 이후 펑더화이가 지휘하던 제1야전군은 중국의 서북 지역에, 제2야전군은 서남 지역과 화중 지역에, 제3야전군은 천이(陳毅)의 휘하에 화동 지역에, 린뱌오의 제4야전군은 동북과 화남 지역에, 그리고 녜룽전(聶榮臻) 휘하의 제5야전군, 즉 북부군은 베이징-톈진 지역에 파견되어 있었다.

지대 — 해안선과 동북 지역 — 에 주둔하고 있었다면 지역군은 13개 군구(軍區)로 나뉘어 있었고 이들은 다시 23개의 성구(省區)로 세분되었다. 지역군의 임무는 민간 기구를 지원하고 사병의 충원을 관리하고 민병을 조직하는 것이었다. 군단이 당 중앙군사위원회(주석 마오쩌둥)에 직속되어 있었다면 지역군은 각 지역 군구와 성구의 통제 아래 두어졌다. 그런데 1967년 1월 28일의 '명령'에서 당 중앙은 중국의 전략적 방어 능력을 보존한다는 차원에서 오로지 지역군만을 동원의 대상으로 삼았다.

그러나 어떻게 조직과 지도 면에서 민간 기구와 밀접히 연관된 이 지역군이 자율적으로 권력을 행사할 수 있을 것인가? 인민해방군의 (소련군으로부터 배운) 전통은 거의 항상 당 성위원회 제1서기가 군구의 정치위원을 겸직하도록 해 왔다. 따라서 지역군 책임자들이 혁명 조반파보다 옛 정치 간부들에 더 가까운 감정을 가지고 있었고, 그들이 파벌 투쟁의 조정자라기보다는 공격당하는 처지에서 행동했다는 점은 전혀 놀라운 일이 아니다. 그들의 개입은 문화대혁명을 거의 중지시키는 데까지 이르게 된다. 얼마 뒤 급진파는 운동의 이 단계를 '1967년 2월의 역류'라고 이름 붙인다.

문화대혁명을 재개하기 위하여 당 중앙은 군단으로 방향을 돌려 그들을 가장 혼란스러운 지역으로 파견했다. 1967년 3월부터 6월까지 군은 한국전쟁 이래 가장 중요한 행동에 나선다. 36개 군단 가운데 20개 군단이 새로 동원되었다. 중앙이 직접 통제하는 이 군단들은 지방의 권력 투쟁에 개입해서는 안 되었다. 그들의 임무는 지역군 곁에서 그들을 감시하는 데 있었다. 지역군 책임자에 대한 이러한 감시에 더하여 3월 말에는 혁명 조반파에 가해지는 (지역)군의 힘을 제한하기 위한 일련의 조치가 취해졌다. 저우언라이의 언급에 따르면, "반혁명을 진압한다는 명목으로 혁명을 진압하는 것은 엄격히 금지되어야" 했다. 따라서 군대는 자위를 위한 것일지라도 더 이상 무기를 사용할 수 없었다. 한편, 군대의 조정권도 취소되었다. 파벌을 정당화하거나 비난할 수 있는 권리는 이제 오직 당 중앙만이 갖게 되었다.

이러한 조치에 자극된 혁명 조반파는 활동을 개시하여 점차 군대 내부로 직접 난입해 들어갔고 군의 통제 아래 있는 생산 및 행정 단위를 공격했으며, 조반을 선동했다. 이에 대해 직접적인 반격을 가할 수 없었던 군은 대중 조직을 통해 대처해 나갔다. 따라서 충돌은 계속되었고, 경쟁 파벌이 화기를 보유하게 되면서 점점 더 심각한 상태로 나아갔다. 그러한 화기는 군대가 보수파에게 제공한 것이었고, 혁명 조반파는 훔친 무기로 그에 대항했다. 정치적 혼란과 폭력을 틈타 일반 범죄 행위가 성행했다. 그리하여 1967년 초 여름 당 중앙은 현장에 조사위원회 파견을 결정하고 그를 통해 가장 심각한 분쟁들에 대해 종지부를 찍고자 했다.

우한(武漢) 사건과 1967년 여름 좌파의 득세

바로 이 조사위원회들 가운데 하나가 7월 19일 우한에서 거의 폭동에 가까운 사태와 마주친다. 다른 대도시들처럼 양쯔 강 중류의 대도시 우한에서는 수개월 동안 공인총부(工人總部, 노동자 총지휘부)로 대표되는 혁명 조반파와 지역군 사령관 천짜이다오(陳再道)가 지원하는 백만웅사(百萬雄師)라는 보수적 조반파 사이에 끊임없는 전투가 전개되고 있었다. 7월 14일 저우언라이가 공인총부의 편에 서자 지역 주둔군은 이러한 조정을 거부하고 백민웅사를 동원하였고, 7월 19일에는 베이징에서 파견되어 온 두 명의 특파원 — 공안부장 셰푸치(謝富治)와 급진적인 선동가 왕리(王力) — 을 감금했다. 저우언라이의 능숙한 협상과 중앙이 직접 통제하는 군대(해군과 공군 부대도 포함)를 동원하여 이 내전의 진원지는 곧 제압당한다.

그러나 우한 사태는 베이징의 지도자들을 놀라게 했고 군의 숙청과 무기 제공을 주장해 왔던 급진파를 자극했다. 그들은 두 가지 점에서 만족했다. 즉 7월 22일 다음과 같은 새로운 구호가 제기되었다. "인민해방군 안의 한 줌의 (반혁명) 분자들을 뿌리 뽑아 버리자". 그리고 혁명 조반파가 맨손으로 지역군에 대항해야 했던 우한 사태의 재발을 피하기 위해 당 중앙은 좌파의 무장도 승인해 주었다. 물론 그에 따라 일정한 대비책도 마련하였다. 군의 숙청은 원칙적으로 지역군을 겨냥한 것이었고, 베이징은 권력의 궁극적인 기반이 되는 군단에 의지할 것이었다. 다수의 지역 군구에서 군단이 동원되어 지역군 부대를 대체하고, 지휘와 관리 책임을 맡도록 했다. 그러나 점증하는 군단의 개입은 그간 권력에서 배제된 지역군과의 협력을 위태롭게 만들었다. 그 과정에서 광시의 제55군단과 군구 정치위원 웨이궈칭(韋國淸) 사이의 대립과 같이 군 내부에서 적대 관계가 생겨났다. 서로 적대적인 조직들 간의 단결을 가져오기는커녕 군 자체도 파벌 대립으로 나아갔던 것이다.

전 중국을 휩쓴 무정부적이고 폭력적인 상황을 틈타, 지금까지 중앙권력이 대체로 자신의 목적을 위해 이용해 왔던 사회 세력들이 자유롭게 되었다. 1967년 8월 전 중국을 장악하는 좌파의 대두는 그 전 겨울보다 더 자발적인 것이었다. 그들은 이제 권력 장악을 시도했고, 그것은 군 당국과 이미 수립된 혁명위원회에 대한 반대를 뜻했다. 조반파 젊은이들은 베이징의 지도자들과 지역군 사령부 사이의 노골적인 균열이 제공하는 역사적인 기회를 이용해 자신들이 갖고 있던 열망을 실현하고자 했다. 1967년 여름의 활동가들은 더 이상 그 전해의 순진한 홍위병들이 아니었다. 그들은 숙청, 체포, 피어린 무장 투쟁의 시련을 거쳐 형성된 존재였다. 그들은 더 이상 속임수에 넘어가지 않았다. 그리고 그들 스스로가 무장했다. 그들은 옛 질서의 담당자들을 권력 기구에 재기용하는 혁명위원회 제도를 비난했다. 상하이에서는 혁명위원회의 대표들이 디젤 자동차 공장의 통합 총지휘부 활동가들에게 피랍되어 구타를 당했다.

이 조반파 젊은이들은 무엇을 원했던 것일까? 그것을 정확히 알기는 어려운 일이다. 왜냐하면 그들에 대한 정보는 그들에게 적대적인 언론을 통해서 알려졌기 때문이다. 언론은 다투어 그들을 떠돌이·범죄자로 몰아 억압하고자 했다. 그러나 입수 가능한 몇몇 자료들, 그 가운데 특히 1968년 1월 후난성 무산계급 혁명위원회[省無聯]에 의해 발행된 〈중국은 어디로 가는가?(中國向何處去)〉라는 문건이 주목된다. 문건은 '붉은 자본가 계급'과 군대가 혁명을 유산시킬 위험이 있다고 비난하면서 6개월 전 마오쩌둥이 구상한 바 있던 꿈을 재확인하고자 했다. 그것은 '중국 인민 코뮌', 즉 관리가 없는 사회에 대한 꿈이었다.

그 사이 1월이 되자 이제까지 당정 기구를 파괴하고 조반파의 권력 장악을 부추기던 당 중앙은 한계를 넘어서는 경우 언제나 인민해방군에게 호소할 수 있다는 사실을 의식하고 있었다. 그러나 1967년 여름 군은 직접적으로 또는 그 통제 아래 있는 혁명위원회를 통해 조반파의 타격 목표가 되었다. 조반파는 바로 군대를 파괴하고자 했다. 왜냐하면, 성무련의 문건에 따르면 "군대가 오직 인민과 함께 할 것을 그만 두었기" 때문이었다. 중앙은 이렇게 조반파로 하여금 군대를 공격하게 내버려 두면서 문화대혁명을 지속하도록 만들었고, 스스로 그것을 통제할 수단을 잃어 가고 있었다.

그리하여 1967년 8월 중국은 내전 상태로 빠져들었다. 베이징의 문화혁명 소조에 대해서는 자아비판을 하는 데 동의했던 지역군 사령관들이 지역적 차원에서는 조반파에게 그들의 권력을 조금도 양보하지 않으려 했고, 조반파에 대항하여 다른 대중 조직들을 조직했다. 광저우에서는 홍기파(급진파)와 동풍파(보수파) 사이의 충돌로 7월 21일 4백 명의 희생자가 발생했고 8월 12일에는 5백 명이 희생되었다. 황융성(黃

永勝)이 지휘하는 군사관제위원회(軍事管制委員會)는 이에 개입하려고 하지 않았고 개입할 수도 없었다. 8월 말의 쓰촨은 '피 속을 헤엄치는' 형국이었다. 베이징에서도 긴장은 어느 때보다도 고조되어 있었다. 마오쩌둥에 반대하는 자들은 '길거리의 쥐다 · 죽여라 · 죽여라'라고 언론이 부추기는 가운데, 혁명 조반파는 천보다 · 장칭 · 왕리 등 문화혁명 소조의 지원을 받아 류사오치와 덩샤오핑을 자신들에게 넘기라고 요구했다. 또 그들은 저우언라이와 그 측근들에 대해서도 공격을 가했다. 그들은 외교부에 난입하여 8월 초 일주일 동안 그곳을 점거하고 외교부장 천이(陳毅)에 대해 모욕적인 자아비판을 강요했다. 그들은 외교 업무를 방해하고, 영국 대사관에 방화하였으며, 붙잡힌 외국인들(외교관 포함)을 공격하고 폭행했다.

문화대혁명은 이제 최고조에 이르렀으며, 모순은 더 이상 협상을 통해 해결할 수 없는 지경에 이르렀고, 사회 세력들은 배후 조종자들의 손을 벗어났다. 이제 남은 것은 두 가지 해결책뿐이었다. 자생적으로 확대되어 가는 반란의 폭동 속에 국가를 방치하는 것, 또는 군대에게 질서를 회복하기 위한 수단을 다시 부여하는 것이 그것이다. 두 번째 해결책을 선택한 마오쩌둥은 문화대혁명의 사망을 선고하는 명령에 서명했다.

질서의 회복, 1967~1969

정부와 관료 기구의 몰락으로 말미암아 해방된 사회 · 정치 세력의 움직임을 잠재우는 것은 사실 쉬운 일이 아니었다. 그러나 그것은 시급한 일이었다. 동북 변경에 대한 소련의 압력이 더욱 커지고 체코의 위기가 공산주의 진영과 세계열강들에게 위기감을 불러오고 있던(제11장에서 후술함) 당시에 국가의 단결이 흐트러지도록 방치할 수는 없었다.

또한 군단들을 지방의 파벌 대립 속에 방치하여 그 힘과 단결력을 해치게 함으로써 정권의 궁극적인 기반인 군사력을 잃을 수는 없었다. 베이징의 지도자들과 마오쩌둥이 여전히 인민해방군을 하나의 통제 수단으로 삼아 그들의 권력과 국가의 단결을 지켜내고자 했다면, 가능한 한 신속히 군대에게 정치적 이념적 정당성이라는 명분을 다시 부여하고 자위 수단을 보장해 줄 필요가 있었다.

좌파에 대한 규탄과 신속한 혁명위원회의 수립

군대의 이념적 정치적 재건은 군대에 대항했던 사람들을 규탄하는 매우 전통적인 방식으로 8월 말부터 진행되었다. 1967년 열광적인 여름의 뜨거운 불길을 당겼던 가장 급진적인 지도자들과 선동가들은 극좌주의로 비판당했다. 그들은 단지 '가짜 좌파 분자', '양면적인 반역자'들로 간주되었다. 이 숙청의 가장 두드러진 희생자는 왕리였는데, 그에게는 린뱌오로부터 군대의 지도권을, 저우언라이로부터 국가의 지도권을 빼앗고자 했던 반역 조직 5・16 집단과 공모한 책임이 돌아갔다. 문화혁명 소조의 다른 성원들은 이러한 비난을 모면할 수 있었지만 장칭이 1967년 9월 5일의 연설에서 했던 것처럼 극좌파의 규탄에 공개적으로 참가해야 했다.

급진적인 정책은 일단 부정되자마자 마오쩌둥의 실질적인 적 또는 가상의 적으로서 규정되어 아무런 신뢰를 얻지 못했다. 동일한 음모의 희생자였던 군은 이로부터 자신이 가진 영향력의 정당성을 되찾았다. 군대는 또한 자위할 권리와 시위자들에게 공격당할 경우 발포할 권리를 되찾았다. 대중 조직은 더 이상 무기를 훔쳐서는 안 되며 이미 소유하고 있는 무기는 반납하라는 명령을 받았다. 그리고 군의 특정 부대와 정치 파벌의 연계를 끊기 위해 9월 인민해방군에게는 '좌파를 지원'하되 대중 조직에 대한 지원은 중지하라는 명령이 내려졌다. 정치 투쟁에 가장 직접적으로 연루되어 있던 군단들은 다시 부대 이동을 통해 상황을 벗어났다.

그러나 "노동자 계급 내부에 근본적인 이해의 대립은 없다"는 마오쩌둥의 호소에도 불구하고 평화의 도래까지는 오랜 시간이 걸렸다. 일부 조반 조직은 이후 투쟁이 재개될 것이라는 희망 속에 무기를 은닉하고자 했다. 성무련은 '무기를 반납하는 것은 자살 행위'라고 말했다. 윈난과 산시에서는 군단들이 여전히 대중 조직을 매개로 하여 서로 대립했다. 분명 인민해방군까지도 연루된 파벌 투쟁을 종식시키기 위한 유일한 방법은 '좌파에 대한 지원' 정책을 철회하는 것, 즉 문화대혁명을 서둘러 끝내는 것이었다.

그러한 목적의 하나로 혁명위원회 수립이 재개되었다. 혁명위원회의 수립은 사실 옛 간부들로부터의 권력 탈취를 상징하는 것이었고, 따라서 이론적으로는 마오쩌둥이 대중에게 위임했던 파괴와 재건 과정의 완수를 승인하는 것이었다. 성급 29개 단위(21개 성, 5개 자치구, 3개 직할시)의 혁명위원회 수립은 1967년 1월부터 1968년 9월까지 1년 반이 넘는 시간에 걸쳐 진행되었다. 혁명위원회 수립 운동은 1967년 1월부터 6월까지 초기에 6개가 조직된 이후 봄과 여름 좌파의 반격에 의해 중단되었다. 1967년 가을부터 다시 혁명위원회가 조직되어 갔지만 매우 지지부진했고, 1968년 상반기 동안 다시 속도를 내기 시작했다. 그러나 이 새로운 혁명위원회들은 1967년 봄에 수립된 것들과 비교하면 그 조직 형식이 달랐다. 혁명위원회 수립 초기에 인민해방군은 대중 조직이 주도하는 것을 지원하는 데 그쳤다. 3월 22일 조직된 산시성 혁명위원회가 모델이 되었는데, 위원회 성원의 절반이 혁명 조반파로 구성되었고 나머지는 대략 절반씩 지역군과 옛 간부들이 차지했다. 그러나 1967년 말과 1968년의 혁명위원회는 인민해방군의 주도와 통제 아래 조직되어 군 대표가 압도적이었고(군 대표 53퍼센트, 간부 25퍼센트,

혁명 조반파 21퍼센트), 전반적으로 군대가 위원회의 지도권을 장악했다(성급 29개 혁명위원회 가운데 21개 위원회의 주석직에 인민해방군의 군관이 취임했다). 예컨대 광둥성 혁명위원회의 주임은 황융성 장군이었고 장쑤성 혁명위원회 주임은 쉬스유(許世友) 장군이었다. 물론 이러한 질서 — 경우에 따라서는 군사적 질서였다 — 로의 복귀가 아무런 저항 없이 이루어진 것은 아니었다.

문화대혁명의 마지막 불꽃(1968)과 홍위병의 종말

새로운 혁명위원회의 수립은 조반파 젊은이들에게는 새로운 부르주아 독재로 간주되었다. 후난에서는 성무련이 절망 속에서 그에 저항했다. "정치권력의 형태가 피상적으로 바뀌었을 뿐이다. 옛 당위원회와 옛 군구가 혁명위원회로 변했고 낡은 간부들은 여전히 지도적 역할을 하고 있다. …… 승리의 과실은 부르주아지에게 빼앗겼다." 조반 조직을 무력화하고 그들의 반항을 억제하기 위해 중앙은 조반파 성원들을 분산시키고자 했다. '지식 청년들'[19]은 다시 농촌으로 보내졌고(1967년 10월 8일의 통지[20]) 새로운 졸업생들의 하방이 조직되었으며, 각급 학교의 교육 재개를 지시했다(1967년 10월 14일의 통지[21]).

그러나 1968년 봄 중앙에서 나타난 좌파의 새로운 움직임 — 그것은 결국 총참모장 양청우(楊成武)의 실각으로 끝난다 — 이 혁명 조반파에게 다시 희망을 주어, 베이징과 각 성에서는 내전이 재개되었다.

전투는 남부 지역에서 특히 격렬했다. 1968년 6월 초 홍기파와 동풍

---

19) 베이징 외문출판사(外文出版社)의 용법에 따른 이 이상한 표현은 중고등학교 학생 또는 종종 대학생을 뜻하는데, 그들은 농촌에 보내져 노동에 종사하고 농민으로부터 정치 교육을 받도록 했다.

20) 〈中共中央 · 國務院 · 中央軍委 · 中央文革小組關于下鄉上山的知識青年和其他人員必須堅持在農村抓革命促生産的緊急通知〉 — 역주

21) 〈關于大中小學校復課鬧革命的通知〉 — 역주

파는 난투를 벌였다. 통행금지가 실시되고 거리에는 장갑차가 순찰을 돌았다. 광시성 우저우(梧州)에서는 웨이궈칭이 조반파를 진압하기 위해 중포(重砲)와 네이팜탄을 사용했다. 시가지 전체가 파괴되고 수천 명의 희생자가 생겼다. 처형된 죄수들의 시신은 절단되어 강물에 던져졌고 몇 주 뒤 마카오와 홍콩의 모래사장에 떠밀려 왔다. 대학살을 모면한 몇몇 조반파가 정의에 호소하기 위해 베이징으로 올라갔다. 그러나 7월 3일 마오쩌둥은 그들을 박해한 웨이궈칭을 공개적으로 찬양했다. 몇 주 뒤 조반파 지도자들 가운데 5명을 접견한 자리에서 마오쩌둥 주석은 홍위병들의 행동을 부정하고 그들 간의 알력과 단결의 결여를 비난했다. "여러분은 나를 지원하지 않았다. 여러분은 중국의 노동자, 농민, 군인들을 실망시켰다." 이제 진압 정책은 가차 없이 진행되어 갔다.

홍위병들과 혁명 조반파는 내부 조직 구조의 약화, 중앙의 지지 철회, 군대의 진압으로 사라져 갔다. 체포와 학살을 면한 이들은 인민해방군에 입대하거나 농촌으로 보내졌다. 1968년에서 1969년으로 이어지는 겨울 동안 가장 큰 규모의 하방 운동이 시작되어 약 2천만 명의 젊은이들에게 미쳤다. 사병, 노동자, 농민들로 구성된 마오쩌둥 사상 선전대가 대학과 중학교에 파견되어 학생들을 교육시켰고, 한때 폭동 시기에는 '젊은 혁명 장군들'[革命小將]로 간주하던 청소년들을 다시 지적으로 겸손하고 정치적으로 복종적인 사람으로 만들고자 했다. 홍위병의 소멸은 문화대혁명에서 대중의 개입(대체로 마오쩌둥파의 권력에 의해 잘 통제되고 있었다)에 종지부를 찍었다. 후기의 혁명위원회 수립에는 아무런 장애도 없었고, 그것은 당 재건의 임무를 띤 제9차 전국대표대회 소집에서도 마찬가지였다.

중공 제9차 전국대표대회(1969)와 문화대혁명 1차 결산

중공 9전대회가 1969년 4월 1일부터 24일까지 베이징에서 소집되었다. 그 1,512명의 대표는 각 성 혁명위원회에 의해 선임되었는데, 그 4분의 3이 인민해방군 대표였다. 따라서 대회가 새로운 중앙 기구 창설을 시작으로 당의 재건에 나선 것은 바로 군대의 통제와 영향력 아래서였다. 중국 인민 지도의 핵심이라는 당의 역할이 재확인되었다. 새로운 당장(당 규약)에는 당의 이론적 기초로 마오쩌둥 사상이 재도입되었다. 지도부는 대폭 쇄신되었다. 사회주의 국가의 관례상 예외적으로 주석의 후계자 이름이 당장에 기입되었다. 그는 당연히 린뱌오였다. 당 기구는 비대해졌다. 중앙위원회 정·후보 위원은 190명에서 279명으로 늘었다. 앞선 전국대표대회들의 경우 중앙위원의 대다수가 유임되었다면 1969년은 옛 중앙위원(1966년 선출됨)의 60퍼센트가 배제되었다. 그러나 9전대회가 선출한 중앙위원회는 젊은 세대로 교체되었다기보다는(평균 나이는 여전히 61세 이상이었다) 색다른 특징을 띠고 있었다. 그것은 인민해방군 대표가 의석의 50퍼센트 이상을 차지할 정도로 중요한 지위를 갖게 되었고 지역 지도자들(그들도 대부분은 군 대표였다)이 다수였다는 점이다. 대표대회 때 린뱌오는 정치 보고에서 이미 제거된 지도자들을 재비판하고 문화대혁명의 승리를 축하했다. 사실 9전대회는 마오쩌둥과 권력 투쟁 과정에서 마오를 지지한 사람들이 주도한 대회였다. 옛 기구의 지도부에 있던 간부들의 반대는 분쇄되었다. 새로운 중앙위원회가 비록 이질적인 집단 — 군대, 관리자, 급진파 — 들의 연합 같이 보여도 마오주의 좌파가 주된 구실을 했다.

반면 문화대혁명은 마오쩌둥이 부여했던 몇몇 근본적인 목표를 달성하지 못했다. 더욱 나빴던 것은 문화대혁명이 예상치 못한 역효과를 일으켰다는 점이다. 혁명은 '혁명의 후계자' 대신 희망을 걸 수 없는 홍위병을 양산해 내고 보다 민주적인 새로운 권력 구조를 창출하기보다는 대체로 군인이 민간 간부를 대신했을 뿐으로, (앞서 파괴했던) 옛 기구를 다시 살려냈던 것이다. 문화대혁명은 중국 사회에 깊고도 오래 남을 상처를 입혔는데, 중앙 권력과 지방 권력 사이의 그리고 민간 당국과 군부 세력 사이의 균형을 파괴했고, 통치자와 피통치자 사이의 관계를 불안정하게 만들었다. 마오쩌둥이 사망하기까지 수년간에 걸친 파벌 투쟁의 심화는 중국이 겪은 정신적 외상이 얼마나 심각한지를 잘 보여준다.

제8장
마오쩌둥 시대의 종언
1969~1976

마오쩌둥 시대 말기는 정치 노선의 변동이 점점 더 가속화하고 점점 더 격렬하게 전개되는 혼란스러운 시기였다. 최고위층에서는 파벌 대립이 증가했다. 급진파는 옛 간부들과 대립했고 마오쩌둥과 가까운 군사 파벌들은 쇠락했다. 정치적 목적만큼이나 (또는 그 이상으로) 개인적인 유대가 집단의 결속에 결정적인 역할을 했다. 문화대혁명은 증오와 복수심을 짙게 남겼고 다양한 집단들 사이에 깊은 골을 팠다. 의견을 함께 할 수 있는 영역은 점점 좁아졌다. 각 파벌은 백화제방과 대약진 시기의 개방적이고 유동적이던 성격을 잃었다. 따라서 정치적 선택에 따라 다양한 구성원을 가지는 파벌들이 생겨났다. 마오쩌둥 시대 말기 각 파벌들이 경직화되어 감으로써 어느 파벌에 속하느냐에 따라 거의 자동적으로 정치적 줄서기가 이루어졌다. 진정한 토론은 매우 드물었고 정치적 삶에는 기본적으로 각 파 간의 권력 교체가 반영되었다.

파벌주의는 지도층에만 국한되지 않았다. 내전의 불길이 잡혔다고는 해도 사회는 여전히 혼란을 면치 못했다. 기업, 정부 부서, 교육 기관 등에서 희생자들과 가해자들 — 전날의 적들 — 은 화해할 준비가 되어 있지 못했다. 잠재적이든 격렬한 형태이든 대립은 계속되었다. 판에 박힌 이념적 언설들은 개인 차원의 폭력적 해결이나 작은 이해 대립 등을 더 이상 은폐할 수 없었다. 사회의 위기는 정권의 위기를 표현하고 있었다.

문화대혁명은 덕이 지배하게 하고 대중에게 권력을 부여하는 데 이르지 못했다. 그러나 공식적으로 혁명은 부정되지 않았다. 마오쩌둥의 권위도 여전했다. 따라서 유토피아는 먼 훗날의 일로 남겨졌다. 이러한 조건 아래서 정치와 경제의 재건은 느리게 진행되었고, 1971년 9월 린뱌오의 몰락과 1973년 여름부터 1974년 말까지의 공자 비판 운동, 1976년 4월 천안문 광장의 대중 시위 등 심각한 위기에 의해 단절되기도 했다. 상황이 돌파구를 찾기 위해서는 1976년 9월 마오쩌둥이 사라지길 기다려야 했다.

파벌주의의 확산 : 9전대회(1969)부터 10전대회(1973)까지

중국공산당 제10차 전국대표대회까지 중국의 국가 권력은 그 내부의 분열에도 불구하고 큰 국가적 문제에 대처하기 위해 행동에 나설 수 있었다. 정치 및 행정 기관의 재건, 경제 개발, 대서방 외교 정책의 조정 등이 그것이다. 그러나 이 모든 분야에 걸쳐 채택된 조치들은 서로 모순된 것이었고 중앙과 지방에 걸쳐 전개된 격렬한 권력 투쟁을 반영하고 있었다.

급진파의 후퇴

9전대회는 마오쩌둥과 그의 신봉자들이 권력 투쟁에서 승리했음을 확인한 대회였다. 옛 문화혁명 소조의 성원들은 이제까지 누구도 당 중앙위원에 들지 못했지만 이제 새로 구성된 정치국의 위원이 되었다. 천보다, 캉성, 장칭, 장춘차오, 야오원위안 등등이 그들로서 정치국 성원의 3분의 1 이상을 차지했다(전체 29명의 정·후보 위원 가운데 9명). 이에 맞서 옛 기구의 몇몇 간부들이 재등장했다. 저우언라이, 리셴넨 그리고 린뱌오의 주위에 결집한 인민해방군의 수뇌들과 지역 사령관들이었다.

이 다양한 세력들 사이의 균형은 매우 불안정했다. 압도적인 영향력을 갖고 있었던 것으로 보이는 좌파인 마오쩌둥파는 곧 약화되어 갔다. 이러한 후퇴를 보여주는 최초의 조짐은 1970년 8월 천보다의 제거였다. 그는 마오쩌둥의 특별 비서로서 문화혁명 소조를 지도했고 1970년에 정치국 상무위원회 서열 4위였지만, 1970년 8월 루산에서 개최된 9기 2중전회 당시 린뱌오와 함께 공모하여 마오쩌둥을 쓰러뜨리려 한 바 있다고 1971년 9월 린뱌오가 사망한 뒤에 비판당한다. 당시 공화국 주석직의 존폐 문제와 그 주석직을 누구에게 배정하느냐를 놓고 벌어진 갈등이 그러한 설명의 근거임은 분명하다. 그러한 설명이 모든 것을 만족스럽게 말해 주는 것은 아니다. 그러나 자료의 부족으로 말미암아 마오쩌둥이 왜 당시 천보다를 시작으로 해서 그 다음 해 대표적으로 린뱌오를 겨냥한 새로운 반(反)좌파 운동을 일으키게 했는지 그 이유를 상세히 분석하기는 어려운 일이다.

린뱌오 사건이 발생한 뒤 몇 주 동안 간부들에게는 그 사건에 대해 다음과 같이 설명되었다. 린뱌오는 주석의 특별 열차를 폭파하여 마오쩌둥의 목숨을 노렸다. 이 음모의 내용은 〈571 공정기요(工程紀要)〉로 작성되었는데, 이 문건은 지도부에 의해 1972년 1월 당 내부에 배포되었고 타이완 정보부를 통해 서방에 전해졌다. 1971년 9월 8일 암살 기도가 실패 한 뒤 린뱌오와 그 공모자들은 군용 비행기에 올라 소련으로 도피하고자 했지만 9월 12일 비행기는 몽골에서 추락했다는 것이다.

이 사건 설명의 신빙성은 이후 전혀 확인된 바 없다. 알려진 것은 단지 린뱌오가 마지막으로 모습을 나타낸 것이 1971년 6월 3일이며, 중국의 군용 비행기가 몽골인민공화국에서 추락했고, 린뱌오의 사망이 총참모장 황융성, 공군사령관 우파셴(吳法憲) 등 여러 군사 지도자들의 몰락을 야기했으며, 당은 1973년 8월 10전대회에서야 공식적으로 린뱌오를 비난했지만 언론들은 1971년 9~10월부터 린뱌오에 대해 은밀한 그러나 매우 격렬한 공격을 쏟아 냈다는 것이다. 언론들은 특히 린뱌오가 마오쩌둥을 더욱 우스꽝스러운 존재로 만들고자 마오쩌둥 천재론을 내세우면서 개인숭배를 과장했다고 비난했다.

린뱌오 사건의 알려지지 않은 부분이 여전히 존재한다고 해도 분명한 것은 그것이 단순히 궁정 안의 혁명에 불과한 것은 아니었다는 점이다. 린뱌오는 미국에 대한 접근 정책을 비판하고 문화대혁명을 통해 수립된 혁명위원회가 1969년 9전대회를 통해 재건된 당에 종속되는 것을 비난하는 등 근본적인 문제에서 마오쩌둥과 대립했다. 린뱌오의 제거는 문화대혁명 이후 2년이 넘는 기간 동안의 정치적 불안정성을 말해 준다. 그것은 후계자 문제를 재연케 했으며, 또한 인민해방군의 단결 그리고 국가적 문제의 관리뿐만 아니라 당 내부 갈등에서 군의 역할은 무엇인지 의문을 제기하게 만들었다. 몰락 당시 린뱌오는 좌파로 비난을 받았다(그러나 얼마 뒤 1973~1974년에 그러한 판결은 바뀌어 린뱌오는 우파로 지목되었다. 그것은 선전과 파벌 투쟁의 필요에 부응한 것이었다). 1971년 그의 제거는 문화대혁명이 비판하고 박해했던 옛 기구 지도자들의 복귀와 동시에 진행되었다. 전 석유부장 위추리(余秋里), 전 공산주의청년단[共青團] 주석 후야오방(胡耀邦) 그리고 전 국가기본건설위원회 주임 구무(穀牧)가 재등장했다. 1973년 4월에는 덩샤오핑이 정치 무대로 복귀했다.

따라서 린뱌오의 제거는 급진파와 문화대혁명의 옛 좌파에게 불리하게 세력 균형을 변화시켰다. 그것은 또한 정치 과정에서 군의 역할에 의문을 제기했다. 약 60명의 군사 수뇌들이 린뱌오를 따라 실각했다. 그들은 기본적으로 전국적 수준의 지도자들이었는데, 그 대부분이 린뱌오가 국방부장에 취임한 뒤 주요 협력자들을 충원했던 제4군단의 베테랑들이었다. 그러나 제1군단(펑더화이와 허룽의 군단)과 제2군단(덩샤오핑은 오랫동안 이 군단의 정치위원이었다)의 장령들이 세력을 회복했다. 그들은 다시 인민해방군의 각 부서, 치안 기관, 기술·경제 부처의 최고 책임자가 되었다.

린뱌오는 군부 안에서 의견의 일치를 이끌어 내지 못했다. 예컨대 난징의 쉬스유, 선양(瀋陽)의 천시리엔(陳錫聯) 등 일부 지역 사령관은 그에게 거리낌 없이 적의를 드러냈다. 따라서 린뱌오의 몰락이 인민해방군에 대한 당의 승리를 나타내는 것은 아니고, 정치 무대로부터 군부의 후퇴 이상을 가져오지 않았다. 그것은 단지 군대 안에 있는 다양한 세력의 관계망 사이에서 역할의 재분배를 뜻하는 것이었다. 1972년과 1973년에 인민해방군의 당위원회에 대한 복종을 호소하는 운동이 있었지만 군대는 여전히 중앙 기구에서 상당한 영향력을 보유하고 있었고 지방에서는 압도적인 힘을 행사하고 있었다.

조정 정책의 개시

권력 투쟁의 우여곡절에도 불구하고 재건을 위한 노력은 — 곤란과 모순이 없었던 것은 아니지만 — 계속되었다. 무엇보다도 먼저 정치·행정 기구를 다시 세워야 했다. 9전대회에서 중앙위원회와 정치국을 개조(改組)한 데 이어 당을 정돈하고 재건하기 위한 운동[정당건당운동(整黨建黨運動)]이 1969년 5월에 시작되었다. 운동은 지역 기구의 재건을 목표로 삼았다. 본래 목표는 기층 단위 — 기업, 촌락, 도시 안의 인접 주거지 등 — 로부터 시작하여 현위원회, 성위원회를 조직하는, 즉 아래로부터 위로 재건을 진행하는 것이었다. 그러나 여전히 중국 사회를 흔들고 있던 여러 혼란으로 말미암아 예정된 절차대로 진행하기는 불가능했다. 따라서 1970년 가을부터 성위원회의 재건에 우선권이 주어졌다. 군의 지원 아래 원만하게 진행된 성위원회 건설은 1971년 여름 완료되었다. 군은 문화대혁명 시기에 수립된 혁명위원회보다 이 새로운 성위원회에서 더 많은 자리를 차지했다. 군인이 성위원회 서기와 부서기의 62퍼센트를 이뤘고 29개 위원회 가운데 21개 위원회를 지도했다. 몇 년 전 실각했던 지역 간부들이 이 새로운 기구를 통해서 다시 등장했다. 예컨대 자오쯔양은 다시 내몽골자치구위원회 서기가 되었다. 반면 대중 조직의 대표들은 매우 적은 수에 불과했다. 상하이시위원회의 경우는 예외적으로 3명의 마오쩌둥파 활동가들이 서기처에 들어갔다.

따라서 성 수준에서 이루어진 당 구조의 공고화는 군의 역할을 강화하는 결과를 낳았다. 성위원회와 혁명위원회를 모두 지도하면서 군은 당과 국가의 권력을 손에 넣었다. 그러나 군의 혁명적 역사, 정치적 규율, 정권에 대한 충성 등 중국 군대의 특수한 성격은 그들의 권력이 군사 독재로 변질되는 것을 막았다.

경제 영역에서도 급진파는 곧 수세에 몰렸다. 전술한 바와 같이 농촌 전략은 여전히 정치 노선의 급진주의와 보수주의를 가르는 근본적인 기준 가운데 하나였다. 1970년 봄에 시작된 다자이(大寨) 학습 운동은 문화대혁명의 옛 좌파와 지역군 사령관과 연계된 관리자들 사이에 폭력적인 갈등의 초점이 되었다. 대립하는 두 진영은 모두 '다자이를 배우자[學大寨]'는 같은 구호를 내세웠다. 1970년에는 급진파가 그랬고 1971년 봄부터는 상대적인 자유파가 그랬다. 운동이 시작되자 급진파는 이를 농촌 생산 조직을 재장악하기 위한 수단으로 삼았다. 문화대혁명의 혼란을 틈타 농민들은 사실 집단 체제로부터 상당히 자유로워져 있었다. 국가 공출은 잘 지켜지지 않았고, 생산대의 토지는 개인의 소규모 토지를 경작하느라 방치되었으며, 농촌 자유 시장이 늘어났다.

1960년대 초, 사회주의 교육 운동 시기에 산시성의 다자이 생산대대는 이미 언론으로부터 하나의 모범으로 언급되고 있었다(앞의 174쪽 참조). 유명해진 이 대대는 1970년 다시 하나의 본보기로 등장했다. 언론은 다자이 생산대대가 농민들에게 수행한 노동이 아니라 그들이 보여준 정치적 적극성에 따라 노동 점수를 부여했다고 찬양했다. 또한 평등한 분배와 사유 소토지에 대한 순환 보유 원칙을 채택했음을 칭찬했다. 그리고 보다 일반적으로는, 대대가 집단의 단위를 확대하고 생산 수단의 소유와 관리 책임을 생산대가 아닌 생산대대로 이전함으로써 농민의 개인주의에 대한 투쟁을 벌였다고 이야기되었다.

이러한 운동의 재개는 수많은 불만을 불러왔고 후난과 푸젠의 경우처럼 공개적인 반항으로 나아가는 경우도 있었다. 이에 불안을 느낀 몇몇 지역군 당국은 이러한 농업 정책의 평등주의적인 오류를 비판했다. 특히 쉬스유의 경우가 주목된다. 그는 "혁명을 하기 위해 부자와 빈자의 평등을 실현할 필요는 없다. …… 어떤 사람들은 좌측으로 기울수록 더 좋다고 생각한다. 그러나 그들은 자신들이 현실로부터 괴리되어 있다는 사실을 알지 못하고 있다"고 말했다. 결과적으로 1971년 봄부터 정치적 적극성에 따라 노동 점수를 부여하는 방안은 포기되었고 생산대가 다시 힘을 얻었다. 심지어 생산과 관리의 단위를 작업조(作業組), 즉 3~4호의 농가로 이루어진 '집단'으로 끌어 내리고자 하는 시도도 있었다. 다자이 학습 운동은 계속되었지만 그것은 이제 그 대대가 이룬 기술상의 개선에 주목하기 위함이었다.

린뱌오의 몰락 이후 실용주의파의 압력이 강화되어 갔다. 교육 제도가 재검토되고, 1961~1965년 시기에 시행되었던 학생 선발 원칙이 중학교와 대학에서 재등장하기 시작했다. 학생 충원은 더 이상 소속 단위의 정치적 추천에만 의존하지 않았고 지식 정도에 대한 평가가 다시 도입되었다. 이론 교육은 실용 지식을 보충하는 차원에서 이루어졌다. 이념적 영역에서는 대중들로 하여금 《작은 붉은 책(小紅書)》(문화대혁명의 상징)을 읽는 데 만족하게 하는 정신적 나태를 비판했다. 1972년 7월에 시작된 마르크스주의 학습 운동은 마르크스, 엥겔스, 레닌, 마오쩌둥의 저작 목록을 제시하고, 이에 대한 당원들의 독서를 권장했다.

이러한 조정이 자신들을 도태시킬 것이라고 본 급진파는 자위를 위한 조직에 나섰다. 그들은 문화대혁명이 획득한 성과들을 보존해야 한다고 주장했다. 그들은 린뱌오의 제거를 재론할 수는 없었지만 그와 거리를 두기 위해 비난의 이유를 바꾸어 이제 그를 우파로 몰아세웠다. 그들은 이렇듯 선전 기구와 주요 언론 기관(《홍기》, 《인민일보》, 《광명일보》 등)에 행사하고 있던 영향력을 통해 문화대혁명 시기에 나왔던 정치적 수사에 의지할 수 있었다. 그러나 그들이 진정으로 조정 정책에 맞서기를 원한다면 보다 구체적인 권력 기반을 발전시킬 필요가 있었다. 그것은 바로 1973년 봄, 당시 잿더미로부터 다시 소생하고 있던 전통적인 대중 조직들 — 공청단, 노조(공회), 민병 — 을[22] 장악하는 것을 통해서였다. 그러한 임무는 1969년 4월의 9전대회에서 중앙위원회에 진입한 상하이의 젊은 활동가 왕훙원(王洪文)이 주도했다. 대중 조직 장악에 성공하자 대담해진 급진파는 반격에 나섰다. 랴오닝성 당위원회 선전부장[이는 다름 아닌 마오위안신(毛遠新)이라는 마오쩌둥의 조카였다]은 한 학생의 대학 진학 실패를 구실로 삼아 새로운 교육 정책을 공개적으로 비난했다. 몇 주 뒤인 1973년 8월 7일 《인민일보》에 게재된 광저우 중산대학(中山大學) 철학과 교수 양룽궈(楊榮國)의 글은 공자를 비판했다. 이는 저우언라이를 규탄하기 위한 것으로, 누구나 쉽게 알 수 있는 암시의 방식으로 그의 귀족적 출신 성분과 옛 간부들에 대한 복권 정책을 비난했다.

---

22) 이 대중 조직들은 문화대혁명 시기 당정 정규 기구들과 동시에 자취를 감춘 바 있다. 이 조직들의 부활은 9전대회 이후 시작된 정치적 재건의 일환이었다.

따라서 린뱌오의 제거, 옛 간부들의 복귀, 최소 수준의 군 개입 등이 있었지만 조정 정책의 원활한 추진에는 충분치 못했고, 문화대혁명을 계승한 급진주의의 부활을 막을 수도 없었다. 중공 10전대회는 그러한 1973년 여름의 매우 불안정한 상황을 분명히 드러내는 계기였다.

1973년 중국공산당 제10차 전국대표대회

가장 은밀하게 소집된 10전대회의 목표는 린뱌오의 제거를 공식화하고 당장에서 그의 이름을 삭제하는 것이었다. 세 개의 문건이 발표되었다. 저우언라이와 왕훙원이 각각 발표한 보고들과 새로운 당장이 그것이다. 이 문건들 사이에 존재하는 모순은 파벌 간에 아무런 의견의 일치도 없었음을 (또는 제한적인 합의만이 있었음을) 보여준다. 전국대표대회를 기회로 이루어진 타협은 매우 피상적이고 취약한 것이었다. 저우언라이가 천보다와 린뱌오의 이름을 직접 거론하며 비판했다면 왕훙원은 천보다를 언급하지 않고 린뱌오에 대해서도 온건한 비판을 했을 뿐이다. 또 저우언라이가 문화대혁명의 용어와 수사들을 존중하면서도 경제 문제에 더 많은 관심을 둘 것을 주장했다면 왕훙원은 다시금 '혁명'을 호소했다. 전자가 서방과의 긴장 완화를 호소했다면 후자는 두 강대국을 함께 비난했다. 당장의 수정에는 왕훙원의 입김이 작용했다. 즉 새로운 당장은 비판에 대한 억압을 금지했다. 그러나 중앙위원회의 개선(改選)을 통해 복권된 노련한 옛 간부들이 지도부에 다시 합류할 수 있었다.

10전대회는 존재하던 여러 모순들을 뛰어넘기보다는 그대로 나열하는 데 머물렀다. 당은 내부적 단결이 불가능해 보였다. 더 이상 어떠한 조정도 이루어지지 않았고, 파벌들에게 화해를 강요할 어떠한 권위도 더 이상 존재하지 않았다. 정권은 통치 말기의 내분 속으로 빠져들고 있었다.

정권의 위기

마오쩌둥의 시대의 마지막 몇 년을 어둡게 만든 폭력적이고 기이하고 무익한 갈등들은 일반적으로 독재자의 몰락에 동반되는 것들이었다. 나이 들고 질병으로 쇠약해진 마오쩌둥은 점점 더 측근들의 영향력에 의해 좌우되었다. 잠시 왕성한 기력을 회복하거나 맑은 정신을 되찾기도 했으나 자신의 아내 장칭이 지배하는 궁정파의 볼모가 되어 갔다. 저우언라이도 마찬가지로 급속도로 죽음을 향해 달려가는 가운데 정부 업무인 경제 방면의 생산을 지속해 나가고, 다시 혼란 속으로 빠져들지 않도록 애썼다. 1973~1974년 그는 급진파가 그에 대해 시도한 전쟁에서 무기로 쓴 공자 비판 운동을 좌절시킬 정도로 아직 기력이 남아 있었다. 그러나 그는 점점 더 오래 그리고 자주 병원 신세를 져야 했다. 그리하여 그가 1975년 4개 현대화에 관한 최초의 계획을 시행하도록 위임한 사람은 덩샤오핑이었다. 1976년 1월 국무원 총리의 사망은 급진파에게 행동의 자유를 가져다주었다. 4월 5일 천안문 광장에서 저우언라이와 그의 정책을 기리던 인민 대중의 반발이 있었지만 장칭과 그 지지자들[얼마 뒤 그들은 사인방(四人幇)으로 명명된다]은 지도권을 장악했다. 그러나 카리스마 영수의 승인 이외에는 아무런 원천도 갖지 못했던 그들의 권력은 1976년 9월 9일 마오쩌둥의 사망으로 막을 내린다.

공자 비판 운동(批孔運動), 1973~1974

반세기 이상 중국공산당 내부의 파벌 투쟁은 국제적 혁명 전통 속에 등장하는 영웅과 반역자를 내세워 전개되었다. 트로츠키주의 신봉자, 흐루시초프의 아류 같은 비판이 그것이다. 그런데 1973년 여름 급진파는 그들의 적에게 "공자와 같은 착취 계급에게 매수당했다"고 비난했다. 모욕적인 용어의 사용에서 보이는 이러한 전환은 당시 중국에게 그

야망에 걸맞은 자리를 부여해 주지 않던 프롤레타리아 국제주의로부터 고립되고 소원(疏遠)해진 중국의 처지를 나타낸다. 중국 고유의 문화적 전통 속으로 되돌아가는 이러한 자폐적 경향은 또한 여러 운동과 그 쟁점들에 대한 이해를 어렵게 만든다. 그것은 의사소통의 범위를 대립하고 있는 파벌 및 중국 고전에 대한 이해가 깊은 집단으로 국한하는 경향을 띠고 있었다.

사실, 역사적으로 유사한 사례에 빗대는 것은 중국의 가장 전통적인 정치 전략에 속했다. 분명히 말하지 않고 암시를 하는 이러한 방식은 필히 불확실성과 모호성의 여지를 띤다. 여기서 저우언라이가 가진 아주 노련한 능력이야말로 공자 비판 운동에 대한 이해를 특히 어렵게 만든다. 즉 그는 분명히 말해지지 않은 부분을 능숙하게 이용하여 운동을 전환시키고, 그로부터 운동을 주도하던 자들이 의도했던 것과 완전히 다른 것을 제기할 수 있었다.

초기에 운동은 전통 가치에 대한 새로운 공격이란 형태로 전개되었다. 특히 공자의 이상주의와 인문주의가 노동과 육체노동에 대한 경멸이라는 엘리트주의를 만들어 낸다고 비판하였다. 그러나 1973년 8월 양룽궈의 글이 발표된 뒤(앞의 220쪽 참조) 급진파 이데올로그에 의해 기도된 이 운동은 사실상 저우언라이와 그의 재건 정책 — 1970년 이래 진행되어 온 행정 · 경제 · 교육 분야의 정책 — 을 겨냥한 것으로 나타났다. 그러나 1973년 가을 국무원 총리와 그의 협력자들은 이 운동을 성공적으로 장악하고 그것을 문화대혁명의 유산에 대한 비판과 폐기 그리고 급진파에 대한 공격에 이용하기 시작했다. 구호의 변화가 운동의 점진적인 흐름을 나타낸다. 저우언라이는 공자 비판[批孔]으로부터 자신을 지키기 위하여 그것을 린뱌오와 연결시켰고, 오해의 소지를 피하기 위해 두 반역자의 이름을 연결시켜 함께 규탄하였다. 비공비림(批孔批林, 공자를 비판하고 린뱌오를 비판하자)이 그것이다. 그리고 마침내는 이 구호 내용의 앞뒤가 바뀌어 '비림비공'이 되었는데, 그것은 우선적인 투쟁 대상이 급진적 이데올로그라는 것을 강조하기 위한 것이었다.

운동은 이렇듯 서로 모순된 의미를 띤 채 전개되었다. 이러한 상황에서 각 진영이 지지를 획득하기 위해 시도한 대중 동원이 가능했을까? 운동은 다양한 상징적인 근거들을 내세운 논쟁 수단이 되어 버렸고 대부분의 인민은 그것을 이해하지 못했다. 정치인들의 경우도 진정한 적이 누구인지 가늠하는 데 일정한 어려움을 겪었다. 유가 학자에 대한 규탄은 옛 관습과 질서를 회복시키려고 하는 당내 기회주의자들을 공격하기 위한 것일까? 그러나 언론에서는 같은 유가에 대해 경제적인 문제를 경시하고 중용 — 즉, 현 상태 — 을 강조했다며 비난하는데, 그것은 오히려 필요한 역사적 변화를 막아서는 급진적 이데올로그를 겨냥하고 있는 것은 아닐까? 이러한 난해성으로 말미암아, 운동이 전국으로 확산되어 기업, 학교, 정부 기관, 촌락의 수백만 중국인들이 옛 경전들을 읽고 의견을 말하고 유가 전통에 대해 검토하도록 부추김을 받았지만, 결국 서로 의사소통할 수 없는 패쇄적인 토론으로 변질되어 버렸다. 대중은 운동에 고분고분 따랐지만 그들의 열정을 이끌어 내지는 못했다. 일부 젊은이들이 이 기회를 이용하여 운동의 필요에 따라 재편집되어 회람된 고전을 접할 수 있었지만 가장 적극적인 참여자는 무명의 작가들이었다. 그들은 공동의 가명을 이용해 글을 발표하였다. 예컨대 베이징 칭화대학의 양샤오(梁效) 그룹[23]이 그것으로 급진파를 대변하고 있었다.

저우언라이가 운동에 대한 통제를 강화함에 따라 운동의 주제는 굴절되어 갔다. 1974년 봄부터 강조점은 과학, 신기술, 경제 발전 등에

23) 양샤오는 양교(兩校)의 중국어 발음과 같다. 이는 비림비공 운동 당시 베이징대학과 칭화대학 양교의 비판 그룹이 필명으로 사용한 것이다.—역주

두어졌다. 중국의 통일을 실현한 진시황제가 모든 책을 불사른 것은 아니었고 농업과 의학 서적은 제외하였다는 점을 환기시켰다. 만일 유가가 농업보다 효(여기서는 이념을 뜻한다)의 중요성을 강조했다면 그들의 적인 법가는 반대로 생산의 문제에 관심이 있었다는 점이 강조되었다. 이에 운동은 점점 더 분명히 저우언라이와 당정 기구 관리자들의 우선적인 관심사를 반영하게 되었다. 그것은 서방에 대한 부분적인 개방으로 인해 가능해진 기술 도입 덕분에 이룬 생산 체계의 혁신이었다. 여기서 오직 능력이라는 기준으로만 (외국인도 포함하여) 자신의 자문역을 선발했던 진시황제의 재상 이사(李斯)의 전례가 환기되었다. 1974년 말 운동이 종식되었을 때 저우언라이와 그의 정책에 승리가 돌아갔다. 그리고 그것은 1975년 1월 제4차 전국인민대표대회에서 공식화되었다.

최초의 4개 현대화(1975)

제4차 전국인민대표대회 제1차 회의는 1975년 1월 13일부터 17일까지 베이징에서 개최되었다. 이러한 짧은 회기는 아마도 정부 활동 보고를 위해 병원 침대를 떠나야 했던 총리의 기력을 아끼기 위한 고려에서였는지도 모른다. 저우언라이는 세기말까지 중국 경제를 도약시키기 위한 발전 계획을 제시했다. 이 계획은 저우언라이가 이미 지난 1964년 전국인민대표대회에서 제안했던 바 있고 문화대혁명으로 시행되지 못했던 4개 현대화 구상을 다시 제기한 것이었다. 전인대는 저우언라이의 정부 활동에 대한 간략한 보고와 저우언라이가 그를 보좌하고 이후 그를 승계할 사람으로 덩샤오핑을 선택한 것을 승인했다.

이때 덩샤오핑은 다시 정부와 군대의 가장 중요한 정치적 직책들을 맡았다. 그는 전인대가 개최되기 직전 소집된 당 중앙위원회 회의에서 중앙위원회 부주석으로 선출되고 정치국 상무위원회에 진입했다. 이어서 전인대는 그를 제1부총리로 임명했다. 1월 말에 그는 인민해방군 총참모장에 임명된다.

저우언라이가 세운 총괄적인 발전 계획을 구체화하는 일은 덩샤오핑에게 맡겨졌다. 그 구체적인 안은 1975년 덩샤오핑이 정치권에 회람시킨 세 개의 문건에 요약되어 있다. 그 가운데 가장 중요한 첫째 문건 〈전당 전국 공작 대강(論全黨全國各項工作的總綱)〉은 급진파 이데올로그들을 '형이상학자'라고 공격했다. 그는 이들을 정치에만 빠져 경제를 잊어버리고 단지 혁명을 추진할 뿐 생산에는 아무런 주의도 기울이지 않는, '생산력의 해방'을 위해서는 아무런 능력도 없는 가짜 마르크스주의자로 비난했다. 다른 두 문건 〈공업 발전의 가속화를 위한 약간의 문제(關于加快工業發展的若干問題)〉와 〈과학 및 기술 분야의 몇 가지 문제(關于科技工作的幾個問題)〉는 관련 문제들을 상세하고도 분명히 언급했다. '평등주의는 불가능한 것'이었다. 임금은 능력의 차이 및 노동의 질과 양을 고려해야 했다. 전문가의 복권은 물질적 자극의 회복과 함께 진행되었다. "'백인' 전문가들이 중화인민공화국의 이익을 위해 일하는 경우가 아무 일도 하지 않으면서 파벌 대립을 야기하고 모든 일에 제동을 거는 사람들보다는 더 나은 것"이었다.

여기서 우리는 덩샤오핑이 비록 저우언라이와 같은 생각을 갖고 있었을지라도, 그의 방법론과 정치 방식은 총리의 그것과 달랐다는 점을 알게 된다. 저우언라이가 장애들을 돌아가고 타협을 통해 일을 추진하며 예민한 문제를 모호하게 변질시켜 갔다면 덩샤오핑은 곤란을 정면으로 대처하고 용어 사용에서도 그리 신경 쓰지 않았다. 그만큼 그의 발표 내용은 적들에게 도발적으로 받아들여졌다.

사실 덩샤오핑의 적들 가운데 정부 안에서 유력한 지위에 있는 자는 거의 없었다. 고위층에는 제4차 전인대에서 부주석 지위에 오른 장춘차오가 있을 뿐이었다. 그리하여 급진파의 특권적인 영역이자 그들이 효과적으로 장악하고 있던 이념, 문화, 교육 분야에서 덩샤오핑에 대한 반격이 전개되었다. 마오쩌둥 주석이 덩샤오핑의 부상을 반대하지 않았지만 그에 대해 아무런 근심도 없었던 것이 아님은 분명하다. 어쨌든 그는 1975년 1월의 전인대에 참석하지 않았다. 그러나 덩샤오핑이 배포한 문건들은 마오의 우려를 불러올 수밖에 없었다.

급진파의 반격은 1975년 봄 프롤레타리아 독재와 부르주아의 권리 제한을 둘러싼 이념 운동의 형태를 띠고 나타났다. 장춘차오는 "일부 동지들은 조직상으로만 중국공산당에 가입해 있을 뿐 이념 면에서는 그렇지 않다"고 썼다. 그는 계속하여 부르주아화의 위험을 비난하고 이상과 사회주의 계획의 수호를 위해 경각심을 가질 것을 호소했다. 가을이 되자 급진파의 공격은 보다 구체화되기 시작했다. 급진파가 혁명 정권에서 교육이 갖는 의미와 역할에 관한 공개 토론을 통해 저우언라이가 보호하던 교육부장 저우룽신(周榮鑫)을 공격했다. 이를 위해 학생들이 동원되었다. 11월 대학교의 담장은 새로운 비판 대자보로 뒤덮였다. 어떻게 '부르주아지의 저울로 프롤레타리아 교육의 질을 측정'할 수 있단 말인가? '지식의 사유권'에 대해 반기를 들고 있던 《인민일보》는 그렇게 외쳐 댔다. 저우룽신 비판을 통해 운동의 진정한 공격 목표가 덩샤오핑이라는 것이 점점 더 분명해졌다. 덩샤오핑은 1976년 1월 저우언라이의 죽음으로 강력한 보호자를 잃고 약속된 저우언라이 승계도 이루지 못했다.

1976년의 천안문 시위

1월 8일 저우언라이의 사망으로부터 9월 9일 마오쩌둥의 죽음에 이르기까지 중국이 겪고 있던 지속적인 위기에 대한 아무런 해결책도 없는 채, 노선 전환, 이념 운동, 실각과 승진이 계속 이어졌다. 마오쩌둥은 점점 파벌들 사이의 조정 역할을 할 수 없게 되었고 기력은 쇠진해 갔다. 6월 15일 언론은 그가 더 이상 공식 방문 중인 외국 국가 원수들을 접견할 수 없게 되었다고 보도했다. 문화대혁명 이래로 그의 카리스마는 급격히 쇠락했다. 마오쩌둥 자신은 늘 소원했던 이 혁명이 지속되어야 한다는 점에 대해서는 의심하지 않았지만 그가 혁명의 실행을 위임했던 사람들의 정치적 능력에 대해서는 회의에 사로잡혀 있었다. 자신의 아내와도 관계가 악화되어 갔다. 마오쩌둥은 아내에게 1974년 3월부터 "더 이상 서로 만나지 않는 것이 좋겠다"고 편지를 썼다. 그리고 몇 달 뒤 그는 또 왕훙원에게 "그녀를 조심하라"고 권고했다. 전체적으로 그는 급진파의 교조주의와 종파주의에 화가 나 있었다. 마오쩌둥은 급진파가 다른 정치 파벌과 공존하면서 당과 군대의 단결을 재건하고 그가 수차례에 걸쳐(1974년 말과 1976년 2월) 급선무라고 강조했던 중국의 안정을 확보하기를 원했지만, 그러지 못하는 그들의 무능력에 불만이었다.

중국의 인민들과 외국 관찰자들의 기대와는 반대로 덩샤오핑은 저우언라이를 승계하지 못했고, 1976년 1월 15일 저우언라이 추도사를 낭독한 뒤 공식적인 무대에서 사라졌다. 정부 업무의 책임은 2월 3일 임시 총리에 임명된, 비교적 잘 알려져 있지 않았던 화궈펑(華國鋒)에게 돌아갔다. 화궈펑은 자신의 경력 대부분을 후난에서 쌓았다. 1970년 그는 린뱌오와 마오쩌둥의 갈등 속에서 린뱌오에 반대했다. 그의 도움에 대한 보상으로 주석은 그를 베이징으로 불렀다. 정치 경찰 부서에서 그는 빠른 승진을 했다. 1973년 그는 공안부장이 되었고 정치국에 진입하였다. 개인적으로 마오쩌둥과 연결되어 있던 그는 문화대혁명 출신의 급진 좌파에 소속되지는 않았다. 경력상 그는 한 명의 이데올로그라기보다는 당내의 중진이었다. 1968년 후난성에서 군대와 연계하여 성무련의 무정부적인 운동을 진압했던 사람이 바로 그였다.

화궈펑이 정부 수뇌의 자리에 오른 것은 그의 인물됨에서 연유한다기보다는 상황의 산물이었다. 격렬한 파벌 투쟁이 모든 타협의 가능성을 배제하고 있었고, 덩샤오핑과 장춘차오가 서로 대립하고 있었으며, 중앙위원회도 분열되어 있던 당시 화궈펑을 선택한 것은 과도기에 맞는 영수를 내세우고자 함이었다. 군이 유보적 태도를 보였고 급진파도 완전히 신뢰를 보낸 것은 아니었지만 화궈펑은 모두에게 받아들여질 수 있는 인물이었다.

그러나 권력자로 떠오르면서 화궈펑이 가담한 것은 급진파 진영이었다. 2월 4일부터 그는 '우경 번안풍(右傾飜案風)'을 불러일으킨 사람들을 비판하는 격렬한 운동을 개시하였다. 덩샤오핑에 대해서는 직접 그의 이름을 거론하며 공격했다. 비방자들은 비방의 근거로 삼은 4개 현대화에 관한 문건들로부터 수많은 발췌문들을 만들어 간행했다(이 문건들은 1975년에 단지 당내에만 제한적으로 배포한 것이었다). 운동은 거침없이 전개되어 갔다. 그러나 이 운동은 하나의 '부메랑 효과'(Lucien Bianco의 표현)에 의해 격렬한 반격을 불러왔다. 오히려 운동을 통하여 정치권을 넘어서 훨씬 더 많은 사람들이 사회적 안녕, 행정의 정규화, 경제 발전 등을 주장하는 덩샤오핑의 생각을 알게 되었다. 운동은 덩샤오핑과 작고한 저우언라이의 견해가 일치하고 있음을 강조했다. 그리하여 운동은 천안문 광장에 모인 대중들의 저우언라이 추모가 덩샤오핑과 그의 정치 노선에 대한 지지로 전환되게 하는 데 기여했다.

4월 4일, 청명절이 오기 1주일 전 대표단들이 줄을 이어 천안문 광장의 인민영웅기념비 앞에 추모 화환을 바쳤다. 수많은 소학교 학생들이 전 총리를 추모했다. 주둔군 포병 부대 그리고 기계 공업 부문에서 파견된 대표들도 — 그것은 분명 우연이 아니었을 것이다 — 이에 합류했다. 따라서 초기에 시위가 급진파에 적대적인 정치 세력에 의해 조직, 통제되고 있었다는 가정을 배제할 수는 없지만 시위는 곧 정치적 통제의 틀을 벗어나 예기치 못한 규모로 확대되어 갔다. 관찰자들에 따르면 4월 4일 시위대는 수십만 명으로 불어나 천안문 광장에 집결했다. 시위대는 언론 매체의 지지를 받는 것처럼 꽃다발과 장례 화환을 이용해 종이로 만든 꽃들 위에 메시지를 쓴 기다란 천을 매달았다. 그들은 '사랑하는 저우 총리'를 기리고 그의 정책에 대한 신뢰를 확인해 보였다 — "우리는 당신의 훌륭한 계획을 끝까지 수행해 갈 것입니다". 그러나 그들은 저우언라이의 승계 문제와 미래에 대해 우려하고 있었다 — "별들이 떨어지면 더 이상 빛은 없을 것이다". 몇몇 선언들은 더욱 비판적인 논조를 띠고 있었다. 시위대는 '늙은 황후'(장칭)와 '더럽고 치사한 출세주의자 소집단'('우경 번안풍'에 대해 비판 운동을 벌인 집단)을 규탄했다.

소요를 종식시키기 위하여 공안 책임자들은 4월 4일 밤 화환 철거를 강행했다. 그러한 행동은 표현의 자유에 대한 침해만큼이나 고인에 대한 기억을 말살하려는 불경한 짓으로 여겨졌다. 4월 5일 공권력과 시위대(광장에 다시 모인 사람들의 수는 훨씬 더 적었다) 사이에 여러 사건들이 발생했다. 오후가 지나갈 때 쯤 베이징시장 우더(吳德)는 시위가 '자본주의 분자들에 의해 사주된 반혁명·전복 활동'이라고 비난했다. 그날 저녁 민병대들이 곤봉으로 마지막 시위대를 해산시켰다.

이 시위의 중요성은 무엇보다도 그것이 그토록 통제된 사회의 한복판에서, 또 그만큼 감시가 심하던 수도의 중심에서 발생했다는 사실에 있다. 시위대의 요구가 처음부터 완전히 자발적인 것은 아니었지만 그것은 결국 사람들 마음속 깊은 곳에서 우러나오는 감정의 표출로 변화했다. 사람들은 수년 동안 침묵을 지키거나 요구되는 말만을 했을 뿐이다. 이제 사람들은 피로와 불만과 희망을 말하게 되었다. "아니다, 중국은 더 이상 옛날의 중국이 아니다. 인민들도 이제 더 이상은 어리석지 않다. …… 마르크스-레닌주의를 제대로 이해하지 못하는 모든 사이비 학자들을 그들의 오류 속에 그대로 던져 버리자. 4개 현대화가 완수되는 날 우리는 우리를 위해 희생한 고인들 모두에게 가장 고귀한 제물을 바칠 것이다."

그러나 곧바로 취해진 신속한 진압으로 시위대는 해산되었다. 4월 5일 저녁 천안문 광장에서 이루어진 진압은 상대적으로 적은 수의 희생자를 내는 데 그쳤지만 뒤이어 여러 날에 걸쳐 체포가 진행되었다. 주민위원회가 동원되었고 그들의 제보를 토대로 경찰이 움직였다. 정부 부서와 기업에서는 전체 회의가 연이어 열렸고 시위에 참가했던 직원들은 회의에서 그들의 행동에 대해 해명해야 했다.

이렇게 기층에서 질서를 회복해 가는 동안 지도부는 이 시위 사건들로부터 정치적 결론을 도출하기 위해 움직이기 시작했다. 4월 7일 중앙위원회의 한 결의는 화궈펑의 총리직 취임을 확인하고 이어서 그를 당의 제1부주석으로 임명했다. 따라서 저우언라이의 승계자는 또한 마오쩌둥의 후계자가 되었다. 동시에 중앙위원회는 덩샤오핑의 모든 직위와 직무를 박탈했다. 그러나 그의 당원 자격은 '감찰을 위해' 유지되었다. 덩샤오핑은 '천안문 반혁명 사건'의 선동자로 비판받았으며 그의 역할은 1956년 헝가리 폭동 시의 임레 나지에 비견되었다. 이미 몇 주 동안 그를 표적으로 전개되어 온 운동은 그 격렬함을 더해 갔다.

따라서 급진파를 몰아내고자 했던 천안문 시위는 급진파가 권력을 잡는 데 방해가 되는 마지막 장애들을 제거하는 결과를 낳았다. 1976년 봄과 여름의 몇 달만큼 그들의 권력이 강력했던 적은 없었을 것이다. 천안문의 높은 사열대 위에서 5·1 노동절의 행진을 주재했던 사람은 바로 득의양양한 장칭이었다. 그리고 1976년 7월 탕산(唐山) 대지진 발생 뒤 열강이 제공한 인도적 지원을 거부하고 덩샤오핑 비판을 강화하면서 인민들에게 자연재해를 극복하라고 요구했던 것도 장칭파였다. 급진파는 자신들의 권력이 제도적으로 취약함을 인식하고 그들에게 호의적인 이들을 간부로 임명하면서 기반을 강화하기 위해 애썼다. 문화대혁명 과정에서 조반 조직에서 활약했던 젊은 활동가들이 이때 빠른 승진을 통해 쉽게 경력을 쌓을 수 있었다. 그리고 그것은 행정과 정치 위계질서의 중간 수준에서 세력 관계를 변화시켰다.

그러나 당과 정부 그리고 군 지도부는 여전히 급진파의 영향력에 좌우되지 않았다. 분명 어느 누구도 마오쩌둥의 승인을 받은 새로운 지도부를 감히 공개적으로 반대하지는 않았다. 고위 간부들은 덩샤오핑 비판에 공공연히 참가했고 수정주의자에 대한 비판에 한목소리를 냈다. 그러나 당 서기들 가운데 누구도, 군 책임자들 가운데 누구도 좌천된 사람이 없었다. 덩샤오핑의 측근이라고 알려진 윈난의 자치윈(賈啓允), 쓰촨의 자오쯔양, 광저우의 웨이궈칭 등도 마찬가지였다. 남부와 서남의 지방 정부와 군 지도자들이 장칭과 그 수하에 대해 음모를 꾸몄다는 소문이 돌기도 했다.

덩샤오핑과 천안문 시위의 선동자들에 대해 마오쩌둥 좌파가 거둔 승리가 지속되기 위해서는 제도적인 연장과 정착을 모색하거나 아니면 인민의 지지를 끌어내야 했다. 그러나 당과 군 고위 간부들의 비협조가 첫 번째 가능성을 배제했다면 위기에 처한 사회는 어떠한 동원 노력에도 호응하지 않았다.

사회의 위기

중국 사회는 문화대혁명 기간 동안 겪은 정신적 외상을 극복하지 못했다. 가장 심각한 상황에 이르렀던 도시 사회의 경우 특히 그러했다. 모든 종류의 혼란 — 파벌 대립, 크고 작은 범죄, 암시장 — 이 1970년대에 지속되고 확산되어 갔다.

도시에서 문화대혁명이 낳은 직접적인 결과 가운데 하나는 정권 초기에 수립된 통제와 조정을 위한 제도들 — 공안파출소, 주민위원회 등

— 이 붕괴된 것이었다. 비록 대중 조직이, 경우에 따라서는 인민해방군이 이 제도들을 이어 공공의 안전을 보장해 주기는 했지만 완전히 질서가 잡힌 것은 아니었다. 문화대혁명에 의해 수립된 혁명위원회는 내부의 파벌 대립으로 제대로 기능할 수 없었다. 그리하여 중국의 도시는 1950년대 외국 방문객들을 놀라게 했던 그러한 질서와 안전을 되찾을 수 없었다. 문화대혁명으로부터 탄생한 파벌들은 여전히 존재했다. 파벌들은 중앙 권력의 노선 변동을 자신의 이익에 유리하게 이용할 줄 알았다. 완전히 통제되지도 않았고 내부적 합의도 없었던 도시 사회는 해체의 과정에 처한 듯했다. 주저하는 노동자들, 겁에 질린 간부들, 회의적인 젊은이들, 침묵하는 지식인 등 대립하는 집단들로 사회가 분절되어 버렸다.

노동자들의 혼란

"각자 자신을 해방시키라." 문화대혁명 때 린뱌오가 제안한 이 구호는 노동자 계급의 심리 상태를 잘 요약해 준다. 모든 노동 규율, 모든 직업상의 위계질서 그리고 모든 생산 노력에 대한 노동자들의 거부는 근대 공업과 그 기계에 대한 실망과 반대(기계 파괴 운동일 수도 있다)를 나타낸다. "우리는 인간이지 기계가 아니다. 사람들은 기계 장비를 우리 계급의 형제들보다 더 소중하다고 여긴다."

노동자들은 무엇을 요구했을까? 노동자들은 더 나은 노동 및 삶의 조건, 더 높은 임금, 기업의 경영에 대한 더 많은 감시권 등 매우 전통적인 주장들을 내세웠다. 이를 실현하기 위해 노동자들은 소극적 저항 전략을 구사했다. 직장 이탈, 준법 투쟁, 사직 등 노동자들에게는 그들의 불만을 드러내기 위한 각종 수단들이 있었던 만큼 생산의 감소를 가져오는 원인도 여러 가지였다.

당국은 기업 안에서 질서를 확립하고자 애썼다. 1970년부터 언론은 기율의 강화와 '올바른 규칙'의 시행을 호소했고 자본가적 이윤의 추구와 사회주의 회계는 다른 것이라고 강조했다. 복권된 간부들이 다시 지도부의 자리로 돌아왔다. 이러한 조치들은 효과적이었다. 1975년 덩샤오핑이 일시적으로 업무에 복귀했을 당시, 그 이전 몇 년간 특별히 격렬한 혼란의 무대였던 항저우(杭州)의 공장들과 쓰촨성 신두(新都)의 작업장들조차 생산을 재개하였다. 그러나 베이징 급진파의 지지를 받은 지방 급진파는 투쟁을 계속해 나갔다. 그들은 1973년 노조 재건 당시 자신들이 장악하고 있던 노조를 매개로 행동에 나섰다. 또한 그들은 공자 비판 운동과 같은 정치적 동원 운동도 이용했다. 1974년 6월 '중앙위원회의 제18호 지시'는 노동자들에게 공장과 당내에서 당국을 공격하라고 부추겼다. 1975년 2월 프롤레타리아 독재와 부르주아 권리 제한 운동의 기회를 이용하여 야오원위안과 장춘차오는 부르주아화의 원천으로 간주되던 임금 등급제의 폐지를 주장했다. 저우언라이의 사망으로부터 마오쩌둥의 죽음에 이르는 6개월 동안 급진 좌파는 기업 안의 여러 규칙들이 지닌 '계급성'을 비난하고 "수정주의를 위해 생산하지 말라"는 구호를 확산시켰으며, 철도 노동자들에게는 "수정주의적인 시간 준수보다는 사회주의적인 시간 지체가 더 낫다"고 권유했고, "길에서 아무런 관심도 없이 수레만을 끄는" 노동자들을 비판했다.

그러나 노동 계급이 일치해서 급진파 쪽에 섰던 것은 아니다. 능력이나 물질적 자극에 대한 부인, 기술과 생산 활동에 대한 소홀은 가장 잘 교육받고 가장 경험이 풍부했던, 그래서 가장 높은 보수를 받던 노동자 엘리트의 장기적인 이익을 해치는 것이었다. 기업 안에서 급진적인 지시를 따랐던 사람들은 위계질서의 제일 밑에 속하면서 가장 낮은 보수를 받고(30원 이하의 월급) 일했던, 모든 규율을 받아들이려고 하지 않던 청년층이었다. 이렇듯 기업 내부의 파벌 투쟁은 종종 세대 간의 갈등이라는 성격을 띠었다. 그러나 중앙 당국이 개입하면 갈등이 더욱 악화되어 소규모 내전으로 변질되는 경향이 있었다.

항저우에서는 급진파의 영향력이 간부들의 복권과 린뱌오의 제거에도 불구하고 여전히 유지되고 있었다. 파벌들의 음모와 사회적 요구가 서로 연결되어 있었다. 1974년 여름 이래 파업이 계속되었다. 1975년 7월 초 왕훙원은 현지에 도착해서 파벌들과 협상에 들어갔다. 그러나 며칠 뒤 그가 도시를 떠날 때는 '혼란의 꼬리'를 남겼다. 같은 달 중순 이번에는 덩샤오핑이 항저우에 와서 다른 지역에서 차출된 육·해·공군 부대를 통해 공장들을 장악했다.

우시(無錫, 장쑤), 우한(武漢, 후베이), 정저우(鄭州, 허난), 난창(南昌, 장시), 쿤밍(昆明, 구이저우) 등 다른 도시들도 1974~1976년의 항저우처럼 혼란상을 보였다. 항저우에서 벌어진 사건들이 주목을 끄는 것은 기층의 파벌주의와 고위층의 파벌주의가 중첩되고 있었다는 점이다. 급진파가 이 혼란의 책임을 복권된 간부들 탓으로 돌리고 그것이 질서 유지를 고집하는 사람들이 옛 제도를 복원한 결과라고 여겼다면, 반대로 온건파는 그 혼란을 마오쩌둥 좌파의 계획에 내재된 무정부 상태를 상징하는 것으로 보고 그것을 왕훙원을 깎아내리는 데 이용했다.

그러나 분명 그러한 혼란에 지나치게 정치적 의미를 부여하는 것에는 주의할 필요가 있다. 그렇게 여러 해 동안 폭력 사태를 거치고 난 뒤 파벌 대립은 이제 일상적인 삶의 일부가 되었고, 그러한 대립은 무엇보다도 개인적인 증오와 직접적이고 협소한 이해관계의 갈등을 반영하고 있었다.

간부들의 두려움, 젊은 층의 소외, 지식인의 체념

중앙 당국이 어려움 속에서도 얼마간 질서를 회복시키고자 했다면 지방 당국은 경우에 따라서는 그러한 시도조차도 하지 않았다. 수많은 책임자들이 농촌으로 보내지면서 사회 통제는 약화되었다. 아직 자리를 유지하고 있던 책임자들은 감히 자신들의 권위를 내세우려고 하지 않았다. 만일 생산을 발전시키고자 한다면 '생산력'에만 관심이 있고 이념 문제를 등한시한다고 공격당하지 않겠는가? 그들 가운데 일부는 파벌 투쟁에 가담했지만 대부분은 소극적인 태도로 도피해 버렸다. "일부 간부들이 대중을 대면하는 데 두려움을 갖고 있다. 그들은 타격을 입기도 전에 스스로 약해져 버렸다. 그들은 자신들의 책무를 방기했다. …… 어떤 간부들은 끈질기게 당의 정책을 반대한다. 또 자신을 보호하기 위하여 스스로를 고립시키는 간부들도 있고, 한 파벌을 무력화하기 위해 다른 파벌에 의지하고, 대중에 맞서 싸우기 위해 대중을 선동하기도 한다."(1974년 7월 중앙위원회 제21호 문건)

청년층도 큰 위기에 빠졌다. 일부 홍위병은 망명을 선택했다. 그들이 쓴 회고록들 — 《하늘의 복수》[24], 《홍위병》[25] — 은 그들이 겪었던 고통을 말해 준다. 대부분 농촌에 보내졌던 홍위병들에게도 이러한 고통은 마찬가지였다. 불법적으로 농촌을 탈출하여 다시 도시로 올 수 있었던 이들은 대개 생존에 많은 어려움을 겪었다. 숙소와 식량 배급표를 구하는 데 가족의 도움을 받을 수 없었던 사람들은 보잘 것 없는 불법 노동이나 암시장의 밀거래에 나서거나 대부분의 경우 크고 작은 범죄에 빠졌다. '젊은 혁명 장군들' 가운데 조반 조직 내의 활동을 통해 경력을 쌓는 동안 충분히 약삭빠르고 파렴치하게 처신하거나 또는 자신에게 상황이 유리하게 전개된 이들은 많지 않았다. 또한 아직 제대로 재건되지 못했고 이미 엘리트주의를 띠고 있던 교육 제도 속에 다시 편

---

24) Ken Ling. *The Revenge of Heaven : From Schoolboy to "Little General" in Mao's Army,* English text prepared by Miriam London and Ta-ling Lee, New York : Putnam, 1972. —역주

25) Gordon A. Bennett and Ronald N. Montaperto, *Red Guard : The Political Biography of Dai Hsiao-ai*, Garden City, New York : Doubleday, 1971. —역주

입될 수 있었던 이들도 적었다. 천안문의 거대한 시위에 참여했던 열정적인 젊은이들은 단지 잃어버린 세대를 대표할 뿐이었다.

마오쩌둥 시대의 마지막 몇 년은 지식인들에게도 유리하지 않았다. 그들은 문화대혁명이 가한 타격으로부터 치유되지 못했다. 그들은 침묵을 지켰다. 작가들은 활동을 멈추었다. 바진(巴金)은 당시 상하이에 살고 있었지만 상하이의 학생들은 그가 오래전에 사망했다고 믿었다.

도시 사회의 해체 경향 : 기층의 파벌주의

그러한 조건 아래서 중국 도시의 경제 · 사회 생활은 점점 더 어려워졌다. 생산, 특히 1973년과 1976년 사이에 기업과 운송 활동의 혼란에 의해 공업 생산에 가해진 손실은 얼마 뒤 화궈펑에 의해 1천억 위안으로 계산되었다. 이러한 후퇴의 결과를 도시 주민들은 일상생활 속에서 실감할 수 있었다. 기름과 육류의 배급량이 감소했고 시장에는 신선한 채소의 공급이 점점 더 어렵게 되었다. 내구성 소비재 — 자전거, 재봉틀 등 — 를 얻기 위해서는 수개월 또는 수년을 기다려야 했다.

이렇게 물자 결핍이 심해지자 도시민들은 여러 경로를 통해 많은 시간 …… 그리고 많은 돈을 들여서 필수품들을 충당할 수밖에 없었다. 암시장이 만연하고 그와 동시에 모든 종류의 밀거래와 불법 행위들이 확산되어 갔는데, 이는 '뒷문으로 간다[走後門]'라는 표현 속에 집약되어 있다. 1970년대 초 이러한 현상은 새로운 국면을 만들었다. "자본주의를 보기 원한다면 원저우(溫州)로 가시오"라는 풍문이 공공연히 떠돌았다.

회의와 냉소가 일반화되었다. 고위층의 파벌 대립이 통제 체제를 약화시키고 있을 때 사회는 어떠한 내부적 합의를 이루지 못했고 혁명적 목표와 이상에 대한 신뢰를 모두 잃었다. 이렇듯 분해된 사회에서 계급투쟁은 집단 간의 대립으로 대체되었고, 폭력은 이러한 대립을 해결하는 일반적인 수단이 되었다. 위기가 악화되어 가고 있을 때 남은 방법은 항저우의 경우처럼 군대를 개입시키는 것뿐이었다.

사회의 분절화는 파벌주의의 확산을 부채질했다. 지방의 파벌들은 마치 자율적 집단을 결성하는 것처럼 통상 아무런 공식적 승인을 받지 않았고, 직업상의 공동체와 주민 집단들이 소외 집단이나 범죄 집단들과 마찬가지로 서로 규합했다. 이 파벌들은 정당이라기보다는 비밀 결사를 연상시켰다. 기층의 이러한 파벌주의는 급속히 확대되어 갔다. 왜냐하면 한 집단(패거리, 갱단 또는 파벌)에 소속되는 것이 자신의 안전을 보장하고 필요한 물자를 얻기 위한 가장 좋은, 종종 유일한 수단이었기 때문이다. 원초적인 연대가 당과 국가에 대한 충성보다 더 중요하고 유용하게 되었던 것이다.

정권 대 도시 사회 : 반대인가 탈정치화인가?

덜 통제된 도시 사회 내의 무정부 상태와 범죄(절도, 강간, 매매춘)의 확산이 단순히 낡은 악령의 복귀를 뜻하는 것은 아니었다. 그것을 하나의 정치적 반대의 표현으로 해석할 수도 있다. 반정부 인사들에게 목소리를 낼 수 있는 제도가 존재하지 않는 정권에서 보통법상의 범죄는 기존 질서에 대항하는 일종의 원초적인 반란을 대변하기도 한다. 정당성의 궁극적인 원천이 혁명적인 열정, 대중의 결속, 모든 사람의 참여로부터 나온다고 할 경우 경제 · 사회 조직에 대한 모든 위반은 정치적 범죄 행위로 간주된다. 따라서 중국에서 법원과 공안 부서는 태업, 절도, 강간, 투기 등을 반혁명 범죄로 취급했다.

확실히 학생 사회의 항의는 더욱 분명하고, 특히 더욱 정치적인 형식을 띠고 있었다. 1974년 11월 리이저(李一哲)이라는 가명으로 세 명의 옛 홍위병들 — 리정톈(李正天), 천이양(陳一陽), 왕시저(王希哲) — 은 2만 자에 이르는 선언문을 작성하여 광저우 시내의 담장에 게시했다. 〈사회주의 하의 민주와 법제에 관하여(關于社會主義民主與法制)〉라는 제목의 이 대자보는 '새로운 계급'을 공격하고, 문화대혁명의 실패를 규탄하고, 사회주의 내에서 '의식(의례)이 아닌 법'이 있는 진정한 민주주의 수립을 주장했다.

선언문은 의식적이고 분명한 자율적인 정치적 여론의 표현이었던 것일까? 이 문건이 발표된 조건(쉬스유 장군의 묵인 아래 광저우에서 일어남)을 고려해 보면 제4차 전인대의 소집(앞의 225쪽 참조)을 앞두고 온건파가 이를 이용하고자 했다는 점은 거의 의심의 여지가 없다.

항의자들은 자유, 민주, 평등을 주장하면서 1919년 5·4운동에서 이어진 지적 전통과 맥을 같이했다. 그들은 이상적인 사회주의 정권을 자신들의 방식대로 재구성했다. 그들의 기여는 사상사적으로 의미가 있는 것이었다. 그러나 정치적 관점에서 보면 그것은 정권의 기능 방식과 파벌 게임 속에 속했다. 선언문을 어떤 반대 정당의 강령으로 볼 수는 없으며, 리이저를 권력과 대립 상태에 있는 도시 사회의 대변자로 간주하기는 어렵다. 사회는 정권에 대항한 것이 아니라 단지 분절된 상태에서 정권으로부터 도피하는 경향을 띠고 있었다.

기층의 파벌주의는 이렇듯 상층의 파벌주의와 다른 형태를 보였다. 종종 지방의 파벌들이 베이징의 지도자들이 쓰는 이념적인 논거와 용어를 사용했지만 그것은 공식적인 상투어의 사용이 공적인 표현과 의사 소통에서 지배적인 형식이 되었기 때문이다. 그러나 파벌들이 전반적인 정치 노선을 내세우는 경우 그것은 종종 문안의 내용 자체보다는 상징적인 차원에서 해석해야 한다. 정치 노선에 준거하는 것이 각 파벌들에게는 적이 누구인지 파악하고 자신의 위치를 정하는 데 도움이 되었던 것이다. 지방에서 일어난 충돌들에 내재된 문제들을 보면 그것은 세계의 마피아들이 서로 적대하는 것과 유사했다. 어느 정도 역설적인 것은 도시 사회에서 진행된 파벌의 확산이 탈동원화 현상에 해당한다는 점이다. 사실 전체주의 정권에서 그러한 탈동원화는 중대한 정치적 사건을 뜻한다. 사회의 위기는 정권을 문제 삼지 않았지만 그 자체가 위기에 처한 정권의 한 측면을 나타내는 것이었다.

제3부

실용주의의 승리와 위기
1976~1989

제9장
덩샤오핑 시대 : 탈(脫)마오쩌둥화와 현대화

탈마오쩌둥주의 역사는 1976년 9월 9일 마오쩌둥의 사망이 아니라 1978년 12월 제11기 3중전회에서 덩샤오핑의 승리와 함께 시작된다. 마오쩌둥의 후계자 화궈펑이 권위를 세우고자 했지만 실패로 끝난 2년 남짓한 과도기를 거친 뒤 덩샤오핑이 권력을 장악하였다. 1978년의 3중전회는 중화인민공화국의 변천에서 소련 역사의 1956년 제20차 당대회만큼이나 근본적인 전환을 나타내는 것이었다. 그리고 사회주의 앞날에 끼칠 중요성 또한 작지 않았음은 의심의 여지가 없다.

3중전회는 소련의 제20차 당대회가 탈스탈린화에 길을 열어 준 것과 마찬가지로 탈마오쩌둥화를 개시했다. 두 운동 사이에는 사망한 독재자에 대한 숭배를 끝내고 통치 기간 — 특히 통치 말년 — 의 오류와 범죄를 시정하고자 했다는 점에서 유사성이 존재한다. 그러나 탈마오쩌둥화는 탈스탈린화보다 더 광범한 것이었고, 결국 더욱 철저하면서도 단시일에 끝나지 않을 변화를 낳았다.

탈마오쩌둥화가 이렇게 철저하게 진행될 수 있었던 것은 그것이 잘 통제되었고, 정권의 기반을 유지하기 위해 필요한 이념적 정치적 신중함을 통해 진행되었다는 사실로부터 연유한다. 탈마오쩌둥화는 격렬하고 혼란스러웠던 니키타 흐루시초프와는 다른 차원의 능력을 가진 정치인에 의해 능숙하게 진행되었던 것이다.

중국공산당의 영웅적인 창당 세대에 속하던 덩샤오핑은 모든 혁명적 투쟁에 참가한 바 있다. 또한 그는 1952년 이래 저우언라이 아래에서 부총리로 일한 중화인민공화국의 주요 개창자들 가운데 하나였다. 군대와 정부 기구 안의 원로들의 눈에 그의 정당성을 손상시키는 것은 존재하지 않았다. 당내의 오랜 경력에도 불구하고 니키타 흐루시초프나 화궈펑과는 달리 그는 독재의 악습과 공모한 것으로 보이지 않았다. 1960년 이래 덩샤오핑은 그의 실용주의 노선으로부터 벗어난 적이 없었다. 덩샤오핑은 탄압 정책에 어떤 역할을 한 바도 없었고, 자신이 1966~1967년과 1976년 두 차례에 걸쳐 그 탄압 정책의 피해자가 되었다. 따라서 문화대혁명 및 마오쩌둥파의 과격성에 대한 그의 비판에는 어떠한 모호함도 존재하지 않았고, 그는 바로 그러한 비판을 기초로 실질적인 신망을 구축할 수 있었다. 바로 이 두 가지 — 혁명 원로와 인민대중으로부터 오는 — 정당성에 기반해 덩샤오핑은 탈마오쩌둥화에 나설 수 있었던 것이다.

탈마오쩌둥화는 사회주의 국가들의 통상적인 개혁과는 매우 다른 결과를 불러올 일련의 개혁들을 동반했다. 다른 사회주의 국가들의 개혁 목표는 일반적으로 계획 경제에 복종하고 관료제에 의해 관리되는 집단 소유제에 기초한 경제 조직의 효율성을 재건하고자 하는 것이었다. 그것은 소련과 동유럽 국가들의 공업화와 경제 발전을 보장해 온 체제 — 효율적이지 못했고, 종종 막대한 비용이 들었음에도 그대로 지탱되어 왔다 — 를 지속시키려는 보수적인 개혁이었다. 그러나 사회주의 국가를 세우는 것으로 저발전의 상태에서 벗어나지 못했던 중국에서는 개혁의 중점이 무엇보다도 '현대화'(근대화)에 놓여 있었다. 비록 중국의 개혁과 1920년대 초 소련에서 전시공산주의의 폐해를 치유하기 위해 채택되었던 신경제정책의 자유화 정책에 여러 가지 유사성이 있지만 4개 현대화의 근원은 더 민족적이고 더 오래된 중국의 과거 속에서 찾는 편이 적절하다. 덩샤오핑은 19세기 말부터 '이족(夷族)'의 기술을 빌려 중국을 '부강(富强)'하게 만들고자 했던 청조(淸朝) 고관들로 소급되는 계보 속에 자신을 위치시켰다. 그의 계획이 부하린보다는 1919년 (외국 자본을 도입함으로써) 중국의 국제적인 발전 계획을 입안했던 쑨원의 전망으로부터 유래했다는 점은 분명하다. 요컨대, 중국은 1949년 공산주의 혁명을 이루었지만 1979년 아직 메이지 혁명을 수행해야 하는 단계에 머물고 있었다.

덩샤오핑이 추진한 개혁은 바로 그러한 요구에 부응하기 위한 것이었다. 그것은 다른 개혁들과 달리 훨씬 더 철저하고 되돌리기는 어려운 개혁이었으며, 단순히 경제 체제를 넘어 정권의 기능과 성격에 대한 재검토로 나아갈 수 있는 개혁이었다.

화궈펑과 신(新)마오쩌둥주의로의 전환, 1976~1978

화궈펑은 그의 다양한 책략, 극좌파에 대한 경계, 자신에 대한 개인숭배 조장 등에도 불구하고 마오쩌둥이 그에게 물려준 권력을 유지해 나가지 못했다. 1978년 12월 3중전회의 덩샤오핑 앞에서 그는 물러서지 않을 수 없었다.

사인방의 제거

마오쩌둥의 죽음(1976년 9월 9일) 이후 몇 주에 걸쳐 두 개의 음모가 나란히 준비되고 있었다. 하나는 급진파 사인방 — 장칭이 이끄는 장춘차오, 왕훙원, 야오원위안 — 에 의한 것으로 목표는 마오쩌둥의 미망인을 마오쩌둥의 마지막 소원 — 진실이든 허위이든 — 에 따라 권좌에 올려놓는 것이었다. 다른 하나는 총리 화궈펑과 정부와 군의 몇몇 고위 책임자들이 연합한 것이었다. 성공을 거둔 것은 이 두 번째 음모였다. 10월 6일 돌연 장칭 및 그의 조력자들에 대한 체포가 단행되었다. 10월 7일 소집된 정치국 확대회의는 화궈펑을 중앙위원회 주석이자 모든 권력을 장악하는 군사위원회 주석으로 선출했다.

이렇게 마오쩌둥의 사망은 1976년 1월 저우언라이의 죽음 이래, 특히 뒤이은 4월의 천안문 사건 이래 중국의 정치를 지배해 왔던 마오쩌둥파의 지체 없는 몰락을 가져왔다. 마오쩌둥에게 향했던 충성의 극히 일부만이 그의 미망인에게 옮겨갔다. 전술한 바와 같이 화궈펑은 급진파 진영에 가담하여 그들의 정책을 시행하면서도 결코 그 집단에 복종하지는 않았다. 결국 그는 마오쩌둥의 죽음과 함께 그의 개인적인 야망을 추구하게 되었던 것이다.

화궈펑은 또 다른 확고한 마오쩌둥파이자 역시 장칭과 결별한 왕둥싱(汪東興)의 지지를 얻을 수 있었다. 이 마오쩌둥 주석의 호위 책임자는 자신의 경력 대부분을 정치 경찰로 보냈다. 그의 공식 직함 — 당 중앙경위국(警衛局) 국장, 1955년부터는 공안부 부부장 — 에도 불구하고 그의 경력은 문화대혁명을 통해 그가 최고 정치 지도부로 발탁되기까지 잘 알려지지 않았다. 1969년 4월 당 9전대회에서 그는 중앙위원회 정치국에 진입했고, 1973년 8월 10전대회에서는 정치국 정위원이 되었다. 그 과정에서도 그는 정치 경찰의 임무를 그만두지 않았다. 중앙군사위원회 경위국 국장으로서 그는 인민해방군 및 그 지도자들에 대한 감시 임무를 맡고 있었다. 그리고 8341부대 — 1940년 옌안에서 그가 창설한 정예 부대 — 의 사령관이자 정치위원으로서 정권의 모든 고위 인사들에 대한 감시와 호위 책임을 지고 있었다.

그렇다면 왜 왕둥싱은 1970년대 좋은 관계를 유지해 오던 장칭과 결별했던 것일까? 장칭을 위해 일하던 마오쩌둥의 조카 마오위안신의 역할이 커지고 왕이 담당해 오던 호위 임무에 끼어듦으로써 왕의 시기심을 샀던 것일까? 아니면 단순히 왕이 급진파의 정치적 고립을 인식하고 화궈펑을 옹립하여 그의 신임을 얻는 것이 보다 쉽고 유리하다고 보았던 것일까?

마오쩌둥파의 분열과 함께 화궈펑과 왕둥싱의 주위에 모여든 온건파는 예젠잉 등 과거 저우언라이의 측근이었던 군사 지도자들에게 접근했다. 예젠잉은 국방부장이자 군사위원회의 유력한 성원으로서 1973년 이래 중앙위원회 부주석으로 있었다. 또한 화궈펑은 베이징의 천시리엔, 선양의 리더성(李德生) 등 주요 지방 군 사령관들과 우더가 시장을 맡고 있던 베이징시 기구들의 지지를 받았다. 그리고 그는 광둥 지역 사령관 쉬스유 및 그 정치위원 웨이궈칭 등 화남 지역 군 사령관들의 협력도 얻을 수 있었다.

이러한 연합에 맞선 사인방은 상대적으로 고립된 처지에 놓였다. 체제 내에서 사인방의 주요 기반은 상하이였다. 장칭의 협력자들은 상하이 출신이었고, 그들은 상하이에서 커다란 영향력을 유지하면서 상하이시 당위원회 제1서기 마톈수이(馬天水) 등 여러 지지자들을 확보하고 있었다. 또한 급진파는 대중 조직, 특히 1970년대 초 그들의 통제 아래 재조직된 민병들에 의지할 수 있었다. 그러나 1976년 10월 6일 왕둥싱의 8341부대에 의해 장칭과 그 협력자들이 체포된 뒤 베이징에서는 주둔군의 신속한 개입으로 지역 민병들이 무장 해제되었고, 상하이에서는 쉬스유가 이끄는 부대가 진주함으로써 대중 조직의 반발을 막았다.

화궈펑과 덩샤오핑의 불가능한 타협, 1977~1978

화궈펑이 자신의 경쟁자에 대해 놀랍도록 신속한 승리를 거두었지만 그의 권력이 공고해진 것은 아니었다. 사실 그가 의지했던 연합은 지나치게 조화되기 어려운 것이었고, 그의 정치적 수완으로 여러 정책들과 지도부 인사들 사이에 가로놓인 모순들의 폭발을 막기에는 커다란 한계를 보였다.

화궈펑과 그의 가장 직접적인 동맹자들 — 왕둥싱, 우더, 천시리엔, 리더성 — 은 모두 문화대혁명의 덕을 본 사람들이었다. 그들의 경력은 당시 당과 군대의 원로들에 대한 숙청의 틈을 타고 시작된 것이었다. 따라서 그들의 가장 직접적인 정치적 관심은 — 그들이 비록 사인방과는 달리 곧바로 그러한 혁명을 재개하는 것에는 반대했을지라도 — 계속해서 문혁을 찬양하는 것이었다. 그들은 문화대혁명의 지나침과 그것이 불러온 불행한 결과들을 비난할 수 없었다. 그것은 자신들의 정당성을 무너뜨리는 것이었고 그들과 마찬가지로 문화대혁명으로부터 배출된 젊은 간부 세대 — 1973년에서 1977년까지 당내에서 그들의 숫자는 7백만 명에 이르렀다 — 의 지지로부터 자신들을 고립시키는 것이었다.

사인방의 제거로 화궈펑과 그의 협력자들은 마오쩌둥파의 우두머리가 되었다. 이제 마오쩌둥파는 이론상의 그리고 행동상의 격렬함을 잃었지만, 여전히 장래에 자파의 정치적 물질적 기초가 될 이념 문제에 주의를 기울이고 있었다. 화궈펑은 급진파를 비난하고 그들의 직접적인 협력자들을 제거할 수 있었지만 그로부터 더 멀리 나갈 수는 없었다. 그렇게 하면 그것은 자신에 대한 부정, 더 나아가 문화대혁명의 주도자 마오쩌둥을 부정하는 것이 되기 때문이었다. 화궈펑에게 "자네가 맡아준다면, 나는 마음을 놓을 수 있겠네(你辦事我放心)"라고 하면서 권력을 준 마오쩌둥의 혜안을 어떻게 부정할 수 있을까?

그러나 화궈펑의 동맹자들 가운데는 마오쩌둥주의의 고수와 제한적인 숙청에 만족하지 않는 사람들이 존재하고 있었다. 쉬스유, 웨이궈칭 장군 등은 그들이 지지하던 덩샤오핑에 관한 사안을 재론하고 새로운 실용주의 노선의 채택을 주장했다. 덩샤오핑의 두 번째 복귀가 1977년에서 1978년 사이 연이은 타협과 점진적인 사태 변화에 의해 추진되었다. 이에 따라 화궈펑은 수세적인 처지에 놓였으며 직위와 직무를 공식적으로 내놓기 전에 이미 고립되어 무력한 존재가 되어 버렸다. 당 주석이자 국무원 총리인 국가 최고 지도자의 '은퇴'를 부드럽게 처리하는 덩샤오핑의 수완에서 우리는 1975년 국무원 부총리 시절의 — 저우언라이에게 반대파를 무마하는 일을 맡긴 채 자신은 목표를 향해 돌진하던 — 직접적이고 돌발적인 행동 방식을 더 이상 찾아보기 어렵다. 덩샤오핑은 1976년 봄에 있었던 그의 두 번째 실각으로부터 교훈을 얻었던 것일까? 아니면 자신이 스스로 오랫동안 가까이서 관찰해 온 마오쩌둥의 교활한 책략을 사용했던 것일까? 어쨌든 그가 확고한 의지를 실현하기 위해 보다 유연한 전략을 채택했다는 것은 사실이다.

덩샤오핑은 그가 1976년 봄에 떠나야 했던 직무로 복귀하는 것을 받아들이게 하기 위하여 1977년 4월 화궈펑에게 공식적인 편지를 쓰는 데 동의했다. 여기서 그는 화궈펑에게 지지를 보내면서 자신이 1975년에 잘못을 저질렀음을 인정했다. 이때 화남 지역의 군사 지도자들 및 1974년에서 1975년 사이 덩샤오핑에 의해 복권된 바 있는 간부들의 압력이 더해지지 않았다면 덩샤오핑의 이 모호한 자아비판과 충성의 언급은 화궈펑과 그의 측근들 — 왕둥싱, 우더, 천시리엔, 리더성 등(모두 정치국원) — 이 망설임을 극복하는 데 충분치 못했을 것이다. 10기 3중전회는 1977년 7월 덩샤오핑의 두 번째 복귀를 공식화했다. 그 다음 달 중공 11전대회에서 실용주의자들은 새로운 지도부 안에서 다시 세력을 강화했다. 중앙위원회는 3분의 1이 개선(改選)되었다(201명 가운데 73명). 교체된 위원들은 민병, 노조, 부녀연합회 등 대중 조직을 대표하던 급진파 젊은 간부들이었고, 새로 진입한 이들은 문화대혁명의 옛 희생자들, 복권된 원로들로서 덩샤오핑을 따르는 사람들이었다. 새로운 중앙위원회에서도 다수를 차지하던 지방 당국의 대표들과 각급

군 대표들 또한 덩샤오핑을 지지했다. 그러나 이러한 실용주의파의 승리가 최소한 아직은 신마오쩌둥파의 패배를 불러온 것은 아니었다. 11전대회는 화궈펑의 당 주석직 취임을 승인하였고 대표들의 투표를 통해 1976년 10월 7일에 내려진 정치국의 결정을 확인함으로써 화궈펑 권력은 더욱 폭넓은 기반과 더욱 완전한 정당성을 부여받았다. 당시의 불안정한 정치적 상황 속에서 이러한 상징적인 승리는 중요한 의미를 지닌다. 또한 11전대회는 4명의 당 부주석 가운데 하나가 된 왕둥싱의 부상을 확인해 주었다.

따라서 1977년 봄과 여름의 거대한 정치적 책략들은 권력의 분점이라는 결과를 낳았다. 덩샤오핑은 이렇게 얻어 낸 지위를 통해 일종의 게릴라전 — 구호에 대한 반(反)구호, 운동에 대한 반(反)운동 등 — 을 전개해 나갔으며 결국 1978년 12월 18~22일의 11기 3중전회에서 신마오쩌둥파를 패배시킨다. 앞서 12월 10~13일에 걸쳐 매우 긴 공작회의가 열렸고, '베이징의 봄'이라고 불리는 민주화 운동이 고조되고 있던 당시 여론의 압력 속에서 3중전회는 화궈펑과 그의 정치국의 동맹자들에게 자아비판을 강요했다.

승리한 덩샤오핑은 서서히 그리고 신중히 그의 적들을 제거해 가기 시작했다. 1980년 2월 화궈펑의 동맹자들은 정치국으로부터 배제되었다. 그리고 9월 화궈펑 자신이 총리직을 사임했다. 1981년 6월 11기 6중전회에서 그는 당 주석직도 잃었다. 1982년 가을 화궈펑은 정치국에서 배제되었으며 과거와 같이 다시 장막 속에 가려진다.

과도기 정치 노선의 모호성

덩샤오핑이 권력의 장악 과정에서 보여준 신중함, 화궈펑이 자신의 마오쩌둥파와 실용주의파 동맹자들의 지지를 얻기 위해 기울였던 노력은 이 몇 년간의 과도기 동안 중국의 정치 노선에 많은 모호성을 안겨다 주었다. 이념적으로 쟁점이 된 것은 마오쩌둥 사상이었다. 그것은 수정할 수 없는 도그마인가 일종의 발견된 진리인가, 또는 비판에 개방적이고 수정이 가능한 사고 체계인가?

지배적인 위치에 있던 것은 마오쩌둥파의 주장이었다. 그러나 여러 달이 지나면서 마오쩌둥파의 주장은 실용주의파의 다른 목소리를 제압하는 데 점점 어려움을 겪었다. 1977년 2월 7일 《인민일보》의 사설은 "마오쩌둥이 규정한 모든 정치적 원칙의 단호한 견지와 그가 내린 모든 지시의 실행"을 호소하는 극단적으로 보수적인 신마오쩌둥파의 견해를 보여주었다. 1977년 4월 덩샤오핑은 — 그는 아직 복권되지 않은 상태였다 — 화궈펑에게 보낸 편지에서 마오쩌둥 사상의 '전면적이고 정확한' 학습을 권고하는 데 그치고 있었지만 그것은 마오쩌둥 사상을 도그마로 간주하는 것을 부정하는 우회적 방식이었다. 1년이 넘도록 공식적으로 그러한 모순된 해석이 지속되었다. 그러나 1978년 6월 화궈펑이 계속해서 마오쩌둥 사상의 '전면적인 실행'을 주장하자 덩샤오핑은 "진리는 사실 속에서 찾아야 한다"고 선언했다. 언론이 보도한 간략한 공식에서 이 사고는 "실천이 진리의 유일한 표준이다"라는 구호로 나타났다. 1978년 여름 이 구호는 덩샤오핑에 의해 하나의 진정한 무기로 사용되었다. 철학적 논쟁은 마오쩌둥의 방식을 연상시키는 정치 운동 속에 매몰되어 버렸다. 주요 책임자들, 특히 지방의 주요 지도자들은 자신의 견해를 밝힐 것을 요구받았다. '진리의 표준'은 덩샤오핑이 1978년 12월의 3중전회에서 힘의 대결에 들어가기 전에 자신의 지지자를 분별해 내는 충성의 기준이 되었다.

정치 생활의 모든 측면에서 공식적인 언설의 불협화음이 감지되고 있었다. 덩샤오핑은 1978년 3월에 소집된 전국과학대회를 이용하여 정권과 지식인 · 전문가들의 화해에 착수했다. 이들은 앞으로 오직 그들의 일에만 열중할 것이며 더 이상 수많은 정치 회의로 자신들의 시간을 빼앗겨서는 아니 될 것이었다. 지적 노동자로서 그들은 사회주의 사회에서 완전한 권리를 소유하게 될 터였다. 그러나 일주일 뒤 같은 회의 석상에서 화궈펑은 "지도하는 것은 정치이다. 이념 공작을 등한시하는 것은 용납할 수 없다"고 환기시켰다.

늘 그런 것처럼 경제 정책은 정치 노선의 시금석이었다. 과도기에 해당하던 당시에 경제적 탈마오쩌둥화는 이념적 정치적 탈마오쩌둥화에 비하여 훨씬 더 미묘하고 불확실한 모습을 띠고 있었다. 화궈펑이 1978년 2월 제5차 전국인민대표대회에서 제시한 야심찬 10개년 계획은 1958년의 대약진과 1975년의 4개 현대화라는 두 계열의 바람이 중첩된 혼합적인 것이었다. 전자인 마오쩌둥파 계열의 바람은 야심적인 목표에서 읽혀진다. 예컨대 철강 생산을 연간 12퍼센트 늘려 1985년 6천만 톤에 이른다는, 즉 1978년 생산량의 2배를 달성한다는 것이었다. 또 중공업과 제철업 우선, 대약진 시기에 약간 못 미치는 목표 축적율의 크기(1958년의 40퍼센트에 비해 1978년의 그것은 36.5퍼센트), 120개 대규모 사업에 대한 국가 투자의 집중 등 10개년 계획은 이전의 마오쩌둥식 시도와 유사한 특징을 보였다.

그러나 역설적인 것은 이 새로운 대약진이 1975년 1월 저우언라이가 주장한 4개 현대화 계획의 재현으로 제시되었다는 점이다. 이 계획으로부터 화궈펑은 10개년이라는 사고를 이끌어 냈고 그 기간을 1976~1985년으로 잡았다. 이 10개년 계획을 위해 하나의 전략이 채택되었다. 전략은 덩샤오핑의 후원 아래 1978년 4월 작성된 '30개 조항'(工業30條, 당 중앙이 반포한 〈공업 발전의 가속화를 위한 약간의 문제에 관한 결정(關于加快工業發展若干問題的決定, 草案)〉을 말함—역주)으로 요약되었는데, 그 핵심적인 내용은 덩샤오핑이 3년 전 〈공업 발전의 가속화를 위한 약간의 문제(關于加快工業發展的若干問題)〉(앞의 226쪽)에서 제시한 방안들을 다시 가져온 것이었다. 즉 물질적 자극의 채택, 노동 규율의 재수립, 통제와 지도의 강화 등이 그것이다. 마오쩌둥식 발전 방식과 다른 마지막 — 그러나 결코 작지 않은 의미를 지니는 — 부분은 이 10개년 계획이 외국 기술을 급속히 받아들여 대규모 공업 프로젝트를 실현하고자 했다는 점이다. 1978년부터 서방 및 일본 기업들과 수많은 계약들이 논의되기 시작했다.

실용주의적 현대화를 마오쩌둥식 속도와 우선순위에 따라 추진하고자 했고, 대약진을 향한 격정을 기구 안의 경제 전문가들의 관리와 기술에 맡기려고 했으며, 한편으로는 동원 및 가속화를 추진하고 다른 한편으로는 실용주의와 안정화를 꾀하는 이율배반적인 두 축 — 중국의 발전 정책은 1949년 이래 이 양자 사이에서 끊임없이 동요하고 있었다 — 을 결합시키고자 한 것은 다소 무리한 일이었다. 1978년 가을부터 이러한 공식 계획의 비현실성이 분명히 나타나기 시작했다. 중국은행의 외화 보유고는 30억 달러에 불과했지만 외국과 논의된 계약은 이미 수백억 달러에 이르고 있었다. 농촌 정책은 그러한 모순의 가장 극단적인 예를 제공한다. 과도기 전반에 걸쳐 상호 대립적인 두 노선이 실행되었다. 한편으로 마오쩌둥식의 계획에 충실한 화궈펑은 여전히 다자이 학습 운동을 벌였다. 1976년 12월 그는 모범 생산대대와 그 교육에 관한 새로운 회의를 소집했다. 1978년 1월 농업 기계화에 관한 회의에서 그는 마오쩌둥이 1955~1956년에 흔히 거론하곤 했던(90쪽 참고) 기계화를 당면 과제로 설정했다. 또한 10개년 계획은 생산대대 수준의 집단 체제 강화를 호소했으며 농업 기반 구축을 위한 대규모 공사와 새로운 토지 개간을 예정하고 있었다.

그러나 일부 지방에서는 자유화 조치들이 잇달았고 그것은 1961~1962년의 조정 정책을 환기시켰다. 즉, 소유세 단위 및 집단 관리의 생산대 수준으로의 후퇴, 사유 토지의 경작과 농가 부업 활동 그리고 자유 시장에 대한 장려 등이 그것이다. 농촌의 이러한 역류는 먼저 완리

(萬里)와 자오쯔양이 제1서기로서 지도를 하고 있던 안후이성과 쓰촨성에서 발전해 갔다. 이들은 모두 덩샤오핑의 충실한 협력자였다. 초기에는 이들 지방이 지리적으로 멀리 떨어져 있고 언론이 이를 보도하지 않고 지켜 줌으로써 자율적으로 경험을 축적해 갈 수 있었다. 그러나 1978년 3월 신문들이 안후이성에 대해 완리가 작성한 '6개 조항'의 농촌 계획을 하나의 모범으로 보도하면서 공식 정책에 대한 그러한 도전은 새로운 의미를 띠기 시작했다. 20년 동안 온건파와 급진파는 농업 집단화의 형식을 둘러싸고 대립해 오고 있었다. 분명한 것은 어떠한 타협도 양자 간에 가로 놓인, 파벌 투쟁을 일으켜 온 그러한 모순을 해소해 줄 수 없었다는 점이다. 그러한 갈등은 끝장을 보지 않으면 안 되었다. 결국 1978년 12월의 3중전회를 통해 완리의 계획은 공식적인 승인을 받았고 갈등은 끝이 났다.

신마오쩌둥주의 과도기는 당시의 이중적인 언어와 이중적인 정책을 통해 그 이전에 있었던 조정 정책의 경험을 환기시켜 준다. 1976~1978년은 1961~1962년 또는 1975년과 같이 마오쩌둥파의 힘이 수세에 처하면서 부분적 후퇴를 보였고, 그에 따라 실용주의자들과 관리자들이 어떻게든 자신들의 구상과 계획을 추진하고자 한 시기였다. 그러나 마오쩌둥의 복귀를 초조하게 기다려 왔던 당시와는 달리 그는 더 이상 존재하지 않았다. 실력자는 이제 덩샤오핑이었다. 그리고 카리스마를 가진 영수가 한 진영으로부터 다른 진영으로 넘어감으로써 당시까지 계속되어 온 급진과 온건의 끝없는 순환 사슬이 끊어졌다. 그 이전의 조정 정책과 달리 이 과도기는 또 다른 새로운 동원의 시기가 아니라 심각한 정치적 경제적 변혁의 시기로 나아갔다. 이제 탈마오쩌둥화의 길이 열렸다.

탈마오쩌둥화와 자유화

덩샤오핑은 승리의 여세를 몰아 탈마오쩌둥화를 추진해 갔다. 그러나 그는 자파의 외부에서뿐만 아니라 내부적인 반대에 직면하면서 매우 유연한 전략을 채택하지 않을 수 없었고, 장악과 공고화, 가속과 제동의 방식을 번갈아 구사해야 했다. 그러한 변화는 경우에 따라서는 매우 돌발적이어서 혼란스럽게 보이기도 했다. 1983년 실시된 정신 오염 반대 운동은 정권의 변화를 결정적으로 중단시킨 것으로 생각되기도 했다. 그러나 그 다음해 계속된 개혁 정책은 정권의 변화를 돌이킬 수 없는 것으로 만드는 듯 보였다. 이 두 경우, 뒤 이은 사건들은 그러한 성급한 판단이 근거 없는 것임을 보여주었다. 통제의 완화와 강화라는 반복된 과정이 계속 이어졌지만 덩샤오핑식 정책의 근본적인 방향에 어떤 수정이 가해진 것은 아니었다.

정책의 변화와 목표의 확고함을 통해 우리는 덩샤오핑의 이중적인 의도를 읽어 낼 수 있다. 즉 한편으로는 현대화의 가속화에 따라 불가피한 자율 세력을 재생시키고, 다른 한편으로는 이 현대화가 그 과정과 결과에서 충분히 통제될 수 있도록 하기 위한 확고한 이념적 정치적 틀을 유지하는 것이 그것이다. 이 이중적 목표가 탈마오쩌둥화의 한계를 규정함과 동시에 그 성과를 보증해 주는 것이었다.

통제된 탈마오쩌둥화

탈마오쩌둥화의 과정을 통제하기 위해 덩샤오핑에 의해 채택된 갈지자형 전략은 급진적 변혁(대약진, 혁명의 고조)과 그에 뒤이은 후퇴 및 공고화 시기를 갖고자 했던 마오쩌둥의 전략을 연상시킨다. 어떠한 '선험적인' 금지도 없었고 뛰어넘어서는 안 되는 어떤 한계가 미리 주어진 것도 아니었다. 어디까지 갈 수 있고 어디까지 갈 수 없는가는 바로 경험에 의해 알 수 있었다. 그러나 역동적이고 유연하며 개방적인 이러한 변증법적 과정은 일정한 곤란을 안고 있었다. 그것은 중국 정치 생활의 외부 관찰자와 마찬가지로 그 내부의 행위자들이 갖게 된 커다란 혼란과 불확실성이었다. 따라서 덩샤오핑이 권력을 장악한 이래 이루어진 정치 노선의 변화는 일련의 급속하고도 종종 돌발적인 변동으로 나타났고, 그에 대한 설명도 학술적 연구의 인위적인 단순성으로 말미암아 제대로 이루어지지 못했다. 이해를 돕기 위해 지금부터 그 과정을 간단히 언급해 보기로 한다.

1978년 12월의 11기 3중전회에서 확인된 덩샤오핑의 권력은 그해 봄에 시작된 자유화 과정의 완성으로 보였다. 즉 1978년 3월 5일에 공표된 헌법은 제45조에서 파업의 자유, 의사 표현의 권리, 공개적인 토론 그리고 대자보 게시를 보장하였다. 4월, 진리의 표준 운동은 마오쩌둥파의 교조주의를 비난했다. 11월, 3중전회에 선행하는 장기간의 공작회의에서 천안문 시위는 '혁명적'인 것임이 선언되었고 시위 참가자들은 복권되었다. 덩샤오핑이 3중전회에서 확인시킨 것은 민주화 운동의 열정이 가져온 열매였다. 11월 15일 이래 베이징 씨단(西單) 네거리 '민주의 벽'에 넘쳐난 대자보들은 마오쩌둥과 사인방을 공격하고 펑더화이와 류사오치의 복권 그리고 문화대혁명의 정치적 내용에 대한 재평가를 주장했다. 화궈펑과의 대립 속에서 덩샤오핑은 자신의 이름과 정책에 환호를 보내던 씨단 시위자들로부터 지지를 받고 있었다.

그러나 승리를 거두자마자 덩샤오핑은 노선 및 파벌 투쟁의 틀을 넘어서 웨이징성(魏京生)의 필봉(筆鋒) 아래 '다섯 번째 현대화', 즉 기타 모든 현대화의 선결 조건으로 '민주화'를 주장하는 운동에 대해 거리를 두기 시작했다.

1979년 3월 민주화 운동의 진압 및 '4항 기본 원칙' — 사회주의의 길, 프롤레타리아트 독재(인민 민주 독재), 마르크스-레닌주의와 마오쩌둥 사상 그리고 공산당 지도의 견지 — 의 발표와 함께 다시 통제가 가해지기 시작했다. 권위적 원칙으로의 회귀는 1979년 11월에 이루어진 웨이징성에 대한 재판과 그에게 내려진 15년형의 판결로 확인된다. 1980년 1월 전술한 1978년 헌법 제45조에 의해 승인된 '네 가지 자유'가 부정되었다. 1980년 2월 화궈펑은 1978년 이래 일정한 표현의 자유와 비판의 자유를 누리고 있던 작가들에게 사회주의 견지를 다시 호소했다.

이러한 엄격한 통제로의 회귀에도 불구하고 탈마오쩌둥화는 포기되지 않았고 다만 보다 온건한 형태를 띠고 나타났다. 1980년 초겨울 장칭과 사인방에 대한 재판이 열렸고, 린뱌오와 공모한 장군들 그리고 1970년 실각한 마오쩌둥의 전 비서 천보다에 대한 재판이 함께 진행되었다. 이 옛 정치 지도자들의 죄행을 판결하기 위해 정치적 절차를 따랐던 것은 개별적인 폭력에 의한 해결을 피하고 그들로 하여금 법적인 형식을 받아들이게 하고자 했던 책임자들의 의지를 잘 나타낸다. 그러나 당시 베이징의 주도면밀하게 걸러진 청중들 앞에서 진행된 그러한 '사법 코미디'(Alain Jacob)가 덩샤오핑 정권에게 원하던 바의 법치주의적 이미지를 가져다주었는지는 의문이다. 혼란스러운 소인(訴因), 논쟁의 결여, 형의 집행에서 이루어진 관대한 조치(사형은 집행되지 않았다) 등 문화대혁명에 대한 뉘른베르크(Nürenberg) 재판이라고 할 만큼 파벌 간의 타협으로 재판을 타락시킨 요소들이 존재했다.

그러나 중국에는 역사를 판단하는 데 공산당 이외에 다른 권위가 존재하지 않았다. 평결은 몇 달 뒤 1981년 6월 11기 6중전회에서 문건을 채택하는 형식을 취해 내려졌다. 〈건국 이래 당의 약간의 역사 문제에 관한 결의(關于建國以來黨的若干歷史問題的決議)〉가 그것이다. 마오쩌둥과 마오쩌둥 사상의 역할 및 문화대혁명의 정치적 내용에 대한 비판적인 평가는 예전에 홍위병들에게 희생된 이들이 주도하는 정치적 지도의 정당성을 확고히 하기 위해 필수불가결한 것이었지만, 거기에는 온건함이 뚜렷이 표현되어 있었다. 결의는 마오쩌둥의 공이 '주요한 것'이고, 그 과오는 '부차적인 것'이라고 평가했다. 결의에 따르면 1949년 이전에 이루어진 그의 행위는 올바른 사고에 기초하고 있었다. 1949년부터 1957년의 반우파 운동까지 그의 지도는 여전히 정확했다. 1957년부터 1966년까지 이루어진 지도는 많은 오류를 포함하고 있었으며, 1966년부터 1976년까지의 마지막 10년간은 재난이 되었다. 결의는 마오쩌둥이 오만과 자신에 대한 과신으로 말미암아 1956년부터 당내의 집단 지도 규칙과 민주주의를 무시하고 많은 자의적인 조치들을 시행했다고 비난했다. 그러나 결의는 원칙의 성급하고도 부정확한 시행이 가져온 '마오쩌둥'의 과오와 계속해서 당을 지도해 나갈 그의 '사상'을 주도면밀하게 구분하였다. 결국 마오쩌둥 사상은 문화대혁명에 대한 비난으로부터 상대적으로 무사할 수 있었다.

가까운 과거의 이념적 유산은 그렇게 제거되었고, 당은 1982년 9월 제12차 전국대표대회를 소집할 수 있었다. 이제 쟁점이 된 것은 보다 일반적이고 보다 철학적인 문제였다. 1980년 8월 왕뤄수이(王若水)의 글로부터 시작된 자본주의 정권과 사회주의 정권 아래서의 소외에 관한 논쟁은 몇 년 동안 이어졌고, 결국 1983년 3월 칼 마르크스 서거 백주년을 맞아 행한 저우양의 연설을 통해 인도주의에 대한 부분적인 복권으로 귀결되었다. 그러나 이러한 자유주의의 발단은 1983년 여름 대도시의 비행 청소년 또는 단순한 주변층을 대상으로 한 폭력적이고 격렬한 방식의 범죄 반대 운동에 의해 곧 벽에 부딪친다. 그해 가을부터 운동은 '정신 오염'에 반대하는 정치 운동으로 변질되었다. 이 운동은 당 중앙선전부장 덩리췬(鄧力群)에 의해 시작되었고 1983년 10월 12기 2중전회에서 승인되었다. 왕뤄수이와 저우양의 소외와 인도주의에 대한 주장은 비판당했다. 곧바로 운동은 사상에 대한 검열로부터 도덕 검열로 옮겨 갔다. 혁명적 엄격성, 사회주의 예절에 관한 규범들이 재확인된 반면 서양의 복장과 두발, 오락과 음악의 모방은 타락하고 부패한 것으로 규정되어 갑작스럽게 금지되었다. 대도시의 그러한 분위기는 마치 문화대혁명 초기와 유사했다.

몇 주 뒤 폭풍우는 그것이 일어났을 때처럼 갑작스럽게 멈추었다. 1984년 1월 후차오무(胡喬木)는 〈인도주의와 소외 문제에 관하여(關于人道主義和異化問題)〉라고 이름 붙인 매우 모호한 한 편의 글을 통해 이론적 논쟁에 종지부를 찍었고, 지도자들은 이제 도시 경제의 개혁을 위한 준비에 노력을 기울이기 시작했다. 도시 경제 개혁은 1984년 10월 12기 3중전회에서 대대적으로 제창되었다. 당은 '계획 경제와 상품 경제를 대립적으로 보는 전통적인 개념'을 버리고 '유능한 사람들'이 일을 할 수 있도록 할 것을 호소했다. 이러한 자유주의적이고 엘리트주의적인 조치들은 문예 영역으로 확대되어 갔다. 1984년 12월에서 1985년 2월까지 소집된 작가협회 제4차 대표대회는 예술가들이 사회주의 틀 내에서 …… 자유로운 창조의 권리를 갖는다고 주장했다. 기자들도 기회를 타고 언론 독립을 주장했다.

1985년 봄부터 그러한 변화는 다시 경직되는 듯했다. 4월에 신문들은 후야오방의 연설을 게재했다. 후야오방은 언론이 당의 대변자가 되어야 한다고 호소했다. 지식계에 대한 통제가 다시 강화되었고, 새로운 경제 정책의 초기 '통제 이완' 조치들 때문에 일어난 곤란한 점들로 말미암아 지도자들은 1986년으로 예정된 개혁의 집행을 늦추거나 일부 부문에 대해서는 개혁을 추신하지 않았다.

탈마오쩌둥화 과정에서 왜 이러한 우여곡절이 일어났던 것일까?

탈마오쩌둥화의 한계와 성과

탈마오쩌둥화의 우여곡절은 덩샤오핑이 지도부에서 부닥쳐야 했던 반대 주장에서 연유하는 것이었다. 이 반대 주장을 꺾을 필요성, 또는 최소한 그것이 하나의 집단을 이루는 것을 막기 위해 자유화의 조류에 대한 일련의 억제 조치가 취해졌다. 정치적 환경이 개혁파에게 가한 이러한 외부의 억제에 더하여 개혁파 내부의 신중함도 작용하고 있었다. 그 가운데 가장 완고했던 덩샤오핑과 그의 측근 협력자들 — 당 총서기 후야오방, 국무원 총리 자오쯔양 — 은 사실 자유화 조치가 넘어서는 안 될 한계가 있다고 생각했다. 그들은 혁신적인 힘을 화석화시키는 전체주의를 기꺼이 포기하고자 했지만 여러 변화들을 운용하고 통제하기에 충분한 권위적인 정권을 견지하는 것에는 단호한 태도를 보였다.

옛 마오쩌둥파가 책임 있는 위치에서 실각했다고 해서 물리적으로 제거된 것은 아니었다. 그들은 아직 당의 중급 및 하급 수준에서 다수의 지지자들을 확보하고 있었다. 그러한 반대파의 세력을 약화시킬 수는 없었다. 그러나 반대파는 자신들만의 힘으로는 아직 무력한 상태였다. 그렇기는 하지만 여러 해 동안의 개혁 실행 과정에서 1978년 12월 3중전회에서 덩샤오핑을 지지했던 사람들 사이에 또 다른 반대파가 형성되고 있었다. 이 '새로운 반대파' 가운데 인민해방군의 지도자들이 있었다. 그들은 자신들이 국방보다도 경제 현대화에 우선권을 부여하는 정책의 주요 희생자라고 여겼다. 1979년 이래 국방비는 삭감되었고 인력의 감축과 간부들의 젊은 세대로의 교체(연소화)가 추진되었다. 즉 1985~1986년 병력의 4분의 1(대체로 1백만 명)이 감축되었고 동시에 10만 명의 고참 장교들이 조기 퇴역을 해야 했다. 그들이 떠난 자리에는 더 잘 훈련받은 전문화된 간부들이 채워질 것이었다. 지도자들의 쓰라린 고통에 더하여 인민해방군의 이념적 정치적 역할도 후퇴했다. 군대는 더 이상 인민에게 모범으로 제시되지 않았다. 1985년 나이 든 예젠잉 원수 및 그의 동료 두 명의 은퇴는 다시 한 번 당 중앙정치국 상무위원회 안에서 군대의 대표성을 약화시켰다. 이제 상무위의 정위원

20명 가운데 3명만이 인민해방군 소속이었다. 한편, 11개에서 7개로 줄어든 지역 대군구의 재조직을 통해 리더성 — 1974년 이래 동북 지역의 책임자 — 과 같은 영향력 있는 지휘관들이 제거되었다. 인민해방군의 불만은 개혁에 대한 다양한 제동 움직임에 군대가 적극적으로 나서는 것으로 드러났다. 인민해방군은 보수 세력의 보루로 보였다. 경우에 따라서 인민해방군은 마오쩌둥주의를 그리워하는 사람들과 보조를 함께할 수도 있었다.

초기, 즉 11기 3중전회 당시 덩샤오핑의 최측근이었던 당정 고위 간부들 가운데는 개혁이 지나치게 멀리 그리고 지나치게 빨리 가고 있다고 생각하는 사람들도 있었다. 그 우두머리는 당시 86세로 여전히 정치국 상무위원이었던 경제전문가 천윈이었다. 1985년 9월 공산당 특별회의 석상에서 그가 행한 엄격한 연설은 이 나이 든 혁명 수호자의 불만을 일목요연하게 보여준다. 즉 그는 지나친 성급함, 지나친 즉흥성, 지나친 외국의 영향, 지나친 물질적 욕구를 비판하고 더 많은 사회주의적 이상과 규율을 강조했다. 개혁파는 자기 진영에서 분출되는 이러한 반대에 직면하여(천윈은 일관되게 온건한 계획 경제의 신봉자였다) 속도를 늦추지 않을 수 없었다. 그것은 옛 마오쩌둥파와 문혁 시기 그들의 희생자였던 당내 원로들이 서로 다른 성향에도 불구하고 서둘러 연합하는 것을 원치 않았기 때문이었다. 사실 1983년 가을의 정신 오염 반대 운동 초기 그러한 연합이 어렴풋이 나타나고 있었다.

그러나 덩샤오핑이 반대파의 주장을 수용하면서 자유주의적 조류에 제동을 걸고 그것을 뒤집을 당시 그 또한 자기 나름대로 생각이 있었음에 틀림없다. 1978~1979년의 민주화 운동을 고무한 다음에 덩샤오핑은 그것의 지나친 측면을 우려했고 그것을 당 규율의 결핍과 같은 것으로 보았다. "단결 없이는 안정도 없으며 아무것도 이룰 수가 없다. 민주주의, 자유로운 의견의 표출과 같은 것들은 예정되어 있지 않다"(1980

년 1월 16일에 이루어진 덩샤오핑의 연설). 1983년 10월 덩샤오핑은 정신 오염 반대 운동의 개시를 승인했던 것으로 보인다. 1985년 9월 공산당 특별회의 당시 그는 천윈의 비판에 일정 부분 호응하면서 새로운 노선의 '이념적 취약성'을 지적했다.

그러나 반대파의 목소리에 호응했다고 해도 덩샤오핑은 비판자들이 생각하는 것만큼 멀리 가고자 하지 않았다. 1983년 가을 그는 곧바로 후야오방에게 정신 오염 반대 운동의 지나친 확대를 제지하도록 했다. 덩샤오핑은 1985년 9월에 천윈의 비관적 전망에 대해 확고한 낙관주의를 제시해 보였다. 그는 개혁이 많은 문제들을 일으키고 있는 것은 사실이지만 그것들은 해결될 수 있다고 강조했다. 개혁파가 그 반대파와의 사이에서 보이던 이러한 차이, 즉 그들이 하나의 원칙으로 삼고 있던 낙관주의는 탈마오쩌둥화가 돌이킬 수 없는 것이고 그 성과는 견지될 것이라는 점을 확고히 하고 있었다.

탈마오쩌둥화로부터 얻어진 성과는 먼저 전체주의 정권의 권위주의 정권으로의 변화였다. 1957년 반우파 투쟁 이래 정권의 전체주의적 성격은 공산당(그 한 파벌 또는 그것을 대표하는 독재자)의 전지전능한 지위 위에 수립된 것이었다. 덩샤오핑의 눈에 당은 여전히 '지도의 핵심'이었지만 그 권위와 기능은 제한되어야 했고, 더 이상 제도의 운용, 사생활 및 문화 활동 영위, 새로운 경제 세력의 성장을 억압해서는 안 되었다.

1982년 4월 채택된 헌법 — 1954, 1975, 1978년에 이은 인민공화국 제4차 헌법 — 은 기능의 배분을 분명히 하고자 했다. 138개조 가운데 3분의 2 이상이 정치 제도에 대한 규정을 담고 있다. 당의 역할은 재규정되었다. 당의 지도는 이념 및 정치 업무에서 수행될 것이었다. 그러나 "당의 지도는 정부 기관의 행정 업무와 동일시되거나 그것을 대체해서는 아니 되며 기업의 생산 과정에 개입해서도 아니 된다"(1982년 9

월 1일 후야오방의 중국공산당 12전대회에서의 보고). 정부 조직 위계에 따른 중앙군사위원회의 창설로 당 중앙군사위원회로부터 군대에 대한 지도권을 이전받을 것처럼 보였다. 인민대표대회와 지방 인민 정부의 재건 — 기초 선거구 향과 현의 경우 직접 선거를 통해 선출됨 — 은 각 성에서 당의 역할을 제한할 것이었다. 당은 헌법과 법률을 준수해야 했다(제5조). 법치로 회귀하고자 하는 이러한 의지는 검찰 및 인민 법정 등 사법 기관의 독립이라는 원칙에도 표현되었다(제126조 및 제131조).

이러한 사회주의 법치의 일환으로 시민(공민)의 권리보다는 의무가 더욱 중시되었다. 그러나 문화대혁명 시기 자의적인 처리와 박해를 경험했던 지도자들은 1982년의 헌법에, 1954년 인민공화국 최초의 헌법이 명시한 바 있으나 뒤이은 헌법들에서 사라진, 시민은 법 앞에서 평등하다는 원칙을 다시 규정했다(제12조, 제5조, 제33조). 1975년 및 1978년 헌법의 문안과 달리 1982년 헌법은 더 이상 옛 지주, 관료 자본가, 우파 및 반혁명 분자 등 민주주의에서 배제되고 정치적 권리를 박탈당한 '검은 부류[黑類]'를 언급하지 않았다. 특정 사람들을 배제해온 '성분'이 1978년부터 당 중앙위원회의에 의해 삭제된 바 있는데, 이는 새로운 헌법에 의해 확인되었다. 이러한 권리의 부활은 당시의 정권을 1954년의 헌법에 의해 정의된 바 있고 또한 소련식에 가까웠던 정권의 연장선상에 위치시켰다. 물론 이 사회주의 법치의 내용 및 1982년 헌법이 가져온 실제적인 효과는 의문스러웠다. 1983년 여름부터 시작된 범죄 반대 운동은 사법 기관이 갖는 자율성의 취약성 또는 부재를 보여주었다. 새로 창설된 중앙군사위원회는 그 성원들이 당 군사위원회 성원들과 정확히 일치한다는 점에서 어떠한 의미 있는 역할도 할 수 없는 상태였다!

비록 중국 사람들이 고유의 정치 문화 때문에 인권에 대한 서구적 개념과 다른 의견을 갖고 있다고 할지라도, 그들 또한 부정의에 민감하고 그들의 지도자들로부터 합리적인 처우와 개인의 안전에 관해 보장을 받고자 하는 것은 마찬가지였다. 바로 이러한 점에서 많은 진척이 이루어졌다. 예컨대 지나친 비판을 가했던 작가들은 여전히 경고를 받았지만, 또 1981년 봄 바이화(白樺)[26]의 경우처럼 작가들은 여전히 '허무주의'라든가 '무정부주의'로 비판당할 위험이 있었고 자아비판을 하도록 강요당할 수 있었지만, 그들을 대상으로 한 비판 운동은 이제 더 이상 어떠한 체포나 박해로 이어지지 않았다. 바이화는 비판을 당한 뒤에도 계속해서 글을 발표할 수 있었고 작가협회의 위원직을 유지할 수 있었다.

지도자들이 당에 부과하고자 했던 의무라면 그것은 국가 기구의 변화를 위한 전문화에 관한 것이었다. 그 변화는 분명 불균등했다. 변화는 선전과 문화 영역에서는 느리거나 아예 일어나지 않았고 경제 영역에서만 특히 가속화했다. 기술 관련 부서들은 이제 기술 전문가들이 부장을 맡았고 그 대부분은 당원이 아니었다. 이 경우 정치 개혁은 경제 개혁에 의해 수행되었다. 자유화는 신정권의 최우선 목표인 현대화와 그것의 실현으로부터 확대될 수 있었다.

경제 현대화

덩샤오핑이 현대화 정책을 시작한 것은 1978년 12월의 3중전회에서였다. 그 이후 1984년 10월의 12기 3중전회에 이르기까지 여러 해 동안 조정과 개혁이 동시에 진행되었다. 조정은 소련 모델에 따른 정의로 말미암아 중국인의 수요에 정확히 부응하지 못하고 마오쩌둥식의 과도

26) 애국적 예술가에 대해 정권이 범한 부정의를 묘사한 《쓰라린 사랑(苦戀)》이라는 제목의 영화 시나리오 작가.

함 때문에 심각한 기능 장애에 처해 있던 경제 체제의 결점을 치유하는 것이었다. 개혁이란 체제 그 자체를 변화시키는 것을 목표로 한다. 그러나 초기의 이 전 과정 동안 개혁은 조정 면에 절대적으로 치중하고 있었다. 개혁 계획의 공식적인 재개를 위해서는 1984년 10월의 중앙위원회 전체회의를 기다려야 했다. 거기서 재개된 개혁은 그 계획의 실행이 단지 경제 구조만을 변화시키는 것이 아니라 정권 그 자체를 변화시키는 심각한 변혁을 불러오지는 않을지 의문이 들 정도로 강력했다.

5개년 계획과 마오쩌둥주의의 무거운 유산

1978년 중국 경제는 여러모로 심각한 곤란을 겪고 있었다. 지난 20년 이상 농업의 성장은 매우 느렸고, 경작지의 감소(11퍼센트 이상)는 되돌릴 수 없는 것처럼 보였다. 노동력은 풍부했지만 숙련되지 못했다. 1982년 이루어진 인구 조사에서는 28퍼센트의 문맹률을 보였다. 중공업 중심의 성장과 (문화대혁명 시기) 소규모 가족 기업의 거의 완전한 몰락은 수많은 실업 노동자들을 만들어 냈다. 도시 부문에서는 1천만~3천만 명, 농촌 부문에서는 4천만~9천만 명의 실업자가 존재했다. 그리고 이 수치는 도시와 농촌 모두에 광범히 존재하던 잠재적 실업자들을 아직 계산에 넣지 않은 것이었다. 매우 높은 축적률로 인해(종종 30퍼센트 이상) 투자 자본은 상당한 수준에 이르고 있었다. 그러나 생활 수준은 매우 낮은 상태였다. 그리고 장비는 현대적이지 못했다. 일반적으로 제대로 관리되지 못했던 장비들은 온전히 작동하지 못했고 많은 에너지를 소비하며 보잘 것 없는 제품들을 만들어 내고 있었다. 그들 가운데 60퍼센트를 교체해야 한다고 평가되고 있었다.

경영 관리는 거시 경제 면에서나 기업 차원에서 모두 효과적으로 이루어지지 못했다. 계획 경제의 엄격함과 물리적인 양에 대한 중시로 말미암아 국가 기업은 종종 적자를 보았고, 그 제품들은 수요에 부응하지 못했다. 마오쩌둥파가 주장한 자급자족 원칙으로 말미암아 체제의 전문화가 가져다주는 혜택을 누리지 못했으며 수많은 중복 투자가 초래되고 있었다. 고용 보장과 임금 체계의 평균주의는 노동 인구의 생산성을 끌어 올리지 못했다.

그 가운데 유일하게 긍정적인 특징이라면 출생률의 감소였다. 1970년 37퍼센트였던 출생률은 1978년 21퍼센트를 보였다. 마오쩌둥 시대 말기에 대두된 인구 문제의 시급성이 격렬히 대립하던 다양한 파벌들 간에 일정한 공감을 이끌어 낸 결과임이 분명하다.

조정 전략과 농촌 탈집단화의 성공

1978년 11기 3중전회에서 덩샤오핑파를 이루고 있던 사람들은 경제 개혁의 필요성에 동의했다. 그러나 그들 모두가 같은 태도를 취했던 것은 아니었고 그들의 합의는 여전히 모호한 채로 남았다. 일부는 그것을 일시적인 보조 수단 — 신경제정책 시기(1921~1927) 소련에서 사용되었거나 중국에서 대약진 뒤인 1961~1962년에 채택된 바 있던 수단들 — 으로 여겼다. 반대로 다른 일부에게 경제 개혁은 중국 경제의 성장과 구조적 변혁을 뜻했다.

1978~1984년에 시행된 개혁은 전자의 생각을 뒤바꾸어 놓았다. 이 개혁의 주요 성과는 농업 부문에서 책임제의 실시를 통한 점진적인 탈집단화였다.

◆ 조정 전략

조정 전략은 1978년 12월 3중전회 이후 몇 개월에 걸쳐 점진적으로 구체화되어 갔다. 바로 이러한 전략 아래서 제6차 5개년 계획(1981~1985)의 방향이 확정되었다. 더욱 균형 잡힌 그리고 단절 없는 발전을 이루기 위해 연간 성장률은 4퍼센트로 정해졌다. 계획 경제 체제는 부분적인 분권화, 자유 시장과 소규모 사유 경제의 부분적인 재도입을 통해 유연화될 것이었다. 재원 배분의 규칙은 소비를 촉진하는 방식으로 변경될 것이었다. 비생산 부문의 투자(특히 주거 환경을 위한 투자)가 늘어날 것이고 수송 및 에너지 등 기간 시설들이 우선권을 부여받을 것이었다. 물질적 자극이 기업에 재도입되고 전문가들이 환영받을 것이었다. 성장을 이루기 위해 기술(생산성의 원천으로 간주되고 있었다) 분야에 중요한 역할이 부여되었다. 필요한 기술 이전을 위해 개방 정책이 추진되고 확대될 것이었다. 전문화 및 긴밀한 협조 관계의 형성을 위한 조치가 국내외에 공히 적용될 것이었다. 농촌 개혁은 조정 정책이 제시한 목표 및 방식과 밀접한 관계 속에서 진행되었다.

◆ 책임제와 농가 경작으로의 회귀

'책임제'의 시행은 보수 체계를 생산에 직접 연계시켜 농민 노동력의 에너지를 더 효과적으로 동원하고자 한 것이었다. 이 제도는 매우 다양한 계약 방식을 포함하고 있었다. 1979년에 몇 호의 농가가 (생산대에 연결된) 하나의 집단을 이루어 생산을 담당하는 '포산도조(包産到組)'가 출현했고, 1980년에는 각 농가가 생산을 담당하는 '포산도호(包産到戶)' 제도가 나타났다. 이 두 경우 모두 농가는 생산물의 주요 부분을 생산대에 납부해야 했고 일부의 잉여만을 보유할 수 있었다. 1981년에는 농가가 경작을 책임지는 '포간도호(包幹到戶)'가 추진되기 시작했다. 이것은 이론상 집단 소유로 남아 있는 토지를 농가에 분할해 준 것이었다. 농가는 국가에 대한 농업세 및 정부가 정한 가격에 따른 공출의 납부 그리고 다양한 사회 기금을 충당하기 위한 납입금을 생산대에 지불한 뒤에는 나머지 생산물을 자유로이 처분할 수 있었다. 1982~1983년부터는 이러한 방식이 일반화되기 시작하면서 사실상의 탈집단화가 자리잡았다. 농업의 '사회주의적' 성격은 토지에 대해 집단 소유제가 지속되고 농가는 사용권을 가진다는 차원에서 명목상으로 유지될 뿐이었다.

농가 경영으로의 회귀는 작물 재배의 전문화와 상업화 경향을 촉진시켰다. 전문화된 농가인 전업호(專業戶)는 가족 성원의 지식이나 특별한 재능을 이용하여 거의 전적으로 양어(養魚), 목축, 과수 재배 등에 종사했고 생산물의 대부분을 시장에 내다 팔았다.

농촌에서 자유화는 단지 농업에만 국한되지 않았고 상업, 운송업, 수공업, 소규모 기업 등을 포함한 모든 경제 활동에 미치고 있었다. 1984년 10월에 시작되고 1985년 안에 관철된 국가 공출의 폐지는 마침내 중국 농업의 변혁을 완성시켰다. 이 과정에서 인민공사는 사라졌고(1984년 말) 다른 집단적 구조들(생산대대 및 생산대)도 쇠락해 갔다.

곧바로 농촌 탈집단화는 생산의 괄목할 만한 증가라는 결과로 나타났다. 곡물 생산량은 1978년에서 1983년까지 연간 4.2퍼센트 성장했고(그 이전 10년간은 연간 3.5퍼센트), 1984년에는 4억 7백만 톤이라는 기록적인 수확을 보였다.

그러나 공업과 도시 부문에서 이루어진 조정 정책은 그러한 성공을 가져오지 못했다. 1979~1980년 제한적인 개혁이 도입되었다. 일부 국유기업은 보다 큰 재정적 자율성과 보다 많은 결정권을 부여받았다. 개혁은 신중히 추진되었으며, 계획 경제, 자원 할당, 가격 결정 등의 제도들은 실제로 아무런 변화가 없었다. 그러나 이 '작은 개혁'(Yves Chevrier)은 곧 중단되었다. 그것은 여전히 작동하고 있던 전체적인 틀의 완고한 경직성 때문이기도 했지만, 또한(혹은 아마도) 특히 당시의 조정 정책이 심각한 어려움을 겪고 있었기 때문이었다.

국가의 농업 식료품 수매가 — 도시 소비자 가격으로부터 매우 작은 부분만을 보전받고 있었다 — 가 1979년 이래 급속히 상승하면서 정부는 수매 기관에 매년 약 2백억 위안의 보조금을 지불하지 않을 수 없었다. 이러한 무거운 부담이 예산 적자와 가격 앙등의 주요 원인이었고,

그러한 어려움은 비효율적인 개방 정책과 대대적인 기술 이전 계획이 대외 무역에서 적자를 양산해 내던 시기에 더욱 가중되고 있었다. 덩샤오핑파 내부의 가장 보수적인 측에서는 이를 매우 우려하여 1981년 봄 투자에 대해 갑작스런 제동을 걸고 공업 및 도시 부문의 개혁을 보류하도록 만들었다.

농업 부문에서 이룬 성취에도 불구하고 전체 경제 체제는 아직 거의 생산적이지 못한 상태에 머물고 있었다. 가장 신속한 경제 성장의 가능성은 의심할 바 없이 생산성의 향상에서 찾아져야 했다. 그러나 그러한 측면에서 볼 때 조정 정책은 효과를 다한 듯이 보였다. 이제 남은 것은 진정한 개혁으로 나아가는 것이었다. 즉 더 이상 농업이나 수십만 개의 기업에 국한된 개혁이 아니라 도시 부문 전체와 중국 경제 전반의 구조에 미치는 변혁을 추진하는 것이었다.

3중전회(1984)와 공업 발전의 재개(1984~1985)

중앙위원회가 사용한 어휘의 의미는 분명했다. “확고하고 체계적인 개혁만이 도시 경제를 번영시키고 도시 경제가 주어진 구실을 진정으로 수행하도록 할 수 있으며, 더욱 조화롭고 더욱 신속한 발전을 위해 국가 경제 전체에 자극을 줄 수 있다.”

◆ 개혁 정책

지도자들은 가장 필수적인 생산물에 대해 강제되고 있던 계획 경제의 영역을 축소하고 개략적인 수준에서 계획 경제를 운용하며, 시장의 법칙을 재도입함으로써 ‘사회주의 상품 경제’를 건설하고자 했다. 시장 경제의 운용이 가격의 변동에 기초하고 있듯이, 먼저 생산물의 질과 상대적 희소성을 고려하지 않고 결정되던 중국의 불합리한 가격 제도를 개혁하는 것이 중요했다(예컨대 에너지는 세계 시장보다 훨씬 더 싼 가격에 제공되고 있었다).

이를 위해서는 통제 방식에 대한 개선, 특히 통제의 대상을 제한하는 것을 통해 생산 증가의 곡선을 '일정한 범위 안에서 유동'하게 하거나 '자유롭게 결정'되도록 할 필요가 있었다.

점진적인 가격의 자유화는 개혁의 중심이었고 개혁의 실행을 조건 지우고 있었다. 금융·재정 제도에 관한 일련의 모든 조치들은 가격 자유화와 결부되어 있었고 정부의 직능을 재규정했다. 정부는 이제 거시 경제 수준의 일정한 조정 이외에는 개입해서는 안 되었다. 사실 기업들에게 더 많은 권리와 힘이 주어졌다. 기업들은 스스로 경영 관리, 생산 활동, 종업원의 충원과 배치에 나설 수 있었다. 요컨대 기업들은 자율적이고도 경쟁적으로, 즉 생산적으로 바뀔 것이었다. 중국적 표현을 빌자면 '활력이 충만'하게 될 것이었다.

조정 정책은 마오쩌둥주의와의 단절로 그 소임을 다했다. 그러면 개혁은 사회주의와의 단절을 뜻하는 것이었을까? 개혁이 내세운 논리는 이념적인 것이 아니라 경제 발전의 시급성이었다. 중단기적으로 성장의 가능성은 기본적으로 생산성의 향상에 놓여 있었다. 당시 체제의 열악한 효율을 고려해 볼 때 그러한 잠재적 가능성은 매우 중요한 의미를 띠고 있었다. 그런데 경험은 시장과 경쟁의 부과, 기술상의 진보, 전문화의 혜택 등이야말로 생산성 향상의 주요 요소라는 점을 보여주고 있었다. 이 점에서 개혁은 조정 정책의 한계를 뛰어넘으면서도 그것의 지속으로 보였다.

곧바로 개혁의 실행을 위한 여러 조치들이 뒤따랐다. 국유 부문 기업들의 재정 조달 방식이 바뀌었다. 정부의 보조금 지급은 은행 대출로 대체되었다. 수익 전체를 국가에 납부하던 것이 세금 납부로 변화했다. 기업들은 벌어들인 외화의 일부를 보유할 수 있도록 허용되었고 외국과 직접 계약 협상을 벌일 수 있게 되었다. 당시까지 정부에 의해 결정되던 공산품 및 농산물 가격의 약 절반은 1984년 10월부터 통제받지 않게 되었다.

국유 기업들의 생산 활동은 이러한 조치들에 의해 자극을 받아 급속히 성장해 갔으며 농촌 공업 부문의 발전과 결합하여 전례 없는 생산의 급성장을 보였다.

◆ 공업의 급성장(1984~1985)

1983년부터 1985년까지 공업 생산 가치는 미화 약 350억 내지 400억 달러의 성장을 보였다. 기록적인 성장률은 1985년 제1분기에 24퍼센트에 이르렀다. 가장 괄목할 만한 결과는 경공업에서 나타났다. 냉장고, 텔레비전 같은 소비재 생산은 비약적인 증가를 보였다(아래 표 참조). 탄광업, 철강업 등 중공업도 속도는 이보다 느렸지만 마찬가지로 성장해 갔다.

1983~1985년의 공업 성장

	1985년 1~9월	1984	1983
순 공업 생산 가치(10억 위안)	614	702	609
경공업(10억 위안)	306	337	295
중공업(10억 위안)	308	364	313
TV 수상기(백만 대)	12	10	7
세탁기(백만 대)	7	6	4
냉장고(백만 대)	0.96	0.54	0.19
석탄(백만 톤)	626	772	715
전력(백만 kwh)	301	375	351
철강(백만 톤)	35	43	40
자동차(백만 대)	0.34	0.32	0.24

출전 : 국가통계국

눈부실 정도의 이러한 성장 속도는 곧 줄어들기 시작했다(1985년 제4분기 10퍼센트, 1986년 제1분기 4퍼센트). 그것은 운송 수단의 부족, 전력의 부족(이로 인해 부유한 화동의 연안 지역에서 장비가 가진 능력의 80퍼센트를 쓰는 데 그쳤다), 원자재의 부족과 원자재 가격의 앙등 그리고 방만한 은행 대출에서 오는 인플레의 악화(은행의 기업 대출은 1985년 30퍼센트로 증가했다) 등 다양한 장애물 때문이었다.

따라서 성장의 둔화는 불가피했으며 당국은 이를 바람직한 것으로 여겼다. 당국은 직접 수많은 조치들을 취하여 1984년 겨울과 1985년 봄의 경기 과열을 진정시키고자 했다. 당국은 행정적인 제한과 거시적인 통제 방식을 병행했다. 가격 개혁은 중단되고 기업에 허용되었던 많은 권한들이 취소되었다. 정부는 은행에 대해 대출을 대대적으로 축소할 것을 요구했다. 그것은 기이한 혼돈이 아닐 수 없었다! 과도기에 처해 있던 경제 체제에서 권위주의적인 조치들은 종종 제대로 먹혀들지 않았고, 비효율적으로 관리되던 대출을 통한 조정은 돌발적인 것이었으며 목표를 빗나간 것이기도 했다. 그러나 체제는 밀려오는 격렬한 충격을 견뎌 내었다. 원자재 비축이 재개되었고 공업과 운송업의 여러 부문에서 점차 균형을 찾아가기 시작했다.

여기서 더욱 중요한 것은 당시 지도부의 개혁 의지가 도시 부문에서 이루어진 이 같은 초기의 통제 완화가 가져온 어려움과 곤경에도 불구하고 계속 견지되었다는 점이다. 사실 1984년과 1985년 사이에 이루어진 공업의 급성장이 그 과도함으로 말미암아 역효과를 내는 것으로 보일 수 있었지만, 그것은 또한 중국 기업과 중국의 공업이 발전할 수 있는 엄청난 능력을 보여주는 것이기도 했다. 이렇듯 공업 성장은 잠재적인 에너지를 동원해 내고자 했던 개혁 정책의 정당성을 확인해 주었다.

◆ 개방의 진전

외국의 상품, 기술과 자본을 향한 중국의 개방은 4개 현대화 정책이 국제적 차원에서 표현된 것이었다. 그러나 이러한 개방이 정권에 심각한 변화를 가져올 것으로, 이것을 내부에서 발생한 자유주의적 경향의 외부적 표현으로 보는 것은 잘못되고도 위험한 생각이다. '개방'은 그와 밀접히 연관된 '개혁'과 마찬가지로 최고 수뇌부의 정치적 결정으로부터 나온 것이었다. 개방은 중국의 자본 수요에 부응하기 위한 것이었고, 가장 선진적인 국가들의 노하우를 단시일 내에 배울 필요성에 따른 것이었다. 국내의 현대화와 세계 경제로의 진입은 밀접히 연관된 것이었다. 기업에 대한 분권화와 통제 완화가 여러 효과들을 불러왔음에도 불구하고 개방에서 외국과의 경제적 접촉은 중국 당국의 공식적인 관리 아래 두어졌다.

개혁과 마찬가지로 개방은 주의주의적이고도 실용주의적인 정책이었다. 위로부터 먼저 정책이 공포되고, 그 다음 그에 적응하고, 다시 조정하는 것이었다. 이 '경험적인' 실용주의는 주저와 모순, 후퇴 등의 우여곡절이 없이는 작동할 수 없는 것이었다. 중국의 외국 상대자들도 그만큼 많은 우려와 혼란을 겪지 않을 수 없었다. 그러나 개혁과 마찬가지로 개방에 대한 정책적 의지는 확고했고 그러한 의지가 현재에 이르기까지 많은 예측 불능의 사태들을 극복해 왔던 것이다. 1978년부터 1985년까지 이루어진 개방 정책의 결과는 엄청난 성과를 보여주었다.

중국은 1978년 이래 세계 무역에서 경이적인 성과를 축적했다. 무역총액은 1978년과 1984년 사이 미화 약 2백억 달러에서 5백억 달러로 성장했다. 이러한 집중적인 성장은 중국의 대외 무역에서 전대미문의 일이었다. 그리고 중국이 세계 무역에서 아직은 작은 비중을 차지하고 있었지만(1984년 1.4퍼센트를 넘지 못했다) 대외 교역액이 중국 국민순생산의 10퍼센트에 이르고 있었다. 교역은 특히 1984년 수입의 증가에 의해 급속한 확장을 보였다(아래 표 참조). 수입의 증가는 역동적인 발전을 반영하는 것이며 투자의 급증과 소비의 증가를 뜻한다.

중국 대외 무역의 변화(1981~1984, 미화 백만 달러)

총액	총액	수입	수출	수지
1981	43,129	21,568	21,561	7
1982	40,852	18,939	21,913	+2,974
1983	43,478	21,325	22,153	+828
1984	49,682	25,448	24,234	-1,214

중국의 주된 구매 대상은 주로 선진국들이었는데, 그들로부터 중국은 수입액의 69퍼센트를 사들였다. 선진국들은 또한 중국 수출의 42퍼센트를 흡수하면서 주요한 시장을 제공했다. 결국 중국은 선진국들과의 무역에서 항상 적자를 보았고, 1984년에는 그것이 특히 심하여 차액이 미화 −12억 1400만 달러에 이르렀다. 발전 도상국에 대한 수출이 증가했지만(1984년 수출 총액의 52퍼센트) 그러한 적자를 메우기에는 부족했다. 적자는 1985년에 더욱 늘어나 130억 7천만 달러에 이르렀고, 이는 외화 보유액의 대대적인 감소를 가져와 1985년 말 약 120억 달러로 떨어졌다. 여기서 가장 주목을 끄는 측면은 수입의 증가가 설비보다는 소비재에 집중되고 있다는 점이다. 따라서 중국 당국은 관세를 인상하고 수입에 대한 규제를 강화하는 방식으로 대처했다. 그러나 당국의 목표는 외국과 무역을 단절하는 것이 아니라 균형을 유지하여 수입 대금이 수출을 통해 보전될 수 있도록 하는 것이었다. 그러나 1984년 섬유와 석유가 수출 품목의 절반을 차지하고 있을 때, 중국은 한편으로는 기대만큼 자국의 섬유를 수입하지 않으려는 선진 공업국들의 보호주의적 경향과 다른 한편으로 세계 석유 가격의 하락이라는 상황에 부닥쳐

야 했다. 이러한 곤란에 대한 해결책은 중국의 수출 품목 다변화와 스스로 이익이라고 여기는 부문에서 무역을 활성화시키려는 무역 상대국들의 정책적 의지를 통해 가능한 것이었다.

중국은 수출 역량을 강화하고 신기술 습득을 가속화하고 외국의 투자를 촉진하기 위하여 1979년부터 광둥성의 선전(深圳)과 주하이(珠海), 푸젠성의 산터우(汕頭)와 샤먼(厦門)에 경제특구를 설립했다. 타이완과 한국의 자유 무역 지대를 본보기로 한 이 경제특구는 해외 화인(華人)과 외국인 투자자를 유치하고자 한 것이었다. 외국 자본의 투자 활동은 처음에는 합자 기업 형태였으나 나중에 이루어진 조치들을 통해 순수 외국 회사의 설립도 가능해졌다. 투자를 유치하기 위하여 당국은 세금 면제, 관세 면제, 기간사업에 대한 재정 보조 등 다양한 유인 조치들을 내놓았다. 1984년 4월 이러한 우대 조치는 '개방 도시'로 선언된 연안 지역의 14개 도시로, 그해 12월에는 상하이를 중심으로 안후이, 장쑤, 저장, 장시 등 4개 성에 걸쳐 51만 5,000평방미터를 포괄하는 장강 하류 경제 구역으로까지 확대되었다. 이러한 조치들이 언제나 기대한 결과를 낳은 것은 아니었다. 지방의 경제 환경은 그러한 결정을 시행하는 데 장애로 작용하거나 엉뚱한 방향으로 나아가게 만들었다. 예컨대 실제로 개방된 것은 연안 지역의 4개 도시에 그쳤다. 나머지 10개 도시는 지방의 기간 설비 부족을 고려하여 개방이 연기되었다. 경제특구 가운데 가장 활력이 있었던 선전의 경우도 수출 제품 가공의 중심지로서 기능을 거의 발휘하지 못했다. 홍콩의 화인이 다수를 이루던 투자자들은 수로 부동산이나 여행업 그리고 상업에 눈을 돌렸다. 1985년 가을 덩샤오핑은 그가 선전 '경험'이라고 불렀던 것에 대해 일정한 실망감을 드러냈다.

이러한 어려움에도 불구하고 외국인 투자는 계속되었다. 1985년 말, 성사된 계약은 총 7,030건이었고 총액은 미화 140억 달러에 이르렀다

(그 가운데 53억이 실제로 투자되었다).

중국의 국제 경제 관계로의 진입은 또한 대규모 국제기구에 중국이 가입하는 것과 함께 진전되어 갔다. 중국은 1980년에 국제통화기금 및 국제부흥개발은행에, 1983년에는 국제노동기구와 국제원자력기구에 그리고 1985년에는 아시아개발은행에 가입했다.

개방은 개혁과 마찬가지로 우여곡절을 겪었고 이 둘은 긴밀히 연관되어 있었다. 개방은 개혁을 촉진시켰다. 국제 규정과 관습이 적용된 법제의 마련은 보다 폭넓은 차원에서 법의 발전에 유리하게 작용했다. 예컨대 국제 규정에 따라 중국은 1985년 특허권 보호 조치를 채택하고, 중국인과 외국인 사이에 소송이 발생할 경우 국제적인 중재를 허용해야 했다. 대규모 국제 금융 기구가 회원국들에게 요구하던 투명성으로 말미암아 중국은 일정 부분 통계를 개방하지 않으면 안 되었다. 이러한 외부적 요소의 압력으로 중국은 민족 국가들의 보통법 속으로 복귀하기 시작했고 국내 정치 노선의 온건화로 나아가게 되었다. 개방은 또한 개혁을 위한 하나의 보장이 되어 주었다. 정권의 갑작스런 급진화가 국제적인 상황을 매우 복잡하게 만들 수 있었고, 그것은 1960년대와 1970년대에 걸쳐 경제 발전의 커다란 방향을 하루아침에 뒤집어 버릴 수 있었던 사람들을 주저하게 만들 수 있는 것이었다.

그러나 개혁–개방의 짝은 또한 고유의 취약성을 안고 있었다. 사실 개혁에 대한 적의는 개방에 대한 비판이라는 방식을 통해 표현되는 경우가 많았다. 개혁의 반대자들은 개방이 굴욕적인 과거의 식민지적 상황을 재현시킬 것이라고 비난했다. 이 경우 사실 민족주의 — 경우에 따라서는 배외 감정 — 를 이용하여 여론을 움직이는 것이 이념적인 자극이나 계획 경제에 대한 강조보다도 더 쉬운 일이었다.

많은 우여곡절에도 불구하고 개혁 개방은 1978년 이래 지속적으로 추진되었다. 그것은 이미 경제 체제를 심각하게 변혁시켰다. 이러한 변혁이 결과적으로 정권 자체의 동요를 가져올 것으로 볼 수 있을 것인가? 통제된 자유화가 불러오지 못했던 정권의 동요가 경제 개혁의 사회적 영향으로부터 일어날 수 있을 것인가?

제10장
4개 현대화와 중국적 특색의 사회주의

본질적으로 실용주의적 성격을 띠고 있던 개혁은 어떤 이념적 의도보다는 경제적 시급성에 부응하기 위한 것이었다. 그것은 오랫동안 통제되지 않은 인구 증가의 결과에 대처하기 위해 경제 발전을 가속화하고, 중국이 강대국 구실을 할 수 있도록 하는 데 필요한 자원을 늘리는 것이었다. 그러나 여러 해가 지나면서 개혁 초기의 임시적인 치유와 긴급 처방이라는 성격은 점차 사라지기 시작했다. 결국 4개 현대화 추진은 사회 운용과 가치 체계에 중요한 변화를 가져왔다. 그리고 그러한 변화는 여러 가지 문제를 제기하였다. 개혁은 현 정권의 틀 안에서 얼마나 지속적으로 진행될 수 있을 것인가? 개혁은 정권에 반하는 방향으로 나아갈 것인가? 개혁은 정권의 성격을 바꾸어 놓을 것인가? 이러한 문제들에 대하여 베이징의 지도자들은 '중국적 특색의 사회주의'라는 공식으로 대응했다. 그러나 이러한 대응은 문제를 해결하기보다는 문제를 교묘하게 회피하는 것인지도 모른다는 의문을 품게 만들었다.

덩샤오핑이 추진한 개혁은 사회와 그 사회의 창조적 능력에 호소하여 현대화를 가속화하고자 했다. 사회적 행위자들이 적극성을 발휘하게 만들기 위해 당은 일정 부분 통제의 완화를 받아들였다. 이에 따라 개혁은 '사회적인 것'의 회복을 동반했다. 계획 경제적, 중앙 집중적 관료제에 의해 또는 테러로 변질되어 버린 대중 운동에 의해 이미 파괴되어 버렸다고 생각되던 여러 사회 세력들이 재등장했다. 이런 저런 사회 집단들에 대해 일정한 개혁 조치들이 단행되었고, 이는 사회 집단들의 협조적 또는 방어적인 반응을 불러왔다. 개혁이 사회 조직에 대해 초래한 특수한 효과들을 이해하기 위해서는 도시와 농촌 간의 매우 분명한 차이를 염두에 두지 않으면 안 된다. 한편으로 그러한 차이는 농촌에서 급속도로 시행된 뒤 금방 끝나 버린 개혁과 뒤늦은 그리고 지지부진했던 도시에서의 개혁 추진 속도의 차이를 말한다. 다른 한편으로 그 차이는 1949년 이전 농촌과 도시의 변화의 차이에 상응하는 것이었는데, 그때까지 농촌 사회가 여전히 전통적인 구조와 가치에 의해 조직되어 있었다면 도시는 그 대부분이 이미 근대화(aggiornamento)를 거쳤었다. 결국 억압의 완화는 서로 다른 과거를 부활시켰다. 농촌에서는 종족적 유대, 의식, 조상 숭배 등이 재등장했고, 도시에서는 이미 어렴풋한 모습을 보인 바 있던 근대 시민 사회의 구조들이 회복되기 시작했다.

개혁과 농촌 사회

농업 생산과 농촌 부문 경제 활동의 탈집단화는 생산과 농민 소득의 눈부신 성장(1979~1985년 3배 성장)을 불러왔다. 농민들은 농산물 가격의 상승을 통해 작동하는 국가적 부의 재분배로부터 이익을 얻을 수 있었다. 1978년에서 1982년 사이 곡물 가격은 49퍼센트, 면화 가격은 42퍼센트, 식물성 기름은 59퍼센트 상승했다. 같은 기간 일인당 소득은 1978년 134위안에서 1983년 310위안으로 131퍼센트 증가했다. 공식 통계에 의하면 1985년에는 400위안에 이르렀다.

농민들이 생산량의 대부분을 직접 소비했기 때문에 이러한 소득의 상승이 부분적으로는 명목상의 것이었다고 할지라도 소득의 증가는 상당한 구매 능력의 상승을 불러왔고, 이를 통해 농민들은 소비재 — 자전거, 라디오, TV 수상기, 재봉틀 등 — 를 구입하거나 한편으로는 새로운 주택 건설에 나설 수 있었다 — 1970년 말 연간 건축 면적은 1억 평방미터였으나 1983년에는 8억 평방미터에 달했다. 광저우와 상하이 주변의 농촌에서는 이러한 새로운 번영의 확실한 징후들이 나타나기 시작했다. 단층 혹은 복층의 새 집들, 지붕 위로 숲을 이룬 TV 안테나들, 교외 지역으로 통하는 도로를 메운 자전거 · 오토바이 · 미니버스들의 물결 …….

농가가 다시 경작 단위가 되고 집단화의 구조가 쇠락하면서 여러 가지 문제들도 나타났다. 한편으로는 농촌 사회 고유의 작동 방식에, 다른 한편으로는 농촌 사회와 공권력 및 이념 — 즉, 정권 — 과의 관계에 문제가 생기기 시작했다.

개혁과 농촌 사회 내부의 작동 방식

개혁은 사회 안에서 사회적 불평등의 심화를 가져왔다. 어떠한 행정 체계도 어떠한 보조 제도도 과거의 집단 구조를 뒤이어 자원의 재분배를 보장해 주지는 못했다. 개혁이 불러온 불평등이 꼭 경제적인 것만은 아니었다. 여성 노동은 다시 가족의 틀 내에 한정됨으로써 사회적으로 인정받지 못하게 되었고 결과적으로 별반 가치를 갖지 않는 것으로 간주되어 버렸다. 그러나 농촌 사회에서 개혁이 남긴 가장 심각한 상처는 2억 농민들의 이탈이었다(이들은 20세기 말이 되면 경작을 방기하게 되고 그로부터 농업의 진정한 근대화를 추진할 수 있게 된다).

집단화는 지방 차원에서 일정한 자원 재분배의 기제를 수립하였다. 특히 자원 재분배는 수백 명 또는 수천 명의 농민을 조직하여 서로 다른 질의 토지들을 하나로 묶고 있었던 집단 단위 안에서 노동 점수의 가치를 획일화함으로써 가능했다. 관리와 회계의 단위가 생산대로 후퇴했을 때도 가장 부유한 생산대와 가장 빈한한 생산대 사이에 일정하게 자원의 균등 할당이 이루어지고 있었다. 한편, 집단 단위 안에서도 어려움에 닥친 농가는 비록 충분한 노동 점수를 확보하지 못했다 하더라도 식량 배급을 받을 권리를 갖고 있었다. 해가 갈수록 그들의 부채는 늘어갔지만 배급량은 여전히 지급되었다. 개인 경작으로 회귀하면서 농지의 위치, 가족 노동력의 양, 농가의 재정적 능력 및 생산 장비와 같은 요소들의 중요성이 다시 대두하였다. 자율적 경영이 확산되면서 촌락 사이에 그리고 촌락 안에서 소득 격차가 벌어졌다. 생산대의 복지 기금은 농민들이 그 분담금 납부를 꺼리고 간부들이 기금을 다투어 착복함으로써 제대로 기능할 수 없었다. 남은 것은 가족적 유대, 이웃 간의 상호 부조 등 옛날 방식의 해결책뿐이었다.

개혁은 새로운 빈자들과 함께 부자들을 만들어 냈다. 언론이 모범으로 제시하는 연소득 1만 위안의 농가들이 아직은 소수였다고 할지라도 '전업호(專業戶)'의 발전은 전통 경작자의 수입을 넘어서는 새로운 기업가형 농민층의 출현을 촉진했다. 곡물의 생산보다 상품 작물을 재배하거나 사영 운수업 등 서비스 부문에서 전문화된 방향으로 나아간 이 농가들은 1985년 약 2500만 호로 전체 농가의 13퍼센트를 약간 웃도는 정도였다. 일반 농가들이 연간 평균 1천~1,500위안의 소득을 올렸다면, 그들의 연소득은 3천~5천 위안에 달했다. 교외 소성진(小城鎭, 소도시)의 발전이 진행되고 있던 가장 부유한 지역에서는 여전히 농지에 남아 있던 농민들과 새로운 수공업 및 기계 공업 기업에 고용된 농민들 사이에 소득의 격차가 벌어졌다. 장쑤성 우시(無錫) 지역에서는 그러한 기업들이 특히 번성했는데, 소득의 격차가 너무 커서 1985년 지방 당국이 곡물 생산 농가들에게 보조금을 지원하면서 농지 이탈을 억제하고자 할 정도였다.

지난 40년 동안 평등주의의 이상이 주입되어 온 사회에서 위와 같은 상황이 쉽게 받아들여질 수는 없었다. 당국은 언설에서 '부농'은 단지 '다른 사람들보다 먼저 부자가 된 사람'에 불과하며 앞으로 더욱 확산되어 갈 혁명의 선구자라고 주장했지만 설득력은 없었다. 뒤쳐진 사람들이 더욱 부유한 이웃을 비난하고, 그들의 재산을 약탈하고, 생산 장비를 파괴하는 일도 발생했다. 언론 보도를 통해 이러한 사건들이 알려졌지만 그 빈도와 상대적 중요성을 가늠해 보는 것은 매우 어려운 일이다.

한편, 여성의 구실과 지위의 쇠락은 보편적인 현상이었다. 농민 가정의 아내와 딸들은 이제 농가를 단위로 노동하게 되면서 가부장(또한 경작의 지도자)의 권위에 복종하게 되었다. 아버지 또는 남편이 생산대의 지도자를 대체하여 임무를 할당했다. 어떠한 노동 점수도 농가 소득에서 개별 부녀자가 한 공헌을 나타내 주지 못했다. 또한 농촌의 부녀자들은 이제까지 집단 단위의 기금을 통해 제공되던 사회적 보조금과 의료 체계의 쇠락으로 많은 어려움을 겪었다. 가정 안에서 생산적인 투자와 부녀자의 복지를 위한 지출 가운데 가부장이 무엇을 선택할지는 분명했다. 그리고 그러한 선택을 위해 가부장이 어떠한 수단을 쓸지도 분명했다. 농가 경작으로 회귀하면서 남아의 구실이 중시되기 시작했다. 남아의 노동이 생산을 유지 발전시킬 수 있고, 부모는 남아로부터 노후에 필요한 보호를 받을 수 있을 것이었다. 전통 시대에 딸만 낳은 어머니는 언제나 제재를 받았다. 그런데 덩샤오핑의 중국에서 그러한 낡은 시대의 저주가 새로운 힘을 얻게 되었다. 이는 농가 경작을 고무하는 농촌 개혁과 한 자녀만 낳을 것을 강요한 인구 정책의 결합으로부터 연유했다. 정부의 산아 제한 정책과 농촌 사회의 갈등에 대해서는 뒤에 서술할 것이다. 여기서는 그러한 갈등의 주요 희생자가 여아였다는 사실을 지적하는 것으로 충분하다. 여아는 부부가 또 다른 아이를 가질 수 있도록, 즉 남아를 낳을 수 있도록 하기 위해 살해당하곤 했다. 그 결과 안후이성 화이위안현(懷遠縣)의 경우 1983년 남아 출생률이 여아보다 16.4퍼센트 더 높았다고 성 부녀협회는 지적한다(전국 남아 출생률은 약 6퍼센트 더 높았다).

경제적 불평등과 성적 억압이라는 중국 농촌 사회의 오랜 폐단에 더하여 개혁은 농민의 대대적인 농촌 이탈이라는 상처를 입힐 우려가 있었다. 1990년대가 되면 2억의 농민들이 농지로부터 쫓겨난다. 농업 노동자의 잠재적 실업이 최근의 일은 아니지만 20~30년 동안 그것은 더욱 악화되었다. 인구의 증가는 그 증가된 인구의 도시 이주에 대한 지도자들의 우려와 겹쳐 지속적으로 늘어나는 인구를 농촌에 붙잡아 두고자 하는 방향으로 나아가게 만들었다(상대적인 차원에서 농촌 인구는 1950년대 초 전체 인구의 90퍼센트에서 이제는 80퍼센트를 차지하는 것에 그쳤다). 집단적인 생산 구조가 존재하던 때에는 모두에게 어느 정도의 일거리와 살아갈 수 있는 또는 생존할 수 있는 수단을 제공할 수 있었다. 그러나 어떻게 그렇게 많은 쓸모없는 노동자 및 소비자의 하중 속에서 농업을 현대화시키고, 기계화하고, 생산성을 향상시킬 것인가? 이주로 인해 사회가 불안해지고 빈민굴이 넘쳐나는 통제 불능의 거대 도시가 되는 것을 피하기 위하여 당국은 농촌 공간의 재구획을 단행했다. 넘쳐 나는 농촌 인구는 소성진의 발전과 함께 그곳에서 공업생산 활동에 종사함으로써 농지를 떠나지만 농촌은 떠나지 않을 것이었다.

이러한 계획은 급속도로 확산되어 갔다. 도시들의 위계 체계에서 볼 때, 소성진은 5만 6천 개의 농촌 시장과 2,600개의 현청 소재지의 사이에 위치하는 것으로 대략 1만 명의 주민이 거주하는 하나의 도시권을 이루었는데, 주변의 촌락들을 포함하는 특수한 행정 체계가 주어졌다. 1984년 6월 그러한 소성진은 5,698개였다. 그 뒤 소성진은 예외적인 경제 성장을 통해 급속히 확산되어 갔다. 소성진의 기업들은 1984년 '농촌' 노동력의 14퍼센트를, 1985년에는 20퍼센트를 고용했다.

소성진의 경험은 이미 일부 중국 농촌의 경관을 뒤바꾸어 놓았고, 중국 농촌은 일본 및 타이완의 농촌과 거의 마찬가지로 '도시화'되고 있었다. 이러한 중간 단계의 도시망의 무분별한 확산이 중국의 제한된 경지 면적을 잠식하지나 않을지 우려하는 사람도 있을 정도였다. 그러나 중요한 것은 이러한 소성진의 발전이 농촌 인구의 이주 물결을 억제할 수 있을 것인가 하는 문제였다. 당시까지 기록된 성공적인 사례들은 기본적으로 부유한 농업 지역(광둥성, 저장성, 장쑤성)의 부유한 농민층이 공업 생산 활동의 발전에 필요한 재정적 자원과 기업가적 능력을 갖고 있는 경우였다. 그러한 경험이 불우한 지역, 내륙에 '끼인' 성들에까지 확대될 수 있는지는 의문이었다. 이들 지역의 가난하고 무지한 농민들은 대도시에 취업하러 가는 것을 선호했는지도 모른다. 호구(戶口) 등록제의 완화로 1984년에 120만 명의 농민들이 합법적으로 가족과 함께 대도시로 이주할 수 있었다. 통계에는 물론 불법 이주가 포함되지 않았다. 분명 중국에서 소성진의 발전이 농촌 이탈, 즉 공업화의 과정에 동반되는 대규모 이주를 피하게 하지는 못했다. 다만 소성진의 발전으로 대도시를 향한 이주의 물결이 일부 억제되고 현대화의 사회적 비용 — 실향, 빈곤화, 생활의 불안정 등 — 이 그만큼 적어질 것이라는 기대를 가질 수는 있었다.

개혁 그리고 농촌 사회와 국가 권력의 관계

생산의 탈집단화와 함께 농촌 사회에 대한 국가 권력의 통제가 약화되었다. 지난 30년 동안 지방 간부들은 농민층과 지도부 사이를 연계하는 구실을 수행해 왔다. 바로 이 지방 간부들이 농업 발전을 위한 일련의, 종종 모순적인 정책들을 집행해 왔던 것이다. 그들은 지시를 전달하고 그것의 실행을 감독했다. 그들이 생산을 조직하고 농민들이 해야 할 임무들을 할당했다. 농촌에서는 국가 권력의 대리자였지만 그들은 또한 지방적 집단 구조에 속해 있었다. 때문에 그들은 그로부터 현장의 반응을 이해할 수 있었으며, 경우에 따라서는 지방의 저항 행동과 뜻을 같이하면서 중앙의 지나친 요구로부터 지방을 보호하기도 했다. 간부들 스스로는 생산에 그리 많이 참여하지 않으면서도 집단(집체) 소득으로부터 오는 노동 점수에 따라 부분적으로 또는 전적으로 보수를 지급받음으로써 상대적으로 특권적인 지위를 누렸다.

개혁은 간부들로부터 그러한 지위를 빼앗아 갔다. 이제 생산을 조직하는 일은 농가의 가부장에게 되돌아갔다. 그리하여 간부들은 점차 고갈되어 가는 집단 소득으로부터 급료를 지급받을 수 없게 되었다. 특권과 책임으로부터 벗어난 간부들은 점차 자신의 이해와 정권의 이해를 일치시키지 않게 되면서 어느 때보다도 더 밀접하게 지방적 집단 구조 속으로 편입해 들어갔다. 그들은 대부분의 경우 이러한 지방 집단을 규율하는 일을 더 이상 수행하지 않았고, 오히려 내부적으로 갈등이 있을 경우 지방 집단의 편에 섰다.

이제 홀로 남게 된 농촌 사회는 고유의 관습, 신앙 그리고 전통적인 폭력적 행동으로 되돌아갔다. 가족적 종족적 유대가 어느 때보다도 더 강력하게 다시 대두했다. 농민들은 자신의 종족을 다시 확인하고자 했다. 제단에 조상의 위패가 다시 자기 자리를 잡았고, 족보가 편찬되고, 부모의 묘소와 종족 시조를 모시는 사당이 재건되었다. 같은 성씨를 가진 수백, 수천 명의 농민들이 참여하는 대규모 축제가 조직되었다. 이러한 모임들은 도가 승려(도사)가 주재하는 의례적인 기념·제사 의식의 경우를 통해서 이루어졌다. 도사의 구마의식(驅魔儀式)은 자연재해와 질병을 내몰아 줄 것이었다. 경우에 따라서는 그러한 의식의 흥미를 돋우기 위해 가극단이 오기도 했다. 간부들은 언론이 '미신 행위'라고 부르던 것들의 부활을 반대하기보다는 누구보다도 먼저 그러한 행위에 앞장섰다. 1981년 봄 광저우시 교외에서는 몇몇 생산대대가 '사악한 기운'을 내쫓기 위해 제사 의식을 조직했다. 한 농민이 '대왕공(大王公)'의 현신이라고 주변 촌락에 대대적으로 선전되고, 행사는 관객 수천 명의 눈을 사로잡았다. 소학교는 잠시 방학에 들어갔다. '여신'을 실은 가마를 어깨에 둘러멘 사람은 공산당 당원들이었고, 그 곁에서 인민해방군의 사병들이 행진을 벌였다.

이러한 유대와 전통 행사를 뒤이어 지방 공동체들 사이에 갈등과 대립 관계가 다시 나타나기 시작했다. 농촌에서는 폭력적 행동이 증가했는데, 종족들이 무기를 손에 넣을 경우에는 인명 살상이 일어나기도 했다. 무기들은 촌락 자체에서 제조되거나 외국에 거주하는 부모들의 도움으로 수입되곤 했다. 또는 전통적인 무술의 힘을 빌기 위하여 종족이 초빙한 무술 선생이 촌락의 젊은이들을 가르치기도 했다. 언론은 단지 중요치 않다는 투로 비밀 종교와 비밀 결사들의 활동을 언급했지만 종족 간의 대립이나 지방의 폭력 행위가 그러한 조직들의 확산에 유리한 조건을 만들어 주었다.

이러한 무질서가 국가 권력에 하나의 위협이 되었던 것일까? 폭력적 행동은 국가 또는 당을 겨냥하지 않았다. 국가는 제한적인 개입에 머물고 있었고 담당 권력자들은 매우 신중한 태도를 보였다. 대립 관계는 농촌 사회 내부에서도 전개되었다. 관개용 수로의 사용과 경작지의 경계 문제 등 자원의 분배를 둘러싸고 공동체들 사이에 대립이 발생했다. 개인적 또는 가족 간의 분쟁 또한 종종 그러한 공동체적 대립의 원인이 되었다. 그러나 이러한 폭력들이 공권력 그 자체를 문제시한 것은 아니었다.

그러나 무질서와 혼란의 규모가 확대되고, 수천 명의 사람들이 연루되고, 인명 살상이 발생하는 경우 국가 권력은 공공질서의 수호자로서 그에 개입해야 했다. 사태를 안정시키고 선동자를 벌하기 위해 지도부는 민병 또는 군대를 동원하여 신속히 진압에 들어가기도 했다. 이러한 특별하고 예외적인 경우를 제외하고는 국가 권력과 농촌 사회는 서로 대립하기보다 서로 떨어진 채 거리를 두고 있었다. 부유한 농민들은 얻어 낸 경제적 힘을 정치적 주장으로 전환시키고자 하지 않았고, 지도자들은 탈집단화가 농업 생산에서 이룬 진보에 만족하면서 농촌 사회를 그대로 내버려 두고자 했다.

따라서 그러한 자율이 존중되는 한 권력과 농민층의 관계가 악화될 이유는 없었다. 문제는 그러한 자율이 지속될 수 있는가였다. 탈집단화의 효과와 그러한 탈집단화가 결정적으로 해방시킨 생산성의 제고가 효력을 다하자 농업 부문의 성장을 지탱하기 위한 다른 해결책 — 특히 기술상의 현대화 — 을 찾아야 했다. 바로 이 단계에서 공권력은 신기술의 보급을 촉진하기 위해 다시 개입하고 관개 시설, 병충해 방지, 화학 비료의 사용 등과는 거리가 멀던 낙후된 지역에 대한 체계적인 투자 정책을 재개하게 될 터였다. 이러한 국가 권력의 농촌 복귀는 농촌 사회에 의해 어떻게 받아들여졌던 것일까? 그것은 물론 권력의 운용 방식에 달린 문제였다. 그러나 권력이 탈집단화 이후에 성립된 균형을 해치는 경우가 있었음도 사실이다.

권력의 불간섭으로 인해 가능했던 그러한 균형은 사실 당국이 보다 적극적인 역할을 하고자 할 때마다 깨어질 수 있었다. 이러한 설명은 산아 제한 정책 분야에서 확인된다. 많은 주저와 시간적인 지체를 거친 뒤 이 정책은 1970년대 이래 지속적으로 시행되어 왔다. 80퍼센트의 중국인이 농촌에 살고 있다는 점에서 이 정책의 성공 여부는 인구의 다수를 차지하던 이 농촌에서 어떻게 준수되고 시행되는가에 달려 있었다. 중국 당국은 끊임없이 "계획생육(計劃生育) 공작의 핵심은 농촌에 있다"고 되뇌었다. 그런데 전술한 경제적인 이유로 인해, 또 부활된 전통적인 가치에 대한 신봉으로 인해 농촌 주민은 산아 제한에 대해 매우 완고한 태도를 보였다. 1979년 이래 채택된 한 자녀 정책을 농촌에서 실시하는 데는 많은 어려움이 있었다. 1983년 가임 연령에 있던 기혼 농촌 여성 가운데 한 자녀를 둔 어머니는 겨우 13퍼센트에 불과했다. 당국은 여러 아이를 갖고자 하는 다수의 지방 간부들을 포함한 전반적인 저항에 부닥쳤다. 용납할 수 없는 이러한 당국의 개입을 피할 수 있다면 농민들은 어떤 수단도 마다하지 않았다. 가족끼리 공모하여 여성들은 '돌팔이' 의사나 암시장을 통해 알게 된 의사들을 찾아 몰래 피임 기구를 떼어 냈다. 여성들은 임신 사실을 알리지 않고 이웃 촌락으로 도망가 아이를 낳았다. 이러한 저항에 대한 당국의 조치는 매우 폭력적인 모습을 띠기도 했다. 1981년 광둥성 후이양(惠陽) 지역에서는 공안 기관이 임신부에 대한 검거 작전을 전개하고 병원으로 데려가 강제로 낙태를 시켰다. 관변 언론이 보도한 이러한 테러 행위와 그와 유사한 몇몇 사례들이 진정으로 대표성을 가질까? 그렇게 말할 수 있는 근거는 없다. 그러나 강제적인 수단들이 폭넓게 사용되었고, 일부의 자료가 보여주는 1984년도의 9백만 건의 낙태(1800만 건의 출생)가 모두 자발적인 동의에 의한 것이 아니었을 가능성을 부인할 수는 없다.

가족계획 정책의 이러한 폭력성은 권력이 농촌 사회에 대하여 취했던 '방임' 태도와는 대조적이었다. 당국의 엄격한 개입은 정책적 목표에 상응한 것이었다. 즉 인구 증가를 통제하지 못한다면, 다시 말해 농촌 인구를 통제하지 못한다면 4개 현대화라는 목표를 달성할 수 없었다. 가족계획 정책은 국가적으로 가장 우선적이고 절대적인 중요성을 갖는 것이었다. 그리고 농민의 격렬한 저항은 이 정책이 농촌에서 얼마나 지지받지 못했는지를 가늠하게 해 준다. 이러한 갈등은 중장기적인 국가의 이해와 농민 가정의 직접적인 이해 사이의 모순을 보여주었다. 갈등은 또한 당시 작동하던 세력 관계를 분명히 분석할 수 있도록 해 준다.

1984년 인구의 자연증가율을 0.18퍼센트로 제시하는 공식 통계를 신뢰한다면 국가 권력은 비교적 성공을 거두었다고 할 수 있다. 사실 농민들은 당국의 정책에 반대한다기보다는 그것을 회피하고자 했다. 이것은 농촌 사회의 반대가 갖는 한계를 보여주는 것인지도 모른다. 권력에 대한 그러한 반대가 불러올 위험은 매우 미미했다. 농촌 사회는 매우 큰 자율성을 누리고 있었지만, 가족계획의 경험에 따라 판단해 본다면, 국가 권력으로부터 벗어날 수 없었고 권력에 대항할 가능성은 거의 존재하지 않았다. 어떤 연구자들은 농촌 사회의 정치적 무해성이야말로 농촌 개혁의 지속성을 담보하는 것이었다고 간주한다. 역으로 우리는 또한 권력이 농촌 사회에 승인해 준 자율은 중대한 정치적 위기가 없이도 다시 회수될 수 있고, 그럴 경우 그러한 자율은 재집단화에 대해 어떤 확고한 저항을 할 수 없는 것이라고 생각할 수도 있을 것이다.

개혁과 도시 사회

도시 사회도 4개 현대화 정책의 수혜자였다. 1979년 이래 급료의 인상, 단계적인 실업 해소, 물자 공급 개선, 반(半)내구재 소비 상품의 상대적 증가 등이 도시민의 삶에 많은 유리한 변화를 가져왔다. 그러나 이러한 성취에 대해 인플레이션의 확산과 같은 개혁의 일정한 역효과가 위협을 가하고 있었을 뿐만 아니라, 시장의 법칙과 경쟁의 도입을 통한 생산성 향상을 도모하던 덩샤오핑식 계획은 정권 초기 이래 마오쩌둥파의 반발에도 불구하고 견지되어 오던 도시에 대한 특권적인 처우에 반하는 것이었다. 개혁이 도시에서 불러온 주저와 우려는 '철밥그릇'이 사라지는 것에 반대했던 노동자 계급의 돌발적인 저항과 새로운 지시를 무시하거나 그것을 자신의 이익을 위한 방편으로 사용하곤 했던 관료 기구의 소극성을 통해 나타났다. 도시 사회의 불행은 또한 간

혈적인 배외주의의 폭발로 표현되곤 했다. 스포츠 경기와 같이 사소한 여러 사건들을 빌미로 하여 도시민은 정부의 개혁 정책에 대한 불만을 표출했다.

노동자 계급에 대한 개혁의 영향

정권의 초기 30년 동안 거의 변화가 없던 노동자와 사무원의 임금은 1978년에서 1984년까지 60퍼센트나 상승했다. 전국적인 수준에서 보면 세 번의 인금 인상이 단행되었다. 1984년 도시 노동자의 평균 연봉은 960위안으로 정해졌다. 1985년 7월 가격과 임금에 대한 전체적인 개혁의 일환으로 새로운 임금 인상이 발표되었다. 그것은 1949년 이래로 가장 큰 폭의 인상이었다. 그 수혜자는 국가 부문의 노동자와 사무원들로 평균 연봉은 1,140위안으로 책정되었다. 이러한 명목상의 임금 인상에 더하여 상당한 액수의 현금 또는 현물이 수당으로서 기업에 의해 정기적으로 지급되었다.

물론 이러한 임금의 인상이 그에 상응하는 구매력의 증가를 뜻하지는 않았다. 공식 통계에 의해 조직적으로 저평가된 인플레이션은 봉급 인상분을 상쇄시켰다. 공식 자료에 따르면 소매가격은 1985년 11.2퍼센트 상승했다고 한다. 이러한 급격한 앙등은 그 자체로 1949년 이래 가장 큰 폭의 상승이었지만 그 통계는 현실에 부합하지 않는다. 외국인 관찰자에 따르면 1985년 제1분기만 해도 소비자 물가가 30퍼센트 이상 앙등했던 것이다. 가격 앙등은 식료품 가격의 경우에 더욱 두드러졌다. 1979년 4월 농산물 수매 가격의 폐시 이후 정부는 1979년 11월에 도시 소비용 판매 가격의 인상을 허용했다. 국가의 보조를 통해 곡물 및 기름 가격은 안정적으로 유지되었다. 도시 가정이 상황의 변화에 대처하게 하기 위해 정부는 주민 1인당 매월 5위안의 보조금을 지급했다. 그러나 이러한 보조금은 공식적인 가격 인상분을 보충하기에는 부족했다.

특히 도시민들 대부분이 필수품을 구입하던 암시장에서 농민들이 제시하는 가격 인상을 따라가기에는 더욱 부족했다. 도시 소비자의 어려움은 1985년 전반적인 개혁 정책의 일환으로 정부가 대도시 지역에서 많은 소비 물자의 가격 자유화를 결정하면서 더욱 악화되었다. 베이징에서는 육류, 생선, 계란 가격이 50퍼센트 상승했다. 이에 대한 대책들 — 매월 7.30위안의 새로운 보조금 지급과 곡물 및 기름 가격에 대한 지속적인 통제 — 은 불안과 불만을 안정시키는 데 충분치 못했다. 5월 19일 베이징에서 열린 국제 축구 경기에서 중국팀이 패배하자 시위대에 빌미를 제공했고 경찰과 충돌하기까지 했다.

여러 어려움에도 불구하고 도시민의 생활 수준은 1978년 이래 개선되어 가고 있었다. 개인 소득이 아닌 가족의 수입을 따져 본다면 고용의 증진이 가구당 봉급액의 상승을 가능케 했고 생활의 개선을 가져왔다는 점을 고려해야 한다.

1979년 정부는 농촌에 억류되어 있던 1천만 명의 젊은 지식인 대부분의 도시 복귀를 막을 수 없었고 막으려 하지도 않았기 때문에 도시의 실업은 매우 심각해졌다. 비록 통계 수치가 유동적이고 정확하지 않다고 하더라도 같은 해 도시 실업자 수가 1500만 명에 이른 것으로 기록되었다. 경공업과 서비스 산업에 개혁의 우선권이 주어진 것은 고용 창출의 의지에서 비롯된 것이었다. 중공업보다 더 많은 노동력을 사용해야 하는 부문의 성장은 실업의 어려움을 경감시키는 데 기여했다. 한 명의 고용 창출에 드는 비용은 국가 부문보다는(만 위안) 집단(전체) 부문이 훨씬 더 저렴했다(약 2천 위안). 국가 부문은 대부와 세금 공제에 의해 재정 보조를 받았다면 집단 부문은 지방 노동 단위로부터 자금이 조달되었다. 그러한 자극을 통해 집단 부문의 기업들은 종업원 수를 늘릴 수 있었다. 그 수는 1978년 도시 임금 생활자의 21퍼센트로부터 1984년 27퍼센트로 증가했다. 분명 집단 및 사영 부문의 노동자들은 국유 기업과 같은 고용 보장이나 사회적 위신, 동일한 보수를 누릴 수는 없었다. 그러나 이 부문의 성장 덕분에 정부는 급한 불을 끌 수 있었다. 1968년에서 1970년 사이 도시의 생산 과정으로부터 배제된 젊은 지식층으로 대변되는 막대한 실업자들을 흡수할 수 있었으며, 통제되지 않은 그들의 도시 복귀가 가져온 사회적 정치적 위험 요소를 제거할 수 있었다.

그럼에도 불구하고 도시의 취업 문제가 완전히 해결된 것은 아니었다. 여전히 남아 있던 2, 3백만 명의 실업자(종종 임시공의 형태를 띰) 이외에도 6백만 명의 새로운 구직자들이 매년 노동 시장에 쏟아져 나왔다. 결국 문제의 해결은 공업과 서비스업의 발전, 도시 경제의 성장을 통해서 가능했다.

정부가 경제 구조를 개혁하고, 경영 관리를 개선하고, 기업들에게 주도권과 책임을 부여하고 그리고 생산성 향상을 위해 경쟁의 법칙이 작동하도록 한 것은 바로 이 도시 경제의 성장을 위한 것이었다. 그러나 개혁이 의도한 공공 부문에서의 부분적인 규제 완화는 30년 이상 지속되어 온 통합적인 노동력 배분 제도와 양립하기 어려운 것이었다. 이 제도는 기업 노동자의 충원에서 구직자의 능력이나 기호, 기업 측이 요구하는 노동자 수나 숙련도 등을 고려하지 않고 정부 부처가 권위적인 방식으로 노동력을 배분하는 것이었다. 국가 부문에 배속된 노동자는 종신 고용 보장과 근속에 따른 승진이라는 혜택을 누릴 수 있었다. 이러한 제도가 일으키는 문제점들 — 노동자들의 직업적 자질과 동기의 결여, 기업 내의 지나치게 많은 종업원 수, 노동력 이동의 부재 등 — 은 1970년대 말부터 일반화된 직무의 세습적 승계[정체(頂替), 아버지의 퇴임 뒤 나이나 능력을 고려치 않고 그 아들이 직위를 차지할 수 있도록 허용하는 것]에 의해 더욱 악화되어 갔다.

고용 제도를 기업에 새롭게 주어진 책임과 조응하게 하기 위해 개혁파는 고용 방식을 자유화함으로써 필요한 경우 해고를 합법화하여 이른바 '결혼의 자유와 이혼의 자유'를 확립하고자 했다.

'결혼의 자유'는 일정한 진보가 있었던 것 같다. 새로운 노동자와 직원들은 일반적으로 기업 자체에서 시행하는 시험을 통해 충원되었다. 한 기업에서 실패한 후보자는 다른 기업에 가서 다시 시도해 볼 수 있었다. 그러나 '이혼의 자유'는 상황이 달랐다. 비록 해고가 합법적으로 허용되었다고 해도 직업상의 잘못이나 무능력, 직장 이탈 등을 이유로 해고되는 경우는 거의 없었다. 해고는 고용 보장에 익숙해 있었고 여러 해에 걸쳐 습관화된 무기력에 빠져 있던 노동자들의 격렬한 저항을 불러왔다. 경제적 이유에 의한 해고는 더 받아들이기 어려운 것이었다. 경쟁이 유익하다는 사고 자체를 쉽게 받아들이지 못했던 상황에서 어떻게 더욱 어두운 측면을 보이던 시장의 법칙을 받아들이게 하겠는가? 중국 기업 내의 노조가 관리자의 권력 남용에 대해 노동자의 이익을 보호할 수 있는 조직이 아니었고, 실업에 대한 사회 보장 제도를 갖추기에는 중국이 아직 매우 가난했다는 점에서 상황은 더욱 어려웠다. 여기서 우리는 개혁 정책의 여러 모순 가운데 하나에 부닥치게 된다. 사실 자원의 부족으로 자본주의 윤리에서 필수불가결하다고 간주되는 공적인 보조가 불가능하고, 정권의 권위주의적인 성격이 모든 자율적인 노조 활동에서 보이는 반권력적인 행동을 배제하는 가운데 자유로운 형태의 고용 제도를 작동하게 하는 것은 어려운 일이었다. 서구 사회는 단계적으로 자본주의의 가장 지독한 악폐들로부터 자신을 보호하는 것을 배워 왔다. 그러나 서구 사회가 동원한 대책들은 당시 중국의 정치적 경제적 성취를 넘어서는 것이었다. 따라서 중국은 19세기 또는 20세기 초의 야만적인 자본주의로 돌아가야 했던 것일까? 이로부터 우리는 중국의 노동자 엘리트들이 왜 자신들의 편안한 사회주의적 지위와 마오쩌둥주의로부터 연유하는 평등주의적 경험을 포기하려 하지 않았는지 이해하게 된다.

관료 기구의 저항

중앙 정부가 꾀했던 개혁에 대해 대부분의 지방 관료 기구는 반대 자세를 취했다. '위로부터' 오는 거의 모든 변혁 운동처럼, 4개 현대화는 간부들의 권력 기반인 간부들의 관례와 특권을 위협했다. 개혁은 그들에게 있지도 않은 능력을 요구했고, 전문가와 복권된 지식인 또는 옛 자본가의 권리 회복 등을 통해 경쟁자들을 만들어 냈다. 따라서 개혁에 대한 지방 지도부의 저항은 전혀 놀랄만한 일이 아니고, 상하이의 경우에서처럼 종종 개혁의 실행을 억제하기도 했다.

일부 간부가 새로운 지시들을 무시하면서 자신을 방어하고자 했다면 또 다른 일부는 거꾸로 자유화와 지방 분권화 조치들을 자신들의 사적 이익을 위해 이용하고자 했다. 허위와 부정이 중국의 행정에 침투했다. 국가 심계서(審計署, 일종의 회계 법정—역주)가 설립 초기인 1985년까지 2년 동안 처벌한 조세 포탈과 낭비액은 870만 위안에 달했다. 간부들은 자신들의 권위를 이용하여 치부해 나갔다. 하이난(海南) 사건은 일련의 사건들 가운데 가장 유명한 것이다. 일부 관대한 비판자들은 이를 상부 지시에 대한 해석의 오류에서 기인한 것이라고 생각했지만 대부분의 다른 비판자들은 경제 범죄로 간주했다. 이 화남의 거대한 섬에 허용된 특별 면세 조치를 이용하여 정부 직원들이 1984~1985년 7만 9천 대의 자동차, 4만 5천 대의 오토바이, 35만 대의 TV 수상기, 13만 5천 대의 녹화기를 수입한 뒤 막대한 이윤을 붙여 이를 내륙 사람들에게 불법적으로 되팔았던 것이다.

옛 관료 자본주의의 습관을 되살려 내어 스스로 기업가가 된 간부들은 자기 기업의 자금과 그가 지도하는 정부의 자금을 잘 구별하지 못했다. 또는 종종 자신들의 특권을 이용하여 중국인 및 외국인 거래 상대방에게 특혜와 사례금을 요구했다. 그들은 사회주의 윤리의 요구보다는 개인적인 관계의 힘[關係學]에 따라 행동했다. 같은 종족, 같은 지역 출신, 동일 업종으로 연결된 사람들 사이에서는 특혜와 보호와 특권이 오갔다. 이러한 유대의 관계망은 공식적인 구조와 위계질서 밖에서 형성되었고 그러한 구조와 질서를 약화시키고 파괴하는 경향을 띠고 있었다. 그러한 관계망의 구실은 매우 확고해 고위 지도자들의 친척들 가운데는 가족의 영향력을 통해 처벌을 면할 수 있으리라고 보고 실제로 범죄를 저지르는 경우도 있었다. 주더 원수의 손자, 리센넨 국가 주석의 종손(從孫)은 단지 이 유복한 청년 '호랑이들' 가운데서 가장 잘 알려진 경우에 불과하다. 이 두 사람이 알려진 것은 아마도 1983년 그들이 저지른 수많은 강간 범죄로 인해 사형에 처해졌기 때문일 것이다. 다른 많은 경우에도 지도 엘리트 집단 내부의 결속력으로 말미암아 법이 제대로 시행될 수 없었다. 그리하여 이 특권 청년들의 비행은 세간에서 격렬한 분개의 대상이 되었다.

4개 현대화 정책은 도시민의 삶을 더욱 자유롭고, 더욱 편안하고, 더욱 다양하게 변화시켰지만 또한 도시 사회에 크고 깊은 불행을 가져왔다. 도시 사회는 자신에게 부여되었던 권력의 특권적인 동맹자라는 역할이 박탈되었다는 느낌을 갖게 되었다. 도시 사회는 언론이 정부 정책의 성공을 더 잘 홍보하기 위해 과장된 이미지로 포장하고 있던 농촌의 번영에 기분이 상했다. 도시 사회는 또한 한편으로 농촌의 번영이 부분적으로는 도시의 희생으로 얻어진 것이라고 여겼다.

도시의 경제적 특권의 몰락, 정치적 이념적 역할의 감소는 도시 사회 안에서 쓰라린 감정을 느끼게 했고 그것은 빠르게 회의와 냉소로 변해 갔다. 그러한 감정이 정치적 주장으로 변화될 수 있을 것인가? 그것이 정부의 정책을 변화시키고 정권의 성격을 바꾸어 놓을 수 있을 것인가?

사회, 현대화 그리고 사회주의

감시하의 자유 사회

모든 개혁적 정권과 마찬가지로 덩샤오핑 정권은 완전한 자유의 부여를 거부하면서도 많은 자유를 승인함으로써 어려움에 직면하였다. 덩샤오핑 정권은 위험을 무릅쓰고 옛 엘리트들을 배제했으면서도 새로운 지지자들과 연합하지 못했다. 근대화 노력에 참여한 대가로 베이징의 지도자들은 중국 사회에 감시하의 자유를 부여했다. 지도자들은 종교인들에게 신을 경배할 수 있도록 허용했다. 1980년 이래 대체로 1천 개의 가톨릭 성당과 10개 정도의 신학교가 다시 문을 열었다. 그러나 바티칸의 권위에 복종하면서 당국의 '애국 교회'를 거부하는 신부와 교인들은 여전히 제제를 받았다. 대규모 불교 사원 또한 재건되었다. 불교 사원은 다시 밀려오는 신자들을 받아들였다. 1986년 초 라캉(拉康, 간쑤성의 불교 사원)에서 1만 명의 불교 신도들이 회합을 가졌다. 그러나 망명 중인 티베트 사회의 종교 지도자 달라이 라마는 여전히 이러한 관용 정책의 신뢰성을 인정하지 않았다.

작가와 예술가들은 일정한 창작의 자유를 되찾았다. 그들은 사회주의적 현실주의 — 흑백 논리의 줄거리, 틀에 박힌 등장인물, 관습적인 형식 등 — 의 억압으로부터 벗어났다. 왕멍, 류빈옌(劉賓雁) 등 천재적인 작가들이 보여준 상흔 문학과 보고 문학은 마오쩌둥 시대의 폐단을 비난했고 그것을 통해 사회주의 정권의 해악을 비판했다. 현대화 지지자들은 개인과 개인의 감정, 개인이 세상에 대해 갖는 독특한 인식 등을 그들의 시 속에 담아냈다. 그러나 그들의 활동은 집요한 감시의 대상이 되었고 질서의 중요성에 대해 주의를 받았다. 1984년 12월 자유주의 노선의 승리를 뜻하는 작가협회 대표 대회도 그 한계를 분명히 했다. 즉 작가들에게 주어진 표현의 권리는 사회주의 법치의 틀 안에서만 가능했다. 그리고 당연히 그러한 틀을 규정하는 것은 권력의 몫이었다.

베이징의 지도자들은 당시까지 자유와 통제 사이의 어려운 균형을 잘 유지했던 것으로 생각된다. 그러나 1985년 하반기 동안의 학생 시위가 말해 주는 것처럼 갑작스런 변화의 가능성이 상존하고 있었다.

학생 시위 가운데 가장 중요한 사건들이 9월부터 12월 사이 베이징, 시안(西安), 청두(成都)에서 일어났는데, 그것은 중・일 사이의 무역 불균형, 국내 시장에 만연해 있는 일본 소비재 상품 등 '일본의 새로운 경제적 침략'을 공격 목표로 삼았다. 그러나 일본과의 교역에서 나타난 이러한 특수한 상황을 통하여 외국의 기술, 상품, 자본 등에 대한 개방 정책 전체 및 그것과 밀접히 연관된 개혁 정책 자체를 문제시하였다. 지도자들은 이러한 도전을 물리칠 수 없었다. 지도자들은 그해 가을 학생들을 진정시키기 위하여 대학을 순회하면서 상대방이 주장하던 문제들 — 농촌 발전에 관한 과장 선전 문제, 인플레이션 문제, 가격 개혁 문제, 민주주의 문제 등 — 을 처리하겠다고 답변했다. 당시 외국인 관찰자들은 많은 시민들이 학생들의 주장에 동조하고 있다고 생각했고 그것은 정부의 경우에도 마찬가지였다. 마침내 그해 11월 1986년의 가격 인상을 동결한다는 결정이 내려졌다.

여론에 대한 이러한 고려를 정책 결정에서 사회가 새로운 비중을 차지하게 된 것이라고 해석할 수 있을까? 그것이 사회의 자율적인 힘과 구실을 말해 주는 것일까? 여론의 영향력은 다시 한 번 최고위층에 존재하던 파벌 간의 대립 덕분에 행사될 수 있었다고 보는 편이 더 사실에 가까울 것이다. 학생들의 반대는 지도층 내부에도 존재하던 개혁 반대파의 선동 대상이 될 수 있다는 점에서 위험했다. 동원에 이용된 쟁점으로 '일본의 새로운 경제적 침략'을 선택한 것은 분명 우연이 아니었다. 1937~1945년의 고통과 치욕의 기억은 집단 기억 속에 깊이 박혀 있었다. 이 기억들을 일깨우고 개방 정책을 공격하기 위해 애국주의에 호소하는 것은 반대파의 전략이 되기에 충분했다. 사실 개방 정책은 개혁 계획에서 가장 취약한 부분이었다. 외국이란 존재가 증오스러운 과거의 식민지 경험을 환기시키고 탐욕스런 소비와 부패의 확산을 야기할 것으로 생각되기 때문이었다.

이상과 같이 분석해 본다면 여론은 자율적인 역할을 되찾기는커녕 여전히 파벌에 의해 억류되어 그들의 목적에 이용되는 볼모에 불과했다는 결론에 이른다. 개혁에 의해 중국 사회에 재도입된 자유의 공간은 전체주의로부터 온건한 권위주의로 나아감으로써 정권의 작동 방식에 영향을 주었음은 분명하다. 그러나 허용된 자유는 지나치게 제한적이었고, 사회는 지나치게 전통적 영향에 젖어 있었기 때문에 그 내부로부터 진정한 반대 진영 — 국가 기구를 위협할 수 있는 반(反)권력 — 을 형성할 수 없었다.

반면, 사회는 강력한 문화적 유산을 통해 국가 기구들을 와해시킬 수도 있었다. 자유화에 따라 다시 등장한 개인적인 관계망의 체계['關係學']는 사회주의 도덕을 위협하고 관료적인 권위 행사에 장애로 작용했다. 이 체계는 공산주의 이념의 기초를 이루는 여러 가치들 — 당, 국가, 집단 — 을 무시했다. 그것은 지금까지 사회생활을 조직해 왔던 규정이나 행동 규범과는 다른 것이었다. 혈연 및 지연적 유대의 관계망은 그러한 규정들을 뛰어넘고 우회하고 회피했다. 이렇게 모순된 두 체계는 함께 포개어질 수 없었다. 정권의 처지에서는 사회적 개방이 가져올 더 큰 위험은 중국을 자본주의의 길로 나아가게 하는 것이라기보다는 중국이 다시 분열과 배타주의와 후진성으로 빠져들게 하는 것이었다.

실용주의와 정권의 정당성

"개혁에 도움이 되는 한 사회주의 이념의 가치든 유교 전통의 가치든 문제될 것이 없다." 이것이야말로 희든 검든 고양이 색깔을 전혀 중시하지 않았던 덩샤오핑의 독트린이라고 할 수 있을 것이다. 유교 도덕의 원리가 당면 단계에서 불충분한 개혁을 일시적으로 보완할 수 있다면 장려될 수 있었다. 퇴직 제도가 일반화될 때까지는 각 가정이 나이 든 사람이나 실업 청년들에게 자리를 내주기 위해 조기 퇴직해야 했던 사람을 돌보는 일을 맡아야 했다. 조부모를 돌보기 위한 돈도 집도 없었던 핵가족화된 도시 가정의 불만을 극복하기 위해 언론은 효도를 장려하는 운동을 벌여 '좋은 시어머니들과 착한 며느리들'을 모범 사례로 기사화하곤 했다. 반면, 언론은 동시에 남아 선호에 대해 공격하면서 딸아이를 낳은 부모들에게 자신의 운명에 만족해야 한다는 점을 설득하고자 했다. 왜냐하면 그렇게 되어야만 한 자녀 정책이 용이하게 시행될 수 있었기 때문이다.

다른 한편, 작가와 예술가들에게 질서를 호소하고 소일거리를 찾던 청년층을 올바른 길로 인도할 필요가 있을 때는 사회주의 윤리가 강조되었다. 그러나 여권의 신장에 따라 도시 노동력 시장에 과잉 공급을 가져올 경우에는 여성의 가정 복귀 움직임을 그대로 내버려 두었다. 중국부녀협회는 이를 비난했지만 별반 효과는 없었다.

이러한 정책의 유연성은 효과를 보았지만 권력의 이념적 기초를 해치는 일정한 혼란을 불러왔고, 덩샤오핑의 적대자들은 이를 격렬히 비난했다. 탈마오쩌둥화가 이미 뒤흔들어 놓은 바 있는 정당성을 재건하기 위하며 덩샤오핑은 공화국 건설자들의 새로운 신화 속에 그것을 뿌리 내리게 하여 역사적 전통과의 연속성을 재확인하고, 이를 외교적 성취를 통해 확고히 하고자 했다. 1949년 혁명이 완전히 또는 거의 망각되어 버린 상황에서 이제 중요한 논거는 문화대혁명에 대한 것이었다. 마오쩌둥은 당에 대해 공격을 퍼부은 뒤 문화대혁명을 정당성의 원천으로 삼기 시작했다. 급진파는 '문화대혁명 이전에는 …… 문화대혁명 이후에는 ……'과 같은 말들을 되풀이 하곤 했다. 덩샤오핑도 이러한 되풀이를 다시 동원했다. 그러나 그는 가치 판단을 뒤집어 마오쩌둥이 문화대혁명에 더 많은 가치를 둔 것과 달리 그것을 깎아내리면서 문화대혁명을 부정되어야 할 것으로 변화시켰다. 문혁의 그러한 부정적 신화 위에 당내 덩샤오핑 진영의 다양한 파벌이 함께 할 수 있는 공통분모가 존재할 수 있었고, 특히 인민 대중과 그 지도자들을 서로 가깝게 접근하도록 할 수 있었던 것이다.

정권은 마오쩌둥의 유산을 거부하고 보다 먼 과거 속에서 자신이 승계해야 할 전통을 찾아 나섰다. 그것은 19~20세기의 근대화 추진자들의 전통이었다. 즉 1870~1880년대 자신의 '국수(國粹)'를 그대로 보존하면서 외국의 무기와 기술을 채용하고자 했던 '양무'운동 추진자들의 전통, 또 국제적 협조를 통한 원대한 발전 계획을 수립했던 쑨원의 전통이 그것이다. 또한 홍콩의 장래 문제에 관한 협상 과정에서 중국의 지도자들이 보여준 확고한 태도는 중국인과 해외 화인(華人)들에 대해 정권의 위신과 신뢰성을 제고하고자 했던 바람에서 연유하는 것이었음은 의심의 여지가 없다. 타이완을 향한 개방의 노력도 같은 목표를 가진 것이었다.

따라서 정당성 획득을 위한 노력은 기본적으로 국가 이익 — 통일, 현대화, 주권 — 이라는 차원에서 전개되었다. 개혁을 비난하는 사람들은 개방이 과거의 식민화 과정과 유사하다는 점을 강조하면서 여론으로 하여금 그것의 정당성을 불신하도록 만들고자 했다. 반대로 덩샤오핑 지지자들은 19세기 말 개명(開明)한 애국자들이 꾀했던 사업의 계승자로 자처했다. 개혁은 효율을 지향하면서 이념적 제약으로부터 벗어나고자 했고 그것은 정권의 정당성을 약화시켜 갔지만 정권은 개혁의 경험이 가져온 혼란의 해독제로 민족주의를 이용했다.

준(準)자유 상태의 사회 세력에 의해 정권이 전복될 가능성을 막아준 또 다른 방벽은 공산당이었다. 공산당에 대해 오해해서는 안 될 것은 개혁파가 경제적 행위자들의 행동에 직접 호소하면서 당의 독점권을 없앴을지라도 당이 여전히 지도적인 구실을 유지하고 있었다는 점이다. 1983년 10월 도시 부문 전체의 자유화를 결정했던 3중전회의 결의는 개혁의 순조로운 진행을 위해 당의 지도를 강화해야 한다고 호소하면서 끝을 맺고 있다. 그러나 덩샤오핑이 당을 자신의 정책적 수단으로 삼을 수 있기 위해서는 그것을 철저히 개혁해야 했다. 고위 간부들이 직무 수행 과정에서 저지른 부정부패는 모든 지도자들이 개탄하는 바였고, 천윈은 1985년 9월 당 특별회의에서 공개적으로 이를 비난했다. 경제 전문가 보이보는 다음과 같이 예견했다. "우리 당이 올바른 작풍을 견지하지 않는다면 …… 당원들이 지위를 이용하여 사적인 이익을 취한다면 당은 우월성을 잃고 역사적 임무를 완수하지 못할 것이다." 사실 일부 당원들의 부패로 말미암아 여론에서 당의 이미지와 신뢰성은 상당한 정도로 실추되고 있었다. 따라서 이념적 정치적 규율을 재확립하고 부정직하고 무능한 간부들을 제거하고 보다 헌신적인 사람들을 충원하는 것이 중요했다. 문화대혁명과 그 방식에 대한 일치된 부정에 기초한 합의가 있었기 때문에 과격한 방식이나 박해 그리고 대중집회 등에 호소하는 것은 불가능했고 그만큼 그러한 임무를 수행하기는 어려웠다. 남아 있는 유일한 수단은 법정의 사법적인 절차나 당내 규율에 따른 처벌이었다. 법률은 경제 범죄의 처벌을 위해 뚜렷한 형벌을 규정하고 있었다. 그러나 당시까지 법률의 집행은 자의적이었다. 앞서 말한 바 있는 하이난 사건의 주요 책임자들은 법정에 소환되지 않았지만 광둥성의 두 간부는 약재 무역에서 홍콩 사업가의 뇌물을 받았다는 이유로 사형이 선고되었다. 따라서 여론은 사법 기관을 거의 신뢰하지 않았고 간부들의 부패는 당내 문제이므로 당 스스로 해결해야 할 것으로 간주했다. 그러한 의미에서 지도자들은 실질적인 노력을 기울였다. 그들은 기율위원회를 재가동하고 그것을 전국대표대회에서 직선된 중앙위원회에 직속시켜 더 큰 자율권을 부여했다. 1982년 중국공산당 제12차 전국대표대회에서 후야오방은 이러한 조치가 크게 실패했음을 인정하고 대규모 정풍 운동에 착수했다. 3년 동안 지속하기로 한 이 운동은 숙청보다는 설득을 우선하면서 정규 절차에 따라 진행되었고 제도화되어 갔다. 그러나 당에 스스로를 정풍할 수 있는 능력이 있었을까? 자아비판을 하도록 권고하고 호소하는 것은 거의 아무런 효과를 거두지 못했다. 1986년 1월 베이징에서 소집된 당정 간부들의 대규모 공작회의에서 새로운 정풍 운동이 시작되었고, 이번에는 특히 당 고위층이 대상이 되었다. 이 운동의 실행은 덩샤오핑에 충성했던 두 지도자 차오스(喬石) 중앙위원회 정법위원회 서기와 왕자오궈(王兆國) 당 서기처 서기에게 맡겨졌다. 지도부에 새롭게 등장한 이 두 사람은 다른 사람들과 달리 집단적 관계망과 유대가 그리 강하지 않으리라고 기대받았던 것 같다.

그러나 덩샤오핑에게는 당이 대중의 신뢰를 받게 하는 것만으로는 부족했고 현대화의 임무를 수행하는 데 보다 적극적이어야 할 필요가 있었다. 이를 위해 지식인에 대한 당의 적의를 제거하고 정치 간부들과 기술 간부들 사이에 충분한 협조 관계를 수립할 필요가 있었다. 그리고 더 중요한 것은 전문가들을 정권에 복종시키고 그들을 당에 가입시켜 권력의 보조자로 만듦으로써 '사회주의 현대화 사업의 강력한 지도 핵심'을 형성하는 것이었다.

덩샤오핑의 눈에 개혁의 미래는 당의 혁신뿐만 아니라 자유화에 따라 새롭게 부상한 사회 세력을 어떻게 당내에 혼합시킬 것인가 하는 데 달려 있었다. 자유로운 기획과 그와 관련된 가치를 중시하는 개혁을 활기를 되찾은 혁신된 공산당에게 맡기는 것이 꼭 불가능하지만은 않았다. 거대한 규모의 영토는 국가의 통일을 어렵게 하고 불가피하게 중앙집권적 관료제를 채택하게 했으며, 중국의 자본주의를 여러 차례 관료 자본주의의 형태로 굴절시켜 왔다. 이념만큼이나 중국의 역사가 덩샤오핑식 개혁이 의도한 사회적 개방을 관료 기구를 통해서만 운용될 수 있도록 만들었던 것이다. 그렇지 않을 경우 중국은 무정부 상태나 분열 그리고 퇴보로 떨어지게 될 것이었다. 중국 특색의 사회주의는 아마도 근대성을 실현하고자 하는 관료주의를 뜻하는 것일 뿐인지도 모른다. 이제 정권이 그와 같은 관료주의를 실현할 수 있을 것인가, 부분적으로 소생한 사회가 그것을 지지해 줄 것인가 알아보도록 하자.

제11장
통치의 종식인가 아니면 정권의 종말인가?
국내 정치의 변화(1986~1989)

1986년부터 경제 개혁의 흐름이 빨라지면서 진정한 혼합 경제를 출현시켰다. 그러나 그러한 성장 속도는 여러 불안한 경제 현상들을 불러왔다. 인플레, 대외 부채, 부문별 지역별 불균형 등이 개혁의 지속을 위협했고 중국의 지도자들뿐만 아니라 외국 파트너들을 불안하게 만들었다. 그러나 그러한 어려움은 또한 개혁 실행의 어려움이기도 했다. 개혁은 정권의 성격과 전통의 무게와 공히 대면해야 했다. 한편으로는 관료주의의 저항, 다른 한편으로는 사회의 저항이 개혁파 지도자들이 꾀하던 변화에 커다란 장애로 작용하고 있었다.

개혁의 위기는 정치적 해결책을 요구하고 있었다. 그러나 그것은 어떤 해결책이었을까? 보수파가 주장하는 것처럼 변화를 억제해야 할 것인가? 아니면 반대로 개혁파와 그들의 연맹사인 지식인층의 요구대로 변화를 정치적 영역으로까지 확대할 것인가? 논쟁은 1987년 1월 총서기 후야오방의 실각과 10월 당 13전대회에서 이루어진 경제 개혁에 우선권을 둔다는 타협을 통해 일시적인 결론에 이른다. 회복된 지도부의 단결은 개혁파인 새로운 총서기 자오쯔양과 총리에 임명된 보수파 리펑(李鵬)의 협력으로 상징되었다. 그러나 그 단결은 위기의 확산을 막는 데 충분치 못했다. 1988년은 인플레이션의 확산, 권력의 무기력, 조롱의 대상이 된 긴축 재정, 다양한 사회적 불만, 점점 급진화되는 지식인들의 항의 등을 특징으로 하는 해였다. 공식적인 반(半)은퇴에도 불구하고 여전히 최고 지도자였던 덩샤오핑의 후계 문제도 불안과 긴장을 더했다.

후야오방의 사망이라는 뜻밖의 사건은 1989년 봄 폭발적인 사태를 불러왔다. 시위자들의 확고한 태도, 지도자들의 분열, 국제 환경의 우연성으로 인해 이 사태는 엄청난 수준으로 확대되었고 예외적인 반향을 불러왔다. 정권은 거의 몰락하는 듯했다. 지도자들이 다시 정신을 차리고 반격에 나서 피어린 진압을 하는 데는 7주가 소요되었다. 군대의 개입을 통해 덩샤오핑과 당 원로들의 권력은 살아남았다. 그러나 그러한 개입이 정권을 구했던 것일까?

혼합 경제의 출현과 개혁의 동요(1985~1987)

1985년부터 과거의 계획 경제 체제 속에 시장 기제를 도입함으로써 이중 구조가 출현하였다. 이러한 변화는 국가의 부분적인 후퇴로 많은 활동에 대한 국가의 통제를 포기함으로써 가능했다. 이제 중앙에 의해 관리되는 계획 경제 영역과 수요-공급에 의해 영향을 받는 '상품 경제' 영역이 공존하게 되었다. 경쟁의 확대와 생산의 자극을 목표로 한 가격과 교역의 자유화는 개혁 정책의 중요한 축 가운데 하나였다. 농촌에서는 농산물 교역에 관한 국가의 독점이 사라졌다. 1985년 국가에 대한 의무적인 공출이 폐지되고 협상을 통한 구매 계약으로 대체되었다. 이 계약 체제 밖에서 생산된 곡물은 자유 시장에서 유통되었다. 1987년에는 상품화된 1억 2100만 톤의 곡물 가운데 단지 5100만 톤만이 계약된 가격에 따라 국가에 넘어갔고 나머지는 자유 시장을 통해 국가나 개인 구매자에게 팔려 나갔다. 곡물 이외 농산물 대부분의 상품화에 관해서는 어떠한 규정도 없었다. 예전의 합작사와 전문 농업 조직의 공식 조직망은 쇠퇴하고, 1985년 당시 5만 3천 개를 넘던 지방 시장이 그것을 대신하였다.

1987년 공업 부문에서 중앙의 계획이 필수불가결한 것으로 규정한 품목은 단지 60개였다(1980년에는 120개). 그리고 기업들에게 공식 가격에 따라 일괄적으로 할당되는 생산재는 26개로 범주가 줄었다(1980년은 259개). 기본 품목의 경우에도 단지 부분적으로만 중앙 집중화된 계획 관리에 따랐고 — 철강과 석탄은 최고 47퍼센트, 시멘트는 15퍼센트에 불과했다, 나머지는 시장과 지방 정부의 관리에 맡겼다(이 양자의 비중을 구분하기는 어렵다). 따라서 동일 재화의 가치는 인위적으로 낮은 가격을 매기는 국가에 의해 조달되는가, 아니면 자유로운 가격에 따르는 사적인 상업 유통망(1985년 공업 생산의 55퍼센트를 유통시킴)을 통해 공급되는가에 따라 달랐다. 이러한 다양한 가격 체계가 가져온 복잡성과 혼란은 많은 재화가 한 유통 체계로부터 다른 유통 체계로 빠져나가고 기업 안에서조차 정부 부문과 시장 부문이 중첩되어 있었기 때문에 더욱 커졌다. 그러나 이러한 상황은 전반적으로 소유 형태 및 현대화 정도와 조응하는 것이었다. 즉 그것은 대부분 국가에 의해 공급과 운영이 보장되는 공공 부문의 대기업들과 대부분(또는 오로지) 시장 유통에 의해 좌우되는 집단 및 사영 부문의 중소기업들 간에 존재하는 대립을 나타냈다.

금융 유통에서도 이와 유사한 이중성은 1984년 중국인민은행이 독점을 포기하고 단지 중앙은행으로만 기능하면서 영리 활동과 예금의 운용을 전문화된 국가 은행(농업은행, 공업은행, 상업은행 등)에 맡긴 이후에 더욱 확연해졌다. 국가 은행망은 그 다양화와 유연화에도 불구하고 점점 더 신용합작사, 투자 금융사 등 집단 부문에 속하는 지방 금융 유통의 발전과 경쟁에 들어갔다. 이 기구들은 전통적인 대부, 예금, 투자 활동에 더하여 과거 국고가 독점하던 채권 발행도 하였다. 그들이 운용하는 자원은 사적 유통에 의해 거래되는 많은 양의 자금과 마찬가지로 중앙 정부의 통제를 받지 않았다. 사적인 유통은 아무런 법적 보호를 받지 못했지만, 특히 저장성 원저우 지역 등에서는 대규모로 이루어지고 있었다.

공업 분야에서 국가 부문은 끊임없이 감소했다. 생산에서 국가 부문의 비중은 1978년에서 1988년 사이 80퍼센트에서 64퍼센트로 떨어졌다. 기본적인 공장 생산을 담당하는 것은 이제 농촌 기업(1987년 1700만 개의 기업과 8,800명의 피고용인)과 도시 집단 기업이었다(원료 생산은 대부분 여전히 공공 부문에 속해 있었다). 그러나 국유 기업 안에서도 경영의 자율을 확대하면서 생산성을 향상시키기 위한 노력이 계속되었다. 1983~1984년 기업에 대한 과세가 이루어지고, 충원 절차가 자유화되고, 1986년 공장장에게 더 많은 결정권이 이행된 뒤인 1987년부터는 국유 기업과 그 감시 아래서 책임 경영 계약제[承包經營責任制]가 일반화되었다. 목표는 여전히 국가에 속하는 소유권과 공장장의 경영권을 분리하고 기업의 이윤(및 그 피고용인의 봉급)을 경제적 결과와 연계시키는 것이었다.

계획 경제의 장점과 시장 경제의 이점을 결합시키고자 했던 이 제도는 양자의 부정적인 측면을 제거하는 듯했다. 그러나 프랑수아 지풀루(François Gipouloux)의 표현에 따르면, '이중 경제'는 마치 '절름발이 경제'와 같았다. 계획과 시장은 조화롭고 상호 보완적인 방식으로 공존하기는커녕 경쟁 영역에서 혼란을 가져오고 있었다. 자유화는 혼란을 야기했고 통제는 경기 침체를 불러왔다. 도시와 농촌 모두가 많은 어려움에 직면하였다.

1978~1980년의 농업 개혁이 가져온 이로운 효과는 소진되어 버렸다. 농업 부문의 곤란 가운데 가장 우려할 만한 현상은 곡물 생산의 침체였다. 곡물 생산은 1984년의 4억 7백만 톤이라는 최고 기록을 되찾지 못했다. 1988년의 생산량은 3억 9400만 톤에 불과했다. 농가 경작과 집중적인 노동력 투여는 그 한계를 드러냈다. 농촌에서 손을 뗀 국가는 축소된 일부의 투자만을 할 뿐이었다. 국가 투자는 1968~1985년 사이에 10퍼센트였던 것에 비해 1986년은 3퍼센트에 불과했다. 기간 시설들, 특히 관개 시설의 유지와 개선이 타격을 받았다. 농민들은 농업 기술의 현대화로 나아가는 불가피한 도정에서 국가 권력을 대신하기를 원하지 않았고 또 대신할 수도 없었다. 개혁파는 농가의 개별적인 적극성을 기대했지만 그러한 적극성의 쇠퇴는 1977~1984년 집단 소유 토지의 재분배를 통해 이루어진 농가 경작이 1억 8천만 톤이란 불충분한 생산량을 보였다는 사실로 설명된다. 적극성의 쇠퇴는 특히 농촌에 실시되고 있던 시장 기제의 비정상적인 작동(그 관리는 정부 책임이었다)과 연결된 것이었다. 곡물 공출 계약은 이론적으로는 협상을 통한 것이었지만 사실 농민에게 강요된 것이었고, 당국이 농민에게 지불한 가격은 종종 자유 시장의 그것보다 크게 낮았다. 또한 화학 비료, 중유, 비닐하우스, 살충제 등 생산 요소 가격의 상승은 농민들이 농산물의 유통(국가든 자유 시장이든)으로부터 취할 수 있는 이윤을 상쇄하는 것이었다. 사실 국가는 1986년부터 곡물 경작자에게 낮은 정부 가격으로 생산 요소를 지급해 주고자 했다. 그러나 이 생산 요소를 분배할 책임을 맡고 있던 지방 간부들이 정부 가격과 자유 시장 가격의 차이를 이용하였기에 농민들은 일반적으로 비료와 살충제를 비싼 가격으로 구입하거나 구입을 포기했다. 따라서 곡물 생산이 영향을 받지 않을 수 없었다.

곡물 생산을 포기한 농민들은 콩, 차, 모시 등 상품 작물을 재배하면서 분절되고 투기적인 시장의 불안정한 가격 변동에 대처했다. 이 농민들이야말로 투기자들에게 돈을 벌게 해 준, 가격 급등과 급락이 이어진 순환의 주요 희생자들이었다. 따라서 개혁 초기에는 다수의 농민들을 부유하게 만들고 그들의 의욕을 부추겼을지라도 그 다음 단계에서는 다른 누구보다 소수의 투기적인 간부들에게 혜택을 가져다주었던 것이다.

공업 부문의 급속한 성장(1986년 11퍼센트, 1987년 14.6퍼센트)은 경기 과열 현상을 동반했다. 중앙 정부는 투자의 흐름에 대한 통제력을 크게 상실했고, 이제 투자의 많은 부분이 은행 대출, 지방 당국과 집단의 자원, 기업 고유의 자금, 개인 자금 등 예산외 자금에 의해 충당되었다. 그리하여 1985년에서 1987년까지는 투자가 전국 수준에서 에너지와 운송 등 우선권이 있던 부문에 이루어졌던 것이 아니라 주로 소비재 생산과 도·농의 집단 부문에 투여되었다. 1986년 집단 부문의 생산은 16.7퍼센트, 1987년에는 22퍼센트 증가했다(공공 부문의 생산 증가는 각각 6퍼센트, 7퍼센트였으며 대부분 중공업과 운송업 분야에서 이루어졌다). 집단 부문의 이러한 급성장은 특히 농촌 공업 부문에서 두드러졌다. 그 생산량은 1985년 45퍼센트나 증가했던 것이다! 이러한 성장은 초기에 '경제 기적'으로 칭송되기도 했다. 그러나 새롭게 만들어진 많은 소규모 기업들이 뒤떨어진 기술을 채용하여 낮은 수익률로 불필요하고 형편없는 질의 상품을 생산하고 있음이 금방 드러나기 시작했다. 결국 이 기업들은 경제 현대화에 기여하기보다는 경제 체제의 낙후 상태를 반영하는 것이었다. 농촌의 소성진에서는 이 기업들이 농가 경작으로 복귀하면서 농업 생산으로부터 쫓겨난 농민 노동력을 흡수하는 구실을 했다. 그러나 이 기업들은 또한 에너지와 원료 등 희소 자원의 일부를 소비하기도 했다. 그러한 자원의 소비는 보다 원활히 작동했으나 공급 부족으로 인해 설비의 절반 밖에는 가동하지 못하던 도시 기업들에게는 해로운 것이었다. 예컨대 1988년 가을 상하이방적공장은 견사의 부족에 직면했는데, 이는 저장, 장쑤 등 인근 성에 새롭게 설립된 공장들이 견사를 선점했기 때문이었다.

이러한 경쟁이 공급과 수요의 게임에 따른 것이고 중국 경제에 시장의 법칙이 도입되었다고 생각할 수도 있을 것이다. 이것이 바로 개혁파가 기대했던 바였다. 그러나 사실 새로운 기업들 가운데 대부분은 향정부와 현정부 등 지방 당국에 의해 설립된 것이었고 이들 기업의 성장은 당국의 보호 덕분이었다. 중앙 계획 경제의 후퇴가 시장의 힘을 강화해 주었다기보다는 지방 관료주의의 힘을 강화시켰던 것이다. 경제의 기초 단위는 기업이 아니라 지방 분권화로 인해 거의 완전한 자율을 획득하고 있던 지방 정부의 관련 부서였다. 경제적 계약과 활동은 더 이상 중앙의 계획에 의해 통제되지 않았지만 그렇다고 시장의 수요에 부응하는 것도 아니었다. 경제 활동은 각급 행정 단위에서 기업 경영자와 그것을 보호하면서도 착취하는 관료 간의 타협을 통해 이루어졌다. 경제학자 야노스 코르나이(János Kornai)가 헝가리의 경우에 관해서 언급했던 것과 같은 이러한 '야합' 과정은 경쟁을 견뎌낼 수 없었다. 그것은 투자와 수익 간에 어떠한 정합성도 보장해 줄 수 없었고 도산에 의한 손실에 대해 제제를 가할 수도 없게 만들었다.

이러한 상황에서 가격 결정이 보다 더 자유로워지자 — 그것이 꼭 합리적인 것은 아니었다 — 그 결과는 엄청난 인플레이션으로 나타났다. 공식 통계에 따르면 인플레는 1987년 7.3퍼센트에서 1988년에는 18.5퍼센트에 이르렀다. 가격 상승은 간혹 진정한 조정을 뜻하기도 한다. 그것은 오랫동안 인위적으로 가격이 낮게 책정되어 온 농산물의 경우에 특히 그러했다. 그러나 인플레이션은 또한 (그리고 특히) 시장의 불완전한 작동을 반영하는 것이었고, 생산과 생산성의 병렬적인 상승에 의해 뒷받침되지 않는 (또 지폐의 발행을 부추기는) 물가와 봉급의 상승 때문이기도 했다.

개혁이 가져온 곤란은 세계 시장에 이제 비교적 잘 편입되어 있던 중국의 대외 경제 관계에도 반영되었다. 국민총생산에서 대외 무역이 차지하는 비중은 1978~1987년 사이 10퍼센트에서 30퍼센트로 늘어났다. 행정의 지방 분권화와 결합된 경기 과열은 소비재의 수입뿐만 아니라 새로운 공장에 쓰이는 설비재와 원자재의 수입을 부추겼다. 1984년 중반부터 1987년 중반까지 3년 동안 수입 총액은 급증했고 미화 300억 달러의 누적 적자를 불러왔다. 결과적으로 중국의 지불준비금은 급격히 감소하여 1984년 170억 달러에서 1986년 9월 100억 달러로 떨어졌다. 이러한 무역 손실을 메우기 위하여 중국은 외국에 차관을 요청했다. 외채는 1983년에서 1986년까지 세 배로 늘어 270억 달러에 이르렀다. 많은 장비의 임차 이외에도 단기 공채가 발행되었다. 1986년 4월 태환(兌換)을 관리하던 국가 기관이 공채 발행을 감독하고 조정하는 일을 맡게 되었다. 변제 일정의 조정에 따라 1988년 외채는 350억 달러에 이르렀고 이는 국가 예산에 부담을 주기 시작했다.

이러한 사태에 직면하여 외국 기업가들은 더욱 주저하는 태도를 보였다. 중국과 체결된 계약 총액은 1985년 63억 3천만 달러에서 1986년 33억 3천만 달러로 떨어졌다. 이 파트너들에게 다시 신뢰를 주기 위하여 베이징 정부는 1986년 10월 행정적인 절차를 조정하고 간소화하는 일을 담당하는 외국인투자위원회를 설립했다. 그리고 정부는 22개 조의 '지시'를 통해 시행 중인 규정들을 완화해 주었다. 이러한 규정과 법규의 개선을 통해 1987년에는 계약 체결이 일정 정도 재개되었다(36억 8천만 달러). 그러나 잠재적인 투자자들은 "아직 구매력이 거의 없는 중국 내 시장 진출의 이점을 선전하면서 외화를 벌어들이는 수출 부문을 조직하고자 하는 중국의 운영 방식이 갖는 근원적인 모호성"(François Gipouloux) 때문에 여전히 주저하고 있었다.

정치적 의지에 의해 시작된 개혁은 중앙 당국의 확고한 지지 없이는 지속될 수 없었다. 그러나 1978년 화궈펑에 대항하여 덩샤오핑의 권력 장악을 도왔던 옛 덩샤오핑파는 이제 분열되어 있었다. 당 내부의 합의는 타협을 통해서만 가능했고 민주집중제에 따라 파벌들은 서로 양보를 해야 했다. 권력은 요동치는 개혁에 따라 주저하는 모습을 보이고 있었다.

권력의 주저 : '쌍백(雙百)'의 자유화(1986년 여름)로부터 중공 13전대회까지(1987년 10월)

1978년 이래 개혁의 전개는 일시적인 중지와 후퇴의 끊임없는 반복으로 점철되어 왔다. 그런데 1985년과 1986년에 걸쳐 개혁 조치가 강화되면서 이러한 변동은 더욱 심해졌고 정치인 관료 계층과 사회 모두가 극복하기 어려운 어려움들을 만들어 냈다. 개혁의 어려움이 덩샤오핑의 승계 문제 및 새로운 지도부의 등장과 연결된 순전히 정치적인 또 다른 위기의 한복판에 있었다는 점에서 당시의 위험은 더욱 큰 것이었다. 또한 개혁은 자유파와 보수파 사이에서 벌어지고 있던 권력 투쟁의 쟁점이 되고 있었다.

정치적 논쟁과 1986년 여름의 '쌍백'

파벌들 사이에서 그리고 자유파와 보수파 사이에서 벌어지던 논쟁이 매우 편향적인 특징을 띠고 있었지만 1985~1986년 집중적인 개혁 조치들과 함께 진행되던 이 논쟁은 본질적인 문제들을 제기하였고, 개혁의 장기적인 효과뿐만 아니라 권력과 국가의 장래에 대한 관료층과 사회의 우려와 희망을 나타내고 있었다.

특히 많은 지방 언론들이 개혁에 대한 비판을 제기하였는데, 그것은 모든 다원주의에 적의를 보이던 보수파와 변화에 의해 피해를 입은 지방의 이해를 대변하던 교조적인 간부들의 반발이었다. 그들은 1983년의 정풍 운동에서 바로잡지 못한 당과 군대의 변질을 비난했다. 그들은 범죄(특히 경제 범죄)의 만연으로 나타난 이기적인 욕망으로 말미암아 사회주의적 이상이 후퇴했다고 비난했다. 또한 그들은 중앙의 투자와 보조가 거의 맞지 않은 채 내지의 성들이 방치되는 것과 서양 제국주의의 전성기처럼 상하이를 점령한 외국인들에 대해 비굴한 태도를 취하는 것에 반발했다. 그러나 그러한 비판은 또한 규율의 방기, 중앙으로부터 내려온 지시의 무시, 이념적 열정과 도덕성의 퇴락 등 요컨대 정권뿐만 아니라 중국 사회, 중국 문명까지도 위협하는 혼란[亂]의 만연에 대한 많은 사람들의 우려와 궤를 같이하는 것이기도 했다.

보수파는 희생, 검약, 노동 등 근본적인 도덕적 가치로의 회귀와 '대공무사(大公無私, 오로지 공적인 이익만을 고려하고 전혀 사심이 없음)'라는 유교적 격언과 통하는 집단주의의 회복을 통해 위기를 해결하고자 했다. 이러한 주장 속에서 우리는 마오쩌둥 시대의 기억을 회복하고 그에 근거하고자 하는 경향까지도 발견하게 된다. 예컨대 막강한 군사위원회 서기였던 양상쿤(楊尙昆) 장군은 과거 린뱌오가 그랬던 것처럼 인민해방군에게 덕과 정통의 모범이 될 것을 호소했다. 그러나 전체적으로 보면 정권과 정권이 획득한 것을 지켜야 된다는 우려가 당내 원로들을 결집시켰다. 그들은 오랜 경력 속에서 스탈린주의(펑전의 경우)로부터 부하린주의(천윈 등)에 걸친 다양한 태도를 보여 왔지만 누구도 마오쩌둥식의 유토피아적 대중주의에 물들지는 않았다. 당시 84세였던 펑전은 보수파의 주요 지도자들 가운데 하나로 인민대표대회 주석으로서 보수파에게 커다란 정치적 힘을 실어 주고 있었다. 그는 건국 초기 몇십 년 동안 정권의 유력한 경제 전문가들 가운데 하나로 국가 주석이자 정치국 상무위원이었던 80대 나이의 리셴넨과 또 다른 80대로 과거 제1차 5개년 계획(1953~1957)의 책임자였던 보이보의 지지를 얻고 있었다. 이들과는 차이가 있던 보다 온건한 천윈은 펑전처럼 인민대표대회와 같은 권력 기반을 갖지는 못했지만 정치국 상무위원이자 당 기율위원회 주석으로서 갖는 위신은 매우 컸다. 경제 체제의 일부에 한정된 개혁을 주장하던 천윈은 곡물 생산과 이념적 규율의 시급성을 주장했다.

이들 당 원로들의 자유파에 대한 반대는 1895~1898년 전통주의자들과 개혁파를 가르던 그리고 1919년 국수(國粹) 신봉자들과 서구화 주창자들을 가르던 균열을 재연하고 있었다.

경제적 측면뿐만 아니라 문화적 정치적 측면에서도 제도의 개혁과 서양에 대한 폭넓은 개방을 지지하던 자유파는 — 맹목적이고 전제적이라고 규정한 유교 전통에 반대하여 청년들과 일부 지식인들을 동원했던 — 1919년 5·4 운동의 유산을 이어받고 있는 듯이 보였다. 자유주의 물결은 사회뿐만 아니라 당 안에서도 확대되고 있었다. 1986년 여름 1957년의 '쌍백'을 본뜬 대대적인 자유 토론과 여러 제안 운동이 꽃필 수 있었던 것은 부분적으로는 당정 기구가 그 운동에 앞장을 섰기 때문이었다. 이 운동은 공식적인 측면에서는 당시까지 오로지 경제 문제에만 고심해 왔던 개혁파 가운데 가장 급진적인 진영이 이제 이념 분야를 장악하려고 한 시도였다. 그러나 1985년 9월 당 특별회의에서 천윈의 공격을 막아내기 위해 자유파는 자체적으로 부정부패와 이념적 퇴행에 반대하는 투쟁을 전개하면서, 1986년 1월 그들의 두 지도자 차오스와 왕자오궈의 책임 아래 특별위원회를 만들었다. 이들의 격려 아래서 논쟁은 점차 부정부패로부터 당의 업무 방식[作風] 문제로 옮겨가기 시작했다. 5월 중순 이래 언론은 외국으로부터 오는 부르주아적 해악으로 인한 기율의 해이를 비난하기보다는 이제 간부들이 자신의 공식적인 직책을 사유물이자 그들의 '독립 왕국'으로 여기고 공공의 안녕보다는 자신의 가족과 지지자들의 이익을 위해 일하는 '봉건'적인 태도를 비난하는 방향으로 나아갔다.

자유파는 사태에 대한 상이한 진단을 통해 상반된 처방을 내놓았던 것이다. 상황에 대한 해결책은 당 기율의 강화나 개방의 제한에서 찾을 것이 아니라 사회주의적 민주주의의 발전과 대중들에 의한 간부의 감시에서 찾아야 했다. 이를 위해서는 당과 정부의 기능을 분리하고, 언론에 보도와 비판의 역할을 부여하고, 지식인들에게는 제한 없이 표현할 수 있는 자율적 영역을 부여할 필요가 있었다.

중앙위원회 선전부의 개혁파 지도자 주허우쩌(朱厚澤)에 의해 개시된 쌍백 운동은 정치국의 이념 영역의 책임자인 후치리(胡啓立)와 덩샤오핑에 의해서도 지지를 받았다. 덩샤오핑은 6월 "정치 체제의 개혁과 경체 체제의 개혁은 상호 의존하는 것이다"라고 선언했다. 이 운동은 뒤이어 열화같은 비판과 제안들을 불러일으켰다. 개혁파 간부들을 따라 지식인들이 들고 일어섰다. 그들 가운데 일부는 신중한 태도를 보이기도 했다. 예컨대 천체물리학자 팡리즈(方勵之)는 완전한 서구화를 주장하고 마르크스주의를 대체하는 새로운 진리를 추구할 것을 요구하면서도 개혁은 당의 통제 아래 당의 책임 하에 이루어져야 한다고 주장했다. 그는 지식인 엘리트들의 역할과 그들에게 대한 시민권의 부여를 강조하면서 사회주의적 민주주의를 지식층의 민주주의로 간주했다. 작가 장셴량(張賢亮)과 같이 더욱 급진적이었던 사람들은 주저 없이 정치적 다원주의와 권력의 분립, '자본주의의 평반(平反, 복권)'과 서구식 민주주의의 도입을 주장했다. 이 놀라운 1986년 여름의 다양한 주장 속에서 20세기 전반에 지식인 및 정치가들이 벌였던 대규모 논쟁의 중심 주제들 — 그것들은 중국공산당의 집권과 함께 수포로 돌아갔다 — 이 다시 등장하였다. 정치 우선인가 경제 우선인가, 외래의 문화와 가치가 중국에 적당한 것인가, 기술 전문가들이 필요한가 등에 관한 문제들이 다시 제기되었다. 중국사회과학원 정치연구소의 옌자치(嚴家其)는 중국인 의식 개조의 필요성을 환기시키면서 법치가 덕치를 대체해야 한다고 호소했다. 이러한 논쟁 속에는 1898년의 개혁파 양계초, 5·4운동의 추동자 가운데 하나였던 후스와 같은 위대한 선조들의 영향이 나타나고 있었다.

그러나 정치 지도자들이 주도권을 잃은 것은 아니었다. 당 총서기 후야오방은 위와 같이 표출되는 변화에 대한 요구를 이용하여 당의 80대 원로들의 은퇴를 가속화하고 덩샤오핑의 후계 문제를 (자신이 그것을 이어 받으면서) 매듭짓고자 했다. 덩샤오핑이 이미 후야오방을 자신의 후계자로 예정하고 있었다는 점은 분명하다. 그러나 권력 이양을 위한 어떠한 일정도 확정되지 않았다. 따라서 총서기는 후계 문제를 1987년에 소집하기로 되어 있던 중공 13전대회에서 해결할 것을 제안했다.

1986년 여름에 일어난 지식계의 격동 때문이었을까? 아니면 경망스러워 보이던 후야오방의 조급성 때문이었을까? 가을부터 보수파의 반격이 시작되면서 쌍백은 중지되었고 정치적 위기가 찾아왔다. 그리고 후야오방은 그 와중에서 실각당하게 된다.

보수파의 반격과 후야오방의 실각

보수파의 반격은 1986년 9월 소집된 6중전회를 통해 당 최고위 지도부로부터 시작되었다. 그 뒤 반격은 10~11월의 전국인민대표대회 상무위원회로 확대되었고, 후야오방의 운명을 결정지은 12월의 군사위원회 회의로 막을 내렸다. 6중전회는 이념 영역에서 '주허우쩌에 대한 자유의 칙령 폐지'(Wojtek Zafanolli)를 결정했고, 인민대표대회 상무위원회는 경제 영역에서 파산법의 시행을 중지시켰다. 결국 보수파의 반격은 1987년 1월 16일 후야오방의 강제 퇴임과 함께 새로운 권력 관계를 불러왔다.

12월 중국의 주요 도시에서 발생한 학생 시위가 후야오방과 연관된 것이었다고 해도 이것이 기본적으로 기구 내부에서 일어나고 있던 권력 투쟁의 전개 과정에서 어떤 결정적인 구실을 했던 것 같지는 않다.

학생 운동은 매우 초보적인 정치화 수준에 머물러 있었고, 한 사회 집단의 깊은 불만의 표출이 개혁 정책(그것이 권주주의적인 것이든 자유주의적인 것이든)에서 핵심적인 구실을 할 수 있기를 기대하기는 어려운 일이었다. 어떤 측면에서는 1986년 겨울의 항의 운동을 이전에 일어났던 여러 가지 위기가 반복된 것으로 볼 수 있다. 당내 파벌 투쟁과 가두시위는 과거처럼 동시에 발생했고, 권력에 대한 사회의 복종도 변함이 없었다. 12월 말 이래로 지도부에서 취해진 조치를 통해 그 다음해 1월 항의 운동은 신속히 진압되어 갔다. 그러나 그럼에도 불구하고 학생과 지식인들의 분명한 연대 그리고 여름의 논쟁에 대한 반향으로서 시위자들이 제기한 자유와 민주라는 주제들은 1986년 겨울의 항의에 일정한 (상대적이고 취약해긴 해도) 자율성을 부여해 주는 것이었다. 그 항의가 과거에 있었던 항의 방식을 따랐고 동일한 한계에 부닥쳤지만 그것은 개혁 정책이 몰고 온 사회적 지적 해방의 진전을 반영하는 것이었고, (최소한 그 쟁점에서) 1989년 5월의 폭발적인 사태를 예시해 주는 것이었다.

13기 6중전회 소집을 준비하기 위해 1986년 여름 당 고위 간부들은 휴양지 베이다이허에 모여 덩샤오핑으로부터 13전대회 이후에도 그가 직무(군사위원회 및 고문위원회의 주석직)를 계속 행사할 것이라는 승낙을 얻어 냈다. 그것은 조급한 후계자 후야오방을 배제하기 위한 것이었다. 이 최초의 성공으로부터 보수파는 자신들의 우월한 기세를 밀고 나갔다. 9월 28일에 개최된 6중전회에서 그들은 문학계와 지식인들의 자유화, 외국 문화에 대한 개방, 정치 개혁의 여러 계획들에 대하여 엄격한 제한을 강요했다. 사회주의적 민주주의의 발전은 당의 지도와 인민 민주 독재의 견지와 분리될 수 없는 것이었다. 곧바로 펑전이 나서서 보수파의 공세를 이어 갔다. 10월 28일과 11월 25일 인민대표대회 상무위원회에서 행한 두 번에 걸친 연설에서 그는 사회주의 이상을 부인하는 사람들을 공격했다. "자본주의 사회의 달이 섬광처럼 우리의 태양보다도 더 밝게 빛나고 있다!" 그는 또한 공공 부문의 적자 기업을 정리하기 위해 개혁파가 준비하고 있던 파산법에 대한 투표를 저지하기 위해 나섰다. 결국 인민대표대회 상무위원회는 시험적인 임시법을 채택하는 데 그쳐야 했다. 따라서 12월 9일 안후이성 허페이(合肥)와 19일 상하이에서 최초의 학생 항의 운동이 일어나고 있었을 당시 보수 진영의 공세는 이미 폭넓게 전개되고 있었던 것이다. 어떤 이가 말하듯이 이 운동들은 당시 후퇴를 강요당하던 개혁파가 선동한 결과였던 것일까? 만약 그렇다면 그러한 전략은 실패로 드러났다. 학생들의 항의는 보수파의 우려를 더욱 부채질하고 후야오방의 몰락을 재촉했을 뿐이다. 후야오방의 실각은 12월 11일과 25일 사이에 개최된 당 군사위원회 회의에서 결정되고 1987년 1월 16일 정치국 확대회의에서 최종 승인되었다. 회의에는 상무위원회 정의원 18명과 1985년에 반은퇴 상태에 처한 당 원로들인 고문위원회 위원 17명이 참석했다. 이것은 과거 마오쩌둥이 취약한 자신의 파벌들을 지원하고자 할 때 수없이 사용한 바 있던 완전히 비정규적인 절차에 따른 것이었다.

여름과 겨울의 완전히 다른 정치적 동향을 결정지은 요소는 사실 덩샤오핑의 태도 변화였다. 이 늙은 지도자의 정치적 행동에서 그와 같은 급작스런 변화가 처음은 아니었다. 이미 그는 1978년 12월에 베이징의 봄을 부추겼지만 그 다음 해 3월 그것을 비난했던 것이다. 이러한 일련의 전진과 후퇴가 권력과 내부적 정치 투쟁에 대한 고려로부터 나온 것이었다고 해도 — 1986년에는 후야오방의 승계 욕심이 덩샤오핑으로 하여금 뒷걸음치도록 만들었던 것 같다 — 그것은 덩샤오핑의 정치적 진정성과 일관성에 대해 일정한 문제를 제기하는 것이었다. 서양의 관찰자들은, 특히 덩샤오핑의 노선 및 성격의 돌발적인 급변에 당황한 이들은 자유주의 이상에 대한 덩샤오핑의 부정 또는 배신을 지적했다. 그들은 순진하게도 이 늙은 지도자가 자유주의의 옹호자라고 여겼던 것이다. 또 어떤 사람들은 그의 '우유부단함', 그의 '이론적 실천적 무정견(無定見)'(Wojtek Zafanolli)을 말하기도 한다. 모순들을 완전히 해결하지 않은 채 모순들 사이를 오가는 이러한 방식을 어쩌면 중국식의 변증법, 즉 중국의 정치적 전통에 고유한 파벌주의에 대처하는 특수한 방식으로 간주해야 할지도 모른다. 사상의 비중보다는 인물의 역할에 더 많은 힘을 실어 주는 문화 속에서 서로 다른 정치적 이념적 경향을 공존하도록 만드는 것이 최고 지도자의 몫이었다. 지도자의 조정 역할이란 타협을 뛰어넘는 것이 아니라 그것을 가능하게 만들고, 어느 한편에 서지 않으면서 양쪽 모두에게 보증이 되어 주고, 단결의 상징으로 남는 것이었다. 많은 중국인들이 이러한 공식을 명료하게 파악하지는 않았지만 덩샤오핑을 지도부와 국가의 단결을 가능케 하는 유일한 존재로 여겼던 것 같다.

학생들의 시위는 1986년 겨울의 위기 속에서 매우 부차적인 구실을 했을 뿐이었다. 시위는 단지 후야오방의 실각을 재촉했다. 후야오방은 학생 시위를 고무하고 그것을 자신의 지지 기반으로 삼으려 했다는 의혹을 샀으며, 어찌되었든 그러한 시위를 막지 못했다고 비난당했던 것 같다. 그러나 학생 시위는 대학 사회에서 여전히 항의가 지속되고 있었다는 점과 정치적 상황이 허락하기만 하면, 즉 파벌 대립을 통해 공식적인 보호를 받기만 하면 시위가 확산되리라는 점을 말해 주고 있었다. 시위운동은 개혁의 영향이 가장 컸던 화중 및 화남 지역으로부터 시작되었다. 운동은 상하이로 확산되어 주로 학생들로 구성된 5만 명의 시위대가 12월 21일 인민광장을 점거했다. 장쑤성 난징에서는 12월 22~25일에 시위가 일어났다. 베이징에서는 12월 29일에야 시위가 시작되었다. 도시에 따라 시위대의 주장은 달랐다. 대학 졸업 뒤의 직장에 대한 권위주의적인 분배 방식에 항의하는 경우가 있었는가 하면 교수의 지도와 대학 경영에 대해 비판하기도 했다. 모두가 자신들이 처한 형편없는 물질적 조건에 대해 불만을 토로했다. 이러한 특정 부문에 대한 주장들 이외에 민주주의, 자유 등의 매우 일반적인 구호들은 아무런 구체적인 계획도 포함하고 있지 않았다. 운동의 정치적 의미는 보다 장기적인 관점에서 개혁에 의해 도입된 자유화에 따라 대학 사회에서 성장하기 시작한 정치적 의식화 속에서 찾아야 한다. 1986년 겨울의 민주화 운동은 1985년 가을에 있었던 반일 시위의 연장이었다. 양자 모두 그 내용은 분명하지 않았지만 항의의 표시인 것만은 분명했다. 학생들은 스스로를 1949년 이전 애국주의와 진보의 대변자로 자처하던 전통에 근거하여 자신들의 역할을 분명히 하고 또 정치화시키고자 했다. 최초의 시위들이 몇몇 도시에서 12월 9일에 동시에 발생했던 것은 우연이 아니었다. 그러한 동시 발생에 대해 조작의 가능성에 무게를 두고, 일부 간부가 혼란을 조장하여 그것을 자신들의 이익을 위해 이용하고자 한 것이라고 보는 사람들도 있었다. 그러나 12월 9일은 지식인과 도시 사회의 집단 기억 속에 생생이 살아 있는 날이기도 했다. 그날은 1935년 민족의 단결과 일본의 침략에 대항하여 학생들이 대규모로 궐기한 날이었다. 이러한 역사적인 지표가 중국의 젊은 지식인들이 몰두하고 있던 정치적 정체성의 모색 과정에서 중요한 구실을 했던 것이다.

운동의 진압은 1월 1일 천안문 광장에서 일어난 일부 충돌과 체포를 제외하고는 두드러진 경찰의 폭력 행위 없이 진행되었다. 12월 22일부터 관변 언론들에 의해 발표된 경고와 1월 5일자 《인민일보》 사설의 '한 줌에 불과한 선동자들과 계급의 적'에 대한 비난은 대하 사회를 — 적어도 표면적으로는 — 침묵시키는 데 충분했다.

일시적인 '부르주아 자유화' 반대 운동과 중공 13전대회(1987년 10월)

1987년 1월 6일자 《인민일보》의 사설로 시작된 부르주아 자유화 반대 운동은 늘 그랬던 것처럼 숙청, 정통 이념으로의 회귀, 경제 개혁에 대한 제동 등 보수파의 득세를 예고하고 있었다. 일부 정계 인사도 후야오방의 실각과 함께 물러났다. 주허우쩌는 선전부 주임에서 물러났고, 커다란 영향력을 갖고 있던 지식인 3명도 당에서 제명되었다. 보고문학의 전문가 류빈옌, 허페이대학에서 베이징 천문대로 자리를 옮긴 천체물리학자 팡리즈 그리고 상하이의 비판적 지식인 왕뤄왕(王若望)이 그들이다. 단결, 안정, 민주집중제, 당의 지도 역할 등의 수사가 다시 공식 언설을 지배하였다. 덩샤오핑 자신도 "우리는 서양식 민주주의를 채택할 수 없다. 왜냐하면 그것은 우리에게 혼란을 의미할 것이기 때문이다"라고 선언했다. 1987년 3월 당내의 가장 완고한 이데올로그인 덩리췬과 후차오무 그리고 군사위원회 서기였던 양상쿤의 주도 아래 출판물에 대한 통제가 강화되었다.

경제 개혁의 속도는 늦추어졌다. 기업 안의 경영책임제에 관한 1월 11일의 규정은 공장장에 대한 당위원회의 권한을 강화했다. 14일 국무회의는 1987년 한 해 동안 가격 자유화를 중지시켰다. 국유 기업을 주식회사로 전환시키고자 했던 기업 재산권에 관한 법률은 1987년 3~4월 인민대표대회에서 원래 의도대로 통과되지 못했다. 이 인민대표대회에서 자오쯔양은 긴 경제 보고를 통해 곡물 생산, 계획 외의 투자에 대한 통제, 공공 부문의 역할을 강조했는데, 이 모두가 보수파가 주장하는 핵심적인 주제들이었다.

그러나 후야오방의 실각 이래 국무원 총리이자 당 총서기(임시) 직무를 수행하고 있던 자오쯔양은 곧바로 부르주아 자유화 반대 운동에 대해 엄격한 제한을 가하기 시작했다. 1월 18일 그는 외국에 대한 개방 정책을 지속적으로 추진할 것을 천명했다. 29일 그는 운동이 당내에서 전개되어야 하며 문화대혁명과 같은 인간 사냥을 재연해서는 안 된다는 점을 분명히 했다. 5월 내내 자유주의적인 분위기는 일시적인 호전을 보였다. 그리고 그렇게 재건된 세력 균형과 타협의 정신을 통해 1987년 여름 동안 곧 열리게 될 13전대회의 노선에 관한 협상이 이루어졌다.

10월 25일 13전대회가 개회되었을 때 그것은 자오쯔양이 직접 주도하는 듯이 보였다. 그의 장시간에 걸친 보고는 1978년 이래 이룬 성취를 찬양하고 이념적 규율의 존중과 개혁 개방의 지속을 함께 호소했다. 이렇듯 보수파와의 타협 속에서 경제적 변화를 추구하고자 하는 새로운 욕구는 정치 개혁에 관한 극도의 신중함과 균형을 이루고 있었다.

자오쯔양은 1984년 10월 12기 3중전회에서 시작되었던 도시 개혁의 주제를 다시 거론하면서 '사회주의 초급 단계'라는 새로운 개념을 도입했다. 이 개념이 그리 독특한 것은 아니었다. 중국은 다른 나라와 같이 자본주의 틀 안에서 실현되는 공업화, 상품화, 기술적 혁신 등의 과정을 거치지 않고 혁명을 달성했기 때문에 진정한 사회주의 체제를 건설하기 전에 그러한 낙후성을 극복하고 현대화의 과정을 완수해야 할 필요성이 있었다. 1949년부터 마오쩌둥은 신민주주의 및 공공 부문과 사영 부문 간의 협력을 말해 왔다. 그러나 1953년 제1차 5개년 계획의 채택은 중국이 사회주의로 가는 과도기에 진입했음을 뜻했다. 따라서 체제를 되돌릴 수는 없었고 사회주의 단계에 이 초급 단계를 끼워 넣지 않을 수 없었다. 이 단계는 다양한 소유제 형식(사유제를 포함)과 시장 법칙에 따른 상품 경제의 발전을 허용하는 것이었다. 생산 수단의 획득, 노동력 충원과 해고의 자유, 채권과 주식의 발행 등은 더 이상 자본주의만의 특징으로 간주되지 않았다. 이러한 것들은 또한 사회주의 정권 아래서 상품 경제의 발전에 기여할 수 있었다. 이론적 깊이는 없었지만 이 개념은 부인할 수 없는 전략적 유용성을 갖고 있었다. 그것은 이념을 내세운 보수파의 공격으로부터 경제 개혁의 보호막이 되어 주었고 이 개혁에 대해 완전한 사회주의적 정당성을 부여해 주었다. 전국대표대회에 참석한 대표들은 이를 승인했다. 특히 장쑤성 대표는 다음과 같이 언급했다. "전에는 개혁을 추진하던 간부들이 매우 당황해 하면서 자신들이 자본주의를 실천하는 것인지 아니면 사회주의를 실천하는 것인지 자문하곤 했다. …… 이제 사회주의 초급 단계론은 간부들과 대중들로 하여금 안심하고 교환 경제를 발전시킬 수 있도록 해 주었다."

그러나 정치적인 측면에서는 13전대회의 노선이 1986년 여름의 논쟁 때 비하여 더 후퇴한 듯했다. 자오쯔양은 권력 분립, 다원주의, 정권교체 등을 정식으로 거부하고 당의 지도적인 역할을 재확인했다. 그러나 그는 고위 간부들의 손에 지나치게 많은 권력이 집중되어 있다고 비판했다. 그는 당과 정부의 기능에 대한 재규정과 분명한 역할 분담을 호소했다. 당에는 원칙과 정치적인 대방침, 총노선을 마련하는 역할을 부여하고, 정부에는 그렇게 결정된 정책을 집행하는 임무가 주어져야 했다. 당은 국가 기구의 핵심 지위를 차지하는 간부들을 임명할 책임을 맡고, 정부는 그것을 집행할 전문 행정 인원을 선임하는 일을 담당해야 했다. 각급 당 지부(위원회)는 각급 정부 기관과 기업의 운영을 통제해서는 안 되었다. 그것은 당의 권력 독점을 박탈하는 것이 아니라 그 권력의 행사에 제도적인(궁극적으로는 법적인) 제한을 두는 것이었다. 그것은 또한 원칙상에서 당이 가진 권력의 절대성을 축소하는 것이 아니라 실행 면에서 당의 지나친 개입을 줄이고자 하는 것이었다.

13전대회에서 채택된 노선의 성공 여부는 물론 그것의 실행 여부에 달려 있었다. 이러한 점에서 기구 내의 인원 교체와 연경화(年輕化, 보다 연소한 사람의 기용)는 개혁의 장래를 밝게 해 주는 것으로 보였다. 대회는 원로들의 은퇴를 선언했다. 98명의 원로들이 중앙위원회 위원직을 포기해야 했다. 정치국 및 정치국 상무위원직을 떠나야 했던 사람들 가운데는 덩샤오핑 자신 이외에도 천윈, 펑전, 후차오무, 덩리췬 등 보수파 진영의 지도자들이 포함되었다. 그들 대부분에게는 천윈이 주석을 맡고 있던 중앙고문위원회의 위원직이 주어졌다. 원로들 및 보수파와 의견을 같이하면서 그들의 힘을 강화해 주던 군의 영향력도 쇠락하고 있었다.

총서기직을 맡게 된 자오쯔양의 지도 아래 당 고위층은 이제 새로운 세대(그래도 60~70대였다!)와 개혁파가 운신할 수 있는 폭을 크게 넓혀 주었다. 정치국 상무위원회 안에서는 이제 대립하는 파벌들 간에 세력 균형이 이루어졌다. 따라서 1982년 당 12전대회를 통해 권력을 확장해 왔고, 보수파가 다수를 이루던 정치국 상무위원회 안에서 이들과 경쟁하면서 개혁파 진영의 온상이 되었던 당 서기처는 기관 고유의 관리 업무라는 역할을 되찾았다. 13전대회의 개혁 지향은 비교적 자유로운 투표권 행사에서 상징적으로 나타났다. 중앙위원회 위원 선출에서 대표들에게 처음으로 자유로운 투표가 허용되었던 것이다. 당 지도부에 의해 의석 수보다 많은 후보자가 지명되었고, 대표들은 이를 이용하여 1983년 정신 오염 반대 운동과 1987년 부르주아 자유화 반대 운동의 주요 추동자인 반동적인 이데올로그 덩리췬을 배제해 버렸다.

자오쯔양이 13전대회에서 거둔 개인적인 성공에도 불구하고 개혁의 장래에는 여전히 많은 불확실성이 존재하고 있었다. 그 가운데 가장 중요한 것은 덩샤오핑 후계 문제가 해결되지 못했다는 점이다. 자오쯔양이 이제는 덩샤오핑의 후계자로 떠오르고 있었다는 점은 분명했다. 그는 당 총서기직에 더하여 군사위원회 부주석직을 겸하고 있었다. 그러나 그는 덩샤오핑의 권위에 복종하고 있는 상태였다. 덩샤오핑은 — 어느 것보다도 중요한 — 군사위원회 주석이라는 직책 이외에는 아무것도 갖고 있지 않았지만 여전히 최고의 권위를 가지며 최후의 결정권을 쥐고 있었다. 1989년 5월 16일 미하일 고르바초프(Mikhail Gorbachov)와의 대담에서 자오쯔양은 겉으로 보이는 것과는 달리 덩샤오핑이 권력을 장악한다는 암묵적인 묵계가 존재하고 있음을 확인해 주었다.

한편, 당 고위 간부들의 쇄신을 통해 자오쯔양이 자신의 지지자와 동맹자 일부를 유력한 직위에 임명할 수 있었다고는 해도 그것을 마음대로 할 수 있는 것은 아니었다. 그가 13전대회에서 사직한 국무원 총리직은 리펑에게 돌아가기로 되어 있었다. 이 두 사람은 경력이나 성격, 사고의 측면에서 매우 달랐다. 저우언라이의 양자이자 특권층으로 자란 59세의 리펑은 모스크바의 에너지 연구소에서 공부를 했다. 그는 동북 지역의 발전소에서 기술자로 경력을 시작하여 전력부(電力部) 부장이 되었고, 이어서 국가교육위원회 주임이 되었다. 1982년에는 중앙위원회에 진입했고 1985년에는 정치국원이 되었다. 그의 급속한 승진은 당 원로들에 의해 보호되었다. 그가 중공업 발전과 화북 및 동북 지방의 경제적 중요성을 강조하고 중앙 부서와 계획 경제의 역할을 중시했던 것은 그가 소련에서 유학했다는 사실과 그가 갖춘 기술적 능력으로부터 오는 것이었다. 그보다 약간 나이가 많은 68세의 자오쯔양은 자수성가한 사람이었다. 그는 광둥성의 농촌 문제 책임자로 경력을 시작했다. 그는 1960년 초 광둥에서 그의 자유주의적인 정책을 통해 알려졌고, 홍위병들에게 방임주의자로 지목되어 1967년 체포당하였다. 1971년 정치 무대에 재등장한 그는 중공 쓰촨성위원회 서기가 되었고 거기서 1977년 농촌 개혁 정책에 착수하였다. 덩샤오핑의 권력 장악 뒤 그는 정치국에 진입했고 이어 1980년 2월 정치국 상무위원이 되었다. 그가 화궈펑을 이어 국무원 총리가 된 것은 1980년 4월이었다. 당시 덩샤오핑은 그에게 경제 개혁에 대한 역풍과 역류를 막아내는 일을 위임했다. 농촌 문제를 잘 알고 있었고 지식인과 친했던 그는 개혁의 최대 수혜자인 연안 지역의 성들을 지지 기반으로 삼고 있었다. 리펑과 자오쯔양의 기이한 협력은 13전대회의 모호한 노선이 집행될 수 있을지에 대해 많은 회의를 불러일으켰다. 당의 기능을 전반적인 지도와 감독 역할에 한정하면서 자오쯔양은 스스로 일상적인 정책 분야에 개입하려고 하지 않았지만, 결국 장래 그 분야에서 경제 개혁이 이루어질 것이었고 그 분야는 이제 리펑에 의해 통제될 것이었다.

1989년 5~6월의 폭발

13전대회가 규정한 노선이 정권과 국가를 엄청난 위기로 몰아가는 데는 18개월도 걸리지 않았다. 경제적 자유화와 정치적 권위주의를 결합하고자 했던 이 노선은 그 자체로 모순된 것이었을까? 사회적 행위자들에게 주어진 생산 발전에서의 주도권이 당에 의한 이념 통제 및 권력 독점과는 양립할 수 없는 것이었을까? 바로 이러한 측면에서 위기의 원인을 찾는 것이 민주주의와 인권을 주장하는 일반적인 서양 학자들의 분석이었다. 그러나 경제적 진보와 정치적 억압의 결합은 동아시아 국가들 — 이 국가들의 급속한 현대화는 중국의 지도자와 인민들의 커다란 주목을 끌고 있었다 — 에서는 흔한 현상이었다. 타이완과 한국의 경제 기적에 다른 기반이 있었던 것이 아니다. 이들 나라에서는 궁극적으로는 일단 현대화를 달성하자 경제적 진보와 정치적 통제는 양립 불가능한 것이 되었다. 그러나 이전 10년 동안 중국의 경제 발전이 실질적으로 이루어졌다고 하더라도 현대화는 아직 하나의 희망에 불과했고, 현실이라기보다는 아직 계획에 머물고 있었다. 바로 그러한 이유에서 1989년 5월 위기의 원인을 경제적 자유가 주어졌지만 정치적 자유는 결여된 데 따른 모순에서가 아닌 다른 곳에서 찾아야 한다. 무엇보다도 먼저 현대화 정책 그 자체가 직면하고 있던 곤경, 불균형, 실패 그리고 그에 대처할 수 없었던 권력의 무능을 지적할 수 있을 것이다. 그러한 무능력은 대부분 주로 이념적 열정과 적극성을 기준으로 충원된 관료들의 무능과 신념의 결여에서 연유하였다. 그들은 전문화로 나아갈 수 없었으며, 당에 대한 충성을 국가에 대한 충성이나 공적인 복무로 돌릴 수도 없었고 또 그러기를 원하지도 않았다. 더욱 놀라운 것은 그러한 위기가 개혁을 통해 많은 혜택을 보았던 사람들 가운데 다수가 그 개혁에 대해 불만을 품고 있었다는 것으로도 설명될 수 있다는 점이다. 물질적인 곤란만큼이나 간부들의 사치와 부패가 불러일으킨 분노 그리고 타인의 성공을 달가워하지 않는 평등주의 사고 등이 정권과 그것이 추진하는 개혁에 대한 인민의 신뢰를 떨어뜨리는 작용을 했던 것이다.

따라서 1989년 5월의 폭발적인 사태는 — 경제의 위기이자 국가의 위기이며 또 사회의 위기이도 한 — 장기간의 위기를 전제로 한 것이었다. 1988년은 각종 위기가 드러난 해였다. 어째서 대약진으로부터 문화대혁명에 이르기까지 다른 더 심각한 위기들을 수없이 헤쳐 왔던 정권이 이때는 위기를 뛰어넘지 못했던 것일까? 우리는 그 이유를, 여러 주장들을 내세우기 시작하면서 새로운 활력을 찾은 반정부 세력, 통치 말기 각종 내부적 분열에 처했던 권력의 취약성 그리고 대외 정책, 특히 미하일 고르바초프의 방문과 연관된 행동의 제약 …… 등에서 찾을 수 있다.

5월 운동에 대한 피어린 진압은 당 지도부가 다시 단결하는 한 여전히 통치해 나갈 수 있는 힘을 가진다는 사실을 보여주었다. 그러나 당이 여전히 자신이 생각하는 진리를 강요할 수 있는 힘을 갖고 있었던 것일까? 항의 운동과 그 진압은 우연히도 수많은 매체를 통해 보도되었고 그것은 국제적 여론을 불러일으켰다. 그러나 항의 운동과 반대 세력에 대한 그러한 지지가 단기적으로 정권의 정당성을 흔들어 놓는 데 도움이 되었던 것일까? 아니면 이러한 외국의 격렬한 반응이 단지 통치 말기에 흔히 생기는 통상적인 혼란을 과장하고 왜곡한 데 불과한 것이었을까?

1988년의 각종 위기들

13전대회에서 승리를 거둔 자오쯔양은 개혁을 재개했다. 그것이 가능했던 것은 한편으로 1987년의 경제적 성과가 양호했기 때문이기도 하다. 엄격한 조정 정책을 통해 1984~1985년의 경기 과열과 과도한 수입이 가져온 불균형이 해소되었다. 1985년 미화 150억 달러에 이르렀던 대외 무역 적자는 약간의 흑자로 돌아섰다. 외채의 증가도 억제되었고 외화 비축분도 증가했다. 공식 지표에 따르면 소매 물가는 7.2퍼센트 올랐지만 국민총생산이 1985~1987년 평균 9.5퍼센트 성장함으로써 물가 상승은 견딜 만했다. 따라서 1988년 5월 정부는 1986년 여름 이래로 보류하였던 가격 자유화 정책을 다시 채택하기로 결정했다. 정부 보조금 덕분에 인위적으로 저가를 유지해 왔던 계란, 채소, 설탕, 돼지고기의 가격이 자유화되었다. 예상되는 가격 인상에 대한 보상으로 도시 소비자들은 매월 10위안의 보조금을 수령했다. 이러한 가격 자유화는 시장의 확대를 기반으로 하고 있던 개혁의 논리와 상응하는 것이었다. 또한 가격 자유화는 식료품 보조에 대부분을 쓰던(베이징에서는 40퍼센트에 달했다) 정부 예산의 부담을 줄이고, 소비자들의 적극성과 현명한 소비를 일깨우고, 생산자의 열의를 북돋우기 위한 목적을 갖고 있었다.

그러나 이러한 자유화와 이후의 통제 완화에 대한 예상으로 가격은 폭등하기 시작했다. 식료품 가격의 상승(3개월 만에 24퍼센트에서 50퍼센트 상승) 이외에 다른 분야에서도 심각한 물가 앙등의 압력이 가해지기 시작했다. 급속한 공업 성장(1988년 1~4월 7퍼센트 성장)은 원자재와 에너지 시장에 수요의 급증을 불러왔다. 정부는 은행 대부를 제한했지만 은행들은 이를 따르지 않았고(1988년 1분기에 그 전해에 비해 22퍼센트 증가) 따라서 투자액은 늘어만 갔다. 기업들은 규정을 무시하고 생산성의 부진은 고려치 않은 채 봉급과 수당을 인상했다(1987년 7월~1988년 7월 사이 25퍼센트 인상). 또한 불안한 소비자들이 초인플레이션의 공포 속에서 저축한 돈을 되찾아 대대적으로 상품을 사들이면서(또 암시장에서 외화를 구입하면서) 소비가 급증했다. 여름부터 수입이 다시 증가했고, 위안화의 새로운 평가 절하가 단행될 것이라는 소문이 나돌면서 통제 불능의 — 1947~1949년 국민당 정권의 몰락을 동반한 것과 유사한 — 인플레이션의 악순환이 일어날 위험이 가중되었다.

인플레이션의 위기에 더하여 가을에는 농업의 위기가 뒤따랐다. 1988년의 곡물 수확은 3억 9400만 톤으로 형편없는 수준에 그쳤다. 다시 한 번 당국은 국고를 풀고 농민을 쥐어짜기로 결정했다. 당국은 도시 주민의 불만을 증가시킬 위험을 무릅쓰고자 하지 않았던 것이다. 예상된 물자 부족에도 불구하고 자유 시장에서는 거래가 늘어 일부 도시에서는 40~50퍼센트까지 상승했다. 곡물 생산을 그만두고 공업 및 상업 활동 쪽으로 더욱 기울어 가던 광둥, 푸젠 등 화남의 성들에 닥친 위기가 특히 심했다. 이 지역의 상인들은 미곡 생산 지역(특히 후난)에 가서 농민들이 국가에 넘겨주기로 되어 있던 생산물을 비싼 가격에 구입해 오고자 했다. 성 당국은 이러한 생산물의 '유용'을 막기 위해 통제를 강화했다. 간부들은 위협과 강제 수단에 호소하지 않을 수 없었다. 그러나 자금이 없었던 중국농업은행이 국가 수매 가격을 지불할 수 없었기 때문에 그들의 임무는 더욱 큰 어려움에 부닥쳤다. 농업은행은 그해 여름 저축의 감소와 인플레의 공포 속에서 발생한 인출로 말미암아 자금을 확보하고 있지 못했던 것이다. 정부는 증명서나 수표를 발행해 수확에 대한 세금 예납의 수단으로 사용하고자 했지만 농민들은 이를 받아들이려 하지 않았다.

이러한 경제적인 곤란은 자연히 지도 기구 내부의 분열을 조장했다. 그러나 위기에 의해 악화된 개혁파와 보수파의 대립 이상으로 놀라운 것은 전반적인 수준에서 보여준 정치적 지도의 무력함이었다. 자오쯔양의 권위가 타협을 통해 이루어진 것이었다면, 몇 달 동안 개혁 정책을 실행해 왔던, 자오쯔양의 잠재적 경쟁자인 리펑의 권위도 마찬가지였다. 비극적이게도 권력은 대안적인 실행 계획도 대안적인 지도자도 갖지 못했던 것이다.

13전대회를 뒤이어 1988년 3월 25일 소집된 제7차 전국인민대표대회는 도시 여론의 지지를 얻기 위해 애썼다. 대중을 끌어들이기 위하여 그리고 아마도 후야오방의 옛 지지자들을 끌어들이기 위하여 자오쯔양은 자유파의 언설을 재가동했다. 처음으로 대표 의석수보다 많은 후보자가 나선 지방 선거를 통해 선출된 2,970명의 인민대표들은 정부 정책을 비판하도록 허용된 자유를 진지하게 받아들였다. 인플레이션, 화학 비료의 가격, 지식인의 열악한 봉급 등등 대표들은 모든 문제들을 검토했고, 그들의 의견은 매체를 통해 보도되었다. 그것은 진정한 정치적 개방의 표현이었고 시민 교육의 실행이었다. 보수파 양상쿤이 국가주석이 되었지만 개혁파 완리가 당시까지 평전의 보루였던 인민대표대회의 최고 자리에 올랐다.

그러나 경제 상황의 악화로 말미암아 13기 3중전회(9월 26~30일)에서 승인된 개혁은 유보되어야 했다. "앞으로 2년간은 경제 환경에 대한 통제를 재건하고 경제 질서를 정돈하는 데 노력해야 한다." 그러나 예전의 통제 재강화 때와 달리 관료 기구는 경제에 대한 행정적 개입을 명하는 여러 지시를 따르지 않거나 제대로 수행하지 않았다. 저축 이자율의 생활비 연동제와 같은 직접적인 조치들은 저축의 감소를 방지하고 상품 구매 열풍을 억제했다. 그러나 대부 규제, 공업 투자의 억제, 소비 제한 등의 긴축 정책은 분산적이고 단편적인 방식으로 시행될 뿐이었다. 그 이유가 고위 지도층에서 일어나는 어떤 대립 때문은 아니었다. 자오쯔양의 권위는 추락했다. 그의 경제 정책이 실패하자 개혁파 지도자들은 덩샤오핑의 지지라는 주요 카드를 상실했다. 반대로 리펑과 보수파 부총리 야오이린(姚依林)의 역할은 강화되었다. 그러나 9월의 3중전회에서 "어떤 부서도, 어떤 지방 정부도, 어떤 단위도 국가와 인민의 이익을 저버리면서 자신의 이익을 추구해서는 안 된다"는 강압적인 호소를 했음에도 불구하고 보수파의 명령은 거의 먹혀들지 않았다. 경제 실패를 통해 정치 체제의 실패가 드러나고 있었다.

중국은 진정한 경제적 분리주의에 빠져들고 있었다. 지방 당국은 수입의 대부분을 제공해 주던 공업 성장을 억제하는 것을 달가워하지 않았다. 지방 당국은 공장의 폐쇄로 인한 실업과 혼란을 우려하기도 했다. 국가 은행의 지점들은 대부를 중단하라는 지시를 받았지만 가장 부유했던 지방들, 특히 화남의 각 성들은 자체적으로 대부를 확대할 수 있을 정도의 충분한 자금을 보유하고 있었다. 예컨대 광둥에서는 1월에서 9월까지 33퍼센트를 기록하고 있던 공업 성장에 해를 끼치는 것은 받아들일 수 없는 일이었다. 1980년부터 1995년까지 4배의 생산 증가를 목표로 하고 있던 상황에서 베이징의 중앙 정부가 요구하는 2년간의 중단이란 불가능한 것이었다. 기업들로서는 자신의 적립금을 이용하거나 직공들에게 소유 주식을 팔거나 정부의 통제를 전혀 받지 않는 지방의 신용 합작사들을 통해 자금을 조달했다. 중앙 정부에 압력을 가하거나 그 지시를 회피하는 데 경제적 정치적 이해관계가 일치하고 있었다. 새로운 긴축 정책에 대해 광저우시 부시장 레이위(雷宇)가 말한 바에 따르면, 국내적으로는 경제 성장의 억제가 필요하지만 …… 해외 시장을 지향하는 광둥의 경제는 더욱 성장할 필요가 있었다.

국가의 개입 능력 후퇴는 몇 년 전부터 시행되어 온 지방 분권화 정책, 특히 세수 정책의 직접적인 결과였다. 중앙과 지방 예산 수입의 주된 원천이었던 기업에 대한 과세는 지방 당국이 전담했고 그 일부만이 협상을 통해 중앙에 넘겨졌다. 이러한 준(準)임대차(quasi-affermage)와 같은 제도는 특히 국가의 자원을 감소시켰고, 긴축 정책은 국가가 직접 통제하는 중앙 부처 관할하의 거대 사업장이나 중앙 정부 소속 공공 부문의 주요 기업들에서만 직접적으로 시행될 수 있었다. 다른 부문에서 정부 정책은 간접적인 방식으로, 예컨대 원자재와 에너지에 대한 분배의 통제와 같은 방법을 통해 행사될 뿐이었다.

따라서 1989년 봄 중국 경제는 경기 과열, 지속적인 인플레 그리고 다시 강화된 통제가 불러온 생산의 감소와 실업 등에 시달리고 있었다. 도시민의 임금은 계속 증가했다. 생산은 침체되고 있었지만 1989년 3월의 임금은 1988년 초 수준에 비해 25~30퍼센트가 인상되어 있었다. 소비는 여전히 급증하는 상태였다. 1988년 18퍼센트 오른 소매가격은 계속 상승세를 타고 있었다. 암시장의 자금 유통은 증가했다. 예컨대 저장성에서는 사영 금융 기관들이 높은 수익을 되돌려 주며 개인으로부터 자금을 예치해 연 이자율 60퍼센트에 융자하는 사업을 벌이고 있었다. 동시에 국가의 거대 사업장 폐쇄는 수많은 노동자들을 거리로 내몰았다. 그들은 대부분 임시로 고용된 농민들이었고 출신 농촌으로 되돌아갈 수 없는 사람들이었다. 이 모든 무직자들이 화남 지역의 각 성들로 이주해 가면서 수천만 명의 유민층을 형성해 갔다.

경제적 곤란은 사회적 불만의 증가를 동반했다. 일부 대도시들에 강요된 긴축 정책은 다양한 사회 집단에 서로 다른 타격을 주면서 더욱 큰 반발을 불러일으켰다. 간부들의 사치와 부패 그리고 그들의 족벌주의는 광범한 분노의 대상이 되었다. 중국인민정치협상회의 부주석은 다음과 같이 공자를 인용했다. "개인의 처신이 청렴하지 않다면, 시정을 명령할 수는 있지만 그러한 명령은 먹혀들지 않는다."

사회의 불안정은 범죄의 증가(1988년 상반기 35퍼센트 증가), 민중 소요의 빈발로 나타났다. 권력은 그러한 소요가 불러올 정치적 불안정을 우려했다. 노동 계급, 소수 민족 그리고 지식인들의 태도가 특히 우려의 대상이었다. 도시에서는 9300만 명에 이르는 국가 부문의 노동자들이 정권이 그들에게 보장해 왔던 '철밥그릇'을 유지하기 위해 싸웠다. 그들은 계약 고용이라는 새로운 조치에 대해 반발했다. 1987년 말 그들 가운데 7백만 명만이 계약에 따라 고용되었다. 그 가운데는 무려 30년 또는 50년이나 되는 장기 계약도 있었다! 그들은 평등주의적인 제도, 근속 정도에 따른 승진, 임금에 가산되는 수당 등을 포기하려 하지 않았고 직장 단위별로 제공되던 사회 보장에 집착했다. 베이징의 노동자들이 특히 보수적인 태도를 보였다. 사실 그들은 다른 지역에 비해 더 많은 사회 보장 혜택을 누려오고 있었다. 그들은 자신이 속한 단위가 임금과 수당을 인상하여 인플레이션으로부터 보호해 줄 것을 기대했다. 동시에 그들은 갖은 수단으로 이익을 취하는 사람들, 특히 아무런 위험도 없이 상황을 자신에게 유리하게 이용하는 간부들을 미워했다. 개혁뿐만 아니라 관료 체제까지도 함께 비난하는 도시 노동자들의 이러한 불만은 하나의 위협이 되고 있었다. 권력 — 개혁파이든 보수파이든 — 은 그러한 위협을 잘 알고 있었고 그것을 제거하기 위해 끊임없이 정부 보조를 하고 양보를 했다. 여기서 중요한 것은 1989년 봄 긴축 정책의 압박이 도시의 정규 노동자 엘리트보다는 농촌 출신의 비정규직 임시 노동자에게 가해졌다는 점이다.

소수 민족의 소요에 대해 권력은 원만히 해결하려기보다는 주저 없이 폭력에 호소했다. 티베트에서는 1987년 10월에 일어난 폭동에 대한 엄격한 탄압이 있은 뒤 단지 표면적으로만 질서가 회복된 상태였다. 1988년 3월 3백 명의 젊은 승려들은 종교 의식을 독립 시위로 변화시켰다. 진압 과정에서 5명이 사망했다. 6월 달라이 라마는 '1국 2체제'라는 홍콩에서 실시하기로 예정되었던 것과 유사한 방식의 정치적 해결책을 제시했지만 중국은 그것을 거절했다. 특히 티베트에서 두드러진, 또한 신장에도 존재하던 소수 민족의 불만은 지속적으로 베이징 정부와 변경 지역의 관계에 부담이 되었다.

불만들 가운데서 가장 뿌리 깊고 그리하여 상황이 허락하자 가장 신속히 표출되었던 것은 학생과 지식인들의 불만이었다. 1970년대 말, 지식인들은 문화대혁명의 박해로부터 사회적 정치적으로 그들을 복권시켜 준 덩샤오핑의 가장 열렬한 지지자였다. 그러나 덩샤오핑이 정권 쪽으로 지식인을 끌어들이고자 한 정책은 당내에서 원로 간부들의 저항에 부딪혔고, 특히 경제 성장의 우여곡절이라는 사태에 직면하였다. 몇 년이 지나면서 지식인들은 점점 더 개혁 정책에 대해 비판적으로 변해 갔다. 그들은 개혁이 장기적으로 국가의 이익에 해가 된다고 비난했다. 1988년 3월의 제7차 전국인민대표대회는 정식으로 교육에 대한 정부 정책의 불충분성으로 공격하면서 엘리트주의라기보다는 제한적인 교육 정책이 중기적으로 현대화의 성공을 뒤흔드는 것이라고 비난했다. 교육자들의 불만에 학생들의 불평이 더해졌다. 낮은 대학 교육의 질, 학내 치안 불안, 연안 대도시의 취업난 — 모두가 연안 지역의 도시에 취업하길 원했지만 꽌시(關係)가 있는 사람들만 그 지역에 직장을 잡을 수 있었다 — 등이 그것이다. 경제 현실은 개혁이 만들어 낸 기대 수준에 부응하지 못했다. 모든 지식인들과 학생들은 자신들의 낮은 임금 수준을 비난하면서 자신들의 형편없는 물질생활을 새로운 일부 부유층들 — 택시 기사, 소기업가, 각종 중간 상인들 — 의 유복한 생활과 비교했다. 지식인들의 이러한 불만이 특히 위험스러웠던 것은 그들이 급속히 정치화되는 경향이 있었다는 점이다. 그러한 정치화 경향은 대학 교정과 기자, 작가, 교수 등 유력한 지위에 있는 지식인들의 서재로 퍼져 가면서 매우 다양한 형태를 띠기 시작했다. 어떤 사람들은 대자보 게시, 거리 행진, 시위에 나섰는가 하면, 다른 사람들은 서적을 출판하거나 언론에 의견을 발표하고, 또 당국에 편지를 쓰기도 했다. 학생들의 반대 행동과 지식인의 그것이 종종 연합하는 경우도 있었지만 양자가 뒤섞이는 경우는 없었다. 1986년 겨울의 시위가 진압된 이래 권력과 학생들 사이의 관계는 여전히 대립 상태에 머물고 있었다. 그러나 유력한 지식인들은 여전히 그들이 비판하는 체제 내의 존재였다. 그들은 단지 교조적 정통론에 맞서 진리를 변호하는 '청렴한 비판자'라는 전통의 계승자에 불과했으며, 바로 그들에 의해 인도되는 공산주의를 소망하고 있었다. 이 지식인들 가운데 가장 젊은 층이 보여준 공식 또는 준공식적인 지위에 대한 부정은 1919년 5·4시기 활동가들의 주장과 유사한 전통 부정론의 형태를 띠기도 했다. 1988년 여름 텔레비전에 연속 방영된 《하상(河殤)》이 중국 문명을 쇠망의 근원으로, 만리장성을 세계를 향한 자폐와 무력함의 상징으로 비난하면서 서방에 대한 완전한 개방을 호소한 것은 바로 그러한 맥락에서 나왔다. 이러한 민족적 신화에 대한 해체는 분명 공산주의 건설을 포기하고 이제는 현대화를 수단으로 삼아 과거의 대국 중국을 재건하는 데서 자신의 정당성을 찾고 있던 공산당의 정책과 배치되었다. 그러나 다른 한편으로 지식인들의 개방 호소는 개혁파의 계획에 도움이 되기도 했다. '문화적 허무주의'라고 비난받았지만 《하상》과 그 핵심 제작자였던 쑤샤오캉(蘇曉康)은 자오쯔양의 비호를 받고 있었던 것으로 생각된다. 그들의 신랄함이 어떠했든 지식인들에 의해 시작된 공격은 하나의 문제 제기, 즉 정권에 대한 문제 제기였다. 그러나 다수의 지식인들은 당국의 눈에 학생들의 격렬한 행동이 자신들과 연계된 것으로 보이지 않을까 두려워했고, 고위 관료들과 그들 간에 맺어져 있던 취약한 고리를 통해 가능했던 정치 참여와 정치적 반대 행동이 불가능하게 되지 않을까 우려했다.

사회적 불만은 분명 존재하고 있었지만 그것은 분산적으로 표출되었다. 각 계급, 각 집단 — 농민, 노동자, 소수 민족, 학생, 지식인 — 은 각기 다른 고통과 고유의 주장을 갖고 있었다. 경제 위기의 대두와 국가 권력의 불안정 속에서 권력에 주요한 위협이 되었던 것은 폭발 상태의 사회와 사회 내의 정치적 반대였다기보다는 지역 분리주의와 관료제의 부패의 배후에서 떠오르고 있던 예견되는 혼란과 무정부 상태였다. 그러나 권력은 그러한 위협에 대처할 준비가 되어 있었다. 몇 년간에 걸쳐 권력은 강력한 공안 기구와 진압 기구를 구축해 왔다. 점증하는 외국과의 접촉을 통제하기 위하여 1983년 6월 이래 국가안전부(國家安全部)가 설립되어 공안부의 업무를 보강하였다. 인민무장경찰부대[人民武警]의 창설과 함께 질서 유지를 위한 병력의 재편이 이루어졌다. 당내에서는 1987년 차오스의 지도 아래 정치와 법률 업무에 관한 새로운 지도 집단인 정법위원회(政法委員會)가 설립되었다. 또 외국의 간섭에 대한 대비를 강화할 필요성에서 국가 기밀에 관한 새로운 법률이 준비되고 있었다.

중국의 지도자들은 개혁의 지속을 위해 인민의 협조가 필요했고, 무엇보다도 인민의 반응에 고심하지 않을 수 없었다. 그리고 지도자들은 늘 그랬던 것처럼 폭력적인 충돌이 일어날 경우 무력을 통해서라도 권력을 유지하기 위해 가능한 모든 조치를 취했다.

1989년 5~6월의 천안문

1989년 5월의 폭발을 설명해 주는 많은 원인들이 존재하지만 그러한 폭발을 예견해 주는 것은 아무것도 없었다. 그것은 하나의 폭발 이상의 것으로 시간적으로 느린 점화, 일상적인 위기로부터 비극으로의 점진적인 이행 그리고 피어린 진압에 이르기까지 단속적(斷續的) 단계를 거친 유동적인 과정이었다.

사실 1989년 봄에 축적되고 있던 여러 갈등들은 그 이전의 몇 달 간에 걸친 갈등들의 연장에 불과했다. 일자리를 찾아 나선 농민공(農民工)들은 계속해서 기차역에 몰려들었고, 광둥으로 가는 열차로 쇄도해 갔다. 지방의 각 성들은 여전히 긴축 계획에 저항했고, 지식인들의 불만은 높아만 갔다. 정치범 석방 운동이 확산되고 학자들과 대학의 청원은 증가하고 있었다. 대학에서는 5·4운동 70주년 기념행사가 준비되고 있었다.

티베트에서는 1989년 1월 29일 판첸 라마가 사망하자 일련의 종교 시위와 티베트 독립 시위가 일어났다. 그러나 이 모든 사태 앞에서 권력은 비교적 온건한 태도를 보였다. 그것은 당국의 국제 정치상의 고려에서 연유하는 것이었을까? 예컨대 2월 25~26일에 있을 조지 부시(George Bush) 대통령의 베이징 방문으로 인해 당국은 티베트 시위에 대한 무력 진압을 적절하지 않다고 여겼던 것일까? 또는 권력의 그러한 주저가 권력 승계 투쟁이 새롭게 대두하고 있던 당시의 상황에서 지도자들이 인기 없는 조치들에 대한 비난의 책임을 짊어지고 싶지 않았던 데서 연유하는 것이었을까?

승계 투쟁은 권력의 무대 뒤에서 암암리에 전개되고 있었다. 표면적으로는 3월 5일 라싸에서 새롭게 발생한 심각한 소요에 대해 당내에서 이번에는 이를 폭력적으로 진압하는 데 의견의 일치가 이루어진 것으로 보였다. 3월에 각각 소집된 전국인민대표대회와 전국인민정치협상회의는 보수파가 득세하면서 1988년 3월의 인민대표대회를 특징짓던 자유주의적 분위기와는 사뭇 대조적인 모습을 보였다.

전인대에서의 리펑의 보고는 다음과 같이 경제적 어려움에 대한 당 지도부의 집단 책임을 강조했다. "우리는 지나치게 빨리 가고자 했다. …… 우리는 거시 경제적 통제 체제를 제때 구축하는 데 성공하지 못했다." 그러나 집단적인 자아비판을 통한 공격의 표적은 자오쯔양이었던 것으로 보인다. 9월 이래 자오쯔양 총서기는 정치 무대에서 배제되어 있었다. 그의 실각은 고위층에 정치적 공백을 가져왔다. 1987년 후야오방을 몰아냈던 원로들이 자오쯔양의 실각과 그 후임자의 물색을 준비하고 있었음은 분명하다. 그러나 작전은 쉽지 않았다. 그것은 결국 자오쯔양과 덩샤오핑을 어떻게 갈라놓을 것인가 하는 문제였다. 게다가 자오쯔양 총서기는 연안 지역 성들, 기구 내부에 있던 다수의 옛 후야오방 지지자였던 자유파 진영 그리고 지식인들 — 이들이 그의 권력 기반은 아니었지만 — 로부터의 지지를 받고 있었다. 어쨌든 5월 16일 베이징에서 개최하기로 되어 있던 중·소 정상 회담 이전에 그를 파면할 수는 없는 일이었다. 그러나 그러는 사이 정권은 마오쩌둥 죽음 이래 가장 심각한 위기에 직면해야 했다.

이 위기는 4월 15일에서 6월 4일까지의 7주 동안, 추도·반항·휴식기·대결·학살이라는 다섯 단계를 따라 전개되었다. 소요는 여러 도시들로 번져 갔지만 사태가 시작되고 또 결말을 맺게 된 곳은 베이징에 있는 정권의 가장 상징적인 장소인 천안문 광장이었다.

제1단계, 즉 추도는 놀라운 일이 아니었다. 그것은 그 이전의 항의운동과 같은 태도와 언어를 그대로 빌려 왔다. 1989년 4월 15일 전임당 총서기 후야오방의 갑작스런 사망이 제공한 기회를 이용해 학생들은 때마침 민주주의의 투사로 간주되고 있던 고인에 대한 추모를 핑계 삼아 자신들의 불만을 표출했다. 대학의 담장은 다시 대자보로 뒤덮였는데, 정치 개혁 포기와 보수주의로의 회귀 그리고 덩샤오핑의 독재적인 방식을 비난하고, 당내 민주주의를 더 많이 확대할 것과 더 많은 표현의 자유를 주장했다. 수업은 진행되지 않았고 대신 집회가 대학 사회를 휩쓸었다. 후야오방의 장례식인 4월 22일에 조직된 시위에서는 놀랍게도 질서 있는 행동을 보여주었다. 그것은 학생들 사이에 경험 많은 조언자와 조직자가 존재하고 있었다는 사실을 시사한다.

비폭력, 당에 대한 충성, 고위 지도자들 가운데 이제 고인이 된 사람에 대한 신뢰 등을 나타내면서 학생들은 탄압의 빌미를 주지 않기 위해 고심했다. 관변 언론들은 당 중앙선전부의 시시에 따라 이러한 시위를 보도하지 않았다. 그러나 상하이의 《세계경제도보(世界經濟導報》는 쑤사오즈(蘇紹智)·옌자치 등 유명한 지식인의 서명이 들어간 긴 글들을 통해 그것을 보도했다[그로 인해 편집장 친번리(欽本立)가 해고되기에 이른다]. 학생들의 신중한 태도에 대해 권력도 그와 같은 태도로 대응했다. 그러나 정부는 추도 시위를 진압할 수는 없었지만 그러한 항의가 확대되는 것을 내버려 두지 않았다. 덩샤오핑의 의중을 따른, 그리고 정치국이 승인한 4월 26일자 《인민일보》의 사설은 '한 줌의 반혁명분자들'의 행동을 경계하면서 모든 새로운 시위를 금지했다. 1987년 1월의 경우에는 학생들의 행동을 끝내기 위해 이러한 조치를 취할 필요가 없었다. 그러나 4월 26일의 이 사설은 오히려 운동에 새로운 힘을 불어넣었고 지도자들 사이에 분열의 골을 팠다. 이제 사태는 반항의 단계로 접어든다.

4월 27일 벌어진 불법 시위에는 5만 명의 학생들이 참여했고 사람들은 이들을 동정하기 시작했다. 그러나 그러한 반항에 제재 조치가 취해지지는 않았다. 당시의 상황은 폭력적으로 진압하기가 어렵게 돌아가고 있었다. 며칠 뒤인 5월 4일에 베이징은 처음으로 중국에서 개최되는 아시아개발은행 연차 총회에 참석하는 수천 명의 대표단을 맞아야 했다. 게다가 이날은 국가의 독립, 자유와 민주를 위한 1919년의 5·4운동 기념일이기도 했다. 학생들은 오래전부터 그 기념식을 예정해 오고 있었고, 개방을 표방하는 정권이 이를 반대할 수는 없었다. 따라서 이날 전까지 어떤 식으로라도 진압이 이루어지면 단기적으로 그것의 효과는 의문시될 수 있는 것이었다. 권력 측의 그러한 뒷걸음 행보는 또한 지도부 내부의 불화로도 설명될 수 있을 것이다. 자오쯔양은 북한을 공식 방문하고 돌아와 위기에 대해 타협을 통한 해결을 주장했다. 4월 29일 그는 자신이 전보를 통해 승인한 바 있던 위협적이었던 4월 26일자의 사설에 대한 지지를 철회했다. 따라서 시간을 벌 필요가 있었다.

휴식 기간을 이용하여 대화가 시작되었다. 학생들은 처음으로 그간 그들이 주장해 왔던 최고위 지도자들과 막 선출된 학생 자치연합회[북경시고교학생자치연합회(北京市高校學生自治聯合會), '고자련'—역주] 대표들 간의 공개적인 만남을 얻어낼 수 있었다. 그러자 긴장된 분위기는 누그러졌고, 자오쯔양은 아시아개발은행 대표들 앞에서 학생들은 정권에 적대적이지 않다고 언급했다. 그는 학생들이 개혁의 심화, 부패에 대한 투쟁의 강화를 주장하면서 단지 정권의 기능을 더욱 개선하고자 하는 것에 불과하다는 점을 확인해 주었다. 5월 4일의 기념 시위는 평온한 가운데 유쾌하게 진행되었다. 그 다음날 많은 학교와 대학이 수업을 재개했다. 시위자들은 천안문 광장을 떠나기 시작했다. 운동이 끝난 듯 보였다.

그러나 학생들 가운데 과격파는 그들의 요구가 아무것도 충족되지 못한 상태에서 시위를 해산하기를 거부했다. 그들은 단식 농성에 호소하기로 결정했다. 미하일 고르바초프의 공식 방문 전날 2천 명의 농성자들이 천안문 광장에 자리 잡았다. 중국에서 전례가 없던 이러한 단식 전략은 학생들의 항의 운동에서 하나의 규칙이 된 비폭력 시위의 일환이었다. 그리고 그것은 덕과 진리의 수호자로 자처하고자 했던 항의자들과 정치 도덕의 이름으로 그러한 비판에 개방적임을 보여주고자 했던 권력 사이의 유교식 대결과 매우 흡사한 것이었다. 전통적인 관념에 따르면 폭력은 당국으로부터 정당성을 앗아가는 것이며 단지 당국에 대한 반감을 야기할 뿐이었다. 따라서 단식 농성은 정권에게 단식자의 죽음에 대한 책임을 지움으로써 정권의 신뢰를 실추시킬 수 있는 위협적인 전략이었다. 단식은 또한 정권에게 기한 — 농성자들의 육체적 저항의 끝 — 이 다하기 전에 분명한 조치를 취해 줄 것을 압박하는 것이었다. 이 새로운 전략은 학생들과 시민들을 다시 끌어냈고, 고르바초프의 공식 방문을 기해 안정을 되찾을 것이라고 보았던 권력의 기대를 흔들어 놓았다.

고르바초프의 방문은 오히려 항의자들에게 그들의 존재와 주장을 확인할 새로운 기회를 제공해 주었다. 후야오방을 이어 고르바초프는 학생들이 주장하는, 그리고 중국 지도자들과는 대조되는, 민주적 개혁가의 본보기가 되었다. 5월 16~17일 베이징의 거리와 천안문 광장에 쏟아져 나온 수십만 명 — 또는 1백만 명 — 에 이르는 인민의 동원은 중·소 정상의 외교 의례를 뒤흔들어 놓고, 권력으로 하여금 자신이 파 놓은 함정에 빠지게 만들었다. 어떻게 소련에서 온 손님을 환호하는 군중을 물러가게 한단 말인가? 베이징의 모든 업무가 중단되고 마비되어 버렸다. 간부들과 노동자들이 학생들의 대열에 합류했다. 매체들은 단식 농성자들과 그들을 에워싼 연대 운동에 동정을 표하였다. 자오쯔양은 5월 16일 소련 지도자와 접견하는 기회를 이용하여 억눌렸던 13전대회의 주제들을 다시 거론하면서 경제 개혁에 발맞춘 정치 개혁(그것은 당내 민주주의란 의미로 받아들여졌다)의 필요성을 재확인했다. 시위는 여러 도시들로 확산되었고 날마다 수천 명의 지방 젊은이들이 베이징으로 올라와 운동에 참가했다. 덩샤오핑의 치세가 끝나가고 있었던 것일까?

당은 자신을 방어하기 위해 마침내 대결로 나아갔다. 5월 19일 리펑에 의해 선포된 계엄령은 단순히 난폭한 폭력의 행사가 아니었다. 그것은 보수파의 정치적 승리였다. 계엄령 선포는 사실 베이징 중앙 지도부의 당위원회들과 지방 성장들, 대군구 사령관들의 승인을 얻은 것이었다. 그러나 인민해방군은 파벌투쟁에 말려들기를 거부했다. 군은 법적인 위계질서에 복종하면서도 인민에 대한 무력 사용을 달가워하지 않았다. 5월 20일 새벽 천안문 광장의 단식 농성자들과 시위자들을 해산시키기 위해 파견된 부대들은 평화적인 태도로 그들을 맞이하는 베이징 주민들 앞에서 뒤로 물러났다. 5월 21일 베이징은 환희에 찬 시민들의 손에 떨어졌다. 그것은 정권의 종말이었을까?

뒤이은 며칠간은 수많은 유언비어가 떠도는 기다림의 시간이었다. 천안문 광장을 장악한 학생들은 조직을 강화하고자 했다. 우얼카이시(吾爾開希)가 지도하던 자치연합회는 젊은 활동가 차이링(柴玲)이 주도하는 새로운 연합에 의해 대체되었다. 학생들은 그들이 장악한 자유의 공간을 더욱 효과적으로 이용하기 위해 애썼다. 그들은 경찰에게 마오쩌둥의 초상화를 더럽히는 불경한 행동을 보이고, 뉴욕의 자유의 여신상을 서툴게 본뜬, 석고와 폴리스티렌으로 된 거대한 '민주'의 상을 만들어 세웠다. 그러나 운동 그 자체로서는 새로운 활력을 찾는 데 어려움을 겪고 있었다. 상황을 타개하기 위한 협상과 타협이 진행되었던 곳은 권력의 뒷무대였다. 지도자들 사이의 분열은 어느 때보다도 깊었고 서로 간의 분쟁은 격렬했다.

자오쯔양을 경질하기 위해 원로층이 벌인 노력은 상당한 반발에 부딪쳤다. 중앙고문위원회의 대표들(즉 원로 대표들)까지 참석한 5월 23~24일의 정치국 확대회의는 아무런 결론을 내지 못했다. 군사위원회 회의석상에서 국가 주석 양상쿤의 당 총서기에 대한 신랄한 공격도 큰 성과를 거두지 못했다. 자오쯔양 비판자들이 당내에서 다수를 차지하기는 쉽지 않았다. 그리고 베이징 주변을 둘러싼 10~15만 가량의 군인들이 학생 반란자들을 진압하기 위한 것인지 아니면 서로를 감시하고 견제하기 위해 진주한 것인지도 불분명했다. 인민 동원의 후퇴, 권력(특히 덩샤오핑의 권력)의 침묵 그리고 부대 이동의 증가 등은 내전과 혼란의 우려를 낳았다.

그러나 그러한 충돌은 야만적인 학살로 끝이 났다. 6월 4일 군대는 베이징으로 진입하면서 그에 맨손으로 저항하는 시민들에게 기관총을 발사했고, 단식 농성자들의 텐트를 탱크로 밀어 버리고 천안문 광장을 소개했다. 당은 덩샤오핑을 중심으로 다시 단결했다. 6월 9일 덩샤오핑은 원로들이 배석한 텔레비전 연설에서 진압의 책임을 자임하면서도 학생들의 운동을 '공산당과 사회주의 체제, 중화인민공화국을 전복하려는' 반혁명 기도라고 비난했다. 권력은 지난 몇 주 동안의 취약함과 무력함을 폭력을 통해 잊게 하려는 듯 시위자들과 동조자들에 대한 무자

비한 사냥을 시작했다.

선전 기구들은 이미 그러한 진압과 보수파의 재등장을 정당화하기 위한 하나의 각본을 만들기 시작했다. 즉 질서를 재건하고 사회주의를 구해 내기 위해 값비싼 희생을 치른 군대를 부랑인 반란자들이 무자비하게 공격했다는 것이다.

그러나 외국인들은 매우 심각한 충격을 받았다. 중·소 정상 회담을 준비하기 위해 예외적으로 동원했던 언론 매체 덕분에 수백만 명의 텔레비전 시청자들은 처음 몇 주 간은 민중들의 환호를 그리고 그에 뒤이은 최후의 학살, 인간 사냥, 약식 처형의 공포를 생중계로 볼 수 있었다. 그것은 지난 10년 동안 전 세계가 자유주의 정권이라고 믿었던(또는 그렇게 믿도록 만들었던) 정권의 행동이라고는 믿기 어려운 폭력이었다. 외국인들의 눈에 이 비극은 탄생과 함께 질식되어 버린 민주주의의 비극으로 여겨졌다.

권력 승계의 위기인가 정권의 위기인가?

천안문 사태는 매체가 전하는 바와 같이 잠재적인 소요, 되풀이 되는 항의, 일상적인 폭력에 불과했던 것일까? 아니면 공산주의 체제를 벗어나기 위한(그리고 그 체제의 수호자들에 의해 진압된) 진정한 시도였던 것일까? 천안문 사태의 역사적 의미를 평가하기에는 아직도 많은 것들이 알려지지 않고 있다. 더 많은 정보가 입수될 때 이루어지게 될 분석은 다음과 같은 네 개의 근본적인 문제를 해명해 줄 것이다. 대중 운동의 성격, 당내의 분열, 군대의 태도 그리고 베이징과 지방의 관계 등이 그것이다.

학생들 사이에서 시작된 항의 운동은 몇 주를 거치면서 간부, 기자, 노동자, 사영 소기업주 그리고 일부의 경찰과 군대 등에 이르기까지 다른 많은 사회 집단들로 번져 갔다. 구호, 현수막, 게시물 등을 통해 알

수 있는 바와 같이 이 집단들의 주장은 매우 다양했는데, 추상적인 것이 많았고 경우에 따라서는 대립적이고 모순된 것도 있었다. 학생들이 자유와 민주주의를 내세웠다면 일반 대중을 움직이게 만든 것은 부패에 대한 비난이었다. 그러한 요구들은 정치적 차원에서 매우 불분명한 의미를 띨 뿐이었다. 4월 26일 사설의 철회, 학생 대표와 최고 지도자들 간의 회담 등 학생들이 가장 집착했던 요구들은 특히 상징적인 가치를 갖는 것이었다. 더욱이 그 회담은 자발적인 선거를 통해 탄생한 학생 조직에 대해 공식적인 차원에서 정당성을 부여하는 것이었고, 따라서 권력과 자율적이고 대표적인 사회단체 사이에 대화가 이루어지도록 해 주는 것이었다. 그러나 그 회담을 헐뜯는 분열과 갈등으로 인해 학생 조직은 조직의 신뢰성과 행동에 필요한 수단들을 부여받을 수 없었다. 5월 19일에 조직된 베이징의 노동자 자치연합회[북경공인자치연합회(北京工人自治聯合會), '공자련'—역주]와 마찬가지로 학생 자치연합회는 매우 맹아적인 구조를 대표할 뿐이었고 민중적 의지를 매개하는 역할을 할 수는 없었다. 그러한 역할은 전국인민대표대회를 통해 가능한 것이었을까? 완리의 전인대 상무위원회 위원장 취임과 1987년 3월의 전인대의 자유 토론을 놓고 볼 때 한때는 그러한 가정이 현실성을 갖고 있었다. 그러나 그것은 결국 보수파의 승리에 의해 무산되어 버렸다. 지식인들은 대중 운동에 참여하고 경우에 따라서는 그 전위에 서기도 했다. 그러나 그들은 자신들의 주장을 하나의 강령으로 표출해 내지 못했다. 제도적인 구조와 지도적인 사상의 결여 속에서도 대중 운동이 가능했던 것은 1968년 5월의 프랑스에 비견될 수 있는 만연된 '염증'에서 연유하는 것이었다. 중국적 맥락에서 보면 대중 운동은 또한 분명 권력기구 내부에 존재하던 운동에 대한 지지로 인해 가능한 것이었다.

덩샤오핑의 권력 승계가 임박하면서 깊어지고 있던 파벌 대립은 천안문 사태에서 중요한 작용을 했다. 파벌 대립으로 말미암아 권력은 날이 갈수록 마비되어 갔고 5월 16일에서 6월 9일까지 침묵을 지킬 수 밖에 없었다. 그 이전의 위기들과 비교해 보면, 또 학생들이 시위 초기에 동원한 매우 주도면밀한 전략을 보면 항의 운동은 당내의 노련한 정치가와 지지자들에 의해 고무되고 있었던 것 같다. 이들은 대중 운동의 요구와 일정 부분 같은 생각을 갖고 있었고 그것을 또한 자신들의 권력을 강화하기 위해 이용하려 했다. 지도자들에 대한 군중의 비난은 선택적이었다. 리펑과 덩샤오핑의 이름은 야유의 대상이었다. 자오쯔양은 갈채를 받지는 않았지만 일반적으로는 거론되지 않았다. 그것은 마치 시위자들이 1986년 후야오방을 핍박한 사람들과 공모했다는 비난으로부터 개혁파를 보호하려는 것 같았다.

당내의 파벌 투쟁은 또한 당시 당정 권력과 인민해방군 사이에서 보이는 복잡한 관계의 연장이기도 했다. 끊임없이 떠돌던 '양계(楊系)'라는 말은 당시 매우 보수적인 장군인 양상쿤 국가 주석과 그 동생인 인민해방군 총정치부 주임 양바이빙(楊白氷)을 중심으로 한 파벌의 특별한 결속이 존재하고 있었음을 말해 준다[또한 '양가의 장군들[楊家將]'이라는 말이 유행하고 있었다—역주]. 분명 인민해방군은 이 위기에서 결정적인 역할을 했다. 그러나 그것은 권력 쟁탈을 위해 무장 폭동을 일으킨 것이 아니었다. 군대의 혁명적 전통은 — 정치위원의 위계와 지휘관의 위계가 서로 교차하는 고유한 명령 체계의 복잡성과 함께 — 무력행사의 기도를 막는 데 효과적이었다. 각 당정 기구에 대해 인민해방군은 끊임없이 영향력을 행사해 왔다. 그러나 5월의 위기 당시 일어났던 권력의 분절은 군대 내부에도 영향을 미칠 위험이 있었다. 분명 군대 지도자들은 지도부의 재단결을 가져온 협상과 타협의 한 주체였다.

사태가 전개되던 공간, 수도 한복판의 그 거대한 광장, 모든 공식적인 행사가 열리던 이 장소는 천안문 사태에 예외적으로 상징적인 힘을 부여해 주었다. 수천 명의 지방 사람들이 열차를 잡아타고 베이징의 시위에 참가하기 위해 쇄도해 왔다. 우한 · 청두 · 충칭 · 시안 · 상하이 등 다른 여러 도시에서도 학생과 시민들이 시위에 나섰다. 그들은 직장을 박차고 나와 거리를 행진하고, 요구를 제시하고, 또 폭력적인 진압을 당했다. 그러나 농민들은 움직이지 않았다. 그 이유는 그들의 눈에 농가 경작의 회복, 자유 시장의 부활 등 개혁의 과실이 여전히 투기와 부패 등 개혁이 불러온 문제들보다 더 중요하게 보였기 때문이거나 보다 더 중요한 이유는 계급 의식과 조직 구조의 결여 때문에 농촌 사회의 불만이 단지 지방화된, 특수한 갈등으로 밖에 표출될 수 없었기 때문이기도 했다. 따라서 1989년 5월의 운동은 그것이 의거했던 1919년 5월의 운동처럼 단지 도시를 동원했을 뿐이었다. 또한 도시의 경우도 그 전체가 항의 운동에 가담한 것은 아니었다. 화남 지역 도시들의 망설임, 특히 광저우의 주저는 두드러진 것이었다. 화남에서는 수도로부터 오는 모든 정치적 자극에 대해, 그것이 권력의 통제력 회복이든 또는 반대로 권력에 대한 저항이든, 모두가 자신들이 이미 획득한 부를 보호하고 발전의 궤도를 중단시키지 않으려는 데 우선적인 고려를 두고 있었다.

비록 중국 전역에 걸쳐 마르크스주의의 교육을 받고 유교 문화에 젖은 간부들과 지식인들이 여전히 전국적 수준의 비판적 사고를 하고 있었지만 우리는 그러한 생각들이 어느 정도까지 사회적인 깊이가 있었는지, 개혁 · 민주주의 · 자유 등의 정치적 전망이 지역적 현실에 대해 어느 정도의 의미가 있었는지를 자문하게 된다(그러한 전망은 어떠한 개혁 프로그램 속에도, 어떠한 정지석 반대의 구조 속에도 구현되어 있지 못했다).

천안문의 비극이 아직 역사의 평결을 기다리고 있다면 그것의 영향이 직접적으로 나타난 영역이 있다. 그것은 중국과 외부 세계의 관계였다. 운동은 그 심각성이 어떠했든 간에 서방 세계에는 해방과 자유화의 시도로 인식되었다. 그리고 그에 대한 진압은 개혁파가 중공 정권에 대해 만들어 놓았던 자유주의의 이미지를 깨 버렸고 현대화 추진에 필요한 국제적인 협조의 기반을 흔들어 놓을 위험이 있었다(395쪽 참조).

덩샤오핑 권력과 공산 정권은 둘 다 1989년 5~6월의 위기에서 살아남았다. 그리고 보수파가 재등장했다. 그러나 위기의 원인이었던 중대한 문제들 — 덩샤오핑의 후계 문제와 개혁의 지도 문제 — 은 여전히 해결되지 못하고 남았다.

제4부

고립으로부터 개방으로

1960~1999

제12장
1960년 이래의 중국 외교 정책

4반세기 이래로[1970년대 이래로—역주] 중국의 외교 정책은 완전히 혁명적 변화를 겪었다. 소련과의 동맹은 미국과의 친선으로 대체되었고, 이후 중국은 더욱 독자적인 길을 가게 되었다. 이러한 외교 정책이 두 강대국과 중국 사이의 관계에 의해(마찬가지로 두 강대국 사이의 관계에 의해) 조건 지워지고 있었다는 점에서 그러한 상황의 반전은 아시아 및 전 세계적 차원에서 중국이 갖는 역할에 중대한 영향을 주었다.

정책의 변천을 불러온 객관적인 요인들이 주목된다. 두 사회주의 국가 간의 국익 차이, 혁명의 본보기로 나서고자 하는 서로 간의 경쟁의식 등이 중·소 대립의 악화를 가져왔다면, 국가의 안전이라는 절대적 필요성이 경제적 근대화의 필요성과 맞물려 중국을 미국 쪽으로 떠밀었다.

그러나 중국의 외교 정책은 국가 간의 관계를 규정하는 국제 체제와 세계에 대한 중국의 일정한 관점을 반영하기도 했다. 이러한 측면에서 중국의 세계 질서에 대한 인식이 중간지대론, '도시국가' 대 '농촌국가'론, 제3세계론으로 연속해서 공식화되는 과정이 대체로 혼란스럽고 모순된 것이었다고 해도 지난 20년간의 외교 정책은 특별한 관심을 불러일으킨다. 사실 중국의 그러한 논리는 현대 세계에서 독립된 국가로서 자신의 위치와 역할을 정립하기 위해 초기에 기울였던 노력을 보여준다. 19세기 서양 열강의 부상으로 수 세기 동안 (단지 부수적인 것으로 인식해 온) 외국에 대한 행동을 규정해 온 제국 정권의 중국 중심주의적인 관념이 붕괴된 뒤, 개항 조약들을 통해 규정된 중국의 종속적 지위로 말미암아 중국은 국가 간의 관계에서 자율적인 역할을 할 수 없었다. 1950년대와 1960년대의 중·소 동맹은 한 외부 강대국에 대한 중국의 마지막 복종으로 간주될 수 있을 것이다. 따라서 이 동맹의 붕괴는 중국으로 하여금 자신의 역할에 대한 독자적인 사고를 발전시키도록 만들었다. 중국은 더 이상 전통적인 중국 중심주의에 근거할 수도, 소련에 의해 독점되어 온 고전적인 마르크스-레닌주의적 사고에 의거할 수도 없었다.

만일 사상사 측면에서 당시 중국의 외교가 만들어 낸 여러 개념들이 매우 의미심장한 것이고, 또 중국에게 일정한 이념적 전망을 가져다 줄 수 있는 것이었다고 해도 그것들은 그 자체로 취약하고도 일관성이 부족했다. 그러한 개념들은 진정으로 중국의 외교 정책을 지도할 만한 독트린의 창조로 나아가지는 못했다. 연구자들은 흔히 담론과 실재 사이에 가로놓인 그러한 괴리를 강조해 왔다. 따라서 담론을 중국의 외교 정책이 귀착하는 현실 정치(Realpolitik)와는 직접적인 관련이 없는 단순한 이념적 치장에 불과한 것으로 보아야 할까? 그러나 그것은 어휘와 사고에 반영된 중국 공산 정권의 유교적이고도 마르크스-레닌주의적인 이중 전통의 특별한 비중을 너무 쉽게 간과하는 것이 된다.

중국인들은 지적인 자유와 자신감을 통해 세계에 대한 이미지를 형성했다. 그러나 그와는 대조적으로 그들의 외교 정책은 그 시행에서 여러 제약에 묶이지 않을 수 없었다. 중국의 제국적 전통과 넓은 영토, 인구, 강대국을 가능케 하는 영토 내의 자원 등에 깊은 인상을 받은 연구자들은 현대 중국의 외교를 중국 고유의 문화와 정치적 프로젝트의 표현으로 여기는 경향이 있다. 그러나 오늘날의 국제 상황에서는, 다른 강대국들이 만들어 내는 상황에 따라 대응하고 그로부터 이익을 취하기 위해 애써야 한다는 점에서, 중국의 외교는 여전히 종속적이고 기회를 엿보는 상태에 처해 있다고 할 것이다. 중국이 외교 부문에서 몰두해 온 이론 구축과 개념의 정교화를 위한 노력이 베이징 정부의 특정한 정책들을 정당화하는 데 도움을 준다고 할지라도, 아직 부차적인 강대국에 불과한 중국이 주는 이미지는 이 세계에서 거의 어떤 결정적인 역할을 하지는 못한다는 것이다. 담론과 실재를 가르는 괴리는 중국의 현실과 중국이 되고자 하는 것 — 틀림없이 그렇게 되겠지만 — 과의 거리를 말해 준다.

후퇴와 고립, 1960~1970

1950년대 말 중·소 동맹의 균열 이후 10년 동안 중국은 상대적인 고립 상태에 빠졌다. 중국은 미국에 접근할 준비가 되어 있지 않았을 뿐만 아니라(중국은 미국을 여전히 제국주의 위협의 화신으로 간주하고 있었다), 서양 쪽에서도 (프랑스와 일본을 제외하고는) 그러한 접근에 관심을 보이지 않았다. 1960년대 말 문화대혁명의 심화는 중국의 후퇴를 더욱 가속화했다.

당시 중국이 강대국들과 맺고 있던 복잡한 관계 그리고 독자적 정책이 직면했던 장애들을 분석하기 전에 중국의 지도자들이 외교에 대해 제시한 새로운 방침의 이론적 형성 과정을 검토해 보는 것이 유용하다. 그것이 반영하는 국제 질서에 대한 지도자들의 새로운 인식은 그 자체가 중국의 독자적 정책을 이루는 한 부분이었다. 그 이론들이 특히 제3

세계에서 불러일으킨 반향은 다른 나라에서는 실망스러운 것이었지만 베이징 정부의 시각에서 보면 분명 가장 긍정적인 신호였다.

세계 질서에 관한 새로운 시각의 모색

소련과의 결별은 중국으로 하여금 이 세계가 사회주의 진영과 자본주의 진영으로 나뉜다는 이분법적이고 흑백 논리적인 생각을 버리도록 만들었다. 그 사이에 중간지대가 존재한다는 사고는 1957년 마오쩌둥이 모스크바에서 행한 연설로부터 비롯된다. 마오쩌둥은 미국 및 사회주의 진영의 국가들을 제외한 모든 나라를 이 지대에 포함시켰다. 그리고 그는 이 지대에서 전개되는 민족 해방 운동 또한 사회주의의 동맹세력이라고 주장했다. 중간지대에 관한 이 최초의 언급에는 탈스탈린화와 미·소 긴장 완화의 시작이 가져온 변화에 대한 마오쩌둥의 대응이 반영되어 있었다.

중·소 대립의 악화는 마오쩌둥으로 하여금 자신의 생각을 더욱 발전시키도록 만들었다. 1962년 9월 중공 8기 10중전회에서 그는 국제체제가 제국주의, 사회주의, 수정주의라는 세 가지 주요 세력에 의해 지배된다고 주장하면서 수정주의라는 개념을 도입했다. 1964년 1월 그는 중간지대라는 개념을 재론하면서 그것을 다시 두 지대로 세분했다. 아시아, 아프리카, 라틴 아메리카 각국을 포함하는 지대와 서유럽, 캐나다, 호주 그리고 뉴질랜드, 일본 등(물론 미국은 제외됨)이 속한 자본주의 세계 국가들의 지대가 그것이다.

제1중간지대는 대체로 서양에서 제3세계라고 부르는 것과 일치했다. 그러나 중국의 분석에 따르면, 이 지대의 특징은 경제적인 저발전에 있다기보다는 외국의 정치적 지배가 존재한다는 것이었다. 제2중간지대에 속하는 나라들은 식민주의 전통을 가지고 있지만 스스로도 미국의 착취와 지배를 받고 있는 존재였다. 그들의 모호한 상황이 제1 중간 지대에 속한 국가들과의 부분적인 연대와 제국주의에 대한 일치된 투쟁을 가능케 한다는 것이다.

문화대혁명에 따른 이념적 과격화로 말미암아 중간지대론은 더 이상 거론되지 않았다. 중간지대론에 의거한 협상과 타협의 가능성은 배제되고, 세계를 양극의 대립으로 보는 시각이 재등장했다. 그것은 1965년 9월 린뱌오의 〈인민전쟁승리만세(人民戰爭勝利萬歲)〉라는 소책자에 제시되었다. 린뱌오는 여기서 사회주의 대 자본주의-제국주의의 모순을 부유한 국가(도시)들과 빈곤 국가(농촌)들 사이의 대립으로 대체했다. 그는 중국에서 도시의 자본가들과 매판 세력에 대해 농촌 게릴라의 승리를 보장해 주었던 계급 투쟁을 전 세계적 차원으로 확산시켜야 한다고 호소했다. "아시아, 아프리카, 라틴 아메리카가 세계적 범위에서의 '농촌'이라면 서유럽과 북미는 세계적 범위에서의 '도시'다. 세계 혁명은 여전히 농촌으로 도시를 포위하는 길로 가야 한다."

이 새로운 이론은 중간지대론과는 매우 뚜렷한 차이를 보였다. 미국과 다른 자본주의 세계 국가들을 더 이상 구분하지 않았고, 특히 소련을 발전되고 공업화된 나라로 여겨 착취 국가들 쪽으로 분류했다.

1968년 소련의 체코슬로바키아 침공과 함께 또 다른 새로운 단계의 사고가 출현했다. 중국인들은 당시 소련의 팽창주의를 비난하기 위해 사회제국주의라는 개념을 내세웠다. 이제 중국인들이 생각하는 반제국주의 투쟁은 또한 소련에 대항하는 것이기도 했다.

몇 년 동안 문화대혁명의 혼란을 거친 뒤 1969년 4월 중공 9전대회에서 외교 정책의 재건이 시사되었다. 당시 중국 당국은 주요한 모순들을 몇 가지 범주로 구분했다. 피압박 국가들과 사회주의 국가들의 모순, 제국주의와 사회제국주의의 모순, 자본주의 및 수정주의 국가들에서 프롤레타리아트와 부르주아지의 모순 등이 그것이다. 그러나 그 가운데 주요 모순이 무엇인지 결정하는 데는 주저하는 모습을 보였다. 서방과의 친선을 이루기 위해 중간지대론이 다시 등장하고 재해석된 것은 이후 1970년대 초에 이르러서였다.

결국 중·소 마찰의 악화와 더불어 양극의 국제 체제로부터 다극 체제로의 이행은 세계 질서에 대한 중국의 인식을 변화시켰다. 이러한 변화 속에는 중간지대론의 의미 변화와 "농촌으로 도시를 포위한다"는 급진적 논제의 출현이 말해 주는 바와 같이 수많은 주저와 망설임이 함께하고 있었다. 그러나 거기에는 이미 서방과의 친선을 위한 일정한 이론적 가능성이 보이고 있었다. 그리고 1970년대에 걸쳐 나라 안팎의 상황이 보다 유리하게 전개되면서 그러한 가능성은 현실화되어 갈 것이었다. 1960년대와 1970년대는 급진적인 조류가 지배했다. 그러한 조류 속에서 중국의 고립 심화, 소련과의 대립 심화, 미국에 대한 적대감의 지속 등은 강요된 것이라기보다는 오히려 중국이 스스로 원했던 것으로 보인다.

소련과의 대립 심화, 미국에 대한 적대감의 지속

1950년대 말에 탈스탈린화, 경제 발전 문제 그리고 긴장 완화 정책 등에 대한 중국과 소련의 견해는 점점 더 벌어지고 있었다. 중국의 대소 적대감은 소련에 의해 취해진 1959년 7월의 국방 관련 핵 원조 협정 취소, 경제 원조 중단 그리고 1960년 7월 기술자의 철수와 함께 표면화했다. 관계의 악화는 1960년대를 걸쳐 지속되었다. 1969년 봄에는 과거의 동맹자들이 우수리(Ussuri) 강의 국경에서 무장 충돌을 벌이기에 이르렀다. 대립은 점점 더 양자 관계의 틀과 사회주의 진영 내부의 관계를 벗어나기 시작했다. 이제 둘의 투쟁은 전 세계적 차원에서 전개되었다.

이미 1960년 모스크바의 세계 공산당 회의와 1961년 10월의 소련공산당 제22차 대회에서 사회주의 진영 내부의 갈등이 공개적으로 폭발했지만 두 개의 국제적인 위기가 중·소의 균열을 조장했다. 1962년 9월부터 11월까지의 중·인 국경 전쟁과 같은 해 10월의 쿠바 위기가 그것이다.

1959년 티베트 봉기 이래로 중국과 인도 사이에서 대두하고 있던 문제들에 대해서는 후술할 것이다. 여기서는 다만 1962년 가을 중국 군대가 인도 땅으로 침입해 들어갔을 때 소련이 중국에 대해 비판적인 태도를 견지했다는 점을 지적하는 것으로 충분할 것이다. 둘의 대립은 쿠바 위기를 기화로 더욱 악화되었다. 소련이 긴장 완화를 유지하기 위해 10월 26일 쿠바로부터 로켓을 철수하기로 했을 때 중국의 선전 당국은 미 제국주의에 대한 저항을 찬양하면서 쿠바인들에게 미국에 맞서라고 부추겼다.

1963년 7월 두 강대국 사이의 견해 차이를 해소하기 위하여 모스크바에서 열린 중·소 회담은 결국 대화의 단절로 끝이 났다. 같은 시각 역시 모스크바에서 미·소의 대기권 핵 실험 금지 조약이 체결되었는데, 이것은 중국이 격렬히 비난해 마지않았던 미·소 긴장 완화 정책의 첫 성과가 구체화된 것이었다.

이제 중국은 주저 없이 적의를 표출하였다. 당시까지 사회주의 진영의 단결을 해치지 않기 위해 견지되었던 신중함이 모두 방기되었다. 중국은 사회주의 진영의 지도권을 장악하지 못하게 되자 더 이상 주저하지 않고 다른 길로 나아갔다. 1963년 6월에 발행된 《국제공산주의운동의 총노선에 관한 건의(關于國際共産主義運動總路線的建議)》는 20세기 하반기의 혁명은 피압박 민족의 혁명임을 확인하면서, 제3세계는 세계 '주요 폭풍 지역'의 심장부이며 이 새로운 혁명을 이끄는 것은 이제 중국이라고 주장했다. 이에 따라 1963년 가을부터 베이징은 유럽, 아시아, 라틴 아메리카의 여러 나라에서 (분파주의적인) 마르크스—레닌주의 공산당의 창립을 원조했다.

보다 전통적인 국가 이익의 대립 — 영토 반환 주장과 국경 분쟁 — 이 둘의 관계를 더욱 악화시켰다. 1963년 중국은 제정 러시아 시대에 맺은 불평등 조약을 비난했다. 중국은 제정 러시아가 영토의 많은 부분을 빼앗아 갔다고 주장했다. "지금으로부터 1백 년 전, 바이칼의 동쪽이 러시아의 땅이 되었다." 따라서 중국은 국경선에 대한 전반적인 재검토를 요구했다.

문화대혁명을 특징짓는 격렬한 반(反)외세 시위의 초기(1966년과 1967년)에 종종 반소 행동이 표출되곤 했다. 1967년 1월과 2월 여러 사건들이 일어났고 소련 외교관들의 가족은 베이징으로부터 철수했다. 그런데 1968년 8월 소련의 체코 침공으로 위기는 첨예한 단계로 접어들었다. 중국 당국은 그것을 '사회제국주의'의 '역겨운 범죄'라고 비난하고 바르샤바 조약을 소련 팽창주의의 도구라고 공격했다. 1969년 3월 2일에 이르기까지 양국 간의 긴장은 높아만 갔다. 그날, 분명 중국의 선제 행동으로 우수리 강 중류의 전바오다오(珍寶島, Damansky)에서 최초의 사건이 발발했다. 그리고 얼마 뒤 소련의 반격이 뒤따랐고, 3월 15일 더욱 심각한 두 번째 충돌이 일어났다. 애국적인 열정이 전국을 휩쓸고 '새로운 차르'를 비난했다. 모든 대도시에서 시위가 조직되어 수백만 명의 사람들을 불러 모았다. 3월 4일 베이징에서는 1백만 명, 3월 5일 상하이에서는 1천만 명이 운집했다.

결국 이념적 대립이 민족주의적 열광으로 변질되었다. 소련과 중국의 대립은 한 초강대국과 힘을 확장하려는 지역 강대국 사이의 이익 대립이라는 점이 점점 더 분명해졌다. 처음에는 서로 자신들의 생각과 주장을 정당화하기 위해 독트린을 내세우던 것이 이제 군대를 동원한 무력 충돌에 자리를 내주었다.

그러한 측면에서 중국의 열세는 분명했다. 소련이 7,400킬로미터의 국경선을 따라 배치한 21개 사단, 4천 대의 전투기, 12개의 미사일 부대에 맞서 중국은 형편없는 장비를 갖춘 50개 사단, 이미 구식이 된 6백 대의 전투기 그리고 몇 개의 단거리 미사일로 대항할 뿐이었다. 저우언라이는 소련의 압력에 굴복하여 수상 알렉세이 코시긴(Aleksey Kosygin)과의 회담을 받아들였다. 사회제국주의에 대해 유화 정책을 취하고 있다며 비판하는 린뱌오와 급진파의 반대에도 불구하고 외교부장 간의 협상이 10월 20일 베이징에서 열려 국경 문제의 해결을 시도했다.

이 위기의 과정에서 중국은 매우 고립된 모습을 보였다. 소련의 압력에 맞설 수 있는 유일한 견제 세력은 미국일 터였다. 사실 체코슬로바키아 위기가 일어난 직후인 1968년 말 저우언라이는 처음으로 미국과 접촉을 시도한 것 같다. 그러나 그러한 행보는 린뱌오와 급진파의 반대에 부딪쳤다. 중국이 위험을 무릅쓰고 소련과 무장 충돌을 벌이고 있던 시기에도 미국에 대한 적개심은 여전히 깊었던 것으로 보인다.

1960년대 초 중국은 미국을 주요 적국으로 간주하고 있었다. 미국은 타이완을 합병함으로써 국가적 통일을 이루려는 중국에게 장애가 되고, 중국의 유엔 가입을 거부함으로써 베이징 정부로 하여금 응당 해야 할 국제적인 역할을 하지 못하도록 막는 적국이었다. 그러나 중·소 관계의 악화와 모스크바가 추진하는 긴장 완화 정책은 곧바로 미 제국주의에 맞선 통일전선을 붕괴시켰다. 따라서 중국은 상대적으로 신중한 태도를 취해야 했다.

1962년 6월 타이완 해협의 위기는 열광적인 반미 선전의 전개와 현실적인 유보적 태도 사이의 선명한 대조를 보여준다. 아마도 베이징 측이 미·소 간에 대화가 진전되는 것을 방해하기 위해 고의로 일으켰을 이 위기는 특히 소련이 중국을 지지하지 않는다는 점을 분명히 보여주었다. 매우 형식적인 니키타 흐루시초프의 베이징 지지 선언은 가장 위험했던 시기가 지나간 뒤인 7월 2일에나 발표되었다.

이제 타이완 문제는 더 이상 해협에 군사적 긴장을 가져오지 않았다. 그러나 중국의 미국에 대한 비난의 목소리는 더욱 커졌다. 중국은 쿠바에 대한 '미국의 침략'(《인민일보》는 1962년 10월과 12월 사이에 이 주제에 관해 342건 이상의 기사와 보고를 싣고 있다)과 베트남에 대한 미국의 개입을 비난했다.

1964년 8월 미국과 북베트남의 전함들 사이에 발생한 통킹 만 사건 그리고 1965년 1월 개시한 북베트남에 대한 폭격은 결국 남베트남을 보존하기 위한 미국의 대대적인 개입의 시작이었다. 그러나 중국에서는 베트남에 중국군을 개입시키고자 했던 총참모장 뤄루이칭 주도의 강경파와 민족 혁명을 자신의 힘으로 달성하도록 맡겨 놓자고 주장하는 마오쩌둥파 간의 전략적인 논쟁이 대대적으로 벌어졌고 결국 후자의 승리로 끝이 났다. 중국은 자신의 격렬한 언설에도 불구하고 타이완 해협에서와 마찬가지로 베트남에서 있을지도 모를 미국과의 직접적인 충돌을 피했던 것이다.

중국의 이러한 신중한 태도 — 언어 상에서 표현되는 분노로 말미암아 그것을 알아차리기 어려웠지만 — 를 제외하면 당시 서방 국가와의 관계에서 긴장 완화가 드러난 것은 무역에서 일본과 외교에서 프랑스와 맺은 관계뿐이다.

소련이 경제 원조 조약을 파기한 이후 중국은 비사회주의 공업 국가들과의 접촉을 통해 필요한 공업 생산물과 장비를 얻어 내야 했다. 일본은 1962년 중·일 간의 최초의 협정과 함께 주요 공급자가 되었다. 베이징은 타이완과 관련이 있는 일본 회사와의 거래를 거부하면서도 무역 협정이란 수단을 통해 동경으로부터 공식적인 국가 승인을 얻고자 했지만 경제 교역의 급증이 두 강대국 간의 정치적 관계가 개선되도록 하지는 않았다. 베이징은 여전히 일본의 군국주의 부활과 미 제국주의와의 동맹을 비난했다.

한편, 1964년 1월 두 나라 간의 외교 관계를 재건한 프랑스와 중국의 상호 접근은 본질적으로 정치적인 것이었다. 제2중간지대에 관한 중국의 분석은 특히 미국에 대해 국가적 자주성을 주장하는 프랑스의 처지와 일치하는 부분이 있었다. 게다가 중국과 프랑스는 1963년 모스크바에서 체결된 미 · 소 간의 대기권 핵 실험 금지 조약이 자신들을 핵강대국 클럽에서 배제하기 위한 것이라는 점에서 같은 불만을 품고 있었다.

그러나 이렇게 시작된 서방과의 긴장 완화가 일반화되고 미국과의 상호 접근으로 바뀌는 것은 1970년대가 되어서야 가능했다. 1960년대에는 중국을 한편으로 일본과 프랑스를 다른 한편으로 수립된 관계가 그다지 큰 정치적 의미를 갖지 못하는 고립된 현상으로 보였다.

아시아와 세계에서의 중국의 영향력 후퇴

평화 공존의 독트린은 중국으로 하여금 1954년 반둥 회의에서 제3세계의 무대로 화려하게 진출할 수 있도록 해 주었지만 뒤이은 1960년대에는 그것이 중 · 소 대립의 악화를 가져왔다. 베이징과 모스크바는 전 세계적인 차원에서 대립각을 세우면서 아시아, 아프리카, 라틴 아메리카의 저발전 국가들에 대해 경제적 또는 군사적 원조를 제안하면서 이념적인 지지를 확보하고자 경쟁했다. 중국은 몇몇 국지적인 성공에도 불구하고 이 경쟁의 패자로 보였다. 1960년대 말 중국의 영향력 후퇴는 세계 대부분의 지역에서 감지되었다.

그러한 후퇴가 가장 두드러진 곳은 분명 남아시아와 동남아시아에서였다. 1950년대 초 우호적이었던 중국과 인도의 관계는 거의 지속되지 못했다. 아시아의 최고 지위를 자처하고자 했던 두 국가 간의 대립은 불가피했다. 더욱이 잠재적인 적개심이 중국의 지도자들을 자극했던 것 같다. 그들은 인도를 영국 제국주의의 인위적인 창조물로 여기고 있었고, 인도가 당시 마오쩌둥주의자들이 권유하던 방식과는 완전히 다른 길을 통해 독립을 얻었다고 보았다. 또 베이징은 인도와 소련의 밀접한 관계를 우려했다(소련은 아시아에서 인도를 중국에 대한 견제 세력으로 삼으려 한다는 의혹을 사고 있었고 결국은 그것이 현실화했다).

인도가 티베트에서 갖고 있던 이해관계는 또 다른 갈등의 주제였다. 중국과 인도 간의 위기가 분명해진 것은 1959년 3월에 일어난 티베트 반란을 통해서였다. 티베트에 대한 중국 정부의 탄압 및 동화 정책에 반기를 든 달라이 라마와 그를 따르는 수천 명의 티베트인들이 인접한 인도로 망명했다. 이러한 긴장에 더하여 뒤이은 몇 년 동안 국경 분쟁이 일어났다. 중국은 식민지 시대로 소급되는 시점으로 국경선을 수정할 것을 요구했다. 1962년 10월 단기전으로 끝난 중·인 국경 전쟁에서 중국군은 인도 국경으로 쳐들어가 쟁점이 되고 있던 일부 지역을 장악했다. 그것은 베이징 측의 군사적 승리였다. 그러나 중국이 치러야 할 대가는 컸다. 전쟁은 결국 중국이 우려하던 소련과 인도의 상호 접근을 촉진하였고, 중국은 그에 대응하여 파키스탄에 접근했다. 그러나 파키스탄과의 제휴를 통해 중국은 거의 아무런 이득을 얻지 못했고 이후 오히려 곤란한 처지에 놓일 터였다.

인도차이나 반도에 대한 베이징 정부의 정책은 자연히 1964~1965년의 제2차 베트남 전쟁에 의해 커다란 영향을 받았다. 전술한 바와 같이 마오쩌둥파의 지도자들은 앞장서서 '장기전' 전략을 선택했다. 그러나 그들은 북베트남에 미군과 대결하는 데 필요한 장비를 제공할 수 없었고, 막대한 군사 원조(1965년에서 1969년까지 40~50억 달러에 이름)를 했던 소련의 영향력이 커지는 것을 우려했다. 중국의 지도자들은 소련의 원조에 대한 북베트남의 점증하는 의존이 위성국화를 가져올 것이라는 의혹을 품고 있었다.

1970년 3월 18일 캄보디아에서 벌어진 론 놀(Lon Nol) 장군의 쿠데타는 중국에게 공격적인 외교를 통해 인도차이나 반도에서 미국의 존재와 소련의 영향력에 대항하여 자신의 역할을 확인할 새로운 기회를 제공했다. 중국은 쿠데타로 밀려난 노로돔 시아누크(Norodom Sihanouk) 국왕을 베이징에서 접견하고 광저우에서 인도차이나 인민 수뇌 회의(la Conférence au Sommet des Peuples Indochinois, 중국명은 '印支三國四方首腦會議'—역주)의 조직을 지원했다. 거기에는 하노이 정부, 남베트남 민족해방전선, 시아누크의 지도를 받는 캄푸치아 민족통일전선 그리고 파테트 라오(Pateth Lao) 운동의 대표들이 참석했다. 회의는 인도차이나의 단결과 상호 원조를 선언하면서 막을 내렸고, 마오쩌둥은 이에 대해 열렬한 지지를 보냈다.

그러나 중국의 이러한 외교 무대 전면 복귀가 갈수록 소련으로 기우는 북베트남에서 중국의 영향력 후퇴와 캄보디아와 라오스의 정치 중립 종료로 표현된 중국의 실패를 상쇄할 수는 없었다(캄보디아와 라오스의 중립은 인도차이나 반도의 정치적 재편을 위해 1954년에 맺어진 제네바 협정의 기초이자 중국이 언제나 우선적인 중요성을 부여해 오던 바였다).

동남아의 나머지 지역에서도 결과는 거의 긍정적이지 못했다. 인도네시아와는 1965년까지 관계가 매우 좋았으나 쿠데타를 통해 군사 정권이 들어서면서 급작스럽게 악화되어 갔다. 신정권의 반공산주의는 이 지역 화인들에 대한 탄압과 중화인민공화국에 대한 적개심으로 나타났다. 극단적인 문화대혁명은 마침내 중국이 이 지역에서 누려오던 지지와 동정을 앗아 갔다. 특히 다수의 화인들을 통치해야 했던 각국 정부들은 혁명의 전파와 정권의 전복을 우려했다. 버마(미얀마)와의 관계도 긴장되기 시작했는데, 그것은 이 지역 공산당의 반정부 파벌인 백기파(白旗派)가 공개적으로 베이징의 지지를 받고 있었기 때문이었다.

중국은 또한 1967년부터 시작된 동남아국가연합(ASEAN)의 창설을 비난했다. 이 연합은 태국, 필리핀, 말레이시아, 인도네시아, 싱가포르 등 이 지역 비공산계 국가들의 조직이었다. 베이징은 이들 나라와 어떠한 외교 관계도 유지하지 않게 된다.

중동의 상황도 중국의 이익과 영향력에 유리할 것이 거의 없었다. 나세르(Jamal 'Abd an-Nāser)의 이집트는 소련에 접근했고, 예멘공화국(중국과 좋은 관계를 유지하고 있었다)과 시리아도 같은 길을 갔다. 중국은 1964년부터 팔레스타인해방기구(PLO)에 대한 지지 이외에는 이 지역에서 자신의 존재를 거의 드러내지 못했다. 중국은 이 지역에서 자신이 배제된 것을 미·소의 환상적인 공모 탓으로 돌렸다.

1950년대 말 아프리카의 탈식민화는 중국과 신생 독립 국가 간에 우호 관계의 시대를 여는 듯 보였다. 중국은 기니(1959년), 가나·말리(1960년), 자이르·세네갈·탄자니아(1961년)와 각각 외교 관계를 수립했다. 1964년 중화인민공화국에 대한 프랑스의 승인은 베이징과 불어권 아프리카 제국[콩고, 중앙아프리카공화국, 다호메(베냉)]과의 관계에 새로운 도약의 기회를 제공했다. 사하라 이남의 아프리카는 중국에게 세계 혁명의 잠재적인 중심으로 보였다. 그리하여 저우언라이는 1963년 아프리카 순방에서 대륙 동부 지역의 혁명적 전망이 낙관적임을 강조했다. 베이징은 사실 잔지바르를 통해 아프리카 국가에서의 정치적 전복과 중국의 전략적 부식(扶植) 가능성에 관심을 보였다(잔지바르는 1964년 1월 혁명 발발 뒤 탕가니카와 통합하여 탄자니아연합공화국을 수립했다). 따라서 탄자니아는 1960년대 말 아프리카에서 중국이 가장 적극적으로 간여했던 지역 가운데 하나이고 경제 원조의 수혜자가 되었다(그 원조 가운데 가장 상찬되었던 것은 탄자니아-잠비아 철도의 건설이었다).

그러나 아프리카 대부분의 나라들에서 중국의 영향력은 이 지역에서 일어난 여러 쿠데타 그리고 다른 나라들의 영향력 신장과 함께 후퇴하기 시작했다. 1960년대 말 문화대혁명은 중국의 이미지를 손상시켰다. 특히 베이징 정부는 혼란의 씨앗을 뿌릴지도 모른다는 의심을 샀다.

라틴 아메리카의 경우 중국의 영향력은 거의 느껴지지 않을 정도였다. 중화인민공화국은 쿠바를 제외하고는 어느 나라와도 외교 관계를 맺지 않았으며, 이 지역 공산당들은 모스크바에 경도되어 있었다. 1962년 미사일 위기 때 중국과 쿠바 간에 일시적 우호 분위기가 만들어졌지만 그 뒤 피델 카스트로(Fidel Castro)와의 관계는 악화되기 시작했다. 베이징은 카스트로가 용납할 수 없는 양보의 대가로 소련의 원조를 얻고자 했다는 사실을 용서하지 않았다.

초기에 중국의 공산 정권을 둘러싸고 있던 혁명의 후광, 초기의 경제적 성취가 가져온 위신 그리고 국제회의에서 공산 정권이 보여준 온건한 태도 등은 1960년대에 자취를 감추었다. 중국은 소련과 대립 상태에 들어갔지만 서방과 화해를 이루지는 못했다. 지역 강대국으로서 중국의 역할은 쇠퇴했고 동시에 세계적 차원에서 영향력도 약화되었다. 이러한 실패가 한때는 격정적인 혁명적 언설에 의해 어느 정도 겉으로 드러나지 않았다. 그러나 극단적인 문화대혁명과 함께 중국은 취약하면서도 위험한 강대국으로 비쳤다. 1969년 저우언라이가 다시 업무를 맡으면서 중국의 외교 정책은 재건되기 시작했다. 그리고 그 외교 재건은 새로운 기반 위에서 이루어진 것이었다.

서방과의 친선과 개방 정책, 1970~1980

1970년과 1980년 사이 중국은 점진적으로 서방에 접근하면서 외부 세계와 접촉을 늘려 갔다. 1960년대의 후퇴와 대조되는 이러한 변화는 일반적으로 개방이라는 용어로 표현된다. 이 용어는 여러 가지 의미를 담고 있지만 중국과 바다 건너 국가들의 관계만을 가리키는 것으로 부적절하게 사용되기도 한다. 사실 1950년대의 중국은 패쇄적이지 않았다. 단지 중국은 소련과 거대한 아시아 대륙에 스스로를 개방하면서 서방에 등을 돌렸을 뿐이다. 1970년대의 개방 또한 대립이 지속되고 있던 소련을 배제했다는 점에서 선별적인 것이었다. 그러나 중국이 새롭게 서방 국가들과의 관계를 받아들임에 따라 서방이 중국을 '개방'되었다고 여기게 된 것은 분명 자연스러운 일이다.

세계 질서에 관한 새로운 사고

1960년대 세계 질서에 관한 중국의 사고를 규정했던 이념적 집착은 국가의 안전이라는 더욱 직접적인 고려 앞에 점차적으로 희미해져 갔다. 중국은 1964년부터 초보적인 핵무기를 보유하게 되었지만 군사 장비와 기술 면에서 낙후성을 면치 못했다. 1978년의 런던 국제전략문제연구소(International Institute for Strategic Studies)의 연구에 따르면, 350만 명에 이르는 중국 육군은 수송과 통신, 대포, 지대공 미사일 등의 장비가 부족했고, 8천 대의 탱크는 낡은 모델이었으며, 공군력의 기반이었던 4천 대의 미그17, 미그19, 미그21 전투기는 소련과 미국 전투기에 압도당하는 수준이었다. 중국이 보유하고 있던 핵무기 억제력(중거리 미사일 60~80개와 원자 폭탄과 수소 폭탄 투하용 Tu-16 폭격기 80대)은 영토 방어를 보장하는 데 충분치 못했다.

이러한 군사적 열세는 중국의 외교적 고립을 더욱 위험하게 만들었고, 그러한 고립을 끝내야 필요성을 더욱 키웠다. 베이징은 미 · 소 간의 친선이 두 강대국에 의한 전 세계적 차원의 독점을 불러오고 중국을 완전히 주변화시킬 것으로 우려했다. 중국은 양국이 공모를 하여 일치된 반(反)중국 정책을 취하고 있다고 비난했다. 그리하여 중국의 지도자들은 1969년에 시작된 그리고 결국 1972년 최초의 전략무기제한협상(SALT, Strategic Arms Limitation Talks)을 이끌어 낸 미 · 소 간의 무기 통제 협상에 대해 불신과 회의의 태도를 취할 뿐이었다.

따라서 두 강대국과의 관계가 여전히 중국의 외교 정책을 규정하는 핵심이었다. 그러나 1969년과 1971년 사이 그러한 관계의 균형은 베트남에서 확인된 것처럼 미국의 철수 계획에 의해 흔들리게 되었다. 1969년 7월 괌(Guam)에서 발표된 '닉슨 독트린'은 동남아에서 미국을 점진적으로 퇴각시킨다는 원칙을 채택했다. 전반적인 차원에서 이 독트린은 아시아에 대한 미국의 정책이 완전히 재검토될 것이라는 것을 예견해 주었고, 그것은 결국 한국, 타이완, 일본에 대해서도 영향을 미칠 수 있는 것이었다. 소련은 이 지역에서 초래된 그러한 군사적 외교적 공백을 메우고자 했다.

바로 그런 차원에서 중국은 소련에 의해 계획되고 있던 아시아 집단 안보 체제 구축을 우려했다. 1969년 6월 레오니드 브레즈네프(Leonid Brejnev)가 제시한 매우 모호한 제안은 중국의 격렬한 반발을 불러왔고, 7월 30일 저우언라이는 '새로운 차르의 집단 안보 체제'를 비난했다. '브레즈네프 독트린'은 중·소 간의 적개심을 더욱 악화시켰다. 이념적 갈등과 국가 이익의 대립에 더하여 중국은 이제 포위 공격을 받고 있다고 생각했다. 소련은 중국의 북부와 동북 국경을 위협할 뿐만 아니라 동맹국과 위성국들을 통해 남부와 서남부의 배후에서 중국을 공격하는 형국이었다. 미·소 강대국이 모두 두려운 존재였지만 이제 중국이 "주요한 적"으로 여기게 된 것은 소련이었다.

세계적 차원의 세력 관계에 대한 이 새로운 인식은 1974년 초 맨 처음 마오쩌둥이 제시하고 같은 해 4월 10일 덩샤오핑이 유엔의 연단에서 행한 긴 연설에서 발표된 제3세계론에 표현되어 있다. 이 연설은 1960년대에 출현한 바 있는 중간지대론의 최종판이었다. 그러나 새로운 개념의 도입, 즉 '초강대국[超級大國]', '패권' 등의 개념과 제1세계, 제2세계, 제3세계 등의 새로운 유형 분류는 이전 독트린의 의미와 내용에 변화를 가져왔다.

1973~1974년 중국의 공식 언설에 보이는 초강대국의 정의는 일반적으로 서방에서 사용되는 것과 달랐다. 서방에서는 영토의 크기, 인구의 규모, 경제적 자원 등을 고려하여 강대국이라는 개념을 사용하면서도 일반적으로는 그러한 조건들에 의해 만들어질 수 있는 권력의 존재를 언급하지 않지만 중국은 '초강대국'을 그 국가의 의도와 행동, 즉 도덕적 차원에서 정의했다. 덩샤오핑은 "초강대국은 제국주의 국가이며, 가는 곳마다 다른 나라를 침략하고 개입하며 통제하고, 전복과 착취를 기도한다"고 언급했다. 그리고 '패권'의 추구야말로 초강대국임을 알아 볼 수 있는 진정한 기준이라고 보았다. '패권'이란 집단 이익을 위해 책임을 떠맡는 것이 아니라 난폭한 힘에 기초한 지배라고 중국은 인식했다.

중국의 분석에 따르면, 초강대국들이 자신의 영향권 안에서 각기 패권주의적 야심을 추구함으로써 사회주의 진영과 제국주의 진영의 해체를 가져왔다. 그리하여 국제 체제는 심각한 변화를 겪었다. 이제 국제 체제는 세 유형으로 구성된다. 패권주의의 두 초강대국이 이루는 제1세계, 일본 · 유럽 · 캐나다를 포함하는 제2세계 그리고 중국이 그 성원임을 선택한 기타 아시아(일본 제외) · 아프리카 · 라틴 아메리카 나라들의 제3세계가 그것이다.

결국 1960년대의 많은 망설임을 거친 뒤, 중국은 자신이 제3세계 국가의 지위를 갖는다는 점을 인정하고 최소한 상징적으로나마 자신의 운명을 저발전의 피압박 민족들과 연계시켰으며, 그들의 이익에 해로운 국제 체제의 변혁을 위해 투쟁하기로 했다.

제3세계라는 수사는 1970년대 전반을 지배했다. 마오쩌둥 사후인 1977~1978년에도 그것은 중국의 전략적 기초가 되었다. 그러나 국내외 정치의 변화 과정에서 이 이론은 종종 형해화되거나 왜곡되곤 했다. 1970년대 초부터 소련에 대한 우려와 적개심으로 말미암아 중국은 미국보다도 제1세계의 이 초강대국에 대한 공격에 더 집중했다. 언제나 소련에 대한 불신을 갖고 있었기 때문에 제2세계에 대한 중국의 전략은 유럽 나라들(거기에는 유고슬라비아·루마니아 등 일부 동유럽 국가들도 포함되어 있었다)과 일본을 모스크바에 대항한 폭넓은 연합 전선 속으로 끌어들이고자 하면서 마르크스주의보다는 프랑스식 드골주의에 보다 가까운 모습을 띠고 있었다. 제3세계에 대해서는 기본적으로 각종 국제회의에서 이들 국가의 주장을 지지하는 상징적 행동을 취했다. 그러나 실제로 중국은 "제3세계 국가들의 정권이 어떻게 다르든지 간에 근본적인 모순은 그들과 제국주의 및 패권주의와의 모순"이라고 보았다. 달리 말하자면, 제3세계 국가들의 외교 정책만이 — 즉 기본적으로 소련에 대한 그들의 태도만이 — 관심의 대상이었다. 바로 그러한 태도로 말미암아 중국은 쿠바, 베트남, 앙골라, 알바니아, 라오스, 몽골 또는 아프가니스탄 등 마르크스주의 국가들과 갈등을 빚었고, '반동적인' 정권이었던 자이르, 칠레, 필리핀 등과 좋은 관계를 유지했다.

중국의 제3세계론은 소련에 대한 집요한 공격으로 말미암아 약화되었던 도덕적 이념적 권위를 보존 재건하는 데는 점차 충분한 것이 되지 못했다. 제1세계든, 제2세계든, 제3세계든 이들에 대한 중국의 외교 정책은 점점 더 국가적 이익에 의해 좌우되는 강대국의 정책으로 보였다.

미국 및 서방에 대한 접근

중국이 원하던 1969~1970년의 중·미 대화 재개는 닉슨(Richard Nixon) 대통령의 의도와 지시에 따른 미국 측의 태도 변화에 의해서도 촉진되었다. 닉슨은 미군의 베트남 개입을 끝내고자 했고, 그러면서도 가능한 한 미국에 유리하게 동아시아의 균형을 유지하고자 했다. 또한 소련의 군사력 팽창을 우려하고 있던 미국은 베이징에 대한 자신의 태도를 유연하게 변화시켰다. 미국과 중국이 화해하리란 전망이 소련에 압력으로 작용하여 소련으로 하여금 무기 통제와 유럽 문제에 관한 협상에서 더욱 타협적인 태도로 나오도록 이끌 것이라고 미국을 내다보았다.

양측의 우호적인 태도는 긴장 완화 조치를 취하는 단계로 나아갔다. 문화대혁명 초기 이래 단절된 대사급 대화가 바르샤바에서 1970년 1월 재개되었다. 1971년 4월 미국의 탁구 대표팀이 중국을 방문했다. 뒤이은 7월에는 헨리 키신저(Henry Kissinger)가 베이징에서 첫 번째 방문 임무를 완수했고, 양측은 1972년 닉슨 대통령의 중국 방문에 원칙적으로 합의했다.

1971년 가을, 워싱턴은 중국의 유엔 가입에 대한 반대 견해를 철회했다. 중화인민공화국은 자신의 정당성과 강대국 지위를 인정받을 수 있었다. 중국은 뉴욕에 대표가 주재함으로써 자국과 외교 관계가 없던 국가들과 접촉하고 지금까지 소외당했던 국제적인 대논쟁에도 참여할 수 있었다. 1971년 10월 25일 유엔의 투표일에 국내 정치상의 이유로 미국 대표들이 중국의 유엔 가입을 반대하는 목소리를 냈지만 사전 준비된 절차상의 조정을 통해 결국 중국은 성공을 거둘 수 있었다.

이러한 준비 끝에 1972년 2월 이루어진 닉슨의 중국 방문은 '상하이 공동성명'을 이끌어 냈다. 거기서 미국은 타이완의 장래와 중국의 타이완 통합 문제가 평화적으로 해결되어야 한다는 자신의 이해관계를 확인하면서도 하나의 중국이라는 원칙과 타이완이 중국에 속한다는 점을 승인했다. 이 성명은 매우 모호했고 이후 양국 관계의 완전한 정상화를 위해서는 새로운 노력이 필요했다.

양국 관계의 정상화까지는 오랜 시간이 걸렸다. 타이완 문제가 여전히 장애로 작용했다. 사실 중국은 관계 정상화를 위한 세 가지 조건을 내걸었다. 1954년 체결된 미국과 타이완의 상호 방위 조약 폐기, 워싱턴의 중화민국(타이완)에 대한 승인 철회 그리고 타이완 주둔 미군과 장비의 철수가 그것이다.

동시에 중국 당국은 미·소 간에 이루어진 전략 협상의 진전을 우려하고 분개해 했다. 중국은 1972년 모스크바에서 체결된 솔트(SALT) I 협정을 도저히 받아들이기 어려웠고, 1974년 블라디보스토크에서 조인된 새로운 원칙적인 합의에 대해서도 마찬가지였다. 소련 남부와 서부의 안전을 보장해 주는 초강대국 간의 긴장 완화가 동부 쪽을 향한 소련의 공격 능력을 강화해 줌으로써 중국에 위험한 결과를 가져올 수 있었다.

결국 중·미의 상호 접근은 1973년 인도차이나에서의 갈등 해결에 뒤이어 베이징 및 워싱턴에 연락 사무소를 개설했음에도 불구하고 지지부진했다. 1977년 덩샤오핑의 업무 복귀와 지미 카터(Jimmy Carter) 대통령의 당선을 기다려서야 양측의 협상은 재개되었고, 1978년 12월 15일 공동 성명이 발표될 수 있었다. 중국의 지도자들이 타이완 문제를 해결하는 데 인내를 갖고 무력에 호소하지 않을 것이라고 약속한 것에 대한 대가로 미국은 베이징 정부가 타이완에 대해 주권을 갖는다는 원칙에 동의했다. 미국은 중화인민공화국이 중국의 유일한 합법 정부임을 승인하고 1979년 1월부터 외교 관계를 수립함과 동시에 당시까지 타이베이(臺北) 정부와 유지해 오던 관계를 단절하기로 결정했다. 또한 미국은 1954년 장제스와 체결한 상호 방위 조약을 폐기하는 데 동의했다.

이러한 관계 정상화는 1979년 2월 세계의 이목을 집중시킨 덩샤오핑의 미국 방문에 의해 확고해졌다. 이 방문에서 과학, 기술, 문화, 무역 등에 관한 추가적인 합의가 이루어졌다. 1979년 5월 중국은 (소련에게는 여전히 거부되고 있던) 최혜국 대우를 누릴 수 있는 권리를 얻기도 했다.

그러나 중·미 관계의 정상화는 많은 문제들을 유보된 채로 남겼다. 소련에 대한 공통된 우려와 적의가 중·미 간의 화해를 주재하였지만 덩샤오핑이 미국 방문 중 보여준 격렬한 반소 경향은 새로운 파트너를 긴장시켰다. 게다가 원칙적인 여러 선언에도 불구하고 타이완 문제는 여전히 해결되지 못한 상태였다. 워싱턴과 타이완 간의 외교 관계는 단절되었지만 1979년 3월 미국 의회를 통과한 '타이완관계법(Taiwan Relation Act)'은 중·미 관계의 정상화를 비준하면서도 "타이완 문제의 해결에서 평화적인 방법 이외의 모든 노력은 서태평양 지역의 평화와 안보에 대한 위협으로 간주할 것이며, 미국의 심각한 우려 대상이 될 것"이라고 확인했다. 베이징은 실질적으로 타이완에게 주어진 국가 지위와 미국의 보장에 대해 항의했다.

이러한 어려움에도 불구하고 중·미 관계는 경제적, 정치적, 문화적 그리고 전략적 방면에 걸쳐 차츰 긴밀해져 갔다. 소련의 팽창은 미 행정부로 하여금 중국과의 군사적 관계의 유용성을 고려하고 갈수록 취약해져 가는 동서 간의 긴장 완화에 우선권을 부여하게 하였다. 미 국무장관 알렉산더 헤이그(Alexander Haig)는 1981년 베이징을 방문한 자리에서 미국은 중국에 무기를 판매할 준비가 되어 있다고 발표했다.

긴장 완화에 뒤이은 중·미 관계의 정상화에 따라 중국은 서방 각국 및 일본에도 접근하였다. 다나카 가쿠에이(田中角榮) 수상은 베이징을 방문하여 1972년 9월 29일 공동 성명을 발표하고 중·일 관계의 '비정상 상태'가 끝났음과 두 나라 간의 외교 관계 수립 그리고 중화인민공화국 정부가 중국의 유일한 합법 정부임과 함께 타이완에 대한 주권을 가진다는 것을 선언했다. 또한 중국은 전쟁 피해 배상을 요구하지 않는다는 점을 약속했으며, 일본은 1937년에서 1945년까지의 점령 기간 동안 야기된 피해에 대해 유감을 표했다. 그리고 평화 및 우호를 위한 조약 협상이 예정되었다.

그것은 많은 장애를 안고 있는 어려운 협상이었다. 일본과 타이완의 경제적 관계의 중요성, 댜오위다오(釣魚島, 일본명 센가쿠)의 주권 문제, 풍부한 석유가 매장되어 있는 근해 지역의 영해 경계선 문제 같은 장애가 그것이다. 협상은 특히 협정의 문안에 이른바 '반(反)패권주의' 조항을 집어넣으려는 중국의 의도로 인해 어려움에 부닥쳤다. 그 조항은 어느 나라든 아시아에서 우위를 장악하려고 하는 나라에 대한 비난을 담고 있었고, 사실 그것은 소련을 겨냥한 것이었다.

일본 협상단이 망설임을 극복하려면 4개 현대화를 추진하는 중국과의 협력이 일본에 경제적 팽창을 가져오리라는 전망이 필요했다. 1978년 8월 반패권주의 조항을 포함하는 협정이 체결되었다. 마찬가지로 1978년에 체결된 장기 무역 협정은 두 나라 간의 경제 교역이 급성장하는 시대를 열었다. 쌍방의 무역액은 1977년 34억 달러에서 1981년에는 103억 달러로 늘었다.

서유럽 국가들에 대한 중국의 정책은 매우 유사한 변화 과정을 거쳤다. 1972년부터 베이징은 그들 대부분의 나라들과 외교 관계를 수립하거나 회복했다. 또한 중국은 하나의 유럽 건설에 대한 지지를 확인했다. 중국은 그것이 소련의 패권을 적절하게 견제하는 구실을 할 것으로 보았다. 1975년 5월 중국은 유럽공동체(EC)와 외교 관계를 수립했고, 유럽공동체는 1978년 4월 중국에 대한 최혜국 대우 조항 적용을 승인했다. 미국 및 일본과의 화해와 마찬가지로 중국의 서유럽 접근은 소련에 대한 적의를 나타내고 있었다. 베이징의 지도자들은 북대서양조약기구의 강화를 지지하고 1975년 헬싱키 협정의 최종 결의를 비난했다. 이 결의 속에서 중국 지도자들은 '소련 팽창주의의 트로이 목마'(F. Joyaux)를 볼 뿐이었다.

중국과 서방 간의 긴장 완화 정책은 분명 아시아—태평양 지역에서 세력 균형이 상대적인 안정을 유지하는 데 기여했다. 그러나 중국이 이러한 정책을 추진하게 된 근본적인 동기는 중·소 대립의 지속과 악화 속에서 찾아야 한다.

소련과의 대립과 남아시아 및 동남아에서의 중·소 경쟁

1970년대와 1980년대에 지속된 중·소 대립은 사실 20세기 후반의 가장 끈질기고도 두드러진 갈등의 하나였다. 1950년대 말의 이념 논쟁은 두 나라의 지도자 교체와 정치 노선 변화에도 계속되었고, 전반적이고 항상적인 대립으로 변화했다. 양국의 반복되는 충돌은 전 세계 모든 지역에서 감지되었지만 특히 아시아에서 두드러졌다.

1969년 10월 국경 문제를 해결하기 위해 시작된 협상은 아무런 성과 없이 연기되었다. 소련은 전반적인 정치적 해결을 주장했지만 중국은 전투의 종결과 분쟁 지역(사실 단지 소련군이 점령하고 있을 뿐이었다) 밖으로의 양국 군 동시 철병이라는 합의를 얻어 내고자 했다. 아무런 합의도 이루어지지 않고 국경에서 무장 충돌이 계속되었다. 1969년 우수리 강 충돌 사건이 있은 뒤 3년 동안 소련은 극동 지역에 전체 군사력의 4분의 1(46개 사단)을 배치했다. 그 이후 1979년까지 병력의 수는 그대로 머물렀지만 그 장비 수준은 끊임없이 향상되었다. 전략 폭격기는 그 지역 전체를 행동반경 안에 두고 있었다. 소련 태평양 함대는 양적으로도 질적으로도 모두 강화되었다. 미국 해군과의 균형을 목적으로 배치된 이 함대는 점차 동아시아에서 소련의 팽창을 지탱하는 데 사용되기 시작했고, 그 부대의 일부는 베트남 연안의 기지로부터 출동할 수 있었다.

이러한 소련의 압력에 대하여 중국은 두 가지 전략을 채택했다. 한편으로, 중국은 무기 공장을 증설하고자 했고, 북한과의 국경 지대로부터 몽골 서부 국경 지대에 걸쳐 미사일 발사 기지를 배치했다. 다른 한편으로, 중국은 북부와 서북부 국경 지대에 150만 명의 대병력을 집중시켰다. 이 부대들은 대부분 열악한 장비를 갖추고 있었지만 경우에 따라서는 지방군과 민병에 기초를 둔 이들을 통해 인민 항전을 수행하고자 했다.

그러나 국경 충돌은 끊이지 않았다. 중국은 모든 외교 역량과 서방 강국들과의 접근을 통해 얻을 수 있는 모든 가능성을 모색하면서 소련의 팽창을 저지하고자 했다.

1971년 8월 소련과 인도 간에 평화·우호·협력 협정이 조인되자 중국은 파키스탄으로 향했다. 그러나 이 중국-파키스탄의 우호 관계는 1971년 동부 파키스탄이 분리되어 방글라데시를 세우고자 하면서 베이징을 매우 어려운 상황에 처하게 만들었다. 민족 해방 운동에 대한 원칙적인 지지에도 불구하고 베이징은 파키스탄 쪽에 서서 방글라데시의 독립을 국가 분할 기도라고 비난했고, 동부 벵갈에 대한 인도의 개입은 외부 강국의 내정 간섭으로 규정했다. 중화인민공화국은 1975년이 되어서야 방글라데시를 승인하게 된다.

파키스탄으로 말미암은 정치적 경제적 위기에도 불구하고 중국은 여전히 이슬라마바드에 대한 지지를 견지했다. 카라코룸 통로의 공동 건설은 경제적이고도 전략적인 중요성을 띠고 있었다. 1966년 이래 중국이 파키스탄에 제공한 군사 장비는 6억 3천만 달러에 이르렀다. 1979년 12월 소련의 아프가니스탄 침공과 함께 베이징과 이슬라마바드의 관계는 더욱 긴밀해졌다. 중국-파키스탄의 결속은 사실 중국 측 정책의 근본 목표와도 부합했다. 중국의 목표는 본래 인도가 아시아의 지배적인 강국이 되는 것을 억제하고 그 다음에는 이 지역에서 소련의 지배력이 관철되지 않도록 하는 것이었다. 소련의 아시아에 대한 통제는 신장과 티베트에 대한 소련의 침략에 새로운 길을 열어 줄 것이며, 소련에게 페르시아 만과 인도양을 향한 창구를 제공하는 것이 될 것이기 때문이었다.

1976년부터 중국과 인도 간의 긴장이 상대적으로 완화되기 시작했음에도 불구하고(인도는 소련이 제안한 집단 안보 조약에 가입하는 것을 신중한 태도로 거부했다) 중·인 관계는 그 뒤 10년 동안 결정적인 개선을 보지는 못했다. 1979년 대두하기 시작한 관계 정상화에 대한 기대는 1979년 2월 베트남에 대한 중국의 공세를 인도가 비난하면서, 또 1980년 7월 인디라 간디(Indira Gandhi)가 베트남인들이 세운 프놈펜(Pnompenh) 정부를 승인하면서 흔들려 버렸다. 그러나 소련의 아프가니스탄 침공은 중국과 인도에 공통된 우려를 가져다주어 두 정부를 접근하도록 만들었다.

중·소 대립이 가장 첨예하게 나타난 것은 인도차이나 반도에서였다. 그러한 대립은 지역 차원의 무력 충돌을 야기했고, 중국은 이에 직접 개입했다. 사실 이러한 대립은 10년간에 걸친 중국과 베트남 간의 적대감 상승이 드러난 것이다. 중국은 베트남이 인도차이나 반도에 대한 패권을 장악하고자 할 뿐만 아니라 소련의 보다 폭넓은 전략적 야심을 돕고 있다고 의심했다. 남북 베트남 양 국가의 존재를 인정하고 캄보디아와 라오스의 중립을 확인하면서 제2차 인도차이나 전쟁을 종식시킨 1973년의 파리 협정에 중국은 만족을 표한 바 있었다. 그러나 하노이 정부는 온건한 태도를 주문하는 베이징 측의 충고에도 불구하고 베트남의 통일을 서둘렀고, 1975년 4월 북베트남 군대는 사이공으로 쳐들어갔다. 중국의 우려는 라오스와 캄보디아에서 일어난 사태의 변화에 의해 더욱 깊어졌다. 1975년 4월과 10월 사이 베트남은 파테트 라오를 통해 라오스에 대한 실질적인 개입에 들어갔다. 캄보디아에서는 중국이 1970년 론 놀 장군의 쿠데타 이래 그 지역 공산당 게릴라들에 대해 군사 원조를 해왔고, 1975년 크메르 루즈의 프놈펜 장악을 환영하면서 이 새로운 폴 포트(Pol Pot) 정권을 지지했다. 그러나 1977년부터 베트남과 민주캄푸치아 간의 국경 충돌이 빈발했고, 그러한 베트남-캄보디아 관계의 악화는 중국과 베트남 관계의 악화를 가져왔다.

베트남과 소련의 관계가 갈수록 긴밀해지면서 베트남은 중국에 더욱 위협적으로 보였다. 1978년 6월 하노이는 동유럽의 인민민주주의 국가들과 소련의 경제적 연대를 위한 조직인 코메콘(COMECON, 경제 상호 원조 회의)에 가입했다. 그리고 마침내 1978년 11월 모스크바와 하노이는 우호·협력 협정에 조인했으며, 중국은 이를 자신을 직접 겨냥한 것으로 간주했다. 사실 베트남은 소련의 강력한 지지 아래서 1978년 11월 베이징이 지원하던 민주캄푸치아에 군대를 진격시켜 폴 포트 정권을 전복시키고 캄푸치아인민공화국의 수립을 비호했다.

옛 프랑스령 인도차이나가 소련의 원조 아래 베트남에 유리하게 통합되는 것을 중국은 자신의 대단히 중대한 이익에 대한 직접적인 타격으로 인식했다. 중국은 베트남이 지역 패권주의라는 자국의 야심을 실현하기 위해 소련의 전략적 도구가 되었다고 비난했다. 중국은 제2차 인도차이나 전쟁 이후 반도에서 '큰 형님' 구실을 하고자 한 것이 위태롭게 되자 불만을 품게 되었다. 바로 이러한 고려에서 중국은 베트남에 대한 무력 개입으로 나아갔다. 1978년 가을부터 준비된 군사적 개입은 1979년 2월 덩샤오핑의 미국 방문 이후에야 시작되었다(이 방문에서 덩샤오핑은 미국 행정부가 자신의 계획에 동의해 주기를 원했지만 미국은 모호한 침묵을 보였을 뿐이었다).

중국은 어떤 동기에서 소련의 개입을 불러올 위험을 무릅쓰면서 베트남에 20여 개 사단을 파견했던 것일까? 양측 관계의 악화에 관해서는 전술한 바 있지만, 거기에는 지난 20년 동안 중국이 지지하고 지원해오던 한 나라의 배은망덕과 오만에 대해 중국 지도자들이 느끼던 분개와 모욕을 고려해야 한다. 또한 베이징 지도자들의 마음속에는 성가신 이웃에 대해 단지 '교훈을 준다'는 고려도 있었던 것 같다. 지도자들은 1962년 인도와의 국경 전쟁과 유사한, 침공 뒤에 곧바로 철수하는 전격전을 생각하고 있었다.

베트남의 저항은 이러한 예상이 빗나가게 만들었다. 작전이 시간을 끌면서 소련이 개입할 위험이 높아갔다. 유엔 안전보장이사회는 군대의 철수를 호소했다. 희생자 수가 늘어 갔고(중국의 공식 통계에 따르면 2만 명 사망), 전쟁 비용(13억 달러로 집계됨)은 4개 현대화 계획의 실현을 위태롭게 했다. 3월 15일 베이징은 중국군의 철수를 선언했다. 그러나 그것은 공식 성명에서 밝힌 대로 소기의 목적을 달성했기 때문일까?

분명 중국군은 적국의 영토 안으로 약 40킬로미터를 진격해 들어갔다. 소련은 개입하지 않았다. 그러나 캄보디아에 대한 베트남의 군사적 압력이 완화되지는 않았다. 그리고 베트남에 대해 '교훈을 준다'던 군사작전은 오히려 중국에 대해 자신의 군대가 현대적인 공격전을 수행할 상태가 아니라는 점을 가르쳐 주었다. 이 작전을 통해 베이징의 지도자들은 군대 현대화와 경제 현대화 사이의 선택 문제에 직면하였다. 물론 덩샤오핑은 후자에 우선권을 부여했다.

그러나 중국은 이 지역에서 반베트남 · 반소련 전략을 포기하지 않았다. 아세안 나라들에 대한 접근은 이 전략의 또 다른 측면을 보여준다. 베이징과 아세안 대부분 나라들과의 관계 정상화는 중 · 미 간의 접근을 뒤따라 이루어졌다. 1978년 이래 베이징과 이 새로운 파트너들 간의 접촉이 증가했다. 그러나 인도차이나 반도에서 베트남과 소련의 야심이 공통된 이해관계를 갖고 있었다면 중화인민공화국과 동남아시아 비공산계 국가들 간에는 많은 견해의 차이가 있었다. 아세안 각국은 캄보디아에 베이징이나 하노이로부터 자유로운 중립 정부가 세워지기를 원했다. 그들은 크메르 루즈보다는 시아누크 국왕이나 송 산(Song Sann)이 지도하는 비공산계 정파를 지지했다. 이러한 견해 차이의 배후에는 중국이 베트남을 대체하여 지배적인 지역 강국으로 등장하는 것에 대한 아세안 각국의 우려가 있었다.

1970년대 중반 이래 중국은 태국과 말레이시아 등지의 지역 공산주의 운동에 대한 지원을 줄이거나 그만두었다. 그러나 공산주의 운동의 존재는 이 지역 화교의 존재와 마찬가지로 동남아 일부 국가들의 국내 문제에 대한 베이징의 개입 또는 재개입의 잠재적 가능성을 나타냈다. 그리하여 베이징의 온건화는 장기적 전망을 갖지 않는 단순한 전술적인 책략, 직접적인 이익을 염두에 둔 일시적인 연맹 전략으로 간주되곤 했다.

제3세계(중동, 아프리카, 라틴 아메리카)에 대한 중국의 정책

1974년 중국은 유엔 회원국이자 발전 도상에 있는 일부 나라들의 선언에 서명했다. 선언은 원료 생산국에 유리하며 제3세계에 무역상의 이익을 가져다 줄 수 있는 국제 경제상의 '새로운 질서' 수립을 주장했다. 이러한 원칙적인 태도와 함께 중국은 제1세계 및 제2세계의 강국들 — 즉 공업화된 나라들 — 로부터 4개 현대화의 실현에 필요한 설비와 기술을 얻어 내기 위해 지속적인 노력을 기울였다. 이와 같이 실제적인 측면에서는 서방과의 경제적 관계를 우선적으로 고려하면서도 베이징은 여전히 제3세계에 대한 미국(또는 유럽)의 주장을 편들려고 하지 않았다. 사실 중국은 자신이 여전히 비난해 마지않던 제국주의의 동맹자로 비치는 것을 원하지 않았다. 그러나 적어도 우리는 중국과 서방의 주장이 일치하는 경우가 많았고, 중국이 공개적으로는 승인할 수 없었지만 서방의 행동으로부터 이익을 취하는 경우도 있었다는 점을 확인하게 된다.

중동에서 중국은 1976년 이집트의 사다트(Anwar el-Sādāt) 대통령이 소련과의 우호·협력 협정을 파기하자 이집트에 접근했다. 그리하여 중국은 매우 신중한 태도를 견지하면서도 1979년 3월 이스라엘-이집트 협정의 체결을 지지하게 되었다. 이란의 레자 샤(Reza Shah) 정권에 대한 접근도 이 지역에서 소련의 영향력을 억제하려는 같은 생각에서 비롯된 것이었다. 그러나 1978년 8월 화궈펑의 테헤란 방문 뒤 몇 개월 만에 왕정은 아야톨라 호메이니(Rūḥallāh Khomeyni)에 의해 전복되었다. 이러한 전환이 중국의 외교에는 거의 영향을 주지 않았다. 중국은 서둘러 샤의 후계자들에게 소련의 위험에 대한 주의를 촉구했다.

아프리카에서 중국은 특정 국가와 관계를 유지하면서도 이 지역의 모든 문제와 갈등에 대해 중국의 언론과 국제회의(특히 유엔) 등을 통해 자신의 견해를 분명히 했다. 1974~1975년 앙골라 위기 때 중국은 소련의 영향 아래 있던 앙골라인민해방운동(MPLA)과 대립하던 민족주의 운동을 지원했다. 중국은 아프리카통일기구(OAU)의 중재 역할을 지지하고 다양한 민족주의 정파들의 통일전선을 부추겨 앙골라인민해방운동의 확대를 저지하고자 했다. 이는 결국 실패로 돌아갔고, 베이징은 앙골라 신정권과의 수교를 거부했다. 서방의 관찰자들은 이를 두고 현실을 무시한 중국의 반소 감정 탓으로 보았다. 중국이 자이르(콩고)에서 모부투 세세 세코(Mobutu Sese Seko) 장군의 정권을 지지하게 된 것도[콜웨지(Kolwezi) 작전 직후인 1978년 6월 외교부장 황화(黃華)가 자이르를 방문했다], 차드에 대한 리비아의 정책을 비난한 것도, 1974년 에티오피아 아디스 아베바(Addis Abeba) 신정권이 모스크바로 기울자 수단 · 소말리아 등 그 인접국에 접근한 것도 모두 소련에 대한 적대감 때문이었다.

라틴 아메리카는 분명 중국의 외교 활동이 가장 잘 드러나지 않는 지역이었다. 중국은 이 지역의 주요 국가들과 공식적인 관계를 맺고(1970년 칠레, 1971년 페루, 1972년 아르헨티나 · 멕시코, 1974년 베네수엘라 · 브라질과 수교했다), 또 아르헨티나 및 피노체트(Augusto Pinochet) 장군의 칠레와 매우 활발한 무역을 해오고 있었지만 이 지역은 중요도에서 상대적으로 부차적인 취급을 받고 있었던 것으로 보인다. 그럼에도 중국은 초강대국의 패권의 기도를 저지하기 위한 모든 노력들 — 안딘 협정, 아마존 협정, 라틴아메리카 연합(LAFTA, 라틴아메리카자유무역연합—역주)에 관한 몬테비데오 조약 등 — 에 지지를 보냈다. 이 지역에는 소련의 직접적인 위협이 없었지만 베이징은 쿠바와 이념 경쟁을 벌이면서(중국과 쿠바의 관계는 여전히 매우 험악했다) 1981년 미국의 개입에 의한 엘살바도르 위기 때는 미 제국주의에 대해 강력한 비난을 퍼부었다.

실천이 진리의 유일한 표준이라는 덩샤오핑의 격언을 두고 본다면 1970년대 중국의 외교 정책은 제3세계론이 주장하는 더욱 공정한 국제 질서를 추구했던 것이라고 볼 수 있을까? 1970년대 전반에 베이징은 국제적인 문제에 대한 이중적인 접근 태도를 서로 조화시킬 수 있었던 것으로 보인다. 즉 초강대국에 대해서는 안보의 문제로 접근하고 제3세계에 대해서는 평등과 정의의 가치를 내세웠다. 그러나 1970년대 말 4개 현대화 정책이 전면적으로 추진되고 서방과의 경제적 정치적 그리고 전략적 관계를 긴밀화하면서부터는 제3세계론이 중국의 언론과 공식 성명에서 그리 자주 언급되지 않았다. 외교 정책에서 중국이 내세웠던 상징적이고 규범적인 가치는 사라진 듯 보였다. 1980년대 문턱에서 중국은 어느 때보다도 깊이 국제 체제의 작동에 참여하고 거의 모든 대규모 국제기구들의 일원이 되었다. 그것의 목적은 분명 외교 활동을 통해 4개 현대화 달성에 필요한 안보와 휴식을 얻고자 한 것이었다.

독자적 정책과 지역 강국으로의 부상

1980년대 초, 그리 안정되지 못한 상황에서 중국의 외교 정책은 매우 유연했고, 무엇보다도 현대화에 시장을 가져올 수 있는 장애물을 제거하는 데 중점을 두었다. 중국은 세계 혁명의 지도자라는 인상을 심는 일을 그만두었다. 이념은 더 이상 외교 정책에서 고려의 대상이 되지 못했다. 이제 현실적이 된 외교 정책은 기본적으로(절대적이라고는 할 수 없지만) 경제 발전이라는 국가 이익에 더 많은 비중을 두었다. 예컨대 1986~1987년 이란에 대한 미사일 판매는 외화 획득을 위한 긴급한 필요에 따른 것이었다.

이념의 후퇴로 말미암아 전통적인 정치 문화가 대두하면서 그것이 국제 관계의 영역에서도 내부적인 게임의 규칙들 — 유교적 규범, 파벌 대립 등 — 을 규정하고 있었다. 마오쩌둥 시대 외교 업무상에서 비교적 일치된 견해를 보이던 상황은 이제 찾아보기 어려웠다. 개방 정책이 노골적으로 거부되지는 않았다고 해도 파벌 투쟁의 주요 쟁점 가운데 하나가 되었다. 많은 관찰자들은 1987년 여름 중·일 관계에서 대두한 심각한 문제들이 후야오방의 실각을 불러왔다고 보았다. 사실 후야오방이 친일적인 태도를 취했다면 그에 대해 승리를 거둔 보수파는 일본을 개방이 불러온 모든 폐해의 상징으로 간주했다. 또한 1988년 가을부터 시작된 중·소 접근의 가속화는 최소한 부분적으로는 당시 급부상하고 있던 친소파로 잘 알려진 리펑이 주도했던 것으로 보인다. 또 다른 전통의 복귀는 지역주의였다. 국가가 여전히 주요 행위자였지만 지방, 특히 화남 지방의 각 성들은 외국 차관과 투자의 유치, 기술 협력, 합자회사의 설립 등 외국과의 경제 관계를 운용하는 데서 커다란 자율성을 누리고 있었다. 1988년 난징에서 흑인 유학생들이 군중 및 경찰에 의해 박해를 당한 심각한 사건은 중국의 대아프리카 정책이 인종주의적인 지방 당국의 손에 방치되었다는 인상을 주었다.

이러한 전통적 태도, 보다 넓은 의미에서 중국 중심주의적인 태도로의 복귀는 중국의 점증하는 국제 사회 참여, 특히 대외 무역의 증가와 큰 국제기구 가입(1980년 국제금융기구 및 세계은행 가입, 아시아개발은행 가입) 등을 통해 상쇄되고 있었다. 중국은 이 기구들이 제공하는 대부의 주요 취득자가 되었다. 그리고 중국은 이제까지 교역국들과 수많은 상호 협정을 맺음으로써 해결하던 대외 무역을 촉진하기 위해 1986년 이래 관세 및 무역에 관한 일반 협정(GATT) 가입 문제를 협상하기 시작했다.

이러한 세계 경제 질서로의 편입은 그러한 질서가 일정하게 요구하는 것에 대한 수용을 동반했다. 상대적으로 투명한 통계의 작성, 국제적인 조정 절차 및 특허권에 관한 법률의 승인 등이 그것이다. 그러나 중국이 국제 사회의 운용에 관한 이러한 규정들에 동의했다고 했다고 해서 문화적인 다양성을 넘어 여러 나라들이 일반적으로 인정하는 하나의 법 또는 하나의 도덕을 형성하는 가치를 받아들인 것은 아니었다. 1989년 3월 티베트의 소요에 대한 피어린 진압, 6월 천안문 광장의 학살은 인권이나 인민의 자율권이라는 원칙이 국가 이익의 수호 또는 덕에 의한 통치라는 보다 전통적인 개념에 여전히 복종해야 한다는 점을 잘 보여준다. 여기서 덕에 의한 통치란 개명전제(開明專制) 또는 위로부터의 개혁이라는 의미로 해석될 수 있을 것이며, 사실은 폭력에 의존하게 될 것이었다. 19세기의 사고 틀로부터 비롯된 체(體, 보존해 가야 할 것)와 용(用, 외부로부터 수입하고 빌려 올 수 있는 것)의 구분은 중국의 세계 체제 편입 과정에서 드러난 한계를 보여주었다.

그럼에도 이 세계 체제에서 중국이 차지하고 있던 위치 — 중요한 그러나 주도적이 아닌 — 는 그 외교 정책 결정에 중요한 작용을 했다. 미하일 고르바초프의 평화 구축을 위한 노력과 그것이 가져온 중·소 접근은 1980년대의 외교 정책에 지배적인 방향을 부여했다(그것은 1972년 닉슨의 중국 방문에 의해 시작된 중·미 관계 정상화 과정이 그 이후 10년간의 외교 정책을 지배했던 것과 같았다). 이 중·소 접근은 독특한 현상이었다. 그것은 1950년대식 진영 간 경쟁의 틀로 다시 돌아가는 것도 아니었고, 베이징이 모스크바와 워싱턴에 대해 오랫동안 견지해 왔던 삼각 게임에서 보여주었던 유동적인 태도와도 달랐다.

이 새로운 중·소 접근은 1987년 12월 중·단거리 미사일의 폐기에 관한 미·소 사이의 중거리핵전력협정(INF)과 미하일 고르바초프와 로

널드 레이건(Ronald Reagan)의 워싱턴 정상 회담에 의해 승인된 전반적인 긴장 완화라는 맥락 속에 위치하고 있었다. 중·소 접근은 중·미 사이의 우호 관계를 유지시켰고, 캄보디아와 한국 등 베이징과 모스크바의 대립으로 인해 많은 지역적 갈등이 빚어지고 있던 동아시아 및 동남아시아 지역의 국제 관계에 관한 전반적인 재규정을 불러왔다. 따라서 대립의 완화는 중국에 인접 국가들과 관계를 발전시킬 수 있는 새로운 전망을 열어 주었고, 지역 강국으로서 중국의 중요성을 확인시켜 주었다. 그러나 중·소 접근은 중국으로 하여금 일본과의 관계를 재검토하게 만들기도 했다. 당시까지 중국은 일본을 동아시아에서 반소 대책을 마련하기 위한 중요한 고리로 간주해 왔지만 이제는 일본이 군사적 정치적 강국으로 부상하는 것을 우려의 시선으로 감시하게 된다.

따라서 1989년 초 중국은 그 상대국들에게 공업화된 강국들(자본주의 국가든 사회주의 국가든)과 협력하여 자신의 현대화를 달성하고 동아시아의 안정을 위해 일하는 평화적인 강국으로 여겨졌다. 동아시아에서 중국은 기존의 블록 정책의 쇠퇴로 말미암아 등장한 새로운 권력의 축들 가운데 하나로 부상하기 시작했다.

천안문 시위의 무력 진압은 강국들이 중국에 바랐던 것과 같은 안정된 이미지를 깨어 버렸다. 이제 남은 것은 현실 정치적 필요에 따른 외교였다. 그러나 그러한 현실 정치의 고려가 10여 년간의 노력 끝에 중국이 국제 사회에서 얻어 낸 지위를 유지하는 데 충분한 것이었을까?

미국과의 협력

중국의 외교 정책 방향은 1982년 9월 열린 중공 제12차 전국대표대회서부터 분명히 제시되었다. 중국은 다시 미국과 거리를 두었고, 소련과의 대화를 재개했으며, 자신의 독자적인 외교 정책과 제3세계와의 연대를 재확인했다.

1980년과 1981년 사이에 설정된 바 있는 미국과의 장기적인 전략적 제휴는 다양한 장애에 부딪쳤다. 특히 군사 부문에서 워싱턴과 타이베이가 밀접한 관계를 유지하고 있는 것이 주요 장애였다. 1982년 1월 레이건 대통령은 성명을 발표하고 타이완에 최신형 전투기를 공급하지 않겠다고 약속했지만 1979년 이래 타이완이 추진하고 있던 F5E 모델의 공동 제작에 계속 참여하겠다는 미국의 의사를 확인했다. 이 선언은 베이징의 우려와 분노를 불러일으켰다. 미국은 이에 대한 유화책으로 타이완에 대한 미국의 무기 공급을 단계적으로 줄여나가고 비교적 가까운 장래에 완전히 중단한다는 1982년 8월의 공동 성명에 서명했다. 이러한 타협으로 위기를 넘기기는 했으나 불안감을 완전히 제거하지는 못했다. 타이완에 대한 무기 판매는 계속해서 중·미 관계에 부담이 되었고, 중국은 미국이 1982년 8월에 했던 약속의 이행에 무관심하다고 비난했다.

그 밖에도 여러 가지 긴장 관계가 두 나라 사이에 가로 놓여 있었다. 중국의 반정부 인사들과 인권 운동가들에 대한 미국의 지원은 베이징 정부를 분노케 했다. 많은 사건들이 일어났다. 1987년 1월 상하이에서는 미국으로부터 귀국한 양웨이(楊衛)라는 중국 학생이 1986년 2월의 시위 주동자였다는 혐의로 체포되어 비공개 재판에 처해졌다. 1987년에는 두 명의 미국인 기자가 추방되었다. 중국 당국은 1989년 2월 조지 부시 대통령의 베이징 방문 때 미 대사관이 초청한 반정부 인사 팡리즈의 연회 참석을 저지했다. 1987년 티베트 소요의 진압에 대해 미국 의회가 매우 비판적인 자세를 취하자 중국은 이를 내정 간섭이라고 맞섰다. 1989년 미 국무장관 제임스 베이커(James Baker)는 티베트에 대해 중국 당국이 보다 온건한 태도를 취하고 달라이 라마와 협상을 개시하도록 노력했지만 결국 2주 뒤(1989년 3월 7일) 라싸에 계엄령이 내려지는 것을 막지는 못했다.

미국이 중국으로부터 들여오는 일부 수입품(특히 섬유 제품)에 대해 취한 관세 장벽은 또 다른 갈등을 일으켰다. 그러나 이러한 장애들이 두 나라의 경제 관계가 긴밀해지는 것을 막지는 못했다. 양국의 무역은 1986년 73억 달러에 이를 정도로 성장했다. 미국은 중국에 막대한 투자를 했다. 미국은 베이징에 무기를 판매했고 고기술의 이전에 동의했다. 군사적 목적에 사용될 수 있는 고기술 장비의 중국 수출이 1985년부터 허용되었다. 1986년 이러한 기술 이전의 가치는 10억 달러에 이르렀고, 1987년 6월부터는 그러한 수출이 더욱 쉬워졌다. 그러나 미국은 이러한 기술이 제3국으로 유출될 위험성을 우려했다. 1986년부터 미국 정보기관에 중국제 실크웜(Silkworms) 미사일의 이란 판매 사실이 알려지자 미국은 1987년 모든 신규 기술 이전을 중단했다. 그러나 1988년 걸프전의 종결로 중국제 무기의 판로가 막혔고, 이에 중국이 무기 판매에 보다 신중을 기할 것이라는 약속에 믿음이 더해졌다. 1988년 가을 미국은 다시 군사 기술의 중국 수출을 허용했다.

중・미 관계는 많은 어려움에도 불구하고 (서로 이익을 볼 수 있다는 점에서) 두 정부의 의지로 비교적 원만히 유지할 수 있었다. 베이징 측에서는 미국의 기술, 무기, 시장에 접근하기를 원했고, 워싱턴으로서는 중국과의 협력이 아시아와 태평양 지역에서 소련의 군사적 대두에 균형추의 구실을 할 수 있을 것으로 보았다. 그리고 아프가니스탄과 캄보디아의 지역 분쟁은 1987년에서 1988년까지 소련에 대항한 중・미 협력의 무대가 되었다.

중・소 접근

초기에는 중국의 소련에 대한 개방이 중・미 관계에서 얻은 일정한 실망의 결과라고 볼 수 있었다. 당시 레이건 행정부의 실질적인 반소 정책에 의해 가능했던 것으로 보이는 중국의 대소 개방은 매우 신중하게 진행되었다. 1979년 4월 중국은 1950년 맺은 소련과의 우호 조약을 갱신하지 않을 것이라고 선언한 뒤, 여러 차례에 걸친 소련의 요구에 응하여 쌍방 관계의 개선을 위해 협상할 준비가 되어 있다고 천명했다. 그러나 1979년 12월 소련의 아프가니스탄 침공은 막 시작된 협상의 단절을 불러왔다. 1982년까지 상황은 거의 나아지지 않았다. 이때가 되어서야 중국은 소련의 위협이 감소했다는 평가를 내렸던 것으로 보인다. 그리하여 공식 방문을 통한 중·소 접근이 시작되었다. 소련 제1부총리 이반 아르키포프(Ivan Arkhipov)가 1984년 12월 베이징을 방문했고, 중국의 부총리 야오이린이 1985년 7월 모스크바를 방문했다. 경제적인 문제는 정치적인 문제와는 분리되었다. 5년간의 무역 협정이 1985년 7월 조인되었고, 그와 함께 기술 이전에 관한 합의가 이루어져 1960년 이래 처음으로 소련의 전문가들과 고문들이 다시 중국에 왔다.

고르바초프의 의지와 주도적 역할로 1982년에서 1985년 사이 미미한 대소 개방은 진정한 화해로 나아갔으며, 1989년 5월 16일 베이징에서 덩샤오핑과 고르바초프가 정상 회담을 함으로써 완수되었다.

소련의 새로운 아시아 정책은 1986년 7월 행한 블라디보스토크 연설로 시작되었다. 거기서 고르바초프는 이 지역에 대한 소련의 이익을 재확인하였지만 최소한의 비용으로 그러한 이익을 지켜내기 위해 새로운 세력 균형을 제안했다. 그는 중국 및 일본뿐만 아니라 아세안 각국에 의해 침략적이고 위협적인 군사 강국으로 인식되고 있던 소련의 외교적 고립을 끝내고자 했다. 고르바초프는 과거의 블록 정책으로 돌아가기를 원치 않으면서, 아시아 사회주의 국가들 사이의 대립에 편승하여 이익을 취하기보다는 그들의 단결을 호소했다. 또한 그는 소련 동부쪽에 가해지고 있던 압력을 낮추고 시베리아의 경제 개발을 일본과 아시아 신흥 공업국들의 선진 기술과 연계시키기를 희망했다.

중·소 접근은 이상과 같은 전망 아래서 나온 새로운 조치 가운데 중심적인 위치를 차지하는 것이었다. 중·소 간의 화해를 진전시키기 위하여 고르바초프는 일정한 양보를 함으로써 중국이 끊임없이 지적해 온 '3대 장애'를 제거할 필요가 있다는 점을 알고 있었다. 3대 장애란 소련군의 아프가니스탄 주둔, 베트남의 캄보디아 정책에 대한 소련의 지지 그리고 중국의 북부 및 동북 국경에 대한 소련의 군사적 압력 등이었다. 그러나 고르바초프는 또한 중국과 소련이 모두 추진하고 있던 현대화 및 개혁이라는 공통된 요구가 두 나라 사이에 협력 관계를 만들 수 있을 것이라는 점도 알고 있었다.

블라디보스토크 연설로부터 고르바초프는 초보적인 평화 조치를 취하기 시작했다. 그는 몽골과 아프가니스탄 주둔 소련군의 부분적인 철수를 발표하였고, 아무르 강과 우수리 강(그 남쪽은 아님)의 주요 물길을 따라 국경을 확정하기로 하였으며, 이로써 1969년 군사적 충돌의 무대였던 전바오다오에 대한 중국의 주권을 승인했다(358쪽 참조). 이러한 양보는 1987년 2월 소련의 아프가니스탄 침공(1979) 이래 중단된 국경 협상을 재개하게 만들었다. 1987년 3월 소련 외상 에두아르트 셰바르드나제(Eduard Shevardnadze)는 아세안 국가 순방에서 캄보디아 문제를 재론하기로 하면서 그것을 통해 소련이 신속한 해결책을 원하고 있다는 점을 이해시켰다. 1987년 겨울 중·소 접근은 소련 극동 기지의 중거리 탄도 미사일 SS20을 포함한 중·단거리 미사일의 폐기에 관한 중거리핵전력협정(12월)의 체결로 급속한 진전을 보았다. 과거 미·소 간의 각종 협정에 위협을 느껴오면서 그들의 무장 해제 기도를 핵무기 독점을 공고화하기 위한 수단이라고 여기던 중국은 이제 미·소 정상 회담과 1989년 2월 말 이전에 아프가니스탄 주둔 소련군을 전면 철수한다는 제네바 협정(1988. 4. 14.)의 약속을 환영했다.

베이징이 주장하던 '장애' 가운데 두 개를 제거함으로써 주어진 중·소 접근의 흐름을 타고 1987년 11월부터 고르바초프는 중·소 정상 회담을 갖자고 제안했고, 1988년 1월에 이를 다시 거론했다. 그러나 세 번째 '장애'는 남아 있었다. 즉 그것은 캄보디아를 둘러싼 갈등 문제였다. 모스크바가 베트남과 그 베트남이 프놈펜에 수립한 정부를 지지했다면 베이징은 그에 대한 저항 운동과 특히 크메르 루즈라는 공산당계 저항 운동을 지원했다. 따라서 소련은 상황을 타개하기 위하여 자신의 영향력을 이용했다. 소련은 프놈펜 정부의 훈 센(Hun Sen) 총리와 반베트남 저항 운동의 지도자 시아누크 국왕의 회담을 추진했다. 회담은 1987년 12월과 1988년 1월 프랑스에서 이루어졌다. 중국은 과거의 주장 — 베트남 군대의 철수, 시아누크의 지도 아래 크메르 루즈를 포함한 연립 정부의 수립 — 을 포기하지 않으면서도 이러한 회담을 긍정적으로 받아들였다. 중국은 1988년 2월 1일 베이징에서 시아누크를 따뜻이 맞이했고, 신뢰하기 어려운 폴 포트와 기타 크메르 루즈의 지도자들에 대해서는 거리를 두는 데 동의했다(중국은 베트남군의 철수 뒤 크메르 루즈의 정치적 구실은 제한될 것이라고 제안했다). 캄보디아 사태의 해결 노력이 1988년 7월 자카르타에서 열린 캄보디아 정파들의 제1차 비공식 회의를 통해 지속적으로 진행되고 있을 때 중국은 신중한 유보적인 태도를 견지했다. 그러나 1987년 말 하노이 측으로부터 일방적으로 선언된 베트남군 철수에 대해 중국이 품고 있던 의심은 아마도 1988년 8월 베이징에서 열린 중·소 외무차관 회담에서 소련 측이 제시한 약속에 의해 희석되었던 것으로 보인다.

어쨌든, 캄보디아의 갈등이 여전히 해결되지 않고 있었지만 중국은 여러 가지 선결 조건들을 제시한 뒤 1988년 9월 말 스스로 나서서 중·소 정상 회담을 제기하기 시작했다. 이로부터 정상 회담 준비가 놀라운 속도로 진척되기 시작했다. 중국은 그 지난해 봄 아프가니스탄에서 그랬던 것처럼 캄보디아 갈등의 해결에서 자신이 배제되는 것을 두려워했던 것일까? 그것이 미·소 두 강대국 사이의 긴장 완화가 미국의 반발에 대한 중국의 우려를 불식시켰던 것일까? 미·소 긴장 완화는 고르바초프로 하여금 국제적인 성공을 가져다주었고, 그것이 국내에서 그의 입지를 강화하여 중국의 지도자들이 신뢰를 보내던 개혁 정책을 추진할 수 있도록 해 주었던 것일까? 아니면 중·소 접근의 속도가 이렇게 빨라진 것은 단순히 중국의 권력 승계에 대한 전망과 덩샤오핑이 1989년 가을로 확정했던 자신의 정치적 은퇴가 임박했던 것에서 연유하는 것일까? 덩샤오핑은 베이징에서 적대적인 두 사회주의 형제국의 화해에 기여하면서 아름답게 은퇴하고 싶었던 것일까?

외무장관의 교환 방문 — 1988년 12월 첸치천(錢其琛)의 모스크바 방문과 1989년 2월 셰바르드나제의 베이징 방문 — 을 통해 준비된 정상 회담은 5월 16~17일에 성사되었다. 그러나 예기되었던 성과는 천안문 광장에서 급작스럽게 일어난 항의 운동으로 희석되었고, 덩샤오핑의 체면은 구겨졌다. 그러나 국제적인 차원에서, 그리고 캄보디아의 갈등이 아직 해결되지 못했지만, 베이징 정상 회담은 그간 진행되어 온 양국 관계 정상화의 정점을 나타낸다. SS20 미사일의 폐기로 시작된 국경지대의 비무장화는 20만 명의 소련 병력 철수, 몽골공화국 주둔군의 75퍼센트 감축으로 이어졌다. 양국 간의 무역(특히 국경 무역)은 1983년과 1988년 사이 두 배로 성장하여 32억 3천만 달러에 이르렀다. 서방을 향한 연안 지역의 개방은 소련을 향한 서북 및 동북 지역[만저우리(滿洲里)로부터 신장까지]의 개방과 조응하기 시작했다. 이러한 개방이 비대칭적이기는 했지만 중국의 지역 경제에 일정한 균형을 가져올 것이라는 기대를 갖게 해 주었다. 교육, 경제, 기술 부문에서 협력이 정력적으로 재추진되었다. 그리고 개혁은 양국의 공통된 경험과 사고의 주제가 되었다. 소련은 중국의 지정학적 사고를 배려했고, 중국이 이 지역, 특히 인도차이나에 대해 품고 있는 안보에 대한 우려가 정당하다는 점을 인정했다. 이러한 점에서 중·소 접근은 중국이 지역 강국으로 대두하는 데 결정적인 요소였다고 할 것이다.

지역 강국으로서의 중국

중국의 부상은 사실 국제적인 긴장 완화의 결과 새롭게 나타난 권력의 분산과 밀접히 연관된 것이었다. 즉 새로운 축(최소한 경제적인 측면에서 일본과 신흥 공업국을 뒤이은 태국, 인도네시아, 필리핀 등)의 출현에 따라 사회주의 진영과 서방 진영 사이에 가로놓인 구분선이 흐려지고 상호 관계의 유동성이 증가한 데 따른 결과였다.

인도차이나 반도에서 캄보디아와 라오스에 대한 베트남의 주장에 대한 공통된 우려는 이미 아세안 각국과 중국의 접근을 불러왔다. 태국과의 정치적 경제적 관계 개선은 1987년 군사적 협력으로 나아갔고, 그것은 '우호적인 가격'으로 상당량의 중국제 무기 — 탱크, 대포 등 — 가 태국에 판매되는 것으로 이어졌다. 동시에 중국과 태국은 지속적으로 캄보디아의 저항 세력에 대한 지원을 위해 함께 노력했다(사실 중국은 크메르 루즈를 선호했고, 태국은 비공산계 정파인 시아누크 국왕 및 송산의 민족해방전선을 지원했다).

태국과의 이러한 우호적인 관계 덕분에 중국은 다시 동남아시아에서 기반을 다질 수 있었다. 1985년 중국은 인도네시아와 무역을 재개했고, 1990년에는 1967년 이래 유보된 외교 관계의 재건에 착수했다. 그러나 인도차이나 반도에서 외교적 전략적 경쟁의 틀을 급격히 변화시킨 것은 캄보디아 갈등의 해결에 대한 전망이었다. 앞에서 말한 바와 같이 소련은 동맹자 베트남으로 하여금 협상과 타협의 길로 나아가도록 하는 데 결정적 구실을 했다. 하노이 정부가 일방적으로 선언한 베트남군의 철수는 1989년 9월에 단행되었지만 장래 캄보디아 정권의 정치 체제는 여전히 문제로 남았다. 아세안과 마찬가지로 서방 측은 베트남의 철수로 말미암아 생긴 정치적 공백이 중국의 지원을 받는 크메르 루즈에게 유리하지 않을까 우려했다. 한편, 중국은 장래의 연합 정부 구성에서 프놈펜 정부를 지지하면서 평화 정착의 감시 임무를 맡을 국제기구의 활동을 제한하고자 했던 베트남 및 소련에 반대 태도를 취했다.

그러나 갈등의 해결 과정에서 이루어진 성취는 이미 중국·베트남 관계의 현저한 개선으로 나타나고 있었다. 1988년 3월 중국이 군대와 전함을 파견하면서 첨예하게 대립했던 스프래틀리 제도[Spratly Islands, 중국 명 난사군도(南沙群島)]의 사건이 있은 뒤 양국의 긴장은 몇 달간 지속되었다. 그러나 하노이는 여러 유화적인 제스처를 취하면서 캄보디아에서뿐만 아니라 라오스에서도 군대를 철수할 것을 약속했고, 베트남의 화교(Hoa)들에 대한 과거의 차별 정책을 공식적으로 철폐했다. 베이징은 신중하게 반응했지만 역시 긍정적인 태도를 보였다. 1988년 중국-베트남 국경에서는 무역이 재개되었고, 1989년 1월 베트남 외무부 차관의 베이징 방문으로 양국 간의 직접적인 협상이 개시되었다.

인도차이나 반도에서의 평화 정착과 관계의 재조정 과정은 또한 중국-인도 관계에도 영향을 주었다. 국경에서는 첨예한 군사적 긴장이 1986년 내내 지속되었고, 1987년 3월과 4월 두 나라 사이에서 성명전이 일어났지만 그 뒤 그해 여름 양측은 새로운 협상을 갖기로 합의했다. 이 협상의 성공이 직접적으로 나타날 것이라는 전망은 거의 없었지만 양국 간의 협력은 다른 부문, 즉 무역, 기술, 공업 분야에서 전개되기 시작했다. 1987년 10월 티베트 소요 이후 인도는 매우 소극적으로 반응했는데, 중국은 그러한 인도의 태도에서 자신의 전략적 외교적 취약성이 인접한 대국 인도에 의해 악용되지는 않을 것이라는 확신을 가질 수 있었다. 1988년 12월 라지브 간디(Rajiv Gandhi)의 베이징 방문은 1954년 네루 이후 인도 정부 수뇌 최초의 방문이었고 양국의 화해에 기여했다. 또한 그것은 중·소 관계의 해빙에 의해 조장된 것이기도 했다.

해빙의 효과는 중국과 그 북부 인접국과의 관계에서도 감지되었다. 1988년 9월 몽골과 맺은 국경 조약은 양국의 관계 개선을 나타내는 것이었다. 한편 북한을 둘러싼 중·소 간의 오랜 경쟁은 김일성으로 하여금 남한에 대한 태도를 완화하도록 중·소 양국이 공동으로 주문하는 방향으로 바뀌었다. 중국은 소련과의 화해가 시작되기도 전에 한국과의 교역을 적극적으로 발전시켰고, 무역액은 1988년 30억 달러에 이르렀다(대부분이 간접 교역이었다). 고르바초프의 새로운 아시아 정책 그리고 중국과 마찬가지로 1988년 서울 올림픽에 참가하기로 한 결정은 중·한 경제 관계의 급진전을 촉진시켰다. 베이징의 지도자들 가운데는 종종 여러 어려움에 부딪치곤 했던 일본과의 협력에 대한 하나의 대안을 그러한 한국과의 관계에서 찾으려고도 했다.

중·일 관계의 모호성

중·소 접근은 여러 가지 지역적 갈등을 완화시켰다. 그러나 다른 한편으로 그것은 1980년 초 이래 긴밀한 경제적 관계를 맺고 있었음에도 불구하고(그리고 그러한 관계로 인해) 중·일 관계의 전개를 특징짓는 모호성을 더욱 강화하는 것이기도 했다.

일본은 (홍콩과 함께) 중국의 주요 무역 상대국이 되었다. 1986년 양국 간의 무역액은 미화 170억 달러에 이르렀다. 그러나 그해 76억 달러에 이른 대일 무역 적자는 중국의 전체 대외 무역 적자의 60퍼센트를 차지했다. 당시 수입품의 29퍼센트를 일본에서 구입하던 중국은 일본에 단지 수출품의 15퍼센트를 팔 뿐이었다. 이러한 불균형은 직접 투자(1987년 19억 달러로 전체 외국 투자의 8.7퍼센트)와 신기술의 이전에서 일본이 보여준 소극적 태도와 맞물려 중국의 인민들과 일부 지도자들 사이에서 일본의 경제적 '신(新)침략'에 대처해야 한다는 생각을 갖도록 만들었다.

민족주의적 열기의 대두는 두 나라 관계를 더욱 복잡하게 만들었다. 중국에서는 민족주의가 이념의 후퇴가 가져온 공백을 메우는 경향이 있었고, 일본에서 그것은 경제 발전으로 되찾은 역량에 근거하여 부상하고 있었다. 1985년 여름 나카소네 야스히로(中曾根康弘) 수상이 제2차 세계대전 전몰자를 추모하기 위해 야스쿠니 신사를 참배했고, 1986년 7월에는 1937년부터 1945년까지 이루어진 일본의 아시아 침략과 팽창이 식민주의에 핍박당하는 인민들의 해방을 위한 행동으로 묘사하고 1937년 12월 난징 약탈 당시 일본 군인에 의해 저질러진 참혹한 학살을 삭제한 역사 교과서가 편찬되었다. 베이징 당국은 이를 도발이자 모욕이라고 비난했다. 그러나 나카소네 수상과 우호적인 관계를 갖고 있던 후야오방은 사태를 진정시키고자 노력했고 1985년 가을 대학에서 일어난 반일 운동(그것은 분명 당내 보수파와 공모한 것이었다)을 잠재울 수 있었다. 그러나 후야오방이 실각한 뒤 진행된 중·일 관계의 급속한 악화는 1987년 작은 위기로 나아갔다.

이 위기를 재촉한 요소들은 그 기본 성격상 정치적인 것이었다. 그해 초 도쿄 당국이 국방 분야에 국가 예산의 1퍼센트 이상을 지출하겠다고 한 발표에 대해 중국은 일본 군국주의의 부활이라고 해석했다. 또 1987년 2월 오사카 법원이 베이징 정부가 주장해 온 한 대학 기숙사의 소유권을 중화민국(타이완)에 돌려준다고 한 판결은 두 개의 중국 정책이 부활한 것으로 간주되었다. 일본 정부는 권력 분립을 내세우면서 그것은 사법부의 최종 결정이라고 설명했으나 중국은 이 사건에 대한 조속한 정치적 해결을 지속적으로 요구했다. 일본 회사들이 타이완에 대규모 투자 — 특히 자동차 산업에의 투자 — 를 하자 중국은 일본이 오직 중화인민공화국만을 승인한다는 정책을 포기할지도 모른다고 우려하게 된다. 또한 베이징은 이러한 타이완의 경제 성장 촉진은 타이완과 중국 대륙 사이에 생활 수준의 차이를 벌려 놓고, 공산 정권이 기도하고 있던 주요 목표 가운데 하나인 분리된 타이완의 통일을 더욱 어렵게 만들 뿐이라고 생각했다. 보다 일반적인 차원에서 중국은 — 이제는 무효화된 반소 통일전선이라는 틀을 벗어난 — 일본의 정치적 군사적 역량 강화에 대해 위협을 느끼고 있었다.

6월 4일 위기는 폭발했다. 덩샤오핑은 일본 야당 공명당(公明黨) 지도자의 예방을 받고 도쿄 측이 1978년의 평화・우호 협정을 준수하지 않는다고 비난하고 국방 예산의 증가에 항의하였다. 또한 그는 중국이 1972년 일본에 대해 전쟁 피해 배상 요구를 포기하기까지 했지만 일본은 '경제적 이기주의'를 추구할 뿐이라고 공격했다. 1987년 중국 측에 8억 5200만 달러의 적자를 안긴 양국 무역의 재조정과 일본 측의 더 많은 원조 약속은 베이징—도쿄 관계에서 일정 정도 진정성을 재건하는데 도움을 주었다. 다케시타 노보루(竹下登) 수상은 1988년 8월 중국 방문 때 일본의 중국에 대한 대부를 두 배로 늘려 1991년에서 1996년까지 63억 7천만 달러에 이를 것이라고 선언했다. 중국 측은 자국 내에 세워진 일본 기업의 법적 보호를 강화하고 이들에게 원료 및 노동력의 획득에서 국내 기업과 동등한 조건을 부여할 것에 동의했다.

따라서 경제적 고려가 정치적으로 민감한 사안들을 덮어 버렸다. 그러나 전쟁의 불행에 대한 기억이 여전히 중국 인민과 지도자들의 집단 기억 속에 생생히 살아 있는 한 그리고 소련의 위협 쇠퇴가 일본의 민족주의와 군국주의를 부활시킬 위험이 있는 한 베이징과 도쿄의 관계는 취약한 것으로 보였다. 양국 관계는 또한 이중적인 문제를 안고 있었다는 점에서 더욱 취약하게 보였다. 즉 중국 국내적으로 개혁파와 보수파가 대립하고 있었다면 국제적인 측면에서는 지역의 주도권을 둘러싼 경쟁이 벌어지고 있었다(소련군의 후퇴와 미국의 일정한 영향력 쇠퇴가 그러한 경쟁에 여지를 남겨 주고 있었다).

중국이 1982년부터 채택해 왔고, 후야오방이 1985년의 '8항 원칙' —

공존, 반(反)패권주의, 발전된 국가 및 발전 도상국에 대한 개방, 제3세계 국가와의 유대 등 — 에서 공식화한 바 있는 독립 자주 및 비동맹 정책은 시기적으로 외교의 온건 정책과 궤를 같이했다. 민족주의적 감정을 만족시키는 일은 홍콩 및 (보다 장기적으로는) 타이완을 중화인민공화국으로 편입하는 국가 통일 측면에서 추구되고 있었다. 베이징에서는 군대와 당 쪽에서 제기되는 일정한 비판을 잠재울 수 있는 커다란 만족감, 평화적인 방법으로 도달할 수 있는 만족감을 필요로 하고 있었다.

통일의 노력 : 홍콩, 마카오, 타이완 문제

국가 통일에 대한 기대는 1984년 12월 '중 · 영 협정'의 조인으로 확인되었다. 협정은 홍콩에 대한 중국의 주권 회복을 예정하고 이 옛 식민지에 대해 '일국양제(一國兩制, 하나의 국가, 두 개의 체제)'의 공식에 따라 50년 동안 그 경제 · 사회 조직을 유지케 하는 특수한 지위를 보장했다. 국제 사회에 의해 환영받고 홍콩 주민들에 의해 받아들여진(그들에게 다른 선택이 주어지지는 않았다) 이러한 해결책은 그것을 실현하는 과정에서 많은 어려움에 봉착했다. 1997년 이후 홍콩특별행정구를 통치하게 될 기본법의 작성은 베이징 정부가 통제하는 한 위원회에 위임되었다. 사실 베이징 정부는 홍콩의 법적 장래에 대한 결정은 자신, 오직 자신에게 달려 있다고 생각했다. 1987년 여름 홍콩의 영국 당국이 보고서를 발행하여 1987년부터 1997년 사이에 홍콩의 정치 · 행정 체제 변화에 대해 가능한 다양한 구상들을 내어 놓았을 때(입법 기관 구성을 위한 직접 선거 채택을 포함) 중국 당국은 이에 격렬히 항의하면서 이를 내정에 대한 간섭이라고 비난했다. 사실 중국은 이 영국 식민지에서 보통 선거로 입법 기관을 선출하고 이 기관이 결국 1997년 이후에도 존속할 것을 거부한 것이었다. 1988년 4월 기본법의 법안이 공포되자 1997년 이후에도 진정한 자치권이 홍콩에 그리고 그 체제에 주어질 것이라고 보지 않았던 사람들의 회의가 확인되었다. 사실 법안은 행정 장관이나 입법 기관 대표들의 선출 모두 간접 선거로 이루어 질 것을 예고하였고, 베이징의 인민대표대회에 기본법 집행에 관해 최종 결정을 내릴 권한을 주었다. 이 법안은 홍콩 주민들에게 신뢰를 주지 못했고, 가장 부유하고 능력 있는 사람들 가운데 많은 이들이 당시 번영하던 홍콩에서 계속 이익을 취하면서도 경우에 따라서는 이민을 떠날 준비를 했다.

이러한 대변동은 마카오 당국으로 하여금 1987년 3월 26일 홍콩의 예에 따라 1999년 포르투갈의 식민지를 중국에 반환한다는 협정에 조인하는 것을 가로막지 못했지만, 다른 한편으로 타이완에서는 타이완 섬이 대륙으로 통합될 것을 전망하던 사람들에게 숙고할 기회를 제공했다.

1981년 11월부터 베이징 정부는 그러한 의미에서 하나의 제안을 했다. 그 뒤 중국과 타이완 사이의 왕래가 빈번해졌다. 일반적으로 홍콩을 경유해 이루어졌던 양측의 교역액은 1988년 미화 20억 달러에 이르렀다. 타이완과 마주한 대륙 쪽의 푸젠성에 대한 타이완인들의 투자가 늘어갔다. 이러한 경제적인 접촉은 1987년부터 가족 방문으로 확대되어 타이완 주민들은 부모를 만나기 위해 대륙을 방문할 권리를 갖게 되었다. 1989년 초 타이완의 신문사가 중국에 사무소를 개설하는 것이 허용되었다. 1989년 5월에는 타이베이 성부의 한 인사가 최초로 베이징을 방문했다. 그는 아시아개발은행 연차 총회에 참석하기 위해 온 재정부장 궈완룽(郭婉容, Shirley Kuo)이었다.

그러나 이러한 접촉의 증가에서 정치적 통일에 이르기까지는 넘어야 할 커다란 산이 있었다. 타이완인들은 자신들의 높은 생활 수준과 자유화가 이루어지고 있던 타이완의 정치 체제를 고수하고자 했다. 그것은 1949년 대륙으로부터 이주해 온 사람들이 아닌 타이완 출신의 경우에 특히 그러했다. 그런데 타이완 섬의 번영을 이끌던 기업가 부르주아지들 대부분은 타이완 출신이었다. 새로운 야당 민진당(民進黨)은 그들의 대변인이 되어 타이완의 독립을 주장했다. 집권당인 국민당은 옛 지도자 장제스가 주장하던 대륙 회복을 포기한 듯 보였지만 타이완의 독립에 찬성하지 않았고, 홍콩에 제시된 것보다 덜 위험한 공존이라는 방식을 추구했다. 그러나 1989년 3월 국민당이 제시한 '일국양부(一國兩府, 하나의 국가 두 개의 정부)'라는 공식은 분리된 그러나 동등한 두 정권의 공존과 상호 승인을 의미했지만 베이징은 이를 받아들이지 않았다.

천안문 그리고 그 뒤?

1989년 봄 미하일 고르바초프를 맞이하기 위해 준비하고 있던 덩샤오핑이 지난 10년간 중국이 이룬 국제적 지위의 회복에 만족하고 있었을 수도 있다. 중국은 동서 양측에서 모두 존중을 받고 있었고(아니면 환심을 사고 있었거나), 현대화와 자유화의 도상에 있는 평화적인 강국이자 동아시아 세력 관계의 새로운 재편에서 안정적인 요소로 인식되고 있었다.

1989년 천안문 광장의 학살은 세계의 텔레비전 수상기를 통하여 중국 정권의 또 다른 얼굴을 보여주었다. 그것은 결코 새로운 것이 아니었지만 베이징 정부와 그의 동반자들이 조심스럽게 감추어 왔던 얼굴이었다. 서방에서는 환상(맹목 또는 묵인)이 분노에 자리를 내주었다. 분노는 원칙적인 비난, 공식적인 방문과 접촉의 유보, 대중국 무기 판매의 중단, 반정부 인사들에 대한 일부 외국 대사관의 도피처 제공(예컨대 팡리즈는 미국 대사관으로 도피했다), 망명자들에 대한 공식적인 지원 등으로 나타났다.

경제 제재 위협이 가해졌다. 미국과 유럽 국가들의 압력으로 세계은행은 에너지와 수송 등 매우 중요한 부문의 프로젝트에 자금을 대기 위해 6월 말에 중국 측에 지불하기로 되어 있던 대부금(7억 8천만 달러)을 동결했다. 일본도 자체적으로 1988년 8월 다케시타 수상의 베이징 방문 때 약속했던 상당한 액수의 원조를 재검토했다. 소련과 사회주의 국가들의 반응은 보다 신중했고, 동남아시아의 경우도 마찬가지였다.

중국 정부는 비판을 받아들이길 거부하고 외국의 제재를 내정에 대한 '무례한 간섭'이라고 비난했다.

베이징 정부는 외국인 혐오 현상을 어느 정도 방치하기도 했지만 곧 이를 통제했다. 왜냐하면 1989년 6월 9일 덩샤오핑은 1978년에 채택된 개방 정책은 일정한 조정을 거쳐 견지될 것이며 외국과의 경제 협력이 지속될 것임을 재확인했기 때문이다. 미국, 유럽 그리고 일본의 실업계에서는 덩샤오핑의 메시지를 수용하였다.

국제 정치적으로는 1989년 8월의 캄보디아에 관한 파리 평화 회의가 천안문 사태 이후의 중국 외교 정책을 시험하는 기회를 제공했다. 중국은 이를 기회로 그간 견지해 온 크메르 루즈에 대한 지지를 강화하면서, 캄보디아가 베트남의 철수 이후 끝없는 내전의 고통에 다시 빠져들고 있다고 비난함으로써 서방이 중국에 대해 기대했던 온건한 태도와 타협의 정신을 저버렸다.

천안문 시위의 무력 진압이 가져온 피해가 특히 깊고 치유하기 어려웠던 분야는 바로 중국의 외교 관계였다. 그것은 베이징 정부와 중국의 주변부(홍콩, 타이완 그리고 해외 화인 사회 등 외부 및 해양의 중국)와의 관계였다. 베이징 정부는 현대화 정책을 추진하기 위해 이미 현대화된 그러나 언제나 애국적이었던 이 외부의 중국에 크게 의존해 왔다. 그리고 이 중국은 천안문 광장에서 개혁파와 정치적 문화적 개방에 가해진 공격에 의해 정면으로 타격을 입은 처지였다. 외부의 중국은 이에 격렬한 반응을 보였다.

홍콩에서는 정치적 무관심하다고 널리 알려진 주민들이 천안문의 진압에 대대적인 시위를 벌였는가 하면, 6월 5일 주가는 22퍼센트나 곤두박질했다. 공산당에 의해 통제되던 노조와 언론 등도 항의 시위에 가담했다. 미래에 대한 걱정이 거대한 두려움으로 바뀌고 있었다. 그러한 두려움을 떨쳐 버리고자 홍콩의 행정 기관과 지역 유지들은 영국 정부에게 기본법의 집행과 민주화 조치의 가속화 그리고 (기대할 수 없는 것이긴 했지만) 영국 여권을 가진 주민들 350만 명의 영국 이주권을 보장해 달라고 요구했다.

타이완에서 천안문 광장의 진압은 베이징의 대학생들에 대한 강한 연대 운동을 불러일으켰고, 국경을 넘어 문화적으로 하나의 중국이라는 감정을 갖게 해 주었다. 그러나 그 진압은 베이징 정부와의 통일이라는 생각 — 이것은 이미 잘 받아들여지고 있지 않았다 — 의 신뢰성을 완전히 앗아가 버렸다. 그 어느 때보다도 더 타이완인들(1949년 타이완 이주자들의 자손들도 포함하여)은 중국과는 운명이 다르다는 생각을 갖게 되었다.

아시아, 유럽, 미주의 중국인 이주 사회는 자기 정주국 사회에서 일어난 격렬한 비난과 분노를 공유했다. 정치적 망명 인사들은 많은 지지를 받고 해외에서 베이징의 보수파 정권에 대한 정치적 반대 운동을 지속해 갔다.

중국과 그 외부에 연장된 공간의 연대는 덩샤오핑이 추진해 온 개방과 현대화 정책을 성공시키기 위한 중요한 요소들 가운데 하나였다. 이제 그 둘 사이의 괴리는 덩샤오핑의 정책으로부터 가장 좋은 성공 수단 가운데 하나를 앗아갈 위험을 안고 있었다.

제13장
'찬란한' 1990년대

1990년대의 독특한 특징이라면 그것은 도시와 농촌 모두에서 나타난 눈부신 경제적 급성장이었다. 경제 성장률은 1992~1994년 13퍼센트를 넘어섰고, 1994~1997년에는 9퍼센트를 넘나들었다. 그것은 20~30년 전 일본 및 타이완이 이룬 성취와 견줄 수 있는 것이었다. 국가통제의 후퇴와 함께 나타난 이러한 성장은 분명 불균등한 것이었다. 연안 지역이 빠르게 발전했다면 중부와 서부 지역은 대부분 지지부진하거나 아무런 변화가 없는 경우도 있었다. 그러나 이 불균등성이 생산, 수익, 고용, 수출 등 전반적인 면에서 이루어낸 놀라운 성과를 감출 수는 없었다. 1990년대 중국의 경제적 현대화는 그 속도와 규모 면에서 제2차 세계대전 직후 프랑스가 이룬 경제 발전을 상기시킨다. 이러한 번영을 두고 우리는 이 시기를 '찬란한' 10년으로 부를 수 있을 것이다. 그에 앞서 비극적인 천안문 사건이 발생했지만 그에 대한 기억은 중국에서 조직적으로 은폐되었고, 서방에서는 잊히는 경향이 있었다.

경제 발전에 따른 사회적 변동은 매우 모호한 성격을 띠고 있었다. 시장의 경쟁에 다시 참여하게 된 사회적 행위자들은 상당한 정도로 적극성과 자율성을 되찾았다. 그러나 그것으로 시민 사회의 출현을 가져오기에는 충분치 않았다. 왜냐하면 사회적인 것의 복귀는 또한 강력한 문화적 재생이라는 차원에서 전통과 낡은 권력[가부장권, 족권(族權), 패거리 문화]의 부활이었고, 이것은 개인의 해방(예컨대, 부녀의 해방)이라는 염원에는 거의 도움이 되지 않는 것이기 때문이었다.

더욱 모순적이었던 것은 공산주의 정권과 이념이 낡은 사고가 되어버렸다고 해도 여전히 존속하고 있었다는 점이다. 천안문의 항의와 진압을 단순한 에피소드 차원의 일로 치부해 버린 뒤 중국공산당 전국대표대회와 중앙위원회 전체회의는 여전히 회를 거듭했다. 그러나 이러한 변함없는 의식(儀式)들은 어떤 현실을 반영하고 있던 것일까? 당대의 권력 구조와 정치인들은 어느 정도나 마르크스-레닌주의 유산에 영향을 받고 있었던 것일까? 그리고 경제 개혁의 요구는 이러한 유산과 어떻게 화해 또는 갈등하고 있었던 것일까? 연구자들은 종종 중국의 경제적 역동성과 정치적 불변성을 대조시키곤 한다. 그러나 정권도 변화하고 있다. 정권은 쇠약해졌고 이념적 기반을 잃었으며 만연한 부패에 의해 침식당하고 있다. 그러나 정권은 많은 사람들의 생활 수준을 개선시킴으로써 통치의 정당성을 부여받을 수 있었다. 그것은 얼마나 지속될 것인가?

중국은 1997~1998년 동아시아를 강타한 경제 위기를 잘 견뎌냈다. 중국은 위안화의 평가 절하를 거부함으로써 인접국들로 하여금 다시 인플레이션과 통화 불안의 순환에 빠져들지 않도록 했다. 이러한 정책은 책임성 있는 대국다운 행동으로 간주되어 베이징 정부의 국제적 위신을 크게 제고시켰다. 또한 인도네시아로부터 일본 및 한국에 이르는 아시아의 다른 강국들이 약화됨으로써 지역 및 국제 무대에서 중국의 영향력을 확대하는 데 기여했다.

20세기의 벽두에 중국이 처한 상황은 백 년 전보다 훨씬 더 안정적이고 유리했다(1898~1900년 당시 의화단의 봉기와 강대국 연합군의 공격을 받았던 중국은 분할되어 지도에서 지워질 위험에 처해 있었다). 이러한 긍정적인 결과를 가져온 공로는 부분적으로는 공산 정권, 특히 1978년 이래 등장한 정권의 개혁파에게 돌릴 수 있다. 그러나 여전히 많은 불안이 중국의 미래에, 여전히 취약한 경제 발전과, 현대화의 필요성에 의해 위협받는 문화적 정체성 그리고 중국의 정치 체제 위에 드리워져 있었다. 민족주의는 20세기 중국사의 중요한 동력이었다. 그리고 그것은 현 정권에 대해 언제나 커다란 정당성의 근거가 되어 주었다. 그러나 민족주의가 중국에게 21세기의 문을 열어 줄 수 있을 것인가? 국내적으로 민족주의는 상당한 수를 차지하는 소수 민족 및 소수 종교와 어떻게 화해할 것인가? 또 국외적으로 민족주의는 오늘날 지역적 세계적 차원에서 책임 있게 수행해야 할 개방, 관용, 협력의 의무와 어떻게 조화를 이룰 것인가?

경제의 급성장

돌이킬 수 없는 개혁

1990년대의 경제적 급성장은 개혁의 지속과 밀접히 관련되어 있다. 개혁은 여러 우여곡절을 겪었지만 돌이킬 수 없는 것이었다. 덩샤오핑이 천안문의 시위를 진압하기 위해 의지했던 천윈·펑전 등 당 원로들이 지나친 경제 자유화를 비난하고 소비재 상품과 '호사스런 외제 자동차의 수입 열풍'을 반대하였으며, '자본주의에 애정'을 보이는 '전염병'을 에이즈와 같은 것이라고 공격하고 농촌의 재집단화라는 구상을 제시했지만, 농가 경작의 복귀와 시장의 대외 개방 등 개혁에 의해 이루어진 주요 변화들을 전면적으로 부인할 수는 없었다. 1989년 6월 9일 인민해방군의 노고를 치하하는 연설에서 덩샤오핑은 개혁이 지속적으로 추진될 것이라고 선언했으며, 그것은 6월 24일 중앙위원회 회의에서 재확인되었다. 회의는 개혁 개방이 '이전과 같이 적극적으로 추진될 것'임을 천명했다. 중국은 '결코 과거의 폐쇄적인 정책으로 되돌아가지는 않을 것'이었다(1998년 7월 3~9일자 《북경주보(北京週報)》의 보도). 보수파는 매우 온건한 개혁주의 성향을 보이던 상하이 시장 장쩌민(江澤民)의 당 총서기 취임을 막을 수 없었다. 그러나 천안문 사태 직후 대두한 정치적 탄압과 이념의 강화라는 맥락 속에서 개혁의 흐름은 둔화되었고, 또 중단된 듯 보이기도 했다. 개혁은 보수파의 반대뿐만 아니라 민주화 운동에 대한 무력 진압이 불러온 외국 무역 상대국들의 적의와 불신이라는 장애에 부딪쳤다. 서방 및 일본 정부는 중국에 대한 대부를 유보하기로 결정했고 기술 이전을 제한했다. 개인 투자자의 신용을 상실한 것은 외국인 직접 투자의 둔화로 나타났다. 외국인 투자는 1990년 35억 달러를 넘지 않았는데, 그 전해에 견주어 1억 달러 증가한 데 불과했다.

개혁의 재개와 1992~1994년의 급성장

개혁의 재개는 1992년 1~2월 덩샤오핑의 남부 지역 순회와 함께 시작되었다[남순강화(南巡講話)—역주]. 그것은 중요한 상징적 의미를 지니고 있었다. 왜냐하면 중국에서는 정치적 대립이 종종 공간적 의미를 띠고 있었기 때문이었다. 사실 덩샤오핑이 대외 개방, 사영(私營) 경제의 적극성, 국제 협력 등의 중요성을 강조하기 위해 선전(深圳) 경제 특구를 비롯해 개혁의 우선적이고도 중요한 수혜자였던 지방을 방문한 것은 우연이 아니었다. 북부 정치가들의 망설임에 대해 덩샤오핑은 진취적이고 국제적인 남부 방식을 지지했고, 그의 방문은 그러한 방식의 성공을 정당화 해주었다. 분명 개인적인 차원의 이러한 행동은 덩샤오핑이 그의 공적인 삶에서 마지막으로 시도한 대대적인 개입이었다. 그것은 1978년 이래 끊임없이 지방 분권화를 추진하고 지방의 관료 행정 체계를 동원하여 시장 경제로 전환하는 데 저항한 중앙의 일부 고위층 인사들을 저지하고자 했던 개혁 정책과 직접적으로 맞닿아 있는 것이었다.

덩샤오핑의 주도적 행동은 그해 10월 '사회주의 시장 경제'라는 개념을 채택한 중공 14전대회를 통해 공식화했다. 어휘의 의미상 모순된 내용을 담고 있던 이 공식은 사람들을 당황스럽게 만들었다. 그러나 그것은 보수파를 안심시키면서도 중국의 기업가와 외국의 투자자들에게 신뢰감을 안겨 주었다.

1992년에서 1994년까지 중국 경제의 성장률은 동아시아의 성장에 힘입어 13.7퍼센트에 이르렀다(1993년). 1991년 1350억 달러로 국민총생산의 37퍼센트를 차지했던 외국과의 무역은 1994년 2360억 달러로까지 증가했다. 외국의 실제 직접 투자액은 1991년 44억 달러에서 1994년 330억 달러로 3년 만에 700퍼센트 성장했다.

세계 시장에서 거둔 이러한 성공은 중국의 비교 우위, 특히 값싸고 풍부한 노동력에 기초하고 있었다. 그러한 성공은 수입된 중간 생산물을 외국 주문자의 수요에 부응하여 가공하는 수출 지향 산업의 발전을 불러왔다. 이러한 전략은 1960~1970년대 경제 기적의 당사자이자 그 수혜자였던 기타 동아시아 국가들(일본, 타이완, 한국 등)에 의해 채택된 바 있는 것이었다. 공업 생산이 급격히 증가했고, 그것은 특히 집단 또는 개인 경영의 소규모 공장과 외자(外資, 외국인 자본) 및 중외합자(中外合資, 중국과 외국의 합자) 기업 등 비(非)국가 부문에서 두드러졌다. 1993년 공업 부문의 소유에서 국가가 차지하는 비중은 44퍼센트에 불과했다. 그러나 석유(100퍼센트), 전기, 철강의 생산에서는 국가가 여전히 지배적인 지위를 차지하고 있었다.

외국 시장을 겨냥하여 상품을 생산하던 집단 및 개인 기업의 상당 부분은 농촌의 소규모 공장들이었다. 이들의 번영은 1980년대 말 이래로 두드러졌고, 1990년대 중반까지 지속된 농업 생산의 둔화와는 대조적이었다. 1994년 농촌 일자리의 25퍼센트는 비농업 부문에 속해 있었다.

경제 성장은 소득의 증가로 이어졌다. 1인당 국민총생산은 1980년 말 약 200달러에서 1995년에는 445달러로 늘었다. 화폐 교환가치로 본 구매력[27]으로 계산해 보면 1인당 연간 소득은 약 1,500달러에 이르렀다.

주룽지(朱鎔基)의 개혁 프로그램과 개혁의 가속화

1980년대의 개혁 과정에서 나타난 성장 곡선처럼 1992~1994년의 급성장은 곧이어 불균형과 각종 제한을 불러왔다. 중공업과 기간 설비는 소비재 공업의 발전을 따라잡지 못했다. 공업 생산은 연간 약 20퍼센트 성장했지만(1992) 에너지 생산은 1.8퍼센트, 상품 수송 능력은 3.8퍼센트의 성장에 그쳤다. 이로부터 여러 가지 장애가 생겼는데, 그것은 특히 에너지, 원자재, 수송 등의 분야에 영향을 주었다. 게다가 몇몇 분야의 급속한 성장은 경기 과열로 이어져 1994년 인플레이션의 증가로 나타났다(전국적으로는 21퍼센트, 대도시는 27퍼센트를 기록했다).

이전에 경기 과열이 일어났을 때(예컨대 1988년) 거시 경제적 통제 수단을 갖지 못했던 베이징 정부는 돌발적인 행정 조치들을 통해 경제 성장을 중단시켰다. 그로 인해 상당한 사회적 비용(도산과 실업)을 지불해야 했고 심각한 정치적 위기(최고위층의 파벌 대립, 중앙의 지시에 대한 지방의 불복종 등)를 맞아야 했다. 1993년 8월 제시된 성장 완화 계획은 그러한 문제들을 모면하고자 했다. 그것은 부총리 주룽지에 의해 준비되었다. 그는 건강상의 이유로 공식 무대에서 잠시 물러나 있던

27) 1993년 세계은행이 제시한 이러한 방식의 계산은 미국보다 훨씬 저렴한 중국의 재화와 서비스 가격을 고려한 것이다. 이 방식은 공식적인 태환율에 기초한 계산보다 더 정확하게 생활 수준을 알 수 있게 해 준다.

리펑 총리를 대신하여 경제 정책의 책임자가 되었다. 주룽지는 경기의 '연착륙'을 원했고, 시장 경제의 작동을 위해 보다 효율적인 제도적 적응을 꾀했으며, 그를 위해 필요한 해결 수단을 마련하고자 했다. 그가 채택한 조치들은 1994년 1월부터 시행에 들어가기 시작했는데, 그것은 개혁의 진정한 가속화를 뜻했다. 이 개혁은 지금까지 조심스럽게 우회해 왔던 여러 장애들 — 관행과 제도들 — 을 타파해 갔다.

새로운 조치들은 4개 주요 분야에 걸쳐 있었다. 세제, 은행 제도, 태환 제도 그리고 공공 기업의 관리가 그것이다. 세제 개혁은 세금의 종류를 줄이고 부가가치세를 올림으로써 과세의 구조 조정과 세금 총액의 증가를 목표로 하고 있었다. 또한 중앙과 지방 간의 세수 분할을 위해 새로운 규정을 만들고, 지방 정부가 아니라 베이징에 직속되는 세무 공무원, 조사관, 세무관 등을 두고자 했다. 은행 개혁은 은행 영업에 실질적인 독립성을 부여하여 정부가 계획한 사업에 자금을 지원해야 하는 의무로부터 벗어나게 하는 데 목적이 있었다. 중국인민은행은 진정한 중앙은행으로 변혁되어 통화 정책과 재정 제도의 감독이라는 임무를 맡게 될 것이었다. 은행망은 성(省) 당국에 대한 은행 지점의 행정적 의존성을 단절시키기 위해 각 지역이 하나의 단위가 되는 체제로 재편될 것이었다. 태환 제도의 개혁은 위안화의 태환에 제한을 두었고, 1994년 1월 1일부터 중국 통화는 40퍼센트 평가 절하되었다. 공공 기업에 대한 조치는 그리 중요하지 않는 것들을 민영화하고, 나머지 기업들의 경영상의 많은 변화들 — 기업 관리 위원회의 설립, 주식회사로의 전환, 당시까지 '단위'가 부담해 왔던 사회 보장 부담금의 외부 발주 등 — 을 전망하고 있었다. 목표는 이들 기업의 자율성을 강화하고, 국가 자산을 잠식하면서 은행 체계의 작동을 해치고 관리자들의 해이와 부정을 부추겨 온 정부 보조금 제도와 대출 제도를 폐지하는 것이었다.

이후 몇 년간 이 조치들은 점진적이고 또 종종 불완전한 방식으로 시행되었다. 주룽지가 1997년 9월 중공 15전대회에서 총리로 지명되고 1998년 3월부터 공식적으로 그 직무를 수행하게 되자, 1993년에 만들어진 프로그램의 주요 항목들을 다시 채택했다. 그는 특히 공공 부문에 철저한 구조 조정이 필요하다고 주장했다.

1994년의 개혁들은 부분적으로만 시행되었지만 그것은 경제 성장을 해치지 않으면서도 성장률을 완화시킬 수 있었다. 인플레이션은 진정되었고 대부분 경제 균형이 이루어졌다. 중국 경제는 부드럽게 안착했고, 그럼으로써 1997년에 닥친 아시아 금융 위기에 잘 대처하도록 준비할 수 있었으며 그 초기의 위기를 잘 견뎌냈다. 성장률은 1997년 8.5퍼센트에서 1998년 7.8퍼센트로[28] 약간 둔화되기는 했지만 여전히 강세를 이어 갔다. 수출은 계속해서 증가했다. 동아시아에 대한 수출의 격감은 미국과 유럽 시장의 성장으로 상쇄되었다. 1998년 무역 흑자가 430억 달러에 이르는 기록을 세웠다. 경제 위기는 동아시아 국가들로부터의 직접 투자를 꽤 감소시켰다. 그러나 미국의 자금으로 인해 자금의 유통은 상당한 수준을 유지했다(450억 달러). 외환 보유고가 1400억 달러에 이른 중국은 경제 위기 초기에 위안화를 평가 절하하지 않겠다는 약속을 지켜 냈다.

중국식의 점진주의 : 이행기의 한 모델?

중국 경제의 성공은 중국의 개혁에 대해 회의를 보이던 많은 전문가들을 놀라게 했다. 그들은 보수파와 대립을 피하면서 기득권의 저항을 줄이기 위해 돌아가는 길을 택한 이 개혁이 제대로 시행되지 않을 것으로 보았다. 전문가들은 이러한 개혁을 통해 구축된 혼합 경제는 그 형식이 불분명하고 작동이 혼란스러워 이론적으로도 취약하고 실제적으

28) 중국 당국이 발표한 이 수치에 많은 외국 전문가들은 의심을 품었다(412쪽 참조).

로도 운용해 갈 수 없다고 생각했다. 사실 이 개혁은 정통 자유주의자들이 성공적인 이행기의 표준들로 제시하고 있는 것들, 즉 완전한 가격 자유화, 국제 시장에 대한 제한 없는 개방, 경제 세력의 경쟁에 대한 당국의 불개입, 생산 수단의 사유화 등을 거의 따르지 않았다.

천안문 시위의 진압 이후 1989년과 1991년 사이에 개혁에 대한 열정의 후퇴는 전문가들로 하여금 보다 심각한 분석을 내놓게 만들었다. "1979년 이래 절반의 개혁에 머문 …… 중국의 경험은 자본주의의 길을 빌렸지만, 그것을 끝까지 추진하지 않은 경박한 행보를 잘 보여준다." …… "중국이 만들어 낸 것은 필연적인 혼란, 서로 맞지 않고 모순된 제도와 원칙의 터무니없는 혼합일 뿐이다. 그러한 혼란 속에서는 계획과 시장 어느 것도 제대로 기능하지 않는다"(Jan Prybyla). 보다 온건한 다른 경제학자들은 "제도적 틀과 조절 수단의 미성숙"(Françoise Lemoine)을 지적하곤 했다.

1990년대의 성취는 점진주의의 권위를 다시 회복시켰다. 중국식의 이행은 결국 러시아와 동유럽 국가에서 정통 자유주의자들이 주장한 충격 요법보다 더 만족스러운 결과를 만들어 내지 않았는가? 몇몇 경제학자들은 더 이상의 주저 없이 중국의 개혁 역사는 '거대한 성공'의 역사라고 선언했다(Thomas Rawsky). 그들은 '중국의 경험이 제기하는 이론적 도전'(Bernard Chavance)을 강조하고, 이러한 성공에 비추어 옛 패러다임을 재검토할 것을 주장했다. 진 오이(Jean Oi)와 앤드루 월더(Andrew G. Walder) 등이 수행한 1980년대 말과 1990년대 초의 중국 농촌 경제에 관한 연구들은 '대폭발(big bang)' 없는 이행을 묘사하고 있다. 그러한 이행은 시장 경제로의 전환을 위한 전반적인 계획에 의한 것이 아니라 부분적인 변화들이 서로 영향을 주면서 이룬 축적으로부터 연유하는 것이었다. 그 이행은 급속한 민영화 또는 간부들의 경제적 주도권 방기에 기초했던 것이 아니라, 그와 반대로 베이징이 지방 관료 기구에게 집단 기업을 발전시킬 수 있는 자유를 부여하고 그를 통해 사회주의를 '밑으로부터' 개혁함으로써 이루어진 것이었다.

그러나 이 1990년대 말이자 세기말에 중국 경제에 축적되고 있던 장애들은 개혁의 마지막 단계에 새롭고도 무거운 문제를 제기하였고, 지나치게 빠른 진행으로 인해 취약한 모습을 보이고 있던 현대화의 장래에 대해 의문을 갖게 만들었다.

미완의 개혁

1992년과 1998년 사이 경제가 급성장함으로써 일관된 점진적인 변화를 촉진했고 개혁을 정당화해 주었지만 또한 개혁의 근본적인 장애들을 감추었다. 그 장애들 가운데 가장 중요한 것은 오랫동안 적자를 보아 온 막대한 공공 부문의 존속이었다. 이 사회주의 체제의 잔재가 주는 재정적 부담을 떠맡고 있던 것은 비국가 부문의 자본주의적 번영이었다. 이미 1990년대 중반 경제의 급성장 시기에 공공 부문은 하나의 진정한 '재정적 사회적 질곡"(J. -F. Huchet)이 되고 있었다. 공공 부문은 10만 개의 기업을 포함하고 있었고 그 가운데 1만 개는 매우 중요한 위치를 차지하고 있었다. 특히 북부와 동북 지방 및 베이징, 상하이 등 대도시에 자리하고 있던 이 기업들은 전체 공업 생산의 약 45퍼센트를 담당하는 데 불과했지만 일정 수의 대단히 중요한 부문들에서는 여전히 거의 독점적인 방식으로 통제를 행사하고 있었다.

1980년대 시작된 이 부문의 개혁들은[29] 거의 실행되지 않았거나 잘 집행되지 않았다. 공공 부문은 적자 속에 운영되고 있었다. 1995년 공공 부문 기업의 36퍼센트가 적자를 보았다. 그러나 기업들은 여전히 1억 8백만 명을 고용하고 있었고, 단위 체제 안에서 특권을 누리는 옛

29) 과세 제도, 경영 책임제, 고용과 해고의 자유 및 파산에 관한 법 등을 말한다 (270 · 294쪽 참조).

엘리트 노동자들을 감싸고 있었다.

중국의 개혁이 갖는 특징 가운데 하나는 공업 소유권 체제의 개혁이 늦게 시작되었다는 점이다. 그 이유는 정치적이기도 하고 사회적인 것이기도 했다. 정치적으로, 베이징의 지도자들은 사회주의 주요 원칙 가운데 하나를 침해할 것을 우려했다. 사회적으로, 지도자들은 노동자의 해고를 불러올 구조 재조정의 추진을 망설였다(홍콩의 일부 관찰자들에 따르면 그러한 재조정은 이미 노동자 1700만 명의 해고를 불러왔고, 다시 2500만 명의 노동자들을 위협하고 있었다). 전반적인 사회 보장 제도의 결여 속에서 노동자들은 단지 제한된 보상을 요구할 수 있을 뿐이었다.

공공 부문은 정부 보조, 정부의 개입을 통한 은행 대출 그리고 기업 간의 상호 대부 제도(그것은 결국 거대한 채무를 양산했다) 덕분에 살아남았다. 1994년 이와 같은 다양한 자금 조달은 각각 40억 달러, 210억 달러, 6백억 달러에 달했다.

이러한 정책이 국가 재정에 주는 부담을 덜기 위하여 그리고 물가 앙등 및 그에 따른 통화 불안의 위험 등을 줄이기 위하여, 주룽지는 1993~1994년 초기의 개혁 조치 과정에서 정부 보조와 국유 기업에 대한 은행 대출을 제한하기로 결정했다. 이 정책은 결실을 가져왔고 인플레이션은 후퇴했다. 그러나 공공 부문 기업들은 어느 때보다도 더 지불 능력이 부족했다. 기업들이 은행과 맺은 채무 관계는 막대한 '불량 채권'을 양산하였다. 그리고 기업의 소유권이 분명히 정해지지 않은 점을 이용하여 기업 관리자들은 상당량의 자산을 빼돌렸다.

1997년 9월에 열린 중공 15전대회는 주룽지의 주장과 주도 아래 소유제의 개혁 문제를 해결하고자 노력했다. 그것은 중국식으로 조금씩 개선해 가는 방식이었고, 사실 대규모 민영화 계획을 제시하는 것은 불가능했다. 개혁은 공유 기업의 주식회사 전환과 함께 이 회사들에게 고유의 경영권과 관리 구조를 갖도록 할 것을 전망하고 있었다. 이렇게 구조 조정된 기업에서 국가의 이익은 '국유자산 관리공사(國有資産管理公司)'에 의해 대표될 것이었다. 경제 관료는 감원되고 공무원들은 행정 관리로서의 지위를 버리고 국유자산 관리공사에 편입될 것이었다. 그러나 국가는 공공 부문의 10만 개 중소 공업 기업으로부터 곧 손을 떼고 보다 중요한 1만 개 기업에서만 과반의 지분을 소유하기로 예정되었다.

이러한 구조 조정은 번영의 시기에 단행되었지만 성장이 둔화될 때에는 위험한 시도가 될 수 있었다. 그런데 1998년 가을 이래로 중국 경제는 많은 취약성을 보이기 시작했다. 국민총생산의 성장에 대해 중국 당국은 7.8퍼센트로 발표했지만 사실은 4~5퍼센트를 거의 넘지 못했다. 통화 가치를 10~15퍼센트 평가 절하한 동남아시아 국가들의 경쟁력이 높아지자 중국의 수출 증가세는 둔화되었다. 국내 수요도 감소했고 물품의 재고가 늘어갔다. 실업자가 늘어 도시 인구의 약 15퍼센트에 이르렀다. 이 지방에서 저 지방으로 일자리를 찾아 떠도는 수백만 명 — 1천만 명은 될 것이다 — 의 농민 이주자들에 대한 통계는 집계가 중단되었다. 게다가 1998년 10월 광둥 국제신탁 투자공사가 파산[30)]한 뒤 그리고 이 회사의 청산 조건을 보게 된 외국 투자자들은 투자에 더욱 주저하였다. 1999년 외국인 직접 투자는 330억 달러를 넘지 않을 것으로 예상되었다(1998년은 450억 달러였다). 약간의 시간적인 차이를 두고 이번에는 중국이 아시아의 경제 위기에 대가를 치러야 했다.

30) 광둥 국제신탁 투자공사(GITIC)는 많은 비은행 재정 기구들, 즉 지방의 성・시 당국이 설립한 많은 국제신탁 투자공사(ITIC)들 가운데 하나였다. 이 회사들은 이론적으로는 외국의 자본을 유치하여 국가 기간 사업에 자금을 댈 목적을 갖고 있었지만 실제로는 투기 자본으로 유용하였다. 지방 당국의 말을 믿고 ITIC에 투자한 외국인 투자자들은 그들의 대부가 중앙 정부로부터 보장을 받을 것이라고 생각했지만 그러한 예상은 실현되지 않았다. GITIC의 파산 뒤 외국의 채권단은 아무런 소유권도 누릴 수 없었다.

그리고 당시 위안화의 평가 절하가 다시 거론되기 시작했다.

한 반세기 동안을 인플레이션의 두려움에 사로잡혀 있던 중국은 이제 디플레이션의 위험에 직면했다. 중국은 대규모 기간 사업에 대한 막대한 공적 자금(1조 2천억 달러) 투여를 통해 디플레이션을 막아보고자 했다. 그러나 이 계획의 실행은 많은 서투른 운용으로 말미암아 대체로 실망스러운 결과를 낳았다. 그리고 그것은 중앙 정부 예산에 무거운 부담이 되었고, 중앙 및 지방 당국의 주문을 통해 주된 혜택을 보는 공공 부문을 다시 활성화시키는 결과를 가져왔다. 따라서 이 계획의 실행은 중앙 집중을 재강화하고 국유 기업의 역할을 축소하고자 하는 개혁과는 반대 방향으로 나아갔다.

이러한 위기는 자산 개혁의 부진에 대해 중국이 치러야 할 대가이기도 했다. 그 결과들 가운데 하나가 이러한 부진을 더욱 악화시켰다는 것이다. 하지만 결코 그러한 개혁의 필요성에 의문이 제기되지는 않았다. 1997년 9월의 중공 15전대회에서 이 문제에 관해 확고한 정치적 합의가 이루어졌던 것으로 보인다. 그러나 위기는 당시 승인된 조치들의 실행을 가로막을 위험이 있었다.

결국, 개혁이 유보되었다는 인상을 불식시키기 위한 공식적인 발표들(거기에는 1999년 3월 인민대표대회에서 주룽지 총리가 한 발표도 포함된다)에도 불구하고 많은 개혁 조치들이 연기되었다.

2000년으로 예정된 중국의 세계무역기구의 가입은 분명 경제 개방과 행정적 정치적 개혁을 재개하도록 만들 것이다. 1999년 4월 미국 방문 당시 주룽지 총리가 강력히 요구한 중국의 세계무역기구 가입 신청은 11월 15일 베이징에서 중·미 간에 무역 협정이 체결되었기 때문에 수용될 가능성이 크다(중국은 2001년 12월 정식으로 WTO에 가입하였다—역주).

개혁 정책이 겪은 우여곡절은 중국 최고위층의 파벌 투쟁을 조장했다. 그러나 1980년대처럼 그러한 우여곡절이 근본적으로 파벌 투쟁에서 연유했다고 볼 수는 없다. 그것은 무엇보다도 개혁의 흐름에 대한 당시 상황의 영향을 나타내는 것이며, 아시아의 경제 기적이 중국의 경제 성장에 미친 작용과 중국의 우회 전략의 성공을 보여주는 것이다. 개혁의 우여곡절은 상황의 산물이었다. 그것은 당면한 문제에 답하기 위한 것이었고, 사회적 정치적 안정을 위해 필수불가결한 강력한 경제 성장 기조의 유지를 목표로 하고 있었다. 베이징 정부는 경제적 번영 위에 구축된 자신의 정당성을 해칠 위험을 무릅쓰고자 하지 않았다. 정부는 단기적으로는 실업과 파업을 유발할지라도 장래를 위해서는 유익한 구조 조정을 추진해 나갔다. 1980년대 개혁파가 무엇보다도 당내 보수파의 반대를 두려워했다면 이제 그들은 특히 사회적 불만의 표출을 막는 일에 고심하였다. 이러한 시각의 전환은 본질적인 변화 — 즉 1990년대 공중의 삶 속에 발견되는 '사회의 복귀' — 에 상응하는 것이었다.

사회의 복귀

국가에 의한 사회의 흡수가 완벽하게 이루어진 적은 없었다. 마오쩌둥 독재하의 가장 열악한 시기에도 마찬가지였다. 1980년대 4개 현대화 정책은 이미 사회의 재생에 길을 열어 주었다. 10년 뒤 사회주의 시장 경제는 국가에 대해 사회의 실질적인 자율을 허용해 주었다. 개인의 삶의 영역에서 중국인들은 이제 자유롭게 결혼하고, 여행하고, 거의 원하는 대로 연구할 수 있게 되었다. 유일한 제한은 자녀를 하나만 가져야 한다는 것이었지만 그것도 많이(특히 농촌 지역에서는) 약화되었다. 되찾은 자유는 다양한 직업 및 공동체 활동에도 확산되었다. 비판, 집회, 단체 결성의 자유가 주어졌다. 넘을 수 없는 한계는 정치적 주장과 정치적 행동이었는데, 이는 권력의 소유자들이 확고한 태도로 자신의 정치적 독점권을 보존하려고 했기 때문이다. 이 금지된 지대 이외에는 광대한 관용의 지대, 보다 정확히는 당-국가의 관심에서 벗어난 지대가 펼쳐져 있었고, 바로 그러한 지대에서 중국의 사회는 다시 독자적으로 존재할 수 있었다.

사회적 자발성과 경제 현대화

이 사회적 자발성은 현대화로 가는 길에 들어선 중국에게는 하나의 중요한 성공 수단이었다. 농민들을 토지에 긴박시킨 진정한 예속이었던 호구 제도의 억압에서 벗어나 여러 부업 활동 — 생산의 전업화, 상업, 수공업, 공업 등 — 에 나설 수 있는 자유를 다시 얻은 많은 농민들이 진정한 기업가로 변신했다. 도시에서 비국가 부문 발전의 많은 부분이 '사업의 바다'로 뛰어든[下海] 사람들 — 상인, 수공업자, 기술자, 경영자로 변신한 지식인 등 — 의 적극성과 더 낳은 삶을 찾아 농촌을 떠난 이주민들 수백만 명의 노동을 통해 이루어졌다.

마오쩌둥 시대 이후 중국이 이룬 경제적 성공의 상당 부분은 인민의 이러한 활발한 활동 덕분이었다. 그러한 활동은 이익 추구의 욕구로부터 고무되었고, 종종 체감할 수 있는 생활 수준의 향상을 가져다주었다. 이러한 사회적 적극성의 재현은 마오쩌둥 시대 권력의 주도로 설립된 여러 제도들을 일소시켰다. 인민공사는 1984년 이래 자취를 감추었고 정치적 성분 분류는 더 이상 없었다. 호구 제도는 더 이상 도시민과 농민 간의 넘어설 수 없는 벽이 되지 못했다. 공공 부문의 옛 엘리트 노동자들의 '단위'에 대한 집착은 조합주의적 행보이자, 새로운 경제 질서에 의해 갈수록 위협을 당하는 자신들의 특권을 보존하기 위한 투쟁으로 보였다.

인민들이 경제 발전에 적극적으로 참여하자 그 당연한 귀결로 이 발전 방식에 의해 피해를 당한 사회 집단들로 하여금 불만을 공공연히 표현하도록 만들었다. 소요의 발생은 먼저 경제 개혁의 성공 그 자체와 연결된 것이었다. 중국인들은 개혁이 요구하는 조정과 그것이 가져온 불안정에 항의했다. 시위는 이제 막 탄생한 소비 사회에서 소외된 계층의 원한과 비참함을 말하고 있었다. 1993년 여름의 농민 소요, 1994년 국가 철강 공업의 낡은 기지인 동북 지역에서 폭발한 노동자의 파업 등을 보면 그 동기는 언제나 경제적인 것이었다. 도시의 항의자들은 보조금과 체불 임금의 지급을 요구했으며, 농촌에서는 국가 공출에 대한 대금을 지불해 줄 것과 지방 공무원들이 불법적으로 강요한 세금과 부가세들을 폐지하라고 주장했다. 이러한 소요에 대하여 베이징 정부는 일반적으로 타협 방식을 채택하고 가장 지탄을 받는 부정행위들을 바로잡았으며 …… 해마다 8퍼센트를 넘어서는 경제 성장에 의지하여 고용을 늘리고 소요를 방지하고자 했다.

그러나 1998년 이래 소요는 확산되고 더욱 큰 규모로 바뀌어 갔다. 국유 기업의 해고 노동자들은 청원이나 구호를 내걸고 거리를 행진하는 데 그치지 않고 도로 · 다리 · 철로를 봉쇄했다. 1999년 1월 후난성 다오린(道林)에서는 1천 명 이상의 성난 농민들이 경찰과 충돌했고 그 과정에서 1명이 사망했다. 성장의 둔화는 그 이전 개혁의 성공으로부터 발생한 사회적 긴장을 더욱 악화시켰다. 부자와 빈자, 도시민과 농민, 연안과 내륙의 격차는 더욱 벌어졌다. 권력은 이러한 불만이 나타내는 위협을 잘 인식하고 있었다. 1999년 3월, 주룽지 총리는 인민대표대회에서 이러한 사회적 갈등을 '단순한 방식으로' 대하지 말며 '독재적 방법으로' 다루어서는 더욱 안 된다고 경고했다.

그러나 그럼에도 베이징 정부는 사회적 행위자들과의 협상을 고려하고 있지 않았다. 총리의 경고는 갈등을 방지하기 위한 경제 정책을 채택하고 필요할 경우 그것을 무마하기 위해 일시적으로 양보해야 할 필요가 있다는 식으로 간단히 치부되었다. 사실 권력은 개혁과 함께 출현, 또는 재출현한 사회 집단들의 제도화를 받아들일 수 없었다. 권력은 이 집단들의 존재와 그 중요성을 확인했지만 그들을 권력의 상대자로 인정하는 데는 상당한 거리를 두고 있었다.

제도화 없는 사회

중국 사회는 더욱 자율적이 되었지만 매개적인 결사체들을 중심으로 구조화된(이 결사체들의 존재의 정당성은 그것이 갖는 대표성에서 나온다), 그리하여 권력과 대화할 수 있는 시민 사회가 되지는 못했다. 천안문의 진압을 뒤이은 1990년대 10년간의 역사는 우리에게 일정한 형태의 사회적 자율은 자체의 성격 변화 없이 권위적인 체제와 잘 공존할 수 있다는 것을 보여준다.

중국의 단체 활동은 놀라운 성장을 보였다. 현재(1990년대 말—역주) 중국에는 약 20만 개의 '사회단체'가 있는 것으로 계산되고 있다. 그들은 정기적으로 등록 절차를 거치지만 그 밖에도 공식적으로 승인되지 않은 수만 개의 결사체들이 존재한다. 기업가들이나 전문가들(법률가, 회계사 등)이 모인 직업 단체, 합창·서예·무술·뜨개질·사진 촬영 애호가들의 취미 단체들이 있는가 하면 환경보호, 여권 신장, 문화 진흥 등의 사명을 갖는 단체들이 활동하고 있다. 얼핏 보면 이러한 구조의 출현이 유럽의 경우와 같이 사회 내부 관계에 대한 국가의 개입을 제한하고 정치 민주화의 전조가 된다고 생각할 수도 있을 것이다.

그러나 사실 중국의 사회단체는 대부분이 국가 권력과 우호적인 관계를 유지하고 있다. 1998년의 결정에 제시된 일련의 모든 조건들에 부합하지 않는 단체는 등록(등기)될 수 없다. 등록된 많은 단체들이 공적 자금의 보조를 받고 있으며, 모두가 해당 당 조직 또는 정부 부서의 관할 아래 있다. 그러나 우리는 이러한 단체들과 중앙에서 내려진 지시의 전달 벨트로만 기능하던 마오쩌둥 시대의 옛 대중 조직을 혼동해서는 안 된다. 새로운 단체들은 일정한 자발적 요소들을 갖고 있고, 그 성원들의 진정한 이익을 대변하고, 자신들에게 닥친 구체적인 문제들을 해결하는 데 몰두하고 있다. 공권력이 그들의 목소리에 귀를 기울이고 그것을 들어주는 경우도 있었다. 특히 전국의 가장 중요한 사영 기업가들을 포괄하고 있던 중화전국공상업연합회(中華全國工商業聯合會)의 경우가 그랬다. 일반적인 차원에서 이 결사체들은 단체 생활에 참여하고자 하는 중국인의 점증하는 욕구를 나타낸다.

그러나 이 단체들과 정치권력 간의 관계는 잘 그어진 분명한 경계선, 경우에 따라서는 쉽게 싸움의 전선으로 변해 버리는 경계선 위에서 수립된 것은 아니었다. 양자의 관계는 유동적이고 변하기 쉬운 경계, 서로 침투하기에 좋은 경계를 따라 전개되었다. 사실 그것은 시민 사회라기보다는 조합주의(corporatism)에 해당하는 것이었다. 현재의 관행은 중화 제국 시대 활동했던 길드(동업 조합)의 관행과 유사하다. 오늘날과 마찬가지로 제국 시대에는 특정한 활동 영역에서 자주적이고 상대적으로 자율적인 (그러나 국가의 공식적인 장치 속에 통합되어 있던) 사회 조직이 존재했지만, 그것은 국가에게 국가가 부분적으로 밖에는 관리하지 못하던 경제적 성장이 가져온 사회적 결과들을 통제하는 수단이 되어 주었다.

이렇게 재획득되고 재건된 사회적 자율로부터 한 시민 사회의 형성을 도출해 낼 수 없다면 그것은 물론 허용되지 않은 모든 단체들에 대해 (특히 그러한 단체들이 불만을 가진 이들을 조직하고 그들의 정치적 주장을 내세울 경우) 탄압을 가하는 정권의 정책 때문이다. 그러나 그것은 또한 중국 사회의 성격 그 자체 때문이기도 하다. 중국 사회의 전통적 특징들 가운데 일부가 1990년대에 활발하게 재등장하면서 사회의 복귀를 '불변하는 중국'의 부활로 변질시키고 있는 것이다.

'낡은 인간'의 승리

마오쩌둥이 만들어 내고자 했던 '새로운 인간'은 무대에서 끌어내려졌다. 그리고 그 자리는 혁명이 공격했던 '낡은 인간'이 대신하였다. 1980년대 초부터 시작된 전통의 부활은 오늘날 중국 사회 전체에 걸쳐 확인되고 있다. 그러한 부활이 도시보다는 농촌에서 더욱 두드러지게 보이는 것은 농촌 주민과 도시민이 각각 과거와 맺은 관계가 같지 않기 때문이며 중국의 도시, 특히 연안 지역의 대도시들은 1949년 이전부터 이미 현대화와 서구화의 길로 나아가고 있었기 때문이다. 그러나 도시든 농촌이든 모두 사회주의 질서와의 단절은 분명했다.

가족 제도가 다시 그 중요성을 완전히 회복했다. 묘지, 제단, 사원의 재건은 조상 숭배 및 종족 활동의 재활성화를 보여준다. 혈통의 승계를 보장해 주고 이 체계의 중요한 고리를 이루는 혼인은 (아직은 대체로 강요되지는 않고 있지만) 다시 정략결혼 — 중매인의 도움을 받아 부모들이 행하는 성공 전략 — 이 되었다. 혼인은 또한 과거처럼 사치스러운 행사가 되었는데, 그 호사스러움은 가족의 세력을 과시하기 위한 것이다. 혼인은 또 상업적인 거래가 되었는데, 그것은 오랜 협의를 거쳐 준비되고 상당한 액수의 부를 이전시킨다는 특징을 갖는다. 이러한 거래에서 농촌의 빈한한 가정은 어린 신부의 매매라는 간단한 절차를 거칠 뿐이다. 1949년 이전처럼 가장 가난한 농민들은 다시 결혼 시장에서 배제되고 있다. 그 결과 영원히 사라졌다고 생각되던 관행들이 되살아나는 것을 보게 된다. 어린 신부가 장래 성장한 뒤 결혼하게 될 신랑집에 팔려가 그때까지 하인으로 일하는 것, 남매들의 짝을 이룬 교환결혼, 젊은 딸을 보내고 다른 젊은 딸을 얻어 오기, 밀매업자들이 가장 열악한 지방에서 (자유의사에 의해서든 강제에 의해서든) 데려온 여인들의 할인 판매 등이 그것이다.

전통이 남성 후손에게 부여한 우월한 지위는 1980년대 초부터 시행된 한 자녀 정책의 효과와 맞물려 유아 살해의 부활을 불러왔다. 유아 살해의 대상은 기본적으로 여아이다. 부부는 다시 기회를 얻기 위해서 여아를 출생과 함께 제거한다. 1990년대 약 10년 동안 유아 살해가 부분적으로는 선별적인 낙태로 대체되었지만 여전히 지속되고 있다. 몇몇 자료에 따르면, 1995년 중국의 0~5세 사이의 남녀 비율은 여자 100 대 남자 118이었다. 가족 제도가 다시 부활하면서, 통계 수치상에서 독신으로 남아야 될 이 수백만 명의 남자 아이들은 21세기에 새로운 주변인이 될지도 모른다.

가장 부유한 성들에서는 첩을 두는 일이 사회적 성공의 표현으로 등장했고 사실상 일부다처제가 자리를 잡았다. 어디서든 부녀 해방 과정은 중단되었다. 인민공사의 해체 이래 농업 경작을 주도하게 된 가부장은 다시 경제적 권력과 도덕적 권위를 행사하고 있다. 인민공사 시절 집단 노동에 참여했을 때와는 달리 아내의 노동은 더 이상 그에 대한 보수도 사회적 승인도 가져다주지 않고 있다. 도시에서는 여성 노동자와 직공들이 실업의 첫 번째 희생자가 되어 다시 가정으로 보내졌다. 1997년 이래 이혼에 관한 새로운 법률안을 둘러싸고 일어난 토론에서는 부녀의 해방보다는 부녀에 대한 보호가 주장되고 있다.

전통의 복귀는 또한 다양한 형태의 범죄가 되살아남을 뜻했다. 부정부패가 도처에 만연했다. 비밀 결사의 전통과 다시 연결된 폭력 조직이 매춘, 밀수, 강탈, 비적 행위, 마약 밀매에 나서고 있다. 이들 조직 안에서 관철되고 있는 도덕률, 충성과 결속 등은 이들을 '가족'이자 반사회적인 존재로 만들고 있으며, 조직들에게 일종의 권위를 갖게 해 준다. 이 조직들이 관료와 공모할 수 있는 것은 단지 뇌물 때문만은 아니다.

역사적으로 비밀 결사에 가까운 비밀 종교들도 강력하게 부활하고 있다. 그들은 신도들에게 정신적 깨달음과 경우에 따라서는 초자연적인 권능(질병의 치료, 공중에 떠오르는 힘 등)을 갖게 해 주는 개인적인 자기완성을 이룰 수 있게 해 준다고 약속한다. 비밀 종교들은 마르크스-레닌주의 이념의 쇠퇴가 남긴 정신적 도덕적 공백을 채워주고 있다.

현대화론자들(근대화론자들)이 시민 사회의 출현을 기대하는 곳에 종족의 족장, 풍수가, 관료-기업가가 등장했다. 성원들의 이익을 대변할 수 있는 대의제 결사체나 제도가 부재한 가운데 경제 현대화와 함께 출현한 새로운 사회 세력은 종족, 동향회, 비밀 결사, 폭력배 등 전통 조직의 형태를 취했다. 이러한 조직 형태들이 어떻게 시장의 도입 및 점진적인 중국의 국제 교역으로의 진입과 관련된 새로운 제도 및 관행과 결합될 것인가? 전통적인 조직 형태들은 스스로 통제할 수 없는 급격한 변화의 흐름 속에 끌려 들어간 인민들에게 어떠한 수단들을 제공할 수 있을 것인가?

사회적 관계의 기술(關係學)

중국의 전통은 그 일관성만큼이나 유연성이라는 특징을 보인다. 사회적 관계의 기술은 선물과 특혜의 교환, 우호 관계의 문화, 쌍무적 행동 등에 의해 작동하는 전통적인 연대(결속)의 네트워크에 기초하고 있다. 이러한 기술은 공자로 거슬러 올라간다. 기원전 4~5세기부터 공자는 사회적 관계의 중요성을 강조하고, 그러한 관계를 관례를 통해 가능케 하는 관용과 사랑의 감정[人情]을 찬미했다. 마오쩌둥주의에 의해 억제된, 그러나 완전히 근절되지 않은 이 기술은 다시 소생하여 새로운 중국 사회의 특징이 된, 모든 개인 관계를 수단으로 삼아 열광적으로 이익을 추구하는 데 광범하게 활용되기 시작했다.

사회적 관계의 기술은 중국의 새로운 자본주의 발전의 중요한 동력 가운데 하나로, 경제 발전의 역동성과 효율성을 부여해 줌과 동시에 필연적으로 부패 및 족벌주의와 연결되었다. 당-국가의 후퇴가 단지 시장과 사회적 적극성이 발전해 갈 수 있는 가능성을 열어 준 것만은 아니다. 그것은 또한 간부·공무원들과 기업가들의 결탁에 기초한 다양한 지방적 특권 세력의 대두를 부채질하기도 했다. 이러한 특권 세력의 존재는 전통적 관행을 현대화의 새로운 목표 달성에 도움이 되도록 만들었지만 중국의 성장을 위해서는 장점이자 장애가 되는 것이기도 했다. 광둥·푸젠 등 남부 지역 성들의 '경제 기적'은 이러한 네트워크와 그 네트워크에 투자한 외국인 사이의 협력으로부터 나왔다. 그러나 1980년대와 1900년대의 20년간 중국의 발전에 나타난 수많은 부정 사건들은 이 네트워크들이 중국의 성장에 미칠 수 있는 역효과를 보여주고 있다.

4개 현대화의 일환으로 재정적 자율성을 확대하는 것이 허용되면서 인민해방군은 1998년 현재 2, 3만 개의 다양한 기업들과 60억 달러로 추산되는 자산 가치를 갖는 거대한 영리 추구의 제국을 구축했다. 이 제국을 경영하는 과정에서 수많은 해방군 인사들이 남부 지방에 성행하고 있던 대대적인 밀수에 가담했다. 장쩌민 주석은 1998년 7월 22일 인민해방군에게 그러한 사업을 중단하고 군사 임무에 더욱 충실할 것을 요구하면서, 이 중요한 부문에 대한 국가의 권위를 재건함과 동시에 불법적 밀매와 그에 수반하는 부패를 제거하고자 했다.

연대의 네트워크는 일정 정도 새로운 사회에서 소외된 계층의 삶을 떠맡기도 했다. 연금을 받지 못한 노부모들과 봉급을 받지 못하고 해고된 노동자들, 환자들, 장애인들은 가족에게 의지해야 했다. 문제 청소년들은 폭력 조직으로 도피해 갔다. 교회들, 특히 비밀 종교들은 공산주의적 가치의 쇠퇴로 말미암아 방향을 잃고 새로운 소비 사회에서 배제된 채 신앙생활과 초자연적인 것에서 정신적 위안을 찾고 있던 사람들을 맞아들였다.

중국 사회에 나타난 개인적 자유의 진전은 가까운 과거인 마오쩌둥 시대와 비교해 볼 때 진정한 사회도덕의 혁명이라는 특징을 띤다. 그러나 이 혁명은 종종 옛 것의 복원으로 나타났다. 사회적 관계의 기술이 만들어 낸 가족적 위계질서, 결속이 초래하는 억압, 온정주의 등의 힘이 부활했다. 되찾은 자유는 개인의 자유라기보다는 가족 집단의 자유 또는 직업적, 지역 공동체적 집단의 자유였다.

게다가 사회적 자율은 이념, 정치 조직, 관료제, 군대 그리고 세금 징수 등에 대한 국가의 독점에 의해 제한을 받고 있었다. 정부의 모든 노력은 그러한 제한과 독점을 존중하도록 만드는 경향이 있다. 반면 사회 측의 노력은 국가의 제한과 독점을 후퇴시키고 제거하기보다는 그것들을 무시하거나 우회하는 경향을 띠고 있다. 사회가 국가 권력에 대하여 집단적인 이익을 내세우기 위해 조직되지 못했던 것은 단지 진압의 위협 때문만은 아니었다. 그것은 또한 각 집단, 각 개인이 자신들의 특수한 문제를 당국과의 개별적인 접촉을 통해 해결하고자 하는 경우가 많았기 때문이었다. 사회의 내부를 지배하던 온정주의는 마찬가지로 사회와 권력의 관계를 지배하고 있었다. 충돌보다는 공존을 더 원하던 사회의 이러한 태도는 공산 정권의 지속에 이로운 것이었다.

공산 정권의 지속

사회주의 시장 경제의 채택과 폭넓은 자율성을 갖는 사회 영역의 부활을 보면서 많은 관찰자들은 의문을 제기했다. 1990년대의 중국은 여전히 공산주의 국가인가? 그 답은 의심할 바 없이 그렇다이다. 중국은 21세기로의 전환기에서 공산주의 정권이 여전히 지속되고 있는 몇 안 되는 나라들 가운데 하나다. 시대착오적이지만 정권은 살아남았다. 사실 정권은 여전히 원기 왕성한 모습을 보이고 있다. 정권은 덩샤오핑 권력의 승계 문제를 충돌 없이 해결했고, 파벌 분열과 개인적인 대립에도 불구하고 단결을 유지할 수 있는 능력을 보여주었으며, 자신의 적 또는 적이라고 여기는 것들을 무력으로 진압하고 자신을 지켜 냈다. 정권이 처한 특수한 사회적 경제적인 맥락으로 인해 정권의 이념과 그 제도의 운용은 변화를 겪지 않을 수 없었다. 그러나 정권이 어떠한 쇠퇴를 겪었든, 어떠한 혁신을 시도했든 그 기본적인 성격은 바뀌지 않았다.

제도적 지속성

중국 공산주의 정권은 이중적인 유산을 안고 있다. 마르크스-레닌주의와 마오쩌둥주의가 그것이다. 그리고 정권은 후자보다는 전자에 더욱 충실하다. 이러한 충실은 한편으로 사회주의와 당의 지도적 역할을 강조하는 이념의 지속성, 다른 한편으로는 당·국가·군대라는 삼중의 위계질서에 기초한 제도적 체제의 지속성으로 표현된다.

중국공산당의 이념은 변하지 않았다. 그것은 여전히 1979년 3월 덩샤오핑이 공포한 '4항 기본 원칙'에 집약되어 있다. 사회주의의 길, 인민 민주 독재, 마르크스-레닌주의와 마오쩌둥 사상 그리고 중국공산당의 지도가 그것이다(256쪽 참조). 1997년 9월 중공 15전대회는 이 네 가지 원칙을 당장(黨章)에 편입시킴으로서 그것을 마르크스, 레닌, 마오쩌둥의 저작들과 동등한 권위의 반열에 올려놓았다. 반면 이제는 마오쩌둥식의 특수한 독트린인 당의 독점, 계급 투쟁 우선, 대중의 주도적 역할 또는 정치 생활에서의 대중의 직접적인 개입 등은 더 이상 말하지 않게 되었다.

각 기관들은 여전히 공산당의 위계질서에 의해 지배된다. 중공은 어느 때보다도 많은 당원을 확보하고 있다. 1992년에는 5100만 명이었고, 1998년에는 6천만 명에 이르렀다. 당은 청년 엘리트들을 당원으로 충원하는 데 성공했다. 중국에서 가장 우수한 베이징 대학의 새로운 졸업생들 가운데 5분의 1이 공산당 가입을 희망하고 있다. 사실 이 새로운 당원들은 대부분 그들의 선배와는 달리 이념적 열정을 공유하지 않는다. 그들은 공산당 가입이 그들의 경력 관리에 이익이 될 것이라는 점을 고려한다. 당의 전국대표대회는 5년마다 소집된다. 이러한 규칙성은 마오쩌둥 시대의 불안정한 일정과는 대조적이다. 1992년 10월의 14전대회는 사회주의 시장 경제라는 공식을 통해 개혁을 재개했고, 1997년 9월의 15전대회는 장쩌민의 총서기 직위와 그가 덩샤오핑의 후계자로서 갖는 권위를 확고히 했다. 당의 최고 권력 기관인 전국대표대회의 역할은 변하지 않았다. 전국대표대회는 정치적 총노선을 승인하고 중앙위원회 및 정치국 지도층 인물들의 활동을 추인한다. 그 대표들은 오랜 관례에 따라 총서기의 장문의 보고에 여전히 박수를 보낸다.

국가 위계질서의 최고 기관인 전국인민대표대회는 간접 선거로 구성되며 매년 3월 총회를 소집한다. 그 인민 대표들은 당이 미리 지명한 각 부의 부장(장관)과 고위 공무원들의 직위 취임을 추인하고, 법률안을 표결 처리하며 그 전해의 정부활동을 승인한다. 1998년 3월 인민대표들은 장쩌민을 국가 주석에 다시 선출하고, 주룽지를 총리로 선출하였으며, 막 제2기 총리 임기를 마친 리펑을 전국인민대표대회 상무위원장에 임명했다. 인민대표대회는 행정부에 대한 견제권을 거의 행사하지 못하며, 자신의 입법권도 다른 기구 및 기관과 함께 나누어 갖고 있다. 전국인민대표대회의 의식은 그 성대함에서는 중국공산당 전국대표대회에 못지않다.

인민해방군은 더 이상 정치 무대의 전면에 나서지 않는다. 15전대회 이래 해방군은 최고 권력 기관인 정치국 상무위원회에 군 대표를 두고 있지 않다. 그러나 당 기관의 하나인 군사위원회에 의해 지도되는 해방군은 여전히 당과 밀착되어 있으며, 위기 때는 자신의 영향력을 보여준다. 4개 현대화 정책은 해방군의 예산과 인원을 감축했다. 해방군 병력은 1982년 430만 명, 1993년 370만 명에서 1997년에는 250만 명으로 줄었다. 사회주의 시장 경제를 내세우는 정권 아래서 해방군은 매우 다양한 기업 경영을 통해 줄어든 예산액을 보충하고자 했지만(422쪽 참조), 1998년 7월 장쩌민 주석은 인민해방군에게 "황제의 쌀을 먹어야 한다"고 호소하면서, 다시 병영으로 돌아와 13퍼센트로 인상된 정부의 보조금으로 유지해 나갈 것을 요구했다.

다른 공산주의 체제에서처럼 이상의 국가 기구들은 모두 당의 위계 체계에 의해 지배되고 있다. 기능의 중복은 공적 직무와 정치 조직 간의 구분을 흐리게 하는 경향을 보인다. 장쩌민은 그 이전의 마오쩌둥과 마찬가지로 당의 총서기, 국가 주석, 군사위원회 주석으로서 당·국가·군대에 대해 직접적인 권위를 행사한다.

각 제도들의 지속, 그 제도들의 작동을 둘러싼 변함없는 관례는 이 체제가 시간과는 무관하게 생존해 가고 있다는 느낌을 갖게 한다. 그러나 이러한 불변성은 표면적인 것에 불과하다. 새로운 사회적 경제적 맥락 속에서 공산주의 체제는 쇠퇴하고 그 효율성은 약화되어 가고 있다.

체제의 쇠퇴

중국 공산주의의 힘과 그 동원 능력은 오랫동안 다수 인민들이 정권이 옹호하는 가치들을 받아들인 데 있었다. 전체의 이익을 위한 헌신, 사회적 정의, 정직, 근면 등의 가치가 그것이다. 경제 성장의 가속화와 소비 사회의 등장은 이러한 가치들의 의의를 떨어뜨렸다. 금전이 최고의 가치가 되었다. 정권이 서구의 물질만능주의에 대항하여 내세운 '정신문명'이라는 개념은 먹혀들지 않았다. 투기주의가 사회와 마찬가지로 당과 정부를 지배했다. 당원의 충원은 무도회와 가라오케에서 이루어지는 경우가 많았고, 당원이 되면 다양한 이점이 주어진다는 약속이 뒤따랐다. 이러한 투기성은 개인적인 차원에서뿐만 아니라 제도적인 측면에서도 이루어졌다. 1998년 7월 장쩌민 주석의 개입에 이루어지기까지 인민해방군은 영리를 추구하는 거대한 기업에 다름 아니었다.

이러한 공산주의 이념의 쇠퇴는 체제를 전복시키는 다양한 위험을 불러올 수도 있었다. 위험 가운데 가장 중요한 두 가지 — 양자는 경제 개혁의 시행 및 그 결과와 밀접히 관련된 것이었다 — 는 지방적 특권 세력의 대두와 부패의 일반화였다.

지역주의 확산은 공유 기업의 관리, 대외 무역, 과세, 외국인 투자 등의 영역에서 각 성과 주요 시 당국에 권리가 이양됨으로써 야기된 것이었다. 1984년 공공 부문 기업의 개혁[31] 이래 세금 징수로 충당되게 된 예산 수입이 끊임없이 줄어들면서 중앙 정부의 개입 능력은 더욱 약화되었다. 사실 세금은 지방 당국이 징수하여 그 가운데 적은 부분을 중앙에 올려 보낼 뿐이었다. 1997년 베이징 정부의 예산 수입은 국내총생산의 12퍼센트(1978년 36퍼센트)에 불과했다.

이러한 지방 분권화는 개혁의 실행에서 매우 중요한 작용을 했다. 각 성, 특히 남부의 각 성은 개혁의 동력이자 보증인이었다. 파벌 투쟁을 통해 베이징 정부에서 보수파가 권력을 장악하게 될 때마다 각 성은 보수파가 개혁으로 획득된 성과를 해치지 못하도록 막았다. 1989년 여름 천안문 사태 직후의 경우가 그것이다.

그러나 지방으로의 권력 이양은 주로 관료들과 (이 관료들에 의해 착취와 보호를 동시에 받는) 지방 기업들 간의 결탁으로부터 생겨난 특권 세력에게 유리한 것이었다. 이러한 결탁에 대하여 중앙 정부는 자신의 각종 지시를 관철시키고 국가적 이익을 앞세우는 데 무력한 모습을 보이는 경우가 많았다. 예컨대 1990년 초 베이징 당국과 싱가포르 간에 체결된, 쑤저우(蘇州)에 시범 공업 구역을 설치한다는 협정이 쑤저우시 당국에 의해 거부된 경우가 그것이다. 시 당국은 지방 투자자들이 자금

31) 이 개혁은 국유 기업으로 하여금 정부에 수익을 이전하지 않고 기업 이윤에 대해 세금을 납부케 함으로써 기업에 재정적 자율성을 부여해 준 것이다(410쪽의 각주 29 참조). 1984년까지 공공 부문 기업의 수익은 정부 수입의 주요 원천을 이루고 있었다.

을 조달하기로 한 다른 구역의 발전을 꾀하고 있었다. 지방 당국의 기율 문란 또는 자율성은 재정 · 경제 부문에 국한되지 않았다. 주룽지 총리는 1999년 3월 전국인민대표대회에서 지방 정부는 '법률의 엄격하고도 지체 없는 집행'에 나서야 하며 '공무원들은 허위 보고를 해서는 안 된다'고 주문하기에 이른다. 각 성과 시 당국 또는 지역이 사회적 적극성의 더욱 폭넓은 전개를 가능케 했지만 그것이 시장의 발전과 시민 사회의 등장에 자유로운 무대를 제공한 것은 아니었다. 그들의 자율성은 중국의 오랜 전통인 관료 자본주의를 활개 치게 만들고 족벌주의와 부패를 불러왔다.

부패의 만연은 경제의 성장과 궤를 같이하는 것이었다. 1978년 이전에 부패가 존재하지 않은 것은 아니었다. 그것은 기본적으로 공무원의 수뢰라는 형태를 띠고 있었다. 그러나 혁명적 엄격성이라는 도덕 또는 가식이 지나친 뇌물의 만연을 실제로 억제했다. 그러나 금전의 지배가 모든 것을 바꾸어 놓았다. 금전의 거래와 통화량의 증가는 뇌물을 주고받을 수 있는 기회를 늘렸다. 각급 간부들과 그 가족들은 그들의 공적인 직무를 이용하여 투기를 일삼고 부를 축적했다. 1998년의 한 공식 보고에 의하면 2,521명의 판사와 1,401명의 검사가 권력 남용으로 처벌을 받았고, 부패 혐의로 조사를 받은 4만 명의 공무원들 가운데 3분의 2가 5억 달러 이상에 이르는 자금 유용 및 부정행위로 유죄 판결을 받았다. 그리고 그것은 빙산의 일각에 불과했다.

사적 관계를 맺으려는 욕구가 그러한 움직임을 조장했다. 부패는 사적인 이익과 마찬가지로 공동체적 이익(후원자, 기업, 지방 단체)을 위해서도 이루어졌다. 간혹 부패 추문이 고위 지도자에게 미치는 경우도 있었다. 예컨대 전 베이징 시장 천시퉁(陳希同)은 1987년부터 1995년까지 정부와 중국인 및 외국인 투자자들의 자금 20억 달러를 유용하여 유죄 판결을 받았다. 그의 몰락에 45명이 연루된 사실은 부패의 과정에서 전통적인 연대 네트워크(가족, 출신 중고등학교 등)의 중요성을 보여준다. 공산주의 이념의 쇠퇴, 각 지방의 자율성 증대, 간부와 공무원들의 부패는 중국공산당을 약화시켜 전국적인 차원에서 당 권위의 행사를 어렵게 만들었다. 중국 정치 체제의 쇠퇴가 어느 정도였는지 가늠하기 위해서는 '삼강(三講)' 운동[32]을 통해 치유하고자 한 나쁜 경향들의 목록을 훑어보는 것으로 족하다. 1999년 6월 23일 《광명일보》에 보도된 이상주의의 상실, 당에 대한 무관심, 고위 책임자들의 금전 숭배, 베이징 정부의 지시에 대한 간부들의 저항, 특히 밀수와 탈세, 공적 자금 유용, 관직 매매의 금지에 대한 저항 등이 그것이다.

지도자들은 이러한 쇠퇴와 장애들이 경제 개혁의 진척에 역행하는 것을 잘 알고 있었다. 그들은 행정상의 개혁과 불법적인 관행에 대한 정치적 비판을 통해 해결하고자 했다.

행정적 혁신 시도

'정치 개혁'이라는 기만적인 용어로 표현되는 행정적 혁신을 위한 시도는 신세대 정치 지도자들에 의해 시작되었다. 그들은 전임자들에 견주어 훨씬 더 실용적이었고, 경제 현대화의 절대적 필요성에 더욱 주의를 기울였다. 고위 인사의 생물학적 물갈이가 정권 변화의 주요 요인이었다. 원로 세대를 이어 기술자 세대가 권력을 장악했고, 경영자 세대가 그 뒤에서 대기하고 있었다.

1992년 덩샤오핑의 은퇴와 1997년 그의 사망은 역사적인 혁명 지도자들이 사라지는 것을 뜻했다. 권력은 이제 1950~1960년대에 소련식으로 교육받은 기술자 세대의 손으로 넘어갔다. 중공 15전대회 직후 선

---

32) 1999년 여름 전개된 이 교육 운동은 간부들에게 '이론 학습, 정치 의식, 올바른 품행'에 힘쓸 것을 호소했다['삼강'의 구체적인 표현은 '강학습(講學習)', '강정치(講政治)', '강정기(講正氣)'이다—역주].

출된 정치국 상무위원 7명 가운데 6명이 기술 교육을 받은 사람들이었다.[33] 이 지도자들은 그들이 받은 교육이나 경력 면에서 현대화 추진 과정에서 전문가 역할의 중요성 그리고 이념 동원과 경제 관리를 구분할 필요성을 잘 인식하고 있었다. 그러한 이유에서 그들은 권력이 행사되는 다양한 위계질서의 통로를 국가 기구에 유리하게 재조정하고자 했다.

1987년 중공 13전대회에서 총서기 자오쯔양은 당과 정부 사이에 권한을 재분배하자고 주장했다. 당의 역할은 정치적인 총노선을 규정하는 데 국한하고 이 노선을 집행하는 임무는 정부가 맡아야 한다는 것이었다. 총서기는 또한 인민대표대회의 권한을 더욱 확대할 것을 호소했다(324쪽). 이러한 개혁의 실행은 천안문의 진압에 뒤이은 보수적 반동에 의해 연기되었다. 1992년 16전대회에서 장쩌민은 다시 이 문제들을 거론하면서, 능력을 기준으로 공직자를 충원하고, 행정을 간소화하며, 국가 기구에 대해 사법적 통제를 가할 필요성을 제기했다. 1993~1994년 행정 개혁과 중앙 집권의 재강화에 다시 우선권을 부여한 것은 부총리 주룽지였다. 그는 1997년 15전대회에서 그리고 1998년 3월 공식적으로 총리 직무를 수행하게 되었을 때 다시 한 번 그러한 우선권을 강조했다. 주룽지는 간부의 수를 줄이고 행정을 보다 전문화 투명화하고 그 책임성을 더욱 강화하고자 했다.

---

33) 장쩌민 주석은 상하이 교통대학 전기과를 졸업했고, 1987~1998년에 총리를 지낸 뒤 전국인민대표대회 상무위원장이 된 리펑은 모스크바 에너지연구소에서 공부했다. 1993년 이래 경제 문제의 책임자이자 1998년 이래 총리를 맡고 있는 주룽지 또한 전력 분야의 전문가이다. 당 중앙위원회의 유력한 부서인 조직부 부장 후진타오(胡錦濤)는 수력학의 전문가이다. 중앙기율위원회 서기 웨이젠싱(蔚健行)은 기계 기술자 출신이며, 리루이환(李瑞環)은 건축학을 전공했다. 상무위원 가운데 유일하게 기술자가 아니었던 대외 무역 담당 리란칭(李嵐淸)은 기업 관리를 전공했다.

개혁의 효과는 1998년 가을부터 중국인민은행의 각 성시(省市) 지점(分行)에 대한 통제와 함께 은행 부문에서부터 나타나기 시작했다. 그러나 전체적으로 그러한 효과는 제한적이었다. 국가 기관의 재활성화는 여러 부처에 많은 자율성을 부여해 주었고, 각 부처는 예전처럼 당 중앙위원회 관련 부서와 중복되지는 않았다. 그러나 중앙위원회의 전문화된 지도 집단이 최상층에서 국무회의와 당의 행동을 조율했다. 각 행정부서와 기업 안에서 당 지부의 역할은 쇠퇴했으나 이 기관들의 주요 책임자들이 당원이라는 사실이 그러한 쇠퇴의 효과를 제한하고 있었던 것이다.

전국인민대표대회는 완리 및 차오스의 지도 아래서(각각 1988~1993년과 1993~1998년) 법률 제정과 행정부에 대한 통제 면에서 약간의 권한 확대를 보았다. 이러한 변화는 당 중앙위원회 스스로 자신의 특권을 제한하고자 한 의지로부터 비롯된다. 당 중앙은 폭넓은 토론이 보다 강고한 합의에 이를 것이며, 1989년 천안문 광장의 시위와 같은 사태의 재발을 막을 수 있을 것으로 기대했다. 완리와 차오스의 자유주의적 성향 그리고 전인대를 개인적인 권력 기반으로 삼고자 했던 이 지도자들의 야심 또한 전인대의 역할 강화에 기여했다. 그러나 그러한 역할 강화는 여전히 제한적인 것이었다. 당정이 제시한 법률안이 거부되는 경우는 매우 예외적이었다. 그러나 전인대는 법률안을 다듬고 법률을 집행하는 당사자인 중앙위원회 및 국무회의에 대하여 협상하고 거래할 수 있는 보다 큰 여지를 갖게 되었다. 양쯔 강 상류의 산샤(三峽)댐 건설 계획을 둘러싼 매우 열띤 토론은 전인대가 더 이상 단순한 등기소가 아님을 보여주었다.

지방 차원에서 가장 흥미로운 경험은 촌민 선거이다. 1988년 촌민위원회법(村民委員會法, 1998년 무기명 투표를 규정하는 조항이 보완됨)의 시행으로 티베트를 제외한 전국에 촌민 선거가 점진적으로 확대되었다. 촌민위원회는 정부 기관은 아니지만 행정 업무를 담당하여 세금을 징수하고, 경제 발전 계획을 관리하고, 정부의 결정을 집행하는 기능을 했다. 일부 관찰자들이 이 촌민 선거에서 기초 민주주의의 경험을 발견하고자 했지만 피선된 사람들 대부분이 당원이거나 당이 추천한 사람이었다는 점은 선거 과정의 민주적 성격을 의심케 만든다. 이 선거를 통한 파급 효과를 기대할 수 있지만 베이징 당국은 그것을 제한하고자 했다. 쓰촨의 경우 1998년 12월 촌 수준이 아니라 향(鄕) 차원에서 자발적으로 선거가 실시되었지만 결국 취소되어 버렸고, 그 선거를 조직한 사람들은 몇 개월 뒤 체포당한다.

의심의 여지없이 공산당은 중앙과 지방에서 모두 정치적 총노선에만 국한되지 않는 큰 영향력을 유지하고 있으며, 여전히 최고 권위를 보유하고 있다.

부패에 대한 투쟁

당내에서 부패에 대한 투쟁은 중앙기율검사위원회(中央紀律檢查委員會, 중기위)가 맡고 있다. 1980년대 당내 최고위 서열의 지도자들인 천윈과 그 뒤를 이은 차오스에 의해 지도되던 중기위는 1992년 이래 웨이젠싱(蔚健行)의 지도에 맡겨졌다. 1997년 15전대회에서 그의 정치국 상무위원회 진입은 이 위원회의 중요성을 확인해 준다.

최고위 지도자들의 경우 기율상의 처벌은 사법적 소송에 앞선다(사법적 절차의 진행과 결과 또한 당의 통제 아래서 진행된다). 자금 유용 사건에 연루된 베이징시 전 시장 천시통의 경우 1995년 당내에서 그의 직위가 박탈된 뒤 1998년 7월 베이징시 법원에 의해 16년 형을 선고받았는데, 이는 국가의 법률에 대해 당 기율이 가진 시간상의 선행과 지위상의 우월을 보여준다. 1993년 중기위는 국가감찰부(國家監察部)를 흡수하면서 국가 공무원에게까지 감시 권한을 확대했다. 그러나 인민해방군 인사에 대한 감시는 중기위의 관할 아래 두지 않고 다른 특수 기관에 맡겼다.

1990년 시행에 들어간 행정 소송에 관한 법은 중국인들에게 권력 남용에 의한 피해에 대해 법적 소송을 할 수 있도록 해 주었다. 이러한 소송 건수의 증가는 특히 농촌 주민들에 의한 것이 많았는데, 법적인 보호가 약간은 개선되었다는 점을 보여준다. 그러나 그러한 행동의 결과는 불확실했고 종종 지방 당국(소송의 대상은 일반적으로 지방 당국이었다)과 중앙 권력(중앙의 조정도 공평무사한 것은 아니었다)의 세력 관계에 의해 좌우되었다.

제도적 작동 기제는 경찰이 도둑이기도 한 경우처럼 그리 효과적이지 못했다. 따라서 고위 지도자들은 무엇보다도 정치적 수단에 의지하여 많은 동원 운동을 일으켰다. 1993년의 '호랑이 사냥[打老虎]'은 1988년의 것을 뒤이은 것이었다. 그것은 부패 간부와 그들을 부패하게 만든 사업가들을 겨냥했다. 마오쩌둥 시대의 대규모 대중 운동 때와 마찬가지로 각 지방은 할당된 인원수만큼 부패 분자들을 적발해야 했다. 1998년 7월 장쩌민 주석은 인민해방군에게 군 내부의 질서를 바로 잡으라고 요구하면서 새롭게 반부패 운동을 시작했다. 1999년 여름의 삼강(三講) 운동은 중화인민공화국 수립 50주년 기념을 준비하기 위한 것이었다. 이러한 다양한 운동들은 일부 고위 인사들을 처벌하지 않고는 목표에 이를 수 없었다. 그러나 그들은 때가 되면 다시 복귀했고, 이것은 반부패 운동들이 효과가 없었음을 말해 준다.

그렇게 많은 측면에서 구태를 벗지 못하고 제대로 작동하지도 않는 불안한 정권이 어떻게 권력을 유지하고 있는 것일까? 그것은 무엇보다도 조직적인 무력 동원에서 연유하는 것이고, 그 다음으로는 다양한 사회 집단들과 맺는 일련의 타협의 결과이다(사회 집단들은 일정한 자율을 획득하는 대가로 권력에 복종하고 있다). 탄압뿐만 아니라 '포용의 국가'(Yves Chevrier)라는 전략이 이 공산 정권이 생존할 수 있는 두 가지 핵심적인 요소인 것이다.

정치적 반대에 대한 진압과 제한

무력의 사용

공산당 권력에 반항하고 그 권력으로부터 벗어나고자 하는 모든 사람들은 탄압의 대상이 된다. 탄압의 주요 표적은 반정부 인사들, 승인되지 않은 종교 조직과 민간 비밀 종교, 분리주의 활동의 혐의가 있는 소수 민족 인사들이다.

지도자들은 그들의 권위를 행사할 수단들을 갖고 있다. 그들은 천안문 사태와 경찰의 동요로부터 교훈을 얻었다(경찰의 동요가 군대의 피어린 진압을 가져왔던 것이다). 지도자들은 1983년 창설된 인민무장경찰부대(인민무경)를 강화하고 군중 시위 통제를 위한 훈련을 시켰다. 1989년 60만 명이었던 부대 병력은 10년 뒤 1백만 명으로 늘었다. 부대는 여전히 공안부에 소속되어 있지만 당 군사위원회의 지도를 받는 경우가 점점 더 많아지고 있다. 중국에는 강제 수용소로 보내기 위한 행정적 사법적 조치들이 여전히 존재하고 있다. 공안 기관들은 여전히 법정 구류 기간(10일)을 넘겨서까지 피의자들을 억류할 수 있고, 간단한 행정적 결정으로 그들을 3년 동안 노동 개조 수용소[勞教所]에 보내 버리기도 한다. 사법적 절차가 진행되기도 하지만 대부분 비밀리에 이루어지고 그 결과는 당의 영향을 받는다.

무력의 사용은 또한 집단 기억을 억제하기 위한 것이었다. 상징적인 기호들로부터 정치적 의미를 박탈하고, 천안문의 시위자들의 기억을 제거하고, 또 진압을 정당화하기 위해 모든 조치가 취해졌다. 매년 학살의 날인 6월 4일 전날이면 정부는 예방적인 차원에서 10여 명의 인사들을 체포한다. 학살 10주년인 1999년에는 경계가 두 배로 강화되었고, 천안문 광장은 '공사로 인해 폐쇄'되었다. 천안문 시위를 '반혁명 활동'으로 규정한 평결은 재검토되지 않고 있다. 국가의 이익과 경제적 성취의 이름으로, 소비에트 정권의 붕괴 이후 구소련에서 발생한 혼란을 거울 삼아, 천안문 진압은 정당화되었다. 리펑처럼 개인적으로 진압과 연루된 지도자들이 권력에 남아 있는 한 천안문의 봉기가 중국인의 집단 기억 속에 자리 잡을 수는 없다. 따라서 당은 그 비극적인 사건을 망각 속으로 밀어 넣는 데 어느 정도 성공을 거두고 있다. 당국의 언설에서 '반혁명 폭동'은 단순한 '정치적 소요'로 치부되는 경향을 보이고 있다.

이렇게 권력은 반정부 인사들을 고립시켜 그들을 제거하기 위해 애쓰고 있다. 1989년 6월 이후 수많은 사람들이 체포되었다. 당국에 따르면 6천 명을 체포했다고 하지만 실제로는 약 3만 명에 달했다(J. -L. Domenach). 일부는 외국으로 도피할 수 있었지만, 왕단(王丹), 왕쥔타오(王軍濤), 천즈밍(陳子明) 등은 투옥되어 수년 형을 선고받았다. 1991년 중죄로 기소된 정치범 수는 1천 명에 이르는 것으로 평가된다(J. -L. Domenach). 국제사면위원회에 의하면 1997년 이들 수는 2천 명에 이르었고, 20~30만 명의 수감자들 — 정치범과 보통법 범죄자들 합해 — 이 간단한 행정적 결정만으로 노동 개조 수용소로 보내졌다.

탄압의 정도는 국내외적 정책의 필요성에 따라 달랐다. 가장 잘 알려진 반정부 인사들 가운데 일부는 조건부 석방을 얻어 내고 곧바로 미국으로 망명했다(웨이징성은 1997년 11월, 왕단은 1998년 4월). 그러나 1988년 여름 중국민주당 창당 기도는 관련자들에 대한 일련의 새로운 체포와 소송을 불러왔다. 그 가운데 가장 잘 알려진 희생자는 쉬원리(徐文立)로, 그는 1979년 베이징의 봄 시위의 주도자였고 새로운 당의 공동 발기인으로서 13년 형을 선고받았다.

종교 조직 가운데는 비밀 가톨릭교회가 권력의 가장 집요한 탄압의 대상이었다. 당국에 등록하고 그로부터 승인을 받아야 하는 애국 교회와는 달리 비밀 가톨릭교회는 여전히 바티칸의 권위, 즉 중국공산당의 경쟁자로 인식되는 교황청의 권위를 받아들이고 있다. 결국 비밀 미사를 주재하는 신부와 주교들은 어김없이 체포 투옥된다.

분리주의 활동을 하거나 그러한 성향을 가진 소수 민족 인사들 또한 탄압의 주요 희생자였다. 신장에서는 서부 이닝현(伊寧縣)의 심각한 소요와 1999년 2월 성도 우루무치에서 일어난 폭탄 테러 이후 수백 명의 위구르족 간부들이 체포되었고, 수많은 이슬람 학교들이 폐쇄되었으며, 사원의 수리도 중단되었다. 신장은 중국에서도 유일하게 정치범을 사형에 처하도록 한 지역이다. 1997~1998년 신장에서는 190명이 처형을 당했다.

중국화가 진행되고 있는 티베트에서는 독립 시위가 점차 희소해졌지만 당국의 탄압은 줄어들지 않고 있다. 1997년 개시된 '애국주의 교육' 운동은 10여 개의 사원을 폐쇄하고 백여 명의 승려들을 강제로 환속시켰다. 베이징 당국은 여전히 티베트 인민의 종교적 열정과 충성의 대상인 망명한 달라이 라마와의 협상을 거부하고 있다. 당국은 1989년 사망한 판첸 라마의 후계자로 자신의 후보자를 내세워 강요하고 있다.

중국에서 탄압이 권력 행사의 항상적인 특징이라고 해도 그것이 언제나 엄격성을 띠었던 것은 아니다. 상대적인 온건화의 시기로 다시 접어들면서 무력의 사용은 온정주의와 조합주의가 혼합된 보다 유연한 전략을 동반하고 있다. 그리고 그것은 인민들의 요구에 부분적인 만족을 가져다주고, 그럼으로써 그 요구가 정권에는 덜 위험한 것이 되도록 만들고 있다.

'포용의 국가' 전략

앞에서 말한 바와 같이(421쪽) 사회 조직의 유연성이라는 중국의 전통은 또한 권력의 행사를 특징짓는 것이기도 하다. 언제나 권력은 사회 세력과 타협하는 데서 노련한 능력을 보여주었다. 그러한 능력을 통하여 권력은 사회 세력을 완전히 장악할 수는 없었지만 그것을 복종시키고자 애썼다. 권력은 사회의 자율적 영역을 존중함과 동시에 그 자율이 확대되는 것을 억제하면서, 경제 성장과 사회적 변화의 빠른 흐름이 그들의 권위에 의문을 제기하게 만들 위험이 있을 때는 중화 제국 또는 국민당 정권과 같은 정책을 다시 구사했다. 앞서 살펴본 바와 같이 당-국가는 단체 활동의 증가에 대해 그것을 제거하지 않으면서 등록과 보호의 수단을 통해 통제하는 방식을 취하고 있다. 이렇게 권력과 사회 간에 성립한 일시적인 타협으로부터 공통의 이해관계가 도출되고, 이해관계와 세력 관계의 측면에서 끊임없이 협상이 이루어지는 불안정한 환경 속에서 국가와 사회의 상호 침투가 전개되고 있다.

1998년 제1분기 동안 베이징의 지식인과 언론인 사이에서 열띤 토론이 전개되었다. 그들은 10년 이래 처음으로 경찰의 폭력 문제와 정치개혁 등의 주제를 공개적으로 거론했다. 토론은 국가안전부 산하 기관에 정식으로 등록된 '중국발전연맹(中國發展聯盟)'이라는 한 모임에서 전개되었다. 이렇게 허용된 자유를 통해 일정한 사유(思惟)가 유통될 수 있었고 권력층에게까지 그 영향력이 감지될 수 있었다. 그러나 그 자유는 통제된 자유였다. 여름에 이르러 자유주의적 분위기가 '민주당'으로 구조화될 가능성을 보이자마자 그에 대해 다시 대대적인 탄압이 가해졌던 것이다.

반(半)자율적인 사회 세력들에 대한 권력의 관용은 취약한 균형 위에 서 있었다. 이 세력들이 조직화되고 당-국가의 대등한 상대자로 등장하려는 모습을 보이는 순간 그러한 균형은 깨져 버린다. 당국은 일반적으로 게임의 주재자이며 모든 일탈에 대해 신속한 제한을 가한다. 그러나 파룬궁(法輪功)의 갑작스런 대두가 보여주는 것처럼 당국이 일시적으로 무력함을 보여주는 경우도 존재한다.

파룬궁은 다른 많은 비밀 종교들과 마찬가지로 기공(氣功)의 수련과 도교·불교의 옛 우주론으로부터 기원하는 일정한 신앙을 결합시켰다. 그들은 주로 사회적인 것보다는 신비주의적 신앙에 더 관심을 가졌다. 그러나 그들의 성공은 권력을 불안케 했다. 권력은 중화 제국을 바닥에서부터 흔들어 놓았던 19세기의 3대 반란(백련교, 태평천국, 의화단)이 비밀 종교 및 천년왕국 운동으로부터 비롯되었다는 사실을 잊을 리 없었다. 파룬궁은 1992년 창립 이래 1999년까지 대체로 1천만 명의 회원을 확보하고 있었다. 베이징 정부에게 위협이 되었던 것은 파룬궁 수련자들의 수보다도 이 비밀 종교가 보여준 동원 및 조직 능력이었다. 사실 1999년 4월 25일에는 1만 명의 파룬궁 신도들이 중앙 권력의 소재지인 중난하이(中南海)의 높은 담장을 마주하고 시위를 벌였다. 그러자 7월 말부터 파룬궁에 대한 탄압이 전국을 휩쓸었다. 그러나 이 탄압은 반정부 인사에 대한 탄압에 견주어 그리 엄격하지는 않았다. 사실 이 경우 적이 누구인지를 파악하는 것은 훨씬 더 어려운 일이었다. 상대는 반정부 인사들처럼 수년 동안 뒷조사를 해 온 몇몇 활동가들이 아니라 무명의 대중이었다. 이러한 대중 앞에 권력은 아마도 자신의 힘을 과신하지 못했을 것이다.

사회단체들은 그 주도성 면에서 당국의 행동으로 말미암아 상당한 제한을 받고 있는 상황에서 민주화 요구에 하나의 발판이 되기는 어려울 것이다. 그러나 '포용의 국가'라는 전략은 사회로부터 오는 압력과 함께 커져 가는 여러 가지 위험을 안고 있다. 현재의 사회단체들은 더 이상 20세기 초·중반의 단체가 아니다. 그들은 성원의 충원과 그 활동 목표에서 엄청난 다양성을 보여주고 있다. 게다가 (아직은 그리 활성화되지 못하고 있지만) 국제단체의 활동에 참여함으로써 전례 없는 활동의 준거와 모델들을 제공받고 있다. 인터넷을 통한 통신의 확대는(1990

년대 말 시점에서 아직 전 인구의 1퍼센트에 불과하지만) 그러한 변화에 매우 중요한 작용을 할 것으로 예상된다.

장기적으로는 정권과 인민 사이의 세력 관계가 바뀔 가능성은 경제 상황의 악화, 실업의 증가, 사회적 항의 운동의 확대 등에 의해서 생겨날 것이다. 경제적 번영에 정당성을 두고 있는 중공 정권이 위기에 빠질 가능성도 있고, 그러한 조짐이 나타나고 있기도 하다. 이로부터 지도자들은 언제나 강력한 힘을 보여 온 중국의 민족주의에 호소하면서 또 다른 정당성을 창출해 내고자 한다.

덩샤오핑이 경제 개혁을 개시했을 때부터 중국의 민족주의는 마르크스-레닌주의 이념의 뒤를 이어 원심적인 세력들 및 급속한 성장으로 야기된 사회적 분절에 대한 하나의 해독제로 권력에 의해 공공연히 고무되어 왔다. 오랫동안 현대화 노력의 실패로부터 조장되어 온 민족주의는 중국이 새롭게 축적한 경제적 역량과 문화주의의 부활 속에서 더 큰 힘을 이끌어 냈다. 도덕적 지적 측면에서 중국 문명의 우수성에 대해 이미 충분히 우월감을 가질 만하다는 전제에도 불구하고, 이 문명에 대한 찬사는 국가와 정권에 대한 충성심을 강화시키는 데 기여하고 있기 때문이다. 그리고 그러한 찬사와 함께 이루어지는 서양적 가치에 대한 거부는 종종 외국인 혐오주의로 나타난다. 우리는 그것을 1996년 베스트셀러가 된 《중국은 No라고 말할 수 있다(中國可以說不)》라는 책에 묘사된 미국에 대한 풍자화를 통해서 확인할 수 있다.

베이징의 지도자들은 그들의 적들에 대한 신뢰를 떨어뜨리기 위해 조직적으로 이러한 민족주의적 감성에 호소했다. 여기서 정권의 적들이란 반정부 인사, 종교 활동가, 일반적으로 '반역'으로 비난받는 소수 민족 자결주의자, 또는 반중(反中) 감정을 부추기는 혐의가 있는 외국 열강 등을 말한다. 국내적으로는 더욱 더 공공연히 민족주의가 상위의 가치를 갖는다고 인식되었고, 이것은 중국의 외교 정책에도 반영되었다.

아시아 및 세계 속의 중국

역사의 유산은 동아시아의 국제 관계에 깊은 영향을 주고 있다. 그 유산 속에는 수 세기에 걸쳐 광대한 지역과 다양한 민족들에게 끼쳐 온 중화 제국의 문화적 영향을 확인해 주는 조공 이념이 존재하고 있다. 이 이념의 현대판, 즉 20세기에 나타난 한족 민족주의가 만들어 낸 현대판 조공 이념에서는 과거 상징적 헤게모니의 성격을 띠던 것이 군사적, 영토적, 정치적 지배를 지향하는 것으로 변질되었다. 중국의 새로운 경제적 힘은 이러한 야심을 강화해 주었고, 그것은 일정 정도 국제적 상황의 변화에 의해 조장되었다.

중국의 목표 및 새로운 국제적 상황

공식적인 언설이 정의하고 있듯이 또 베이징 정부가 보여준 주도적인 정치적 군사적 행동이 시사하고 있듯이, 중국이 지향하는 목표는 과거 왕조 시대의 국경을 회복한다는 전통적인 정책과 남부를 향한 팽창이라는 새로운 의지로부터 나왔다. 그 목표는 기본적으로 중국의 힘의 중심지로 여기던 아시아와 관련된 것이었고, 중국은 바로 이 아시아로부터 세계의 다른 지역으로 영향력을 확장해 가고자 했다.

1990년대의 지도자들은 마오쩌둥과 덩샤오핑이 착수한 사업을 완수하고, 홍콩 · 마카오 · 타이완을 다시 관할 아래 두고, 중앙아시아의 모든 해방 운동들을 억제하면서 중국을 영토적으로 재통합하고자 했다. 이러한 제국적 논리가 중국식 민족 통일 운동을 부추겼고, 홍콩의 반환(1997년 7월), 마카오 반환(1999년 12월) 그리고 타이완과의 통일을 전망하는 외교 정책을 구사하게 만들었다. 티베트인들과 신장의 무슬림 소수 민족들에 대한 탄압도 동일한 논리에 따른 것이었다.

새로운 것이라면 중국이 지난 수십 년에 걸쳐 대륙적 행보로 복귀한 뒤 이제 다시 남쪽의 바다를 바라보게 되었다는 점이다. 경제 개방의 성공은 중국으로 하여금 패권적 힘의 기반이었던 대륙에 지역 경제 성장의 거점이자 동력인 해양 아시아를 연계시키도록 자극했다. 보다 구체적으로, 중국 남부 해양의 에너지 자원에 대한 통제, 페르시아 만에서 오는 유조선이 지나는 여러 해협들에 대한 통제는 1993년 이래 순수 석유 수입국이 된 중국에게 매우 중요한 사안이 되었다.

동아시아는 외교적 전략적으로 무인 지대가 아니었다. 이곳에서 중국은 중시하지 않을 수 없는 여러 세력들과 대면하게 된다. 게다가 중국의 개방과 늘어난 국제 무역 참여로 베이징 정부는 일정한 게임의 규칙들을 받아들여야 했다. 그러나 국제 무대에서 보다 적극적이기를 요구받고 있던 중국은 영토의 크기, 많은 인구, 중국 문명의 연속성과 완결성 그리고 세계 경제에서 자국의 비중이 커진 것에 걸맞은 우월한 위치를 확보하고자 했다.

이와 동시에 1990년대로 전환되는 시기에 국제 환경에 중요한 변화가 일어나고 있었다. 천안문의 위기는 일시적으로 중국의 고립을 불러왔고, 1991년의 걸프전은 서방 군사력의 우위를 보여주었으며, 같은 해 소련의 붕괴는 냉전의 종식을 가져왔다. 1950년대 이래 동아시아의 안정과 안보의 가장 중요한 요소였던 미국의 외교적 군사적 개입이 재검토되는 위험에 처하게 되었다. 한국과 일본에서는 일부 정치인들이 미국 주둔군(총합 약 10만 명)의 철수를 요구했다. 미국에서는 1993년 등장한 클린턴 행정부가 장기적인 전략적 고려보다는 경제적 목표를 우선시했다. 클린턴 행정부의 망설임은 기존 상황을 그저 유지하는 것으로 나타났다. 대립하는 진영들이 사라짐으로써 아시아는 홀로 남게 되었다.

동아시아 지역은 더욱 복잡하고도 역동적인 모습을 보였다. 경제적 성공과 민주화로의 이행으로 국제적인 위신을 얻은 한국과 타이완의 역할이 중요해졌고, 또 경제적 성숙기를 맞아 아세안을 통해 정치적 전략적 영향력을 강화해 가던 동남아시아 여러 나라의 중요성이 증가하고 있었다. 자본과 기술 이전의 주요 원천이었던 일본은 지역 경제 통합의 견인차로 보였다.

대륙(그 전략적 영향권에 속하는 한반도와 인도차이나 반도를 포함)에 대한 중국의 주도권을 서방 국가들은 지역적 안정을 위해서는 수용할 만하다고 여겼고, 중국과 인접한 대부분의 국가들은 불가피한 것으로 생각했다. 그러나 해양 아시아에 대한 중국의 힘의 확대는 중국이 통제하고자 하는 이 남부 해양에 연해 있는 아세안 국가들, 석유 공급을 위해 이 지역의 해협들을 자유롭게 이용하던 동아시아 국가들 그리고 미국의 우려를 불러왔다. 지난 반세기 동안 미국은 이 지역에서 우월한 영향력을 행사해 왔으며, 세계 최강국으로서 경제적 전략적 이익에 무관심할 수 없었다.

대립하는 진영이 사라지면서 중국은 1970~1980년대와 같이 미국과 소련이 국익을 위해 경쟁하는 틈에서 줄타기를 하고 두 강대국 사이에서 삼각 외교를 펼칠 필요가 없게 되었다. 그러나 예상되는 미국의 패권 약화와 일본의 정치적 전략적 지도력 부재는 베이징 정부에게 행동의 자유를 가져다주었고, 각 강대국들은 더욱더 팽창해 가는 중국 시장에서 일정 부분을 차지하고자 애쓰게 되었다.

1990년대 베이징 정부는 세계화 추세가 국제 관계에 가져온 변화들을 재빨리 인식하지는 못했다. 중국이 환경 보호와 인권 등의 문제에서 자신의 목소리를 내고는 있었지만 중국의 지도자들은 여전히 기본적으로 국가 간의 세력 관계라는 관점에서 사고하고 있었고, 그럼으로써 국가의 군사 역량 강화에 중점을 두고 있었다.

군비 강화 정책의 재개

1980년대 경제 발전의 요구에 따라 어느 정도 뒤로 밀려났던 군비 강화 정책은 1990년 초부터 재개되기 시작했다. 1991년의 걸프전은 중국의 기술적 낙후성을 점검해 볼 수 있는 기회였다. 따라서 군비 정책의 중점은 장비의 현대화, 특히 공군, 해군 및 상륙 장비 그리고 핵무장에 두어졌다. 인민해방군의 새로운 신조는 최첨단 기술에 의존하는 제한전쟁(制限戰爭)이었다. 이 계획을 실현하기 위해 군 예산은 매년 10퍼센트 또는 그 이상 꾸준히 증가하여 1998년에는 110억 달러에 이르렀다. 이 액수는 미국의 국방비 2,550억 달러에 비하면 매우 적은 것이었다. 그러나 이 공식적인 예산 이외에, 1998년 7월의 개혁이 이루어지기까지(422쪽) 인민해방군이 관할하던 기업들이 제공하는 상당한 액수의 자금이 부가되고 있었다.

인민해방군의 전체 병력은 4백만 명에서 1997년 250만 명으로 점차 줄어들었지만 그와 동시에 '신속대응군'의 수는 1만 5천명에서 2만 명으로 증가했다. 중국은 해군 및 공군 장비를 향상시키고, 미사일과 핵탄두, 중성자 폭탄 같은 분야의 연구에 집중했다. 중국은 1996년 핵실험 금지 조약에 조인할 때까지 수많은 핵실험을 진행해 왔다. 중국은 많은 노력을 통해 세계의 과학 기술 시장에서 필요한 정보들을 입수했고, 미국은 그러한 정보들이 1980년대 말에서 1990년 중반에 이르는 기간 동안 캘리포니아의 주요 연구실에 대한 중국의 집중적인 스파이 활동을 통해 얻어 낸 것이라고 비난했다. 크리스토퍼 콕스(Christopher Cox) 하원 의원에 의해 작성되어 1999년 4월 공개된 미 하원의 보고서는 특히 중국의 수소폭탄(W-88형) 탄두 소형화 기술의 절취를 비난했다. 중국 당국의 격렬한 반발을 불러온 이러한 주장은 미국의 과학계와 정계에서도 논란의 대상이 되었다.

중국은 군사 현대화 정책의 일환으로 점점 더 정교함을 더해 가는 외국제 무기 구입에도 열을 올렸다. 주요 공급자는 러시아였다. 러시아는 고유의 어려움 때문에 장비의 일부를 팔아치우거나 기술 이전을 통해 돈을 벌고자 했다. 1993년에서 1997년까지 러시아로부터 무기를 들여오기 위해 지불한 액수는 연평균 약 10억 달러에 이르렀고, 이것은 양국 간 무역 총액의 4분의 1에 이르는 규모였다. 이로써 중국은 무엇보다도 미국의 F-15기에 비견할 수 있는 소련제 초음속 전투기 수호이-27기 50대를 획득할 수 있었다.

1999년 7월 중국은 공식적으로 중성자탄 기술을 확보했다고 발표했고, 그 다음 달 새로운 장거리 미사일(핵탄두를 장착할 수 있는 동풍-31 미사일임이 분명함)의 발사에 성공했는데, 이는 1990년대에 이룬 성과를 말해 주는 것이다. 20여 개의 장거리 미사일과 수백 개의 핵탄두 등을 갖춘 중국의 무기 수준은 미국과는 비견될 수 없는 것이지만, 군비 조달 체계의 재조직화와 합리화가 예견해 주듯이 틀림없이 장래 수년간에 걸쳐 더욱 발전해 갈 것으로 생각된다. 1998년 이러한 무기 조달 책임은 지나치게 권력에 의존적이고 불안정하며, 또 지나치게 부패에 노출되어 있다고 판단되던 인민해방군 산하의 대기업들로부터 새롭게 만들어진 정부 기구인 국방과학기술공업위원회(國防科學技術工業委員會)로 넘어갔다.

이러한 군비 정책은 1990년 중반 '중국 위협론'을 둘러싼 많은 논쟁을 불러왔다.[34] 곧이어 대부분의 전문가들은 중·단기적으로 중국의 국력이 전 세계적 차원으로 확대될 수 있는 힘을 갖고 있지는 않다는 결론에 이른다. 그러나 중국의 힘은 동아시아의 세력 관계를 변화시키고 있었다.

주권과 국가의 통일

국경을 공고히 하고, 티베트와 신장 등 서부의 상황에 대한 통제를

34) 이 논쟁의 반향에 대해서는 Bernstein & Munro, *The Coming Conflict with China* (1997) 또는 Calder, *Asia's Deadly Triangle*(1997) 참조.

강화하고, 홍콩·마카오·타이완 등에 대한 국가의 주권을 수립하는 것 또한 우선적인 과제였다. 1990년대에 베이징 정부는 이들 과제의 대부분을 달성하는 데 성공했다. 오직 타이완과의 통일을 이루지 못했고, 그 과정 중에 있지도 않다.

1980년 말에 시작된 중국과 소련의 접근(386~387쪽) 뒤에 기다란 국경선의 재조정 문제로 1960년대 이래 두 강대국을 대립시킨 갈등은 1991~1995년 사이 해결을 보는 데 이른다. 1996년 4월 두 강국 간에 '21세기의 전략적 동반자 관계'가 성립하고 뒤이어 군사력 감축을 위한 다자간 조약이 체결되었다. 이 조약에는 옛 소련의 중앙아시아 공화국들, 즉 카자흐스탄, 키르기스스탄, 타지키스탄 등이 참여했다.

티베트에서는 1989년 3월의 소요 이후 내려진 계엄령이 1990년 5월 해제되었다. 그 이후, 베이징 당국과 진정한 자치를 주장하는 망명 정부의 지도자 달라이 라마 간의 간헐적이고 지지부진한 대화가 진행되면서 중국화에 대한 티베트의 저항은 더욱 분산되었다. 달라이 라마의 지지자들은 매우 조급해 했고, 그들의 지도자가 채택한 타협 정책에 대해 의문을 제기했다. 베이징 당국으로서는 티베트 문제가 이 종교 지도자의 사망과 함께 저절로 해결되기를 기다리기로 한 것으로 보였다. 달라이 라마는 1932년생으로 21세기 초반이 되면 더 이상 티베트인들의 지도자가 될 수 없을 것이었다. 그리고 그의 후계자는 전통적인 지명 절차에 따라 어린 아이가 될 것이었다.

신장의 중앙아시아에 대한 개방과 그 경제적 발전은 '신(新) 실크로드'로 이름 붙인 협력 사업과 함께 이 지역을 불안정하게 만들고 신장 분리주의를 자극했다. 이 분리주의는 정치적이면서 종교적인 성격을 띠고 있었다. 많은 젊은 위구르인들은 동(東)투르키스탄 독립 공화국을 재건하고자 했다.[35] 이들이 서부의 이닝현(1997년 2월과 1998년 12월)과 신장성 수도 우르무치(1996년 12월과 1999년 2월)에서 발생한 폭력 사건의 주도자들이었다. 서부 지역에는 신정 국가의 건설을 주장하는 이슬람 근본주의자들이 특히 많아 이들이 반복적인 소요를 주도했다. 중국은 신장의 같은 종족 형제들을 도울 수도 있는 옛 소련의 국경 지대 공화국들과 우호적인 관계를 유지하면서 신장의 분리 위험을 방지하고자 했다. 중국은 이 공화국들과 경제 교역을 확대하고 그들 나라에 상당한 액수를 투자했다. 카스피 해의 카자흐 유전 지대와 신장 및 중국 동부를 잇는 송유관 건설이 그 한 예이다. 그러나 베이징 정부는 분리주의자들이 아프가니스탄의 탈레반 세력과 관계를 맺고 있는 점을 우려했고, 신장으로 대규모 헤로인이 수출되고 이 지역 소수 민족들 사이에서 이슬람이 아주 빠르게 확산됨으로써 이것이 지역적 국가적 안보에 미칠 수 있는 위험을 경계했다. 1999년 2월 베이징 정부가 7년 동안 중단된 카불(Kabul) 정부와의 공식적인 관계를 재건했던 것은 분명 이러한 위험을 억제하기 위함이었다.

중국은 서부로의 행보 속에서 계속해서 중화 제국의 유산을 정력적으로 방어해 나갔다. 그러나 그 정책은 대부분 상징적인 권위를 행사하는 데 만족했던 제국의 그것과는 달랐다. 베이징 정부는 한족의 이주 및 지역 경제 발전을 촉진하고 소수 민족들의 종교적 정치적 활동을 긴밀히 통제하면서 동화 정책을 추진함으로써 이 지역들을 동질화하고, 그것을 중앙아시아 및 남아시아를 향해 중국의 영향력을 행사하는 데 발판으로 삼고자 했다.

1984년 중·영 선언으로 준비되기 시작한 홍콩의 중국 반환은 1997년 7월 1일 예정된 날짜에 실현되었다. '하나의 국가, 두 개의 체제'(396쪽)의 원칙을 적용하여 1990년 채택된 '기본법'은 홍콩특별행정구역(香港特別行政區域)의 설립을 규정했다. 이 특구는 50년 동안 고유의 행

---

35) 1944년 위구르족 및 카자흐족의 반란으로 친소련 성향의 '동투르키스탄공화국'이 이리(伊犁) 국경 지역에 수립된 바 있었지만 1949년 이후 붕괴되었다.

정·사법 제도와 경제 조직, 세제·통화·세관의 자율성을 유지하고, 베이징 정부는 외교와 국방의 권한을 갖게 될 것이었다. 홍콩 내의 여러 제도의 민주화 문제를 둘러싸고 마지막 영국 총독(1992~1997) 크리스 패튼(Chris Patten)과 베이징 당국과의 갈등에도 불구하고, 또 홍콩 주민과 관찰자들의 아주 비관적인 전망과는 반대로 이 새로운 특별 행정구역은 그리 큰 문제없이 성립되었고, 베이징이 임명한 행정장관 둥젠화(董建華)의 지도 아래 비교적 자율적인 존재로 남게 되었다. 그러나 1999년 6월 홍콩 최고법원이 내린 (홍콩 이외 지역에서 출생한 홍콩인 자녀의 거주권 문제에 관한) 결정을 중국 정부가 무효화시킨 것은 그간 홍콩 번영의 역사적 기초가 되어 온 사법권의 독립이라는 원칙을 흔드는 것이었다.

기본법의 규정에 반하는 이러한 개입은 아마도 베이징 정부가 펼쳐 온 통일 정책에서 우선권의 변화를 말하는 것인지도 모른다. 베이징 정부가 이제까지 보여 온 신중함과 주저는 국제 사회의 여론을 안심시키고, 마카오와 타이완의 중국인들에게 홍콩에서 이루어진 타협이 관련자들 모두에게 실현 가능하고도 만족스러운 것이라고 생각하도록 하기 위한 것이었다. 이제 중국 정부로서는 공공질서 유지가 가장 중요한 관심사가 되었다. 홍콩 법원의 명령은 수만 명에 이르는 대륙의 중국인들에게 홍콩 거주권을 부여하는 것이었다. 그들의 이주는 주거, 고용, 사회 통합 등 심각한 문제들을 제기할 수 있고,[36] 소요를 야기할 수도 있는 것이었다. 따라서 이 명령에 대한 베이징의 무효화 조치는 그러한 가능성을 차단하기 위한 것이었다.

같은 고려가 베이징의 마카오에 대한 정책을 지배하고 있었던 것으

---

36) 홍콩 당국의 예측에 의하면(이것은 자유주의 반대파에 의해 비난의 대상이 됨), 최고법원의 판결로 160만 명에 이르는 대륙의 중국인들이 홍콩 거주권을 부여받게 될 것이었다. 베이징의 개입으로 이 수는 20만 명으로 축소된다.

로 보인다. 포르투갈령 마카오의 중국 반환은 1999년 12월로 정해졌다(397쪽). 이 반환의 형식은 홍콩에 적용된 것을 모방하였다. 1993년 그에 관한 '기본법'이 1987년에 이루어진 중국—포르투갈 '선언'을 구체화하고 중화인민공화국 안에서 마카오가 장래에 지닐 자율적 지위를 분명히 했다. 1999년 6월 이 소형 헌법은 그 시행에 들어가기도 전에 이미 베이징 정부에 의해 일방적으로 수정되어 이 장래의 특별 구역에 경찰권을 갖는 중국 군대의 주둔권을 허용했다. 이러한 행보는 1996년 이래 카지노 장악을 위해 조직 폭력배들이 날뛰고 있던 마카오의 치안을 더 효율적으로 확보하기 위한 것이었다. 중국으로서는 반환된 구역의 안정이 자신이 승인한 법에 대한 존중만큼이나 중요한 사안이었다. 중국은 자신의 국제적 이미지에 손상을 입으면서도 중국으로 들어오는 문턱의 질서를 유지하고자 했다. 중국은 어떠한 외부의 강국도 자신의 행동에 제동을 걸 수 없게 된 이 지역에서 이제 행동의 자유를 느꼈던 것이다.

타이완 문제

타이완의 경우에는 그같이 이루어지지 않았다. 미국은 베이징 및 타이완과 맺고 있던 협정들을 통해 중국과 타이완 간의 어려운 관계에서 한 당사자가 되어 있었다. 베이징 측이 계속해서 '국내 문제'임을 주장하는 타이완 문제는 국제적으로 많은 연관을 맺고 있었고, 중국의 어떠한 일방적인 결정에 좌우되는 것도 아니었다.

중국과 타이완의 관계는 1980년대에 경제 교역의 급증과 함께 비교적 평화로웠다(397~398쪽). 1992년 타이완의 중국 직접 투자는 일본을 추월하여 홍콩 다음으로 두 번째를 차지하였다. 이러한 변화는 1991년 타이완의 헌법 개정으로 강화되었다. 타이완 정부는 중국의 유일한 합법 정부라는 순전히 허구인 주장을 포기하고 1949년 이래 장제스가 추구했던 대륙 수복을 단념했다. 타이완은 여전히 '하나의 중국 원칙'을 고수했지만, 그것은 대등하게 분리된 두 정부의 존재를 허용한다는 의미였다. 반면 베이징으로서는 이러한 원칙의 적용이란 홍콩 방식에 따른 통일로 나아가는 것으로 여기고 있었다.

그러한 하나의 중국이라는 공식의 모호성으로 인해 1993년 싱가포르에서 양측의 협상이 시작되었다. 협상은 2년 뒤 리덩후이(李登輝) 총통의 개인적인 미국 방문으로 베이징이 줄기차게 추구해 왔던 타이완에 대한 외교적 고립이 수포로 돌아갈 위험이 발생하면서 중단되어 버렸다. 그 다음해 양측 간의 긴장은 최고조에 이르렀다. 1996년 3월 인민해방군은 중국의 빠른 통일을 위한 정책에 불리하다고 판단되는 리덩후이의 총통 당선을 저지하기 위한 바람으로 타이완 해협을 가로질러 여러 발의 미사일을 발사했다. 미국이 두 대의 항공모함을 파견하면서 중국의 군사적 시위는 끝이 났지만 그 시위는 결과적으로 리덩후이의 지지자들을 더욱 결집시켰다.

그러나 계속해서 분리된 정치적 존재로 남은 타이완과 이러한 독립 상태를 점점 더 받아들이기 어렵게 된 중국 사이의 긴장은 지속된다. 그것은 타이완의 성공적인 민주화 이행이 베이징 정권에게도 민주화의 전파라는 위험을 가져올 수 있기 때문이었다. 1998년 6월 중국은 클린턴의 중국 공식 방문을 계기로 타이완에 대한 '삼불(三不)' 정책에 대해 미국의 지지를 이끌어 낼 수 있었다.[37] 미국의 압력으로 타이완은 1998년 10월 중국과의 협상 재개를 수용했다. 그러나 양측의 입장은

---

37) 클린턴 대통령은 1998년 6월 30일 상하이에서 미국은 타이완의 독립을 지지하지 않으며, 두 개의 중국 공존 또는 중국과 타이완의 공존을 지지하지 않으며, 타이완의 국제기구 가입을 지지하지 않을 것임을 선언하면서, 1972년 이래 중·미 접근을 나타내는 여러 공동 성명에 이미 담겼던 약속들을 되풀이 했다. 그러나 여기서 미국 대통령은 보다 분명히 위와 같은 공식을 내세움으로써 중국의 압력에 직면한 타이완을 더욱 취약하게 만들었다.

변화가 없었다. 타이완은 민주주의 고수를 내세우며 베이징이 계속해서 모든 반정부 인사들을 탄압하고 일당 독재를 강요하는 한 통일의 가능성은 없다고 주장한 반면 중국은 타이완이 독립을 선언할 경우 군사력 사용도 불사하겠다고 맞섰다.

1999년 7월 9일 리덩후이 총통이 타이완은 이후로 '국가 대 국가의 관계'란 기초 위에서만 협상을 받아들이겠다고 선언하면서 긴장은 더욱 높아 갔다. 중국 정부는 리덩후이를 '역사의 죄인'이라고 비난했으며, 인민해방군은 '영토의 통합을 방어할 준비가 되어 있음'을 선언했다. 미국은 '하나의 중국 원칙'을 지지하면서도 '평화적인 방법 이외의 통일'을 허용하지 않을 것이라는 의지를 재확인했다.

타이완은 수년 동안 중국과 공존하기 위해 의거해 왔던 애매모호한 정책 공식들을 폐기하면서 언설과 현실을 결합시키고, 건설적인 모호함 대신 위험을 무릅쓴 분명한 태도를 견지하였다. 그것은 중국이 국제 관계에서 차지하는 지위를 감안한 모종의 계산된 행동이었는지도 모른다.

동남아와 동북아에서 중국의 영향력 팽창

중국은 계속해서 인도차이나에 대한 영향력을 확대해 나갔다. 이 지역에서 중국은 일정한 다자 관계를 맺으면서도 특정 국가와 양자 관계도 늘려 나갔다.

1991년 파리 협정에 의해 유엔의 후원 아래 진행된 캄보디아 평화 구축 과정에 중국은 한 당사자로 참여했다. 베이징 정부로서는 이 협정을 통해 인도차이나 반도에 주둔하고 있는 외국 군대를 철수시키고 동남아에서 중국의 책임성과 전통적인 역할을 재확인할 기회를 얻었다. 중국은 아세안과 관계를 개선하는 일에 나섰다. 1995년 중국은 남중국해에서 국가 간 대립으로 생긴 갈등을 평화적으로 해소하기 위해 구성된 협의체가 제의한 바 있는 협상을 받아들였다(452쪽 참조). 중국은 이 협의체에 베트남·미얀마·라오스 등 새로운 국가들의 가입을 승인했다. 중국은 또한 그동안 크메르 루즈에 보내 왔던 지지를 점진적으로 철회했으며, 1997년 7월 캄보디아 위기[38]에 대한 아세안의 중재에 이의를 제기하지 않았다.

중국의 양자 외교도 같은 전략적 목표에 기초하고 있었다. 베이징 정부는 새로운 경제적 군사적 협정을 통해 이미 매우 우호적이었던 태국과의 관계를 강화하고, 말레이시아·라오스·캄보디아와 경제적 관계를 발전시켰으며, 1999년 2월에는 오랫동안 베트남의 매수로 배신자가 되었다고 비난해 온 캄보디아 훈 센 총리의 공식 방문을 받아들였다. 중국은 뱅갈 만을 향해 조심스럽게 진출했다. 막 정상으로 복구된 미얀마 로드(제2차 세계대전 당시 이 길을 통해 장제스 국민당군의 보급이 이루어졌다)는 이제 미얀마로 가는 소비재와 원자재의 수송로로 이용되었다. 표면적인 목적은 중국 서남부 지역의 성들에 생산을 위한 길을 열어주기 위한 것이었지만 인도양으로 나가는 강들로 접근하기 위한 길을 개척한다는 지정학적 전략적 목적도 있었다. 중국은 해안의 작은 섬들에 청음(聽音) 탐지소를 설치하여 뱅갈 만 내부와 말라카 해협을 향하는 항공기와 해양 선박의 통행을 감시할 수 있었다. 인도차이나 반도에 대한 중국의 영향력 확대는 베트남과 대면하게 되었다(베트남의 정권, 그 경제 개혁 그리고 패권 야심은 너무도 중국과 닮은 것이어서 중국과는 좋은 관계를 유지하기 어려울 것으로 보인다).

중국은 남중국해 면적의 80퍼센트에 대해 영유권을 주장하고, 시사군도(西沙群島, 1974년 무력 점령)와 난사군도(南沙群島, 1988년 육·해군을 파견함, 392쪽 참조)를 자신의 영토로 간주했다. 1990년대에 중

38) 1997년 7월 훈 센 제2총리는 쿠데타를 통해 동료인 제1총리 노로돔 라나리드(Norodom Ranariddh, 노로돔 시아누크의 아들)를 몰아내고 내전을 재개했다.

국은 보다 신중한 전략을 구사하면서 난사군도 분쟁의 당사자였던 거의 모든 아세안 국가들과 우호적인 관계를 유지하고자 했다. 1995년 팡가니방 산호초(Mischief Reef, 필리핀도 이에 대한 영유권을 주장했다)에 대한 인민해방군의 탐사가 있은 뒤 아세안의 개입으로 베이징 측은 협상에 들어갔다. 1997~1998년의 아시아 경제 위기 이후 아세안의 약화 속에서 중국은 이제 홀로 남아 항의하는 필리핀을 압박하면서 조용히 해양에 대한 점유를 계속해 나갈 수 있게 되었다.

많은 노력과 그로부터 거둔 성과에도 불구하고 중국은 자신의 전통적인 영향권으로 간주해 온 이 동남아시아 지역에 대한 미국의 영향력을 제거할 수는 없었다. 중국은 이 지역 국가들에 대해 많은 지지와 관심을 보냈지만, 그들로 하여금 수십 년에 걸쳐 미국과 맺어 온 특수한 경제적 재정적 전략적 관계를 포기하도록 만들 수는 없었다.

동북아에서 중국이 북한과 맺은 동맹(1950~1953년 한국전쟁 과정에서 맺어짐) 관계는 1990년대에는 보다 실용적인 정책, 즉 두 개의 한국 정책으로 변화했다. 1992년 베이징 정부는 중국의 중요한 경제적 파트너가 된 한국과 외교 관계를 수립하면서도, 기근에 빠졌지만 이제 소련의 원조를 받지 못하고 국제적으로 고립된 그리고 스탈린 체제를 개혁할 의지도 능력도 거의 없던 북한과는 우호적인 관계를 유지해 나갔다. 중국이 동맹자 북한에 보내준 경제적 외교적 군사적 지원은 북한 정권의 완전한 붕괴 또는 북한의 절망적인 공격적 행동을 우려한 것이었다. 이 두 가지 가능성은 어느 것이나 중국이 원치 않는 한반도의 빠른 통일을 불러올 수 있었다. 중국은 남북한 양국과 좋은 관계를 유지하는 유일한 나라로서, 평양이 정권 유지를 위해 외국의 원조를 얻을 목적으로 핵을 미끼로 사용함으로써 생긴 위기를 조정하는 데 중요한 역할을 할 수 있었다. 베이징 정부는 1994년 미국의 주도로 체결된 협정(제네바 협정은 많은 우여곡절 끝에 2003년 북한이 핵확산금지조약을 탈퇴함으써 사실상 파기되었다—역주) 실행에 참여하면서도 중재 역할을 하면서 조정자로서 행동했다. 이 협정을 통해 북한은 식량과 에너지를 제공받는 대가로 핵 무장 계획을 중단하겠다고 약속했다.

북한은 중국에게 부동의 동맹자는 아니었다. 북한은 1994년 협정을 존중하지 않고, 핵 기술 개발을 계속해 나갔으며, 1998년 8월 일본 상공을 지나는 장거리 미사일을 발사했다. 이러한 행동은 일본과 미국으로 하여금 그들의 미사일 방어 체제를 재고하고 전역 미사일 방어 체제(TMD)라는 공동 계획을 세우도록 만들었다. 중국은 그러한 계획의 채택이 이 지역의 군사력 균형을 흔들어 놓을 것이며, 일본에 재무장의 길을 열어 주며, 또 타이완의 참여 가능성을 배제할 수 없다고 할 때 해협에 대한 중국의 미사일 위협으로부터 타이완을 보호해 줄 것이라고 생각했다. 베이징 정부는 이 계획이 미국의 새로운 패권주의의 등장이자 중·일 관계를 더욱 어렵게 만들 것이라고 격렬히 비난했다.

사실 1980년대 중·일 간의 접근에도 불구하고 중국 민족주의의 부상과 탈냉전의 전략적 재편 그리고 중국 시장에 대한 일본 기업의 관심이 상대적으로 저조해지는 것(1995년 이래 일본의 투자는 꾸준히 감소했다)을 막기에는 역부족이었다. 동아시아의 두 강대국 사이에 진정한 화해는 이루어지 않았다. 제2차 세계대전 당시 일본 점령군이 저지른 극악한 폭행에 대한 기억이 여전히 중국인과 그 지도자들에게 남아 있었다. 1997년 12월 중국은 공식적으로 난징 대학살 60주년을 기념했다. 끊임없이 과거를 환기시키면서 베이징 정부는 일본의 죄의식을 끌어내고자 했고, 중국의 외교관들을 그것을 이용해 일본 측 상대자들을 굴복시키고자 했다. 중국 당국은 특히 일본 군국주의의 책임이 공식적으로 인정됨으로써 그 군국주의의 부활을 효과적으로 막을 수 있기를 원했다. 그러나 일본의 여론은 반복적인 유죄 고백에도 불구하고 늘 불충분한 것으로 간주되는 데 대해 염증을 내고 있었다. 1998년 11월 중국의 국가 수장으로서는 최초인 장쩌민 주석의 일본 방문은 완전한 실패로 막을 내렸다.

정리되지 않은 과거 문제에 더하여 당면한 문제에 대한 의견의 불일치가 더해졌다. 즉 1997년 미 · 일 상호 안보 조약의 갱신 이후 다시 강화된 미 · 일 간의 군사적 관계, 일본 정부와 타이완의 우호적 관계, 앞에서 말한 미사일 방어 계획 등의 문제가 그것이다.

1990년대 동아시아에서 나타난 중국의 경제적 외교적 전략적 역할 증대는 밀접히 연관된 두 가지 장애에 부딪쳤다. 타이완의 '사실상'의 독립과 이 지역에서 미국이 갖는 경제적 군사적 존재감이 그것이다. 세계 제일의 강대국이라는 지위만큼이나 미국이 동아시아에서 갖는 헤게모니는 중국 외교 정책에서 중 · 미 관계가 압도적 중요성을 띠고 있음을 말해주는 것이다.

1989~1999년 중 · 미 관계의 변동

중 · 미 관계는 하나의 기본적인 모순에 의해 영향을 받고 있었다. 한편으로 투자, 기술 이전 그리고 중국의 개혁과 경제 성장에 미국 시장은 필수불가결한 것이었는가 하면, 다른 한편으로 동아시아에서 미국의 헤게모니는 갈수록 중국에게 하나의 월권행위로 생각되고 있었다. 이러한 모순은 중 · 미 관계의 격동 속에 반영되어 있다. 위기는 지속되어 갔지만 위기 속에서도 갑작스런 우호적인 태도, 예기치 못한 상호 접근 등이 나타나곤 했다. 양자 관계의 이러한 변동은 양국의 국내 정치와 경제생활에서 양국 관계가 매우 중요한 의미를 띠고 있었다는 사실로 인해 더욱 복잡해졌다.

10년 동안 네 번에 걸쳐 주요 위기가 연이어 발생했다. 1989년 천안문 시위의 진압은 미국이 주도하는 중국에 대한 경제 제제와 외교적 고립을 불러왔다. 1992년 중국의 경제 개혁 재개와 중 · 미 간 경제 교역의 증대라는 일시적인 상황 호전이 있었지만 1993년에는 새로운 위기가 등장했다. 중국은 베이징이 2000년 올림픽 게임 유치에 실패한 원인을 미국의 반대 때문으로 돌렸다. 1996년 타이완 해협에 대한 중국의 미사일 발사가 미 해군의 개입을 불러오자 사람들은 이 세 번째 위기가 군사적 충돌로 비화될지도 모른다고 생각했다. 그 다음해 미 · 일 상호 안보 조약의 갱신은 베이징과 워싱턴을 연결하던 '건설적인 전략적 동반자 관계'에도 불구하고 중 · 미 간의 긴장을 고조시켰다. 1998년 클린턴 대통령의 베이징 방문은 그러한 동반자 관계가 절정에 이르렀음을 나타내는 것이었지만 그 장래는 불투명했다. 왜냐하면 1999년 봄 코소보에 대한 서방의 개입(중국은 그것을 나토의 동방 진출로 여겼다), 1999년 5월 7일 베오그라드 주재 중국 대사관에 대한 폭격은 중국에서 격렬한 반미 운동을 불러왔고, 중 · 미 간의 무역 협상뿐만 아니라 대량 살상 무기 비확산과 인권 문제 등에 관한 협상들을 결렬시켰다. 뒤이어 9월이 되자 반미 운동은 진정되고 협상은 재개되었다.

이러한 첨예한 위기 이외에도 중 · 미 관계는 반복적으로 논란의 대상이 되어 온 많은 어려운 문제들을 안고 있었다. 미국 측에서는 중국에 대해 인권 문제 무시, 문제 있는 무역 관행들(쿼터를 우회한 덤핑 수출, 높은 가격 장벽, 수입에 대한 행정적 제동, 지적 재산권의 도용 등) 그리고 중동 지역에 대한 불법적인 무기 판매 등을 비난했다. 이러한 항상적인 불만에 더하여 1995년 이후에는 산업 및 과학 기술 스파이에 대한 의심, 1996년 클린턴의 재선 운동에 대한 중국의 개입에 대한 비난 등이 부가되었다. 베이징 정부는 미국이 타이완의 독립을 지지하고 있고, 계속해서 타이완에 고도의 기술을 요하는 무기들을 제공하고(1992 · 1994 · 1999년), 동아시아에서 중국에 대항하는 군사적 양자 동맹 정책을 추구하며, 티베트인과 반정부 인사들을 변호하면서 중국의 내정에 간섭하는 등 1982년 8월의 공동 성명(385쪽 참조) 조항들을 위반했다고 공격했다.

베이징과 워싱턴 간의 갈등 관계는 헤게모니 강국과 헤게모니를 지향하는 강국 간의 경쟁이라는 고전적인 논리에 속하는 것이었다. 양자의 관계는 표현상에서 일정한 자제를 보이는 상호 불신으로 나타난다. 그러한 자제는 중국으로서는 경제적 군사적 열세로 인한 것이었고, 미국으로서는 커다란 압력 단체들을 위해 중국 시장이 제공하는 이익을 지키고 미국이 구축해 놓은 국제 질서를 불안하게 만들지 않으려는 의지로부터 오는 것이었다. 동아시아 지역에서는 그러한 미국 패권하의 평화(팍스 아메리카나)에 대하여 단기적으로는 어떠한 대안도 제시될 수 없을 것으로 보인다.

게다가 1990년대를 지나면서 강화된 두 나라 사이의 경제적 사회적 문화적 관계는 두 정부 및 국가 간 대립을 상당히 상쇄해 주는 균형추 역할을 하고 있다. 미국에 대한 중국의 수출은 1998년 550억 달러를 나타냈다. 그리고 중국에 대한 미국의 직접 투자는 같은 해 누적 총액이 210억 달러에 달했다. 1999년 미국 대학의 중국인 학생 수는 6만 명에 이르렀다. 그 이전에 유학했던 수만 명의 학생들 가운데 학위를 마친 뒤 귀국하여 취업하는 학생들이 점점 늘어나고 있다. 장쩌민 · 리펑 · 주룽지 등의 자제들도 그러한 예에 해당한다. 미국 유학 출신자들의 관계망은 1920~1930년대 연안 지역 엘리트들이 그랬던 것처럼 다시 사회적 중요성을 찾아가고 있다. 민간 문화 또한 저 태평양 너머로부터 온 유행의 영향을 받고 있다. 맥도날드, 청바지, 록 음악 등이 그것이다. 다른 나라와 마찬가지로 중국에서는 서구화가 곧 미국화를 뜻하고 있다. 세계에 대한 중국의 개방이 미국과의 관계를 통한 특별한 방식으로 이루어진다고 하더라도, 그것은 또한 국제 무대에서 전개되는 논쟁과 행동들에 더욱 적극적으로 참여하는 형태로 표출될 것이다.

세계 무대에서 커져 가는 중국의 존재

탈마오쩌둥 시대의 중국이 프롤레타리아 국제주의라는 낡은 언설을 포기하고 세력 관계에 기초한 그리고 국가적 이익의 보호와 증진을 목표로 한 현실적인 외교 정책을 공개적으로 채택할 즈음, 1980~1990년대의 세계는 전지구화(세계화)의 효과들을 인식하기 시작했다. 과거의 세력 균형이라는 개념은 상호 의존이라는 개념에 길을 내주어야 했다. 그러한 상호 의존 관계는 유럽 통합의 가속화와 유엔의 인도주의 및 평화 유지 활동 증대 등에서 그 힘을 확인해 주었다. 중국은 이러한 변화를 가늠하는 데 상당한 시간을 필요로 했다.

그러나 중국이 채택한 경제 성장 방식, 즉 수출과 외국인 투자에 큰 비중을 두는 정책은 불가피하게 중국의 의존성을 증가시켰고, 이로부터 베이징 정부로서는 중국의 세계 경제 편입 과정에 더욱 주의할 필요가 있었다. 강대국으로 인정받아야 될 필요성 또한 중국으로 하여금 무역과 금융, 공해와 환경, 안보, 핵무기 확산, 인권 등의 문제에 관한 국제적인 토론에 참여하도록 이끌었다. 중국은 늘어나는 국제기구, 정부 기구 및 비정부 기구의 회원이 되었다. 중국은 대학 콜로키움, 전문가 포럼, 사업가들의 세미나 등 외교 및 민간 주도의 모임들에 적극적으로 참여했다. 중국은 각종 토론회에서 자신의 목소리를 냈고 수많은 국제 협정에 서명했다.

국제 경제 교역의 자유화로부터 완전한 혜택을 얻고자 하는 의도에서 베이징 정부는 1990년대 내내 세계무역기구 가입을 위한 협상을 벌였다. 1990년 중반 중·미 양측이 모두 주저하면서 연기된 이 협상은 1998년 재개되었다. 1999년 5월 베오그라드의 중국 대사관 폭격으로 협상이 중단되기는 했지만 그해 11월 15일 중·미 간의 양자 협정 체결로 중국이 세계무역기구에 가입하는 길이 열렸다. 1992년 중국은 환경 보호, 산성비 방지 등에 관한 다양한 국제 협정에 서명했다. 1993년에는 핵무기 확산 방지 조약에 서명했고, 1996년에는 핵폭발 실험 중지 협정에도 조인했다. 유엔 안전보장이사회에서 베이징 정부는 타이완 문제와 직·간접적으로 관계되지 않는 한 질서 유지 활동들을 승인했다. 1998년 10월 중국은 '시민적 정치적 권리에 관한 국제 규약'에 서명했다.

세계화의 진전 속에서 이루어진 이러한 다양하고도 많은 국제적인 참여에도 불구하고 중국의 지도자들은 실제적인 외교 정책에서는 여전히 세력 균형이라는 고전적인 규범을 따랐다. 그로부터 약속과 실제 행동 사이에 괴리가 발생했다. 핵무기 확산 방지 조약에 서명했음에도 불구하고 중국은 중동 지역에 대한 핵무기 수출을 밀고 나갔다. 시민적 정치적 권리에 관한 국제 규약에 대한 서명과 중국민주당 등 반정부 인사들에 대한 적극적인 진압 운동은 동시에 이루어졌다. 이러한 이중적인 행태는 중국이 한편으로는 스스로 그 일원이 되기를 원하는 세계 질서의 규칙들을 수용하기를 거부한다는 인상을 주었다. 또는 오히려 중국이 이러한 규칙들을 단지 국익에 도움이 되는 경우에 한해서 적용하고 있다는 인상을 주었다. 그리고 중국이 세계의 다극화를 주장하는 것은 무엇보다도 미국의 패권에 대한 적대감을 반영하는 것이며, 인권에 대해 중국적인 개념(물질적인 생존권을 의미)을 내세우는 것은 중국의 탄압 정책에 대한 각종 비난들에 대처하기 위한 것이라는 인상을 만들어 냈다.

강대국으로서의 권리를 주장하는 데는 조바심을 내면서도 그러한 지위에 걸맞은 국제적 책임을 다하지 못하는 중국에 대하여 중국의 상대국들은 주저하는 모습을 보인다. 어떤 경우에는 엄격하고 보복적인 정책을 취하여 베이징 정부에게 자신이 한 약속을 환기시켜 주어야 한다는 주장이 있는가 하면, 그와는 반대로 지속적인 대화와 접촉이 조금씩 중국으로 하여금 말(또는 문서)과 행동의 괴리를 메울 수 있도록 만들

것이라는 기대를 거는 경우도 있다. 결국 후자의 선택이 보다 현명하다는 점은 의심의 여지가 없다. 또 그러한 선택을 했다 하더라도 일시적으로 엄격한 수단을 취하지 못할 것도 없을 것이다.

결론

오늘의 중국은 '새로울 것이 없는' 느낌을 주는 듯하다. 어떤 분야에서는 가장 최근의 발전이 이전에 시작된 여러 가지 시도에 대한 반응이자 다소 오래된 과거에 이미 부닥친 바 있는 상황의 재연으로 보이기도 한다. 중국 특색의 사회주의라는 야심을 통해 서양의 과학과 기술로 하여금 변함없이 마르크스주의에 의거하는 정권과 사회에 봉사하게 만들고자 한 것은 한 세기 전 중화 제국의 관료들이 '만이(蠻夷)'의 방법을 빌려 유교적 질서를 유지하고자 했던 계획의 재판이기도 하다. 실용[用]과 근본 원리[體]라는 동일한 구분법이 어제와 오늘의 근대화('현대화') 추진자들에게 영감을 주었다. 사실 그들이 해결해야 했던 과제들은 그렇게 크게 다르지 않았다.

중화인민공화국의 수립 이래 50년이 흘러갔다. 중국은 발전했지만 중국을 둘러싼 세계에는 더욱 많은 변화가 있었다. 선진국들로부터 자본과 기술의 도입 없이는 중국은 그 뒤처짐을 만회할 수 없었다. 덩샤오핑의 권력 장악과 함께, 문화대혁명 시기 외국을 배척했던 자급자족적 체제는 세계를 향한 개방, 국제 경제 관계로의 편입으로 이어졌다. 그것은 마치 과거 1919년 5월 4일의 서구화 운동이 의화단의 반외세 봉기를 뒤이은 것과 유사했다. 국가 경제의 발전에서 중국의 연안 지대는 그 중요성을 완전히 되찾았다.

한편, 경제 발전의 성공을 보장하기 위하여 사회적 에너지를 동원하고자 했던 덩샤오핑의 의지는 20세기 초기 옌푸(嚴復), 량치차오(梁啓超) 등과 같은 여러 사상가들이 중국 백성들의 주도적인 행동에 호소하면서 단호하게 자신의 운명을 스스로 개척해 가는 '신민(新民, 새로운 국민)'에게 건 희망을 연상시킨다.

사회에 주어진 행동의 자유와 그에 대한 관료적 통제(정권은 국가의 통일뿐만 아니라 경제 발전을 위해서도 이러한 통제가 불가피하고 본다)를 조화시키려고 한 데서 정권이 부닥친 어려움들은 1911년 중화제국 정부의 개혁가들에게 실패를 안겨 준 곤란들과 다름이 없었다. 당 지도부에서 결정된 개혁을 실행하기보다는 자신의 특권과 권력을 유지하는 데 급급한 간부들의 우유부단한 태도는 지방 당국의 중앙 정부에 대한 고전적인 반대 전략이자 비협조 전략의 재현이었다. 격렬히 성토되곤 했지만 제대로 진압되지 못한 부정부패 문제도 사회적 관행에 의해 관료제적 이상(理想)이 무너져 내렸던 과거 전통으로의 회귀를 뜻하는 것은 아닐까?

발전과 연계된 여러 가지 문제들의 이와 같은 지속, 낡은 사회적 가치의 이러한 부활(이것을 우리는 '낡은 인간의 회귀'라고 부를 수 있을 것이다)은 1949년 혁명의 역할과 의미에 대해 의문을 제기하게 만든다.

우리는 1949년의 중국 혁명을 1879년의 프랑스 혁명, 1917년 10월 혁명과 마찬가지로 세기적인 가장 거대한 변혁들 가운데 하나로 평가해 왔다. 그러나 중국 혁명은 그 앞의 혁명들과는 달리 혁명 이후 세계 또는 그 일부를 휩쓸지 못하고 중국의 국경 안에서 전개되었다(사실 중국 하나만으로도 대륙이다). 혁명은 경제 조직과 사회 조직에 거대한 변화를 가져왔다. 그러나 혁명으로부터 탄생한 두 개의 주요 제도인 인민공사와 국유 기업 가운데 전자는 현재 사라졌고 후자는 빈사 상태에 처해 있다. 그리고 정권 초기에 가장 중요한 문제였던 사회적 정의에 대한 관심은 경쟁을 통한 생산성의 향상이라는 열망에 자리를 내주었다. 따라서 우리는 1949년의 혁명이 — 국제적 상황의 차이와 기술 환경의 차이를 고려해 보아도 — 왕조 순환 과정의 초기처럼 광범위한 개혁에 커다란 기대를 갖게 하기 좋지만 초창기의 황제들이 사라지고 나면 곧 과거의 익숙한 길로 다시 돌아가곤 했던 상황을 아주 잘 대표하고 있다고 생각할 수 있을 것이다.

혁명적 열정이 퇴조하는 것은 모든 혁명의 성공과 제도화에 뒤따르는 불가피한 결과임이 분명하다. 그러나 중국의 지도자들은 정권의 무능력 또는 실패의 원인을 혁명의 제도화 탓이 아니라 마오쩌둥이 저지른 오류(유토피아 지향으로 이해된다)에 의해 이 제도화를 빨리 달성하지 못했던 데서 찾았다. 그러한 의미에서 중국은 바로 그 혁명을 이룬 시기부터 경제의 현대화를 기다리고 있었다고 말할 수 있을 것이다.

중국 혁명은 러시아 혁명과는 달리 공업화를 달성하지 못했고 기술적인 발전도 이루지 못했다. 게다가 일본이나 동아시아 신흥 공업국의 성공은 경제적 발전이 사회적 정치적 혁명의 길과는 완전히 다른 방법으로 성취될 수 있다는 사실을 보여주었다(비록 이러한 발전이 결국 사회와 정치 체제의 근본적인 변화로 귀착된다고 하더라도). 따라서 오랫동안 교조적인 논리에 의해 결합되어 있던 혁명—근대성이라는 요소들이 분리되었다. 현재 중국의 역사는 더 이상 혁명의 문제가 아니라 근대화(현대화)의 문제로부터 고찰된다. 덩샤오핑에 의해 주창된, 그리고 그 후계자 장쩌민에 의해 지속적으로 추진된 개혁 정책의 성공은 중국식 점신주의를 하나의 모델로 제시해 주었다. 공산주의로부터의 이탈은 러시아를 파산으로 몰고 갔지만 중국을 번영으로 이끌었다.

개혁의 결정적인 마지막 단계인 공공 부문의 개혁에 드리운 불안감에도 불구하고, 경제적 자유화와 사회적 해방에 가해진 제한에도 불구하고, 그리고 공산당이 모든 정치 활동에서 여전히 행사하고 있는 독점에도 불구하고 현대 중국의 역사에서 이 20세기 말보다 더 풍요롭고 역동적인 시기는 없었다. 국제적인 상황, 대외 무역의 급증, 아시아 경제 기적의 지속 등은 물론 중국의 이러한 번영과 밀접한 관련을 맺고 있다. 그러나 번영의 근본적인 원인은 중국 인민들의 재능과 1978년 이래 그러한 재능을 펼칠 수 있는 가능성을 다시 부여한 정책에서 찾을 수 있다. 따라서 과거와의 진정한 단절은 1949년보다는 1978년에 일어나기 시작했던 것은 아닐까? 그리고 이 '개혁'이야말로 20세기 중국의 대혁명인 것은 아닐까?

현재 중국을 보는 위와 같은 견해와는 대립되는 두 가지 주장이 제기될 수 있을 것이다. 먼저 최근에 이룬 성취의 토대가 되는 경제 발전의 극단적인 취약성을 제기할 수 있을 것이다. 그러나 이 발전이 완전한 현대화로 귀착할 것인지, 아니면 20세기의 다양한 시기에 나타난 급속한 성장에서 보여준 것처럼 결국 유산되고 말 것인지는 앞으로 두고 보아야 할 문제이다. 우리는 또한 전통의 힘이 부활하여 당-국가의 부분적인 후퇴에 의해 자유롭게 남겨진 영역을 재장악할 것이라고 볼 수 있다. 그러나 단순히 그 전통에 대해서 꼭 필요한 과거와의 단절과 과거에 대한 부정을 가로막는 장애로 생각하는 것 또한 잘못이다.

전지구화의 추세와 현대의 과학과 기술이 정치 체제와 그 정치 체제가 지배하는 사회·경제 체제에 요구하는 다양한 수렴 현상에도 불구하고 근대성을 단순한 전통의 제거로 생각할 수는 없을 것이다. 변화는 기존 질서를 고려하고, 그것과 연계되면서, 또 그것을 부분적으로 포함하지 않고서는 일어날 수 없다. 근대성은 단일한 것이 아니다. 근대성의 실현의 장(場)이 다양한 만큼 그것은 다양한 형태를 취하며, 많은 부분에서 문화적 지역적 특수성을 반영한다. 전통의 힘은 또한 변화의 힘이 될 수도 있다. 그것은 일본 및 기타 동아시아 국가들이 이미 보여준 바 있고 이제 중국의 차례가 되었다.

역자 후기

역자가 본서의 원저를 처음 알게 된 것은 프랑스 유학이 4년째로 접어들던 1999년 말이었다. 프랑스 고등사회과학원(EHESS) '중국 센터'(Centre Chine)에서 진행된 중국 현대사 세미나에서 지도 교수인 이브 슈브리에(Yves Chevrier) 선생님께서 세미나 참여자들에게 그의 스승인 베르제르 선생의 이 저작을 일독하기를 권했기 때문이었다. 곧 개정 증보된 제3판이 출간될 것이라는 부언과 함께였다. 역자로서는 당시 중국에서 6개월여의 현지 조사를 마치고 막 파리로 복귀하여 수집해 온 자료에 대한 분석에 여념이 없던 터라 본서를 검토할 시간은 많지 않았다. 해를 넘겨 2000년 초 제3판이 출간되었다는 소식을 접하고 필자는 본서를 구입해 정독하기 시작했다.

사실 이 책은 일반인을 대상으로 한 중화인민공화국사 개설서라기보다는 학부와 대학원의 역사 전공자, 역사 교사 그리고 저널리스트들을 위해 집필된 것이었다. 그 만큼 본서는 역사적 사실에 대한 서사식 접근보다는 각 주제에 관한 분석적 시각을 통해 기존 연구 성과를 종합하고자 하였다. 따라서 중화인민공화국 50년에 관한 일정한 역사적 지식 없이 본서를 소화하기에는 어느 정도 어려움이 있다고 할 것이다.

역자는 마오쩌둥 시대와 그 후의 국가 권력과 사회의 관계를 보는 저자의 시각으로부터 많은 시사를 받을 수 있었다. 특히 역자가 주목했던 것은 개혁·개방 이후에 나타난 '낡은 인간'의 회귀로 표현되는 전통의 부활에 대한 저자의 해석이었다. 그것은 역자의 박사 학위 논문 주제가 마오 시대 이전의 비밀 결사, 비밀 종교 등 '낡은 인간'들의 결사체였기 때문이다.[39] 국가와 사회 관계에서 비밀 결사의 위치와 역할 및 그들의 사회적 정치적 기능을 분석해 내고자 했던 역자가 본서로부터 얻을 수 있었던 것은 무엇보다도 이 주제에 접근할 수 있는 핵심적 '분석어'였다. 전통 사회 조직이 가진 '유연성', 사회 조직의 '동원 능력'에 대한 국가의 우려와 개입, 당-국가(국가 권력)와 사회 결사체 사이의 관계의 '비대칭성'(비대등성), '포용의 국가'(사회 집단에 대한 권력의 포용과 배제 전략), 권력과 사회 집단의 타협, 온정주의, 조합주의, 국가와 사회의 공존 또는 공생 등등이 그것이다.

중국 근현대 국가와 사회의 관계를 분석하면서 베르제르 선생이 '공생'이라는 시각을 처음 제시했던 것은 중국 부르주아지 연구에서였다. 고등사회과학원 '아날'(*Annales*)의 주요 구성원으로서 장 셰노(Jean Chesneaux), 루시앵 비앙코(Lucien Bianco)와 더불어 프랑스의 중국 사회사 연구를[40] 이끌던 베르제르 선생은 상하이의 경제 문제로부터 연구를 시작하여 '신해혁명과 부르주아지' 연구로 나아갔고, 1975년 전간기(戰間期)의 상하이 부르주아지 연구로 프랑스 국가 박사 학위를 취득했다. 이 연구의 결실인 《중국 부르주아지의 황금시대》는 익히 알려진 대로 영문과 중문으로 번역 출간된 이 분야의 독보적 저작이다.[41]

---

39) 역자는 박사 학위 논문을 번역한 뒤 수정 보완하여 다음의 단행본으로 출간하였다. 《중국혁명과 비밀결사》, 심산출판사, 2006.

40) 프랑스 학계의 중국 근현대사 연구에 관한 개관은 박상수, 〈'漢學'에서 사회과학으로-프랑스의 근현대 중국사학〉, 《중국학보》 제48집, 2003 참조. 특히 비앙코 선생의 중국 농민 연구에 관한 최근 저작을 분석한 것으로는 박상수, 〈루시앵 비앙코, 중국 농민의 '자발적' 집단 행동〉, 《역사와 문화》 제15집, 2008 참조.

이에 따르면, 이 황금시대를 통하여 중국의 자본가들은 국가 통합과 독립을 유지할 수 있는 국가 권력의 부재 속에서는 거대 중국의 기술적 경제적 성장은 불가능하다는 사실을 경험했다. 중국의 경험을 보면, 강력한 국가 권력과 다원주의 사회에서 보이는 자율적 사회 집단의 '공존'은 불가능했고, 중국 부르주아지는 국가 관료제와의 '공생'을 통해서만 살아남을 수 있었다. 이러한 저자의 시각은 개혁·개방 이래의 중국 부르주아지의 부활과 성장, 국가 권력과의 관계에 관한 역사적 퍼스펙티브를 제시한 것이었다. 본서를 통해 독자들은 마오쩌둥 시대와 그 이후 국가–사회 관계의 변천에서 이와 같은 시각을 확인할 수 있을 것이다.

여기서 독자들의 이해를 위해 본서의 역자로서 개혁·개방에서 오늘에 이르기까지 국가–사회의 관계 방식에 대해 좀 더 구체적으로 부연해 볼 필요를 느낀다. 덩샤오핑의 등장과 함께 시작된 양자 관계의 변화는 한 연구자의 표현대로 '혁명적'이라고 해도 과언은 아니다. 특히 국가 제도 밖의 비공식적이고 비합법적인 공간들이 성장해 가고 있는 점이 주목된다. 마오쩌둥 시대까지 국가가 모든 것을 떠맡던 전체주의적 사고는 크게 후퇴했다. 중국의 전체 조직 구성의 면에서 비국가적인 요소가 확대되기 시작했다. 경제 면에서 국가 부문은 1998년 시점에서 이미 국내 총생산의 45퍼센트, 전체 노동력 고용의 18퍼센트를 차지할 뿐이었고 이후 국가 부문의 비중은 더욱 축소되어 갔다. 국가 투자액은 미약한 수준에 불과했다. 마오쩌둥 시대에 국가 부문이 유일한 선택이었다면, 이제 국가는 더 이상 주택과 복지 일체를 제공하는 주체가 아니며, 그 대부분을 사유화로 전향했다.

이에 따라 마오쩌둥 치하의 전체주의 시대를 통하여 질식된 사회적

41) Marie-Claire Bergère, *L'âge d'or de la bourgeoisie chinoise 1911~1937*, Paris : Flammarion, 1986(English ed., 1989). 이 책은 역자에 의해 번역, 출간될 예정이다.

영역은 다양한 방식으로 성장하고 국가 통제 밖에서 자신의 위상을 확보해 가고 있다. 본서에서 언급하고 있듯이 종족(宗族) 세력, 비밀 결사와 민간 종교 활동의 성행 등 마오쩌둥 시대에 사라졌다고 간주되던 구래의 사회적 영역들이 다시 등장하고 있을 뿐만 아니라 새로운 시장과 경제 영역들이 '자율적'으로 형성되고 있다. 각종 지식인들의 단체와 기업가들의 조직, 노동자들의 자발적 집단 행동들이 생겨나고 있으며 집단보다는 개인의 중시를 주장하는 의식의 변화들이 관찰된다.

이러한 변화를 두고 논자들 간에 상이한 견해가 제시되곤 한다. 새로운 변화와 도전 앞에 중국의 당-국가 체제가 붕괴될 것이라는 주장이 있는가 하면, 위기는 이미 1989년 천안문 사태 이후 지나가 버렸고 1990년대에 국가는 사회에 대한 통제력을 회복하면서 전반적으로 새로운 변화에 잘 적응하고 있다는 관점이 있다.[42] 이러한 '분열론'과 '안정론'의 대립적 관점은 사실 연구자의 경험적 연구 영역의 상이함에서 연유하는 바 크다. 전자가 지방적 수준에서 사회적 경제적 정치적으로 해결 곤란한 제반 '문제'들, 예컨대 지방주의적 경향, 소수 민족의 대두, 노동자의 광범위한 실업과 저항, 농민의 파산과 도시로의 유랑, 사회적 경제적 불평등의 심화 등등의 문제들을 연구 대상으로 하고 있다면, 후자는 국가 권력이 전국 수준에서 거시적 통제와 관리 능력을 지속하거나 오히려 그것을 제고하였음을, 그리고 공산당에 대항한 상당한 정도의 정치적 반대(대안) 세력의 부재나 취약성, 앞서 제기한 문제들에 대한 당국 나름의 대처 등 연구 관심을 '국가' 측에 둔다. 이러한 상이한 견해는 또한 문제를 '제로섬' 게임의 시각에서 다룬다. 사회 측에서 문

---

42) Jean-Luc Domenach, "La Chine peut-elle encore s'effondrer?", *Pouvoirs*, No. 81, 1997 ; Arthur Waldron, "The End of Communism", *Journal of Democracy*, Vol. 9, No. 1, January 1998 ; Bruce Dickson, *Democratization in China and Taiwan*, Clarendon Press, 1997.

제가 대두하면 국가 측의 통제 능력이 약화되고, 반대로 국가의 통제 능력이 강화되면 사회의 제반 문제들이 줄어든다는 식이다. 주어진 제한된 공간 내에서 국가 통제 영역과 사회적 영역이 길항을 반복하는 기제가 이들 논의의 공통분모다.

사실 역자는 오늘날과 같은 유동적 상황에서는 국가도 사회도 모두 자신의 영역을 지속적으로 확장시켜 갈 수 있다고 본다. 전술한 국가 부문의 축소가 결과적으로 사회적 영역의 성장을 가져왔지만 그것이 곧 국가 권력의 후퇴나 약화와 동일한 것은 아니다. 개혁·개방 이래의 공산당 — 국가는 낭비적이고 비효율적이었던, 그리하여 결국 국가 권력이 안으로 말려들며 퇴행하는 '내권화(involution)'를 불러오고 말았던 마오쩌둥 시대의 사회 운용 방식에서 벗어나 보다 이완된 형태로 가고 있다. 그러나 이 '이완'은 국가 권력의 약화를 뜻하기보다 거꾸로 국가 권력의 정당성 회복과 그를 통한 권력의 (재)강화에 기여했다. 물론 1989년 '천안문 사태'가 표명하고 있듯이 국가의 정당성과 정치 지도층에 대한 신뢰가 일시적으로 심각한 도전에 직면한 바 있지만, 국가 권력은 지속적으로 이완을 통해 사회 변화를 이끌고 성장하는 사회와의 관계 속에서 자신의 새로운 영역을 확보해 가고 있다.[43] 국가는 '전보다 덜 통제함으로써 더 잘 통제하고 있다'고 할 수 있을 것이다.

---

43) 국가의 '사회단체'에 대한 관리와 통제는 민정부(民政府)에서 펴낸 중국 사회단체 명부(《中國全國性社會團體名錄》, 李本公 主編, 中國大百科全書出版社, 2002)를 통해 분명해진다. 본서에는 전국 수준의 1,524개 사회단체에 대한 '기본 정황'이 수록되어 있다. 본서의 서문에 의하면 전국의 각종 사회단체는 이미 14만 개에 이르렀고, 계속 '사회 법인 조직'으로 성장하는 추세에 있다고 한다. 개혁·개방 이래 폭발적으로 성장한 NGO들은 모두 당국의 심사를 거친 뒤 등기되어야 하며, 아이러니하게도 당국이 스스로 NGO의 조직에 나서기도 한다(GONGOs=government organized NGOs). 또한 모든 사회적 행위자들의 자율적 정치 행동은 당국에 의해 즉각적으로 진압된다.

국가 권력의 변화는 내부적 운용 메커니즘에서도 분명히 관찰된다. 마오쩌둥 시대에는 정책 결정이 지도자 개인에 의해 좌우되고 그 배후에 대립하는 파벌이 존재하고 있었다면, 덩샤오핑 집권 이래의 국가는 합의를 중시하고, 다른 의견을 참고하며, 집단적인 방식으로 결정을 내리고자 했다. 파벌주의는 여전히 존재하고 있었지만 그것은 의견을 달리하는 집단들의 생존 문제와 관련된 것이라기보다는 정책 논쟁인 경우가 대부분이었다. 덩샤오핑은 마오쩌둥이 개인숭배 조장과 독단적인 정책 결정 방식으로 인해 '당내 민주(주의)'를 극도로 저해했다고 믿었다. 덩샤오핑도 때로는 명령에 의해 결정을 내리고 최고 권위자의 역할을 자임했지만 그는 어디까지나 관료제 내부에 상호 협조 체제를 구축하고, 전문가의 조언을 구하며, 정책의 심의 과정에 다른 지도자들을 참여시키는 것을 중시했다. 따라서 덩샤오핑 이래의 국가 체제는 전체주의적이나 독재적(autocratic)이라기보다는 권위주의적(authoritarian)인 것이라고 볼 수 있다.[44] 그는 마오쩌둥 시대 등한시했던 국가 기구의 재건과 제도화, 정책 결정의 합리화라는 방향으로 나아가고자 했다. 자오쯔양, 장쩌민, 주룽지와 후진타오 등은 정책 결정에서 합의제를 제도화하는 데 성과를 거둘 수 있었다. 이 새 세대의 지도자들은 씽크 탱크와 연구소를 설립하고 그로부터 유용한 조언을 얻고자 했다. 이 모든 노력들이야말로 개혁·개방 이래로 국가 권력을 전보다 더 효율적이고 유능한 것으로 만들어 가고 있다고 할 것이다. 이렇게 볼 때, 개혁의 최대의 수혜자는 사회지만, 또 다른 수혜자는 빈사 상태로부터 새로운 정당성과 효율을 확보하며 살아난 국가 권력이다.

국가와 사회의 관계 조율에서 중국공산당의 위치와 역할은 매우 중요하다. 공산당 일당 체제가 (생기와 활력을 회복하고 있는, 그리하여

44) David Shambaugh, "The Chinese State in the Post-Mao Era", David Shambaugh (ed), *The Modern Chinese State,* Cambridge University Press, 2000, p. 180.

다양성을 지향하는) 오늘의 중국 사회와 대면하기 어렵다는 사실은 분명하다. '3개 대표' 이론과 기층 단위에서의 '선거' 그리고 '조화로운 사회'[和諧社會]에 대한 강조가 국가와 (성장하는) 사회의 관계를 규율하고자 하는 당의 노력을 반영하고 있다고 할지라도,[45] 국가의 투명성과 신뢰성을 제고하기 위한, 그리하여 지속적인 정당성의 확보를 보장하기 위한 — 실질적인 다당제(多黨制)의 채택을 포함한 — 더 많은 개혁이 뒤따르지 않는다면, 공산당 국가의 미래는 불투명하다고 하지 않을 수 없다.[46]

본서의 전반을 통하여 독자들은 격동의 현대 중국 50년을 바라보는 저자의 역사가로서의 시각을 자주 접하게 될 것이다. 1970년대 말 이래의 개혁 · 개방 시기와 19세기 후반 양무(洋務) 시기의 '부강'을 향한 국가 발전 전략의 대비적 고찰, 대륙 지향과 해양 지향의 역사적 순환과 의미에 대한 주목, 지식인의 사고와 행동에 나타난 전통의 지속과 변용, 사회적 힘의 활용에 관한 중화 제국 말기 지도자들과 덩샤오핑식 접근의 유사성, 역사적 경험에 따른 근대성의 다양성 등에 대한 저자 특유의 성찰이 그것이다. 이는 본서가 중화인민공화국 50년을 가깝고도 먼 과거로부터 이해했기 때문에 가능한 시각이라고 할 것이다. 이러한 통찰은 또한 부언할 필요도 없이 정치학, 경제학, 사회학 등 사회과

---

45) '3개 대표' 이론은 2001년 중국공산당 창당 80주년 기념식에서 행한 장쩌민의 '7 · 1강화(七一講話)' 에서 비롯되어 다음해 중공 16전대회에서 당의 지도 이념으로 당장(당규약)에 수록되었다. 이는 중국공산당이 선진 생산력, 선진 문화, 광대한 인민의 근본 이익을 대표한다는 것으로, 이에 따른 자본가['私營企業主'] 들의 공산당 입당 허용은 매우 시사적이다. 한 통계에 따르면, 2004년도에 가입한 사영기업주 당원은 894명이었다. 中共中央組織部辦公廳信息管理中心, 〈黨員隊伍生機盎然〉, 《人民日報》, 2005. 5. 24. 참조.

46) 이상의 내용은 박상수, 〈중국 근현대 다중형태의 국가권력—국가-사회 관계를 통해 본 국가권력의 변천〉, 《중국학보》 제53집, 2006 참조.

학 분야의 연구를 적극 활용하면서도 늘 역사적 문맥에 주목하는 저자의 역사학자로서의 태도로부터 연유한다고 할 것이다.

사실, 역자가 본서를 번역하기로 결심한 데는 우리 중국 사학계가 중화인민공화국사 연구에 보다 적극적인 관심을 가져주기를 바라는 마음에서였다. 한 세대 전의 선학들이 1949년을 경계로 그 이후의 역사를 역사학의 탐구 대상에서 배제했던 것은 그분들에게 이 시기가 역사적 경험이라기보다는 당면한 현실로 이해되었기 때문인지도 모른다. 그러나 이제는 (그리고 앞으로는 더욱) 적어도 개혁·개방 시기 이전까지는 역사학이 다루어야 할 분야가 되었다. 특히 한국 학계의 중국 현대사 연구는 과거와 달리 주제의 선택에서 아무런 정치적 제약도, 연구 자료 입수에서 어떤 물리적 제약도 거의 존재하지 않는다. 이제 중국의 지방 당안관(檔案館, 공문서 보관소)에도 외국 연구자들의 접근이 허용되고 있다. 다만 한국의 중국 사학계는 우선적으로 이 시기에 관한 수많은 사회과학 분야의 연구들 — 특히 구미 학계의 연구들 — 을 어떻게 역사학의 각도에서 수용하고 재해석하여 새롭게 접근할 것인가라는 과제에 당면하고 있다. 이 점에서 본서는 중화인민공화국 50년에 관한 기존 연구 성과의 밀도 있는 종합이자 역사학적 접근의 한 훌륭한 예라고 할 것이다.

본서의 번역에는 물심양면으로 여러 선생님들의 도움이 있었다. 일찍이 중화인민공화국사 개설서를 통해 이 시기에 관한 사실적 지식을 습득할 수 있도록 해 주신 고 신승하 선생님, 프랑스 고등사회과학원 세미나를 통해 본서 저자의 여러 연구들을 이해할 수 있도록 이끌어주신 슈브리에 선생님 그리고 유학을 마치고 귀국한 뒤 고려대학교 아세아문제연구소에서 연구교수로서 공부에 매진할 수 있도록 안정된 연구 조건을 마련해 주신 최장집 선생님의 도움이 없었다면 이 책은 빛을 보기 어려웠을 것이다. 세 분 선생님께 깊은 감사의 말씀을 올리고 싶다.

끝으로 편집과 관련한 번잡한 수고를 맡아주신 심산출판사 편집진에 고마움의 뜻을 전한다.

2009년 1월
고려대학교 우당교양관 연구실에서
역자 박상수

부록

주요 인물 개관[47)]

덩샤오핑(鄧小平, 1904~1997)

쓰촨 출신의 덩샤오핑은 1920년대 초 프랑스에서 저우언라이를 비롯한 다른 중국공산당 '창당의 아버지들'과 함께 활동했다. 모스크바에서 학습 기간을 거친 뒤 중국으로 돌아왔다. 게릴라 근거지에서 전투하고 투쟁하면서 덩샤오핑은 장제스의 공격에 대항하기 위한 전략을 둘러싸고 벌어진 지도자들 간의 끊임없는 파벌 대립에서 일찍이 마오쩌둥 편에 섰다. 그는 1934년과 1935년에는 '장정'에, 1937년부터 1945년까지는 항일 무장 투쟁에, 그리고 1946년부터 1949년까지는 국민당에 대한 투쟁에 참여했다.

중화인민공화국 수립 뒤 그는 중국 서남 대행정구(大行政區)의 주요 지도자들 가운데 한 명이 되었다. 그런데 곧 그의 경력은 중앙 무대로 이어졌다. 1952년 저우언라이 아래서 부총리가 되었고, 1956년에는 정치국 상무위원이자 중앙서기처 총서기가 되었다. 대약진이 실패하자 그는 마오에게 등을 돌렸다. 그는 류사오치와 함께 1960년부터 1962년까지 경제 조정 정책의 주도자들 가운데 하나였다. 그의 실용주의적 태도는 문화혁명의 일차적 목표가 되었다. 1966년 가을 그는 정치 무

47) 이 인물 개관은 주로 Lucien Bianco et Yves Chevrier (dir.), *Dictionnaire biographique du Movement ouvrier international : la Chine*, Editions ouvrières et Presses de la Fondation nationale des sciences politiques, Paris, 1985에 근거하였다. 독자들은 또한 Jaques de Goldfiem, *Personnalités chinoises d'aujourd'hui*, Paris, L'Harmattan, 1989를 참고할 수 있을 것이다.

대에서 사라졌지만 폭풍우 속에서 살아남았다. 1973년 복권되어 1975년 부총리 겸 당 부주석이 된 그는 저우언라이의 강력한 협력자이자 후계자로 보였다. 그러나 1976년 1월 저우언라이의 사망과 천안문 시위 뒤 그는 그 책임을 뒤집어쓰고 그해 4월 다시 권력으로부터 배제되었다. 1976년 9월 마오쩌둥의 사망과 그 다음달 사인방의 몰락으로 덩샤오핑은 곧 그의 두 번째 굴욕에서 벗어날 수 있었다. 1977년 7월 다시 복권되어 직무에 복귀한 그는 쇠약해져 버린 마오의 후계자들을 몰아내고 1978년 12월 11기 제3차 중앙위원회 전체회의(3중전회)를 통해 자신의 권력을 확인시켰다. 이제 그는 자유롭게 1960년 이래 자신이 주장해 왔던 실용주의 정책을 추진하고 탈마오쩌둥화와 현대화라는 두 가지 과정에 착수하게 되었다. 그는 간부의 연소화[年輕化]를 내세우면서, 1982년 9월 중국공산당 제12차 전국대표대회에서 은퇴한 원로들을 위해 설립된 중앙고문위원회 주임직을 맡았다. 그러면서도 그는 여전히 정치국 상무위원직과 막강한 당 중앙군사위원회 주석직을 유지했다.

1987년 10월 중공 제13차 전국대표대회에서 덩샤오핑은 당 중앙위원회와 정치국에서 은퇴했다. 그러나 그는 군사위원회 주석직, 즉 최고 권력은 유지했다. 1989년 6월 그는 천안문 시위를 진압하는 결정을 내렸다. 그리고 1989년 가을 군사위원회 주석직을 내놓으면서 마지막 공식 직책에서 사임했다. 그러나 그는 여전히 중국의 정치를 좌우했다. 1992년 1~2월 경제 개혁 재개를 위한 중국 남부로의 여행은 그가 취한 마지막의 강력한 주도적 행동이었다. 그는 1992년 10월 중국공산당 제14차 전국대표대회에 참석하여 아무런 개입도 하지 않았지만, 대회 폐회 때 대표들로부터 열렬한 갈채를 받았다. 1993년 그는 《덩샤오핑 선집》의 자료를 모으고 편집하는 일을 돌보았고, 1997년 2월 19일 사망했다.

루딩이(陸定一, 1906~1996)

장쑤성 출신의 지주 아들 루딩이는 상하이에서 고등교육을 받았고 모스크바 중산대학에서 학업을 계속했다. 아직 학생이었던 시기에 그는 중국공산당에 가입했다. 중국으로 돌아온 루딩이는 처음에는 공산주의 청년단에서 이후에는 홍군에서 선전 활동에 참여했다. 1934~1935년 장정에, 그리고 항일전쟁에 참가했으며, 1945년 제7차 전국대표대회에서 중앙위원으로 선출되었다.

1949년 이후 그는 당 중앙선정부장에 취임하여 1966년까지 그 일을 맡았다. 1956년 루딩이는 마오쩌둥을 도와 '백화제방운동'을 개시하였다. 그러나 1957년 그는 반우파 진압 운동을 제창한 사람들 가운데 하나였다. 그의 당내 승진은 계속되어 1956년 제8차 전국대표대회에서 정치국원으로 선출되었고, 정부 기구 안에서는 1965년 1월 문화부장을 맡았다.

베이징 시장 펑전과 관계를 맺고 있던 루는 1966년 5월 펑전의 실각에 연루되었다. 1966년 12월 홍위병에게 체포된 그는 두 차례에 걸친 공개 재판에서 모욕과 폭력에 시달려야 했고 이후 자취를 감추었다. 1979년 복권된 그는 다시 지도부로 복귀하지 못했다. 중국공산당 제12차 전국대표대회는 그에게 은퇴하기를 달가워하지 않던 고위 지도자들을 위해 마련된 중앙고문위원회의 상무위원이라는 명예직을 부여했다. [루딩이는 1996년 5월 북경에서 사망했다.—옮긴이]

류사오치(劉少奇, 1898~1969)

후난성의 비교적 유복한 집안 출신의 류사오치는 모스크바에 유학했고, 1922년 중국공산당에 가입했다. 1925년부터 중앙위원회 위원이었던 그는 1927년부터 상하이와 화중 및 화북의 여러 성에서 지하 활동을 전개하면서 백구(白區, 국민당 통치 지역)의 중국공산당 주요 지도자가 되었다. 1939년 《공산당원의 수양을 논함(論共產黨員的修養)》을 출간하여 기율의 중요성을 강조하였고, 이는 중국공산당의 주요 문건 가운데 하나가 된다. 1942년부터 옌안에서 그는 정치 조직 문제에 헌신했다. 1945년 중국공산당 제7차 전국대표대회에서 이미 그는 긴밀한 협력 관계에 있던 마오 다음으로 당과 정부의 제2인자로 등장했다.

중화인민공화국 수립 뒤 류사오치는 전국인민대표대회 상무위원회 위원장이 되었고 가오강과 라오수스의 제거에 가담했다. 1956년 중국공산당 제8차 전국대표대회에서 마오의 후계자로 간주되었다. 그는 마오의 대약진 정책을 지지했고, 1959년 마오를 이어 공화국 주석직에 올랐다.

1960년 대약진의 실패는 류사오치로 하여금 보다 현실적이고 온건한 계획을 채택하도록 만들었고, 이로부터 그는 경제 회복을 꾀할 수 있었다. 그는 1962년에서 1965년까지의 사회주의 교육 운동 기간에 마오가 혁명적 행동을 재개하려는 것을 따르지 않았다. 이제 두 사람은 암암리에 갈등을 빚었고, 문화혁명으로 둘의 대립 관계는 노골화했다. 1967년 폭력적인 공격을 당한 류사오치는 당적을 박탈당하고 1968년 10월 중국공산당 8기 7중전회에서 공화국 주석직에서도 쫓겨났다. 그는 허난성 카이펑(開封)의 감옥에서 지독한 대우를 받다가 1969년 11월 사망했다. 그의 사망 소식은 10년 뒤에나 공식적으로 공포되었다. 그의 부인 왕광메이는 1978년까지 옥살이를 했고, 1979년 1월 복권되었다. 류사오치의 복권은 1980년 5월에 이루어졌는데, 이는 불의에 대한 사후 교정이자 국가 원수가 부당하게 죽도록 내버려 둔 모든 사람들에 대한 비판을 의미하는 것이었다.

리셴녠(李先念, 1909~1992)

후베이성의 빈농 출신인 리셴녠은 1927년 중국공산당에 가입했고,

화중 지역에서 활약한 혁명 게릴라와 항일전쟁의 주요 지도자들 가운데 하나였다. 1945년 중앙위원에 선출된 그는 1949년 후베이성 인민정부 주석이 되었다. 1956년 베이징으로 불려 올라와 부총리를 맡았다. 1956년 중국공산당 제8차 전국대표대회에서 정치국에 진입했다. 그러나 그는 주로 국가 관료 체제 내에서 경력을 쌓아 갔다. 1957년 재정부장, 1958년 재정경제위원회 주임 그리고 1962년에는 국가계획위원회 부주임을 지냈다.

이 관리형 지도자는 저우언라이의 경제 재건과 유지 노력을 보조하면서도 마오쩌둥의 분노를 사지 않으며 정치적 소용돌이를 특별한 피해 없이 지나왔다. 문화대혁명 발발 뒤에도 그는 여전히 정치국원으로서 경제 관리를 맡았다. 마오의 사망 뒤 그는 사인방에 반대하고 화궈펑의 편에 섰다. 그러나 1982년에도 중국공산당 제12차 전국대표대회에서 정치국 상무위원으로 재선되었다. 1983년부터는 과거 마오와 류사오치가 맡았던 중화인민공화국 주석직을 맡게 된다.

그러나 제13차 전국대표대회에서 리셴넨은 다른 원로들과 함께 중앙위원회와 정치국에서 물러나야 했다. 1989년에는 국가 주석직도 넘겨주었다. 이어 중국인민정치협상회의 주석이 된 그는 1992년 사망할 때까지 골수 보수 진영에 속해 있었다.

리펑(李鵬, 1928년 출생)

1928년 출생한 리펑은 아버지가 국민당군에게 살해당한 뒤 저우언라이의 양자가 되었다. 1948년부터 1955년까지 그는 모스크바의 동력(에너지) 연구소에서 수학했다. 그는 동북 지역의 발전소에서 기사로서 직업 경력을 시작했다. 1979년 그는 전력공업부 부부장이 되어 핵 문제를 담당했고, 이어서 수리전력부(水利電力部) 부장에 올랐다. 1983년 부총리에 임명된 그는 1985년 국가교육위원회 주임 자리를 맡았다. 동시에 그의 당 서열도 상승했다. 1982년 중공 제12차 전국대표대회에서 중앙위원에 선출된 리펑은 1985년 정치국에 진입했다. 1987년 10월 제13차 전국대표대회 때는 정치국 상무위원이 되었다.

1987년 국무원 총리를 대행하게 된 그는 1988년 3월 전국인민대표대회 전체회의에서 이 직위에 임명되었고, 아울러 국가 경제개혁위원회 주임직을 겸직하게 되었다. 1988년 가을부터 자오쯔양의 실각과 함께 그의 권력은 확대되었다. 1989년 5월 북경에 계엄령을 선포한 것은 바로 그였다.

특권층에 속했던 리펑은 그의 양부 저우언라이의 동료들(펑전, 천윈)과 양모인 저우의 미망인 덩잉차오(鄧穎超) 등 당 원로들의 지지 덕분에 예외적으로 빠른 승진을 거듭했다. 천안문 시위 진압 시의 역할로 인해 인기가 없었지만 장쩌민의 보호로 리펑은 총리직을 유지할 수 있었다. 1998년 그의 두 번째 임기가 끝난 뒤에는 전국인민대표대회 상무위원회 위원장을 맡았고, 1997년 9월의 중국공산당 전국대표대회에서 다시 정치국 상무위원으로 선출됨으로써 정권의 제2인자로 남았다. [2003년 3월 리펑은 전인대 상무위원장을 우방궈(吳邦國)에게 인계한 뒤 정계에서 은퇴했다.—옮긴이]

리푸춘(李富春, 1899~1975)

후난성 출신으로 그곳에서 장래의 중공 지도자들 특히 마오쩌둥과 함께 배웠고, 프랑스에서 학업을 마쳤으며, 1923년 중국공산당에 가입했다. 1934~1935년 장정에 참가했고, 옌안에서 당 중앙재정경제부장 천윈 밑에서 부부장이 되었다.

중화인민공화국 수립 뒤 그는 경제 관리에 헌신했다. 1954년 국가계획위원회 주임이자 부총리로서 천윈과 함께 제1차 5개년 계획을 수립했다. 1956년 정치국원이 되었다. 다른 경제 전문가와는 달리 그는 대약진에 찬동했지만, 그것이 몰고 온 경제적 재난에도 그는 살아남았다. 왜냐하면 정부가 1960년에서 1962년에 이르는 기간의 조정 정책을 관리하기 위해 그의 능력을 필요로 했기 때문이었다. 문화혁명 초기에 저우언라이의 지지 덕분에 그는 자신의 직위를 유지할 수 있었다. 그러나 1968년부터 그는 무대의 전면에 나설 수 없었다. 그는 중앙위원회 위원과 부총리라는 직위를 유지했지만, 그의 활동 사항은 잘 알려져 있지 않다.

린뱌오(林彪, 1907~1971)

후베이 출신의 이 투사는 일찍부터 모든 혁명 투쟁에 참가하여 빠르게 홍군의 주요 군사 지도자이자 마오쩌둥의 충실한 지지자가 되었다. 1945년부터 1949년까지 그는 중공의 군사적인 정권 장악 과정에서 결정적인 역할을 수행했다. 그의 군대는 만주를 점령했고, 그 뒤 화북으로부터 1949년 10월의 광둥(廣東) 장악에 이르기까지 승승장구했다.

중화인민공화국의 수립 뒤 초기 10년간 그에게 맡겨진 직무와 직위에 비하면 그는 비교적 제한된 역할만을 수행했다. 당시 그는 1951년부터 1954년까지 중남(中南)행정위원회 주석과 중국인민혁명군사위원회 부주석이었고, 1954년에는 국무원 부총리와 정치국원이 되었으며, 1955년에는 공화국 원수로 추대되었다. 그의 좋지 않은 건강과 직속 상급자 펑더화이와의 불화 등이 그러한 반(半)은퇴 상태의 이유였던 것으로 보인다.

대약진의 개시와 함께 린뱌오는 정치 무대의 전면에 나선다. 1968년 5월 그는 정치국 상무위원회에 진입했다. 1959년 8월 루산회의에서 펑더화이가 비판당한 뒤 린뱌오는 그를 대신하여 국방부장이 되었다. 그는 인민해방군을 마오쩌둥파의 정치 도구로 삼아 문화혁명의 개시와 통제를 가능케 했다. 1969년 4월 중공 제9차 전국대표대회는 1966년 이래 린뱌오가 수행해 온 역할의 중요성을 확인하고 차후 마오쩌둥의 후계자임을 인정했다. 그러나 격화된 파벌 투쟁으로 린뱌오는 자신의 개인적 야심을 채울 수 없었다. 군내 인사들과의 갈등 및 저우언라이로부터의 비판 등으로 린뱌오는 급진파의 지지, 더욱 심각하게는 마오의 지지를 잃음으로서 고립된 처지에 빠졌다. 1970년 그는 그가 장악하고자 했던 국가 주석직의 복원을 이룰 수 없었다. 이에 대한 실망이 린뱌오로 하여금 쿠데타를 준비하도록 만들었던 것일까? 중국의 공식 발표에 의하면 린뱌오는 그의 기도가 실패로 돌아가자 소련으로 도피하고자 했고, 1971년 9월 그가 탄 비행기가 몽골에 추락했다고 한다. 이와 같은 설명을 확인할 만한 어떠한 수단도 존재하지 않지만, 분명한 것은 사망 뒤 반역자로 간주된 그가 급진파와 온건파 모두에게 비판과 조롱의 대상이 되었다는 점이다.

쉬스유(許世友, 1906~1985)

후베이성 출신의 쉬스유는 처음에는 군벌 부대에 소속되어 있었다. 그는 1930년대 초 공산당 군대에 합류하였고, 1934년부터 1935년까지 장정에, 그리고 이후 항일전쟁과 군사적 권력 장악 과정에 참여하였다.

중화인민공화국 수립 뒤, 그는 1949년 산둥군구 사령관으로 임명되었고, 이어 1954년에는 자신의 세력 기반이 될 난징군구 사령관이 되었다. 이후 쉬스유는 중앙의 서열에서 승진을 거듭하면서도 지역 기반을 강화하는 데 노력했다. 1956년 중앙위원회에 진입하였고, 1959년 9월 린뱌오 휘하의 국방부 부부장이 되었다.

지역 기반의 견고함, 특유의 대담성 그리고 저우언라이의 도움으로 그는 문화대혁명을 견뎌낼 수 있었고, 그 과정에서 홍위병들을 난폭하게 진압하는 데 몰두했다. 1969년 중국공산당 제9차 전국대표대회에서 그는 중앙위원회 정치국에 진입했다. 1974년 그가 난징으로부터 광둥으로 전속된 것은 아마도 급진파의 앙심에 의한 것인지도 모른다. 광둥 지역 사령관으로서 그는 1976년 봄 재차 실각당한 덩샤오핑을 보호하기 위해 제1정치위원이자 광둥성위원회 서기였던 웨이궈칭과 합세했다. 그 다음 달 사인방이 체포될 때 그는 그가 상하이와 난징에서 가지고 있던 영향력을 이용하여 그 지역의 수많은 급진파 지지자들을 무력화시켰다. 그는 1977년 덩샤오핑의 복권과 그의 직무 복귀를 도왔다. 중국·베트남 전쟁 과정에서 린뱌오의 옛 부대 일부를 고의로 희생시킨 것으로 보이지지만, 그 뒤 그의 영향력은 후퇴했다. 그는 1980년 광둥 군구 사령관직을 잃었고 중국공산당 제12차 전국대표대회에서 정치국원의 지위도 박탈당했다. 그는 중앙고문위원회 부주임이라는 명예직으로 물러났다. [쉬스유는 1985년 난징에서 간암으로 사망했다.—옮긴이]

쑨예팡(孫冶方, 1908~1983)

1925년 중국공산당에 가입하고 1930년까지 모스크바에서 수학한 쑨예팡은 대학의 경제학자들의 지도자였다. 그는 1956년과 1957년 사이 '백화제방'과 함께 출현한 자유화를 이용하여 경제 계획화를 비판했다. 당시 막 채택된 소련의 개혁 정책에 영감을 받은 그는 경제 관리의 지방 분권화와 기업 성과의 기준으로서 '가치법칙'의 채택을 주장했다. 1958년 쑨은 중국과학원 경제연구소 소장을 맡았다. 대약진 시기 직위와 명예를 모두 잃은 그는 문화혁명 동안 고문당하고 투옥되었다. 1975년 석방되고 1978년에 복권되었다. 그 뒤 1956년 이래 대부분 공간되지 않은 채 남아 있던 그의 저작들이 출판되어 온건 개혁파에게 영향을 주었다.

야오원위안(姚文元, 1931~2005)

저장성의 지주 집안 출신이자 좌파 지식인의 아들이었던 야오원위안은 상하이에서 문학 비평으로 경력을 시작했다. 상하이의 선전 책임자 장춘차오의 보호 아래 그는 비타협적인 신랄한 태도로 작가들에 대한 대규모 비판 운동에 모두 참가했다. 장칭의 요구와 협력으로 그가 준비해 온 《해서파관》에 관한 글이 상하이의 한 신문에 게재되었는데, 이는 문화혁명의 시작을 알리는 것이었다.

그로부터 야오는 곧 전국적 수준의 경력을 쌓아가게 되었다. 1966년 5월 그는 문화혁명소조의 천보다와 장칭의 지도 아래 부조장 가운데 한 명이 되었다. 1967년 그는 상하이 혁명위원회 주임 장춘차오 아래서 부주임을 맡았다. 1969년 4월 중공 9전대회에서 당 중앙정치국에 진입했다. 1970년부터 그는 주로 이념과 선전 부분의 일에 종사했다. 1976년 10월 다른 사인방 성원들과 동시에 체포된 그는 그들과 함께 1980년 12월 재판을 받았다. 그에게는 20년의 징역형이 선고되었다. [1996년 10월 만기 출소한 야오원위완은 2005년 12월 병사했다.—옮긴이]

양상쿤(楊尙昆, 1907~1998)

인민해방군 내에서 장교가 아니라 정치위원을 지냈던 양상쿤 장군은 1904년 쓰촨에서 출생했다. 1925년 중국공산당에 가입했고, 1927년부터 1934년까지 모스크바 중산대학에서 수학했다. 28인의 볼셰비키와 함께 귀국한 그는 1932년 홍군 정치부 주임이 되었다. 1945년 당 중앙판공청 주임으로 선임되어 문화혁명 때까지 그 직위를 유지했다. 1956년 중앙위원이 되면서부터 그는 덩샤오핑의 가까운 협력자가 되었다. 1966년 홍위병에 의해 반혁명 분자로 공격당한 뒤 1978년 12월 덩샤오핑의 복귀까지 정치 무대에서 자취를 감추었다. 1979년 9월 그는 다시 중앙위원이 되었다. 1981년에 막강한 당 중앙군사위원회 서기에 임명되었고, 1982년에 정치국에 진입했다. 1987년 10월 제13차 전국대표대회에서 군사위원회 부주석에 취임했다. 1988년 3월 전국인민대표대회에서 이 보수파 장군을 국가 주석으로 임명한 것은 틀림없이 전인대 상무위원장에 완리가 취임하면서 그에 대한 균형추 역할이 필요했기 때문이었을 것이다. 인민해방군 내에서 개인적 및 가족적 관계망을 가진 양상쿤은 1989년 5~6월의 위기와 시위 진압에서 매우 중요한 구실을 했다.

1992년과 1993년에 모든 직위에서 물러난 그는 1998년 사망했다.

예젠잉(葉劍英, 1897~1986)

광둥성 상인 집안 출신의 예젠잉은 1923년(또는 1927년) 중국공산당에 가입했다. 군사 학교 운남강무당(雲南講武堂)을 졸업하고 모스크바에서 2년간 군사학 연수를 받은 그는 1934년부터 1935년까지 장정에 참가하고 옌안 정권과 장제스 국민정부의 연락을 담당했다.

중화인민공화국 수립 뒤 그는 광둥으로 돌아가 광둥성 성장과 군구 사령관을 지냈다. 농촌 개혁에서 어려움에 부닥친 그는 광둥을 떠나 우한(武漢)으로 보내져 중남대행정구의 주요 책임자가 되었다. 1955년 원수로 승진한 그는 군사 부문에서 비교적 드러나지 않는 역할을 수행할 뿐이었다.

문화혁명은 그의 경력에 도움을 주었다. 1966년 8월 당 중앙정치국에 진입했고, 1969년에는 정치국 상무위원이 되었다. 린뱌오 사건 뒤 저우언라이로부터 그에게 군대 내의 질서를 회복하는 일이 맡겨졌고, 1971년 국방부장에 임명되었다. 1973년에는 당 중앙군사위원회 부주석이 되었다.

마오쩌둥의 후계 문제가 대두하자 예젠잉은 사인방에 반기를 들어 그들의 몰락에 기여했다. 1978년 그는 전인대 상무위원장의 직무에 전념하기 위해 국방부장에서 물러났다. 당시 국가 주석이 부재한 상태였기 때문에 전인대 상무위원장은 그에 준하는 직책이었다. 신체적 쇠약에도 불구하고 예전잉은 권력을 유지했다. 1982년 9월 중공 제12차 전국대표대회는 그의 정치국 상무위원직을 확인해 주었다. 그리고 그는 여전히 당 중앙군사위원회 부주석직을 유지했다. 그는 덩샤오핑과 온건 다수파 사이에서 조정자 구실을 했다. 1985년 9월 당 특별회의에 이르러서야 결정된 예젠잉의 은퇴는 중앙당의 전반적인 연소화[年輕化] 및 그에 대한 덩샤오핑의 통제 강화와 궤를 같이했다.

1986년 10월 21일 그의 사망은 개혁파에게 가장 두려운 적들 가운데 하나가 사라진 것을 뜻했다.

왕훙원(王洪文, 1934~1992)

만주 지역 농민 집안 출신의 왕훙원은 상하이 제17국영 면방직 공장의 노동자로 고용된 뒤 곧 이 공장의 보위과(保衛科)에 들어갔다. 1966년 가을 그는 급진파 지도자 장춘차오를 대신하여 노동자들을 선동했다. 그는 1967년 상하이 인민공사 수립에 참가했고 1967년 2월 인민공사를 대체한 혁명위원회의 부주임이 되었다. 1969년 중국공산당 제9차 전국대표대회에서 중앙위원으로 선출된 그는 린뱌오의 사망 뒤 급속한 승진을 거듭했다.

1973년 그는 정치국 상무위원회에 진입했고 당 부주석이 되어 마오쩌둥, 저우언라이를 이어 서열 3위에 올랐다. 1975년 민병을 통제할 수 있는 당 군사위원회 부주석으로 승진됨과 함께 그의 권력은 더욱 커졌다.

그의 경력은 당 원로들이 조롱하던 '헬리콥터 승진'과 같은 형태의 매우 빠른 부상으로 특징지어진다. 왕훙원은 다른 사인방 성원들과 함께 1976년 10월 체포되어 그들과 함께 1980년 11월 판결을 받았다. 그에게는 무기 징역형이 선고되었다. 1992년 병사했다.

웨이궈칭(韋國淸, 1913~1989)

광시의 좡족(壯族) 출신으로 1931년 중국공산당에 가입한 웨이궈칭은 지방 게릴라 부대를 지도하고 1934~1935년의 장정에 참가하고 양자강 유역의 여러 성에서 항일 활동을 전개하였다.

1949년 이후 그는 타이완과 인접하기에 특별한 전략적 중요성을 띠고 있던 푸젠성의 정부 기구에서 일했다. 그 뒤 그의 고향 광시에서 새로운 소수 민족 정책을 시행하는 책임을 맡았다. 1958년 그는 광시좡족자치구의 주석이 되었고, 1961년에는 자치구 당위원회 제1서기, 1964년에는 이 지역 군구(軍區)의 제1정치위원을 겸하게 되었다.

문화혁명 기간에 웨이궈칭은 광시에서 자신의 권력을 유지하기 위해 가장 폭력적인 수단에 호소했다. 그리고 그에 대한 홍위병들의 비난에도 불구하고 그는 1968년 자치구 혁명위원회 주임이 되었다. 1971년 자치구 당위원회가 회복되자 그는 다시 제1서기를 맡았다. 베트남과 국경을 맞댄 광시의 불안정을 염려한 탓이었는지 중앙은 이러한 그의 권력 공고화에 간여하지 않았고, 1969년 중국공산당 9전대회에서 그를 중앙위원회에 진입케함으로써 전국적 지도자의 지위를 부여했다. 이후 몇 년간 웨이궈칭의 정치적 기반은 이웃한 광둥으로 옮겨졌다. 1974년 그는 광둥성 혁명위원회 주임과 당위원회 제1서기임과 동시에 지역 군구 정치위원이 되었다. 자신의 지역적 권력에 기초하여 그는 마오쩌둥의 후계 문제 해결에 결정적 영향을 준다. 1976년 봄 그는 동료인 광둥군구 사령관 쉬스유(許世友)와 힘을 합해 실각해 있던 덩샤오핑을 보호했다. 남부의 이 두 군사령관의 지지로 1976년 10월 사인방이 체포되었고 덩샤오핑은 1977년 봄 복권될 수 있었다. 복귀한 덩사오핑은 1977년 9월 웨이궈칭을 인민해방군 총정치부 주임에 임명했다. 광둥군구의 정치위원직을 유지하던 웨이궈칭은 1979년 2월 베트남에 대한 군사 작전을 직접 지휘했다. 이후 그의 권력은 후퇴했다. 1982년 9월 그는 인민해방군 총정치부 주임 직위를 잃었다. [웨이워칭은 1989년 베이징에서 사망했다.—옮긴이]

웨이징성(魏京生, 1950년 출생)

베이징의 고위 간부 집안 출신의 웨이징성이 1966년 문화혁명 소조에 적대적이었던 '연합행동(聯動)'이라는 한 홍위병 조직에 가담할 때만 해도 고등학교 학생에 불과했다. 1967년 체포되어 투옥되었지만, 곧 가족의 출신지인 안후이성의 마을로 도피했다.

병역을 마친 뒤 그는 베이징 동물원의 전기 기술자로 일했다. 그는 민주화 운동에 적극 참여하면서 1978년 12월 5일 '제5의 현대화'에 관한 유명한 대자보를 써 붙였다. 민주화 운동의 주요 잡지 가운데 하나인 반마르크스적인 논조를 띤 《탐색(探索)》을 발행했다. 그는 1979년 3월 29일 체포되었고, 10월 16일 반역죄 및 반혁명죄로 15년 징역형을 선고받았다.

웨이징성은 형기의 만기를 6개월 앞둔 1993년 9월에 석방되었다. 당시 중국은 2000년 올림픽 개최 후보 도시로 나선 베이징의 성공을 위해 국제 여론과 화해하고자 했다. 1994년 4월 경찰에 납치된 그는 1995년 12월 다시 재판을 받고 14년의 징역형에 처해졌다. 종국에는 미국 정부의 압력으로 1997년 11월 중국에서 추방되었다. 그 뒤 그는 미국에 살며 자주 유럽을 오갔다.

자오쯔양(趙紫陽, 1919~2005)

허난성 출신의 자오쯔양은 1938년 중국공산당에 가입하고, 1949년까지 화북에서 여러 행정 부문 직위를 맡았다.

중화인민공화국 수립 뒤 1950년에 그는 광둥에 임명되어 그곳에서 타오주의 보호 아래 지방 행정의 경력을 쌓았고 농촌 경제 문제의 전문가가 되었다. 1965년 중공 광둥성위원회 제1서기가 되었다. 그러나 문화혁명으로 그의 경력은 중단되고 1967년 초 그의 후견인 타오주의 실각에 연루되었다. 1971년 복권된 자오쯔양은 1974년 광둥성위원회 제1

서기로 복귀했다. 1975년 12월 쓰촨으로 배속되어 중공 쓰촨성위원회 제1서기, 혁명위원회 주임, 청두(成都) 군구 정치위원을 겸직한 그는 문화혁명으로 많은 고통을 받은 쓰촨성의 질서와 경제 상황을 회복시켰다.

유연한 생산 체계의 도입으로 경제적 성공을 거둔 자오쯔양은 당시 권력에 복귀에 있던 덩샤오핑의 주목을 받게 된다. 1973년 이래 중앙위원이었던 그는 1979년 9월 정치국에 진입했고, 1980년 2월에는 정치국 상무위원이 되었다. 1980년 9월 화궈펑을 이어 국무원 총리에 취임했다. 바로 이 직위에서 덩샤오핑의 동의 아래 그는 경제 현대화 정책을 추진했고, 그 과감성으로 말미암아 당내 원로들의 우려를 자아내기도 했다.

1987년 1월 16일 후야오방의 사임으로 정치국은 자오쯔양을 대리 총서기로 임명했고, 이는 1987년 10월 중공 제13차 전국대표대회에서 공식 추인을 받았다. 국무원 총리직은 리펑에게 넘어갔다. 1987년 10월 자오쯔양은 또한 중앙군사위원회 부주석이 되었다. 그러나 1988년 여름 그는 경제 개혁 정책에서 곤란에 부닥치면서 덩샤오핑의 신임을 잃었고 실질적인 권력을 박탈당했다. 당시 그는 덩샤오핑의 뜻에 반하여 정치 개혁을 추진하고자 했던 것으로 보인다. 1989년 6월 초의 천안문 사건 이후 그는 '심각한 정치적 오류'(즉 천안문의 시위대와의 결탁)를 범했고, 당내에서 종파주의 행동을 했다는 이유로 비판받고 총서기직을 장쩌민에게 물려주어야 했다. [모든 직위를 박탈당한 자오쯔양은 그 뒤 15년간의 연금(軟禁) 생활 끝에 2005년 1월 사망했다.—옮긴이]

장쩌민(江澤民, 1926년 출생)

장쑤성 출신의 장쩌민은 상하이 교통대학에서 전기 기사 공부를 했다. 1946년 중국공산당에 가입하고 기사 및 기술 지도자의 경력을 쌓아

갔다. 1980년부터 1982년까지 외국투자위원회 부주임을 맡았고 이어서 전자공업부 부부장(副部長), 부장이 되었다. 1985년 상하이 시장, 1987년 상하이 시당위원회 서기가 되었다. 같은 해 중국공산당 제13차 전국대표대회에서 중앙위원회 정치국에 진입했다. 1989년 6월 자오쯔양을 이어 중국공산당 총서기에 취임했다. 같은 해 11월에는 덩샤오핑을 승계하여 군사위원회 주석이 되었다. 1993년 3월 전국인민대표대회에서 중화인민공화국 주석에 선출되었다. 그는 국무원 총리 주룽지의 경제개혁 정책을 지지했지만, 정권의 민주화는 거부했다.

[장쩌민은 2002년 중국공산당 제16차 전국대표대회에서 총서기직을 후진타오에 물려주고 최고 권력의 지위에서 물러났다. 이어 2004년 9월에는 당 중앙군사위원회 주석직과 국가 주석직에서, 그리고 2005년 3월에는 국가 중앙군사위원회 주석직에서 물러나고 후진타오가 이를 승계함으로써 장쩌민은 중앙 권력에서 완전히 은퇴했다.—옮긴이]

장춘차오(張春橋, 1917~2005)

산둥성 출신의 장춘차오는 1930년대 상하이에서 현실 참여적인 작가였다. 1938년 옌안으로 합류한 그는 중국공산당 가입 뒤 이념과 선전 부문에서 다양한 직책을 맡았다.

중화인민공화국 수립 뒤 그는 상하이에서 신문 기자 경력을 쌓았다. 1951년 상하이 시당 기관지 《해방일보》의 주편이 되었다. 그는 부르주아 지식인에 대한 다양한 비판 운동을 벌여 매우 난폭한 방식으로 그들을 비난했다. 시당위원회 선전부 주임으로 승진한 그는 장칭과 가까운 사이가 되었다. 이렇게 하여 상하이의 급진파가 등장했다. 장춘차오는 야오원위안이 쓰고 1965년 11월에 발표한 《해서파관》에 관한 글 작성에 장칭과 공모했다. 그것은 문화혁명의 개시를 뜻하는 것이었다.

1966년 5월 장춘차오는 천보다와 장칭의 지도 아래 문화혁명소조의 부조장 가운데 한 명이 되었다. 왕홍원의 도움을 받아 그는 조반파의 권력 탈취, 즉 상하이 '1월 폭풍'을 조직했다. 2월 5일 그는 상하이 인민공사의 수립을 선포했고, 몇 주 뒤 인민공사를 대체한 혁명위원회의 주임을 맡았다.

1969년 중공 9전대회에서 장춘차오는 당 중앙정치국에 진입했고 1973년 11전대회에서는 정치국 상무위원이 되었다. 그의 영향력은 마오 시대의 종말이 다가옴에 따라 더욱 커졌다. 그러나 저우언라이를 공격하기 위해 행해진 반복적인 운동과 노력에도 불구하고 장춘차오는 국무원 총리를 제거할 수 없었다. 1976년 1월 저우의 사망 뒤 파벌 내의 타협으로 장춘차오는 배제되고 화궈펑이 부상했다. 그는 1976년 10월 다른 사인방 성원들과 함께 체포되었다. 1980년 11월부터 12월까지 진행된 공동 재판에서 병으로 수척했지만 침묵을 지킨채 의연한 모습으로 법정에 선 것은 바로 장춘차오였다. 재판 결과 2년의 집행유예와 함께 사형을 선고받았지만, 그는 처형되지 않았다. [장춘차오는 1983년 무기징역으로 감형된 뒤 1997년 다시 18년 유기 징역으로 감형되었고, 1998년 보석으로 석방되어 치료를 받다가 2005년 사망했다.—옮긴이]

장칭(江靑, 1914~1991)

보잘것없는 출신 배경을 가진 장칭은 1933년 고향 산둥을 떠나 상하이에서 초라한 여배우 경력을 이어간다. 이를 통해 그녀는 지식계 인사들과 가깝게 지내지만 신정으로 그들 내부의 성원으로 받아들여지지는 못했다. 장칭이 문화혁명 기간 충족시킬 잔인한 증오감은 바로 이때로 거슬러 올라간다.

1937년 옌안에 합류한 장칭은 거기서 마오의 동반자가 된다. 그녀는 그 뒤 20년간 정치로부터 거리를 두고 살았다. 그녀의 영향력이 감지되기 시작한 것은 1961년부터였다. 처음에 그녀의 영향력은 문예 분야에 국한되었다. 장칭은 특히 경극(京劇)의 개혁에 관심이 있었고 현대적 주제를 담은 작품을 권장했다. 1965년 가을부터 정치 투쟁에 가담하여 문화혁명의 개시에 힘을 기울였다. 그녀는 천보다와 함께 문화혁명 소조의 수장으로 지도부의 최고 서열에 오르기 위해 문화혁명을 이용했다. 장칭은 과거 상하이에서 자신을 멸시하던 문화계의 책임자들에 대해 복수하기 위해 그녀의 새로운 권력을 이용했다. 그녀는 자신의 광적 열정에 찬동하지 않는 천이와 심지어 저우언라이 등 모든 고위 지도자들에 대한 공격으로 나아갔다. 그녀는 문화혁명의 실패에도 살아남아 1969년 중국공산당 제9차 전국대표대회에서 정치국에 진입했다. 마오 시대의 마지막 몇 년간 장칭은 장춘차오, 야오원위안, 왕훙원 등으로 이루어진 급진파 지도부를 장악했다. 이후 '사인방'으로 명명된 이 급진파 그룹은 노쇠해 가는 마오 주석의 개인적 총애에 권력의 기반을 두고 있었다. 1976년 10월 체포된 장칭은 1980년 11월과 12월 북경에서 열린 대대적인 재판을 통해 사인방의 다른 성원들과 함께 판결을 받았다. 1981년 재판 결과 그녀는 2년의 형 집행 유예와 함께 사형을 선고받았다. 하지만 유예 시효가 다 지난 뒤에도 사형은 집행되지 않았다. 치료를 이유로 석방된 장칭은 1991년 5월 자살했다.

저우양(周揚, 1907 혹은 1908~1989)

후난성 출신으로 1934년 이래 중국공산당 당원이었던 저우양은 상하이의 현실 참여적 문학계에서 적극 활동했다. 옌안으로 간 그는 1942년 정풍 운동에 참가하고 중국공산당에 순응하지 않는 작가들에게 다시 공격을 퍼부었다. 1949년 직전 루딩이의 지도 아래 당 중앙선전부 부부장이 되었다.

중화인민공화국 수립 뒤 그는 이 직위를 유지하면서 1949년 10월 문화부 부부장이 되었다. 그는 문학계에서 공식 이데올로그 구실을 하면서 모든 운동에 참여하고 어떠한 정치 노선의 변화에도 순응해 나갔다.

1966년 7월 홍위병의 공격을 받고 몇 주 뒤 정치 무대를 떠난 그는 1950년대 그의 주도로 숙청되었던 '우파'들과 함께 1977년 9월 복권되었다. 1979년 중국 문학예술계연합회(文聯) 주석에 취임했고, 1979년에는 중앙위원직에 복귀했다. 그러나 얼마 뒤 1982년 중공 12전대회에서 중앙위원에 선출되지 못했고 당 중앙선전부 고문이라는 명예직에 만족해야 했다. 기회주의자 또는 전향자의 특성을 가진 저우양은 차후에 작가들의 역할에 대한 자유주의적 견해를 받아들였던 것 같다. [1983년부터 건강이 급속히 악화된 저우양은 1989년 베이징에서 병사했다.—옮긴이]

저우언라이(周恩來, 1898~1976)

저장성의 유복한 문인 집안 출신의 저우언라이는 톈진(天津)에서 고등 교육을 받았고 일본과 프랑스에서 수학했다. 프랑스에서 1921년 중국공산당 유럽 지부의 창립에 참여했다. 중국으로 돌아온 그는 매우 중요한 구실을 하게 된다. 1927년 당 중앙정치국원으로 선출된 그는 이후 약 반세기 동안 중공 최고 지도자 가운데 한 명으로 남는다. 그의 운명은 중공의 역사와 함께했다. 1930~1934년 장시(江西) 소비에트 시기 친소련파에 가담했던 그는 1935년 장정 기간 중 마오쩌둥 편으로 진영을 바꾸었고, 이후 줄곧 마오의 충실한 2인자로 남았다. 일찍이 그의 외교가 자질은 장제스 국민정부와의 협상에서 능력을 빌휘했다. 당시 일본의 침략에 직면한 옌안의 지도자들에게 장제스는 매우 어려운 동맹자였다.

중화인민공화국 수립 뒤 1949년 10월 그는 신정권의 총리가 되었고 1976년 사망할 때까지 그 직위를 유지했다. 이 직위에 있으면서 그는 중국 통치 체계의 주요 건설자로서 대약진 또는 문화혁명 시기에 이를 보호하기 위해 노력했다. 1949년부터 1958년까지 외교부장으로서 그리고 국무원 총리이자 마오의 직속 협력자로서 그는 외교 정책의 수립에 기여하였고 그 추진의 책임을 맡았다. 1950년 모스크바조약으로부터 1954년 제네바 회의의 외교에 이르기까지, 그리고 1955년 반둥 회의로부터 1963~1964년의 아프리카에 대한 외교 공세에 이르기까지, 또 1970~1974년의 서방에 대한 개방에 이르기까지 저우언라이는 세계를 향한 중국의 거대한 포부를 실현하는 데 그의 능력을 다 바쳤다.

행정과 외교에서 보여준 그의 탁월한 자질에도 불구하고 저우언라이는 한 번도 제일인자의 지위를 넘보지 않았다. 1970년부터 군대의 불순한 기도와 과도한 급진주의가 당과 국가에 몰고 온 위험을 인식한 그는 1971년 그의 모든 영향력과 수완을 동원하여 린뱌오를 제거하고자 했고, 1973~1975년에는 온건파를 업무에 복귀시키고자 했다. 그러나 그는 절대 마오에 직접적으로 맞서지는 않았다. 그것은 예속적인 엄청난 충성이었다. 1976년 1월 저우언라이의 사망은 그의 궁극적인 패배를 뜻했다. 그러나 그해 9월 마오의 사망으로 자신이 후계자로 지목했던 덩샤오핑이 권력을 장악하게 됨으로써, 저우언라이는 분명한 사후 보상을 받게 되었다.

주더(朱德, 1886~1976)

쓰촨 출신으로 자신이 창립하다시피 한 홍군의 최고 사령관이었던 주더는 그의 군대를 승리로 이끌었다. 1949년 중화인민공화국 수립 당시 60대였던 그는 사반세기 이상을 신정권의 수립을 위해 노력했지만, 정권의 변화에는 거의 영향을 주지 못했다. 전국인민대표대회 상무위원장, 당 중앙정치국 상무위원이라는 중요한 직책을 맡았지만, 그는 공화국 주석직을 맡지 못했다. 1959년 마오를 이어 공화국 주석이 되고자 했지만 그 직위는 류사오치에게 넘어갔던 것이다. 따라서 주더는 영광스런 혁명 역사의 상징으로서 전설적인 인물로 남는 데 만족해야 했다.

문화혁명 기간, 연로한 탓이라기보다는 그의 국가 영웅 지위가 (그들의 비판을 언제나 막아주지는 못했지만) 홍위병들의 폭력으로부터 그를 보호해 주었다. 생애 마지막 10년간, 류사오치의 사망으로 국가 주석직이 공석으로 남게 되자 주더는 공화국 최고의 인물이 되었다.

주룽지(朱鎔基, 1928년 출생)

후난성 창사(長沙) 출신의 주룽지는 베이징의 칭화대학에서 전기 기사 공부를 했다. 1949년 중국공산당에 가입한 그는 동북의 만주 지역에 배속되었고, 이후 국가계획위원회에 들어갔다. 1957년 반우파 운동의 희생양이 된 그는 당적을 박탈당했다. 1979년 복귀한 그는 1983년 국가경제위원회 부주임이 되었다. 1988년 장쩌민을 이어 상하이 시장이 되었고, 이어 상하이 시당위원회 서기에 취임했다. 1991년 그는 개혁 담당 부총리가 되었다. 1992년 10월 중공 14전대회에서 정치국 상무위원회에 진입했다. 1993년 경제 담당 부총리가 되어 병으로 잠시 업무를 떠나 있던 리펑을 대신하여 정부 업무를 관장했다. 그해 말 주룽지는 경제 개혁의 원활한 추진을 위해 행정 및 재정 개혁 계획을 제출하였다. 그는 1998년 3월 국무원 총리에 취임하였고 국가 기업의 구조 개혁에 정책의 주안점을 두었다. 실용주의 성향의 주룽지는 시장의 힘을 확신하고 세계에 대한 개방 정책을 추진했다. [2003년 주룽지는 총리직을 원자바오(溫家寶)에게 인계하고 은퇴하였다.―옮긴이]

차오스(喬石, 1924년 출생)

저장성 출신[차오스의 출생지는 상하이로 저장성은 원적지다―옮긴이]의 차오스는 상하이에서 항일에 가담했다. 그는 1964년까지 후야오방의 보호 아래 공산주의청년단에서 경력을 쌓았다. 문화혁명 기간 숙청된 그는 후야오방의 그늘 아래서 정치 무대에 재등장하여 빠르게 승진했다. 1982년까지 대외연락부(정보 기구) 부장을 지내내 뒤 당 중앙 판공청 주임이 되었다. 이어 중앙조직부부장을 맡았고, 1985년에는 정치국에 진입했다. 정부 체계 안에서 그는 치안 부문의 부총리를 맡았다. 1987년 10월의 중국공산당 제13차 전국대표대회에서 정치국 상무위원이 되었고, 그 내부의 두 개혁파[자오쯔양과 후치리(胡啓立)]와 두 보수파[리펑과 야오이린(姚依林)] 사이에서 중심 구실을 했다. 제13차 전국대표대회에서 그는 중앙기율검사위원회 서기로 임명되었다. 그는 별로 눈에 띄지 않는 사람이었지만 매우 영향력 있는 지도자였으며, 그로 인해 1989년 6월 자오쯔양의 후계자가 될 것으로 보는 사람도 있었다.

1993년 전국인민대표대회 상무위원장이 된 그는 이 전인대를 자신의 개인적 권력 기반으로 삼으면서 입법 과정에서 전인대의 역할을 강화하고자 노력했다. 나쁜 건강 상태 그리고 아마도 장쩌민과의 좋지 않은 관계로 말미암아 차오스는 1997년 9월의 중국공산당 제15차 전국대표대회에서 중앙위원 후보로 나서지 않았다. 그리고 그의 정치 경력은 1998년 3월 전인대 상무위원장 임기의 종결과 함께 끝나게 된다.

천보다(陳伯達, 1904~1989)

푸젠성 남부에서 태어난 천보다는 1927년 중국공산당에 가입했다. 상하이에서 공부한 뒤 모스크바 중산대학(中山大學)에서 학업을 마쳤다. 1937년 옌안(延安) 혁명 근거지로 합류하여 중앙당교(中央黨校) 선전부에 들어갔다. 마오쩌둥의 특별비서가 된 그는 마오의 연설문 작성을 도왔고, 대부분의 당 지도자들보다 깊은 마르크스-레닌주의 이론에 대한 이해를 통해 마오의 이론 학습을 도왔다. 이를 통해 그는 마오의 그늘 아래서 마르크시즘의 '중국화'를 위해 노력한 주요 이론가들 가운데 하나가 되었다. 1946년 중앙위원으로 선출되었다.

1949년 이후 마오는 농촌의 합작사화를 가속화하기 위해 그에 의지했다. 천보다는 1956년 중국공산당 제8차 전국대표대회에서 정치국원으로 선출되었다. 1958년 당 이론지 《홍기(紅旗)》의 창간과 함께 그 지도를 맡았다. 마오 직속의 대변인으로서 인민공사의 개시를 주도하고 수정주의를 공격했다. 1966년 문화혁명 소조의 수장이 되어 당 조직 파괴 작업을 지도하면서 정치 경력의 정점에 이른다. 1968년에서 1969년까지 마오가 문화혁명의 과도함을 경계하게 되자 천보다는 좌경 편향으로 비판의 대상이 되었고, 이후에는 린뱌오(林彪)의 음모에 가담했다고 공격받았다. 사인방과 함께 기소된 그는 1981년 결국 20년 징역형을 선고받고 1986년 옥사했다.

천윈(陳雲, 1900~1995)

장쑤성 출신의 천윈은 보기 드문 노동자 계급 출신의 중공 지도자다. 인쇄공이었던 그는 1924년 중국공산당에 가입하여 상하이 노동조합 운동에 적극 참여했다. 1934년부터 중앙위원회 정치국원이 된 그는 중국 게릴라 근거지와 모스크바를 연계하는 임무를 맡았다(그는 모스크바에서 10년 동안 살았다). 1938년 옌안으로 복귀한 그는 당 중앙조직부장이 되어 간부의 충원과 배치를 담당했다.

1949년 중화인민공화국 수립 뒤 천이는 부총리 겸 재정경제위원회 주임이 되었다. 그는 경제 건설을 지도하고 제1차 5개년 계획(1953~1957)의 목표를 수립했다. 그는 농업 경제 조직에 일정한 유연성을 보장하고 중공업 우선에 제한을 두면서도 경제 계획에서 중앙 기구의 역할을 강화하고자 했다. 대약진 기간 동안 지나치게 높은 통계치와 철강 생산을 비판함으로써 지도부에서 물러났던 그는 1960년부터 1962년까지의 조정기에 (비록 공식적인 직책을 맡지는 못했지만) 다시 영향력을 되찾았다. 문화혁명 기간에 공격당한 그는 덩샤오핑의 권력 복귀 이후에나 그 암흑에서 벗어날 수 있었다. 그는 1979~1980년의 경제 개혁초기 단계에서 적극적인 역할을 맡았다. 당 기율검사위원회 서기로서 그는 간부에 대한 감시 감독의 책임을 맡기도 했다. 1981년 경제 관리로부터 배제되었지만, 6명의 상무위원 가운데 한 명이자 주요 지도자로 남게 된다.

1987년 10월 중국공산당 제13차 전국대표대회에서 천윈은 정치국과 중앙위원회로부터 은퇴했다. 그러나 그는 은퇴한 원로들의 은신처로 기능하면서 보이지 않는, 그러나 매우 중요한 영향력을 행사하고 있던 중앙고문위원회 주임직을 맡았다. 1995년 사망했다.

천이(陳毅, 1901~1972)

쓰촨성 출신의 천이는 역사적인 홍군 지도자들 가운데 한 사람이다. 1945년 중앙위원회 정치국에 진입했고 제3야전군(1946년과 1949년 사이 군사적으로 권력 장악을 가능케 한 인민해방군 4개 대단위 가운데 하나)의 사령관직을 맡았다. 1955년 원수로 추대되었던 10명의 군사 지도자 가운데 한 사람이다.

천이는 군대에서 경력을 쌓음과 동시에 당과 정부 기구에서도 중요한 역할을 맡았다. 1949년부터 1958년까지 그는 상하이 시장으로서 과거 '제국주의와 자본주의의 보루'였던 이 대도시에 새로운 체제를 확립하기 위해 정력적으로 일했다. 1956년 당 중앙위원회 정치국에 진입했다. 1958년 그는 밀접한 관계 속에 일했던 저우언라이를 이어 외교부장이 되었다.

문화혁명 기간에 그는 류사오치와의 관계를 부정하지 않는 용기를 보였다. 그러나 1967년에는 그에 대한 저우언라이의 보호도 그를 지탱해 주지 못했다. 홍위병에게 맹렬히 공격당한 그는 모든 정치적 지위를 박탈당했다. 1969년 중국공산당 제9차 전국대표대회에 참석하긴 했지만 어떠한 역할도 하지 못했다. 1972년 1월 치러진 그의 화려한 장례식은 일종의 사후 복권(명예회복)을 의미하는 것이었다.

캉성(康生, 1899~1975)

산둥성의 지주 집안 출신인 캉성은 대학 교육을 받았다. 1924년 중국공산당에 가입했고 1927년 혁명의 실패 뒤에 상하이에서 지하 활동을 전개했다. 1933년부터 1937년까지 장기간 모스크바에서 살았고, 이 기간에 첩보 기술을 접할 수 있었다. 중국에 돌아온 그는 중국공산당 보안 기구에서 중요하면서도 은밀한 경력을 쌓아 갔다.

중화인민공화국의 수립 뒤 그는 1954년에서 1955년 사이에 가오강과 라오수스를 제거하는 데 중요한 역할을 수행했다. 이로부터 그는 중앙위원회 정치국의 일원이 되었다. 캉성은 중·소 관계의 파탄 시기에 다시 화려하게 등장한다. 당시 그가 취한 마오주의 태도는 그와 오랫동안 개인적 관계를 맺고 있던 모스크바의 지도자들을 매우 놀라게 했다. 문화혁명 기간에 그는 급진파와 장칭에게 결정적인 지지 기반을 제공했다. 그는 장칭과 같은 지방 출신으로 오랜 연계를 맺고 있었다. 그는 홍위병들을 통제하고 그 내부로 침투해 들어갔으며 종국에는 그들을 진압했다. 1966년 8월 정치국 상무위원과 문화혁명 소조의 고문이 된 캉성은 1973년 당 부주석이 되면서 서열 제4위에 올랐다. 종종 중국의 베리아(Beria, 소련의 비밀경찰 수뇌—옮긴이)라고 불리는 그는 탈마오쩌둥화가 진행되면서 격한 비판의 대상이 되었고, 사후인 1980년 10월 당은 그의 당적을 박탈했다.

타오주(陶鑄, 1908~1969)

후난성 출신의 타오주는 1926년 중국공산당에 가입하였으나 1949년까지 부차적인 역할만을 수행했다.

중화인민공화국 수립 뒤 그는 광둥성에서 본격적인 정치 경력을 시작했다. 1955년 2월 광둥성 성장, 1956년 9월 성위원회 제1서기가 되어 중앙의 권위를 실천하였다. 그는 이 광둥의 정치적 기반에 의지하여 대규모 국가적 사안들에 개입하였고 1965년 부총리가 되었다. 문화혁명은 그의 승진을 가속화시켰다. 1966년 7월 중앙선전부장 루딩이를 대체했고 8월에는 정치국에 진입했다. 그러나 홍위병의 공격을 받은 그는 1967년 1월 직위에서 쫓겨나 1969년 사망했다. 그의 최후 수년간의 급속한 승진과 갑작스런 몰락의 이유에 대해서는 잘 알려져 있지 않다. [타오주는 암에 걸려 1969년 안후이성 허페이(合肥)에서 사망했다. 1978년 12월 11기 3중전회에서 명예 회복이 이루어졌다.—옮긴이]

펑더화이(彭德懷, 1898~1974)

후난성 출신의 펑더화이는 11세 때부터 그의 가정 배경과 결별하고 이곳저곳을 떠돌다 쑨원의 국민당 군대에 들어갔다. 그 뒤 게릴라에 가담했고 1929년 중국공산당에 가입했다. 이후 20년 동안 그의 경력은 홍군과 함께했고, 주더의 곁에서 가장 탁월한 지도자들 가운데 하나가 되었다.

1949년 중화인민공화국 수립 뒤 펑더화이는 동북 행정위원회의 지도를 맡았지만, 주로 군사 부문의 책임을 졌다. 1950년부터 1953년까지 한국전쟁 기간에 그는 중국 지원군(志願軍)을 지휘했다. 1954년 저우언라이의 지지 속에 국방부장이 되었다. 1955년 원수로 승진한 그는 1954년부터 1959년까지 몇 차례 소련을 방문하고 중국군을 소련식으로 현대화하는 일에 착수했다. 1959년 8월 루산회의에서 펑더화이는 대약진 정책의 실패를 마오쩌둥의 책임으로 돌리며 비판했다. 회의에서 비판당한 그는 국방부장에서 해임되었지만 정치국원의 신분은 유지했다. 1959년부터 1965년까지 그는 베이징 교외의 소도시에 연금되었다. 그러나 '펑더화이 사건'은 계속해서 당내의 부담으로 남았고, 그의 복권은 전제 군주를 비난하는 《해서파관(海瑞罷官)》이라는 경극을 통해 은밀한 방식으로 제기되었다. 1966년 11월 홍위병에 체포된 그는 1967년 베이징의 대중 앞에서 고문을 당했고, 1974년 11월 감옥에서 사망했다. 그는 1978년 12월 11기 3중전회에서 덩샤오핑의 승리가 확실해지자 복권되었다.

펑전(彭眞, 1902~1997)

산시성 출신의 펑전은 1923년 중국공산당에 가입했다. 학생 운동에서 혁명 활동을 시작했고 이어서 노동계의 혁명 선동에 가담했다. 지도자로서의 경력은 옌안에서 시작되었다. 그곳에서 그는 1941년 중앙당교 교장을 맡았고, 1943년 중앙조직부장이 되었다. 1945년 중국공산당 제7차 전국대표대회에서 정치국원으로 선출된 그는 서북 해방구에서 중요한 정치적 임무를 수행했다.

중화인민공화국 수립 뒤 그는 1949년 9월 베이징 시당위원회 서기직을, 1950년에는 베이징 시장직을 맡으면서 이곳을 자신의 정치적 기반으로 삼았다. 수도에서의 권력 장악은 그로 하여금 일정한 독립성을 확보할 수 있도록 해 주었고, 중앙 기구로 승진을 이어가는 데 도움을 주었다. 국제적인 차원에서 펑전은 중·소 균열 시기에 마오의 주요 대변자 가운데 하나가 되었다. 그러나 1960년부터 1962년까지의 기간 대약진의 실패가 마오 주석의 책임임을 비난하던 간부들과 기자들을 보호하는 데 그는 주저하지 않았다. 문화혁명의 주요 목표의 하나가 된 펑전은 '2월 테제[提綱]'를 발표하면서 재치 있게 자신을 방어할 수 있었다. 그러나 그의 견해는 1966년 '5.16 통지'에서 비판의 대상이 되었다.

덩샤오핑의 승리로 그는 정치 무대에 재등장했다. 1979년 복권된 펑전은 전국인민대표대회 상무위원회 내의 법안 작성을 감독하고, 1979년 2월부터는 탈마오쩌둥화와 함께 법치의 회복을 주재하였다. 1979년 9월 그는 당 중앙위원과 정치국원의 자리를 되찾았다. 1983년 6월에는 전국인민대표대회 상무위원장이 되어 당과 국가의 주요 지도자 가운데 하나로 부상하는 듯했다.

그러나 전국인민대표대회의 수장으로서 그는 1986년 10월부터 그가 보기에 지나치게 앞서가고 있는 개혁 정책을 반대하기 시작했다. 1987년 10월 중국공산당 제13차 전국대표대회에서 다른 원로들과 함께 중앙위원회와 정치국으로부터 은퇴할 수밖에 없게 된 펑전은 또한 1988년 전인대 상무위원장 자리마저도 개혁파인 완리(萬里)에게 넘겨주어야 했다. 1997년 사망했다.

화궈펑(華國鋒, 1921~2008)

산시성(山西省) 출신의 화궈펑은 1938년 중국공산당에 가입하여 항일전쟁 및 국공 내전에 참가했다.

1949년 이후 그는 후난성의 지방 간부로 경력을 쌓았다. 그는 마오쩌둥 주석의 고향 마을 샤오산(韶山)을 잘 돌봄으로써 마오를 기쁘게 했다. 문화혁명 기간 동안 화궈펑은 샤오산을 순례지로 만들고 거기에 마오 숭배를 위한 기업, 즉 마오의 초상화를 새긴 메달과 배지를 생산하는 기업들을 설립했다. 린뱌오 사건에서 일찍이 마오에 대한 지지 의사를 보인 그는 이를 계기로 중앙에서 새로운 경력을 쌓을 수 있었다.

1971년 베이징으로 옮겨간 화궈펑은 1973년 8월 중국공산당 제10차 전국대표대회에서 정치국원에 선출되었다. 1976년 저우언라이의 사망 뒤 국무원 총리로 임명되었고 1976년 9월 마오가 사망한 뒤 당 주석이 되었다. 1978년 12월 3중전회에서 그는 농촌 정책의 문제점들을 소홀히 한 것에 대해 자아비판을 해야 했다. 그리고 1980년 2월에 국무원 총리직을 자오쯔양에게, 1981년 6월에는 당 주석직을 후야오방에게 넘겨주어야 했다. 1982년 9월 중국공산당 제12차 전국대표대회에서 정치국으로부터도 배제되었지만 중앙위원 자격은 유지할 수 있었다. [그 뒤 화궈펑은 당의 일에 일체 간여하지 않은 채 2002년까지 상징적으로 중앙위원직을 유지했다. 2008년 8월 베이징에서 사망했다.—옮긴이]

후야오방(胡耀邦, 1915~1989)

후난 출신의 후야오방은 1933년 중국공산당에 가입했다. 1934~1935년 장정에 참가했고 홍군 정치위원이 된다.

1949년 이후 쓰촨성 행정 부문에 배속된 그는 서남 대행정구의 책임을 맡고 있던 덩샤오핑의 지도 아래 일했다. 1952년 공산주의청년단 서기가 되어 15년 동안 그 직책을 유지했다. 그럼으로써 중국 국내뿐만 아니라 여러 차례의 외국 방문을 통해 국외에도 이름이 알려진다.

1966년 11월 문화혁명으로 직위에서 쫓겨난 그는 1972년 다시 정치무대에 등장했다. 그는 중국과학원 부원장으로서 1975년 덩샤오핑이 제창한 현대화 계획을 정력적으로 지지했다. 이러한 그의 태도로 말미암아 후야오방은 1976년 부총리 덩샤오핑의 실각 속에 휩쓸려 들어가지 않을 수 없었다. 1977년 복권된 후야오방은 빠른 속도로 승진했다. 처음에 중앙조직부장을 맡았다가 11기 3중전회에서 정치국에 들어가 선전부장이 되었다. 1980년 2월 정치국 상무위원회에 진입하여 중앙서기처 총서기가 되었다(이 직위는 1956년부터 1966년까지 덩샤오핑이 맡은 바 있다). 1981년 화궈펑의 사직 뒤에는 당 주석직을 맡았다. 후야오방은 1982년 10월 중공 12차 전국대표대회의 주역이었다. 당시 그가 과거 마오 시대를 연상시키는 당 주석이라는 명칭을 버리고 다시 총서기라는 이름을 취했지만, 그는 덩샤오핑의 동의 또는 지지 아래 당의 운명을 좌우하는 지위에 올랐다.

그러나 덩샤오핑은 1986년 여름의 '쌍백' 운동에서 나타난 과도한 자유주의를 우려했다. 아마도 덩은 후야오방이 보여준 권력 승계를 향한 조급성을 더 우려했던 것 같다. 그리하여 1986년 12월 일어난 학생 시위를 자극하고 부추겼다고 — 또는 어쨌든 그것을 진압하지 못했다고 — 공격당한 후야오방은 1987년 1월 16일의 정치국 확대회의에서 자아비판을 강요당하고 자리에서 물러나야 했다. 1987년 10월 제13차 전국대표대회에서 매우 많은 표를 얻어 중앙위원에 재선되었지만, 1989년 4월 15일 사망했다. 4월 22일 열린 그의 장례식은 초기의 대규모 천안문 학생 시위가 일어나는 기회를 제공했다.

후진타오(胡錦濤, 1942년 출생)

후진타오는 베이징의 칭화대학(淸華大學)에서 수력 발전을 공부한 뒤 기술직에 배속되었다. 그의 승진은 당 원로 쑹핑(宋平)의 후원 아래 이루어진 것으로, 간쑤성에서 시작되었다. 처음에 간쑤성 공산주의청년단 서기였던 후진타오는 1985년 구이저우성 당위원회 서기가 되었다. 1988년 티베트로 보내진 그는 1989년 봄 티베트 독립 시위를 진압했다. 3년 뒤 그는 쑹핑을 이어 정치국 상무위원이 되었다. 1998년 3월 그는 전국인민대표대회에서 국가부주석에 선출되었고, 1999년 9월에는 군사위원회 부주석에 임명되었다. 또한 중앙당교 교장을 맡았다. 당, 국가, 군대 내에서 여러 최고 직책들을 맡으면서 후진타오는 중화인민공화국 수립 50주년(1999)을 기념하는 시점에서 장래 장쩌민 총서기의 후계를 위한 주요 후보자로 등장했다. [주지하듯이 후진타오는 2002년 당 총서기, 2003년 국가 주석 2004년 중앙군사위원회 주석이 된 이래 현재까지 중국의 최고 실권자로 재임하고 있다.—옮긴이]

연표

정치 · 경제 · 사회적 주요 사건(1949~1999)

1949년 1월 - 인민해방군 베이징 입성(21일)
6월 - 마오쩌둥 〈인민민주독재론(論人民民主專政)〉 발표(30일)
9월 - '중국인민정치협상회의' 소집(21~30일) 및 〈공동강령〉 채택
10월 - '중화인민공화국' 수립 선포(1일)
12월 - 마오쩌둥 2개월간의 소련 방문(16일)

1950년 2월 - 모스크바에서 '중 · 소 우호동맹 상호원조 조약', 중국에서의 소련 이권 반환 및 양국 간의 경제 협력에 관한 협정 체결(14일)
4월 - '혼인법' 공포(30일)
6월 - '토지개혁법' 공포(28일)
10월 - 한국전쟁에 중국 '인민지원군' 파견(25일)

1951년 2월 - 반(反)혁명 처벌법 공포(21일)와 진압 운동 개시
12월 - '삼반 운동' 개시

1952년 4월 - '오반 운동' 개시

1953년 3월 - 소련과 새로운 경제 협력 협정 체결(27일)
6월 - 최초의 인구 조사 결과 발표(30일)
11월 - 식량 통일 수매[統購] 및 통일 판매[統銷] 제도 채택(19일)
12월 - 당 중앙 〈농입 생산 합작사 발전에 관한 결의(關于發展農業生產合作社的決議)〉 채택(16일)

1954년 2월 - 중공 7기 4중전회 개최(6~10일) 및 '가오강 · 라오수스 반당연맹(高崗—饒漱石反黨聯盟)' 비판
4월 - 한국과 인도차이나에 관한 제네바 회의 개막(26일)
9월 - 제1차 전국인민대표대회 소집 및 최초의 헌법 채택(20일)

10월 - 작가 후펑(胡風)에 대한 비판 운동 개시

1955년 3월 - 중공 전국 회의 소집, 가오강·라오수스에 대한 비판을 승인(31일)
4월 - 반둥(Bandung) 회의 개막(18일)
7월 - 전국인민대표대회에서 제1차 5개년 계획(1953~1957)에 관한 리푸춘(李富春)의 보고(5~6일)
- 농업 집단화의 가속화를 요구하는 마오쩌둥의 연설(31일)
10월 - 중공 7기 6중전회 소집(4~11일)과 〈농업 합작사 문제에 관한 결의(關于農業合作社問題的決議)〉 채택, 마오쩌둥의 농업 집단화 가속화 요구를 승인

1956년 1월 - 당 중앙이 소집한 지식인에 관한 회의(14~20일)에서 저우언라이(周恩來) 발언
- 정부가 농업 발전 12년 계획 채택(25일)
- 대도시 공·상업 기업의 국유화
4월 - 《인민일보》 흐루시초프의 보고에 대응하여 〈프롤레타리아 독재의 역사적 경험에 관하여(關于無產階級專政的歷史經驗)〉 제하의 사설 발표(5일)
- 중·소 경제 협력에 관한 새로운 협정(7일)
- 마오쩌둥 〈십대 관계론(十大關係論)〉 발표(25일)
5월 - 마오쩌둥 〈백화제방, 백가쟁명(百花齊放, 百家爭鳴)〉 확인(2일)
- 루딩이(陸定一) 쌍백(雙百) 방침에 관한 연설(26일)
9월 - 중공 8전대회 소집(15일)

1957년 2월 - 마오쩌둥 〈인민 내부 모순의 올바른 처리에 관하여(關于正確處理人民內部矛盾的問題)〉 발표
4월 - 백화제방, 백가쟁명 운동 개시
6월 - 《인민일보》 사설, 반(反)우파 진압 운동 개시(8일)
- 마오쩌둥 〈인민 내부 모순의 올바른 처리에 관하여〉 수정판 발표(18일)
9월 - 중공 8기 3중전회 소집(21일), 농업 발전 12년 계획 재개 및 경제의 중앙 집중화 정책 채택
10월 - 핵무장에 관한 중·소 협력 협정(15일)
11월 - 마오쩌둥 모스크바 방문(2~20일)
- 모스크바에서 세계 12개국 공산당 회의 개최(14~16일)

1958년 4월 - 최초의 인민공사 설립[허난성 '웨이싱공사(衛星公社)']

5월 - 중공 8전대회 제2차 회의(5~23일) 개최, 사회주의 건설의 총노선 채택, 대약진의 공식적인 개시

8월 - 베이다이허(北戴河)에서 당 중앙 정치국 확대회의 소집(17~30일), 인민공사 설립 승인

- 진먼다오(金門島)와 마쭈다오(馬祖島)에 대한 인민해방군의 폭격, 타이완 해협의 위기 시작

11월 - 우한(武漢)에서 중공 8기 6중전회 소집(28일). 마오쩌둥 국가 주석직 사임

1959년 2월 - 기술 및 자금에 관한 중・소 신협정(7일)

3월 - 라싸(티베트) 폭동과 달라이 라마의 인도 망명

4월 - 류사오치(劉少奇) 전국인민대표대회에서 국가 주석에 선출됨

6월 - 소련에 의한 중・소 핵 협력 협정 폐기

8월 - 루산(廬山)에서 8기 8중전회 소집(2~16일), 펑더화이(彭德懷) 비판

- 중국・인도 국경 충돌(25일)

9월 - 린뱌오(林彪)가 펑더화이를 대체하여 국방부장에 취임(17일)

1960년 6월 - 부쿠레슈티의 루마니아 공산당 3전대회에서(24~26일) 흐루시초프가 중국의 '좌경(모험)주의'를 비판

7월 - 소련이 중국에서 일하던 소련 기술자를 소환, 양국 간에 체결된 각종 과학・기술 협정 중단

11월 - 모스크바에서 개최된 81개국 공산당 및 노동당 대표대회에서(11~25일) 중・소 간의 일시적인 상호 접근

1961년 1월 - 베이징에서 중공 8기 9중전회 소집(14~18일), 경제 자유화 정책 채택

2월 - 베이징에서 우한(吳晗)의 경극 《해서파관(海瑞罷官)》 상연

10월 - 모스크바에서 개최된 소련공산당 제22차 당대회에서(17~31일) 중・소 분쟁

1962년 1월 - 베이징에서 개최된 당 중앙 공작회의에서 류사오치의 대약신 정책 비판

- 중국・알바니아 경제・기술 협력 협정(13일)

4월 - 신장성(新疆省) 카자흐족의 소련령 카자흐스탄으로의 이주 운동

9월 - 베이징에서 소집된 중공 8기 10중전회에서(24~27일) 마오쩌둥이 제기한 사회주의 교육운동의 개시를 승인

10월 - 중・인 국경 전쟁 개시(20일)

1963년 5월 - 마오쩌둥의 지시로 '네 가지 쇄신(四淸)' 운동 개시(20일)
7월 - 중국이 '모스크바 미 · 소 대기권 핵 실험 금지 조약'을 비난(25일)

1964년 1월 - 프랑스와 중화인민공화국 간의 외교 관계 수립(27일)
10월 - 중국 최초의 핵 실험(16일)

1965년 9월 - 린뱌오 팸플릿 《인민전쟁 승리 만세(人民戰爭勝利萬歲)》 발행(2일)
- 인도네시아에서 수카르노의 몰락과 반(反)화교(화인) 소요
11월 - 야오원위안(姚文元)이 《해서파관》에 대한 글 발표(10일)

1966년 2월 - 펑전(彭眞)의 지도 아래 '2월 테제[提綱]' 발표(12일)
5월 - '2월 테제'를 비판하고 천보다(陳伯達) · 장칭(江靑) 지도 아래 '문화혁명 소조'의 성립을 알리는 '5 · 16 통지' 발포
6월 - 당 중앙에서 대학 및 각 학교에 공작대 파견을 결정(3일)
7월 - 대학으로부터 공작대 철수(24일)
8월 - 중공 8기 11중전회 소집(1~12일), 문화대혁명의 헌장으로 간주되는 '16개항' 채택
- 홍위병(紅衛兵) 최초의 천안문 광장 대집회(18일)
12월 - 홍위병들에게 공장에서 문화대혁명을 전개하도록 하는 마오쩌둥의 지시 발표

1967년 1월 - 당 중앙군사위원회가 인민해방군에게 진정한 혁명 조반파의 권력 장악을 지원하도록 하는 명령 발표(28일)
- 헤이룽장혁명위원회(黑龍江革命委員會) 수립(31일)
2월 - '상하이 코뮌'(상하이 인민공사) 성립 선포(5일)
- 상하이 인민공사의 상하이 혁명위원회로의 개조(24일)
- (문화혁명 소조에 반발하는) '2월 역류'의 확산
7월 - 우한 군사 반란 개시(19~22일)
8월 - 홍위병이 베이징의 중국외교부 공격(3일)
- 베이징의 영국 대사관 방화(22일)

9월 - 장칭에 의한 극좌주의 비판(5일)
- 탄자니아-잠비아 철도의 건설을 위한 중국 · 탄자니아 및 중국 · 잠비아 간의 협정(5일)

10월 - 당 중앙에서 인민해방군에게 정당 방어를 위해 시위자들에 대해 발포할 수 있는 권한을 부여하는 지시 하달(17일)

1968년 3월 - 총참모장 양청우(楊成武) 해임
8월 - 저우언라이 소련의 체코슬로바키아 침공 비난(23일)

1969년 3월 - 신장성 국경에서 중・소 간의 심각한 군사 충돌
4월 - 중공 9전대회(1~24일)
8월 - 신장성 국경에서의 중・소 간의 심각한 군사 충돌
10월 - 베이징에서 중・소 협상 개시(20일)

1970년 3월 - 베이징 정부가 3월 18일 론 놀(Lon Nol) 장군의 쿠데타로 캄보디아에서 축출당한 시아누크 국왕을 영접
8월 - 23일부터 루산에서 소집된 중공 9기 2중전회에서 천보다가 비판당하고 린뱌오의 국가 주석직 취임이 거부됨

1971년 4월 - 저우언라이 베이징을 방문한 미국 탁구 대표팀 환영
7월 - 미 국무장관 헨리 키신저(Henry Kissinger)의 비밀 중국 방문(9~11일)
9월 - 몽골인민공화국 상공에서 추락한 중국 비행기에 탄 린뱌오의 사망 추정(12일)
10일 - 중화인민공화국 유엔 가입(25일)

1972년 2월 - 닉슨 미국 대통령 중국 방문(21~28일), '상하이 공동성명' 조인(27일)
9월 - 일본 수상 다나카 가쿠에이(田中角榮) 중국 방문(25~29일), 중・일 외교관계 수립

1973년 2월 - 중국과 미국 베이징과 워싱턴에 연락 사무소 개설을 결정
4월 - 덩샤오핑 처음으로 공식 무대 등장
8월 - 베이징에서 중공 10전대회 개최(24~28일)
- 덩샤오핑 중앙위원회 위원으로 복귀
- 공자 비판 운동[批孔運動] 개시

1974년 1월 - 지역군 사령관 보직 개편(5일)
- 중국 해군 시사군도(西沙群島 Paracel)에서 남베트남 부대 축출(19일과 20일)

4월 - 덩샤오핑 유엔 총회에서 1977년에 '제3세계론'이 될 주요 주제들을 발표

1975년 1월 - 베이징에서 소집된 제4차 전국인민대표대회에서(13~17일) 새로운 헌법 채택, 덩샤오핑의 부총리직 복귀 및 저우언라이가 제시한 4개 현대화 계획 승인

4월 - 덩샤오핑 프랑스 방문

6월 - 항저우(杭州)의 파업

- 중국과 필리핀 외교 관계 수립

7월 - 중국과 태국 외교 관계 수립

8월 - 캄보디아왕국 민족연합정부 부총리 키우 삼판(Khieu Samphan) 베이징 방문

1976년 1월 - 저우언라이 사망(8일)

4월 - 천안문 시위(5일)

- 덩샤오핑 해임, 화궈펑(華國鋒)을 총리 및 당 부주석에 임명(7일)

7월 - 탕산(唐山) 대지진(28일)

9월 - 마오쩌둥 사망(9일)

10월 - '사인방' 체포(6일)

- 화궈펑 당 주석 취임(7일)

1977년 7월 - 중공 10기 3중전회에서 덩샤오핑을 부총리 및 당 부주석에 재기용, 화궈펑의 총리 및 당 주석직 재임을 확인

8월 - 베이징에서 중공 11전대회 소집(12~18일)

- 유고슬라비아 티토(Tito) 대통령 중국 방문

10월 - 폴 포트(Pol Pot) 베이징 방문(13일)

11월 - 《인민일보》 〈마오쩌둥 주석의 제3세계 구분 이론은 마르크스-레닌주의에 대한 중요한 공헌이다(毛主席關于三個世界劃分的理論是對馬克思列寧主義的重大貢獻)〉 발표

1978년 2월 - 중·일 8년간 무역협정(中國和日本長期貿易協議) 조인(16일)

- 베이징에서 제5차 전국인민대표대회 개최(26일), 화궈펑이 제기한 10개년(1976~1985) 경제 계획 승인 및 신헌법 채택

7월 - 베트남의 코메콘(COMECO, 경제상호원조회의) 가입 뒤 중국은 베트남에 대한 경제 원조 중단(3일)

8월 - 중 · 일 평화우호조약 체결(12일)

- 화궈펑 부쿠레슈티, 베오그라드, 테헤란 방문

11월 - 베이징 씨단(西單)의 '민주의 벽'에 최초의 대자보 출현(15일)

12월 - 1979년 1월 1일부로 중 · 미 외교 관계 수립 선포(16일)

- 11기 3중전회 개최(12~18일), 덩샤오핑 노선의 승리를 확인, 10개년 경제 계획 연기, 농촌 자유화 정책을 공식화함

1979년 1월 - 덩샤오핑 9일간 일정으로 미국 방문(28일)

2월 - 베트남에 대한 중국의 군사 공격 개시(17일)

3월 - 웨이징성(魏京生) 체포(29일) 및 민주화 운동에 대한 탄압 개시

4월 - 중국 1950년 맺은 중 · 소 우호 조약 폐기 통고(3일)

- 국가 공출 농산물 수매 가격 폐지

6월 - 전국인민대표대회에서 펑전이 제기한 국가조직법 및 새로운 형법 승인

7월 - 광둥(廣東)과 푸젠(福建)에 4개의 경제 특구 건설, 중외(中外) 합자 기업의 설립 허용

- 국가 부문의 공업 기업에 대한 개혁 개시

10~11월 - 화궈펑의 유럽(프랑스, 독일, 영국, 이탈리아) 방문

1980년 1월 - 1979년 12월 25일 소련군의 아프가니스탄 침공에 대한 항의 표시로 중국은 소련과의 협상을 단절시킴(20일)

2월 - 중공 11기 5중전회 소집(23~29일). 화궈펑의 연맹자들이 정치국에서 배제되고, 자오쯔양 · 후야오방이 정치국 상무위원회에 진입

9월 - 제5차 전국인민대표대회 제3차 회의, 자오쯔양을 총리로 임명(10일)

- 당 중앙 75호 문건(〈進一步加强和完善農業生産責任制的幾個問題的通知〉), 토지의 농가 경작을 합법화

11월 - 사인방과 린뱌오의 공모자들에 대한 재판 개시

12월 - 당 중앙 공작회의에서 도시 기업에 대한 개혁 유보, 긴축 정책 및 중앙 집중의 재강화 시작

1981년 6월 - 베이징에서 중공 11기 6중전회 개최(27~29일), 〈건국 이래 당의 약간의 역사문제에 관한 결의〉(關于建國以來黨的若干歷史問題的決議)를 채택하여 마오쩌둥의 역할에 대한 당의 공식적인 해석을 확정, 후야오방을 당 주석으로 선출.

- 중국 외교부장 황화(黃華) 인도 방문

8월 - 자오쯔양 필리핀, 말레이시아, 싱가포르, 태국 방문

9월 - 전국인민대표대회 상무위원회 위원장 예젠잉(葉劍英)이 타이완에 통일을 위한 협상 제안(30일)

1982년 3월 - 레오니드 브레즈네프가 타쉬켄트에서 중 · 소 관계 개선의 필요성에 대해 연설(24일)

8월 - 미국제 무기의 타이완 판매에 대한 점진적 제한에 관하여 중 · 미 공동 선언(17일)

9월 - 베이징에서 중공 12전대회 개최(1~11일), 화궈펑을 정치국에서 배제, 당 중앙고문위원회(명예직) 설립, 3년간에 걸친 당 정풍 계획 채택. 후야오방은 당 주석에서 총서기가 됨.

10월 - 새로운 인구 조사의 초보적 결과 발표

11월 - 외교부장 황화가 브레즈네프 장례식 참석을 위해 모스크바 방문

12월 - 제5차 전국인민대표대회에서 신헌법 채택(4일)

- 제6차 5개년 계획(1981~1985) 공포

1983년 3월 - 칼 마르크스 탄생 100주년 기념 저우양(周揚)의 연설

6월 - 제6차 전국인민대표대회, 리셴녠(李先念)을 국가 주석에 선출

- 공공 부문의 기업이 세제의 적용을 받게 됨(1일)

7~8월 - 중국 대도시의 반(反)범죄 운동

8~9월 - 외국 회사에 의한 해양 석유 개발 계약 체결

10월 - 중공 12기 2중전회 '정신 오염' 반대 운동 승인

1984년 1월 - 후차오무(胡喬木)가 〈인도주의와 소외 문제에 관하여(關于人道主義和異化問題)〉 발표, '정신 오염' 반대 운동의 진정

4월 - 14개 연해 도시를 외국 투자에 개방

9월 - 홍콩에 관한 중 · 영 공동 선언(26일)

10월 - 베이징에서 중공 12기 3중전회 소집(20일), 도시 부문에서의 개혁 재개

12월 - 강간 및 강도죄로 고급 간부 자제 36명에 대한 재판

- 장강 하류의 경제 구역 설립

- 소련 제1부총리 이반 아르키포프(Ivan Arkhipov) 베이징 방문(21일), 중 · 소 무역 및 경제 · 과학 · 기술 협정 체결

- 인민공사 해체

1985년 5월 - 도시 곡물 가격 상승

- 홍콩 축구팀과의 경기 뒤 베이징에서 소요 발생(19일)
- 당 중앙군사위원회가 군 병력 감축 및 대군구의 개편 천명(23일)

7월 - 부총리 야오이린(姚依林) 모스크바 방문, 중·소 5년간의 무역 협정 체결

9월 - 중공 특별회의 소집(18~23일), 회의에서 천윈(陳雲)은 이데올로기 공작의 후퇴를 경계, 예젠잉은 직위 사임, 제7차 5개년 계획(1986~1990)의 대방침을 승인

- '일본의 새로운 경제적 침략'에 대해 학생들 일련의 시위 개시

1986년 1월 - 당정 8천 명의 간부 회의 소집, 당정의 작풍(업무 방식) 개선 문제 토론

3월 - 소련 제1부총리 아르키포프 베이징 방문(16일), 중·소 기술 교류 발표

- 제6차 전국인민대표대회 제4차 회의(25일부터), 자오쯔양이 제6차 5개년 계획(1981~1985)의 결과를 보고하고 제7차 5개년 계획(1986~1990)의 개혁 목표를 규정

5월 - 사상의 자유와 정치 개혁에 관하여 언론에서 토론 개시('쌍백')

6월 - 중국 외교부장 일본 교과서의 중일전쟁(1937~1945) 서술 태도 비판

7월 - 고르바초프의 블라디보스토크 연설(26일)

9월 - 1937년 일본의 중국에 대한 침략 정책을 변호한 일본 문부상 후지오 마사유키(藤尾正行) 사임(8일)

- 중공 12기 6중전회 개최(28일), 사상의 자유의 필요성 재확인, '사회주의 민주'의 강화 호소
- 폴란드의 야루젤스키(Wojciech Jaruzelski) 장군 베이징 방문(29일)

10월 - 외자 기업 및 중외 합자 기업의 활동에 유리한 새로운 규정 마련(11일)

- 전국인민대표대회 상무위원회 회의(28일)에서 평전의 개혁 반대 연설

11월 - 3대의 미국 군함 칭다오(青島) 해군 기지 방문(5~11일)

- 전국인민대표대회 상무위원회 새로운 회의 소집(15일)과 평전의 새로운 개혁 반대 발언(25일)

12월 - 안후이성 허페이(合肥)에서 학생 시위 개시(9일), 시위는 상하이(19일), 난징(南京)(22일), 베이징(29일)으로 확대

- 당 중앙군사위원회 확대회의(11~25일)

1987년 1월 - 베이징 학생들의 천안문 시위(1일)

- 《인민일보》가 시위 학생들을 비난(5일)
- 부르주아 자유화 반대 운동 개시(6일)

- 천체물리학자 팡리즈(方勵之)의 허페이과기대학 교장직 해임(12일) 및 작가 왕뤄왕(王若望) · 류빈옌(劉賓雁) 등과 함께 출당 조치됨
- 정치국 상무위원회 확대회의(16일). 후야오방 총서기직 사임. 총리 자오쯔양이 대리로 총서기 승계
- 자오쯔양, 개혁 · 개방 정책은 계속될 것임을 확인(18일)

2월 - 1979년 이래 중단된 중소 국경 협상 재개(9일)
- 1962년 1월에 작성된 덩샤오핑의 관료적 중앙 집중제에 관한 연설 발행(16일)

3월 - 조지 슐츠(George Schultz) 미국 국무장관 베이징 방문(2~3일)
- 제6차 전국인민대표대회 제5차 회의 개막(25일), 경제 개혁 계획을 완화하고 기업 재산에 관한 법의 시행을 중단시킴

5월 - 중 · 인 국경 분쟁
- 자오쯔양이 '4항 기본 원칙'에 지나치게 집착하는 것을 경계하는 연설 발표(26일)
- 덩샤오핑이 '좌파'를 비판하고 자유파 진영을 지지(19일). 부르주아 자유화 반대 운동의 약화

6월 - 일본의 야당 공명당(公明黨) 지도자와의 회담에서 덩샤오핑이 일본의 대중국 정책 비판(4일)

10월 - 티베트 소요(1일)와 진압
- 미국 의회 티베트 진압에 항의(14일)
- 중공 13전대회 개최(25일), 경제 개혁 재개

11월 - 중국이 이란에 미사일을 판매했다는 미국의 비난에 대해 중국 외교부장이 반박(4일)
- 리펑(李鵬) 총리에 임명(4일)

12월 - 프랑스 북부 페르 앙 타르드누아(Fère-en-Tardenois)에서 시아누크 국왕과 프놈펜 정부 수상 훈 센(Hun Sen)의 회담(4일)

1988년 3월 - 제7차 전국인민대표대회 제1차 회의(25일부터), 비교적 자유로운 분위기에서 토론 전개
- 난사군도(南沙群島, Spratley Islands)에서 중국 · 베트남 분쟁

4월 - 홍콩 특별행정구 '기본법' 법안 공포(28일)

6월 - 인민해방군 계급 제도[軍銜等級制度] 재개

7월 - 캄보디아 각 정파 대표 인도네시아 자카르타에서 비공식 회담(28일)

8월 - 베이다이허에서 중앙 정치국 회의 소집(15~17일), 인플레이션 문제에도 불구하고 가격 개혁을 지속해 나가기로 결정
- 일본 수상 다케시다 노보루(竹下登) 중국 방문(25~30일) 일본의 대 중국 대부

를 배가한다고 발표

- 국무원이 가격 자유화 완화를 결정하고 인플레이션을 통제하기 위한 조치를 취함(30일)

8~9월 - 중·소 외교부총리 베이징 회담(27~1일), 베트남 군대의 캄보디아 철수안이 검토됨

9월 - 미하일 고르바초프의 '크라스노야르스크 선언'에서 소련·몽골 국경으로부터 20만 명의 소련군 철수 발표(16일)

- 중공 13기 3중전회 개최(20일), 인플레이션 통제 조치 및 국내 경제 활동에 대한 행정적 통제 강화 발표

12월 - 중국 외교부장 첸치천(錢其琛) 모스크바 방문(1~3일)

- 인도 수상 라지브 간디 중국 방문(19~23일)

- 개혁 10주년을 기념하는 중공 당내 이론가 회의(18~21일). 정치학자 쑤사오즈(蘇紹智) 격렬히 보수파를 공격

- 난징에서 중국인 학생과 아프리카 학생 간의 충돌(25~29일)

- 중국·베트남 국경 무역 재개

1989년 1월 - 캄보디아에 관한 '개인적인 참고'를 위해 베트남 외무부 제1차관(Dihn Nho Liem) 베이징 방문(14일)

- 판첸 라마 사망(28일)과 일련의 종교 및 독립 시위 개시

2월 - 소련 외상 에드아르드 세바르드나제 베이징 및 상하이 방문(2~4일), 5월에 베이징에서 중·소 정상 회담 갖기로 합의

- 소련군 아프가니스탄 철수 완료(16일)

- 언론 자유, 정치범 석방, 민주주의 확대를 요구하는 과학자 40명의 연명 청원(17일)

- 조지 부시 대통령 베이징 방문(25~26일)

3월 - 라싸(티베트)에서 소요 발생(5~6일), 계엄령 선포(7일)

- 제7차 전국인민대표대회 제2차 회의 개최(21~27일), 총리 리펑이 경제 긴축 계획 제시

4월 - 중공 전임 총서기 후야오방 사망(15일)

- 베이징 학생들의 후야오방 추도 시위(25일)

- 《인민일보》 학생 시위 비난(26일)

- 전날 《인민일보》가 발표한 시위 금지에도 불구하고 베이징에서 새로운 학생 시위 발생(27일)

5월 - 베이징에서 아시아개발은행 연차 총회 개최(4일)

- 당국과의 협상을 요구하는 학생들의 단식 농성 개시(13일)
- 고르바초프 베이징 및 상하이 방문, 중·소 정상 회담(15~18일)
- 총리 리펑 계엄령 선포(19일)
- 베이징 시민들이 인민해방군 시내 진입을 막기 위해 학생들과 합류. 병사들과 시위자들의 연대(21일)

6월 - 인민해방군의 베이징 진입 및 천안문 학살(3일, 4일)
- 진압을 정당화하는 덩샤오핑의 연설(9일)
- 당 중앙 자오쯔양 해임, 당 총서기에 장쩌민 선임(23~24일)

11월 - 장쩌민이 덩샤오핑의 군사위원회 주석직 계승

1991년 - 유엔 감시 아래 장래 캄보디아의 정권 조직을 위한 파리 협정에 조인

1992년 1~2월 - 덩샤오핑의 남부 각성 순회, 경제 개혁 재개

8월 - 한국과의 외교 관계 수립(24일)

10월 - 중공 14전대회(12~18일), 덩샤오핑의 제시한 '사회주의 시장 경제' 개념 채택

1993년 3월 - 장쩌민이 양상쿤(楊尙昆)을 이어 국가 주석에 취임하여 당·군대·국가의 전권을 장악

4월 - 싱가포르에서 중국·타이완 간의 협상 개시(27일)

9월 - 반정부 인사 웨이징성이 14년 반 동안의 감옥 생활에서 (가)석방

11~12월 - 부총리 주룽지(朱鎔基) 긴축 계획, 경기 진정 및 세제 개혁 발표

1994년 1월 - 인민폐의 40퍼센트 평가 절하(1일)
- 동북 지역 노동자 파업

10월 - 에너지 및 식량 공급의 대가로 북한의 핵무장 계획을 중단한다는 북미 간의 기본 합의(Framework Agreement)에 대한 중국의 지지

1995년 6월 - 리덩후이(李登輝) 총통의 미국 방문, 중국은 타이완과의 협상 중단

9~11월 - 산시·후난·허난에서 농민 소요

11월 - 전 베이징시장 천시통(陳希同) 자금 유용 스캔들에 연루되어 정치국 및 중앙위원회에서 축출됨
- 베이징 지도층 달라이 라마가 지명한 판첸 라마 계승자 승인 거부

1996년 3월 - 중국이 타이완 해협에 미사일 발사(18~25일)
4월 - 베이징에서 장쩌민과 보리스 옐친(Boris Eltsine) 회담, '21세기의 전략적 동반자' 관계 수립
- 베이징에서 중국 · 소련 및 중앙아시아 옛 소비에트공화국들(카자흐스탄, 키르기스스탄, 타지키스탄) 간에 군사력 감축 다자간 조약 체결(24일)

1997년 2월 - 덩샤오핑 사망(19일)
7월 - 홍콩의 중국 반환(1일)
9월 - 중공 15전대회(12~18일)
- 미 · 일 상호 안보 조약(1951년 체결)의 갱신에 대한 중국의 격한 반응
11월 - 웨이징성 석방(16일), 미국으로 망명

1998년 1월 - 부총리 주룽지 아시아 경제 위기를 악화시키지 않기 위해 인민폐의 평가절하를 하지 않겠다고 약속
3월 - 전국인민대표대회 연차 회의에서 주룽지를 공식적으로 총리직에 임명(17일). 은행 개혁, 공공 부문 및 국가 기간 사업 개혁에 관한 대규모 계획 발표(16, 17일)
6월 - 미국 대통령 빌 클린턴 중국 방문(25일~7월 3일)
7월 - 장쩌민이 인민해방군에게 경제 활동 중단하고 산하 기업 경영의 이전을 요구(27일)
여름 - '중국민주당(中國民主黨)' 창당 시도
8월 - 북한 일본 상공에 미사일 발사(31일)
10월 - 중국과 타이완의 공식 접촉 재개(14~18일)
가을 - 중국민주당과 그 주도자들에 대한 탄압 개시
11월 - 장쩌민 도쿄 방문(25~30일), 중 · 일 정상 회담 실패

1999년 1월 - 후난성 농민의 심각한 소요 및 여러 도시에서 일련의 폭탄 테러 발생
4월 - 주룽지 미국 방문(6~15일), 중국의 세계무역기구 가입에 관한 중 · 미 간의 협상 실패
- 중앙 권력 소재지에서 파룬궁(法輪功) 시위(25일)
5월 - 북대서양조약기구 군대에 의한 베오그라드의 중국 대사관 폭격(7일), 중국에서 격렬한 반미 시위 발생
7월 - 중국과 타이완의 동등한 지위를 요구하는 리덩후이의 선언(9일)
- 파룬궁 금지(22일)

10월 - 전국인민대표대회 상무위원회 '사교(邪教)' 금지법 채택(30일)

11월 - 파룬궁 지도자 4명에 대한 재판 및 장기 징역형 판결(12일)

- 중국의 세계무역기구 가입을 준비하는 중·미 무역 협정 체결(15일)

각 장별 전거 자료 및 문헌

이하 각 장별 목록은 본서의 집필에 주요 전거가 된 자료들이다. 이 전거들 가운데는 본서 말미의 '참고 문헌'에 재수록된 것도 있지만, 일부 신문·잡지 기사 등의 자료나 지나치게 전문적인 성격을 갖는 논문이나 지역 연구 등은 '참고 문헌'에서 배제했다. 따라서 이하의 목록은 선별된 '참고 문헌'의 보완 자료로 간주될 수 있을 것이다.

본서는 일일이 각주를 달지 않았기 때문에, 이 목록은 본서의 특정 내용을 전개하기 위해 직접적으로 이용된 저작과 연구들을 확인하는 데 도움이 될 것이다. 본서는 역량의 한계로 말미암아 여러 연구 성과들을 집적하는 데 그치고, 그 성과들에게 진 빚에 대해서는 충분히 언급치 못했다. 따라서 이 목록에서 주관적 이유로 생략된 목록이 있다면 너른 양해를 구하는 바이다. 이 목록은 또한 연구 현황을 보여준다기보다는, 필자가 이용한 도서관의 소장 자료 상황 및 필자 개인의 호기심과 성향에서 오는 문헌 이용의 조건을 말해 준다. 보다 체계적인 연구 문헌 안내를 바라는 독자들은 '참고 문헌'을 참조할 수 있을 것이다.

제1장

중화인민공화국의 각 제도에 관한 이 간략한 도표는 기존 출간된 여러 교재들, 특히 Jaques Guillermaz, *Le Parti communiste chinois au pouvoir*(→참고 문헌에 수록)에 근거한 것이지만, 이에 관한 기본적인 저작은 여전히 대작인 Franz Schurmann, *Ideology and Organization in Communist China*(→참고 문헌)이다.

중국의 새로운 제도 및 신정권의 수립에서 소련 모델이 갖는 중요성과 의미에 관해서는 그 역사적 성격에 대한 성찰을 보여주는 Lucien Bianco, "La Chine populaire", Maurice Crouzet, éd., *Le Monde depuis 1945*, Paris, PUF, collection Peuples et Civilisations, tome 22, 1973를 참조하라.

게릴라 군대로부터 전문화된 군대로의 변화 과정에서 야기된 기술적 정치적 문제들은 Ellis Joffe, *Party and Army : Professionalism and Political Control in the Chinese Officer Corps, 1949-1964*(→참고 문헌)에서 분석하고 있다.

소수 민족 정책에 관한 서술은 Marie-Claire Bergère의 논문 "L'influence du modèle soviétique sur la politique des minorités nationales en Chine : le cas de Sinkiang(1949-1962)", *Revue française de science politique*, Paris, Presses de la Fondation nationale des sciences politiques, juin 1979의 서술 내용을 다시 따온 것이다. 보다 상세한 연구는 June Dreyer, *China's Forty Millions. Minority Nationalities and National Integration in the People's Republic of China*(→참고 문헌)를 참조하라.

신생 중화인민공화국의 외교 관계, 특히 한국전쟁 개입에 관한 서술은 전술한 Jaques Guillermaz의 저작 및 François Joyaux, *La Nouvelle Question d'Extrême-Orient*(→참고 문헌)을 참조하라.

제2장

대중 동원의 기술에 관한 포괄적인 연구는 Robert Lifton, *Thought Reform and the Psychology of Totalitarianism*(→참고 문헌)을 참조하라. 보다 구체적으로 동원과 통제를 위해 사회를 '소조(小組)'로 조직하는 것에 관한 분석은 Martin K. Whyte, *'Small Groups' and Political Rituals in China*(→참고 문헌)을 참조하라. 대중 동원에 관한 상세한 기술은 John Gardner, "The Wufan Campaign in Shanghai : a Study in the Consolidation of Urban Control", Doak Barnett, ed., *Chinese Politics in Action*(→참고 문헌)을 참조하라.

반세기의 시간이 지난 뒤에 쓰인 화북 농촌 개혁에 관한 경험의 기록인 William Hinton, *Fanshen*(→참고 문헌)은 중요한 자료적 가치를 가진다. Thomas P. Bernstein, "Leadership and Mass Mobilization in the Soviet and Chinese Collectivization Campaigns of 1929-1930 and 1955-1956. A Comparison", *The China Quarterly*, no. 31, July-September 1967은 중국의 농업 집단화의 상대적 수월성과 1930년대 초 소련이 겪은 어려움을 대비시키면서 두 공산당의 정책 차이와 그들과 농민의 관계를 설명한다. Ezra Vogel은 그의 저작 *Canton under Communism*(→참고 문헌)의 한 장에서 광둥성 농촌 개혁이 지닌 매우 정치적인 특성을 분석하고 있다.

도시 기업들의 국유화에 관한 서양어 자료는 매우 적다. 앞에서 언급한 John Gardner의 논문은 기업의 몰수가 1952년 '오반 운동'으로부터 이미 시작되고 있음을 보여준다. 뒤이은 몇 년간에 걸친 점진적인 자본가들의 제거 과정에 관해서는, 1957년 홍콩으로 도피한 자본가들의 회고록 가운데 다음을 참조할 수 있다. Robert Loh, *Escape from Red China*, New York, Coward-MacCann, 1962.

Judith Stacey, *Patriarchy and Socialist Revolution in China*(→참고 문헌)의 처음 몇 장은 중국 전통 사회에서 여성이 처한 위치 및 1950년대 초 신정권이

가져온 변화에 대하여 종합적인 훌륭한 분석을 가하고 있다. 그러나 필자는 이 변화에 대해 정치 간부의 권위가 가부장권을 '확고히' 대체하게 되었다고 보는 등 지나치게 비판적 시각으로 파악하는 것은 아닌가 생각한다.

신정권과 지식인의 관계에 관한 연구는 Merle Goldman, *Literary Dissent in China*(→참고 문헌)을 참조하라.

제3장

제1차 5개년 계획의 수립과 시행은 고전적인 연구 주제로 많은 탐구가 이루어졌다. 예컨대, Cheng Chu-yuan, *The Economic Development of Communist China ; Liu Ta-chung & Yeh Kung-chia, The Economy of the Chinese Mainland : National Income and Economic Development* ; Wu Yuan-li, *An Economic Survey of Communist China*(→참고 문헌) 등이 그것이다.

통계 자료는 중국 당국의 공식 집계인 다음 자료에 의거했다. *Dix grandes années*, comp. par le Bureau national des statistiques, Pékin, Éditions en langues étrangères, 1960. 여기서 제시되는 통계 가운데 일부는 Nicholas R. Lardy, *Agriculture in China's Modern Economic Development*(→참고 문헌)에서 수정이 가해졌다.

소련 공업 조직의 모델을 중국 기업에 적용하는 데서 나타난 망설임에 관해서는 다음 연구를 참조하라. Stephen Andors, *China's Industrial Revolution : Politics, Planning and Management, 1949 to the Present*, New York, Pantheon Books, 1977. 농업 집단화에 대한 노골적인 또는 소리 없는 저항 그리고 일부 야심적인 농촌 간부들의 지나친 열정에 대해서는 Jean-Luc Domenach et Chen Ho-chia, *Une ténébreuse affaire : le faux rapport de production de Lushan*, Paris, POF, 1977에 잘 서술되어 있다. 농업 집단화의 전단계로 시행된 식량의 통일 수매 및 판매 제도의 운용상의 어려움에 대해서는 Thomas P. Bernstein, "The Grain Supply Crisis in the Spring of 1955", Doak Barnett, ed., *Chinese Politics in Action*(→참고 문헌)에 분석되어 있다.

제4장

농업 집단화 및 백화제방 시기의 파벌 투쟁, 이념적인 대립 그리고 관료주의적 전략에 대해서는 다음 저작이 매우 상세히 분석하고 있다. Roderick MacFarquhar, *The Origins of the Cultural Revolution, I : Contradictions among the People, 1956-1957*(→참고 문헌). 또한 Parris Chang, *Power and Policy in China*(→참고 문헌)는 '노선 투쟁'이라는 표현으로는 이해하기 어려운 파벌 대립의 복잡성을 파악하는 데 중요한 저작이다.

학생층, 정계, 노동계의 항의 운동 폭발에 관해서는 Siwitt Aray의 소책자 *Les Cent Fleurs*(→참고 문헌)가 특히 그 인용 문건의 선정과 번역에서 주의를 끈다. 특히 문예계에 관해서는 Merle Goldman, *Literary Dissent in Communist China*(→참고 문헌) 및 Roderick MacFarquhar, *The Hundred Flowers Campaign and the Chinese Intellectuals*(→참고 문헌)에서 다루어지고 있다.

도시 실업의 발생에 관해서는 Christopher Howe, *Employment and Economic Growth in Urban China, 1949-1957*(→참고 문헌)에서 밝혀지고 있다. 항의 운동을 유발한 사회·경제적 곤란은 Jean-Luc Domenach, *Aux origines du Grand Bond en avant*(→참고 문헌)에서 분석되고 있다. 보다 전반적인 수준에서 1950년대 중국 농촌의 사회·경제적 현상과 정치적 변화의 관계에 관한 연구로서 이론적인 차원에서 접근한 것으로 William Skinner & Edward Winckler, "Compliance Succession in Rural Communist China : a Cyclical Theory", Amitai Etzioni, ed., *A Sociological Reader on Complex Organizations*, New York, Hol, Rinehart and Witson, 1969가 있다. 중국공산당과 농민의 상호 작용에 관해서는 또한 Martin Whyte, "Iron Law versus Mass Democracy : Weber, Michels and the Maoist Vision," James C. Hsiung, ed., *The Logics of Maoism*, New York, Praeger, 1974에서 분석하고 있다. Richard Lowenthal, "Development versus Utopia in Communist Policy," Chalmers Johnson, ed., *Change in Communist System*, Stanford, Stanford University Press, 1970은 혁명이 1949년의 중국처럼 저발전 국가에서 일어났을 경우, 혁명의 경제적 이념적 목표들 사이에 가로 놓인 근본적인 모순에 관한 문제들을 다루고 있다.

제5장

대약진과 그것이 중국의 정치 생활에서 갖는 의미에 관한 참고 저작으로 Roderick MacFarquhar의 치밀한 연구 *The Origins of the Cultural Revolution. II : The Great Leap Forward, 1958-1960*(→참고 문헌)이 있다. 본장은 이 저작으로부터 많은 부분을 취하였다. 대약진의 경제적 측면에 관해서는 농업에 관한 연구인 Nicholas Lardy, *Agriculture in China's Modern Economic Development*(→참고 문헌)에 기술되어 있다.

중·소 관계의 악화 과정에서의 중국의 역할 및 반응은 위의 Roderick

MacFarquhar의 저작에 상세히 분석되어 있다. 또한 Jacques Guillermaz, *Le Parti communiste chinois au pouvoir*와 François Joyaux, *La Nouvelle Question d'Extrême-Orient*(→참고 문헌)의 관련 장(章)들은 이 중·소 균열의 역사를 보다 폭넓은 외교적 맥락 속에 위치시킬 수 있도록 해 준다.

제6장

Chao Kang, *Agricultural Production in China, 1949-1965*(→참고 문헌)은 대약진 기간 농촌 간부들의 야심적 열정과 다양한 과욕이 불러온 치명적인 결과들을 보여준다. 1980년 이래 중국 당국에 의해 작성 공포된 통계에 근거한 Nicholas Lardy, *Agriculture in China's Modern Economic Development*(→참고 문헌)는 생산의 퇴보를 분석하고 있다. 대약진 직후 인민공사의 열악한 운용 그리고 전반적인 차원에서 농촌의 집단 생산 체제의 쇠락에 대해서는 C. S. Chen & C. P. Ridley, *Rural People's Commune in Lien-chiang*(→참고 문헌)에 서술되어 있다. 이 저작은 대만의 국민당 정부가 푸젠성 해안 지역을 급습했을 때 확보한 중국 정부 내부 자료에 근거하고 있다.

모범적인 저작 Ellis Joffe, *Between Two Plenums : China's Intraleadership Conflict, 1959-1962*(→참고 문헌)는 그 매우 겸손한 제목이 보여주는 것 이상으로 많은 것을 담고 있다. 대약진 이후의 정치적 위기에 관하여 저자는 마오쩌둥의 개인적인 카리스마에 반발하는 당 기구를 분석하면서 소극적이면서도 매우 효과적이었던 정치적 반대의 매커니즘을 잘 보여준다.

Merle Goldman, *China's Intellectuals : Advise and Dissent*(→참고 문헌)는 한 탁월한 장(章)을 통해 1960~1961년 펑전(彭眞)의 지도 아래 베이징에서 전개된 지식인들의 반발에 대해 탐구하고 있다. 동일한 주제에 관하여 Lucien Bianco, "La page blanche, débat sur la Révolution culturelle chinoise", *Politique aujourd'hui*, mai-juin 1970의 분석도 참조될 수 있을 것이다. 이는 매우 해학적인 방식을 통해 논쟁적인 저작들을 간단히 소개하고 있다.

Ralph L. Power, "The Increasing Power of Lin Biao and the Party Soldiers", *The China Quarterly*, no. 34, April-June 1968은 린뱌오 주도하에 어떻게 군대가 마우쩌둥파의 정치적 도구로 변질되어 갔는지를 훌륭하게 분석하고 있다.

제7장

홍위병 조직, 충원 기준 그리고 중앙과의 관계는 Stanley Rosen, *Red Guard*

*Factionalism and the Cultural Revolution in Guangzhou*와 Lee Hong-yun, *Politics of Chinese Cultural Revolution : A Case Study*의 주된 관심사였다. 또한 본서 말미의 '참고 문헌'에 수록된 저작들 이외에 저자들의 다음 논문을 참고할 수 있다. Lee Hong-yun, "On the Radical Students in Kwangtung during the Cultural Revolution", *The China Quarterly*, no. 64, December 1975 ; Stanley Rosen, "Comments", *The China Quarterly*, no. 70, June 1977. Lee Hong-yun이 다양한 광둥 홍위병 조직들이 갖고 있던 계급적 성격을 강조하고 있다면, Stanley Rosen은 그 조직 성격의 불확실성을 역설하고 있다는 점에서 상반된 견해를 보인다.

중앙의 통제와 조종에 대해 부분적이나마 홍위병이 보여준 자율성에 대해서는 Hua Linshan, *Les Années Rouges*(→참고 문헌)가 설득력 있게 서술하고 있다. 문화혁명 시기의 행정 체계의 마비와 문화혁명의 폭력이 청소년 세대에 미친 영향에 관해서는 Martin Singer, *Educated Youth and the Cultural Revolution in China*, Ann Arbor, Michigan, 1971(Michigan Papers in Chinese Studies, no. 10)에서 연구되었다.

문화혁명 초기 노동 계급의 동원은 Michel Oksenberg, "Occupational Groups in Chinese Society and the Cultural Revolution", Michel Oksenberg et al., *The Cultural Revolution : 1967 in Review*, Ann Arbor, Michigan, 1968(Michigan Papers in Chinese Studies, no. 2)에서 연구되었는데, 특히 노동 계급이 서로 다른 특권층으로 분열되어 있었음을 밝히고 있다. 1967년 '1월 폭풍' 당시 상하이의 권력 탈취에 대한 노동자 계급의 개입에 대해서는 Andrew G. Walder, *Chang Ch'un-ch'iao and Shanghai's January Revolution*(→참고 문헌)에서 분석되었다.

문화혁명의 다양성과 공통성은 지방 각 성에서 일어난 시위를 통하여 탐구되었다. 이에 대해서는 *The Cultural Revolution in Provinces*, Cambridge(Mass.) Harvard University Press, 1971을 참조하라.

군대의 개입 방식, 중앙에 대한 군대의 충성 그리고 지방에서 보인 군대의 여러 기도에 대해서는 다음의 저작들에서 조명되었다. Harvey Nelsen, "Military Forces in the Cultural Revolution", *The China Quarterly*, no. 51, July-september 1972 ; Jürgen Domes, "The Role of the Military in the Formation of the Revolutionary Committees, 1967-1968", *The China Quarterly*, no. 44, October-December 1970.

파리 코뮌으로부터의 이념적 영향에 대해서는 Maurice Meisner, *Mao's China : A History of People's Republic*, New York, The Free Press, 1977에 의해 분석되었다. Marie-Claire Bergère, "La Chine et la Commune de Paris : du mythe de référence au modèle d'action", *1871, jalons pour une histoire de la Commune de Paris*, Paris, PUF, 1972에 의하면, 문화혁명이 파리 코뮌으로부터 따 온 것은 주로 당 조직에 대한 파괴 행위를 정당화하는 것이었다고 한다.

제8장

1969년 문화혁명의 종결로부터 1973년 중공 10전대회까지의 정치적 변화는 Jürgen Domes, *China after the Cultural Revolution : Politics between two Party Congress*, es(trans. in German) Berkeley University of California Pres, 1977에서 분석되었다. 공자 비판 운동('비공운동')의 철학적 교묘함과 정치적 술책에 관해서는 다음의 연구들이 밝히고 있다. Merle Goldman, "China's Anti-Confucian Campaign, 1973-1974", *The China Quarterly*, no. 63, September 1975 ; Wang Gungwu, "Juxtaposing Past and Present in China Today", *The China Quarterly*, no. 61, March 1975.

1976년 4월 천안문 시위에 관한 Hua Linshan의 다음 책은 한 목격자이자 참가자의 증언이다. *Les Deux Morts de Mao Tse-toung : Commentaires sur Tian'anmen l'empourprée de Hua Linshan*, Paris, Le Seuil, 1977(récit présenté et traduit par Cheng Ying-hsiang et Claude Cadart).

마오 시대 말기 경제 체제의 기능 장애를 체제 고유의 속성으로 파악한 연구로는 Wojtek Zafanolli, "l'économie pararèlle en Chine : une seconde nature?", *Revue d'études comparatives est-ouest*, vol. 14, no. 3, September 1983이 있다. 마오 시대 말기 도시 사회의 해체에 관한 묘사는 Marie-Claire Bergère, "China's Urban Society after Mao", Jürgen Domes, ed., *Chinese Politics after Mao*(→참고 문헌)를 참조하라. 지방 수준에서의 파벌대립에 관한 놀라운 한 예는 "Les troubles urbains en Chine après la révolution culturelle : le cas de Hangzhou et la crise de l'été 1975", *Cahiers d'études chinoises de l'INALCO*, no. 1, 1981을 참조하라.

제9장

탈마오쩌둥화의 각 단계 및 그 결과에 관해서는 다음의 연구를 참조하라. Jürgen Domes, "1976-1982 : Evolution of a New CCP Line", *Issues and Studies*, Taiwan, vol. 18, no. 7, July 1982 ; Stuart Schram, "Economic in Command? Ideology and Politics since the Third Plenun, 1978-1984", *The China Quarterly*, no. 99, September 1984 ; Jean Luc-Momenach, "La Chine polulaire ou les aléas du totalitarisme", Guy Hermet et coll., éd., *Totalitarismes*, Paris, Economica, 1984.

또한 Lucien Bianco et Yves Chevrier(dir.), *Dictionnaire biographique du mouvement ouvrier international : La Chine*(→참고 문헌)에 실려 있는 Lucien Bianco, Yves Chevrier, Jean-Luc Domenach, François Godement, Wojtek Zafanolli 등의 덩샤오핑, 후야오방, 화궈펑, 자오쯔양, 왕둥싱 등에 관한 분석은 유익한 참고가 된다.

사회주의 법치로의 회귀는 Yves Viltard, "La nouvelle constitution chinoise du 4 décembre 1982", *Pouvoirs*, no. 28, 1983에서 탐구되었다.

조정 전략의 초기 결과에 대해서는 K. C. Yeh, "Macro-economic Changes in the Chinese Economy during the Readjustment, 1978-1983", *The China Quarterly*, no. 100, December 1984의 소개와 비평을 참조하라. Nicholas Lardy, *Agriculture in China's Modern Economic Development*(→참고 문헌)는 농촌 탈집단화의 초기 단계에 관한 것이다. 중국 농촌의 최근의 변화에 대해서는 René Dumont, *Finis les lendemains qui chantent. II : Surpeuplée, totalitaire, la Chine décollectivise*, Paris, Édition du Seuil, 1984에 요약되어 있다. 또한 중국 농촌의 변화에 대한 체계적 분석은 다음의 연구를 참조하라. Claude Aubert, "Chine rurale : la révolution silencieuse", *Projet*, septembre-octobre, 1982 ; "La nouvelle politique économique dans les campagnes chinoises", *Le Courrier des Pays de l'Est*, juillet-août 1984 ; "The Agricultural Crisis at the End of the 1980's", Delman et al., ed., *Remaking Peasant China*, Aarhus University Press, 1990.

도시 부문의 초기 개혁 시도는 Claude Aubert et Yves Chevrier, "Réformer ou ne pas réformer? Le dilemme de l'expérience chinoise, 1979-1981", *Solutions pour une crise : la réforme de la gestion dans l'entreprise chinoise, numéro spéciale de la Revue française de gestion*, hiver 1982-1983에서 분석되었다.

Yves Chevrier는 "Les réformes en Chine ou la stratégie du contournement", *Politique étrangère*, no. 1, 1985에서 중국의 경제 자유화를 소련의 NEP와 견주어 분석한 다음에, "Réformer autrement : ambitions, ruses et limites de la modernisation chinoise", Claude Cadart et Mineo Nakajima, éd., *Stratégie chinoise ou la mue du dragon, Un regard franco-japonais sur les stratégies en cours*, Paris, Autrement, 1986에서는 그러한 경제 자유화를 오랜 근대화의 노력

이라는 중국적 맥락에서 조명하고 있다.

개방의 경제적 효과에 관해서는 다음 연구를 참조하라. Françoise Lemoine, *L'Économie chinoise*, Paris, Éditions de la Découverte, 1985 ; Michael Oborne, *Les Zones économiques spéciales de la Chine*, Paris, Centre de développment de l'OCDE, 1986.

제10장

제9장의 전거와 참고 문헌들에서 언급된 대부분의 단행본 및 논문들도 경제 개혁의 사회적 결과를 다루고 있다. 하지만 특수한 몇몇 주제에 관한 자료들을 여기서 보충할 필요가 있을 것이다. 산아 제한 정책의 시행에서 부닥친 곤란들에 관해서는 다음의 저작들을 참고할 수 있다. Lucien Bianco, "Birth Control in China : Local Data and their Reliability", *The China Quarterly*, no. 85, March 1981 ; Lucien Bianco and Hua Chang-ming, "Implementation of and Resistance to the Single Child Family Policy", Stephan Feuchtwang et al., ed., *Transforming China's Economy*, London, Zed Press, 1988.

인구 증가 문제는 Judith Banister, "Population Policy and Trends in China, 1978-1983", *The China Quarterly*, no. 100, December 1984에서 포괄적인 방식으로 다루어졌다. 경제적 사회적 자유화의 역효과에 관해서는 Marie-Claire Bergère, "Après Mao. Le retour du vieil homme", *Vingtième Siècle. Revue d'histoire*, no. 1, janvier 1984에서 분석되었다.

지방적 수준에서의 전통의 부활을 결혼 제도의 변천을 통해 분석한 것으로는 Isabelle Thireau, "L'évolution des coutumes matrimoniales chinoises, 1949-1982. L'action du Parti communiste chinois dans le domaine du changement culturel", Paris, thèse de doctorat de 3e cycle de l'INALCO (manuscrit), 1984가 있다. Elizabeth Perry는 다음 논문에서 농촌에서의 지방적 결속력의 재등장과 종족 계투(宗族械鬪)를 연구했다. "Rural Violence in Socialist China", *The China Quarterly*, no. 103, September 1985. 도시에서의 효행의 강조와 가족 관계에서의 유교적 원칙의 부활에 관한 자료는 Hua Chang-ming, "Le troisième âge en Chine", Claude Aubert et al., *La Société chinoise après Mao*(→참고 문헌)를 참조하라. 노령 인구 문제와 정부의 대책에 관한 치밀한 연구는 Deborah Davis-Friedman, *Long Lives : Chinese Elderly and the Communist Revolution* (→참고 문헌)를 참조하라. Margery Wolf, *Revolution Postponed : Woman in Contemporary China*(→참고 문헌)는 1949년 이래 여성이 처한 조건의 변화를

다루면서 상대적으로 부정적인 평가를 내린다.

Michel Bonnin의 다음 연구는 도시 젊은 층의 사기 저하의 요인인 실업 문제가 중국의 지도자들로 하여금 도시 지역에서 개인 및 집단 부문의 발전을 허용하도록 만들었다고 본다. "Urban Employment in Post Maoist China : The Need for a Change of Logic and the Difficulties of Such a Change", Stephan Feuchtwang et al., ed., *Transforming China's Economy*, London, Zed Press, 1988. 이 문제를 인구의 차원에서 다룬 논문은 Michel Cartier, "Les contraintes démographiques de l'emploi den Chine", *Solution pour une crise : la réforme de la gestion dans l'entreprise chinoise, numéro spécial de la Revue française de gestion*, hiver 1982-1983. 과학과 기술을 전수하고자 하는 노력을 수반한 교육 제도의 변화에 관해서는 Marianne Bastid, "Chinese Educational Policies in the 1980's and Economic Development", *The China Quarterly*, no. 98, June 1984을 참조하라.

덩샤오핑의 개혁과 그의 '중국 특색의 사회주의'를 근대화 추진의 역사적 전통에서 분석한 것으로는 Marie-Claire Bergère, "On the Historical Origins of Chinese Underdevelopment", *Theory and Society*, no. 13, 1983 ; "Les cycles de la modernisation en Chine, 1842-1949", *Vingtième siècle. Revue d'histoire*, no. 11, janvier-mars 1986을 참조하라.

제11장

농업과 농촌 부분의 변화에 관해서는 비교적 많은 참고 자료가 있다. 특히 "Food and Agriculture in China during the Post-Mao Era", Special Issue of *The China Quarterly*, no. 116, December 1988에 수록된 논문들을 참조하라. Claude Aubert에 의하면 농산물 가격 문제는 특히 시사하는 바가 크며, 이 문제가 농촌에 시행된 시장적 요소를 관료제가 관리하기에는 많은 어려움이 있음을 보여준다고 한다("Agriculture chinoise : de la crise à la reprise", *Le Courrier des Pays de l'Est*, mai 1992, pp.3-28). 농촌 시장의 부활과 새로운 상업 유통에서의 역할에 관해서는 다음 연구를 참조하라. William Skinner, "Rural Marketing in China", *The China Quarterly*, no. 103, September 1985 ; Andrew Watson, "The Reform of Agricultural Marketing in China since 1978", *The China Quarterly*, no. 113, March 1988.

Françoise Lemoine가 1987년 중국에서 행한 현지 조사 보고는 금융과 상업 유통뿐만 아니라 공업 체계에서 보이는 이중성에 관해 서술하면서, 이 이중성이 초래한 모호하고도 비정상적인 결과를 강조한다(Centre d'Études prospectives et d'Informations Internationales, *Groupe de Réflexion sur les Rapports Est-Oust*, année 1987-1988, document de travail no. 88.13). 계획과 시장의 관계를 비교의 시각에서 연구한 것으로는 Yves Citoleux, *Chine-URSS. Vers une socialisme de marché*, Université de Paris Ier, Cahier du GEMDEV, no. 11, novembre 1988이 있다. Francois Godement은 집단(집체)경제에 대한 개혁 조치의 확고함을 평가하기 위해 중국의 경험을 '불완전한 현대화', '기운 없는 독재' 등을 겪은 많은 개발 도상국들과 비교했다("La Chine", *Ramses 1985-1986*, Paris, Ifri, Editions Atlas-Economica, 1985). 한편, Francois Gipouloux, "Chine 1987-1988 : Réforme, crise et insertion croissante dans le commerce international", *Le Courrier des Pays de l'Est*, no. 331, juillet-août 1988은 30년 동안 중국 경제를 떠받쳐 온 근본적인 무역 균형에 대한 의문을 분석하고 개혁파 지도자들이 행한 '시계(視界) 비행'의 불충분함을 강조하고 있다. 개혁의 위기를 1987년 중국을 휩쓴 정치적 위기의 한 복판에 위치시켜 분석한 연구로는 Marie-Claire Bergère, "Chine : la réforme en suspens", *Politique Étrangère*, no. 3, 1987를 참조하라.

이 정치적 위기에 관해서는 다음의 치밀하고도 적절한 연구를 참조하라. Wojtek Zafanolli, "Chine : Les ambiguïtés d'une modernisation autoritaire", *Encyclopedia Univeralis*, Points d'Histore, 2, Paris, 1988. 그러나 덩샤오핑이 '무정견(無定見)'이었다거나 '우유부단' 했다는 저자의 평가는 신중을 요한다. 지방 신문에 나타난 보수파의 개혁 비판을 다룬 생생하고도 시사점이 많은 전론(專論)은 Lawrence Sullivan, "Assault on the Reforms : Conservative Criticisms 1985-1986", *The China Quarterly*, no. 114, June 1988을 참조하라. Stuart Schram은 중국 정치의 우여곡절 과정을 이념과 파벌 게임을 통해 설명하면서 고위 지도자들의 연설문을 분석하고 있다("China after the 13th Congress", *The China Quarterly*, no. 114, June 1988).

천안문 사건 자체의 전개 과정에 관해서는 손쉽게 다음의 신문 기사 모음집을 참고할 수 있다. *Chine, le printemps de Pékin, de la liberté au massacre*, Paris, *Libération*, Collection, no. 1, juin 1989.

제12장

중국 외교 정책의 역사에 관한 명료하고도 비판적인 전반적 소개는 François Joyaux, *La Politique extérieure de la Chine populaire*(→참고 문헌)에서 찾을 수 있다. Jacques Guillermaz, *Le Parti communiste chinois au pouvoir*(→참고

문헌)의 제44~49장은 1956년부터 1979년까지의 각국에 대한 중국 외교 정책의 변화를 상세히 서술하고 있다. Philippe de Beauregard, *La Chine face au monde*(→참고 문헌)는 보다 최근의 변화에 분석의 초점을 두고 있다. François Fejtö, *Chine-URSS. De l'alliance au conflit, 1950-1967*(→참고 문헌)은 중·소 대립의 다양한 측면을 조명하고 있다.

Harold C. Hinton, *China's Turbulent Quest : An Analysis of China's Foreign Relations since 1945*, rev. ed., Bloomington, Indiana University Press, 1972는 초기 20년간의 중국 외교 정책과 그 모순에 대한 완전하고도 균형 잡힌 연구다. 논문 모음집 Michel Oksenberg and Robert B. Oxnam, ed., *Dragon and Eagle : United States and China Relations. Past and Future*(→참고 문헌)는 폭넓은 역사적 시각에서(20세기 초부터 분석한다), 그리고 광범한 지리적 시각에서(특히 A. Woodside의 글은 동남아시아에서 전개된 양국 관계를 다룬다) 중·미 관계를 위치시키고 있다.

Douglas T. Stuart and William T. Tow, ed., *China, the Soviet Union and the West : Strategic and Political Dimensions in the 1980's*, Boulder, Colorado, Westview Press, 1982는 많은 정보와 함께 놀라운 시각을 보여준다. 그 가운데 R. Löwenthal은 중·소 갈등의 이념적 변질을 다루고 있고, Thomas W. Robinson의 글은 아시아에서의 중소 대립에 대한 성찰이다. James C. Hsiung and Samuel S. Kim, ed., *China in the Global Community*, New York, Praeger, 1980은 방법론의 문제에서 관심을 끈다. 즉 저자들은 중국 외교 정책의 중국 중심적 분석에 반대하면서 그것을 국제 관계의 규율 내에서 다루고자 한다.

제13장

1990년대 중국의 변화에 관해서는 다음 세 학술지의 특별호에서 분석되었다. "La Chine après Deng"(sous la direction de Claude Aubert, Jean-Pierre Cabestant, Françoise Lemoine), *Revue Tiers-Monde*, Paris, PUF, tome XXXVII, no. 17(juillet-september 1996) ; "Où va la Chine?"(sous la direction de Gérard Duménil, Roland Lew), *Actuel Marx*, Paris, PUF, no. 22(2e semestre 1997) ; "La Chine après Deng", *Pouvoirs*, Paris, Le Seuil, no. 81(1997).

1980~1990년대 중국의 경제 발전은 World Bank, *China 2020*, Washington, The World Bank, 1997에 요약되어 있다. 개혁의 추진과 강화, 그 성과와 장애 등은 중국 지도자들이 채택한 전략의 실효성에 대한 의문을 제기하게 만든다. 즉 가장 중요한 그러나 실현하기 가장 어려운 공공 부문의 개혁을 끊임없이 뒤로 미

루는, '점진적 변화'라는 전략에 대한 의문이 그것이다. 이 전략에 대한 훌륭한 설명은 François Gipouloux, *La Chine vers l'économie du marché? La longue marche de l'après-Mao*(→참고 문헌) ; Barry Naughton, *Growing Out of the Plan : Chinese Economic Reform 1978-1993*(→참고 문헌)를 참조하라. 또 천안문 사건 직후에 쓴 Jan Prybyla, "A Broken System", George Hicks, ed., *The Broken Mirror : China After Tiananmen*, St. James Press, 1990(→참고 문헌), pp. 180~195은 중국의 변화에 대해 매우 치밀한 분석을 가하고 있다. 그러나 Jean Oui, *Rural China Takes off : Institutional Foundations of Economic Reform*, Berkeley, University of California Press, 1999에 의하면 그러한 전략은 최근 20년간 이루어진 중국 경제의 괄목할 만한 성장에 기원을 두고 있다고 본다. 1988년부터 1993년까지 집단 공업 부문의 발전에서 지방 관료제가 수행한 역할의 중요성에 대해서는 화북 평원 지대의 한 현(縣)을 분석한 전론들을 모은 Andrew G. Walder, ed., *Zouping in Transition : the Process of Reform in Rural North China*, Cambridge, Mass., Havard University Press, 1999에서 분석되고 있다. Bernard Chavance, "De la réforme du socialisme à la transformation post-socialiste : la Chine en perspective historique", *Actuel Marx*, no. 22, Où va la Chine?, octobre 1997, pp. 69~90은 중국의 성공에 대한 이론적 의미를 밝히고 있다. Thomas Rawsky, "Reforming China's Economy : What Have We Learned?", *The China Journal*, no. 41, January 1999는 중국의 경험에 근거하여 이행(transition)의 패러다임을 바꿀 필요가 있다고 주장한다. 그러나 Nicholas R. Lardy, *China's Unfinished Economic Revolution*(→참고 문헌)은 공공 적자가 늘고 은행 체계가 쇠약해진다는 점에서 그러한 점진주의의 단점과 비용을 강조한다. Jean François Huchet, "Le XVe Congrès et la réforme de la propriété. Une étape décisive pour les entreprises d'État chinoises", *Perspectives Chinoises*, no. 43(septembre-octobre 1997), pp. 12~14는 공공부문의 쇠락과 그에 필요한 처방을 묘사하고 있다. 1999년 3월 인도 하이데라바드(Hyderabad)에서 열린 토론회 '경제 개혁'에서 발표한 논문인 Guilhem Fabre, "China in the East Crisis"는 1998년 가을 이래 중국 상황의 점진적인 악화를 분석하고 있다.

민주주의를 가능케 할 시민 사회의 대두는 마오 시대 이후 중국사 연구자들의 주된 관심사 가운데 하나였다. 천안문 시위의 진압과 공산당 질서로의 회귀는 덩샤오핑 시대 시민 사회의 출현을 믿었던 사람들의 낙관주의를 사라지게 만들었다. 이제 관찰자들은 서구 정치 문화의 소산인 이 개념을 중국 사회에 적용하는 데 더욱 신중해졌다. Timothy Brook and B. Michael Frolic, ed., *Civil Society in China*(→참고 문헌)에서 우리는 '중국적 시민 사회', '국가에 의해 인도되는 시민 사회' 등의 개념에 의한 분석을 찾아 볼 수 있다. 공동 저작인 Gordon White et al., ed., *In Search of Civil Society, Market Reform and Social Change in Contemporary China*(→참고 문헌)는 주로 사회학적인 관점에서 이 문제를 탐구하면서, 결사체적 활동이 이루어지는 국가와 기초적 사회적 단위들(개인, 가족, 기업) 사이의 매개 지대를 중점적으로 연구했다. 기업가 결사체들이 수행한 특수한 역할에 관해서는 다음을 참조. Jonathan Unger, "'Bridge' : Private Business, the Chinese Government and the Rise of New Associations", *The China Quarterly*, no. 147, September 1996 ; Margaret M. Pearson, *China's New Business Elite*, Berkeley, University of California, 1997.

1990년대 초 제도들의 작동에 관해서는 Jean-Pierre Cabestan, *Le système politique de la Chine actuelle*(→참고 문헌)에서 분석되고 있다. 전국인민대표대회의 역할 변화에 관해서는 다음을 참조하라. Kevin J. O'Brien, *Reform without Liberalization : China's National People's Congress and the Politics of Institutional Change*, New York, Cambridge University Press, 1990 ; Murray S. Tanner, *The Politics of Lawmaking in Post-Mao China*, Oxford, Oxford University Press, 1998. 사회적 꽌시라는 수완에 관해 문화적 측면에서 일상적 삶에서의 작동을 연구한 것으로는 Mayfair Mei-hui Yang, *Gifts, Favors and Banquets : The Art of Social Relationships in China*(→참고 문헌)를 참조하라. 언론은 많은 부정부패의 사례를 보도하고 있는데, Jean-Louis Rocca, *L'empire et son milieu*(→참고 문헌)는 중국의 범죄에 관하여 젊은 층을 중심으로 그 경제적 원인, 사회적 발현 그리고 정치적 사법적 처리를 분석하고 있다. Guilhem Fabre, *Les prospérité du crime. Trafic de stupéfiants, blanchiment et crises financières dans l'après-guerre froide*, Paris, Éditions de l'Aube, 1999의 한 장은 중국의 밀수와 마약 소비를 다루고 있다. Jean-Luc Domenach, *Chine : l'archipel oublié*(→참고 문헌)가 묘사하고 있는 중국 당국의 다양한 형태의 탄압은 오늘까지도 여전히 계속되고 있다. '포용의 국가'라는 개념은 다음 논문에서 제시되고 있다. Yves Chevrier, "L'empire distendu. Esquisse du politique en Chine, dès Qing à Deng Xiaoping", Jean-François Bayart, éd., *La greffe de l'État*, Paris, Karthala, 1996.

중국의 변화를 요구하는 아시아 역내의 변동에 관해서는 다음의 연구를 참조하라. David Camroux et Jaen-Luc Domenach, ed., *L'Asie retrouvée*, Paris, Le Seuil, 1997 ; François Godement, *La renaissance de l'Asie*, Paris, Odile Jacob, 1993 ; Robert Ross, ed., *East Asia in Transition : Toward a New Regional Order*, New York, Sharpe, 1995. Jean-Luc Domenach, *L'Asie en danger*, Paris, Fayard, 1998은 1997~1998년 위기의 발단을 탐구하였고, François Godement,

Dragon de feu, Dragon de papier. L'Asie a-t-elle un avenir?, Paris, Flammarion, 1998은 그 위기가 주는 교훈을 도출해 냈다. Diana Hochraich, *L'Asie, du miracle à la crise*, Bruxelles, Édition Complexes, 1999는 아시아의 위기를 금융 시장의 세계화라는 틀 속에 위치시켰고, Marie-Claire Bergère, *Le Mandarin et le compradore. Les enjeux de la crise en Asie Orientale*, Paris, Hachette-Littérature, 1998는 위기를 장기 지속의 역사적 전망에서 고찰하고 있다. 이상의 모든 연구들은 중국의 위치와 그 역할을 다루는 장(章)들을 포함하고 있다.

중국의 군비 정책과 전략적 목표가 다음 저작들의 연구 대상이었다. Richard Bernstein and Ross H. Munro, *The Coming Conflict with China*, New York, A. Knopf, 1997 ; Kent E. Calder, *Asia's Deadly Triangle*, London, N. Breasley, second ed., 1997. 이 두 저작은 '중국위협론'을 제기하고 하고 있다. Elisabeth Fouquoire-Brillet, *La Chine et le nucléaire*, Paris, PUF, coll. Que sais-je?, 1999는 핵무기 생산을 위한 중국의 노력, 그리고 핵무장 해제 및 비확산에 대한 중국의 주장을 서술하고 있다.

중국 당국의 대 신장(新疆) 정책에 관해서는 Nicolas Becquelin, "Pékin et l'Asie centrale après la fin de l'URSS", *Perspectives chinoises*, no. 44 (novembre-décembre 1997)를 참조. Lee Chae-jin, *China and Korea : Dynamic Relations*, Standford, Hoover Institute Press, 1996은 1949년 이래의 중 · 한 관계를 분명하고도 간결하게 펼쳐 보인다.

타이완과 중국의 어려운 관계는 Jean-Pierre Cabestan, *Taiwan/Chine populaire : l'impossible réunification*, Paris, Ifri, 1995에서 서술하고 있다. 그리고 저자는 이를 다음 자료로 보완하고 있다. "Nouvelle crise dans le détroit de Taiwn", *Problèmes economiques et sociaux*, Paris, La Documentation française, no. 771(9 août 1996).

중 · 미 관계의 변동에 관해서는 David Shambaugh, "Patterns of Interaction in Sino-American Relations", Robinson and Shambough, ed., *Chinese Foreign Policy*(→참고 문헌), pp. 197~203을 참조하라. Elizabeth Economy and Michel Oksenberg, ed., *China Joins the World*(→참고 문헌)는 다양한 측면에서 새로운 세계 질서로의 중국 참여를 탐구하고 있다.

참고 문헌

1. 개설서

AUBERT Claude et coll., *Regards Froids de la Chine*, Paris, Édition du Seuil, 1976.

BERGÈRE Marie-Claire, BIANCO Lucien et coll., *La Chine au XXe siècle*, Paris, Fayard, 2 vol., 1989-1990.

BIANCO Lucien, *La Chine*, Flammarion, coll., Dominos, 1994.

DOMENACH Jean-Luc, RICHER Philippe, *La Chine 1949-1985*, Paris, Imprimerie Nationale, 1987, 2e éd, révisée, Paris, Le Seuil, 1995.

FAIRBANK John K., *La Grande Révolution chinoise, 1800-1989*(trad. de l'américain), Paris, Flammarion, 1989.

FAIRBANK John, K. et coll., *The Cambridge History of China*, Cambridge University Press, 1987-1991.

— vol. 14 : *The People's Republic. The Emergency of Revolutionary China, 1949-1965.*

— vol. 15 : *Revolution within the Revolution, 1966-1982.*

GENTELLE Pierre et coll., *L'État de la Chine et de ses habitants*, Paris, La Découverte, 1989.

GUILLERMAZ Jacques, *Le Parti communiste chinois au pouvoir*, 2 vol., 3e éd., Paris, Petite Bibliothèque Payot, 1979.

LEW Roland, *La Chine populaire*, Paris, PUF, coll. Que sais-je?, 1999.

ROUX Alain, *Le Casse-tête chinois. Trente ans de Chine socialiste vus par un communiste français*, Paris, Éditions sociales, 1980.

— *La Chine au XXe siècle*, Paris, SEDES, 1998.

2. 시기별 접근

ARAY Siwitt, *Les Cent Fleurs*, Paris, Flammarion, 1973.

BARNETT Doak A., *China on the Eve of the Communist Takeover*, Londres, Thames and Hudson, 1963.

— *Communist China : the Early Years, 1949-1955*, 4e éd., New York, Praeger, 1968.

BAUM Richard, TEIWES Frederick C., *Ssu-ch'ing : the Socialist Education Movement of 1962-1966*, Berkeley(Californie), University of California Press, 1968.

BECKER Jasper, *La Grande Famine de Mao*(trad. de l'américain, préface de Jean-Philippe Béja), Paris, Éditions Dagorno, 1998(il s'agit de la famine de 1958-1961, consécutive à la mise en œuvre du Grand Bond en avant).

BÉJA Jean-Philippe et coll., *Le Tremblement de terre de Pékin*, Paris, Gallimard, 1991(collection de documents sur les événements de Tian'anmen).

BEER (de) Patrice, *La Chine. Le réveil du dragon*, Paris, Centurion, 1989.

CHANG Parris H., *Power and Policy in China*, édition revue et augmentée, Pennsylvania University Press, 1978.

DOMENACH Jean-Luc, *Aux origines du Grand Bond en avant : le cas d'une province chinoise, 1956-1958*, Paris, EHESS, 1982.

DOMES Jürgen, éd., *Chinese Politics after Mao*, University College Cardiff Press, 1979.

HSU Immanuel C.Y., *China without Mao, the Search of a New Order*, Oxford, Oxford University Press, 1983.

HUANG San et coll., *Un bol de nids d'hirondelles ne fait par le printemps de Pékin*, Paris, Bourgois, 1980.

JOFFE Ellis, *Between Two Plenums : China's Intraleadership Conflit, 1959-1962*, Ann Arbor, Michigan, 1975(Michigan Papers in Chines Studies, n°22).

LEE Hong-yun, *The Politics of the Chinese Cultural Revolution : a Case Study*, Berkeley, University of California, 1978.

LEYS Simon, *Les Habits neufs du président Mao*, Paris, Champ libre, 1972.

MACFARQUHAR Roderick, *The Origins of the Cultural Revolution. I : Contradictions Among the People, 1956-1957*, Londres, Oxford University Press, 1974.

— *II : The Great Leap Forward, 1958-1960*, New York, Columbia University Press, 1983.

— *III : The Coming of the Cataclysm, 1961-1966*, Oxford University Press, 1997.

PERRY Elisabeth, J., WONG Christine, *The Political Economy of Reform in Post-Mao China*, Cambridge(Mass.), The Council on East Asian Studies, Harvard University, 1985.

ROSEN Stanley, *Red Guard Factionalism and the Cultural Revolution in Guangzhou (Canton)*, Boulder(Colorado), Westview Press, 1982.

SCHOENHALS Michael, éd., *China's Cultural Rebolution, 1966-1969 : Not a Dinner Party*, Armonk, New York, Sharpe, 1996(collection de documents sur le mouvement des Gardes rouge).

SIDANE Victor et coll., *Le Printemps de Pékins*, Paris, Archives, Gallimard, 1980.

TEIWES Frederick et SUN Warren, *The Politics of Agricultural Cooperativization in China.*

Mao, Deng Zihui and the «High Tide» of 1955, Armonk, New York, Sharpe, 1993.

WIDOR Claude et coll., éd., *Documents sur le movement démocratique chinois, 1978-1980*, 2 vol., Paris, Hong Kong, 1981-1984.

ZAFANOLLI Wojtek, *Le Président clairvoyant contre la veuve du timonier*, Paris, Payot, 1981.

ZWEIG David, *Freeing China's Farmers. Rural Reconstruction in the Reform Era*, Armonk, New York, Sharpe, 1997.

3. 지역별 접근

GOODMAN David S., G., éd., *China's Provinces in Reform. Class, Community and Political Culture*, Londres et New York, Routledge, 1997.

PERRY Elizabeth J. et LI Xun, *Proletarian Power : Shanghai in the Cultural Revolution*, Boulder, Westview, 1997.

ROSEN Stanley, *Red Guard Factionalism and the Cultural Revolution in Guangzhou (Canton)*, Boulder(Colorado), Westview Press, 1982.

SOLINGER Dorothy J., *Regional Government and Political Integration in Southwest China, 1949-1954. A case Study*, Berkeley, University of California Press, 1977.

VOGEL Ezra, *Canton Under Communism : Programs and Politics in a Provincial Capital, 1949-1968*, Cambridge(Mass.), Harvard University Press.

WALDER Andrew G., *Chang Ch'un-ch'iao and Shanghai's January Revolution*, Ann Arbor, Michigan, 1977(Michigan Papers in Chinese Studies, n°32).

4. 제도와 그 기능

BARNETT Doak, Cadres, *Bureaucracy and Political Power in Communist China*, New York, Columbia University Press, 1967.

— éd., *Chines Communist Politics in Action*, 1re éd., Seattle, University of Washington Press, 1969.

CABESTAN Jean-Pierre, *Le Système politique de la Chine populaire*, Paris, PUF, 1994.

— *L'Administration chinoise après Mao. Les réformes de l'ère Deng Xiaoping et leurs limites*, Paris, Éditions du CNRS, 1992.

DOMENACH Jean-Luc, *Chine. L'Archipel oublié*, Paris, Fayard, 1992.

HARDING Harry, *Organizing China : The Problem of Bureaucracy, 1949-1976*, Stanford (Calif.), Stanford University Press, 1981.
JOFFE Ellis, *Party and Army : Professionalism and Political Control in the Chinese Officer Corps, 1949-1954*, Cambridge(Mass.), Harvard University Press, Harvard East Asian Monographs n°19, 1971.
LIEBERTHAL Kenneth, OKSENBERG Michel, *Policy Making in China : Leaders, Structures and Processes*, Princeton University, 1998.
PYE Lucien, *The Dynamics of Chines Politics*, Cambridge(Mass.) Œlgeschlager, Gunn and Hain, 1981.
SCHURMANN Franz, *Ideology and Organization in Communist China*, Berkeley, University of California Press, 1re éd. 1966, 3e éd. 1971.
WHYTE Martin K., *Small Groups and Political Rituals in China*, Berkeley, University of California Press, 1974.

5. 지도자와 간부

BARTKE Wolfgang, *Who's in the People's Republic of China*, Brighton(GB), The Harvester Press, 1981.
BIANCO Lucien, CHEVRIER Yves, éd., *Dictionnaire biographique du mouvement ouvrier international. La Chine*, Paris, Éditions ouvrière et Presss de la FNSP, 1985.
BOORMAN Howard L. et coll., éd., *Biographical Dictionary of Republican China*, 4 vol., New York, Columbia University Press, 1967-1968.
CHEVRIER Yves, *Mao et la Révolution chinoise*, Paris, Casterman, 1993.
CHI Hsin (pseud.), *Teng Hsiao-Ping, A Political Biography*, Hong Kong, Comos Books, 1978.
DENG XIAOPING, *Textes choisis, 1975-1982*, Beijing(Pékin), Éditions en langues étrangères, 1985.
DITTMER Lowell, *Liu Shao-ch'i and the Chinese Cultural Revolution. The Politics of Mass Criticism*, Berkeley, University of California Press, 1974.
FALIGOT Roger, KAUFFER Rémi, *Kang Sheng et les services secrets chinois 1927-1987*, Paris, Robert Laffont, 1987.
GOLDFIEM (de) Jacques, *Personnalités chinoises d'aujourd'hui*, Paris, L'Harmattan, 1989.
KLEIN Donald W., CLACK Anne B., éd., *Biographical Dictionary of Chinese Communism, 1921-1965*, 2 vol., Cambridge(Mass.), Harvard University Press,

1971.

LIU SHAOQI, *Œuvres choisies de Liu Shaoqi*, tome Ⅰ, Pékin, Éditions en de langues étrangères, 1983.

MAO TSE-TOUNG, *Œuvres choisies, 1949-1957*, 5 vol., Pékin, Éditions en langues étrangères, vol. 1 et 2, 1967 ; vol. 3, 1968 ; vol. 4, 1969, vol. 5, 1977.

— *Textes, 1949-1958*, édition intégrale, Paris, Éditions du Cerf, 1975.

SCALAPINO Robert, *Elites in the People's Republic of China*, Seattle, Londres, 1972.

STUART Schram, éd., *Mao parle au peuple, 1956-1971*, traduit de l'anglais, Paris, PUF, 1977.

WILSON Dick, *Mao, 1893-1976*(Traduit de l'anglais : Mao, The People's Emperor, 1979), Paris, Éditions JA, 1980.

— *Chou : the Story of Zhou Enlai, 1898-1976*, Londres, Hutchison & Co., 1984.

Wong Paul, *China's Higher Leadership in the Socialist Transition*, New York, Free Press, 1976.

6. 문화와 사회

AUBERT Claude et coll., *La Société chinoise après Mao. Entre autorité et modernité*, Paris, Fayard, 1986.

BERNSTEIN Thomas P., *Up to the Mountains and Down to the Village. The Transfer of Youth From Urban to Rural China*, New Haven, Yale University Press, 1977.

BROOK Tim, FROLIC Michael B. et coll., *Civil Society in China*, Armonk, New York, 1997.

DAVID-FRIEDMANN Deborah, *Long Lives. Chinese Elderly and the Communist Revolution*, Cambridge(Mass.), Londres, Harvard University Press, 1983.

DAVIS Deborah S. et coll., éd., *Urban Spaces in Contemporary China. The Potential for Autonomy and Community in post-Mao China*, Woodrow Wilson Center Press & Cambridge University Press, 1995.

DOMENACH Jean-Luc, CHEN Ho-chia, *Une ténébreuse affaire : le faux rapport de production de Lushan*, Paris, POF, 1977.

FRIEDMAN Edward et coll., *Chinese Village, Socialist State*, New Haven, Londres, Yale University Press, 1991.

LAZZAROTTO Angelo S., *The Catholic Church in the Post-Mao China*, Hong Kong, Holy Spirit Study Center, 1982.

LINK Perry et coll., *Unofficial China : Popular Culture and Though in the People's Republic*, Boulder, Westview Press, 1989.

MADSEN Richard, *Morality and Power in a Chinese Village*, Berkeley, University of California Press, 1984.

MEIJER M.J., *Marriage Law and Policy in the Chinese People's Republic*, Hong Kong, Hong Kong University Press, 1971.

MICHEL Jean-Jacques, HUANG He, *Avoir 20 ans en Chine à la campangne*, Paris, Éditions de Seuil, 1978.

MOSHER Steven W., *Broken Earth : the Rural Chinese*, New York, Free Press, 1983.

OI Jean, *State and Peasants in Contemporary China, The Political Economy of Village Government*, Berkeley, University of California Press, 1989.

PARISH William L., WHYTE Martin King(voir Whyte Martin King et Parish William L.), *Village and Family in Contemporary China*, Chicago, Chicago University Press, 1978.

ROCCA Jean-Louis, *L'Empire et son milieu. La criminalité en Chine populaire*, Paris, Plon, 1991.

STACEY Judith, *Patriarchy and Socialist Revolution in China*, Berkeley, University of California Press, 1983.

TENG Ssu-yü, *Protest and Crime in China : a Bibliography of Secret Associations, Popular Uprisings, Peasant Rebellions*, New York, Londres, Garland Publishing, 1981.

WALDER Andrew, *Communist Neo-Traditionalism. Work and Authority in Chinese Industry*, Berkeley, University of California Press, 1986.

WASSERSTORM Jeffrey N. et PERRY Elizabeth J., *Popular Protest and Political Culture in Modern China*, Boulder, Westview Press, 1992.

WHITE Gordon et coll., *In Search of Civil Society, Market Reform and Social Change in Contemporary China*, Oxford, Clarendon Press, 1996.

WHYTE Lynn T., *Careers in Shangai : the Social Guidance of Personal Energies in a Developing Chinese City*, Berkeley, University of California Press, 1978.

WHYTE Martin King, PARISH William L.,(voir Parish William L. et Whyte Martin King), *Urban Life in Contemporary China*, Chicago, University of Chicago Press, 1984.

YANG Dali, *Calamity and Reform in China. State, Rural Society and Institutional Change since the Great Leap Forward*, Stanford, Stanford University Press, 1996.

YANG Mayfair Meihui, *Gifts, Favor and Banquets. The Art of Social Relationship in*

China, Ithaca et Londres, Cornell University Press, 1984.

7. 지식인, 여성과 소수 민족

CROLL Elisabeth, *Chinese Women Since Mao*, Londres, Zed Press, 1983.

DOMENACH Jean-Luc, HUA Chang-ming, *Le Mariage en Chine*, Paris, Presses de la FNSP, 1987.

DREYER June T., *China's Forty Millions : Minority Nationalities and National Integration in the People's Republic China*, Cambridge(Mass.), Harvard University Press, 1976.

GOLDMAN Merle, *Literary Dissent in Communist China*, Cambridge(Mass.), Harvard University Press, 1967.

— *China's Intellectuals. Advise and Dissent*, Cambridge(Mass.), Harvard University Press, 1981.

GOLDMAN Merle et coll., éd., *China's Intellestuals and the State. In Search of a New Relationship*, Cambridge(Mass.), Harvard University, Harvard Contemporary China Series n°3, 1987.

HAMRIN Carol Lee, CHEEK Thimothy, éd., *China's Establishment Intellectuals*, Armonk, M.E. Sharpe, 1986.

LEW Roland, *L'Intellectuel, l'État et la révolution. Essais sur le communisme chinois*, Paris, L'Harmattan, 1997.

LIFTON Robert, *Thought Reform and the Psychology of Totalitarism*, New York, Norton, 1963.

LINK Perry, *Evening Chats in Beijing : Probing China's Predicament*, New York, W.W. Norton, 1992.

MACFARQUHAR Roderick, *The Hundred Flowers Campaign and the Chinese Intellectuals*, Londres, 1960.

SHEN Rong, DING Ling, BING Xin et coll., *La Chine des femmes : nouvelles*, Paris, Mercure de France, 1983.

STACEY Judith, *Patriarchy and Socialist Revolution in China*, Berkely, University of California Press, 1983.

WOLF Margery, *Revolution postponed. Women in Contemporary China*, Stanford, Stanford University Press, 1985.

8. 경제

CHAO Kang, *Agricultural Production in Communist China, 1949-1965*, Madison, 1970.

CHEN C.S., RIDLEY C.P., *Rural People's Communes in Lien-chiang*, Stanford, Hoover Institution, 1969.

CHEN Yun, avec une introduction de LARDY Nicholas R. et LIEBERTHAL Kenneth, *Chen Yun's Strategy for China's Development. A Non-Maoist Alternative*, Armonk, New York, M.E. Sharp, 1983.

CHENG Chu-yuan, *The Economic Development of Communist China, 1949-1965*, South Orange(NJ), Seton Hall University Press, 1964.

CROLL Elisabeth, *The Family Rice Bowl : Food and the Domestic Economy in China*, Genève, United Nations Research Institute for Social Development, Londres, Zed Press, 1983.

DUMONT René, *Finis les lendemains qui chantent. II : Surpeuplée, totalitaire, la Chine de décollectivise*, Paris, Éditions du Seuil, 1984.

GIPOULOUX François, *La Chine ver l'économie de marché? La longue marche de l'après-Mao*, Paris, Nathan, 1993.

HOWE Christopher, *Employment and Economic Growth in Urban China, 1949-1975*, Cambridge, Cambridge University Press, 1971.

— *China's Economy : a Basic Guide*, Londres, Paul Elek, 1978.

HISAO Katherine H., *Money and Monetary Policy in Communist China*, New York, 1971.

— *Money and Banking in the Chinese Mainland*, Taipei, Chung-Hwa Institution for Economic Research, 1984 ; Seattle, University of Washington Press, 1986.

LARDY Nicholas R., *Agriculture in China's Modern Economic Development*, Cambridge, Cambridge University Press, 1983.

— *China's Unfinished Economic Revolution*, Washington, Brooking Institution Press, 1998.

LEMOINE Françoise, *La Nouvelle Économie chinoise*, Paris, La Découverte, 1994.

LIU Ta-chung, YEH Kung-chia, *The Economy of the China Mainland : National and Economic Development, 1933-1959*, Princeton University Press, 1965.

NAUGHTONG Barry, *Growing Out of the Plan : Chinese Economic Reform 1978-1993*, New York, Cambridge University Press, 1995.

RICHMAN Barry, *Industrial Society in Communist China*, New York, Vintage Books, 1969.

SMIL Vaclav, *Energy in China's Modernization*, Armonk, New York, M.E. Sharp, 1988.

SUN Yefang, éd. et trad., avec introduction de Fung K.K, *Social Needs versus Economic Efficiency in China. SUN Yefang's Critique of Socialist Economics*, Armond, New York, M.E. Sharp, 1982.

US Congress Joint Economic Committee, *China Under the Four Modernizations. Selected Papers submitted to the Joint Economic Committee*, 2 vol., Washington DC, Government Printing Office, 1982.

US Congress Joint Economic Committee, *China's Economy Looks Toward in the the 2000*, 2 vol., Washington DC, Government Printing Office, 1986.

US Congress Joint Economic Committee, *China's Economic Dilemmas in the 1990's : The Problems of Reforms, Modernization and Interdependence*, 2 vol., Washington DC, Government Printing Office, 1991.

9. 인구

BANNISTER Judith, *China's Changing Population*, Stanford, Stanford University Press, 1987.

ORLÉANS Leo, *Every Fifth Child : the Population of China*, Stanford(Calif.), Stanford University Press, 1972.

TIEN Yuan H., *China's Population Struggle : Demographic Decisions of the People's Republic of China, 1949-1969*, Ohio State University Press, 1973.

TROLLIET Pierre, BÉJA Jean-Philippe, *L'Empire du Milliard. Population et société en Chine*, Paris, Armand Colin, 1986.

10. 정보, 교육 그리고 과학 정책

CONROY R., *L'Évolution technologique en Chine*, Paris, OCDE, 1992.

FRAZER Stewart, *Chinese Communist Education : Records of the Fist Decades*, Vanderbilt University Press, 1965.

HAYHOE Ruth, *Contemporary Chinese Educations*, Londres, Sydney, Croom Helm, 1984.

HAYHOE Ruth, BASTID Marianne, éd., *China's Education and Industrialized world*, New York, M.E. Sharpe, 1988.

ORLÉANS Leo A., *Professional Manpower and Education in Communist China*, Washingtion DC, National Science Foundation, 1961.

PEPPER Suzanne, China's Universities, *Post-Mao Enrollement Policies and their Impact on the Structure of Secondary Education : a Research Report*, Ann Arbor, Michigan, 1984(Michigan Monographs in Chines Studies, n°46).

11. 외교와 국방

BARNETT Doak A., *China Policy : Old Problems, New Challenges*, Washington DC, The Brookings Institution, 1977.

BEAUREGARD (de) Philippe, et coll., *La Chine face au monde : la stratégie chinoise, constantes et évolutions* Paris, Robert Laffont, 1983.

ECONOMY Elizabeth et OKSENBERG Michel, ed., *China Joins the World. Progress and Prospects*, New York, Council on foreign Relations, 1999.

FAIRBANK John K., *China Perceived : Images and Policies in Chinese-American Relations*, Knopf, 1974.

FEJTÖ François, *Chine-URSS. De l'alliance au conflit, 1950-1957*, Paris, Éditions du Seuil, 1978.

JOFFE Ellis, *The Chinese Army after Mao*, Londres, Weidenfeld and Nicholson, 1987.

JOHNSTON Alastair, *China and Arms Control, Emerging Issues and Interests in the 1980*, Ottawa, Canadian Center for Arms Control and Disarmament, 1986.

JOYAUX François, *La Chine et le règlement de premier conflit d'Indochine, Genève, 1954*, Paris, Publications de la Sorbonne, 1979.

— *La Nouvelle Question d'Extrême-Orient*, vol. Ⅰ, *L'Ère de la guerre froide*, Paris, Payot, 1985.

— vol. Ⅱ, *L'Ère du conflit sino-soviétique*, Paris, Payot, 1988.

— *La Politique extérieure de la Chine populaire*, Paris, PUF, coll. Que sais-Je?, 1993.

KIM Samuel, S., *China, The United Nations and World Order*, Princeton University Press, 1979.

— éd, *China and the World. Chinese Foreign Policy in the Post-Mao Era*, Boulder et Londres, Westview Press, 1984.

LAM Alastair, *The China-India Border : the Origins of the Disputed Boundaries*, Oxford University Press, 1964.

OKSENBERG Michael, OXNAM Robert, *Dragon and Eagle : United States and China Relations Past and Future*, New York, Basic Books, 1978.

ROBINSON Thomas W. et SHAMBAUGH David, ed., *Chinese Foreign Policy. Theory and*

Practice, Oxford, Clarendon Press, 1994.

ROSS Robert S., *The Indochina Tangle, China's Vietnam Policy 1975-1979*, New York, Columbia University Press, 1988.

ROZMAN Gilbert, *The Chinese Debate about Soviet Socialism 1978-1985*, Princeton, Princeton University Press, 1987.

SEGAL Gerald, éd., *The China Factor : Peking and the Superpowers*, Londres, Croom Helm, 1982.

SELDEN Mark, éd., *America's Asia : Dissenting Essays on Asian-American Relations*, New York, Pantheon, 1971.

SUTTER Robert G., *Chinese Foreigh Policy after the Cultural Revolution, 1966-1977*, Boulder(Colorado), Westview Press, 1978.

— *Chinese Foreign Policy Development after Mao*, New York, Praeger Publishers, 1986.

SWANSON Bruce, *Eight Voyage of the Dragon, A History of China's Question for Seapower*, Annapolis, Maryland, Naval Institute Press, 1982.

TAN Eng Bok George, *La Modernisation de la défense chinoise et ses principales limites, 1977-1983*, Paris, Fondation pour les études de défense nationale, 1984.

TREADGOLD Donal W. et coll., *The Dymanics of Sino-Soviet Relations*, Washington DC, The Wilson Center, 1988.

TUCKER Nancy Berndopf, *Patterns in the Dust. Chinese-American Relations and the Recognition Controversy, 1949-1950*, New York, Columbia University Press, 1983.

WHITING Allen S., *China Crosses the Yalu : the Decision to Enter the Korean war*, Macmillan, 1960.

ZAGORIA Donald S., *The Sino-Soviet Conflict*, Princeton, Princeton University Press, 1962.

12. 증언과 회고

BENNET Gordon A., MONTAPERTO Roland, éd., *Mémoires du garde rouge Dai Hsiao-ai : la première autobiographie politique d'un garde rouge*, traduit de l'américain, Pairs, Albin Michel, 1971.

CHANG Jung, *Les cygnes sauvages*, (trad. de l'anglais), Paris, Plon, 1992.

CHARBONNIER Jean, *La Forêt des stèles. Mutations de la vie en Chine depuis la mort de Mao*, Paris, Le Sarment-Fayard, 1989.

CHEN Jo-hsi, *Le Préfet Yin et autres histoires de la Révolution culturelle*, traduit du

chinois par Leys Simon, Paris, Denoël, 1980.
FROLIC Michael B., *Le Peuple de Mao. Scènes de la vie en Chine révolutionnaire*, traduit de l'américain par Reclus Jacques, Paris, Gallimard, 1982.
GUILLERMAZ Jacques, *Une vie pour la Chine, Mémoires(1937-1989)*, Paris, Robert Laffont, 1989.
HINTON William, *Fanshen*, Paris, Plon, coll. Terre Humaine, 1971.
HUA Linshan, *Les Années rouges*, Paris, Le Seuil, 1987.
KLOCHKO Mikhail A., *Soviet Scientist in Red China*, Montreal, International Publishers Representatives, 1964.
LEYS Simon, *Ombres chinoises*, Paris, Union générale d'édition, 1974.
LIANG Heng, SHAPIRO Judith, *Son of the Revolution*, New York, Alfred A. Knopf, 1983.
MANAC'H Étienne M., *Mémoires d'Extrême-Asie : la face cachée du monde*, Paris, Fayard, 1977.
NIEN Cheng, *Life and Death in Shangai*, Londres, Grafton Books, 1986.
PASQUALINI Jean, *Prisonnier de Mao, Sept ans dans un camp de travail en Chine*, Paris, Gallimard, 1975.
QUAN Yanchi, *Mao intime*(traduit du chinois, préfacé et annoté par Roger Darrobers), Paris, Éditions du Rocher, 1991(témoignage d'un garde du corps de Mao Zedong).
WEI Jingsheng, *Lettres de prison, 1981-1993*(traduites et annotées par Marie Holzman), Paris, Plon, 1998.
ZHENG Yi, *Stèles rouges. Du totalitarisme and au cannibalisme*(traduit du chinois), Paris, Bleu de Chine, 1999(scènes de la Révolution culturelle dans la province du Guangxi où renaissent alors les pratiques du cannibalisme. Le témoin-enquêteur est un journaliste chinois).

13. 문예

BÉJA Jean-Philippe, ZAFANOLLI Wojtek, trad. et présent., *La Face cachée de la Chine*(trois nouvelles chinoises), Paris, Éditions Pierre-Émile, 1981.
BÉJA Jean-Philippe, trad. et présent., Liu Binyan. *Le cauchemar des mandarins rouges, Journaliste en Chine*, Paris, Gallimard, 1989.
DENÈS Hervé, trad., *Le Retour du père*(recueil de récits), Paris, Belfond, 1981.
GOLDBLATT Howard, éd., *Chinese Literature for 1980's, the Fourth congress of Writers*

and Artists, Armond, New York, M.E. Sharp, 1982.
LINK Perry, éd., *Stubborn Weeds. Popular and Controversial Chinese Literature after the Cultural Revolution*, Bloomington(Indiana), Indiana University Press, 1983.
MACKERRAS Colin, *The Performing Arts in Contemporary China*, Londres, Routledge & Kegan Paul, 1981.
NIEH Hualing, éd., *Literature of the Hundred Flowers*, 2 vol., New York, Columbia University Press, 1981.
Remontée vers le jour(La), *traduction de nouvelles chinoises*, Paris, Alinéa, 1987.
Seven Contemporary Chinese Women Writers, Beijing(Pékin), Chinese Literature, 1982, 280p.
TSAI Meishi, comp., *Contemporary Chinese Novels and Short Strories, 1949-1974 : an Annotated Bibliography*, Cambridge(Mass.), Harvard University Press, 1979.

찾아보기

인 명

【ㅁ】

【ㅂ】

지 명

【ㅇ】

【ㅈ】

【ㅊ】

【ㅋ】

중국현대사

-공산당, 국가, 사회의 격동

초판 1쇄 인쇄일 2009년 2월 20일
초판 1쇄 발행일 2009년 2월 28일

지은이 | 마리-클레르 베르제르
옮긴이 | 박상수
펴낸이 | 최원필
편　집 | 윤태욱, 김미량
펴낸곳 | 심산출판사
주　소 | 서울시 은평구 불광동 219-7 예은 101
전　화 | 02-357-0633
팩시밀리 | 02-357-0631
E-mail | simsan@korea.com
등　록 | 제1-2114호(1996년 11월 28일)

ISBN 978-89-89721-82-6 93910